V&R

PIETISMUS UND NEUZEIT

EIN JAHRBUCH ZUR GESCHICHTE
DES NEUEREN PROTESTANTISMUS

Im Auftrag der Historischen Kommission
zur Erforschung des Pietismus
herausgegeben von Martin Brecht,
Friedrich de Boor, Klaus Deppermann,
Ulrich Gäbler, Hartmut Lehmann
und Johannes Wallmann

Band 13 – 1987

Schwerpunkt:
Forschungsberichte über den Pietismus
in deutschen Territorien

VANDENHOECK & RUPRECHT
IN GÖTTINGEN

Die ersten drei Bände der Jahrbücher zur Geschichte des neueren Protestantismus sind im Luther-Verlag, Bielefeld, erschienen; ab Band 4 dann bei Vandenhoeck & Ruprecht.

Geschäftsführender Herausgeber:
Prof. Dr. Martin Brecht, Universitätsstraße 13–17, 4400 Münster. Manuskripte sind an diese Adresse zu senden. – Für Besprechungsexemplare und Rezensionen ist Prof. Dr. Klaus Deppermann, Erlenweg 9, D-7820 Titisee-Neustadt zuständig.

Anschriften der Autoren und Mitarbeiter

Prof. Dr. Gustav Benrath, Weidemannstraße 32, 6500 Mainz
Dr. Christian Braw, Slätthögs prästgård, S-340 36 Moheda
Prof. Dr. Martin Brecht, Schreiberstraße 22, 4400 Münster/W.
Dr. Norbert Buske, Dorfstraße 16, DDR-2201 Levenhagen
Pfarrer Dr. W.-U. Deetjen, Pfarrhaus, 7463 Rosenfeld 7
Dr. Hermann Ehmer, Georg-Feuerstein-Straße 8, 6980 Wertheim
Dr. Hans-Volkmar Findeisen, Pfarrstraße 22/1, 7012 Fellbach
Prof. Dr. Ulrich Gäbler, Vrije Universiteit Amsterdam, Faculteit der Godgeleerdheid, Postbus 7161, NL-1007 MC Amsterdam
Privatdozent Dr. Klaus Gerteis, Fachbereich III der Universität Trier, Postfach 3825, 5500 Trier
Prof. Dr. Walter Grossmann, R.F.D., Conway, Ma. 01341/USA
Prof. Dr. Gert Haendler, Rostocker Straße 17, DDR-256 Bad Doberan
Dr. Dieter Ising, Widmaierstraße 22, 7000 Stuttgart 80
Prof. Dr. Manfred Jacobs, An der Vogelrute 49, 4400 Münster
Privatdozent Dr. Jochen-Christoph Kaiser, Spiekerhof 62, 4408 Dülmen
Dozent Dr. Ernst Koch, Hardenbergstraße 2, DDR-7030 Leipzig
Prof. Dr. Hartmut Lehmann, Caprivistraße 6, 2300 Kiel
Dr. Rüdiger Mack, Richard-Wagner-Straße 22, 6312 Laubach 1
Prof. Dr. Kurt Meier, Wilhelm-Florin-Straße 4, DDR-7022 Leipzig
Dr. Dietrich Meyer, Landeskirchenamt, Postfach 320340, 4000 Düsseldorf 30
Dr. Rudolf Mohr, Germaniastraße 6–10, 4000 Düsseldorf 1
Dr. A. G. Roeber, The University of Illinois at Chicago, Department of History, 723 Science and Engineering Office, Box 4348, Chicago, Ill. 60680/USA
Dr. Peter Schicketanz, Johannes-Dieckmann-Allee 5/6, DDR-1500 Potsdam
Prof. Dr. Hans Schneider, Meisenweg 14, 8806 Neuendettelsau
Dozent Dr. Günther Wartenberg, Riebeckstraße 13, DDR-7050 Leipzig
Prof. Dr. Horst Weigelt, Universität Bamberg, Steinertstraße 1, 8600 Bamberg
Prof. Dr. Hermann Wellenreuther, Seminar für Mittlere und Neuere Geschichte, Platz der Göttinger Sieben 5, 3400 Göttingen
Dr. Marianne Wokeck, 232, Monroe Street, Philadelphia, Pa, 19147/USA

ISBN 3-525-55885-6
ISSN 0172-6943

 – Satz und Druck: Gulde-Druck GmbH, Tübingen. – Bindearbeit: Hubert & Co., Göttingen

Vorwort

Das vorliegende Jahrbuch erscheint infolge von Schwierigkeiten bei der Vorbereitung mit etwas Verspätung. Den Schwerpunkt bildet eine Bestandsaufnahme über die Pietismusforschung in einzelnen deutschen Territorien, die nicht zuletzt der neuen Darstellung der Geschichte des Pietismus zugute kommen soll. Es war von vornherein nicht geplant, alle protestantischen Territorien einzubeziehen, da z. B. Württemberg und Schleswig-Holstein anderweitig erschlossen sind. Für einige Territorien ließ sich kein kompetenter Berichterstatter finden. Einige Berichte werden erst im nächsten Jahr folgen. Die Autoren haben unterschiedliche Formen für ihre Darstellung gewählt und auch den zeitlichen und räumlichen Rahmen nicht einheitlich abgesteckt. Manche beschränken sich auf den Raum der heutigen Landeskirchen, der nicht immer identisch mit den historischen Territorien ist. Die intendierte Behandlung des Pietismus bis zur Gegenwart ließ sich nicht in jedem Fall erreichen. Beides weist daraufhin, daß die Erforschung des Pietismus nicht überall auf dem gleichen Stand ist. Dennoch dürfte die gebotene Bestandsaufnahme eine hilfreiche Grundlage für künftige Arbeit bieten. Die Herausgeber haben den Autoren für ihre Mühe zu danken.

Im übrigen spannt sich der Bogen der Themen diesmal weit von den Anfängen des Pietismus bis zur Zeitgeschichte, hinsichtlich der wünschenswerten Offenheit des Jahrbuchs eine erfreuliche Entwicklung. Zu danken ist für Zuschüsse des Oberkirchenrats der württembergischen Landeskirche und von privater Seite, die die Erweiterung des Umfangs möglich machten.

Für die Herausgeber: Martin Brecht

Inhalt

Rezensionen

Bibliographie

Christian Braw

Das Gebet bei Johann Arndt

Einführung

Nirgendwo tritt die Eigenart des christlichen Glaubens so deutlich hervor wie im Gebet. Wer die Frömmigkeit, d. h. den angeeigneten Glauben, früherer Zeiten kennenlernen will, der wende sich zuerst dem Gebet, den Gebetbüchern und dem Unterricht über das Gebet zu, der uns in Postillen und Katechismen erhalten ist.

Johann Arndt gehört zu den großen Lehrern des Gebets innerhalb der evangelischen Christenheit. Er hat dieses Amt vor allem durch sein „Paradiss Gärtlein Voller Christlichen Tugenden" (Magdeburg 1612) ausgeübt. Nun gehört das Paradiesgärtlein aufs engste mit Arndts Hauptwerk, den „Vier Büchern vom wahren Christentum" (1605–1609, zitiert: WChr) zusammen, wie schon das Titelblatt des Paradiesgärtleins ausgibt. Die ausführlichste Darstellung des Gebets, die Arndt im WChr gibt, stammt indessen von Valentin Weigel. Das Weigelsche Manuskript, das Arndt vorlag, wurde jedoch nicht unverarbeitet in das WChr aufgenommen. Unsere erste Aufgabe muß deshalb sein, die Bedeutung der Arndtschen Korrekturen in Weigels Werk zu untersuchen. Dadurch wird auch ein Beitrag zu der Beurteilung von Arndts Verhältnis zum zeitgenössischen Spiritualismus geleistet. Zweitens werden wir das Paradiesgärtlein untersuchen, seine Entstehungsgeschichte und seine angebliche Abhängigkeit von der jesuitischen Gebetsliteratur diskutieren. Drittens werden wir uns um ein tieferes Verständnis von Arndts geistlichem Profil in der Lehre vom Gebet durch einen Vergleich mit seinem konfessionellen Ausgangspunkt, der Spiritualität Luthers, bemühen.

Weigels Betbüchlein bei Arndt

Als Valentin Weigels Betbüchlein 1612[1] veröffentlicht wurde, stellte es sich damit klar heraus, daß der kleine Traktat über das Gebet in WChr 2:34 mit der ersten Hälfte der Weigelschen Schrift identisch war. Wohl verteidig-

[1] *Wilhelm Koepp*, Johann Arndt und sein „Wahres Christentum", Berlin 1955, S. 13. *Edmund Weber*, Johann Arndts vier Bücher vom wahren Christentum, Hildesheim 1978, S. 71 f.

te sich Arndt damit, daß er nur ein anonymes Manuskript übernommen hätte.[2] Er berief sich dabei auf das apostolische Wort: „Prüfet alles und das Gute behaltet." (1.Thess. 5,21). Arndt hat sich auch bewußt von Weigels Irrlehren distanziert: „Was Weigels Schriften betrifft, so ist nach meinem Bedünken viel Ungereimtes in demselben enthalten, und, wenn ich nicht irre, der Schrift wiedersprechendes, besonders über die Auferstehung und Verklärung unseres Fleisches und über das Fleisch Christi und viele andere Dinge mehr."[3] Melchior Breler, Arndts Verteidiger und treuer Schüler, berichtet, daß er oft mit eigenen Ohren gehört habe, wie Arndt, die „sehr schweren und völlig unentschuldbaren" Irrtümer Weigels beklagt habe.[4] Zumal Ritschl, der gewiß kein milder Richter über Arndt war, hat eingesehen, daß Arndt kein Weigelianer war.[5]

Schon Wilhelm Koepp hat erkannt, daß die Weigelsche Schrift nicht unverarbeitet in Arndts Werk aufgenommen worden war; welche aber „die rein gnostisch-theosophischen Gedanken"[6], die Arndt weggelassen habe, waren, gibt er nicht an.

Man hat die Anschauung Weigels als ein neuplatonisches System beschrieben.[7] Gott ist die unteilbare Einheit.[8] Das Böse tritt als etwas nur Negatives hervor.[9] Christus ist der göttliche Geist im Menschen, das Wort der göttliche Gedanke. Dies Wort wurde schon vor Christus inkarniert, z. B. in Adam und Abraham. Die Lehre von der Inkarnation ist bei Weigel dadurch gekennzeichnet, daß Christus zwei Körper gehabt hat; er hätte Fleisch und Blut nicht von der irdischen Jungfrau Maria, sondern von der ewigen Jungfrau, und daß die Gläubigen neue Geschöpfe würden, nicht mehr erdgebunden, sondern himmlisch.[10] Die Imputation, die Zurechnung von Christi Gerechtigkeit, wird abgelehnt.[11] Wir erkennen hier die „schweren und völlig unentschuldbaren" Irrtümer Weigels, die Arndt so oft beklagt hat. In einem Brief von 1620 schreibt Arndt: „Von der Person und Menschlicher natur Christi/ -

---

2 *Friedrich Arndt*, Johann Arndt, Berlin 1838, S. 153. – Repetitio apologetica 2:5.

3 Brief an Antonius Buscher, Pfarrer in Stade, 1619, in *A. Tholuck*, Lebenszeugen der lutherischen Kirche, Berlin 1859, S. 272. Vgl. *Fr. Winter*, Johann Arndt, Leipzig 1911, S. 70.

4 *Johannes Wallmann*, Herzog August zu Braunschweig und Lüneburg als Gestalt der Kirchengeschichte, in: JGP 4, 1977/78, S. 27.

5 *Hans-Joachim Schwager*, Johann Arndts Bemühen um die rechte Gestaltung des Neuen Lebens der Gläubigen, Gütersloh, 1961, S. 3, vgl. S. 39, 42–43.

6 *Wilhelm Koepp*, Johann Arndt – eine Untersuchung über die Mystik im Luthertum, Berlin 1912, S. 51.

7 *H. Bornkamm*, Mystik, Spiritualismus und die Anfänge des Pietismus im Luthertum, S. 14. In: Vorträge der theologischen Konferenz, 44. Folge, Giessen 1926.

8 *A. Faivre – R. Chr. Zimmermann*, Epochen der Naturmystik, Berlin 1979, S. 107, 110.

9 *Bornkamm*, aaO., S. 14.

10 *G. S. Spink*, John Arndt's Religious Thought, Temple University 1970, S. 75. Vgl. *H. J. Schoeps*, Vom himmlischen Fleisch Christi, Tübingen 1951, S. 56–62.

11 *W. R. Inge*, Christian Mysticism, London 1899, S. 276.

hat Weigel einen gefehrlichen Irrthumb/ Item von der Auferstehung/ unseres Fleisches...". [12]

Was ist nun davon in dem Traktat im WChr 2:34 zu finden? Es besteht hier keine Einigkeit in der heutigen Forschung. Nach Koepp hat Arndt „rein gnostisch-theosophische Gedanken" weggelassen. Weber dagegen findet, daß Weigels Betbüchlein „keinen antiorthodoxen Akzent trägt". [13] Man könnte aber die Frage auch so stellen: Was in Weigels Betbüchlein hat Arndt verarbeitet und auf welche Weise?

Gott ist für Weigel allwissend. Er bedarf unserer Gebete nicht, und wir erlangen eigentlich nichts durchs Gebet; das Gebet dient eher zur Übung in der Einkehr in Gott. [14] Wir verstehen diesen Akzent vor dem Hintergrund der neuplatonischen Gotteslehre: Gott ist die unbewegliche Einheit.

Der Mensch wird eben deshalb zum Gebet ermahnt: „Darumb sol man ohne unterlass beten/ auff daß man dardurch lerne/ erfahre und befinde/ wie Gott alle ding zuvor sehe/ höre und wisse/ viel besser/ weder das man beten oder gedencken muge." [15] Diese Worte sind bei Arndt ausgelassen.

Sieht man nun, daß Gott für Weigel unserer Gebete nicht bedarf, sondern daß sie uns als eine Übung in der Einkehr in das Reich Gottes dienen, dann wird deutlicher, warum bei Weigel so viel Nachdruck auf der Vorbereitung zum Gebet liegt. [16] Arndt hat davon vieles ausgelassen; besonders hütet er sich vor dem Wort Vorbetrachtung. Es liegt in der Weigelschen Lehre vom Gebet eine gewisse Selbstwirkung: „So wir fleißig/ ohne unterlas beten/ So empfangen wir den heiligen Geist", „Also... weichet von uns alle Sorge... so wir mit ernst beten". [17] Hier hat Arndt den Weigelschen Text verarbeitet. Besonders deutlich wird das in der Erlösungslehre:

Weigel Kap. 1, S. 12	Arndt 2:34:1, S. 352f
Dann niemand mag in das Reich Gottes kommen ... er bete dann darumb ...	Dann niemand mag in das Reich Gottes kommen ... er thue denn Buße/und bete im Namen Christi.

Dem Gebet wird also von Arndt die Buße vorangestellt, und das Gebet wird ferner als Gebet im Namen Christi bestimmt.

Von der Weigel eigentümlichen Christologie ist im Betbüchlein wenig zu spüren. Doch merkt man hie und da, wie Arndt den christologischen Akzent unterstreicht. Wo Weigel von der Geburt Christi „von einem Weibe"

---

12 Zwey Sendschreiben H. Johan Arendts 1620 (ohne Druckort, unpaginiert).

13 *Weber*, aaO., S. 73.

14 *Valentin Weigel*, Ein schön Gebetbüchlein, Newen Stadt 1618; die Ausgabe ist nicht paginiert, die Seiten werden hier von dem Titelblatt gezählt. Kap. VI, S. 41f.; Kap. VII, S. 49.

15 Ibid. Kap. VI, S. 47.

16 Ibid. Kap. VII, S. 57; VIII Überschrift S. 59; Kap. IX, S. 68; Kap. XI, S. 92.

17 Ibid. Kap. III, S. 25, 28.

spricht, da schreibt Arndt „von einer Jungfrawen". [18] Und wo Weigel sein Gebet an den wahren und ewigen Gott und Vater richtet, da betet Arndt zu dem wahren Gottessohn Jesus Christus. [19]

Besonders erhellend werden aber die Arndtschen Korrekturen in der Anthropologie:

Weigel Kap. 1, S. 9	WChr 2:34:1, S. 350f
DER Erste Mensch ist von Gott . . . gemacht zu einer vollkommenen Bildnüss Gottes, durch das spiraculum vitae, das ist/durch das Göttliche einblasen: also ist er begabet gewesen mit der Weissheit vollkömmenlich/dann wie Gott also auch der Mensch/nit mehr noch weniger/ sondern alles von GOTT empfangen . . .	DEr Mensch ist von GOtt . . . geschaffen und formirt/und durchs spiraculum vitae mit einer lebendigen unsterblichen Seele begabet/welche gezieret worden mit vollkommener Weissheit/ Gerechtigkeit/Heiligkeit und Seligkeit als mit dem Bilde Gottes.

Der Mensch rückt in Weigels Text in Gottes unmittelbare Nähe, seine Weisheit ist nicht nur eine Eigenschaft der Seele, die zu seiner Gottebenbildlichkeit gehört, sie ist eine göttliche Kraft in dem Menschen: „. . . dann wie Gott also auch der Mensch/ nit mehr oder weniger . . .". Auch wird es deutlich, wie die Sündenverderbnis in dem Arndtschen Text hervorgehoben wird. Weigel beschreibt, wie der Mensch durch die Sünde „in solcher Weisheit entschlaffen" ist, „da ward der Geist Gottes oder Göttliche Bildnüss zurückgeschlagen" [20], Arndt dagegen sagt, daß der Mensch „ist solcher Weissheit beraubet worden" und daß „durch solche Übertretung das Göttliche Bild gantz verdorben" sei. [21] Vor diesem Hintergrund verstehen wir auch Arndts Verarbeitung, in welcher der freie Wille in Sicht kommt; Weigel schreibt: „. . . es stehet dir frey/ greiffe zu welchem du wile (Verdamnis oder Seligkeit)/ durch die fürlaufende Gnade . . ."; Arndt sagt: „Christus . . . zeiget dir den Weg durch dir fürlauffende Gnade, die da keine Menschen verseumet . . .". [22] Weigels Worte über die freie Wahl hat der bewußte Lutheraner Arndt schwerlich aufnehmen können, obwohl die „fürlaufende" (vorauslaufende) Gnade vorausgesetzt ist. Es scheint, als habe Arndt sich bei Weigels Rede von der „fürlaufenden" Gnade nicht recht wohl gefühlt, er hat das Attribut auch manchmal ausgelassen. [23] In Verbindung mit Weigels Lehre von der freien Wahl haben wir auch seine Polemik gegen die Gnadenwahls-

18 Ibid. Kap. I, S. 11; *Johann Arndt*, Vier Bücher vom wahrem Christenthumb (WChr), Magdeburg 1610, 2:34:1, S. 351.

19 *Weigel*, aaO., Kap. IV, S. 34; WChr 2:34:4, S. 364.

20 Ibid. Kap. I, S. 10.

21 WChr 2:34:1, S. 351.

22 *Weigel*, aaO., Kap. IV, S. 30; WChr 2:34:4, S. 362.

23 *Weigel*, aaO., Kap. VIII, S. 63; WChr 2:34:8, S. 379. *Weigel*, aaO., Kap. IX, S. 73 (von Arndt ausgeschlossen).

lehre zu sehen, die er völlig verwirft.[24] Wir erhalten dadurch ein zusammenhängendes Bild seiner Anthropologie. Der Mensch ist ihm zufolge im Sündenfall nicht völlig in die Gewalt der Sünde geraten, es bleibt in ihm noch etwas von der ursprünglichen Gerechtigkeit übrig. Daher hat er seine freie Wahl – wohl durch die vorkommende Gnade- und deshalb ist die Prädestinationslehre zu verwerfen. Wie zu erwarten ist, hat Arndt diese Ablehnung in seinem Text fortgelassen.

Die Introversionsmystik setzt voraus, daß Gott im Innersten des Menschen, im Grund, gegenwärtig ist. Diese Voraussetzung führt zuweilen mit sich, daß man annimmt, es gäbe im Menschen etwas von der Sünde Unbeschädigtes, einen göttlichen Funken in jeder Seele. Diese Offenheit für eine dem Luthertum fremde Deutung muß einem Arndt Schwierigkeiten bereitet haben, z. B. wenn Weigel schreibt: „... du (Gott) bist außer allem und durch alle man darff dich nicht von außen zu suchen an einer gewissen Stelle oder Ort/ Sondern in meinem Grunde...".[25] Diese für einen bekenntnistreuen Lutheraner schwierige Darstellung verarbeitet Arndt zu einer Auslegung der Allgegenwart Gottes.[26]

Die Ergebnisse dieser Untersuchung setzen voraus, daß unser Text mit Arndts anonymem Manuskript übereinstimmt. Eine Überprüfung ist unmöglich, da Arndts Büchersammlung und Manuskripte völlig verschollen sind.

Unsere Ergebnisse können Koepps Behauptung nicht stützen. Wohl haben wir ausführliche Verarbeitungen des Weigelschen Textes bei Arndt gefunden; die „rein gnostisch-theosophischen Gedanken", die Arndt nach Koepp ausgemerzt haben soll, sind jedoch schwer zu belegen. Weber, der annimmt, daß Arndt „ernsthafte dogmatische Korrekturen" beim Betbüchlein nicht brauchte, da es keinen antiorthodoxen Akzent trägt[27], können wir auch nicht recht geben, da die Verarbeitungen, die wir behandelt haben, keineswegs ohne dogmatische Bedeutung sind. In seiner Aufnahme und Verarbeitung des Weigelschen Textes hat sich Arndt, ebenso wie in seiner Rezeption der mystischen Tradition, als ein bekenntnistreuer evangelischer Verkündiger bestätigt.

Es kann uns aber nicht verwundern, daß allein die Tatsache, daß eine Weigelsche Schrift in Arndts Hauptwerk aufgenommen wurde, Ausgangspunkte für Angriffe bilden konnte. Eben das, was Arndt in der Schrift als wertvoll erkannte, z. B. die Betonung der geistlichen Erfahrung, die Ruhe der Seele, die Polemik gegen ein bloß äußerliches Kirchenwesen, war ein Angriff auf die intellektualistische Ausrichtung der zeitgenössischen Theologie, der nicht ohne Reaktion bleiben konnte.

Was die einzelnen loci wie die Zweinaturenlehre betrifft, ist Arndts be-

---

[24] *Weigel*, aaO., Kap. VIII, S. 63f.

[25] Ibid. Kap. XI, S. 93.

[26] WChr 2:34:10, S. 387.

[27] *Weber*, aaO., S. 73.

kenntnismäßige Zuverlässigkeit tadellos, aber eben das, was sein Anliegen war, stellt ihn in bedenkliche Nähe von Weigel, denn dieses ethische Anliegen hatte Arndt mit Weigel gemeinsam. Hans Joachim Schoeps beschreibt die Anschauung Weigels so: „Also nicht Christi Kreuzestod kauft den Menschen von der Sünde los und bewirkt eine iustitia imputativa, sondern der im Glauben angeeignete himmlische Leib Christi, der „Christus in uns" bewirkt die transmutatio realis, vergottet den Menschen, läßt ihn die Sünde verlassen und in die Seligkeit eingehen."[28] Arndt wollte den Mißbrauch des Evangeliums, d. h. die äußere Zustimmung zu der frohen Botschaft, die keine innere Echtheit besitzt und keine Aneignung ist und daher keine Kraft zur ethischen Erneuerung mit sich bringt, überwinden. Das ethische Anliegen hatte Weigel zu einer Ablehnung der Imputationslehre geführt.[29] Eine solche Abweichung von der evangelischen Lehre wird man vergebens bei Arndt suchen. Arndt schreibt: „Es haben meine Bücher einen unbeweglichen grund und fundament, welcher ist Christus, mit seinem Verdienst und Wolthaten."[30] Da dieses Fundament im WChr eher vorausgesetzt als hervorgehoben wird und der Nachdruck auf die ethische Erneuerung fällt, kann es kaum überraschen, daß Theologen, die Weigel äußerst kritisch gegenüber standen, Arndt als Weigelianer identifizierten.

Arndts Paradiesgärtlein

Schon im Ersten Buch des wahren Christentums (1605) weist Arndt auf sein „Betbüchlein" hin.[31] Drei von den Gebeten des Paradiesgärtleins finden sich am Ende des Dritten Buches (1609) mit der Überschrift: „Drey Gebet aus dem Betbüchlein Johannis Arndts." Wir können vermutlich in dem frühen, nun verschollenen Werk Arndts, De constituendis scholis virtutum, eine Vorarbeit zum Paradiesgärtlein sehen.[32] Arndt hat dieses Werk in den Schlußworten seiner Iconographia (1596) erwähnt.[33] De constituendis muß also um 1596 konzipiert worden sein. Arndt war damals seit 1590 Pastor an St. Nicolai in Quedlinburg. Der Abschnitt des Paradiesgärtleins, der „Geistliche Seelen-Artzney wider die Pestilentz" betitelt ist, wird allgemein als gleichzeitig mit der großen Pest in Quedlinburg (1598) angesehen.[34] Es ist also damit zu rechnen, daß das Paradiesgärtlein eine lange Entstehungszeit hat. Man muß deshalb mit größerer Vorsicht als Koepp vorgehen, der in

---

28 *H.J. Schoeps*, aaO., S. 61.

29 Siehe Zitate aus Weigels Postille in *Francis Pieper*, Christian Dogmatics, Bd. II, S. 526, Fußnote 45, Saint Louis 1960.

30 Zwey Sendschreiben H. Johan Arendts 1620 (vgl. oben Anm. 12).

31 „... wie du solches in meinem Betbüchlein sehen wirst..." WChr 1:42:5, S. 483.

32 *W. Schubart*, Johann Arndt, in: Neue kirchliche Zeitschrift 9, 1898, S. 471.

33 „Wie ich in meinem Büchlein de constituendis scholis virtutum ferner berichten will."

34 *W. Schubart*, aaO., S. 471. *Fr. Arndt*, aaO., S. 35. *Fr. J. Winter*, aaO., S. 14.

dem Paradiesgärtlein einen Beweis für Arndts Entwicklung in Richtung auf die bernhardinische Mystik findet.[35] Teilweise stammt das Paradiesgärtlein von 1598, vermutlich gab es eine Vorarbeit schon 1596 und eine nun verschollene Ausgabe vor 1605.

Nachdem wir nun das Paradiesgärtlein chronologisch bestimmt haben, wollen wir es theologiegeschichtlich untersuchen. Johann Arndt war ein bekenntnistreuer Lutheraner, der wegen seines Festhaltens am Bekenntnis sogar aus seiner Heimat vertrieben worden war. Andererseits gab es damals, und zwar in bekenntnistreuen lutherischen Kreisen, wie das Beispiel des Andreas Musculus[36] zeigt, ein großes Interesse für das geistliche Erbe der mittelalterlichen Mystik, die Luther entscheidend beeinflußt hatte, wie seine Worte im Vorwort der Theologia Deutsch zeigen. Tholuck, der wohl hier nur eine allgemeine Überlieferung wiedergibt, schreibt, daß Arndt schon als Knabe seine Erbauung in den Schriften von Bernhard, Tauler und Thomas à Kempis suchte.[37] Arndts Wiederentdeckung der Theologia Deutsch ist daher nicht ohne weiteres als der große Wendepunkt in seinem Leben anzusehen, wie Koepp annimmt.[38] Es wurde überhaupt eine Reihe von neu herausgegebenen Werken der mittelalterlichen Mystiker verbreitet, nicht nur von Männern wie Musculus, sondern auch von Spiritualisten wie Daniel Sudermann und Caspar Schwenckfeld.[39] Arndt kann also als ein Kind dieses Neuansatzes der evangelischen Spiritualität von 1550 angesehen werden. Paul Althaus d. Ä. hat sie so beschrieben: „Die Geschichte der Entwicklung der evangelischen Gebetsliteratur in der zweiten Hälfte des Reformationsjahrhunderts bezeichnet den organischen Prozeß eines immer stärkeren Einströmens mittelalterlicher Mystik, unter zunehmender Abhängigkeit von der römischen Gebetsliteratur und fortgesetzter Zurückdrängung evangelischen Sonderguts."[40] Althaus hat in diesem Zusammenhang vor allem auf den Einfluß augustinischer und jesuitischer Frömmigkeit hingewiesen.

Arndts Vater Jacob Arndt wurde 1553 zu Wittenberg ordiniert[41] und hatte also als junger Pastor diese Wendung erlebt. Im selben Jahr erschien die lateinische Ausgabe vom Betbüchlein des Andreas Musculus, seine deutsche Auflage folgte erst 1559.[42] Sie wird bewußt als „ex veterum Ecclesiae sanctorum doctorum scriptis" bezeichnet. In seiner Vorrede schreibt Musculus, es sei bei den alten Lehrern „ein brünstiger, ernster und hefftiger geist gewesen, als eben jetzundt in uns" und er wolle „unser andacht mit jhrem

---

35 *Koepp*, aaO., 1912, S. 75f.

36 Ibid. S. 13.

37 *Tholuck*, aaO., S. 262, vgl. *Fr. Arndt*, aaO., S. 17.

38 *Heiko A. Oberman*, Preface to Johann Arndt: True Christianity, London 1979, S. XVI; *Koepp* 1912, aaO., S. 24.

39 *Günther Franz*, Bücherzensur und Irenik, in: Theologen und Theologie an der Universität Tübingen. Hg. von Martin Brecht, Tübingen 1977, S. 142. *Fr. Arndt*, aaO., S. 151f.

40 Zit. n. *Otto Ritschl*, Dogmengeschichte Bd. IV, Göttingen 1927, S. 200.

41 *Schubart*, aaO., S. 458.

42 *Paul Althaus d. Ä.*; Forschungen zur Evangelischen Gebetsliteratur, Gütersloh 1927, S. 98.

fewer antzünden".[43] Musculus ist nicht nur Herausgeber von Gebeten der Kirchenväter, er bietet uns eine bewußte Verarbeitung, eher Paraphrase als Übersetzung.[44] Die Disposition seines Werkes ist für uns von größtem Interesse: 1. Gebete zur Dreifaltigkeit sowie zu den einzelnen göttlichen Personen. 2. Gebete über die Heilstatsachen des zweiten Artikels: Die Menschwerdung, das Leiden, Sterben, Auferstehung und Himmelfahrt Christi. 3. Gebete um die Vergebung der Sünden, Abendmahlsgebete und Gebete zu einem christlichen Wandel. 4. Gebete in Kreuz und Anfechtung. 5. Danksagungen für geistliche und leibliche Wohltaten Gottes.[45] Wenden wir uns nun dem Paradiesgärtlein zu, finden wir folgende Disposition: 1. Gebete über die Zehn Gebote. 2. Danksagungen für die Wohltaten der Heiligen Dreifaltigkeit, mit Sakramentsgebeten und Danksagungen für die Menschwerdung, das Leiden, Sterben und die Himmelfahrt Christi. 3. Gebete in Kreuz und Anfechtung mit der geistlichen Seelenarznei, wohl aus Quedlinburg 1598. 4. „Amtsgebete", d. h. Kasual-Gebete. 5. Lob und Freudengebete.

Mit Ausnahme der Gebete über die Zehn Gebote und der Amtsgebete finden wir also bei Arndt eine Disposition, die Musculus sehr nahesteht. Gebete über die Zehn Gebote, das Glaubensbekenntnis, das Vaterunser und Amtsgebete gehören zu der festen Gebetsüberlieferung der evangelischen Kirche.[46] Eine Vaterunser-Auslegung findet sich auch im dritten Teil des Paradiesgärtleins. Zu derselben Tradition gehören die Krankengebete, die „geistliche Seelenarznei".[47] Die Disposition des Paradiesgärtleins hat Entsprechungen in der zeitgenössischen evangelischen Gebetsliteratur. Jesuitische Einflüsse sind nicht notwendigerweise anzunehmen.

Schon der Titel von Arndts Betbüchlein, Paradiesgärtlein, gibt den Zusammenhang mit der mittelalterlichen Frömmigkeit an, deren wichtigste Gebetbücher Paradisus animae und Hortulus animae waren.[48] Literarisch ist das Paradiesgärtlein von der anbetenden Meditation der augustinischen Schriften geprägt[49], wohl auch von der wortfrohen Ausführlichkeit des Frühbarocks beeinflußt. Hier ist gewiß ein Vergleichspunkt mit dem Jesuitismus zu erkennen. Aber wenn man wie Althaus Kasuistik, Marien-Verehrung, Heiligenkult und Sakramentsanbetung als Merkmale der jesuitischen Frömmigkeit bestimmt hat[50] und davon gar nichts – mit Ausnahme von den „Amtsgebeten" – bei Arndt zu finden ist, dann erscheint es nicht ohne weiteres selbstverständlich zu behaupten, daß auf Arndts Paradiesgärtlein die jesuitischen Quellen eine ganz bedeutende Einwirkung haben.[51]

---

43 Ibid., S. 99.
44 Ibid., S. 101.
45 Ibid., S. 102.
46 Ibid., S. 10, 44, 52, 67, 57.
47 Ibid., S. 37, 48 ff., 51.
48 Ibid., S. 14, 19.
49 Ibid., S. 26, 74.
50 Ibid., S. 88, 94.
51 Ibid. S. 88. Welche diese Bedeutung ist, hat Althaus nicht angegeben.

Vor dem Hintergrund, den wir in den obigen Überlegungen skizziert haben, können wir folgende These aufstellen: Arndt wurde zuerst von Andreas Musculus Betbüchlein und der darin evangelisch verarbeiteten Frömmigkeit beeinflußt. Wir haben bei Arndt, wie bei Martin Moller[52] und Andreas Musculus, eine selektive Rezeption und dazu eine Umgestaltung des altkirchlichen und mittelalterlichen Frömmigkeitserbes zu erwarten, die mit der reformatorischen Spiritualität im Einklang ist und ergänzend auf sie wirkt. Wenn man bei dieser Rezeption nach dem „evangelischen Sondergut" fragt, so muß die Bedeutung des Wortes Gottes und der Versöhnung entscheidend sein. Wir nehmen an, daß die mystischen Züge des Paradiesgärtleins sich völlig aus dem Einfluß der Mystiker, die auf Arndt im WChr eingewirkt haben, erklären läßt. Um diese Vermutung zu stärken, muß jedoch eine genaue Untersuchung der Theologie des Paradiesgärtleins unternommen werden.

Das Gebet bei Luther und Arndt

Johann Arndt war ein bewußter Lutheraner, jedoch ist es unverkennbar, daß eine Entwicklung, zumal eine Umformung der Spiritualität von Luther bis Arndt stattgefunden hat.

Um Arndts Lehre vom Gebet genauer zu umreißen, wird sie daher vor dem Hintergrund von Luthers Frömmigkeit vorgeführt. Wir werden zuerst die Vorreden zu Luthers Betbüchlein von 1522 und Arndts Vorrede zum Paradiesgärtlein vergleichen, danach werden wir die Predigten Luthers und Arndts zum Sonntag Rogate (5. n. Ostern) untersuchen. Es wird also hier nicht die Lehre Arndts und Luthers vom Gebet in ihrer Fülle dargestellt und verglichen, sondern nur zwei gleichartige Texte untersucht, eine Vorrede zu einen Betbüchlein und Predigten über das Gebet.[53]

Sodann bleibt noch die Frage nach der Bedeutung der Mystik für Arndts Lehre vom Gebet zu beantworten. Die Vorrede Luthers zum Betbüchlein[54] hat eine ganz bewußte polemische Spitze: Sie richtet sich gegen die spätmittelalterlichen Gebetbücher. Ausdrücklich erwähnt werden Hortulus animae und Paradisus animae, eben die Bücher, an die Arndt in seinem Titel Paradiesgärtlein angeknüpft hat. Dazu wendet sich Luther gegen die „Brigittischen gepett[55] und aller ander die mitt ablass

[52] Ibid. S. 62, 134.

[53] Für eine ausführliche Darstellung von Luthers Lehre vom Gebet, siehe: *Gunnar Wertelius*, Oratio continua, Lund 1970.

[54] WA 10, II, 375–377.

[55] Wer diese Gebete übte, konnte nach allgemeiner Meinung fünfzehn Seelen aus dem Fegefeuer retten, die Bekehrung fünfzehn weiterer und die Befestigung von noch einmal fünfzehn Seelen erwirken. Dictionaire de Spiritualité Bd. 1, Sp. 1956ff.

oder zusagung auss gemald sind", d.h. Gebetsformulare, deren Gebrauch Ablaß von den zeitlichen Strafen der Kirche verspricht.

Dasselbe greift Luther bei dem Paradisus animae und Hortulus animae an. In ihrer vorliegenden Form weist Luther die mittelalterliche Gebetsüberlieferung ab: „... das sie wol wirdig weren eyner starcken, gutter reformacion oder gar vertilget weren..." Zu dieser Reformation der Gebetstradition fühlt sich Luther aber nicht im Stande: „Nu aber ich die tzeitt nicht habe und myr solche reformacion alleyne zu viel ist will ichs auff diss mal bey disser ermanung lassen bleyben, biss gott tzeit und gnade gibt." Bekanntlich wurde es Luther nie vergönnt, diese Reformation der Gebetsüberlieferung durchzuführen. Sein Betbüchlein ist anders aufgebaut: Die Zehn Gebote („disse eynfeltige Christliche form und spiegel die sund tzuerkennen unnd tzu beten"), das Glaubensbekenntnis und das Vaterunser. Für Luther ist im Grunde das Vaterunser das eigentliche christliche Gebet. Mehr bedarf der Christ nicht: „Unnd bynn gewissz, das eyn Christlich mensch ubirflussig gepetet hatt, wenn er das vater unsser recht betet." Die Art des Gebets ist für Luther das Entscheidende, weit mehr als seine Form. Es kommt darauf an, daß es wirklich mein „hertzlich seufftzen tzu gott" ist. Das Vaterunser ist, als Form des „herzlichen Seufzens" zu Gott, unerschöpflich: „... yhe mehr und lenger man es treybt, yhe susser und lustiger es wirt." Mit dieser Einstellung zum Gebet wird aber die von Luther beabsichtigte Reformation der mittelalterlichen Gebetstradition nicht mehr ein Hauptanliegen.

Die geistlichen Bedürfnisse der evangelischen Gemeinden haben aber die Nachfolger Luthers dazu geführt, diese Reformation durchzuführen. In der vordersten Reihe unter den Reformatoren der mittelalterlichen Gebetsüberlieferung steht Johann Arndt mit seinem Paradiesgärtlein. Schon der Titel gibt Arndts Anliegen an: „Paradiss Gärtlein Voller Christlicher Tugenden/ wie dieselbige in die Seele zu pflantzen/ Durch Andächtige/ lehrhafte und tröstliche Gebet/ zu ernewerung des Bildes Gottes/ zur ubung des wahren lebendigen Christenthumbs..."[56] Das ethische Anliegen Arndts tritt deutlich hervor: die Erneuerung der Gottebenbildlichkeit des Menschen, die für Arndt in den Tugenden besteht.[57] Das Gebet ist für Arndt eine geistliche Übung der Tugenden. Es dient dem Durchdringen des christlichen Glaubens in dem menschlichen Dasein, der Inkarnation des Christentums im Leben des Menschen. Dieses Anliegen prägt auch das Vorwort des Paradiesgärtleins.

Arndts Anliegen spiegelt eine veränderte pastorale Ausgangslage, die durch die polemische Spitze seiner Vorrede deutlich hervorgehoben wird. Bei Luther richtete sich die Polemik gegen einen Gebrauch der Gebetsformulare, der von der Ablaßlehre bestimmt war. Arndts Problem hingegen ist „ein spöttisch unnd strefflich ding/ Beten unnd doch mit bösem Leben Gott

---

[56] Ausgabe Magdeburg 1612.

[57] *Chr. Braw*, Bücher im Staube, Borås 1985, S. 78–96.

widerstreben".[58] Arndt wendet sich gegen eine nur äußerliche Gebetspraxis, die keinen Einfluß auf das Leben hat, „daß sie immer fort und fort die Gebetlein auff alle Tage sprechen und lesen/ unnd bleiben doch in jhrem alten Leben".[59]

Für Arndt ist ein so entartetes Beten in der Tat kein Gebet. Denn wahres Gebet muß im Leben des Betenden Wirklichkeit werden: „... das Gebet erfordert uñ begreifft in sich alle Christliche Tugenden."[60] Das tugendhafte Leben; anders ausgedrückt: die Fleischwerdung des Glaubens im Glaubenden, ist für Arndt die Voraussetzung und die wahre Natur des Gebets. Wir erkennen hier Arndts lebenslanges Anliegen, das er schon in der Vorrede zur Theologia Deutsch 1597 nennt: „... die Lehre Christi ins Leben verwandeln/ oder wie Christus in uns Leben/ uñ Adam in uns sterben sol."[61] Arndt beschreibt es auch als die Erneuerung der Gottesebenbildlichkeit: „Sol man aber Gott nahe werden/ so muß es geschehen durch wahre bekenntnis/ und durch wieder auffrichtung des bildes Gottes in uns/ durch den Glauben/ unnd durch Übung des Glaubens."[62] Hier haben wir ein Hauptthema der „Vier Bücher vom Wahren Christentum".

Die Erneuerung von Gottes Abbild im Menschen ist aber nur durch Buße zu denken. Daher enthält der erste Teil des Paradiesgärtleins Bußgebete, wie auch das erste Buch des WChr der Buße geweiht ist. Die „stete Buße" ist nach Arndt das rechte Herzensgebet, und die Bettage und Betstunden müssen immer Bußtage und Bußstunden sein.[63]

Die Buße ist aber nicht nur eine „stete Buße", sondern auch die erste Stufe der Leiter des Gebets. Hier ist eine wichtige Grundstruktur der Arndtschen Frömmigkeit zu erkennen: die stufenförmige Entwicklung des geistlichen Lebens. Sie wird schon im WChr durch die vier Bücher dargestellt. Arndts pastorales Anliegen ist, den Glaubenden in diese Entwicklungslinie einzuführen und auf jeder Stufe geistliche Führung zu geben. An dieser Stelle ist Arndt zweifelsohne tief von den Mystikern beeinflußt, und es wäre leicht anzunehmen, daß er sich in dieser Hinsicht weit von Luther, bei dem alles eigentlich im Glauben gegeben ist, entfernt hätte.

Es ist jedoch auch bei Arndt so, daß alles im Glauben gegeben ist. Schon in der Vorrede zur Theologia Deutsch schreibt Arndt: „An dieser Einigkeit (Gott und Mensch) ligt alles, deñ diese vereinigung mit Gott/ ist die newe Creatur/ die Newgeburt/ der Glaube/ Christus in uns durch den Glauben/ Christi Leben in uns/ Christi einwonung in uns/ des H. Geists erleuchtung/

---

58 Paradiesgärtlein 1612, S. 11. Widmung und Vorrede sind in der magdeburgischen Ausgabe von 1612 nicht paginiert. Die Seiten werden hier bei der Widmung beginnend gezählt.

59 Ibid., S. 12.

60 Ibid., S. 7.

61 S. 11 v., Vgl. *Braw* aaO., S. 30–40.

62 Paradiesgärtlein 1612, S. 9, vgl. S. 20, 21.

63 Ibid., S. 12, 13, 18.

das Reich Gottes in uns/ dis alles ist eins."[64] Wie ist es nun zu verstehen, das „dis alles ist eins", wozu dann die stufenförmige Entwicklung? Dasselbe Bild und dieselben Fragen kommen im Paradiesgärtlein vor. Arndt beschreibt das Gebet als einen „Kuß des friedes/ als die geistliche Braut jhrem Himmel Bräutgam Christo Jesu gibt."[65] Hier beschreibt Arndt das Gebet mit den Worten des Hohen Liedes, die bei dem Mystiker die höchste geistliche Erfahrung darstellen.[66] Mit dem augustinischen Sprachgebrauch stellt er das Gebet dar als einen „inniglichen Seelen Sabbath/ und Ruhetag/ dadurch die liebhabende Seele/ in Gott ruhet".[67] Es ist ein geistliches Lusthaus, eine „senfftigung unsers unruhigē Hertzens", eine Tugendübung, ein geistlicher Sieg, ein Trost, ein Mittel, um die Tugenden zu empfangen.[68] Dies alles ist das Gebet, nicht nur auf seinem Höhepunkt, sondern in sich selbst, eben wie der Glaube die Vermählung der Seele mit Gott in sich schließt.

Und doch bleibt der Stufenweg das als eine Grundstruktur der Arndtschen Frömmigkeit. Den Ausgangspunkt bildet die altkirchliche Auslegung des Wortes von Jakobs Himmelsleiter: „Augustinus und andere Heylige Väter beschreiben das Gebet mit lieblichen Namen und vergleichen dasselbe/ der Himmelsleiter/ an welcher wir hinauff gen Himmel steigen/ und die H. Engel mit uns wieder herab."[69] Die Stufen des Gebets sind nach Arndt fünf: 1. Die Buße, „daß du für allen dingen GOtt deinem HErrn deine Sünde von Hertzen/ in Rew und Leydt abbittest."[70] 2. Die Erneuerung, „daß du mit dem Leben betest/ und die Christliche Tugende von Gott erbittest".[71] 3. Mit „lautern kräfftigen Seufftzen" beten.[72] 4. Gebet „mit großen freuden".[73] 5. Beten „aus großer fewriger Liebe". Die dahin gelangt sind, haben „alle jre Lebens und Seelen Kräffte in die Liebe gezogen/ unnd verwandelt/ diesselbe mit Gott vereiniget".[74] Arndt beschreibt hier, was bei den Mystikern insgemein die unio mystica genannt wird. Die Eigenart der Arndtschen Frömmigkeit zeigt sich in seiner Betonung des ganzen Menschen: die unio mystica berührt nicht nur das Innerste, sondern „alle Leben und Seelen Kräffte".

Arndt legt auch die Worte Christi in Matth. 7 „bittet", „suchet", „klopfet" als Hinweis auf die Stufen des Gebets aus, und auf dem höchsten Punkt, dem Anklopfen, „wird er dein Liebhaber die Thür seines himmlischen Reichthum̄s auffthun und sprechen/ Veni & vide".[75] Zweifelsohne beschreibt

---

[64] S. 11 v.
[65] Paradiesgärtlein 1612, S. 16.
[66] *Dom Cuthbert Butler*, Western Mysticism, London 1967, S. 96.
[67] Paradiesgärtlein 1612, S. 16.
[68] Ibid.
[69] Ibid.
[70] Ibid., S. 18.
[71] Ibid.
[72] Ibid.
[73] Ibid.
[74] Ibid., S. 19.
[75] Ibid., S. 20, vgl. S. 27.

Arndt auch hier die Erfahrung der Vereinigung mit Gott, der Vermählung der Seele mit Christus.

Die Entwicklung des geistlichen Lebens spiegelt sich in der Disposition des Paradiesgärtleins: 1. Die Tugendgebete nach den zehn Geboten. 2. Die Dankgebete nach dem Glaubensbekenntnis. 3. Die Trostgebete im Kreuz. 4. Die „Amtsgebete". 5. Die Freudengebete. Arndt schreibt darüber: „Unnd so du durch diese gradus recht gangē bist/ wirstu dz Reich Gottes in dir empfinden/ welches ist Gerechtigkeit/ Friede und Frewde im heiligen Geist. Denn also mustu deinen Schatz im Acker/ und die köstliche Perle suchen."[76] Hier haben wir tatsächlich einen Schlüssel zum Verständnis der Arndtschen Lehre vom Gebet. Wir können nicht annehmen, daß es bei Arndt zwei verschiedene, einander widersprechende Anschauungen in dieser Hinsicht gibt, die eine, daß alles im Glauben gegeben ist, die andere, daß die Vereinigung mit Gott nur auf dem höchsten Punkt der Entwicklung erlangt wird. Vielmehr verhält es sich so, daß alles schon da ist, aber als ein verborgener Schatz im Akker, der gesucht werden muß. Die Leiter des Gebets, die stufenförmige Entwicklung des geistlichen Lebens ist ein Aneignen dieses Schatzes, ein subjektives Erfahren dessen, der – objektiv – bereits da ist. Wenn wir Arndts Lehre vom Gebet in einer kurzen Formel zusammenfassen, können wir sagen: Das Gebet ist bei ihm ein Aneignen der im Glauben gegebenen Güter, eine Interiorisierung, die der tugendlichen Erneuerung dient. Luthers Lehre vom Gebet könnte wohl am deutlichsten mit den Worten des Kleinen Katechismus formuliert werden: „Gott will damit uns locken, daß wir gläuben sollen, er sei unser rechter Vater und wir seine rechte Kinder, auf daß wir getrost und mit aller Zuversicht ihn bitten sollen wie die lieben Kinder ihren lieben Vater."[77] Hier fällt der Akzent Luthers auf das „herzliche Seufzen". Äußerlich gesehen könnte es den Anschein haben, daß Arndt sich weit von Luther entfernt hätte. Aber auch Arndt kennt das Gebet als ein vertrauliches Gespräch zwischen Gott und Mensch[78], und sein Nachdruck auf die Aneignung des Glaubensgutes entspricht wohl Luthers Betonung des Seufzens des Herzens, d. h. des Gebets, das aus dem Innersten kommt.

Die Eigenart der Arndtschen Lehre vom Gebet zeigt sich in seinem ethischen Akzent und in seiner Auslegung von der Himmelsleiter als einer stufenweisen Entwicklung des geistlichen Lebens, die er von den Kirchenvätern und den Mystikern gelernt hatte.[79]

Wir werden die bisher gewonnenen Ergebnisse nun weiter prüfen durch einen Vergleich von Luthers und Arndts Predigten zum Sonntag Rogate oder Vocem Jucunditas (5. n. Ostern). Die Predigten Luthers

---

76 Ibid., S. 24.

77 Die Bekenntnisschriften der evangelisch-lutherischen Kirche Göttingen 1979, S. 152.

78 Paradiesgärtlein 1612, S. 14.

79 Vgl. *Braw*, aaO., S. 167f.

sind der Kirchenpostille entnommen, der einzigen Schrift Luthers, die Arndt im WChr angeführt hat.[80]

Luthers Kirchenpostille enthält zwei Predigten über Joh. 16,24–30. Sie behandeln beide das Wesen des christlichen Gebets: Es gründet sich auf Gottes Befehl und Verheißung, darauf der Glaube bauet. Das Gebet erwächst aus der Not und aus der Begierde erhört zu werden: „... das hertz erhebt und schwinget zu Gott/ und begert etwas von jm/ und aus dem grund seufftzet...".[81] Das christliche Gebet ist ein Gebet im Namen Jesu, „das ist nichts anders/ denn das wir für komen im Glauben Christi".[82] Die zweite Predigt ist ähnlich disponiert: Das Gebet gründet sich auf Gottes Befehl und Verheißung. Hier muß der Christ glauben und nicht zweifeln, denn Zweifeln macht das Gebet nichtig. Das Gebet muß nicht auf eigene Würdigkeit bauen, und der Betende darf Gott nicht Zeit und Weise der Erhörung vorschreiben, sondern er soll nur „frisch und frölich erwarten der erhörung/ doch nicht wissen wollen/ wie und wo/ wie bald/ wie lange und durch welche...".[83]

Die polemische Spitze der Darstellung, die oft bei Luther die pastorale Fragestellung klarlegt, richtet sich gegen „das eusserliche Plappergebet uñ murmeln" und gegen die mittelalterliche Gebetsliteratur: „Wir haben bisher mancherley weyse gebrauchet/ uns zu Gebet zu schicken/ wie das denn die Bücher vol sind."[84] Auch das nur äußerliche Brevierlesen kritisiert Luther: „Denn Psalmen singen/ uñ das Vater unser lesen/ heisst nicht gebetet."[85] Es kommt nicht darauf an, daß Gebete „so viel/ so grosse/ so andechtige/ so heilige"[86] gesprochen werden. Für Luther ist der auf Gottes Verheißung ruhende Glaube, der nicht nur historisch, sondern persönlich angeeignet ist („Christus für uns"), das Entscheidende.[87] Diesem gläubigen Gebet wird die geistliche Erfahrung zugesprochen: „Versuchs nur und bete also/ so wirstu fülen diese süssigkeit der Verheissung Gottes."[88] Luther sagt: „Der Glaube aber helt das Hertz stille/ und macht es empfenglich Göttlicher Gnade."[89] Hier sehen wir, wie ein Hauptthema Taulers, die Ruhe der Seele[90], von Luther auf den Glauben bezogen ist. Ähnlich wie Tauler spricht auch Luther, wenn er sagt: „Gott ist bereit/ viel ehe und mehr zu geben/ deñ jr bittet."[91]

---

[80] WChr 1610, 1:31:1, Rand.
[81] *Martin Luther*, KirchenPostille, Wittenberg 1598, S. 68 v.
[82] Ibid.
[83] Ibid., S. 70 r.
[84] Ibid., S. 68 r.
[85] Ibid.
[86] Ibid., S. 68 v, vgl. S. 69 r.
[87] Ibid., S. 68 r, 69 r.
[88] Ibid., S. 68 r.
[89] Ibid., S. 70 r.
[90] Z. B.: „In disen unbekantē gott setze dein růw." *Joh. Tauler*, Predigten, Basel 1522, 142 va.
[91] *Luther*, aaO., S. 68 r, 69 v. Vgl. Tauler aaO., S. 38 v., 161 v.

Luthers Anliegen ist, in den Predigten ebenso wie in der Vorrede zum Gebetbüchlein, „das innerliche Gebet im Hertzen“.[92]

Arndt legt in drei Predigten denselben Text aus. Schon die Anfangsworte der ersten Predigt stellen die Grundgedanken seiner Theologie dar: „Die erste Würde und Herrlichkeit (des Menschen) ist das Bilde Gottes/ welches/ obs gleich durch die Sünde verlohren/ so hats doch Christus in uns wieder ernewert durch den heiligen Geist/ und durch den Glauben/ durch welchen wir Christi Gerechtigkeit und Heiligkeit anziehen/ welchs Bilde Gottes schöner ist/ als das erste. Die ander Würdigkeit und Herrlichkeit der Gleubigen in dieser Welt/ ist Gottes Einwohnung und Vereinigung mit Gott. Die dritte ist Gottes Liebe/ damit er uns liebet.“[93] Arndt ist ein großer Verkündiger der Liebe Gottes. Die Gottebenbildlichkeit des Menschen, ihre Erneuerung und die Einwohnung Gottes sind die Hauptpunkte seines pastoralen Anliegens.

Die drei Predigten Arndts zum Sonntag Rogate stellen die evangelische Frömmigkeit getreu dar: Das Gebet gründet sich auf Gottes Befehl und Verheißung, es ist Gebet im Namen Jesu, durch Christus, und diesem Gebet wird Erhörung zugesprochen.[94] Die Arndtsche Spiritualität zeigt sich durch das Hervorheben der Buße und Erneuerung. Arndt führt ein Wort Augustins an: „In carne orant, qui in peccatis perseverant.“[95] Die pastorale Fragestellung ist hier dieselbe wie in den früheren Werken: der Glaube, der in Unbußfertigkeit verharrt. Diese Frage macht es auch wichtig für Arndt hervorzuheben, daß das Gebet den ganzen Menschen angeht. Gebet ist für ihn nicht nur das Seufzen des Herzens, sondern „sein Hertz/ Seele/ Geist/ Gemüt/ Gedancken/ uñ alles was am Menschen ist/ andechtig zu Gott erheben...“.[96] Dasselbe Anliegen hat Arndt zu einer Vaterunser-Auslegung, die dieses Gebet als ein Gebet um die Tugenden darstellt, geführt: Fides, Spes, Charitas, Temperantia, Justitia fidei, Fortitudo christiana et Prudentia, Perseverantia christiana oder Patientia – diese Tugenden sind es, nach Arndt, die im Vaterunser gemeint sind.[97]

Die Vereinigung mit Gott, die Einwohnung Christi, gehörte schon zu Luthers Darstellung vom Gebet: „Gott ist uns gnädig/ darumb/ das er Christo gnädig ist/ welcher in uns ist/ uñ wir in jm.“[98] Bei Arndt kommt diesem Aspekt eine noch größere Bedeutung zu. Er schreibt: Christus „betet in dir durch dein Seufftzen/ dann er wohnet in uns durch den Glauben“.[99] Hier beschreibt Arndt die objektive Glaubenswirklichkeit der Einwohnung

---

92 *Luher*, aaO., S. 68v.

93 *Johann Arndt*, Postilla, Jena 1620, S. 418r, v.

94 *Arndt*, aaO., S. 420r, 420v, 422r, 422v, 423r, 425r, 426r.

95 Ibid., S. 424v, vgl. S. 422v.

96 Ibid., S. 419r.

97 Ibid., S. 421r, vgl. S. 422v.

98 *Luther*, aaO., S. 69r.

99 *Arndt*, aaO., S. 424r, vgl. S. 418v, 427v.

Christi. Das Gebet ist aber auch für Arndt ein Weg zur Erfahrung der Vereinigung mit Gott: „Durchs Gebet erhebt sich der Geist des Menschen zu Gott/ schawet Gottes/ und der Ausserwehlten Herrligkeiten an/ und wird dadurch mit Gott vereiniget/ und mit Gottes Hulde/ Gnade und Trost erfüllet."[100] Arndt übernimmt hier die altkirchliche Vorstellung vom Gebet als Weg der Seele zu Gott.[101] In demselben Sinn wird die Jakobsleiter bei Arndt ausgelegt: „Ist bedeutet durch die Leiter Jakobs/ daran die Engel auff und ab steigen. Die Leiter ist Christus/ und sein heiliger Name/ die auffsteigenden Engel sind das gläubige Gebet/ die absteigende sind der Trost..."[102] Wohl wird dieser Gedanke hier nicht weiter ausgeführt, und eine Darstellung der stufenweisen Entwicklung des geistlichen Lebens fehlt, aber die Grundstruktur ist dieselbe wie im Paradiesgärtlein. Arndt hat ihr hier eine augustinische Gestalt gegeben: Christus ist die Leiter; wie Augustin es sagt: „Du glaubst an Christus geboren im Fleisch und kommst hindurch zu Christus geboren aus Gott, Gott bei Gott."[103] Das Gebet als Hinaufsteigen auf der Himmelsleiter setzt aber die Ruhe der Seele voraus, und diese Ruhe wird im Glauben an die Verheißung Gottes erlangt[104], wie bei Luther. Es kommt aber bei Arndt auch ein anderer Aspekt hinzu: „... so bald unser Hertz ruhet von den fleischlichen Affecten/ Zorn/ Geitz/ Wollust/ Hoffarth/ so bald fehet der Geist Gottes in uns an zu seufftzen und zu beten."[105] Hier sehen wir, wie Arndts ethisches Anliegen seine Darstellung von der Ruhe der Seele gefärbt hat.

Wir haben nun versucht, ein besseres Verständnis der Lehre Arndts vom Gebet durch einen Vergleich mit der Luthers zu finden. Es muß wieder hervorgehoben werden, wie nahe die beiden Verkündiger einander stehen. Arndt ist im Grunde von der evangelischen Frömmigkeit geprägt. Er ist ein steter Verkündiger des Glaubens, der auf den Verheißungen Gottes ruht. Hier ist bei ihm die Grundvoraussetzung des Gebets zu finden. Die pastorale Fragestellung, die er vor sich sah, hat ihn aber dazu geführt, Aspekte hervorzuheben, die bei Luther weniger hervortreten. Dies wird in seinem ethischen Anliegen deutlich, das eng vereint ist mit Themen, die Arndt mit der Mystik verbinden: die Einwohnung Gottes, die Entwicklung des geistlichen Lebens bis zu seinem Höhepunkt: die Erfahrung, die Aneignung oder Subjektivierung der Glaubenswirklichkeit. Diese Erfahrung ist aber bei Arndt nicht Selbstzweck, sondern sie ist immer im Zusammenhang mit seinem ethischen Anliegen zu sehen.

---

100 Ibid., S. 427r.

101 *Joh. Damascenus*, zit. nach *Dom Anselm Stoltz*, Theologie der Mystik, Regensburg 1936, S. 121.

102 *Arndt* aaO., S. 427.

103 Zit. n. *Erich Przywara*, Augustinus – Die Gestalt als Gefüge, Leipzig 1934, S. 338.

104 *Arndt*, aaO., S. 425v.

105 *Arndt*, aaO., S. 427v.

Ernst Koch

Therapeutische Theologie. Die Meditationes sacrae von Johann Gerhard (1606)*

1.

Im Frühjahr 1606 erschien bei Christoph Lippold in Jena ein Büchlein im Duodezformat, dessen Vorrede an den Rat von Halberstadt gerichtet war. Nach der Gewohnheit der Zeit bedankte sich der Rat der Stadt Halberstadt am 29. Juni 1606 mit der Übersendung von 6 ungarischen Dukaten an den Verfasser.[1] Das Büchlein trug den Titel

> Quinquaginta Meditationes sacrae ad veram pietatem excitandam & interioris hominis profectum promovendum accomodatae

und war verfaßt von dem damals 24jährigen Johann Gerhard aus Quedlinburg, der sich mit der Widmung beim Rat der Stadt Halberstadt für die Förderung bedankte, die er mit der Aufnahme in die Schule im Jahre 1599 – ein Jahr nach seiner Erkrankung an der Pest, von der er jedoch geheilt wurde – von den Vätern der Stadt erfahren hatte. Seine Mutter stammte aus Halberstadt.

Dic 50 Meditationen befassen sich mit 50 einzelnen, genau bezeichneten Themen: Von der wahren Anerkennung der Sünden (1), Übung der Buße aus dem Leiden des Herrn (2), Von der Frucht wahrer und ernsthafter Buße (3), Betrachtung über den Namen Jesu (4), Übung des Glaubens aus der Liebe Christi (5), Tröstung der Büßenden aus dem Leiden Christi (6), Von der Frucht des Leidens des Herrn (7), Von der Gewißheit unseres Heils (8), Daß man Gott allein lieben soll (9), Von unserer Versöhnung mit Gott (10), Von der Genugtuung für unsere Sünden (11), Von Wesen und Eigenschaften wahren Glaubens (12), Von der geistlichen Ehe zwischen Christus und der Seele (13), Von den Geheimnissen der Inkarnation (14), Von der heilsamen

* Einige Abschnitte der folgenden Ausführungen wurden im Herbst 1986 bei Gastvorlesungen am Sprachenkonvikt Berlin und an der Augustana-Hochschule Neuendettelsau vorgetragen. Der Diskussion dieser Vorlesungen verdanke ich weiterführende Gesichtspunkte.

[1] Für die vorstehenden Daten sind wir auf den Bericht von *Erdmann Rudolph Fischer* in seiner Biographie von Johann Gerhard angewiesen: Vita Joannis Gerhardi, Leipzig 1723, S. 437–439. Ein Exemplar des Erstdruckes konnte ich bisher nicht finden. Das einzige dafür in Frage kommende Exemplar der St. Michaeliskirche in Zeitz scheidet für eine exakte Identifizierung aus, weil ihm das Titelblatt fehlt.

Frucht der Inkarnation (15), Von der geistlichen Erquickung der Frommen (16), Von den Früchten der Taufe (17), Von der heilsamen Teilhabe an Leib und Blut Christi (18), Vom Geheimnis des Herrenmahles (19), Von der ernsthaften Vorbereitung auf die Teilnahme am heiligen Mahl (20), Von der Himmelfahrt Christi (21), Homilie über den Heiligen Geist (22), Von der Würde der Kirche (23), Betrachtung über die Prädestination (24), Von der heilbringenden Wirksamkeit der Gebete (25), Von der Wacht der heiligen Engel (26), Von den Nachstellungen des Teufels (27), Allgemeine Regeln für ein frommes Leben (28), Von der Vertreibung der Sicherheit (29), Von der heiligen Nachahmung des Lebens Christi (30), Von der Selbstverleugnung (31), Von der wahren Ruhe der Seele (32), Von der Reinheit des Gewissens (33), Vom Trachten nach wahrer Demut (34), Von der Flucht vor Habgier (35), Von den Eigenschaften wahrer Liebe (36), Vom Trachten nach Reinheit (37), Von der Flüchtigkeit gegenwärtigen Lebens (38), Von der Eitelkeit der Welt (39), Vom Nutzen von Anfechtungen (40), Grundlagen christlicher Geduld (41), Wie man die Versuchung, die Beständigkeit im Glauben betreffend, besiegen kann (42), Von der täglichen Betrachtung des Todes (43), Trost beim Tode von Freunden (44), Vom Jüngsten Gericht (45), Von der Sehnsucht nach dem ewigen Leben (46), Von der allerseligsten Schau Gottes im Himmel (47), Von der höchst angenehmen Gesellschaft mit den Engeln im Himmel (48), Von der Schwere der Höllenstrafen (49), Von der Ewigkeit der Höllenstrafen (50).

2.

Wir sind in der Lage, die Entstehung des Büchleins ein gutes Stück weit verfolgen zu können. Johann Gerhard war in seiner Geburtsstadt unter den Einfluß von Johann Arndt gekommen, der dort seit seinem Weggang aus Badeborn Pfarrer war. Dieser fortdauernde Einfluß ist am Briefwechsel zwischen beiden abzulesen. Arndt war es auch, der dem Jugendlichen half, eine schwere Pubertätskrise zu überwinden. Johann Gerhard verdankt seinem geistlichen Vater schließlich den Rat, Theologie zu studieren.[2]

Freilich begann Johann Gerhard sein Studium nach Absolvierung des Studiums der artes 1601 zunächst in Wittenberg mit dem Studium der Medizin und wechselte erst 1603 in Jena zur Theologie über. Er war es, der im November 1603 – nach dem philosophischen Magisterexamen – das erste Collegium metaphysicum in Jena hielt.

Im Spätherbst muß der damals 21jährige Gerhard in eine weitere schwere gesundheitliche Krise geraten sein. Erdmann Rudolph Fischer hat 1723 noch Gerhards Testament gekannt, niedergeschrieben am 29. Dezember 1603[3], in

[2] Zum Vorstehenden vgl. zuletzt *Jörg Baur*, Johann Gerhard. In: *Martin Greschat* (Hg.), Gestalten der Kirchengeschichte, Bd. 7 (Orthodoxie und Pietismus), Stuttgart u. a. 1982, 101 f.

[3] *E. R. Fischer* (wie Anm. 1), S. 29–37.

dem er auf die lateinischen Meditationes verweist, „welche ich in ein pergamen buchlein in 8tauo zusammen geschrieben, vnd soll der trost, welcher darinnen verfasset vnd aufgezeichnet, mitten im tod mich erhalten“.[4] Dieses Manuskript Gerhards ist in der Forschungsbibliothek Gotha erhalten geblieben.[5] Es ist Bestandteil eines noch weitere Arbeiten des jungen Gerhard enthaltenden, mehrere Papierlagen umfassenden Sammelbandes und ist auf zwei Papierlagen verteilt. Am Schluß der ersten Papierlage sind eine Seite, am Beginn der zweiten Lage drei Blätter unbeschrieben geblieben. Die erste Lage trägt als Haupttitel die Überschrift: „MEDITATIONES THEOLOGICAE AD DOCTRINAM et veram consolationem“, verbunden mit einem Cyprian- und einem Fulgentiuszitat.[6] Der Untertitel lautet: „MEDITATIONES SACRAE contra mortis terrorem profuturae.“[7] Die nun folgenden Einzelabschnitte sind jeweils mit HOMILIAE überschrieben und in der ersten Papierlage von I bis IX durchgezählt.[8] Die Texte der zweiten Papierlage sind unterschiedlich bezeichnet – meist mit EXERCITIUM oder MEDITATIO – und sind nicht weiter durchgezählt.[9] Diese Niederschrift auf den beiden Papierlagen ist die Erstfassung der späteren Meditationes sacrae. Sie ist an einer Stelle – bei der 6. Meditation in der zweiten Papierlage – nachträglich datiert mit „In morbo Anno 1604. 1. Januar“.[10] Wenn man annimmt, daß die Texte von Johann Gerhard fortlaufend niedergeschrieben sind – und es spricht nichts gegen diese Annahme –, ist damit eine relative Datierung möglich geworden: Die Niederschrift ist in den Wochen um die Jahreswende 1603/04 erfolgt.[11]

Es läßt sich noch weiteres über die Entstehung der Meditationes sacrae ausmachen. Ihre Reihenfolge ist in Johann Gerhards Niederschrift eine andere als in der späteren Druckfassung: Die Niederschrift beginnt mit der späteren Meditatio 10. Daran schließen sich an die späteren Meditationes 11, 47, 48, 45 und 18. Danach ist eine in etwas anderem Schriftduktus, d. h. doch wohl zu anderer Zeit geschriebene Homilia constans ardenti precatione in morbo in Hexametern eingefügt, die keine Aufnahme in das spätere Buch gefunden hat.[12] Dann folgen die späteren Meditationes 8 und 19 (diese in im Druck etwas veränderter Fassung) sowie – auf der zweiten Papierlage – die späteren Meditationes 2, 20 und ein später nicht aufgenommener Abschnitt

---

4 Ebd., S. 30f.

5 Gotha Forschungsbibliothek, Chart. B 894, Bl. 1r–39v.

6 Ebd., Bl. 1r.

7 Ebd., Bl. 2r.

8 Ebd., Bl. 2r–19r.

9 Ebd., Bl. 20r–39v.

10 Ebd., Bl. 30r am oberen Seitenrand.

11 Dem entspricht auch, daß sich zwischen dem 29. Dezember 1603 und dem 3. Februar 1604 sowie dem 16. Februar und dem 10. März 1604 Pausen in den sonst wöchentlich in Jena stattfindenden Disputationen finden, die unter dem Vorsitz von Johann Gerhard stehen, vgl. *Johann Gerhard*, Centuria quaestionum politicarum, Jena 1604.

12 Gotha Forschungsbibliothek, Chart. B 894, Bl. 14r–15r.

Exercitium spei, die Meditationes 4 und 6 (letztere nach Anselm von Canterbury, später im Druck etwas verändert) (mit der genannten Datierung versehen) und die späteren Meditationes 14, 15, 41, 9 und 39 (letztere als Fragment).[13]

Vergleicht man die Anordnung der Texte im Manuskript mit dem späteren Druck, ergibt sich: Johann Gerhard hat die Erstfassung der Meditationes in einer Zeit schwerer gesundheitlicher Bedrohung zur eigenen Tröstung angesichts des Todes geschrieben, indem er sich Rechenschaft über die Versöhnung mit Gott, die Vergebung der Sünde, die selige Vereinigung Gottes mit uns im Himmel, das liebliche Gespräch der Engel und der Seligen mit uns, die fröhliche Erwartung des Jüngsten Gerichts, die heilsame Teilhabe am Leib und Blut Christi, die Vergewisserung über unser Heil und die Teilhabe am Geheimnis des Abendmahls gab. Eine danach niedergeschriebene weitere Reihe von Betrachtungen befaßt sich mit der Übung der Reue aus dem Leiden des Herrn, der Übung der Frömmigkeit vor dem Gebrauch des Heiligen Abendmahls, der Übung des Glaubens durch die Liebe Christi, der Übung der Hoffnung, der Betrachtung des Namens Jesu, der Passion Christi, der Betrachtung der Menschwerdung, der Übung der Geduld, der Betrachtung der Liebe Gottes und der Liebe zur Welt. Das bedeutet: Den ursprünglichen Grundbestand der späteren Meditationes sacrae bildet ein „Sterbetrost“, also eine nachreformatorische ars moriendi.[14] Die Tendenz dieses ursprünglichen Textkomplexes besteht darin, sich angesichts des Todes durch die Erinnerung an Gottes Zuwendung, an das, was den Glaubenden in der Ewigkeit erwartet, und an die „Brücke“ zwischen Ungewißheit und Gewißheit, zwischen „hier“ und „dort“, nämlich an das Sakrament des Abendmahls, zu trösten. Alles ist auf Vergewisserung und Tröstung ausgerichtet, nicht auf Verunsicherung und Hinterfragung. Sterbebereitschaft, Sehnsucht nach Heimat, Freude auf Vereinigung mit Christus und den Vollendeten, Zuversicht im Blick auf das Gericht bestimmen die Atmosphäre. Erst der zweite Textkreis – er ergibt sich wohl außer durch das bei ihm notierte Datum auch durch die Betrachtungen über die Inkarnation und

---

[13] Der Sammelband enthält ferner (auf einer weiteren Papierlage) das Fragment eines lateinischen Gedichts (Bl. 40^r–41^r), Gebete zu den Sonntagsevangelien vom 1. Sonntag bis zum 25. Sonntag nach Trinitatis und vom 1. Sonntag im Advent bis zum 5. Sonntag nach Epiphanias (Bl. 42^r–88^v) (vgl. *D. Joannis Gerhardi* homiliae XXXV seu meditationes breves diebus dominicis atque festis accomodatae. E manuscriptis Gerhardinis ab illustrissima bibliotheca Gothana asservatis primum edidit Georg Berbig, Leipzig 1898), Precationes quotidianae (Bl. 89^r–91^v), eine Aufzeichnung: Lachrymae Christi (Bl. 92^r), ferner – auf einer neuen Papierlage kleineren Formats mit eigener eigenhändiger Blattzählung – Aphorismi sacri (Stichwortaufzeichnungen zu theologischen loci mit eigenem Register (z. T. leere, unaufgeschnittene Lagenblätter) (Bl. 93^r–230^r), eine weitere Serie solcher Aphorismi mit eigenem Register (und ebenfalls leeren, unaufgeschnittenen Lagenblättern) (Bl. 232^r–265^v). Bl. 231^v enthält einen biographisch-quellenkundlich wichtigen Hinweis: „Cursus vitae so alhier eingebunden gewesen ist zufinden im sonderbaren büchlein bey meinen geheimbden sachen v. obligationibus im Kasten.“ Dieser eigenhändige Lebenslauf hat sich bisher nicht wiedergefunden.

[14] Vgl. zu dieser Gattung *Luise Klein*, Die Bereitung zum Sterben, Diss. Göttingen 1958.

über den Namen Jesu als um die Jahreswende 1603/04 entstanden zu erkennen – schlägt stärker Töne der Selbstbesinnung, der Furcht vor Unwürdigkeit und des Bewußtseins eigener Schwachheit an, verbunden mit dem Staunen über Gottes Herablassung und Versenkung in das Leiden Jesu, aber auch stärker asketischen Tönen. Sollten sie in ihren letzten Teilen vielleicht erst nach eingetretener Gesundung des Autors nach Mitte Januar 1604 niedergeschrieben sein?[15]

Die Untersuchung des Grundbestandes des Buches ermöglicht es nun auch, das Werden der Meditationes sacrae bis zu ihrer endgültigen Druckgestalt jedenfalls der Tendenz nach zu verfolgen. Es ist zu beobachten, daß sich die Tendenz fortsetzt und verstärkt, die mit der zweiten Stufe des Grundbestandes eingeschlagen worden war. Zunächst: Johann Gerhard hat die kirchenjahresbezogene Betrachtungsreihe, die er mit Betrachtungen über die Menschwerdung Jesu, den Namen Jesu und die Passion begonnen hatte, ergänzt und ihr Betrachtungen über die Himmelfahrt Jesu und das Pfingstfest zugefügt (Meditationen 21 und 22). Hinzu kommt eine Reihe von Betrachtungen zu theologischen loci: Glaube (12), Taufe (17), Kirche (23), Prädestination (24), Gebet (25), Engel (26). Wenn nicht alles täuscht, kündigt sich in ihrem Stil im Vergleich mit der Verarbeitung ähnlicher Themen in den Vorstufen der Endfassung (Versöhnung, Abendmahl, Eschatologie) ein etwas stärker belehrender Zug (im Unterschied zu stärkerer persönlicher Ergriffenheit in den Vorstufen) an. Er setzt sich – und zwar auch thematisch – in einer Reihe weiterer Betrachtungen fort, ja, Meditation 28 enthält „Allgemeine Lebensregeln für die Frommen". Diese Thematik verstärkt sich in Betrachtungen über ethisch-asketische Themen: über die Entsicherung des Menschen (29), die Nachfolge des Lebens Jesu (30), Selbstverleugnung (31), die wahre Seelenruhe (32), die Reinheit des Gewissens (33), die wahre Demut (34), die Habsucht (35), die wahre Liebe (36), die Keuschheit (37), das Leben als Flucht (38), die Anfechtung (40), die tägliche Betrachtung des Todes (43), den Trost beim Tode von Angehörigen (44), die Sehnsucht nach dem Himmel (46). Möglicherweise könnte die Untersuchung der Sprachgestalt dieser Texte ergeben, daß der Wechsel vom Stil persönlicher Ergriffenheit zu stärker belehrendem Stil etwas mit dem Wechsel rhetorischer Genera zu tun hat.

Das von Gerhard neu gewünschte Ziel der Endredaktion der Meditationes sacrae spricht sich jedoch am deutlichsten in ihrem neuen Gesamtrahmen aus. In eine solche Richtung weist bereits eine im Anfangsteil neu zugefügte weitere Betrachtung über die Frucht des Leidens Jesu (Meditation 7): Thematisch weit gespannte typologische Entsprechungen für die Einzelheiten der Passionsgeschichte verweisen den Leser auf die Vergebung der Sünde, die Christus mit seinem Leiden ermöglicht hat. Noch gewichtiger sind die neu hinzugekommenen Betrachtungen am Anfang und am Schluß. Das

[15] Johann Gerhard gesundete nach einem Aderlaß in der zweiten Januarhälfte 1604.

Buch beginnt nun mit einer Betrachtung über die wahre Anerkennung der Sünden (Meditation 1) und fügt der bereits vorliegenden Übung der Buße auf Grund der Passion Christi (2) eine weitere Betrachtung von der Frucht wahrer und ernstlicher Buße hinzu (3). Den Schluß des Buches bilden nun je eine Betrachtung von den schweren Qualen der Hölle (49) und von der Ewigkeit der Höllenstrafen (50). Wohlgemerkt: Dieses letzte Thema ist nicht als ablehnende Belehrung über spätorigenistische Apokatastasisspekulationen gedacht, sondern führt mit starkem rhetorisch-affektivem Einsatz dem Betrachter die unvorstellbaren Konsequenzen der Unbußfertigkeit vor Augen. Die Meditationes sacrae in ihrer Druckfassung verstehen christlichen Glauben und christliches Leben letztlich als bestimmt durch Anleitung zur und Einübung von Buße und Besserung des Lebens mittels der Besinnung auf die Passion Jesu und konkreter Anleitung zu christlichem Leben und stehen damit mitten in den frömmigkeitsgeschichtlichen Tendenzen ihrer Zeit.[16]

3.

Einen weiteren Schlüssel zum Verständnis des Buches bietet seine Vorrede. Johann Gerhard schreibt[17]: Viele vergleichen Theologie und Medizin miteinander. Denn nach Galenus hat die Medizin ein doppeltes Ziel: Sie soll die Gesundheit des menschlichen Leibes bewahren und die verlorene Gesundheit wiederherstellen. So hat auch die Theologie ein doppeltes Ziel: Sie zeigt nicht nur, wie wir von den Sünden frei werden, sondern auch wie wir in der Gnade erhalten werden. Schon Gregor der Große sagte: Beiderlei Medizin, sowohl die des Leibes wie die der Seele, ist von Gott, also stimmen beide auch in ihrem Urheber überein. Wie die Medizin ihre Prinzipien hat, so hat auch die Theologie ihre Grundlage: das Wort Gottes in den prophetischen und apostolischen Schriften, nach denen sie bejaht, was mit ihnen übereinstimmt, und verwirft, was von ihnen abweicht. Andere sagen, die Medizin habe es mit regeneratio zu tun bzw. mit der Reinigung des Lebensgeistes von den unreinen Krankheitssäften (ab impuris morborum tincturis) und in diesem Sinne mit einer regeneratio, damit aber auch mit einer regeneratio der Geister, die ja geistige Körper sind auf Grund ihrer penetratio. So ist auch der Zweck wahrer Theologie die regeneratio, die nach Joh.

---

16 Damit können auch bisherige Versuche, die Tendenz des Buches aus der thematischen Abfolge der einzelnen Meditationen zu erschließen (vgl. *Hermann Beck*, Die religiöse Volkslitteratur der evangelischen Kirche Deutschlands in einem Abriß ihrer Geschichte, Gotha 1891, 93f.; *Renatus Hupfeld*, Die Ethik Johann Gerhards. Ein Beitrag zum Verständnis der lutherischen Ethik, Berlin 1908, 211; *Jörg Baur* (wie Anm. 2), 104f.), ein sichereres methodisches Fundament finden.

17 Zitiert wird im folgenden, wo nicht anders vermerkt, nach der Ausgabe Jena (Christoph Lippold) 1607 (Leipzig Universitätsbibliothek, Sign.: Pr. u. Erb. Lit. 996[h]).

3,5 aus Wasser und Geist geschieht. Manche vergleichen auch den Lapis Philosophicus mit dem Stein, der in der Kirche gepriesen wird (nach Ps. 118,22), aber dieser Vergleich ist nicht allen bekannt und gilt auch nicht bei allen als erlaubt.

Damit bleibt als Ergebnis: Die Theologie ist eine doctrina practica, und somit haben die Unrecht, die sie – wie einige Scholastiker – eine doctrina speculativa nennen. Denn mag die Theologie als coelestis philosophia nicht nur aufs Tun aus sein, sondern auch auf Glauben und Hoffen, so bleibt sie doch eine praktische Wissenschaft. Denn auch die Medizin kennt theoretische Beschäftigung und ist darum doch keine theoretische Wissenschaft – beschäftigt sie sich doch der Praxis wegen mit der Theorie. Darin steht sie wiederum in Analogie zur Theologie, denn diese verfolgt ja, wenn sie vom Glauben handelt, nicht nur bloße Kenntnisnahme (nudam notitiam), sondern auch willentliche Zustimmung (assensum).

In diesem Sinne beschreiben nicht nur Jesus in Joh. 13,17, sondern auch Justin, Ignatius, Augustin und Basilius die Theologie als praktische Wissenschaft. Wenn das so ist – wie wenig wirkliche Christen sind dann heute zu finden! Überall ist viel Wissen, aber wenig Gewissen zu finden (Multum ubique scientiae, conscientiae parum). Es ist völlig richtig, daß die Rechtgläubigkeit mit allen möglichen Mitteln verteidigt wird, aber auch das Leben muß dem christlichen Bekenntnis entsprechen. Gerhard verweist hier auf 1.Kor. 13,2 und Passagen aus dem Anfang der Imitatio Christi des Thomas von Kempen sowie auf einen Abschnitt der Annotationes des Erasmus von Rotterdam zum 1.Timotheusbrief. Noch einmal wird betont: Male vivitur, ubi de DEO non bene creditur: sed vicissim inutiliter creditur, ubi non bene vivitur... Christiani non sunt, qui non Christiano digna(m) vitam agunt (Bl. (?) 7^r).

Gerhard hat den am Abend der Welt in der Frömmigkeit Erkaltenden Erwärmung (ὑπέκκαυμα), den lahm Gewordenen Ermunterung (ὁρμητήριον) verschaffen, sich selber und andere an ihre Pflicht erinnern wollen und das vorliegende Büchlein der Reihenfolge nach (horis successivis) geschrieben, indem er den Spuren Augustins, Bernhards, Anselms, Taulers und anderer Autoren gefolgt ist, die er auch in dem Büchlein zitiert hat. Freilich hat er in der ersten Ausgabe die Namen der Autoren und die Schriftstellen nicht notiert, auf die er sich bezieht, weil durch vieles Wissen die meditatio nicht gefördert wird. Wenn der Leser will, mag er alles, was ihm an diesem Buche gefällt, den Vätern zurechnen, ihm, dem Verfasser, alles, was ihm weniger zusagt. Er hofft, daß wenigstens *einer* Seele in *einem* Augenblick *eine* fromme und heilige Erwägung aus der Lektüre erwächst. Der Leser möge auch nicht das ganze Buch verwerfen, wenn ihm die Vokabeln zu wenig ciceronianisch klingen oder gar – was Gerhard nicht hofft – manche Worte nicht dem Glauben gemäß sind. Die Art des Buches ist eine andere:... sacra tracto, quae ornatum Rhetoricum non admodum desiderant: homilias scribo, non exactas Disputationes: rerum quam verborum maiore(m) habere volui curam. Allegorisch geht Gerhard vor, nicht um all und jedes in Allegorien aufzulösen, sondern weil er in diesem Buch lehren und ermahnen, nicht polemisieren will.

Dem Rat von Halberstadt widmet Gerhard das Buch, um ihm einmal seine Ergebenheit in der Öffentlichkeit zu bezeugen. Hervorzuheben ist die Beständigkeit des Rates bei der Wahrung zur Reinheit des Glaubens, seine kluge Regierungsweise und sein Wohlwollen den Bildungssuchenden gegenüber, die Gerhard selbst am Anfang seiner Ausbildung zu spüren bekommen hat, als einige im Rat, die mit den Eltern Gerhards verwandt waren, die Eltern unterstützt und dem Sohne die Ausbildung ermöglicht haben. Die Vorrede schließt mit Segenswünschen für den Rat und die Stadt.

In dieser Vorrede, in der Johann Gerhard die Theologie als praktische Wissenschaft definiert – eine Definition, die er später wiederholt und immer beibehalten hat[18] –, hat er auch weitere Auskünfte darüber gegeben, wie er diese praktische Wissenschaft verstehen wollte. Wichtigste Analogie zur Theologie ist für ihn die Medizin. Für diese Analogie spielen bei ihm autobiographische Daten eine große Rolle. An erster Stelle ist hier das Vorbild, aber auch der weiterwirkende Einfluß von Johann Arndt zu nennen. Arndts eigener Studienweg hatte – wie übrigens der einer ganzen Reihe von weiteren Theologen des 16. und 17. Jahrhunderts – von der Medizin zur Theologie geführt[19], und auch Johann Gerhards Studienweg folgte diesen Stationen. Martin Schmidt hat zu Buch I von Johann Arndts „Vier Büchern vom wahren Christentum" gesagt: „Das Ganze ist... eine tiefangelegte, wurzelhafte Synthese von Theologie und Medizin"[20], und Johannes Wallmann hat die Nähe von Gerhards Vorrede der Meditationes sacrae zu Johann Arndt betont.[21] In der Tat läßt sich der anhaltend enge Kontakt zwischen dem geistlichen Vater und dem Schüler an ihrer Korrespondenz nachweisen. Wichtig sind hier vor allem Arndts Briefe an Gerhard vom 26. März 1601[22] und vom 15. März 1603.[23] Nach der ersten Lektüre von Gerhards Meditationes sacrae teilte Arndt Gerhard mit: Medicinae collatio verissima est; & Theologiam non in nuda consistere theoria, totum clamat vitae Salvatoris exemplum.[24] Später hat Arndt Gerhard auch medizinisch beraten.[25] Aber auch sonst spielten im Briefwechsel Johann Gerhards in diesen Jahren die

18 Vgl. *Johannes Wallmann*, Der Theologiebegriff bei Johann Gerhard und Georg Calixt, Tübingen 1961, 52f.

19 Vgl. *Wilhelm Koepp*, Johann Arndt. Eine Untersuchung über die Mystik im Luthertum, Berlin 1912 (Neudruck: Aalen 1973), 16f.

20 *Martin Schmidt*, Art. Arndt, Johann. TRE 4, 125, 42–44.

21 *Johannes Wallmann* (wie Anm. 18), 34 Anm. 2. Vgl. bereits *W. Koepp* (wie Anm. 19), 83.

22 *Georg Martin Raidel*, Epistolae virorum eruditorum ad Johannem Gerhardum, Nürnberg 1740, 4–6.

23 *E. R. Fischer* (wie Anm. 1), 23–24.

24 J. Arndt an J. Gerhard, 5. Juli 1606; vgl. *G. M. Raidel* (wie Anm. 22), 53.

25 Ders. an dens., 19. Februar 1607 (ebd., 73–81). Ders. an dens., 3. August 1607 (ebd., 99–100) u. ö.

Erwägungen über die Nachbarschaft und Verwandtschaft von Theologie und Medizin eine große Rolle.[26] Hier ist besonders auf drei Briefe des Quedlinburger Lehrers und späteren Superintendenten Andreas Leopold hinzuweisen.[27] Er scheint für Johann Gerhard neben Johann Arndt und auch in Spannung zu ihm eine äußerst wichtige Beraterfunktion ausgeübt zu haben.

Allerdings ist für die Erläuterung der bei Johann Gerhard zu beobachtenden Analogie von Theologie und Medizin der Hinweis auf die im engeren Sinne biographischen Wurzeln noch nicht hinreichend. Diese Analogie hat eine breite, wohl bis in die frühesten Schichten der menschlichen Gesellschaft zurückreichende Vorgeschichte. Sie hat in die christliche Tradition über das Alte Testament (vgl. etwa Ex. 15,26. Deut. 32,39) und das Vorbild Jesu Eingang gefunden. Wichtige Vermittler dieser Tradition, die Theologie als Medizin und Christus als Arzt verstanden, waren Clemens von Alexandrien, Hieronymus und Augustin.[28] „Die medizinischen Vergleiche in der Theologie werden umso häufiger, je deutlicher sich in der theologischen Entwicklung die Lehre von der Erlösung, die Soteriologie, die Lehre vom Heilswerk Christi als ein eigenes und zentrales Thema herauskristallisiert."[29] Johann Gerhard stand zusammen mit Johann Arndt auch keineswegs allein mit dem Verständnis von Theologie als einer medizinischen Funktion. Beispielsweise ist auch das Theologieverständnis von Ludwig Rabus in Straßburg ganz an der Medizin orientiert.[30] Erdmann Rudolph Fischer wußte 1723 neben Johann Arndt 8 weitere prominente Theologen des 17. und 18. Jahrhunderts zu nennen, deren Studienweg von der Medizin zur Theologie geführt hatte, unter ihnen Johann Adam Scherzer, Conrad Tiburtius Rango, Friedrich Ulrich Calixt und Ernst Salomo Cyprian.[31] Fischers Liste ließe sich noch erweitern.

4.

Das Verständnis von Theologie als Heilkunst ist in den Meditationes sacrae keineswegs auf die Vorrede beschränkt. Es zieht sich wie ein Leitmo-

---

26 Vgl. den Brief von Theodor Stechovius an Johann Gerhard, 4. September 1601; vgl. G. M. Raidel (wie Anm. 22), 6–11.

27 Andreas Leopold an Johann Gerhard, 13. Januar 1603 (G. M. Raidel (wie Anm. 22), 14–20). Ders. an dens., 15. April 1603 (ebd., 21–25), Ders. an dens., 7. Juni 1603 (ebd., 26–29).

28 Vgl. *Martin Honecker*, Christus medicus. KuD 31 (1984/85) 307–323; *Gerhard Fichtner*, Christus als Arzt. FMSt 16 (1982) 1–18 (dort weitere Lit.) sowie die Bibliographie in: Arzt und Christ 29 (1983) 171–175; für den Bereich der bildenden Kunst: Art. Christus als Arzt. Reallexikon der deutschen Kunstgeschichte 3, 639–643. Ferner: *Gottfried Roth*: Christus medicus – Leitthema der Pastoralmedizin, Geistesgeschichte und Ikonographie. Arzt und Christ 31 (1985) 7–12.

29 *G. Fichtner* (wie Anm. 28), 7.

30 Vgl. *Anton Schindling*, Humanistische Hochschule und freie Reichsstadt. Gymnasium und Akademie in Straßburg 1538–1621, Wiesbaden 1977, 358f.

31 *E. R. Fischer* (wie Anm. 1), 22 Anm. c.

tiv durch die einzelnen Meditationes hindurch.[32] Läßt sich nun aber noch etwas Näheres darüber ausmachen, was im Sinne Johann Gerhards im einzelnen den sozusagen therapeutischen Charakter dieses Betrachtungsbuches ausmacht?

Dazu ist zunächst noch einmal auf seinen Titel zurückzukommen. Auf den tiefen monastisch-mittelalterlichen Hintergrund des Begriffs und des Sachverhalts meditatio hat im Blick auf Luther zuletzt Martin Nicol aufmerksam gemacht.[33] Meditatio meint im Mittelalter „geistliche Auslegung und affektive Aneignung des Textes".[34] Es gibt eine eigenhändige Aufzeichnung Johann Gerhards aus dem unmittelbaren zeitlichen Kontext der Meditationes sacrae, die Gerhards eigene Beschreibung der meditatio enthält: Meditatio parit scientiam, scientia compunctionem, compunctio devotionem & devotio facit orationem. Für die Beschreibung der drei genera der meditatio – in creaturis, in scripturis, in moribus – beruft Gerhard sich auf die Theologia Deutsch und fährt dann mit einer Beschreibung der consideratio fort: sie besteht in meditatione sui, mundi, iudicij, inferni et paradisi; suj, quam vilis in ingressu, quam miser in progressu, quam flebilis in egressu. Item quam impugnatus a daemonibus, quam lacessitus tentationibus, quam allectus delectationibus, deiectus tribulationibus, quam implicatus criminibus, quam praeoccupatus (?) virtutib(us), irretitus malis consuetudinib(us) Mundi et quam fallax, quam vanum, quam instabilis, quam insanus, iudicij quam terribilis, inferni quam tristabilis, paradisi quam consolabilis.[35] Wahrscheinlich ist es kein Zufall, sondern gibt Johann Gerhards ureigene Intention wieder, daß er bei der Beschreibung der meditatio sui am ausführlichsten verweilt, die meditatio mundi wohl nahezu mit ihr gleichsetzt und die meditatio von Gericht, Verdammnis und Paradies in dieser Beschreibung eigentlich nicht expliziert. Das bedeutet, daß Johann Gerhard es bei der

[32] Meditation 3: Properemus ergo, properemus ad tam salutarem tanti morbi medicinam (Bl. B1^{v}). Meditation 8: Miserere mei. o Medice, o Salvator, o Justitia, Amen (Bl. E1^{r}). Meditation 15: Venit Medicus ad aegrotos, redemtor ad captivos, ad errangtes via, ad mortuos vita, ad damnatos salus (Bl. H1^{v}). Meditation 16 Leitmotto: Quid Deus est animae? lux, medicina, cibus (Bl. H4^{v}). Meditation 17:... saepius medicina capiti adhibetur, ut alia corporis membra sanentur; caput nostrum spirituale Christus est, baptismi medicinam pro salute mystici corporis assumsit (Bl. I 4^{v}–5^{r}). Meditation 21:... non ascendunt vitia post virtutum parentem, nec peccata post justum, nec infirmitates ire possunt post Medicum (Bl. L6^{v}–7^{r}). Meditation 34: Sana o Christe tumorem superbiae nostrae (Bl. T8^{v}).

[33] *Martin Nicol*, Meditation bei Luther, Göttingen 1984.

[34] *Isnard W. Frank*, Art. Gebet. TRE 12, 70, 11. Nach der hilfreichen Einteilung von Jürgen Henkys: „Predigtmeditation". Terminologisches zu einer umstrittenen Aufgabe, ZdZ 33 (1979), 321–328, handelt es sich dabei also um die aszetische Linie im Verständnis des Begriffs Meditation. Historisch gesehen bedeutet Johann Gerhards Verständnis von meditatio die Wiederaufnahme des Aspekts im meditatio-Begriff Anselms von Canterbury und der pseudoaugustinischen Meditationsliteratur, der in meditatio einen Wechselbegriff zu oratio sieht und ihr das Ziel beimißt, den Leser in eine affektive Grundstimmung zu versetzen, vgl. *B. Mojsisch*: Art. Meditation, Historisches Wörterbuch der Philosophie, hg. v. *Joachim Ritter* und *Karlfried Gründer*, Bd. 5, Basel-Stuttgart 1980, 962.

[35] Gotha Forschungsbibliothek, Chart. B 894, Bl. 170^{r}.

meditatio ganz und gar auf ihr Subjekt abgesehen hat, den Menschen zwischen Sünde und Gnade, Verwerfung und Rettung, Buße und Glaube, Verderbnis und Heilung. Um ihn und um Einwirkung auf ihn geht es beim Gebrauch eines Buches, wie es die Meditationes sacrae darstellen.

Wie stark dieses Verständnis von meditatio und damit auch der praktische Umgang mit einem solchen Buch in Johann Gerhards Sinn mit seinem Verständnis vom Studium der Theologie verklammert ist, darauf hat bereits Johannes Wallmann hingewiesen. Er hat darauf aufmerksam gemacht, daß für Gerhard meditatio und Studium der Theologie nahezu gleichzusetzen sind.[36] Man braucht auch nur die Grundbeschreibung des Studiums der Theologie nachzulesen, die Johann Gerhard 1622 gegeben hat, um die Berechtigung von J. Wallmanns Feststellung zu erkennen: Theologiae studium est ignorantiae in rebus spiritualibus nobis connatae atque ἀταξίας in affectibus haerentis remedium, ad sanctitatis & pietatis culturam ὁρμητήριον, quotidie Deum in verbo audiendi & cum Deo per preces colloquendi medium, adeoque sanctißimae & beatißimae illius societatis, quam in coelo expectamus, quoddam praeludium.[37] In seiner Beschreibung der drei Voraussetzungen für das Studium der Theologie – rectae intentionis debitum, sincerum pietatis studium, devotae orationis officium – nimmt die Darlegung der dritten Voraussetzung den meisten Raum ein.[38]

Der ursprüngliche Titel der Meditationes sacrae von 1606 enthält noch einen weiteren versteckten Hinweis auf den Charakter des Buches und den Umgang mit ihm. Er nennt die Zahl 50. Dies ist im Sinne der Zeit kein auswechselbares oder zufälliges Zahlwort. Es erinnert den Leser daran, daß er es bei dem folgenden Text mit einem Gebetstext zu tun hat, der auf Buße, Reue und Vergebung der Sünden aus ist (Psalm 50 der Vulgata ist *der* Bußpsalm schlechthin).[39] Die Zahl 50 weist den Leser aber auch darauf hin, daß er dieses Buch gebrauchen soll, wie ein spätmittelalterlicher Christ den 50 Rosen umfassenden Rosenkranz gebraucht hat, d. h. zur Übung der Frömmigkeit.[40] Daß diese Interpretation der Benennung der Zahl 50 im Titel nicht verfehlt ist, ergibt sich auch daraus, daß bereits die 2. Auflage der Meditationes sacrae von 1607 eine 51. Meditation hinzufügt: De spirituali piorum resurrectione[41], ohne daß die Angabe im Titel verändert wird. Das bleibt so auch noch für die Auflagen der folgenden Jahre.

Die Frage, wie Johann Gerhard sich den Umgang mit seinem Buch vorstellt, läßt sich noch ein Stück weiter verfolgen. Im 2. Buch seiner Schola

36 *J. Wallmann* (wie Anm. 18), 75 Anm. 3.

37 *Johann Gerhard*, Methodus studii theologici, Jena 1622, 5.

38 Ebd., 23–38.

39 Vgl. *Heinz Meyer*, Zahlenallegorese im Mittelalter. Methode und Gebrauch, München 1975, 165.

40 Daß dieser Bezug den Zeitgenossen geläufig war, zeigt etwa ein bei *Gustav Bauch*, Valentin Trozendorf und die Goldberger Schule, Leipzig 1921, zitierter Titel wie *Valentin Trozendorf*, Rosarium scholae Trocedorfii, Wittenberg 1565.

41 Bl. f8^r–g4^r.

Pietatis von 1622[42] hat er fünf Hilfsmittel, „welche zur Vbung der Gottseligkeit ins gemein dienlich seyn", dargestellt: „1. Verbi divini auditus sive lectio, die Anhörung oder Lesung des göttlichen Worts. 2. Eucharistiae usurpatio, die Niessung des H. Abendmahls. 3. Sancta meditatio, die H. Betrachtung, 4. Seria oratio, eyveriges fleissiges Gebet vnnd göttliche Anruffung. 5. Corporis castigatio, des Leibes Beteubung vnnd Zehmung."[43] Für unsern Zusammenhang interessant ist das an dritter Stelle genannte Hilfsmittel. Johann Gerhard möchte unter sancta meditatio verstehen, „daß ein wahrer Liebhaber der Gottseligkeit täglich eine gewisse Zeit jhm soll aussetzen / zu welcher er seines Hertzens Gedancken von allen eusserlichen / jrrdischen / weltlichen Geschefften abziehe / in sein eigen Hertz gehe / vnd dasselbe zur Betrachtung himlischer / geistlicher Sachen erhebe".[44] Dies ist notwendig wegen des Befehls Gottes – hier fügt Johann Gerhard Schriftstellen an, in denen Gott zur Betrachtung der Schöpfung auffordert[45] –, wegen des Beispiels der Heiligen, wegen der Frucht, die aus der Betrachtung erwächst – „denn sie bringet vns zur Erkenntnüß Gottes vnd vnser selbsten / sie zeucht vnser Hertz von dem Irrdischen allmehlich ab zu dem Himlischen / sie bereitet vnd erwärmet das Hertz / daß wir hernacher im Gebet desto brünstiger seyn / sie wehret der Sicherheit vnd Ruchlosigkeit / daß man nicht ohne Verstand / wie ein thummes Vieh dahin gehet vnd Gottes Wercke verachtet"[46] – und aus Gründen des typologischen Vorbilds, das Johann Gerhard – nach Luthers Vorgang[47] – in der Tätigkeit des wiederkäuenden Tieres von Lev. 11,3 sieht: Brot „muß ... zerkewet vnnd verdawet werden / also wenn das geistliche Brot das Wort Gottes vnsere Seele speisen vnd setigen soll / so muß es durch die Betrachtung gleichsam zerkewet vnd verdawet werden / daß es in alle Adern des innerlichen Menschen sich hernacher austheile".[48] Darum darf die Betrachtung nicht beliebig bleiben, sondern muß täglich, fleißig und andächtig geschehen.[49] Ihre Gegenstände umfassen das gesamte Werk Gottes von der Schöpfung bis zur Vollendung.[50] Sie können aber auch unter den Gesichtspunkten Gott – wir selber – der Nächste eingerichtet werden, wofür Johann Gerhard auf sein Büchlein „Tägliche Übung der Gottseligkeit" verweist.[51] Als ein weiterer möglicher

---

42 SCHOLAE PIETATIS LIBER II. Das ist: Christlicher vnd heilsamer Vnterrichtung / was für Vrsachen einen jeden wahren Christen zur Gottseligkeit bewegen sollen / auch welcher gestalt er sich an derselben vben soll / Das ander Buch, Jena 1622.

43 Ebd., Bl. 12^{v}.

44 Ebd., Bl. 40^{r}.

45 Ebd., Bl. 40^{r}–41^{r}.

46 Ebd., Bl. 42^{r-v}.

47 Vgl. *M. Nicol* (wie Anm. 33), 55–60.

48 Schola pietatis (wie Anm. 42), Bl. 43^{r-v}.

49 Ebd., Bl. 43^{v}–46^{r}.

50 Ebd., Bl. 46^{v}–48^{v}.

51 Ebd., Bl. 48^{v}-52^{v}.

Leitfaden wird die Einteilung liber naturae – liber scripturae angeboten.[52] Auch kann die Betrachtung nach Anleitung der sieben Schöpfungstage nach Gen. 1 erfolgen[53] oder nach dem Dreischritt Christi passio – Piorum glorificatio – Impiorum damnatio, wobei Johann Gerhard freilich lediglich die Betrachtung der Passion Christi ausführlich erläutert.[54] Als 6. Art bietet er unter Berufung auf einen alten Kirchenlehrer in einem Dreischritt eine Betrachtung der Dinge, die vorüber sind (was wir Böses getan, was wir unterlassen haben, die für uns unwiederbringliche Zeit), der Dinge, die noch gegenwärtig sind (die Kürze unseres Lebens, die Schwierigkeit, das Heil zu bewahren) und der Dinge, die zukünftig sind (Tod, Gericht, Höllenstrafe).[55] Eine 7. Betrachtungsanleitung nennt vier Gesichtspunkte: Das, was über uns ist (die „alten Hebräer" sagen: das Auge, das alles sieht, das Ohr, das alles hört, das Buch, in das alles geschrieben wird[56]), das, was in uns ist (Gutes und Böses), das, was neben uns ist (die Engel, die Welt, der Nächste, alle Geschöpfe) und das, was unter uns ist (Grab und Hölle).[57] Eine letzte (8.) Anweisung stellt Johann Gerhard mit der Betrachtung vor, die dem Stundenschlag der Uhr folgt und sich durch die Anzahl der Glockenschläge an die heiligen Zahlen der Bibel erinnern läßt.[58] Den Anschluß der Betrachtungsanweisung des 2. Buches der Schola pietatis bilden Ausführungen über die Richtung der Gedanken, die dem Meditierenden während seiner Betrachtungen kommen.[59]

Noch an einer weiteren Stelle der Schola pietatis spricht Johann Gerhard über Notwendigkeit und Wesen der meditatio: bei der Erläuterung des dritten Gebots. Seine Ausführungen dort sind eingebunden in die Darstellung des geistlichen Sabbats, unter dem er die Enthaltung von den Werken des Fleisches, die Ruhe der Seele in Gott (d. h. die Zuversicht auf Gott), die Betrachtung göttlicher Wohltaten und die Sehnsucht und das Verlangen nach dem ewigen Sabbat versteht.[60] Die meditatio der göttlichen Wohltaten ist nötig, weil einer, der studieren will, sich bisweilen zurückziehen muß. „Also auch wer in der Schule des heiligen Geistes wil studieren / muß ein ruhiges stilles Hertz mitbringen / er muß von den weltlichen Hendeln sich zu weilen abmüssigen / Gottes Wort vnnd Wercke / sonderlich seine vielfeltige Wolthaten betrachten / so wird der heilige Geist durch solche Betrachtung des angehörten göttlichen Worts vnnd göttlicher Wolthaten jhn in alle Warheit führen."[61] Dazu ist nicht ständiger Aufenthalt im Kirchgebäude

52 Ebd., Bl. 53r–55v.
53 Ebd., Bl. 55v–64v.
54 Ebd., Bl. 64v–73v.
55 Ebd., Bl. 74r–75v.
56 Ebd., Bl. 75v–76v.
57 Ebd., Bl. 76v.
58 Ebd., Bl. 76v–87r.
59 Ebd., Bl. 87v–93v.
60 SCHOLAE PIETATIS LIBER III, Jena 1623, Bl. 479v–486v.
61 Ebd., Bl. 483r.

nötig, „sondern man kan jhm selber einen Tempel vnnd Bethaus im Hertzen bawen / welches man jmmerdar bey sich treget / nemlich wenn man auch daheim Gottes Wort lieset / vnd in wahrer Andacht sich zum ôfftern dessen erinnert / was man aus Gottes Wort gehôret oder in demselben gelesen / vnnd wenn man inniglich zu GOtt dem HErrn durchs Gebet seufftzet".[62]

Meditatio also ist für Johann Gerhard eine ständige Übung, die mit Einübung im Glauben identisch ist. Intensive Zuwendung zu Gott und zu sich selbst kennzeichnen diese Übung. Auffallend ist ihr starker Bezug zur Schöpfung, dort und gerade dort – im Buch der Natur – sind die Wohltaten Gottes anzutreffen. Damit aber wird meditatio auch Hinführung zum Gebet, ein Vorgang, der sich im Übergang von der Betrachtung zur Anrede Gottes in den Meditationes sacrae auf Schritt und Tritt nachweisen läßt. Die Übung im Glauben, die Johann Gerhard im Sinne hat, bedeutet aber auch, sich intensiv seiner selbst bewußt zu werden. Auch der konzentrierte Weg zu sich selbst gehört zum angemessenen Umgang mit dem Wort Gottes in der meditatio. Dafür wie für die mit ihm unmittelbar verbundene Zuwendung zu Gott bietet Johann Gerhard Methoden an, die freilich seiner Absicht nach lediglich Hinführung zu einer Gesamthaltung des Glaubenden sein sollen. Auch das technische Format seines Büchleins von 1606 spricht hier für sich. Die überwiegende Anzahl seiner Ausgaben im 17. und 18. Jahrhundert bleibt unterhalb des Quartformats, d. h. sie reicht vom Kleinoktavband abwärts bis zu halbem Sedezformat. Das Büchlein ist offenbar als Taschenbuch gedacht, das für den Lesekundigen jederzeit, sooft es die Zeit ermöglicht, greifbar sein soll.

Theologisch bleibt der bereits besprochene ethisch-asketische Grundzug eingefaßt in den Aspekt der Buße unter Besinnung auf die Passion Jesu und Gottes Wohltaten. Die sprachlichen Eigenarten der Texte sind typologische und aus patristischer Theologie genährte emblematische Redeweise (vgl. Meditation 7), aufeinander bezogene gegensätzliche Bilder (vgl. Meditation 14), ständige Bezugnahme auf biblische Texte und dabei besonders auf die Bildwelt des Hohenliedes, enge Beziehung zwischen Betrachtung und Gebet.

5.

Es ist interessant, diese Eigenarten in Vergleich zu Johann Arndt zu stellen. Man wird die Beziehungen zwischen dem geistlichen Lehrer und dem Schüler – sie bedürfen ohnehin einmal spezieller Aufarbeitung – nicht so eng sehen können, wie es bisweilen geschehen ist.[63] Zwischen Arndts „Introver-

[62] Ebd., Bl. 483v–484r.

[63] Vgl. *W. Koepp* (wie Anm. 21), 33.

sionsmystik"[64] und Johann Gerhards Ziel ständiger Bezugnahme auf Gottes Taten, die dem Glaubenden primär als Trost, nicht nur als Ansporn zur Besserung dienen soll, besteht eine erhebliche Distanz. Sie zeigt sich übrigens auch in den von beiden benutzten Quellen. Für Johann Arndt hat die Forschung der letzten 25 Jahre sie Stück für Stück freigelegt: neben Thomas Haemerken und Johannes Tauler sind weitere hoch- und spätmittelalterliche mystische Quellen vor allem aus der romanischen Mystik sowie Paracelsus, Valentin Weigel und die makarianischen Homilien in den Blick gekommen.[65] Johann Gerhard hat in der Vorrede zu seinem Büchlein als seine Vorbilder Augustin, Anselm, Bernhard von Clairvaux und Tauler namentlich genannt.[66] Eine der Meditationen, die 6. über den Trost des Büßenden aus der Passion Jesu, hat er im Titel mit dem Zusatz versehen: ex Anshelmo potissimum.[67] Sie scheint eine freie Bearbeitung anselmischer Grundgedanken durch Johann Gerhard zu sein. Später hat er noch auf eine ganze Reihe weiterer Quellen verwiesen, freilich in unterschiedlicher Dichte:[68] Agathon Eremita (1), Ambrosius (6), Anselm von Canterbury (15), Johann Arndt (1), Augustin (47), Baptista Mantuanus (2), Basilius (2), Beda (2), Berosus (1), Bernhard von Clairvaux (83), Billius (1), Bonaventura (3), Johannes Brenz (1), Joachim Camerarius (3), Martin Chemnitz (1), Chrysostomus (6), Clemens Alexandrinus (1), Cyprian (9), Dionysius der Kartäuser (4), Erasmus (1), Eusebios von Emesa (2), Jean Gerson (1), Luis de Granada (10), Gregor der Große (11), Gregor von Nazianz (7), Gregor von Nyssa (2), Guido (1), Hieronymus (8), Hugo von Prato (1), Hugo von St. Viktor (3), Jakob de Voragine (1), Ignatius von Antiochien (1), Johannes Carthusanus (2), Johannes Climacus (1), Irenäus von Lyon (4), Isidor von Sevilla (2), Laktanz (1), Leo der Große (2), Polycarp Leyser (1), Ludovico Vives (6), Luther (8), Makarios (1), Maximus Confessor (1), Nilus von Ancyra (1), Origenes (1), Lucas Andreas (1), Paulinus von Nola (1), Christoph Pelargus (1), Petrarca (1), Pseudo-Dionysios Areopagita (1), Rhabanus Maurus (1), Robert Holcot (1), Sallust (1), Savonarola (5), Seneca (1), Sidonius (1), Tertullian (5), die Theologia Deutsch (4), Thomas Haemerken (11), Hieronymus Weller (1), die „alten Hebräer" (1). Die Übersicht zeigt, daß viele

64 So *Christian Braw*: Bücher im Staube. Die Theologie Johann Arndts in ihrem Verhältnis zur Mystik, Leiden 1985, passim.

65 Vgl. *Edmund Weber*: Johann Arndts Vier Bücher vom wahren Christentum als Beitrag zur protestantischen Irenik des 17. Jahrhunderts. Eine quellenkritische Untersuchung, 3. verb. Aufl. Hildesheim 1978; *Hans Schneider*: Johann Arndt und die makarianischen Homilien. In: Makarios-Symposium über das Böse. Vorträge der Finnisch-deutschen Theologentagung in Goslar 1980, Wiesbaden 1983, 186–222; *Johannes Wallmann*: Johann Arndt und die protestantische Frömmigkeit. Zur Rezeption der mittelalterlichen Mystik im Luthertum. In: *Dieter Breuer* (Hg.): Frömmigkeit in der frühen Neuzeit. Studien zur religiösen Literatur des 17. Jahrhunderts in Deutschland, Amsterdam 1984, 50–74.

66 Vgl. o. S. 30.

67 Meditationes (1607), Bl. C4^{r}.

68 Im folgenden steht die Anzahl der von Johann Gerhard notierten Bezugnahmen in Klammern. Ich zähle etwas anders als *R. Hupfeld* (wie Anm. 16), 206 Anm. 2.

dieser Verweise Gerhards eher beiläufiger Natur sind. Immerhin fällt zweierlei auf: 1. das große Übergewicht der Bezugnahme auf Bernhard von Clairvaux – fast die doppelte Anzahl im Vergleich zu den Berufungen auf Augustin –, 2. die zumindest in der Folgezeit umstrittene Berufung auf Mönchstheologen der Alten Kirche wie Johannes Climacus, Nilus und Makarios.[69]

Allerdings sind diese Bezugnahmen von Johann Gerhard erst in einem späteren Stadium der Geschichte seines Buches offengelegt worden, vermutlich sogar auf Grund von Kritik an ihm; die noch 1607 abgedruckte Vorrede vom April 1606 hatte ja einen Hinweis auf Schriftstellen und Väterstellen abgelehnt, um den Leser nicht von der meditatio abzulenken. Nun aber muß es bald Kritik gegeben haben, denn Johann Arndt ermutigt Johann Gerhard am 19. Februar 1607, nur ja am Text nichts zu ändern[70], dann aber wird die 2. Ausgabe von 1607 bereits vorgestellt als jam Altera vice emendatiores editae. Da bisher ein Exemplar der 1. Auflage von 1606 nicht aufgetaucht ist[71] – hier scheint sich zu wiederholen, was die Erforschung von Arndts Vier Büchern vom wahren Christentum so spannend gemacht hat –, ist der Inhalt der Änderungen vorerst nicht zu ermitteln. Auch ist nicht feststellbar, ob die Erweiterung der im Titel genannten 50 Meditationes auf 51 unter Beibehaltung des ursprünglichen Titels – diese Erweiterung wird in der Ausgabe von 1607 begründet: „... damit nicht einige Seiten leer bleiben“[72] – Bestandteil der Änderung ist. Es fällt auf, daß die 51. Meditation außer Hinweisen auf Schriftstellen nur einen einzigen „Väter“-Hinweis enthält, einen Verweis auf Luther.

Soweit ich sehe, wird die Zahl 51 im Titel der Meditationes sacrae zuerst in der 1608 in Jena erschienenen deutschen Fassung in Reimform erwähnt. Die lateinischen Ausgaben nennen weiterhin entweder die Zahl 50, wenn sie nicht überhaupt auf die Nennung einer Zahl verzichten. Freilich müssen die genauen Einzelheiten einer künftigen Untersuchung der Druckgeschichte vorbehalten bleiben. Für unseren Zusammenhang ist wichtig, daß die meisten lateinischen Ausgaben, mit Sicherheit seit 1617, die von Johann Gehard selbst zugefügten Nachweise der Schrift- und Väterbezugnahmen enthalten.[73] Ich möchte vermuten, daß auch diese Änderung auf Grund von Kritik

---

[69] Dies ist also ein weiterer Verweis Johann Gerhards auf Makarios neben dem von *Hans Schneider* (wie Anm. 65), 196, erwähnten.

[70] *G. M. Raidel* (wie Anm. 22), 77f.

[71] *R. Hupfeld* (wie Anm. 16), 210, macht es sich zu einfach, wenn er die Meditationes 1606 geschrieben und 1607 herausgegeben sieht.

[72] Bl. f 8^r. Die 51. Meditation lehnt sich an den 2. Teil einer Predigt an, die Johann Gerhard am 26. April 1606 in Jena gehalten und mit zwei weiteren Predigten veröffentlicht hat; vgl. *Johann Gerhard*, Betrachtung Von der Geistlichen Aufferstehung und Himmelfahrt der wahren Christen/auch von den Wirkungen deß H. Geistes in denselben/gerichtet auff die drey vornehme Festage der Christenheit/Ostern/Himmelfahrt und Pfingsten, Jena 1607, S. 10–17. Der Schluß dieser Predigt (S. 17) ist identisch mit dem Schluß der 51. Meditation (Bl. 93^v–94^r).

[73] Dies trifft z. B. nicht zu für die eine der beiden Ausgaben Jena 1622.

an Gerhard zustandegekommen ist. Anlaß dazu könnten die erstmals zwischen 1609 und 1614 erschienenen Schriften des der Heterodoxie verdächtigen Valentin Weigel gewesen sein[74], denen gegenüber Johann Gerhard möglicherweise eine Aufdeckung seiner Quellen für notwendig ansah, um sich damit vor Verdächtigungen zu schützen. Was diese Quellenangaben betrifft, darf nicht vergessen werden, daß sie auf den Autor selbst zurückgehen. Es ist wahrscheinlich, daß sich in den Texten weitere, vom Verfasser selbst nicht identifizierte versteckte Zitate befinden, die zu erschließen Aufgabe weiterer Untersuchungen bleiben muß.[75]

6.

Für die Feststellung, welche Verbreitung Johann Gerhards Meditationes sacrae gefunden haben, liegen eine Reihe von bibliographischen Statistiken vor. Erdmann Rudolph Fischer kannte 1723 die erstaunliche Anzahl von seinerzeit 36 Ausgaben.[76] Heinrich August Schmidt zählte 1827 27 lateinische Ausgaben und 29 Übersetzungen in fast alle europäischen lebenden Sprachen.[77] Frieder Schulz nennt 1984 11 lateinische Ausgaben bis 1737 und 7 deutsche Ausgaben bis 1776.[78] Alle diese Angaben sind unvollständig. Nun ist freilich damit zu rechnen, daß eine vollständige Bibliographie des Buches möglicherweise kaum zu erreichen sein wird. Allein das normalerweise kleine Format, aber auch sein Charakter als Verbrauchsliteratur sind wohl Gründe dafür, daß von manchen Auflagen kein Exemplar erhalten geblieben ist.

Dennoch führt die systematische Durchsicht von Bibliographien und Bibliothekskatalogen zu erheblich ergiebigeren Zahlen. Für die Zeit zwischen 1607 und 1700 sind bei vorläufiger vorsichtiger Zählung[79] 115 Auflagen in 12 Sprachen, für die Zeit von 1701 bis 1800 insgesamt 51 Auflagen in 10 Sprachen, für die Zeit zwischen 1801 und 1900 insgesamt 31 Auflagen in 8 Sprachen nachweisbar. Für das 17. Jahrhundert verteilen sich die Auflagenzahlen auf 37 lateinische, 24 deutsche, 2 tschechische, 3 dänische, 14 englische, 1 ungarische, 3 schwedische, 7 französische, 7 isländische, 2 niederländische, 1 polnische, 1 finnische, 1 wendische und 2 rhätoromanische Ausgaben. Die lateinischen Ausgaben erschienen in Jena, Erfurt, Straßburg, Gie-

---

[74] Vgl. *Siegfried Wollgast*, Valentin Weigel in der deutschen Philosophiegeschichte. In: Valentin Weigel Ausgewählte Werke, hg. u. eingeleitet v. *Siegfried Wollgast*, Berlin 1977, 44.

[75] Wenn nicht alles täuscht, differenziert sich übrigens etwa von der 28. Meditation an die Weise, in der Johann Gerhard seine Quellen angibt.

[76] *E. R. Fischer* (wie Anm. 1), 444–446.

[77] *Heinrich August Schmidt*, Zwei und Funfzig Heilige Betrachtungen von Johann Gerhard. Ein Erbauungsbuch für evangelische Christen, Berlin 1827, XIII Anm. [2].

[78] *Frieder Schulz*, Art. Gebetbücher. TRE 12, 115, 26–27.

[79] Mehrfach erscheint auf den Titelblättern ein Hinweis auf vorausgehende Auflagen, die aber bisher nicht nachweisbar sind.

ßen, Leiden, Groningen, Amsterdam, Oxford, Cambridge, Frankfurt/Main, London und Stockholm. Im 18. Jahrhundert kommt als weitere Übersetzung eine russische Ausgabe in 2 Auflagen hinzu, während die Anzahl der lateinischen und deutschen Ausgaben deutlich zurückgeht (9 bzw. 6), die der weiteren Übersetzungen in europäische Sprachen jedoch teilweise zunimmt (3 englische, 5 ungarische, 1 tschechische, 1 holländische, 5 dänische, 6 isländische, 9 finnische). Eine italienische, griechische und arabische Übersetzung konnte schon E. R. Fischer, der von ihnen wußte, nicht mehr auffinden.[80] Die ersten Übersetzungen in außerdeutsche Sprachen erfolgten bereits 1614 ins Tschechische und Dänische – wenn nicht die von E. R. Fischer 1723 erwähnte englische Ausgabe London 1611 die erste ist, die aber bisher nicht wieder aufgetaucht ist –, gefolgt 1615 von einer englischen und 1616 von einer ungarischen. Die lateinischen Ausgaben hatten ihre größte Erscheinungsdichte zwischen 1606 und 1636, die deutschen Ausgaben nehmen nach 1631 erst wieder ab 1787 nennenswert zu. Auffallend ist die große Anzahl von finnischen Übersetzungen im 18. Jahrhundert. Osmo Tiililä hat sogar 16 finnische Ausgaben zwischen 1680 und 1898 gezählt, während Johann Arndts Bücher vom wahren Christentum erst 1827 erstmalig ins Finnische übersetzt worden seien. Er schließt daraus: „Man kann kaum die Bedeutung von Gerhards Meditationes in Finnland überschätzen." Sie würden noch heute gelesen.[81] Was Island betrifft, ist bereits 1922 festgestellt worden, daß dort der Einfluß Johann Gerhards auf die Frömmigkeit zu wenig erforscht sei.[82]

Eine besondere Gattung bilden die in Reime übersetzten Ausgaben. Für das 17. Jahrhundert sind 8 deutsche, 3 isländische und 1 dänische, für das 18. Jahrhundert 5 dänische, 1 lateinische und 1 deutsche Auflage gereimter Fassungen feststellbar. Dies ist nichts Außergewöhnliches – auch das berühmte Gebetbuch von Johann Habermann erschien 1595 in Straßburg und 1599 in Wittenberg in gereimter Form. Allerdings darf darüber der mögliche Einfluß auf die Kirchenlieddichtung nicht vergessen werden, von dem wir noch wenig wissen.[83]

Ein Vorgang, der mit einer Übersetzung von Johann Gerhards Buch in enger Beziehung steht, muß gesondert erwähnt werden. Im Jahre 1714 geriet in Moskau der Arzt Dmitri Tweretinow unter Anklage der Häresie.

---

80 *E. R. Fischer* (wie Anm. 1), 446.

81 *Osmo Tiililä*, Die ältesten Übersetzungen der deutschen pietistischen Literatur in Finnland. ThLZ 84 (1959) 330f.

82 *H. Hermansson*, Icelandic books of the seventeenth century, Ithaca N. Y. 1922, IX.

83 In der Allgemeinen Evangelisch-Lutherischen Kirchenzeitung erschien 1897 ein Artikel über „Johann Gerhard's meditationes sacrae in ihrer Bedeutung für die Blüthezeit des evangelischen Kirchenliedes" (Sp. 986–989), der vom Einfluß dieser Texte auf Johann Rist, Johann Friedrich Zihn, Ernst Christoph Homburg u. a. sprach. *Constantin Große* (Hg.): Die Alten Tröster. Ein Wegweiser in die Erbauungsliteratur des 16. bis 18. Jahrhunderts, Hermannsburg 1900, 199, äußerte sich kritisch gegenüber dieser bloßen Feststellung, wenn sie nicht unterbaut werden könnte.

Während des Prozesses berief er sich auf ein Büchlein, das 1710 in Černihiv erschienen, von Erzbischof I. Maksimovič übersetzt und mit einem empfehlenden Vorwort des Patriarchatsverwesers Stefan Jaworskij versehen war. Jaworskij aber war der Untersuchungsführer im Prozeß gegen Tweretinow. Das Buch war eine anonym erschienene Ausgabe einer russischen Übersetzung der Meditationes sacrae von Johann Gerhard, die 1711 noch einmal in 2. Auflage veröffentlicht wurde.[84]

Über den Leserkreis von Johann Gerhards Meditationes sacrae lassen sich vorerst nur Vermutungen anstellen. Es war mit Sicherheit für Lateinkundige, am ehesten wohl für Theologen geschrieben worden. Dadurch aber, daß bereits 1607 in Magdeburg – und von da an in regelmäßiger Folge – deutsche Übersetzungen erschienen, war für breitere Leserkreise der Zugang zu dem Buch ermöglicht. Spuren der Benutzung tauchen dann ab und zu auf[85], und auch Gottfried Arnold erwähnte die Meditationes sacrae in seiner Historia et descriptio Theologiae Mysticae.[86] Allein die Auflagezahlen und Übersetzungen sprechen jedoch für sich ebenso wie die Streuungsbreite ihrer Erscheinungsorte. Nach ihnen zu urteilen, hat jedes Jahrhundert nach dem Erscheinen von Johann Gerhards Buch eine eigene kleine Renaissance der Meditationes sacrae erlebt – bis hin zur Neuübertragung des Textes durch Karl Kindt im Jahre 1937 im Gefolge der Auseinandersetzungen zwischen Kirche und Nationalsozialismus.[87]

7.

Johann Gerhards Meditationes sacrae sind ihrer Gattung und ihrer Verbreitung nach ein Musterbeispiel für die Literatur des 16. und 17. Jahrhunderts, die man noch immer unter dem Obertitel „Erbauungsliteratur" zusammenfaßt.[88] An den Auflagenziffern dieser Literatur ist der Bedarf abzule-

---

[84] Zum ganzen Vorgang und zu den Quellen vgl. *Ludolf Müller*, Die Kritik des Protestantismus in der russischen Theologie vom 16. bis 18. Jahrhundert, Wiesbaden 1951, 60–64, *Dmitrij Čiševskij*, Zwei Ketzer in Moskau. In: ders.: Aus zwei Welten. Beiträge zur Geschichte der slawisch-westlichen literarischen Beziehungen, 's Gravenhage 1956, 252–268; *Eduard Winter*, Frühaufklärung. Der Kampf gegen den Konfessionalismus in Mittel- und Osteuropa und die deutsch-slawische Begegnung, Berlin 1966, 333 (vgl. 290, der Titel der russischen Übersetzung ebd., 394). Vgl. auch ders.: Halle als Ausgangspunkt der deutschen Rußlandkunde im 18. Jahrhundert, Berlin 1953, 138f. Der Vorgang findet keine Erwähnung bei *Reinhold Lauer*, Ausstrahlungen der deutschen Barockliteratur in Rußland. In: Studien zur europäischen Rezeption deutscher Barockliteratur, hg. v. *Leonhard Forster*, Wiesbaden 1983, 37–65.

[85] Ein tschechischer Prämonstratenser, Johann Caspar von Zwiewelhoff, bekam 1718 in Halle ein Exemplar zum Lesen überreicht, vgl. *Eduard Winter*, Die Pflege der west- und südslawischen Sprachen in Halle im 18. Jahrhundert, Berlin 1954, 239f.

[86] Frankfurt 1702, 376.

[87] Vgl. Vom Kampf und Trost der gläubigen Christenheit. Geistliche Betrachtungen von Johann Gerhard. Neu dargeboten durch *Karl Kindt*, Rothenburg o. T./Erlangen 1937.

[88] Die unter Hans Leube in Breslau angefertigte Dissertation von *Willy Burkert*, Johann

sen, der nach ihr bestand. Offenbar bot sie mit der in ihr enthaltenen Deutung des menschlichen Lebens und des christlichen Glaubens ein hilfreiches Muster an, das es ermöglichte, die Nöte der Zeit zu bestehen und zu bewältigen. Es ist noch zu wenig in den Blick gekommen, daß der Auslöser dafür nicht erst der Dreißigjährige Krieg gewesen ist. Gerhards Meditationes können in ihrer Auflagendichte mit der von Johann Arndts „Vier Büchern vom wahren Christentum" zwar nicht Schritt halten, gehören aber zu den Titeln, die ihrer Bedeutung nach Arndt alsbald folgen.

Was ist ihre spezielle Bedeutung?

Die Meditationes sacrae verstehen sich ihrem Vorwort, ihrem Inhalt und ihrer Sprachgestalt nach als Theologie. Damit verstehen sie Theologie als eine Funktion christlichen Lebens, also als eingeordnet in einen Gesamtvollzug von Glauben, der weit über intellektuelle oder spekulierende Tätigkeit hinausreicht. Mit Gerhards eigenen Worten gesagt: Theologie ist eine Funktion dessen, was er – *mit* Johann Arndt und nicht gegen ihn – „wahres Christenthumb" nennt.[89] Diese stichwortartige Kennzeichnung christlichen Glaubens muß am Ende des 16. Jahrhunderts in der Luft gelegen haben, sie taucht bereits vor Johann Arndt auf[90] und setzt theologisch bei der Buße ein.[91] Theologie als meditatio beginnt mit der Besinnung des Meditierenden auf sich selbst und führt dann zur Betrachtung der Werke Gottes. Ihr Prüfstein sind die Anfechtungen und Schmerzen.

Längst ist beobachtet worden, daß hier eine Verwandtschaft, aber auch ein Unterschied zwischen Johann Gerhard und Luther vorliegt.[92] Vivendo, immo moriendo et damnando fit theologus, non intelligendo, legendo aut speculando, hatte Luther gesagt.[93] Diese Verwandtschaft ist nicht unvermittelt entstanden. So zielt die Reihe der Empfehlungen von David Chytraeus für das Studium der Theologie – Gebet, Lesen der Schrift, Studium der loci Theologici, Erlernung der biblischen Sprachen – auf den letzten Punkt ab: de Experientia seu Praxi doctrinae, in doloribus, aerumnis, & tentationibus, ad

---

Gerhard als Erbauungsschriftsteller (1939) war mir nur in ihrer auszugsweisen Druckfassung zugänglich, die für eine kritische Fragestellung nicht viel austrägt.

89 So das Hauptstichwort in der Vorrede zum 2. Buch der Schola pietatis von 1622, die an die Herzoginnen Dorothea Sophie und Anna Marie von Sachsen gerichtet ist (Bl. a3^{v}, a8^{v}–b1^{r}, b3^{v}–5^{r}). Auch in die Kirchenordnung Herzog Johann Casimirs von 1626, die aus seiner Feder stammt, ist dieses Stichwort als Schlüsselbegriff eingegangen.

90 Vgl. die Rede von der pietas vera bei David Chytraeus (Brief an die Wittenberger Theologen, Rostock 20. Mai 1595. *Davidis Chytraei*... Epistolae, Hanau 1614, 1276).

91 *R. Hupfeld* (wie Anm. 16), 11, bemerkt zu Johann Gerhards Disputationes de studio pietatis von 1624: „Die Bußlehre ist der Organisationspunkt nicht nur der Heilslehre, sondern auch der Ethik."

92 Zur Verwandtschaft: *J. Wallmann* (wie Anm. 18), 35, und *Hasso Jaeger*, Art. Gerhard, Jean. DSp. 6, 300. Zum Unterschied: *J. Wallmann*, ebd., 60f. und *Richard Schroeder*, Johann Gerhards lutherische Christologie und die aristotelische Metaphysik, Tübingen 1983, 52f.

93 AWA 2, 296, 10–11 (Operationes in psalmos, 1519). Vgl. auch WA 50, 658, 29–659,4 (Vorrede zum 1. Band der Wittenberger Ausgabe der deutschen Schriften, 1539) und WA TR 1, 147, 2–37.

usum transferendae, und schon bei ihm ist damit die Berufung auf die Eremitae & Monachi ueteres verbunden.[94] Was die Unterschiede zwischen Gerhard und Luther betrifft, ist auf die Gefahr einer Anthropologisierung der Theologie und einer Entschärfung der Funktion der Rechtfertigungslehre für den Inhalt der Theologie aufmerksam gemacht worden.[95] Mir scheinen dabei einerseits eine genauere Beobachtung der Umsetzung der Theologie in Luthers eigener Praxis, andererseits die veränderten Bedingungen, unter denen am Anfang des 17. Jahrhunderts Theologen zu arbeiten hatten, noch nicht genügend berücksichtigt.

Was Johann Gerhards frühes und mit der Verbreitung der Meditationes sacrae in der Folgezeit offenbar stark nachwirkendes Verständnis von Theologie betrifft, unterscheidet ihn von Luther die starke Beziehung von Theologie und Medizin aufeinander. Er hat sie offenbar auch in seiner eigenen Tätigkeit durchgehalten: So wie Johann Arndt 1596 in Quedlinburg sich in und neben seiner pfarramtlichen Tätigkeit als Arzt betätigte[96], so hat Johann Gerhard sich während seiner Tätigkeit als Superintendent in Heldburg als Hausarzt bei Armen betätigt.[97] Er hat dies auch sachlich-medizinisch zu begründen gewußt: Bei der Besprechung eines Buches von Christian Avianus über die geistlichen Anfechtungen weist er darauf hin, daß auf dem Wege der Vermischung der Körpersäfte Zusammenhänge zwischen körperlichen Krankheiten und geistlichen Anfechtungen bestünden.[98] An dieser Stelle meldet sich wohl – wie etwa auch in einigen Partien der Vorrede zu den Meditationes sacrae – in Johann Gerhard der Schüler des Wittenberger Medizinprofessors Daniel Sennert zu Wort. Die Bedeutung Sennerts, der 1601 in Wittenberg promovierte und 1602 Professor wurde, liegt in der Vermittlung zwischen dem antik-mittelalterlichen Galenismus und der Chemiatrie.[99] „‚Experientia' ist der für Sennert in jeder Beziehung entscheidende Terminus."[100] Aber man muß wohl die Verbindung von Medizin und Theologie, die sich in Johann Gerhards Denken und Tätigkeit findet, in noch weitere Zusammenhänge stellen. Möglicherweise macht sich bei Johann Gerhard bemerkbar, was bereits seit dem 15. Jahrhundert in der europäischen Philosophie neu virulent wurde: die bei Platon und Aristoteles angelegte Vorbildrolle der Medizin für die Politik und die praktische Philosophie, die dann auch auf das Verständnis von Theologie übergreift.[101] Soweit ich

---

94 *David Chytraeus*, De studio Theologiae recte inchoando, Wittenberg 1566, Bl. 28r.

95 S. o. Anm. 92.

96 Vgl. *Ferdinand Arndt*, Johann Arndt, ein biographischer Versuch, Oemigke 1838, 36.

97 *Ferdinand Schmidt*, Johann Gerhard in Heldburg, Meiningen 1893, 36.

98 Johann Gerhard an Zacharias Brendel in Jena, 14. Juli 1619; vgl. E. R. Fischer (wie Anm. 1), 509–511.

99 Vgl. *Wolfram Kaiser/Arina Völker*, Ars medica Vitebergensis 1502–1817, Halle 1980, 31–37.

100 Ebd., 32.

101 Vgl. *Horst Dreitzel*, Protestantischer Aristotelismus und absoluter Staat. Die „Politica" des Henning Arnisaeus (ca. 1575–1636), Wiesbaden 1970, 116–119. Bei Johann Gerhard dürfte auch die Selbstbesinnung der Medizin als Wissenschaft eine Rolle gespielt haben, die am Anfang

sehe, ist bisher unbeachtet geblieben, daß Johann Gerhard in den Thesen zu einer philosophischen Promotion in Jena am 13. August 1603 auch die Philosophie als animi velut medicina quaedam bezeichnete[102], eine Beschreibung, die in der Stoa zu den Lieblingsbildern für die Tätigkeit des Philosophen gehört hatte.[103]

An einer Stelle jedoch scheint sich Gerhard von Johann Arndts Ineinssetzung von Medizin und Theologie zu unterscheiden. Seine leise Kritik in der Vorrede zu den Meditationes sacrae, die sich auf die Identifizierung des Steins der Weisen mit Christus bezieht, ist doch wohl als Distanzierung vom alchemistischen Verständnis von Medizin zu verstehen.[104] Gerhard kannte eine Grenze für die inhaltliche Gleichsetzung von Medizin und Theologie. Sie liegt in der Unverfügbarkeit über das Heil.

Darin liegt wohl auch die Grenze der Brauchbarkeit einer Beschreibung von Theologie als therapeutischer Kunst. Ist es ein Zufall, daß in den Meditationes sacrae wohl Betrachtungen über die Inkarnation, die Passion, die Himmelfahrt Jesu und Pfingsten enthalten sind, während eine Betrachtung über Ostern fehlt? Daß das Oster*motiv* nicht fehlt (vgl. Meditation 12), darf nicht darüber hinwegtäuschen, daß das Oster*thema* zumindest in diesem wichtigen Buch offenbar nicht in das Blickfeld des jungen Johann Gerhard gekommen ist. Johann Gerhards Verständnis von Theologie in den Meditationes sacrae steht unübersehbar im Zusammenhang einer Passionsfrömmigkeit, die – im Kern Bußtheologie – ohne Unterbrechung bis ins Spätmittelalter zurückreicht und jedenfalls in ihrer praktischen und liturgischen Ausgestaltung Ostern zu einem theologischen Thema neben anderen gemacht hat. Historisch darf man diesen Vorgang Johann Gerhard nicht anlasten. Von der Sache her wäre es wichtig, die Chancen und Grenzen der Möglichkeit eines therapeutischen Verständnisses von Theologie genau zu erwägen.[105]

---

des 17. Jahrhunderts mit Jessenius und Daniel Sennert an der Wittenberger Universität einsetzte, vgl. *Richard Toellner*, Die medizinischen Fakultäten unter dem Einfluß der Reformation. In: Renaissance – Reformation. Gegensätze und Gemeinsamkeiten, hg. v. August Buck, Wiesbaden 1984, 291.

102 THEOREMATA DE PHILOSOPHIAE CONSTITVTIONE, Jena 1603, Bl. A3^r.

103 Vgl. *Cicero*, Tuscul. disp. III 1.

104 Christus als Stein der Weisen, z. B. im Rosarium philosophorum, Frankfurt/Main 1550, Bl. a4^r.

105 Vgl. *Helmut Piechowiak*, Gedanken zu einer therapeutischen Theologie. Renovatio 39 (1983) 194–208.

Walter Grossmann

Eberhard Ludwig Gruber über wahre und falsche Inspiration*

I.

„Zum andern, daß sie den Geist rühmen, gilt nicht, denn wir haben hie St. Johanns Spruch (1. Joh 4,1), man solle die Geister zuvor prüfen, ob sie aus Gott sind. Nun ist dieser Geist noch nicht geprüfet, sondern fähret zu mit Ungestüm, und rumort nach seinem Mutwillen. Wäre er gut, er würde sich zuvor prüfen und demütiglich urteilen lassen, wie Christi Geist tut.“[1] So die Herausforderung Luthers an die Schwärmer. Die Frage nach der Unterscheidung der wahren von der falschen Prophezeiung reicht zurück bis ins alte Testament (5. Mose 18,20–22), zur Warnung Jeremias vor den Propheten, die nicht Gottes sondern Baals Wort verkünden. Paulus erklärt die Gabe die „Geister zu unterscheiden“ als eine der geistlichen Gaben (1. Kor. 12,10). Der Anspruch der revolutionären Wiedertäufer, daß Worte und Handlungen ihnen vom Heiligen Geist eingegeben sind, wird wieder von radikalen Puritanern im 17. Jahrhundert erhoben, von den Propheten der Cevennen und von radikalen Pietisten. Luthers unter Berufung auf Johannes erhobene Forderung, daß der Prophet sich der Prüfung unterzieht, ob er wirklich ein Gott „verkündendes Werkzeug“ ist, hat auch für alle späteren Propheten Gültigkeit.[2]

Tatsächlich ist jedes Auftreten dieser Propheten von Angriffen auf ihren Wahrheitsanspruch und deren Verteidigungen begleitet. Unter den aus diesen Konflikten hervorgegangenen Schriften verdient die des Radikalpietisten Eberhard Ludwig Gruber (1665–1728) *Nöthiges und Nützliches Gespräch von der wahren und falschen Inspiration* aus dem Jahr 1716 besondere Beachtung. Der Versuch einer Diskussion, die zum Verständnis dieses Textes beiträgt, setzt unsere Kenntnis von der geistigen Entwicklung des Autors

---

* Der Fondation de la Maison des Sciences de l'Homme, Paris, danke ich für Unterstützung meiner Vorarbeiten. Der Bibliothek der Société de l'Histoire du Protestantisme Français und der Württembergischen Landesbibliothek, Abt. Alte und wertvolle Drucke, danke ich für freundliche Hilfe.

[1] *Martin Luther*, WA, 15, 213.

[2] *Max Weber* unterscheidet zwischen zwei Typen von Prophetentum, „verkündendes Werkzeug“ und „exemplarischer Mensch“. Wirtschaft und Gesellschaft, Tübingen, 1925, S. 255.

und ersten beruflichen Tätigkeit in seiner Württemberger Heimat, bevor er in die Wetterau auswanderte, voraus. Wir müssen auch weitreichende historische Zusammenhänge berücksichtigen, die das Auftreten der Werkzeuge der prophetischen Inspiration in der Wetterau im Winter 1714 erklären. Die Begegnung mit den Werkzeugen brachte eine tiefgehende Veränderung im Leben Grubers und seines jüngeren Freundes Johann Friedrich Rock, der ihm in „exilio" gefolgt war.[3] Sie war schließlich der Ausgangspunkt für die Bildung der Gemeinschaft der „Wahren Inspirierten", die in die Neue Welt verpflanzt, ihr reiches religiöses Gemeindeleben in Amana im Staate Iowa bis heute weiterführt. Gruber und Rock sind ihre „founding fathers". Gruber trug sein theologisches Wissen und organisatorisches Talent bei und Rock seine geistigen Gaben. Von ihm schrieb Karl Barth: „Sie (die Inspiration) hat den Sattler Rock ergriffen und zu einem Seher und Künder gemacht, auf dessen seltsame Botschaft das halbe oder ganze pietistische Deutschland lauschte, den auch Bengel, ein Oettinger, ein Tersteegen, ein Jung Stilling ehrerbietig aufsuchten."[4] Ihre Begegnung mit den Werkzeugen haben Gruber und Rock beschrieben. Wie sie sich zuerst den Aussprachen zu widersetzen versuchten und dann doch von deren Authentizität überzeugt wurden, so ist von Anfang an die Prüfung, ob die prophetische Aussprache die Gabe des Heiligen Geistes ist oder Selbsttäuschung und Satans Werk, eine Lebensfrage für die neuen „Wahren Inspirierten".[5]

II.

Bevor wir auf den Traktat, in dem Gruber dieses Problem so mutig und kenntnisreich in Angriff nahm, eingehen, wollen wir den Gang seines Geistes, Kontinuität und Wachstum, verfolgen.

Grubers Begabung für das theologische Studium fand frühe Anerkennung. Dem vierundzwanzigjährigen Stipendiaten des Tübinger Stifts wurde 1689 die verantwortungsvolle Stellung des Repetenten übertragen.[6] 1692 verließ er das Stift, um einen ersten Posten als Helfer (zweiter Pfarrer) in

---

[3] Unterschiedlich Erfahrungs-volle Zeugnisse/... Von der/... Inspirations-Sache/1715, S. 2; vgl. zu Gruber auch *Hans Schneider*, Der radikale Pietismus in der neueren Forschung (Forts.), JGP 9, 1983, S. 117–151.

[4] *Karl Barth*, Die protestantische Theologie im 19. Jahrhundert, Zürich, 1952, S. 96.

[5] Ein genaues Datum, wann die Gemeinschaft sich die „Wahren Inspirierten" nannte, läßt sich nicht festlegen. „Der Name Inspirations-Gemeinden ist uns von Andern beigelegt", liest man in „Kurze Historie der so genannten Inspirierten" (17. Sammlung Jahr-Büchern Der Wahren Inspirations Gemeinschaften 1776, S. 239). Als „Inspirés" bezeichneten sich die neuen Propheten in der Dauphiné 1689. Auf diese Zusammenhänge wird im folgenden eingegangen. Ulf-Michael Schneider, Göttingen, verdanke ich Hinweise auf Stellen in den Jahrbüchern und Anregungen in mündlicher und brieflicher Diskussion.

[6] *Martin Leube*, Geschichte des Tübinger Stifts, Zweiter Teil 18. Jahrhundert 1690–1770, Stuttgart, 1930, S. 47.

Großbottwar anzutreten. Christian Kolb unterscheidet in seiner Darstellung der Anfänge des Pietismus und Separatismus in Württemberg zwischen zwei Perioden und läßt die erste, erfüllt vom Durchgreifen des Spenerschen Pietismus, um 1700 enden.[7] Zu diesem Zeitpunkt setzte eine verstärkte Tätigkeit der Anhänger der Theosophie Jakob Böhmes und dessen Nachfolgerin Jane Leade ein. Chiliastische Erwartungen, wie sie Johann Wilhelm Petersen vertrat, radikale Kritik an der Orthodoxie und die Umwertung traditioneller christlicher Leitbilder, die Gottfried Arnold bot, fanden begeisterte Aufnahme. Kolb, und neuerdings Hartmut Lehmann, haben die Wirkung der verheerenden Eroberungszüge von 1688, 1692 und 1693 Ludwigs XIV. und des Einfalls bayrischer Truppen im Spanischen Erbfolgekrieg 1703 auf das religiöse Leben Württembergs herausgestellt.[8]

In dem „offiziellen" Nachruf auf Gruber in den *Jahrbüchern der Wahren Inspirierten* heißt es von ihm: „Gelehrsamkeit und Fleiß förderten ihn, daß er Repetent... wurde im Kloster zu Tübingen, wo er schon das Zeugnis eines gottseligen Wandels hatte, und der Spötter Spott tragen mußte".[9] Friedrich Fritz hat daraus geschlossen, daß der junge Repetent die für die pietistische Lebenshaltung charakteristische Einstellung zeigte: Ernst zu nehmen, was er glaubte, und berufen, es zu lehren und zu predigen, kann als Grundsatz des jungen idealistischen Hilfspfarrers angenommen werden.[10] Grubers Strenge und hochgespannte Ansprüche führten zu Klagen der Gemeindemitglieder. Bei einer Kirchenvisitation 1700 wird er ermahnt „theologische Moderation zu gebrauchen und von seinen Beichtkindern und Kommunikanten nach christlicher Liebe das beste zu hoffen." Im selben Jahr wurden Gruber „singuläre Meinungen" vorgeworfen, denen er mit der Erklärung begegnete, „seiner Gemeinde sage er nichts von Chiliasmus oder ewigem Evangelium".[11] So erscheint Gruber schon zu diesem Zeitpunkt den, die pietistischen Kreise ergreifenden, schwärmerischen und chiliastischen Lehren aufgeschlossen.

Das Auftreten des Sporers Johann Georg Rosenbach (1678–1747) brachte den sich vorbereitenden Konflikt zwischen kirchlicher Obrigkeit und radikalisierten Pietisten zum Siedepunkt. Der Autodidakt Rosenbach beeindruckte Männer wie Gruber und den angesehenen Hofprediger Johann Reinhard Hedinger, die selbst die beste theologische Ausbildung genossen hatten und tief unter dem Riß litten, der, wie sie meinten, die Kirchenpraxis von der Lehre Christi trennt. In Rosenbach sahen sie den religiös Erweckten,

---

7 *Christoph Kolb*, Die Anfänge des Pietismus und Separatismus in Württemberg, Württembergische Vierteljahrshefte für Landesgeschichte, N. F., 9. Jahrg. 1900, S. 93.

8 *Hartmut Lehmann*, Pietismus und weltliche Ordnung in Württemberg, Stuttgart, 1969, S. 39.

9 XVIII. Sammlung oder Auszug Aus denen Jahr-Büchern Der Wahren Inspirations Gemeinschaften, 1780, S. 104. (im folgenden zitiert... Sammlung).

10 *Friedrich Fritz*, Konventikel in Württemberg (Fortsetzung des 6. Kapitels), Blätter für Württembergische Kirchengeschichte, Dritte Folge, 5. Jahrg. 1951, S. 79.

11 Ibid., S. 80.

den ein Durchbruchserlebnis zum Verkünder schlichter, christlicher Wahrheiten und zum wirksamen Seelsorger machte.[12] Rosenbachs Besuch in Großbottwar Ende Mai 1703 fällt in die Zeit von Grubers Streit mit dem 1702 eingesetzten Stadtpfarrer Johann Grüninger. Grubers Äußerungen, daß unter hundert nicht einer sei, der den rechten Glauben habe, und daß in der Gemeinde nicht zehn seien, die das heilige Abendmahl würdig empfingen, hatten die Empörung der meisten Gemeindemitglieder erregt.[13] Seine erneuten Angriffe auf Grüninger am Osterfest, eine Privatversammlung, die Rosenbach in Grubers Haus am Pfingstmontagabend (28. Mai 1703) hielt, führte zu öffentlichem Protest und Tumult.[14] Die schon früher eingeleitete Untersuchung über das Verhalten Grubers und Grüningers endete mit beider Versetzung, wobei Gruber die Pfarrei Hof übertragen wurde. Johann Wolfgang Jäger charakterisierte Gruber in einem Gutachten: „Er habe gute Gaben, Studien, Eloquenz, ungemeinen Eifer für Erbauung, ... halte fest den Chiliasmus fur wahr als er meine, ohne diese Hypothese könne man die Propheten nicht verstehen... Übrigens sei schon bei dem Studenten Gruber Ehrgeiz die herrschende Leidenschaft gewesen."[15] Gruber erhielt in diesen Verhandlungen die stärkste Unterstützung von Hofprediger Hedinger. Gruber fand auch in seiner neuen Gemeinde, die großenteils aus Bauern der Umgebung von Hof bestand, kein Verständnis für das rigorose Vorbild christlichen Lebens, das er ihnen zur Nachahmung vorhielt. Zank und Unfrieden, gefolgt von Anklagen von Gemeindemitgliedern beim Konsistorium, führten schließlich zur Amtsentsetzung (16. Februar 1706). Es wurde ihm eine vierteljährige Bedenkzeit eingeräumt, in der er zu entscheiden hatte, ob er willig sei, die Konkordienformel vorbehaltslos zu unterschreiben, sich der Württembergischen Kirchenordnung zu unterwerfen und aller „Acerbitäten und Invektiven" zu enthalten. Gruber konnte mit gutem Gewissen diese Forderungen nicht annehmen und bat um ein „Demissionspatent", das am 15. April 1706 mit zusätzlicher warmer Empfehlung für ihn und seine Familie gewährt wurde. War damit auch seine Württemberger Pfarrtätigkeit beendigt, so war dies zugleich der Anfang neuer aktiver Wirksamkeit.[16]

III.

Nach sechsjähriger Abwesenheit von seiner Heimat war der Sattler Johann Friedrich Rock 1702 nach Stuttgart zurückgekehrt. In seinem autobio-

---

[12] *Friedrich Fritz*, Johann Georg Rosenbach, Zeitschrift für Bayerische Kirchengeschichte, 18. Jahrg., 1948, S. 35–41.
[13] *Kolb*, Die Anfänge des Pietismus..., S. 391.
[14] *Fritz*, Rosenbach, S. 35–36.
[15] *Kolb*, S. 388.
[16] Ibid., S. 394.

graphischen *Erniedrigungs Lauff* schrieb er: „In deren 4. Jahren nun war zu Stuttgard eine sonderliche Erweckung, ja fast im gantzen Land: dann da es Gott fügte, daß etliche zusammen kamen, sich miteinander zu erbauen, da stärckte mich der Herr kräfftig, und gab mir einen getrosten Mut, wider das Böse zu zeugen, und ob wir zwar alle noch zur Kirch und Abendmahl giengen, so machte sich dennoch der Feind auf, sonderheitlich in denen Predigern... worauf dann die Absonderung und die Verfolgung anfieng... Im Jahr 1707 im Sommer wurde uns angekündigt, in die Kirche zu gehen, oder das Land zu meiden: Wir erwählten dann das Letzte."[17] Zu den Auswanderern zählten Johann Jakob Elsässer und Andreas Groß, die sich in Frankfurt niederließen, und Gruber, der mit Rock nach Himbach zog, das zu dem von Graf Karl August (1667–1725) verwalteten Marienborner Teil des Fürstentums Isenburg-Büdingen gehörte.[18] Religiöse Nichtkonformisten hatten hier Unterschlupf gefunden, lange bevor Graf Ernst Casimir sein Edikt vom 29. März 1712 erließ, in dem er jedem, der einen Wohnsitz in seinem Land suchte, „Gewissensfreiheit" verstattete, solange diese in „Bürgerlichem Wandel gegen Obrigkeit und Unterthanen so wohl, als in ihren Häusern, ehrbar, sittsam und Christlich sich aufführen."[19] Rock konnte in Himbach das Sattlergewerbe weiter betreiben und erhielt auch Aufträge vom Marienborner Hof. Gruber bestellte mit seiner Familie eine bescheidene Landwirtschaft. Diese schien ihm die nötige materielle Grundlage zu gewähren, um seine religiösen Bestrebungen, derentwegen er Amt und Existenz in seiner Heimat verlassen hatte, zu verfolgen. Die hohen Ansprüche christlicher Lebensführung suchte er im kleinen Kreis seiner Familie und Freunde zu verwirklichen. Grubers einziger Sohn Johann Adam litt unter der kompromißlosen Strenge des Vaters, und es kam immer wieder zu Konflikten zwischen ihnen.[20] Rock hingegen fand gerade in Zeiten religiösen Zweifels und Unsicherheit in Grubers vorbildlicher Haltung und Ermahnung die helfende Stütze.

Das erste bedeutende Zeugnis, meines Wissens, von Grubers theologischem Denken in diesen Jahren ist die Schrift *Kurtze doch gründliche Unterweisung von dem inneren Wort Gottes; um der Einfältigen willen in Frag und Antwort gestellet*, die 1712 in einer Fassung von zweiunddreißig Seiten erschien und im folgenden Jahr auf neunundachtzig Seiten erweitert wurde. Diese Schrift ging Grubers Erfahrungen mit der „Inspirationsbewegung"

---

17 XII. Sammlung, S. 166–167.

18 *Max Goebel*, Geschichte des christlichen Lebens in der rheinisch-westphälischen evangelischen Kirche, Coblenz, 1860, Bd. III, S. 131; *Matthias Benad*, Ekstatische Religiosität und gesellschaftliche Wirklichkeit. Eine Untersuchung zu den Motiven der Inspirationserweckung unter den separatistischen Pietisten der Wetterau, JGP 8, 1982, S. 119–161.

19 Privilegia und Freyheiten / So... Ernst Casimir / Graf zu Ysenburg und Büdingen / den 29. Martii / 1712... ertheilet hat. Offenbach/Main, S. 4.

20 *Donald F. Durnbaugh*, Eberhard Ludwig Gruber and Johann Adam Gruber: A Father and Son as Early Inspirationist Leaders, Communal Societies, Bd. IV, 1984, S. 152., and Johann Adam Gruber, Pennsylvania Magazine, Bd. 83, 1959, S. 383–84.

voraus, die ihren Ausgang vom Prophetentum in den Camisardenkriegen genommen hatte. Grubers Ringen um das Verständnis des inneren Wortes bereitete ihn für die Begegnung mit den Inspirierten vor. In der Schrift *Von dem inneren Wort* finden wir Muster für Stil und Form des Traktats *Nöthiges und nützliches Gespräch, von der wahren und falschen Inspiration.* Erlaubt es uns, *Von dem Inneren Wort* die Kontinuität und Veränderung in der geistigen Entwicklung Grubers zu verfolgen, so muß der Wert der Schrift weit über solchen biographischen Ertrag gestellt werden. Sie blieb trotz dem zentralen Platz, die das *Gespräch von der wahren und falschen Inspiration* im Leben der sich damals bildenden Gemeinschaft der Wahren Inspirierten einnahm, für diese von bleibendem Wert.[21] *Von dem Innern Wort* fand auch den Weg zurück nach Württemberg, und bei einer Durchsuchung im Zimmer eines des Separatismus verdächtigen Stipendiaten im Tübinger Stift wurden zwanzig Exemplare *Von dem Innern Wort*, neben Werken von Weyer, Böhme, Arnold, Guyon und Bourignon gefunden. Der Stipendiat gestand, daß er noch mehr Exemplare von Grubers Schrift verteilt hatte.[22]

Berndt Hamm in seiner Untersuchung der Quellen des Werkes von Johann Arndt stellte fest, „sein Werk ist ein Sammelbecken mystisch-spiritualistischer Traditionen."[23] Dies gilt auch von Grubers Schrift, und die folgende Diskussion wird sich auf Grubers Text, seine Darstellungsweise und Interpretation konzentrieren, anstelle eines Versuches Quellen zu identifizieren.[24] Gruber selbst nennt nur Johann Tauler und dessen niederländischen Nachfahren im sechzehnten Jahrhundert, Matthäus Weyer[25] (S. 16, 19). Es ist nicht erstaunlich, daß Gruber gerade Tauler hervorhebt, auf dessen Predigt vom Reich Gottes, das in uns ist, Sebastian Franck und Valentin Weigel immer wieder zurückgreifen. Johann Arndt im dritten Buch vom *Wahren Christentum, Liber conscientiae. Vom inwendigen Menschen* schrieb: „Johannis Tauleri... dessen Worte ich auch in diesem Buch, so viel immer möglich... behalten habe." Grubers Interesse an Weyer sollte noch nachgegangen werden, wie dieser überhaupt bis heute wenig Beachtung gefunden hat.

Gruber wählte das Modell des Katechismus für *Von dem Inneren Wort.* Ein

---

21 Von dem Inneren Wort wurde schon 1745 nachgedruckt, und 1981 erschien eine englische Übersetzung von *Janet W. Zuber* in: *Barbara Heinemann Landmann* Biography, E. L. Gruber's Teachings on Divine Inspiration, Amana, Iowa, 1981.

22 *Martin Leube*, op. cit., S. 274.

23 *Berndt Hamm*, Johann Arndts Wortverständnis, Pietismus und Neuzeit, Bd. 8, 1982, S. 53.

24 Zum Verständnis der Geschichte des Begriffs vom „innern und äußeren Wort" s. vor allem *Richard Grützmacher*, Wort und Geist, Leipzig, 1902; auch *Heinrich Bornkamm*, Äußerer und innerer Mensch bei Luther und den Spiritualisten, Imago Dei, Gustav Krüger zum 70. Geburtstag, Giessen, 1932, S. 85–109, und *Wilhelm Wiswedel*, Zum Problem inneres und äußeres Wort bei den Täufern des 16. Jahrhunderts, ARG, Bd. 46, 1955, S. 1–19.

25 Vgl. *Heinrich Bornkamm*, Art. Matthes Weyer (1520/21–1560), RGG^3 6, 1672f.

kurzes Gebet stellte er den einundvierzig Fragen und Antworten voraus, denen er wiederum ein solches zum Abschluß folgen ließ. Die Aufgabe der Frage ist, die diese bestimmende Antwort vorzubereiten. Mit anderen Worten: die Antwort diktiert die Frage. Jede der Antworten stützt sich auf Bibelstellen, die in dem geläufigen abgekürzten Stellenhinweis diese beschließt. Gruber begnügt sich aber nicht mit dem Hinweis auf die Heilige Schrift, sondern läßt seinen Antworten alle angeführten Bibelzitate im lutherischen Text folgen. Die Bibel, Altes und Neues Testament und Apokryphen, hat für Gruber eine doppelte Funktion; aus ihr stammt der Begriff vom innern Wort, und sie ist das autoritative Schrifttum, aus dem alle Ansprüche, die für das innere Wort erhoben werden, bewiesen und verifiziert werden können.

Gleich zu Beginn stellt und beantwortet Gruber die Frage, ob es berechtigt ist, das innere Wort neben der Bibel und „näher zu Gott" gelten zu lassen (S. 4). Es ist ein glänzender Anfang, bei dem der Autor sich und seinem Leser das für den ganzen Text entscheidende Problem gegenüberstellt. Die beiden Quellen des innern Worts sind, um ein schönes Wort Bergsons zu gebrauchen, die Heilige Schrift und die Erfahrung. Um Mißverständnissen vorzubeugen, beginnt Gruber die Erste Antwort mit Galater 1,8: „Aber wenn auch wir oder ein Engel vom Himmel euch würde Evangelium predigen anders, als wir euch gepredigt haben, der sei verflucht." Er verkündet kein neues Evangelium, das innere Wort unterscheidet sich vom äußeren Wort, dem Bibeltext, nicht nach „dem Sinn und Verstand sondern nur der Art und Offenbarung nach" (S. 4). Das Verhältnis des innern Wortes zum äußeren sieht Gruber als ein dialektisches, das eine „hebet" das andere nicht auf, sondern „richtet es vielmehr auf, indem eines mit dem andern harmonieren... muß" (S. 78). Was Propheten und Apostel innerlich erlebten, zeichneten sie auf und predigten es. So läßt sich „die gantze H. Schrift beschreiben" als „aus dem inneren Wort geflossen" (S. 4). Gruber bekräftigt diese Feststellung: „Denn alle Schrift, von Gott eingegeben, ist nütze zur Lehre, zur Aufdeckung der Schuld, zur Besserung, zur Erziehung in der Gerechtigkeit" (2.Tim. 3.16).

Gruber hat zwei neue Elemente eingeführt, „Nähe zu Gott", die dem inneren Wort seine erhöhte Stellung einräumt, und „Erfahrung" als ebenbürtige Quelle neben der traditionellen Bibelautorität. Gottesnähe machte die Propheten des Alten Testaments zu „außerordentlichen Zeugen" im Besitz des inneren Wortes (S. 8). Nähe zu Christus, dem *verbum incarnatum*, gab den Aposteln das innere Wort noch in höherem Maße. Von hier führt Gruber zur zentralen Botschaft seiner Schrift: Das innere Wort ist nicht nur Propheten und Aposteln gegeben, sondern „auch anderen frommen und Gott getreuen Seelen... die es in gewisser maasse alle auch zu Propheten und Gottes Freunden gemachtet" (Weish. 7.27, S. 8). Diese Aussage wird in der Antwort auf die Frage bekräftigt, ob die Gabe des inneren Wortes über die Zeugen der apostolischen Zeit hinausreicht und sich später noch findet: „bey allen wahren und rechtschaffenen Christen folgender Zeiten, biß auf den heutigen Tag" (S. 11).[26]

Die Gabe, selbst das innere Wort zu hören, beschreibt Gruber als „nichts anders als eine unmittelbare freundliche Rede Gottes in Christo Jesu durch den H. Geist, mit seinen Kindern... in dem inwendigsten Grund ihrer Seelen" (S. 15).

Nach diesem Versuch einer Definition greift Gruber die schwierige Frage auf: „wie kann man aber gewiß und versichert sein, daß es warhafftig das Wort des lebendigen Gottes sey, das man höret?" (S. 33) Ähnlich formuliert die Frage Geoffrey F. Nuttall in einer grundlegenden Studie *The Holy Spirit in Puritan Faith and Experience*: „Wie kann man wissen, ist es der Geist Gottes, der zu ihnen spricht, und nicht ihre eigene Einbildung?"[27] Grubers Entgegnung ist: „So gewiß die Propheten und Apostel des göttlichen Worts in ihnen waren..., so gewiß man der An- und Einsprache seines eigenen Gewissens in sich ist und seyn kann" (S. 33). Vielleicht läßt sich hier eine Gleichsetzung der Stimme des Heiligen Geistes mit der des Gewissens, wie sie schon Matthias Knutzen im 17. Jahrhundert annahm, vermuten. Um die Stelle aber so zu verstehen, wie Gruber es wollte, genügt es sein Pauluszitat heranzuziehen. Paulus spricht von den Heiden, „die das Gesetz nicht haben, doch von Natur tun des Gesetzes Werk" und fährt fort: „denn sie beweisen, des Gesetzes Werk sei geschrieben in ihrem Herzen, da ja ihr Gewissen es ihnen bezeugt" (Röm. 2,15). Gruber versteht das Herz als das zentrale und innerste Organ der menschlichen Persönlichkeit, aufgeschlossen zu Gott und empfänglich seinem Wirken. Diese Sicht ist gegründet in der Heiligen Schrift und den Schriften der Mystiker. Gottes weisende Stimme manifestiert sich in unserem Gewissen. Die erzieherische Funktion unseres Gewissens, die „inwendige Ziehung Gottes", wie Balthasar Hubmaier sie bezeichnet[28], macht uns unserer Sünden bewußt und verlangt, daß wir „allem was es uns saget oder verbietet, getreulich und fleißig" nachkommen (S. 36).

Gruber kommt auf das Verhältnis von Wort zur Tat in einer späteren Frage zurück, die ihm dazu dient, die volle Bedeutung der Botschaft im Brief des Jakobus herauszustellen (S. 64): „Seid aber Täter des Worts und nicht Hörer allein" (Jak. 1,22). Im Handeln gehorsam sein, ist die beste Vorbereitung, um die innere Stimme zu vernehmen. Nicht zu übersehen ist dies als Warnung Grubers gegen quietistische Passivität, gerade in Hinblick auf seine Beschreibung der für die Offenbarung und Aufnahme des Wortes günstigsten Bedingungen: „wann alle Sinnen und Affecten schweigen, und in stiller Auffmercksamkeit mit einander hineinwarts in den Grund der Seelen gekehret sind" (S. 26). Das innere Wort kann sich aber auf verschiedene Weise offenbaren, und Gruber warnt, daß der Beschreibung dieses Erlebnisses mit

---

[26] Vgl. *Berndt Hamm*, Johann Arndts Wortverständnis, S. 67: „Der Glaubende rückt... in eine gewisse Gleichrangigkeit und Gleichzeitigkeit zu den Autoren der Heiligen Schrift."

[27] *Geoffrey F. Nutall*, The Holy Spirit in Puritan Faith and Experience, Oxford 1946, S. 23.

[28] *Balthasar Hubmaier*, Schriften, Heidelberg, 1962, S. 324.

Worten Grenzen gesetzt sind. Er hebt zwei Formen der Offenbarung hervor: „dem einen offenbaret es sich mit einem stillen und sanfften Sausen, oder lieblichen und Leib und Seel durchgehenden Bewegung: In dem andern mit einem vernehmlichen und durchdringend-kräfftigen, aber seiner Art und Hervorkunfft nach unaussprechlichen Wort" (S. 23). Gruber kennt aber auch die Kräfte, die dem Zugang zum innern Wort entgegen wirken: „eine verborgene Schuld und Hindernis... eine heimlich-herrschende Sünde", die den Menschen noch von Gott scheidet (S. 50). Vor allem aber ist es die „ungeduldige Eigenliebigkeit", die versucht, die innere Stimme zu manipulieren, die sich aber „kalt ungeschmack und unkräfftig" als „die Stimme des Feindes" erweist (S. 58). Gruber, der „Eigenliebigkeit" für das größte Hindernis für das Hören der Stimme Gottes erklärt, kommt dabei Gedanken Arndts nahe, die auf die *Theologie Deutsch* zurückgehen.[29] Grubers Schrift erfüllt die selbstgestellte Aufgabe den „Einfältigen" vorzubereiten, wie er das innere Wort erkennen kann (S. 74). Dieser erzieherische Prozeß soll auch die geistige Wiedergeburt fördern, denn „wer von Gott ist, der hört Gottes Wort" (Joh. 8,47).

Am Beginn der Beschreibung einiger der leitenden Ideen *Von dem Inneren Wort* habe ich auf die Begegnung mit Werkzeugen der prophetischen Inspiration im Winter 1714 hingewiesen.

IV.

Bevor ich auf die Auseinandersetzung mit dieser Frage in Grubers *Gespräch von der wahren und falschen Inspiration* eingehe, müssen noch die zu ihrem Verständnis notwendigen, wichtigsten Vorgänge in den Camisardenkriegen berücksichtigt werden.

Ein Vierteljahrhundert vor dem Widerruf des Edikts von Nantes im Oktober 1685 wechselte die Regierung Ludwigs XIV. ihre Politik gegenüber den Protestanten. Begnügte sie sich vorher mit der Unterdrükkung der reformierten Religion, so war von diesem Zeitpunkt an Ausrottung ihr Ziel. Der Anfang wurde mit der Zerstörung der Kirchen und der Verbannung oder Einkerkerung der Pastoren gemacht. Unter dem erbarmungslosen Druck der Behörden konvertierte die Mehrzahl der Hugenotten zum Katholizismus. Trotz des Verbots, das Land zu verlassen, gelang es etwa 200000 Hugenotten, von einer Gesamtzahl von 850000, zu entfliehen. Eine kleine hartnäckige Minorität von etwa 150000 verblieb im Süden Frankreichs, der Bas-Languedoc und Dauphiné. Diese unerschrockenen Gläubigen, beraubt ihrer Kirchen und Pasto-

[29] *Edmund Weber*, Johann Arndts Vier Bücher vom Wahren Christentum, Hildesheim, 1978, S. 54.

ren, erwählten Laien (die meisten aus dem Bauern- und Handwerkerstand), die die Aufgaben der Seelsorger und Prediger zu übernehmen hatten und schlicht *Prédicants* genannt wurden.[30]

Die *Prédicants* versammelten ihre glaubenstreue Gefolgschaft in verborgenen Plätzen, zur Nachtzeit, (Assemblée du Désert) bereit, Verfolgung, Gefängnis, selbst Todesstrafe auf sich zu nehmen. In diesem Zustand höchster Anspannung glaubten sich alt und jung unter göttlicher Inspiration zur prophetischen Aussage berufen. Diese Prophezeiungen, meistens in der Sprache des Alten und Neuen Testaments, riefen zur Reue und Buße auf und kündigten das Gericht Gottes an. Von ihnen schrieb Martin Buber: „da sind die Camisarden, die nur richtig beichten von Sünde und Erlösung."[31] Die Prophezeiungen erfüllten eine doppelte Funktion. Sie forderten zum Ausharren auf und gaben gleichzeitig Anweisungen zum Widerstand. Sie erfüllten diese Rolle in den Camisardenkriegen (1702–1710), und mit den immer härter und grausamer werdenden Kämpfen, häuften sich auch die apokalyptischen Visionen. Die unter Inspiration gegebenen Aussagen konnten aber auch die genauesten Instruktionen beinhalten, die das Los eines Camisarden oder der ganzen Gemeinschaft angingen und die militärischen Entscheidungen von Tag zu Tag bestimmten. Als Beispiel soll hier eine Episode beschrieben werden. Abraham Mazel hat einen genauen Bericht von einem Unternehmen hinterlassen, das als der Anlaß zum Ausbruch des Camisardenkrieges gilt. Den Auftrag für dieses Unternehmen behauptet Mazel durch göttliche Inspiration empfangen zu haben, die ihn auch Schritt für Schritt in der Ausführung leitete. Inspiration bewegte nicht nur Mazel, sondern auch seine Gefährten, die sich am 24. Juli 1702 vereinten, um eine kleine Zahl von „Inspirés", die der Inspecteur l'Abbé Chaila in einem Haus in Pont-de-Montvert gefangen hielt, zu befreien. Im Laufe dieser Aktion wurde Chaila getötet. Mazels Bericht enthält auch eine Beschreibung seines Zustandes unter der Inspiration.

„Ce même jour, nous feûmes ensemble à deux lieues, dans un petit lieu appellé Vieljoux. Estant là assemblés avec plusieurs autres, qui aussi estoint inspirés, l'Esprit vint sur moi d'une manière si terrible que les agitations qu'il causa de tout mon corps portoint la crainte et la fraieur dans l'âme de ceux qui me regardoint. Je pensoi comme eux – aïant mon esprit libre quoique mon corps feût si agitté – que quelque chose d'extraordinaire nous alloit estre déclaré. Enfin ma bouche aïant esté ouverte, elle prononça un assez long discours."[32] Diese Beschreibung der Inspirationserfahrung kann als Paradig-

---

[30] *Elisabeth Labrousse*, Calvinism in France, 1598–1685, International Calvinism 1541–1715, Ed. by M. Prestwich, Oxford, 1985, S. 285–314; *Robert P. Gagg*, Kirche im Feuer, 1961, S. 257–285; *Daniel Vidal*, Predications et discours calvinistes en Languedoc après la Révocation et l'Edict de Nantes, RH 550, 271/2, 1984, 281–310.

[31] *Martin Buber*, Ekstatische Konfessionen, Jena, 1909, S. VI.

[32] *Abraham Mazel*, *Elie Martion*, *Jacques Bonbonnoux*, Mémoires sur la Guerre des Camisards, Montpellier, 1938, 1. Kapitel, S. 5.

ma einer solchen gelten, und man begegnet ihr in dieser oder einer abgewandelten Form in verschiedenen Ländern über die folgenden fünf Jahrzehnte. In all den Jahren des Guerillakrieges in den Cevennen wurden die strategischen Entscheidungen der militärischen Führer, Abraham Mazel, Elie Marion und Jean Cavalier unter dem Diktat von Inspirationen getroffen. Die Camisarden waren französische Calvinisten, überzeugt, daß nicht nur die Vorsehung ihr Handeln bestimmte, sondern daß sie auch unter dem Gericht Gottes standen, und nahmen Mißerfolg und Verluste als gerechte Strafe an. Verhandlungen zwischen Jean Cavalier und Maréchal Villars beendeten die zweite Etappe des Krieges mit der Kapitulation der Camisardenführer, die nach London in das Exil gingen. Damit begann eine neue Welle von Inspiration und Prophetentum, der man den Charakter einer Epidemie zuschrieb. Das Exil hatte die Inspirés nicht der Gabe zu prophezeien beraubt; sie setzten die prophetischen Aussprachen fort, und die Gabe teilte sich ihren Gastgebern mit.[33] Philippe Joutard erklärt das Phänomen durch den Kontakt von Person zu Person: „Meistens erlebt man die Inspiration, nachdem man andere im Zustand der Inspiration beobachtet hat."[34] Bald entstand ein Schrifttum, das die neueren Prophezeiungen festhielt und auch die Geschichte der Ereignisse in der Languedoc und Dauphiné. Das wichtigste dieser Werke *Theatre Sacré des Cevennes* von Maximilian Masson erschien im April 1707 in London, und noch im selben Monat folgte eine englische Übersetzung von John Lacy, einem neugewonnenen Anhänger der Inspirés. Diese Sammlung von Zeugnissen, manche mit Schwur bekräftigt, die die prophetische Periode in den Cevennen festhielten, wurde zur wirkungsvollsten Propagandaschrift, die die Welt mit dem Schicksal und der Botschaft der Inspirés bekannt machte.

Persönliche Kontakte, Missionsreisen und das gedruckte Wort brachten das Inspirationswerk von England auf den Kontinent. Eine deutsche Übersetzung des *Theatre Sacré*, für die der französische und englische Text verwendet wurden, erschien mit dem Titel *Heiliger Schauplatz der Landschaft Cevennes* 1712 in Frankfurt. Der anonyme Übersetzer hatte die Absicht, „diesem so raren und sonderbaren Tractätlein unterschiedene nützliche und nothwendige Anmerckungen beyzufügen", nahm aber davon Abstand, da „Herr Mission (Masson) versprochen, fast noch eben so viel *autentique Depositiones* zu communicieren", was aber nicht erfolgte.[35] In rascher Folge erschienen weitere Übersetzungen von prophetischen Aussprachen der Inspirés von Jean Allut, Elie Marion und Gefährten. *Alarm Geschrei* enthält

---

[33] Zur Geschichte der Inspirés im Exil, s. vor allem *Hillel Schwartz*, The French Prophets. The History of a Millenarian Group in Eighteenth Century England, Berkeley, 1980. Die auf eingehendem Quellenstudium beruhende Arbeit berücksichtigt auch die neuen Propheten auf dem Kontinent.

[34] *Philippe Joutard*, La légende des Camisards, Paris, 1977, S. 45.

[35] *Maximilian Masson*, Heiliger Schau-Platz Der Landschaft Cevennes, Frankfurt, 1712, S. 2 (Erinnerung des Übersetzers).

Aussprachen aus dem Spätsommer und Herbst 1711, die sie unter anderen in London, Rotterdam, Magdeburg, Berlin und Leipzig machten. *Grundriss und Entwurff der Gerechtigkeit Gottes auf Erden in diesen letzten Tagen* (1717) bringt Aussprachen aus der ersten Hälfte 1712 aus London, Harwich, Rotterdam, Amsterdam und Stockholm. *Wenn ihr werdet verwüstet haben, so werdet ihr verwüstet werden: denn das Licht ist in der Finsterniss erschienen, dieselbige zu vertreiben* (1717) sind Aussprachen zwischen November 1712 und Dezember 1713 in den vorher genannten Plätzen gehalten, ferner in Prag, Buda, Belgrad, Konstantinopel und Rom.[36] Diese Publikationen sind überzeugender Beweis für das Interesse und die rasche Verbreitung des Inspirationswerkes im deutschsprachigen Raum.

Wie der radikale Flügel im Puritanismus, Diggers, Ranters, Quakers, mit seinem Anspruch auf göttliche Eingebung eine Flut von Kontroversschriften in Bewegung setzte, so forderten auch die Zeugnisse der Inspirés ein Gegenschrifttum heraus, das vom gemessenen Zweifel bis zum fanatischen Haß reichte. Kühle und besonnene Prüfung ihres Prophetentums war von den Inspirés weder im Feuer der Camisardenkriege noch in den ersten Jahren des Exils zu erwarten.

Den Sammlungen der Zeugnisse mit ihren emphatischen Wahrheitsbezeugungen standen die Schriften von Autoren gegenüber, die von einem rationalistischen Standpunkt aus allen religiösen Enthusiasmus verurteilten, oder, und diese waren in der Mehrzahl, erbitterte Religionsfeinde der Inspirés waren.

V.

Am Anfang wurde auf die erste Begegnung Grubers und Rocks im Winter 1714 mit Inspirierten hingewiesen. Diese waren selbst neue Werkzeuge, die von ursprünglichen Inspirés angesteckt (ein Wort, das später Gruber ablehnte), für das neue Prophetentum gewonnen waren und es ihrerseits weiterpflanzen wollten. Diese Ereignisse sind in autobiographischen Äußerungen Grubers und Rocks festgehalten und mehrfach dargestellt worden. Ihre besondere Bedeutung haben diese Vorgänge, wie schon früher bemerkt, dadurch gewonnen, daß sie zur Bildung einer bleibenden religiösen Gemeinschaft führten.[37] „Wohl und Weh" dieser hing von Anfang an an der Prüfung der Geister, ob sie wahre Inspirierte seien. Grubers Widerstand zu Beginn, überhaupt mit den Inspirierten in Verbindung zu treten, war gerade

[36] Die französischen Originale sind beschrieben in *Daniel Vidal*, L'ablatif absolu, théorie du prophétisme. Le discours Camisard en Europe 1706–1713, Paris, 1977, S. 31–34. Lanny Haldy, Bibliothekar der Amana Heritage Society, Amana, Iowa, danke ich für die Information über die deutschen Ausgaben im Besitz der Society (Brief vom 30. XII. 1985).

[37] *Walter Grossmann*, The European Origins of the True Inspired of Amana, Communal Societies, Bd. 4, 1984, S. 134–149.

in seinem Zweifel an der Echtheit ihrer Prophezeiungen begründet. Überzeugte ihn auch die historisch gewordene erste Begegnung mit ihnen am 15. November 1714, so öffnete diese gerade seinen Blick auf den ganzen damit verbundenen Fragenkomplex, wie die wahre von falscher Inspiration zu unterscheiden sei. Gruber war entschlossen, seine Erkenntnis in die Praxis umzusetzen. Wenn wir uns die religiöse Situation unter den in die Wetterau Ausgewanderten zu vergegenwärtigen versuchen, werden uns die Schwierigkeiten, die Gruber begegneten und die zu überwinden waren, bewußt. Die hier Asyl gefunden hatten, so verschieden ihre Auffassungen von Glauben und Kirche waren, eins war ihnen gemeinsam, sie alle waren kirchlichem Zwang entflohen. Ob sie einem stillen, in sich gekehrten Mystizismus zuneigten oder glaubten, eschatologische Hoffnungen im kleinen Gruppenleben verwirklichen zu können, sich Zucht und neuer Ordnung zu unterwerfen verlangte von ihnen ungeheure Selbstbeherrschung und Disziplin. Die an sich ungebundene Form der prophetischen Aussprachen, die oft wilde Bewegungen begleiteten, konnte leicht als Freibrief für anarchisches Verhalten genommen werden. Wenn man bedenkt, wie viele Kräfte der sich zwischen November 1714 und März 1715 spontan bildenden Gemeinschaft der „Wahren Inspirierten" entgegen wirkten, läßt sich die Leistung Grubers und seiner Freunde erst richtig würdigen. Die Spontaneität muß besonders betont werden, da Gruber keineswegs auf neue Sektenbildung, die er grundsätzlich ablehnte, zielte.[38] Der Weg von der ersten sich konstitutierenden Gebetsgemeinschaft am 16. November 1714 zum ersten Liebesmahl im folgenden Dezember, zur Berufung Grubers, dem die Gabe der Prüfung gegeben war, „zum Aufseher der Propheten Kinder" im Januar 1715 und zur Aufrichtung einer Gemeindeordnung am 6. Juli 1716 war weder geplant noch vorgezeichnet.

Im Bericht von dem ersten Liebesmahl, zu dem siebzehn „berufene Gäste" sich in Schwarzenau im Edertal einfanden, heißt es: „Die Gäste wurden durch den Geist jedesmal mit Namen berufen und in ernste Prüfung genommen. So wurden die alten und ersten Mitglieder durch diese Geistes-Prüfung der darauf gefolgten allgemeinen Untersuchungen der Gemeinden nach und nach gewohnt, da die Geistes- und Herzens-Gründe aufgedeckt worden."[39] Damit war für die Praxis der Prüfung alter und künftiger Werkzeuge der Inspiration ein Beispiel gesetzt. Immer wieder tauchten Personen auf, die sich für wahre Propheten ausgeben wollten, aber die von ihnen abgeforderten Prüfungen nicht bestanden oder diese als ungerechtfertigt verwarfen. Grubers Urteil, mit dem er wahre von falscher Prophezeiung unterschied, wurde nicht immer ohne Widerspruch angenommen, und es wurde ihm in manchen Fällen Härte vorgeworfen. In seinen Entscheidungen war Gruber von bestimmten Kriterien geleitet, und sein Entschluß, diese in einer Druck-

[38] *Max Goebel*, op. cit., Bd. III, S. 131.
[39] XVI. Sammlung, S. 246.

schrift *Nöthiges und nützliches Gespräch von der wahren und falschen Inspiration* ausführlich darzulegen, trug wesentlich dazu bei, dem neuen Inspirationswerk eine tragfähige Grundlage zu schaffen. (Im folgenden als *Gespräch* zitiert.) Schon im Februar 1715 war von Gruber eine Schrift erschienen, *Historische Umstände zur Prüfung des Geistes/Der Sogenannten Inspirierten und Inspiration* in der er die Inspiration, wie sie die Camisarden für sich in Anspruch nahmen, verteidigte und ihre Glaubhaftigkeit beteuerte. Noch im selben Jahr folgte die Sammlung *Unterschiedliche Erfahrungs-volle Zeugnisse / Welche Einige in Gott verbundene Freunde von der Inspirations-Sache ... dargelegt haben.*[40] Letztere enthält zehn zwischen Februar und März 1715 niedergeschriebene Berichte über die Wirkung der Werkzeuge der Inspiration. Angeführt von Grubers Zeugnis folgen unter anderen die von Dr. Carl, Rock, Gross und als letztes das von Johann Friedrich Haug. Im Vorwort der Sammlung wird betont, daß für jedes der Zeugnisse der Autor die Verantwortung trägt. Grubers *Historische Umstände* und die *Unterschiedliche Erfahrungsvolle Zeugnisse* in ihrer apologetischen Absicht und ihrem Bekenntnischarakter zeigen deutlich, daß sie die schon früher angeführten Schriften der französischen Propheten zum Vorbild hatten. Sie waren sicherlich wichtige Vorarbeiten für Grubers *Gespräch*, in dem er versuchte, einen im Schrifttum der Inspirationskontroverse neuen Weg zu gehen. Gruber knüpft an seine frühere Schrift *Von dem inneren Wort* an, dessen katechismusartige Form ihm auch für das *Gespräch* dient. Gruber war bestrebt, die Kriterien, die ihn bei der Prüfung der Geister leiteten, seinen Lesern klar und überzeugend vorzustellen. Meisterhaft entfaltet sich im Frage- und Antwortprozeß, unterstützt durch die Fülle der Bibelzitate, seine Beweisführung. Gruber setzt in ihren Dienst die drei rhetorischen Elemente: Definition, Analyse und Beschreibung, einzeln oder gemeinsam, entsprechend dem jeweiligen Argument.[41]

Das *Gespräch* erfüllt eine weitere Aufgabe als „kleines Muster und Modell" für den, der glaubt, die Inspiration an sich erfahren zu haben, und an dem er den eigenen Herzenszustand überprüfen kann. Es soll „denen Inspiriertgenannten und ihren Zugethanen" helfen einzusehen, „ob ihre Wege auch so richtig seien, als sie sich etwa einbilden: um wo sie Mängel finden, solche durch Gottes Gnade... zu verbessern" (S. 3 u. 4). Im *Gespräch* erscheinen diese verschiedenen Funktionen nicht scharf voneinander getrennt. Das „kleine Modell" gewinnt an Klarheit in der Diskussion, und an ihm

---

[40] Unterschiedliche Erfahrungs-volle Zeugnisse... von der... Inspirations-Sache 1715, Einleitung S. 2. *Hans Jürgen Schrader* gibt als Herausgeber den Frankfurter Saalhof-Pietisten Christian Fende an (*Johann Heinrich Reitz*, Historie der Wiedergeborenen, Tübingen, 1982, Nachwort d. Hrsg. S. 148–149).

[41] Die soziologischen und psychologischen Aspekte des vielschichtigen Problems der Inspiration und der prophetischen Rede werden hier nicht zur Diskussion gestellt. Aus der reichen Literatur soll auf folgende Arbeiten hingewiesen werden: *André Neher*, L'Essence du Prophétisme, Paris, 1972; *C. Westermann*, Grundformen prophetischer Rede, Berlin, 1960; *Arnold Schleiff*, Sprachphilosophie und Inspirationstheorie im Denken des 17. Jahrhunderts, ZKG, Dritte Folge VIII, 57. Bd. 1938, S. 133–152.

wird die vorbildliche Haltung, die vom Inspirierten verlangt wird, gemessen, um zu entscheiden, ob er wirklich ein wahres Instrument des Heiligen Geistes ist.

Schon in seiner ersten Frage, im ganzen werden es hundert sein, verlangt der Skeptiker über die Inspirierten, von denen neuerdings viel Aufhebens gemacht wird, unterrichtet zu werden. Die Antwort, in der eine lexikale Definition gegeben wird, führt gleich zur nächsten Frage, die das Gespräch über zwei Möglichkeiten der Inspiration, der wahren und der falschen, eröffnet. Das Prophetentum des Alten und Neuen Testament ist Vorbild allen neuen Prophetentums. Die Strategie des Fragenden ist, Gegensätze zwischen dem Geist und der Form der Prophetie des Alten und des Neuen Testament herzustellen und die Propheten mit denen des Alten Testaments zu identifizieren. Es ist richtig, daß „die Art des Neuen Testaments bestehet... in einem sanften und geistlichen Liebes-Wesen" (S. 10). Die Weise, wie die Inspirierten in Sprache und Gebärden sich ihrer prophetischen Botschaft von Gericht und Strafe entledigen, widerspricht solchem „Liebes-Wesen". Gruber rechtfertigt in seiner Antwort, die an die Kämpfe mit seinen württembergischen Pfarrgemeinden erinnert, die Inspirierten. Es ist der gegenwärtige Zustand der Christen, von denen die meisten nicht „im Wesen des Neuen Bundes, sondern..., wann es hochkommt, annoch in einem bloß gesetzlichen und buchstäblichen, und so fern Alt-Testamentlichen Zustand sich befinden, oder auch gar ganz Gesetz- und Gewissen-los dahin leben" (S. 10).

Hier findet sich der direkte Anschluß an die ursprüngliche Frage, die wiederholt wird: „Worin setzest du dann heut zu Tage die wahre Inspiration?" Als Antwort wird das „kleine Modell" vom wahren Inspirationswerkzeug beschrieben. Diese für das Gespräch und unser Verständnis von der Inspiration bestimmende Definition lautet: „Darin, daß eine Seele, welche ohne ihr Eigen=Gesuch und Verlangen, von dem lebendigen und lebendig=machenden Geist Gottes, zu diesem prophetischen Werk ergriffen worden, sich dessen lauterer Bewegung und Bewirkung von innen und außen, in Gedanken, Worten, Werken und Gebärden, ohne Zuthun ihres eigenen oder irgend eines fremden Geistes, ja auch ohne allen eigenliebigen Gegenstand, gänzlich überlässet; Alles, was derselbig von ihro insbesondere geredet und... gethan haben will, ohne einige selbst=gemachte Ausnahm oder Ausflucht getreulich und pünktlich in allen Stücken vollbringet; alles innere und äußere Leiden, so der Herr, zu ihrer Prüfung und Bewährung dabei über sie verhänget, als von Seiner Hand geduldig und gelassentlich annimmet; und also Alles, was Er dergestalten in und an ihr und durch sie wirket, wie zu Anderer, also auch zu ihrer eigenen täglichen Buß und Besserung, und zu Seines Namens immer mehrerer Verherrlichung, ohne Unterlaß, bis zu Erreichung des göttlichen Raths und Zwecks in diesem Werk an ihr und Andern, in der That und Wahrheit, heiliglich und seliglich anwendet" (S. 12).

Wenn der Skeptiker vor den Gefahren warnt, die mit zu hohen und daher unerfüllbaren Ansprüchen verbunden sind, kann Gruber auf die rein beispielgebende Funktion des Modells weisen. Nicht um Vollkommenheit geht es hier, diese hatten selbst die alten Propheten nicht erreicht, sondern „um die Wahrheit und Rechtschaffenheit des Herzens" (S. 13). Zeichen der Bereitschaft zum Werkzeug des göttlichen Auftrags ist nicht ungeduldige „Lüsterkeit darnach", sondern Zögern, wenn nicht gar der Wunsch, ihm, in der Erkenntnis der Schwere und Gefahr, enthoben zu werden, wie Moses, Jesaja und Jeremia darum baten (S. 14). „In kindlicher Demut und Gelassenheit" wird das Werkzeug von dem Willen Gottes ergriffen (S. 15). Der Tauler'sche Begriff „Gelassenheit" drückt am besten die Haltung aus, die die Vorbedingung für das Empfangen der prophetischen Botschaft ist. „Gelassenheit" setzt Überwinden der „Eigenliebigkeit" voraus, die Gruber schon im *Von dem Inneren Wort* für das größte Hindernis, die Stimme Gottes zu hören, erklärte.

Gruber stellt sich der Frage, „wie kann man aber gewiss sein, daß man von dem Geist Gottes dazu ergriffen worden seie?" (S. 17). Die Erfahrung an sich gibt dem wahrhaft Ergriffenen die Gewißheit. Gruber scheut sich nicht, in seiner Antwort den Ruf zum Propheten, die mystische Erfahrung, die diesen legitimiert, zu Grund zu legen. Die Gewißheit, die das Ergriffensein begleitet, beruht aber nicht auf den Aussagen eines Individuums, das immer der Gefahr der Selbsttäuschung ausgesetzt ist. Gruber wählt Bibelzitate, die die neuen Propheten im Vertrauen, daß sie die Werkzeuge des Geistes Gottes sind, bestärkt. Die Zitate Ps. 19,8, Joh. 17,8 und 1.Kor. 14,37 erweisen den Inhalt der Erfahrung als ein Gebot, an dem nicht zu zweifeln ist, in den Worten des Psalmisten, „das Zeugnis des Herrn ist gewiß". 1.Thess. 1,5 ist die Bibelstelle, die vielleicht Gruber die prägnanteste Beschreibung des Begriffs von der Inspiration gab: „denn unsere Predigt des Evangeliums kam zu euch nicht allein im Wort, sondern auch in der Kraft und in dem heiligen Geist und in grosser Gewißheit". Das Werk im Glauben, in der Liebe und Geduld kennzeichnet die, die dem Beispiel des Herrn folgen, seine μιμηται (1.Thess. 1,6). Die Bibelstelle bestärkte Gruber in seinem Bestreben, eine Verbindung zwischen dem Empfangen der prophetischen Botschaft und dem Verhalten des Werkzeugs herzustellen. Auf diese Weise versucht Gruber, das mystische Erlebnis des Ergriffenwerdens aus unüberprüfbarer persönlicher Erfahrung herauszuheben. Es ist denen, die „den Geist der Prüfung in der Wahrheit oder geistliche Augen haben", möglich, das Werkzeug Gottes zu erkennen. Gruber beschreibt hier seine eigene Lage, denn, wie er uns wissen läßt, war ihm die Gabe der Prophetie nicht gegeben – „Ich habe zwar noch ... keine solche Aussprachen" (SD. 47). Er führt das schöne Bild von den geistlichen Augen, vielleicht an Gottfried Arnolds „Geistesaug" angelehnt, noch weiter und empfiehlt denen, die die wahre Inspiration nicht erkennen wollen, Gott um die „Augensalbe", die sie sehend macht, zu bitten (Offenb. 6,3,17).

Einen Vorschlag des Fragestellers, daß, wenn von Gott ein Zeichen verlangt wird, alles Mißtrauen wie auch aller Zweifel aus der Welt geschafft wäre, weist Gruber mit Matthäus zurück: „Dieses böse und abtrünnige Geschlecht sucht Zeichen" (Matth. 16,4) und fügt hinzu: „dergleichen Forderung gemeiniglich aus einem verborgenen Hochmuth und ungeduldigen Eigen-Gesuch herühret" (S. 20). Rainer Maria Rilke hat in unserem Jahrhundert im *Stundenbuch* einem ähnlichen Gefühl Ausdruck gegeben:

Ich will von dir keine Eitelkeit,
die dich beweist.
Ich weiß, daß die Zeit
anders heißt
als du.
Tu mir kein Wunder zulieb.
Gieb deinen Gesetzen recht,
die von Geschlecht zu Geschlecht
sichtbarer sind.

Die von den Gegnern der Inspiration schon gegen die Propheten der Cevennen erhobenen häufigsten Anklagen wurden auch gegen die Wahren Inspirierten der Wetterau erhoben: Sie zählen zu den Werkzeugen Kinder und Frauen, erlauben Männern und Frauen gemeinsam auf Missionsfahrten zu gehen, und als größtes Ärgernis gilt die oft unbändige und wilde Weise, wie sie ihre Botschaften und Prophezeiungen äußern.

Gruber setzt sich mit diesen drei Angriffen entsprechend auseinander. Seine Entgegnung zum ersten Einwand geht von den Petrusworten der Apostelgeschichte aus: „Nun erfahre ich in Wahrheit, daß Gott die Person nicht ansieht; sondern in jeglichem Volk, wer ihn fürchtet und recht tut, der ist ihm angenehm" (Apg. 10,34–35). Daraus folgert Gruber, daß für die Wahl des Heiligen Geistes soziale Stellung, Alter und Geschlecht nicht maßgebend sind: „Er ergreifet bald Alte, bald Junge, bald Manns-, bald Weibsbilder, bald Gelehrte, bald Ungelehrte" (S. 20/21). Tatsächlich zählten zu der ursprünglichen kleinen Gruppe von Propheten in der Wetterau drei Frauen, Eva Catherina Wagner, Johanna Margaretha Melchior und Ursula Mayer. Religiöse Erweckung war oft mit einem Wechsel in der beruflichen Laufbahn verbunden. Die Brüder Pott, die als erste das Inspirationswerk in die Wetterau brachten, hatten ihr Universitätsstudium aufgegeben. Gottfried Neumann und Jacob Ulrich wechselten vom Theologiestudium zur Strumpfweberei. Neumann, der Schwager der Johanna Melchior, erinnert sich in *Erfahrungs-volle Zeugnisse* folgender Aussprache, die August Friedrich Pott an ihn richtete: „Denn der Herr offenbahre sich nur denen Nidrigen und Einfältigen, die nichts mitbringen, keine große Heiligkeit, und pralen nicht mit ihren Wercken, sondern sich nacket und bloss darlegen, um geschickt zu sein, angezogen und bekleidet zu werden."[42] Das soziale Bild, das diese Sicht

[42] Unterschiedliche Erfahrungs-volle Zeugnisse, S. 53.

vermittelt, entspricht den Berufen in Landwirtschaft und Handwerk, die die radikalen Puritaner und Pietisten und überhaupt die Dissenters bevorzugten. Die Lage des Gelehrten trifft auf Gruber selbst zu, der Kirche und Aussicht auf eine glänzende Karriere in dieser mit der Ungewißheit des Exils vertauschte. Im *Gespräch* werden zunächst die bekannten Stellen in den Briefen des Paulus zitiert, die als Beweis gelten, daß Frauen sich mit einem untergeordneten Platz bescheiden müssen und daß ihnen geboten ist, in der Kirche zu schweigen (1.Tim. 2,12 und 1.Kor. 14,34). Gruber erklärt mit Nachdruck, daß diese Worte des Apostels nicht für Frauen gelten, denen die Gabe zu prophezeien gegeben wurde. „Weilen es nicht in ihrer Gewalt ist zu reden oder zu schweigen" (S. 25/26). Ähnlich sind schon die Quäker in ihren religiösen Versammlungen, beinahe hundert Jahre früher, verfahren im Glauben, daß „die wahren Priester nicht von irdischen Behörden bestellt werden, sondern durch die Gabe, die ihnen Gott gegeben hat, zu dienen berufen sind."[43] Zum Beweis seiner Auslegung nennt Gruber als Beispiele Mirjam und Debora aus dem Alten Testament und die Töchter des Philippus aus dem Neuen Testament (Apg. 21,9). Die Worte von den Gaben des Geistes im selben Brief des Paulus an die Korinther, in dem der Frau eine dem Mann untergebene Rolle zugewiesen wird, heben die Prophetin aus dieser heraus.

Die neuen Propheten auf dem Kontinent, die die missionarische Tätigkeit der französischen Propheten fortsetzen, reisten oft in kleinen Gruppen, zu denen verheiratete Männer und Frauen zählten. Diese Tatsache gab in einer Atmosphäre, beherrscht von Verdächtigung und Feindschaft gegenüber den Werkzeugen, Anlaß zur Verleumdung. Gruber war bereit zuzugeben, daß solche gemeinschaftlichen Reisen Männer und Frauen in Versuchung führen können, wie es auch einigemal geschehen ist und dann zum Verlust der Gabe der Prophezeiung führte. Menschliche Verfehlungen sollen nicht zum Vorwand genommen werden, das Wirken von Männern und Frauen im Dienste des Herrn zu verurteilen. Menschen, die bereit sind, die Gefahren der Missionsreisen auf sich zu nehmen, müssen stark im Geiste sein, „darzu aber billig auch die Prüfung und Uebereinstimmung der wahrhaftigen Brüder und Mitglieder gehöret" (S. 29).

Den exzentrischen Formen, die die Quäkerfrömmigkeit im England des 17. Jahrhunderts annahm, und Konvulsionen, mit denen oft die Propheten der Cevennen und ihre Nachfahren, die Wahren Inspirierten, ihre Aussprachen eröffneten, begegneten Abscheu und Haß ihrer Zeitgenossen. Drei savoyardische Pfarrer gaben im Januar 1707 folgende Erklärung von der Kanzel: „Die Bewegungen derjenigen, die behaupten Propheten zu sein, sind nichts weiter als Folgen einer selbst angezogenen Gewohnheit, über die sie vollständige Kontrolle besitzen. Sie geben durch ihre Ekstase den Ein-

[43] *Richard Baumann*, Let your words be few; Symbolism and Silence among Seventeenth-Century Quakers, Cambridge, 1983, S. 36.

druck, daß eine höhere Kraft sie bewegt... Aber auf diese Weise den Geist zum Sprechen zu bringen ist seiner erst recht unwürdig."[44] Im *Gespräch* erinnert der Skeptiker, daß man oft die Klage hört, daß die Bewegungen „anstößig, oder wohl auch scheußlich und erschrecklich heraus kommen" (S. 30). Gruber nimmt das Problem des ekstatischen Verhaltens der Werkzeuge auf dieselbe Weise in Angriff, wie er es schon früher mit anderen Fragen im *Gespräch* getan hat. Er zeigt, daß sich für solch ungewöhnliches Verhalten Vorbilder im Alten und Neuen Testament finden. Weiter versucht er eine möglichst genaue Beschreibung der Bewegungen der Werkzeuge, ihres Zustands im Schweigen und beim Äußern ihrer Botschaften. Zum Schluß wagt er sich an eine Deutung des Phänomens. Gruber kann eine Fülle von Bibelstellen anführen, in denen Propheten des Alten Testaments, Jesus und seine Apostel ungehemmt Freude und Qual Ausdruck geben. Wie Jesus den Blinden (Joh. 9,6) und den Taubstummen heilte (Mark. 7,33), „wie Er endlich auf einem jungen Esel,... unter sonderlichen Ceremonien und Zurufungen... zu Jerusalem eingeritten. Welches, wo es heut zu Tag geschehen sollte, denen heutigen Pharisäern gewißlich so fremd und seltsam, als den alten vorkommen würde, wie ihnen nämlich die Bewegungen der heutigen und wahren Inspirierten vorkommen" (S. 33). Gruber warnt zu Beginn seiner Beschreibung dieser Bewegungen, daß, sollte diese erschöpfend sein, sie ein ganzes Buch füllen würde. Er müsse sich mit einer schematisierenden Darstellung der Eigenschaften, die er für die wichtigsten hält, begnügen.

Gruber macht zunächst einen Unterschied zwischen äußeren und inneren Bewegungen. In *Von dem Inneren Wort* werden innen und außen auf die beiden Quellen der göttlichen Inspiration bezogen. Jetzt verwendet Gruber außen im Sinne von „äußerlich" für die Bewegungen, „welche... in einem ungewöhnlichen, und der bloßen Natur meist unmöglichen Schüttlen des Kopfes, Schlappern des Mundes, Zuckung der Achseln, Schlottern der Knie, Zittern der Beine, Erschütterung und sitzender Aufhüpfung des ganzen Leibes bestehen" (S. 34). Gruber ist sich der Schwierigkeiten bewußt, die inneren Bewegungen, die er als „bedenklichste und merkwürdigste" bezeichnet, zu beschreiben (S. 34). Er führt keine scharfe Scheidung von Organen und Gliedern des Körpers im Dienste der äußeren oder der inneren Bewegungen ein. Dennoch ordnet er letzteren alle die Teile des Körpers zu, die am Hervorbringen der Sprache beteiligt sind. Von den inneren Bewegungen schreibt Gruber, sie „bestehen insonderheit in einem magnetischen An- und Einziehen; dadurch auch wohl die Sprache, das Seufzen, der Athem, und dergleichen, eine Zeitlang gehemmet und aufgehalten wird; in einer verwundersamen Umspannung der Brust, als ob ihr eine Hand vorgeschlagen, oder ein Panzer oder Brust-Harnisch von innen angelegt würde; in einer angenehmen Warmwerdung des Herzens, insonderheit bei Eröffnung

[44] Zitiert bei *Schwartz*, French Prophets, S. 80.

und Hervorsteigung des innern und innen-bleibenden oder äußeren und auszusprechenden Wortes" (S. 35). Als Beispiel für diese Beschreibung zitiert Gruber aus dem Bericht von der Begegnung der beiden Jünger mit Jesus auf dem Wege nach Emmaus, Luk. 24,32: „Und sie sprachen untereinander: Brannte nicht unser Herz in uns, da er mit uns redete." Bevor Gruber auf das zentrale Problem der Verbindung zwischen Bewegung und Sprechen zurückkommt, setzt er noch einmal zu einer Beschreibung der inneren Bewegung an, die wir festhalten wollen: „in einem Bitzeln und Feuern der Zunge, als von einem scharfen und durchbeißenden Gewürz; in einer plötzlichen Benebelung und Einnehmung des Hauptes, gleichsam als von einem starken Rauch, Dampf, Dunst oder Getränke; der genauen Durchsuchung, insonderheit des Herzens, der Nieren und anderer innerer Lebens-Glieder" (S. 34/35).

Die wichtigste Funktion, die Gruber den Bewegungen zuschreibt, ist, Aussprachen der Werkzeuge zu fördern. Innere und äußere Bewegungen nehmen verschiedene Gestalten an, die dem individuellen Temperament, Geschlecht und Alter des Werkzeugs entsprechen. Gruber sieht eine Verbindung zwischen jeder Form der prophetischen Aussage und der für diese geeigneten Bewegung. Er anerkennt auch, daß Werkzeuge, denen das Wort noch nicht gegeben ist, „... gleichsam nur als stumme Redner agieren, indessen aber danoch manchen tiefen Nach- und Eindruck bei Gottesfürchtigen und ernstlich aufmerksamen Zuschauern" erwecken (S. 37). Die richtigen Bewegungen fließen „wie alles andere Gute, aus dem Geist-geregten Herzen." Die Bewegungen der wahren Inspirierten äußern sich nicht in Isolierung, sondern inmitten der betenden und ringenden Gemeinde.

Grubers Anschauung von Natur und Wesen des Menschen war vor allem von der Bibel geprägt, in der er Beispiel und Erklärung für seine Ideen suchte und fand. Das Bild vom Menschen, dem wir im *Gespräch* begegnen, vermeidet eine hierarchisch gezogene Trennung von Leib und Seele, wobei dieser mit dem äußeren und jene, „the nobler part" (John Milton), mit dem inneren Menschen verbunden ist. Weder ist es Grubers Anliegen, noch kann es von ihm erwartet werden, daß er sachlich zur philosophischen Diskussion des Leib-Geist-Problems beiträgt. Sicherlich hat die dem Pietismus eigene Introspektion Grubers Fähigkeit, psycho-biologische Vorgänge zu beobachten und zu beschreiben, geschärft. Es ist erstaunlich, wie ähnlich Ausdrücke und Phrasen, die Gruber verwendet, denen sind, die wir in der Beschreibung solcher Zusammenhänge bei Johann August Eberhard begegnen, der von seinem empiristischen Standpunkt allen Hinweis auf eine transzendente Quelle ausschloß. Ein Beispiel aus seiner Preisschrift von 1776 muß hier genügen: „so ist... in dem Zustand starker Empfindungen die Erschütterung der Nerven so stark, daß sie sich dem ganzem System mitteilt, die Adern erweitert oder zusammenzieht, dem Blute entweder die Ergießung nach den äußern Theilen des Körpers verschließt, oder den Rückweg nach dem Herzen versperrt, den so bewegten Menschen entweder in Furcht erbleichen, oder in Scham und Zorn erröthen läßt, ja endlich sich den Muskeln mittheilt, und den ganzen Körper in unfreywilligen Verzückungen zusammenziehe."[45]

Die Bewegungen gewinnen die Bedeutung, die ihnen zukommt, erst, wenn ihre Aufgabe im Vermitteln der Prophezeiung klargestellt wird. Gruber greift zurück auf den Vergleich mit der Geburtshilfe und spricht von ausgebärenden Bewegungen, „Wie dann ein jeglich Wort, ja wohl eine jegliche Silbe, gleichsam dadurch ausgeboren wird" (S. 44). Form und Inhalt bilden eine Einheit, „Beschaffenheit der Materie" bestimmen „Zorn und Liebesbewegungen in gleichen Leid- und Freudenbewegungen" (S. 36). Echte Bewegungen lassen sich nicht nachahmen, „weilen sie aus einer tieferen Quelle und Wurzel, des inwendigen Heiligthums nämlich, und von einer höheren Hand und Kraft... herühret" (S. 39). Klarheit und Sicherheit charakterisieren die Aussprachen. Die Wahrheit, die sie vermitteln, stimmt mit der Heiligen Schrift überein und zeugt von Erfahrung und Reinheit des Herzens des Werkzeugs. Diese müssen ja auch „Täter des Worts und nicht Hörer allein" sein (Jak. 1,22). Sie richten ihre prophetische Botschaft an weltliche und kirchliche Behörden, den Mächtigen die Wahrheit zu sagen, und sind bereit, Strafe und Verfolgung auf sich zu nehmen. Mit gleicher Stärke wendet sich ihre prophetische Botschaft dem Einzelnen zu und zeigt ihm seinen wahren geistlichen Zustand und ruft ihn zur Einkehr und Besserung. Die vollständige Einigkeit zwischen Innen und Außen, Bewegung, Rede und Inhalt bestätigt dem Werkzeug die Sicherheit der Berufung, und gleichzeitig ermöglicht sie dem Prüfenden die Unterscheidung von wahrer und falscher Inspiration.

Noch wartet die im Gespräch schon zu Anfang gestellte Frage auf Antwort, ob „der Geist Gottes dieses Alles in denen wahren Inspirierten unmittelbar oder auch mittelbar" wirkt. Gott läßt beide Weisen zu, „je nachdem er es gut befindet", wobei für letztere die heiligen Engel dienen (S. 13). Grubers Antwort erweckt die Erinnerung an zwei Gemälde von Rembrandt in denen biblische Inspiration ihre großartige visuelle Darstellung gefunden hat: das eine der Evangelist Matthäus, dem Engel zuhörend, der mit seiner Hand leicht seine Schulter berührt; und das andere der Evangelist Johannes, nach innen auf das Diktat des Heiligen Geistes horchend.

[45] *Johann August Eberhard*, Allgemeine Theorie des Denkens und Empfindens, Berlin, 1776, S. 52–53.

Manfred Jacobs

Deutsche Geschichte von 1800 bis 1866

Ein Gespräch zum gleichnamigen Buch von Thomas Nipperdey[1]

Vorbemerkung: Die nachfolgenden Überlegungen sind die Vorlage für eine Art Werkstattgespräch mit Thomas Nipperdey, das in Berlin im März 1987 über sein Buch „Deutsche Geschichte von 1800 bis 1866" stattgefunden hat. Die zunächst gewählte persönliche Anrede ist jetzt im Drucktext fallen gelassen worden. Das Buch von Herrn Kollegen Nipperdey ist ein hervorragender Beitrag zum Verständnis des 19. Jahrhunderts. Die darin berührte Kirchen- und Theologiegeschichte und deren Bewertungen wirft jedoch eine Reihe von Fragen auf. Einige davon sollen im folgenden vorgetragen werden.

Das Bürgertum – ein besonderer Träger der Kirchengeschichte des 19. Jahrhunderts?

I.

Der Verfasser dieser Geschichte des 19. Jahrhunderts ist Jahrgang 1927. Dieser Jahrgang stellt heute eine Generation dar, deren Jugendzeit noch in Beziehung zu manchen Personen gestanden hat, die ihrerseits das 19. Jahrhundert und sein Bürgertum, jedenfalls die Zeit des Wilhelminismus repräsentierten. Das Buch von Herrn Nipperdey bietet keine Quellenauszüge, sondern stellt Beziehungen her, sucht Typiken begreifbar zu machen und Wertungen zu begründen. Es will dem vergangenen Bürgertum gegenüber fair sein, will es begreifen lehren. Das entspricht der Aufgabe dieser Generation, der der Autor Nipperdey und auch der Verfasser dieses Referates angehören: Wir müssen gedankliche Klärung darüber suchen, wie die Geschichte des deutschen Volkes, seine geistige und seine politische Kultur seit dem großen Umbruch der napoleonischen Umwälzung geprägt worden ist. Wir wollen wissen, welche Kräfte sich im politisch-gesellschaftlichen Leben zu einer Zeit zur Verfügung gestellt haben, die nach Eugen Lemberg die Zeit einer verspäteten Nation gewesen, die nach unseren heutigen Erkenntnissen womöglich die Geschichte einer verhinderten Nation geworden ist.

[1] *Thomas Nipperdey*, Deutsche Geschichte 1800–1866. Bürgerwelt und starker Staat, 3. A., München 1983.

Den Kirchenhistoriker interessiert von daher insbesondere die Sicht der Kirchen- und Theologiegeschichte inmitten dieser Geschichte des deutschen Bürgertums.

Das Bild der evangelischen Kirchen und der katholischen Kirche in den Darstellungen über diesen Zeitraum ist sehr different.[2] Das Jedinsche Handbuch übergeht die protestantische Kirchengeschichte vollständig. Seit Leo XIII. wird katholischerseits die protestantische Kirchengeschichte, des näheren: das aus der Reformation stammende Individualchristentum für das Aufkommen von Materialismus, Nationalismus, Sozialismus und schließlich auch für den Atheismus verantwortlich gemacht. Das schließt ein Urteil über das liberale und laizistische Bürgertum ein. Diese Grundeinstellung gilt auch noch für Josef Lortz und seine Schule.

Die älteren protestantischen Darstellungen hängen noch sehr an der kämpferischen Atmosphäre des 19. Jahrhunderts. Das zeigt sich bei Nippold[3], Seeberg[4], Lütgert[5], Kattenbusch[6] und schließlich auch Karl Barth.[7] Werner Elert[8] und Georg Wünsch[9] haben sich in den zwanziger Jahren mit der kulturell-soziologischen Fragestellung auseinandergesetzt, und sie geraten in einen kaum mehr vermittelbaren Widerspruch zueinander. Für Elert ist das Luthertum in das Volksleben eingegangen, für Wünsch ist es ans Ende seiner Sozialgestalt gelangt. Insgesamt stellt das Auseinandergehen von Christentum und säkularer Gesellschaft das zentrale Problem dieses Zeitraums dar, das die Kirchengeschichte mit der allgemeinen Geschichte verbindet.

Die neuere Darstellung von Leif Grane[10] betont in ihren Wertungen die Linien der Demokratie, des Verfassungsstaates, der Humanisierung des

---

2 Dazu von protestantischer Seite: *F. Heyer*, Die katholische Kirche von 1648 bis 1870, = Die Kirche in ihrer Geschichte IV, N 1, Göttingen 1963; *G. Maron*, Die römisch-katholische Kirche von 1870 bis 1970, = Die Kirche in ihrer Geschichte IV, N 2, Göttingen 1972.

3 *F. Nippold*, Einleitung in die Kirchengeschichte des neunzehnten Jahrhunderts, = Handbuch der neuesten Kirchengeschichte 1, 3. A., Elberfeld 1880.

4 *R. Seeberg*, Die Kirche Deutschlands im neunzehnten Jahrhundert, 2. A., Leipzig 1904.

5 *W. Lütgert*, Die Religion des deutschen Idealismus und ihr Ende, 3 Bde., Gütersloh 1923–1925.

6 *F. Kattenbusch*, Die deutsche evangelische Theologie seit Schleiermacher, 2 Teile, 1. Teil: Das Jahrhundert von Schleiermacher bis zum ersten Weltkrieg. 6. A., Gießen 1934, 2. Teil: Zeitenwende auch in der Theologie, Gießen 1934.

7 *K. Barth*, Die protestantische Theologiegeschichte im 19. Jahrhundert. Ihre Vorgeschichte und ihre Geschichte, 3. A., Zürich 1960.

8 *W. Elert*, Der Kampf um das Christentum, 1921. Seine Konzeption wird noch deutlicher in der nachfolgenden Morphologie des Luthertums 1. Band: Theologie und Weltanschauung des Luthertums hauptsächlich im 16. und 17. Jahrhundert, München 1931, 2. Band: Soziallehren und Sozialwirkungen des Luthertums, München 1931.

9 *G. Wünsch*, Der Zusammenbruch des Luthertums als Sozialgestaltung, Tübingen 1921.

10 *Leif Grane*, Die Kirche im 19. Jahrhundert, UTB Vandenhoeck 1425, Göttingen 1987; ferner: *F. Mildenberger*, Geschichte der deutschen evangelischen Theologie im 19. und 20. Jahrhundert, = Theologische Wissenschaft 10, Stuttgart u. a. 1981; *Hendrikus Berkhof*, 200 Jahre Theologie. Ein Reisebericht, Neukirchen-Vluyn 1985.

öffentlichen Lebens, und in der Abwägung der theologischen Richtungen und Strömungen im 19. Jahrhundert zeigt er mehrmals, daß die allgemeine Entwicklung des politisch-öffentlichen Lebens für die Kirchen den Charakter der challenge gewonnen hat, sich von ihren verkrusteten, konservativen Einstellungen zu lösen.

Damit verknüpft sich die Frage, ob sich die Kirchen und die Theologie der neuzeitlichen und säkulargesellschaftlichen Entwicklung anbequemen müssen, ob also diese Entwicklung der Neuzeit bestimmend werthaft ist und wirklich die früheren Funktionen von Kirche und Christentum in sich hineinnimmt, oder aber ob es auch die Möglichkeit einer theologischen Kritik der Neuzeit gibt. So groß die Macht des Faktischen ist, der sich auch die Theologie nicht entziehen kann, so hat die Neuzeit – sowohl im Nationalismus als auch im Sozialismus – in einem geschichtlich so unerhörten Ausmaß zu Extremismus und Totalitarismus geführt, daß eine kritische Betrachtung darüber, was aus dem deutschen Bürgertum geworden ist, auch unter diesem Gesichtswinkel einer theologischen Kritik der Neuzeit dringlich erscheint. Das ist der Ansatz für die folgenden Überlegungen, weil diese Darstellung Nipperdeys betont von der Geschichte des Bürgertums ausgeht.

Bereits 1975 hat Dieter Schellong[11] eine Studie zur Schleiermacherschen Theologie vorgelegt und darin gezeigt, daß durch Schleiermacher eine Verbürgerlichung der Theologie eingekehrt sei, die die Kirche zur Bürgerkirche gemacht habe und daß die Kirche aus diesem Grund den Anschluß an die aufsteigende Arbeiter- und Unterschichtenbewegung nicht habe gewinnen können. Die evangelische Theologie hat sich den Verlust dieser Schichten selber zuzuschreiben.

Martin Greschat[12] schildert in Verstärkung dieser Linie die Kirchengeschichte des 19. Jahrhunderts so, daß die Prävalenz der Kirche durch die Prävalenz der aufsteigenden Säkulargesellschaft abgelöst wird. Die Kirche als Heilsanstalt verebbt; ebenso verlieren die Heilsgeschichte und das Christentum als Erlösungsreligion ihre Bedeutung. Das Neue, Geschichtswirksame ist aber auch für ihn nicht das Bürgertum, sondern ist die Lebenskultur der Unterschichten, die sich zur sozialistischen Linie formieren, in der sich ein neues Bild vom Humanum, von Sinnerfahrung (Sport, Freizeit), von ästhetischem Geschmack usf. entwickelt. Die soteriologische Theologie wird durch eine ethisch bestimmte Theologie abgelöst.

Das Buch von Thomas Nipperdey zeichnet, wie gesagt, die Entwicklung des deutschen Bürgertums. Die Unterschichten kommen mehr in den beigefügten Statistiken zu Wort. „Bürgerwelt und starker Staat" heißt der Untertitel. Gelegentlich ist Nipperdeys Werk als bürgerliches Zeugnis aufgefaßt worden. Was aber wäre das: Bürgertum?

---

11 *Dieter Schellong*, Bürgertum und christliche Religion. Anpassungsprobleme der Theologie seit Schleiermacher, = TEH 187, München, 1975.

12 *Martin Greschat*, Das Zeitalter der Industriellen Revolution. Das Christentum vor der Moderne, = Christentum und Gesellschaft 11, Stuttgart u. a. 1980.

Thomas Nipperdey hat in seiner Dankesrede bei der Verleihung des Münsterschen Historikerpreises 1985[13] gesagt, daß man jede Epoche aus ihrer eigenen Option heraus verstehen muß. Es gibt in jeder Epoche Chancen, die sich realisieren, und es gibt Chancen, die sich nicht realisieren. Wie sich das eine gegen das andere durchsetzt, welche Kräfte und welche Überzeugungen dabei leitend werden, welche unerklärlichen Motive aber auch sonst noch dabei im Spiel sind, darüber nachzudenken, macht seine Geschichtsschreibung aus. Er rekonstruiert nicht nur das Geschehene, sondern auch das vergangene Mögliche und öffnet den Weg zu einer Meditation post festum. So schildert er das Bild des Bürgertums dieser Zeit, von dem er meint, daß es in einer eminenten Weise kreativ, innovativ, lernfähig gewesen ist – in der Politik, der Wirtschaft, der Wissenschaft, der Bildung, der Kunst und in seinen Lebensformen –, daß es sich aber nicht durchgesetzt hat, sondern schließlich dem starken Staat, der Revolution von oben zum Opfer gefallen ist.

Er beschließt sein Werk mit den dunklen Sätzen: „Keine Geschichte ist ohne Tragik, die deutsche schon gar nicht. Aber viele Entwicklungen waren möglich, und andere als die, die wirklich eingetreten sind. Die Zukunft war belastet und umschattet, und sie war, wie immer, verhängt. Aber sie war offen."

Der Begriff Tragik taucht mehrfach bei ihm auf. Er meint damit das Verhängnis, daß sich die bürgerliche Verfassungsbewegung vor und von 1848 nicht im Sinne der Volkssouveränität durchsetzen konnte, sondern daß erst eine Phase Bismarck'scher Realpolitik kommen mußte, die zum Deutschen Reich und zur nationalen Einheit führte. Das Bürgertum blieb in seiner Theorie vom Vorrang der Freiheit vor der Einheit gefangen. Letztlich aber war die Einheit ohne „Blut und Eisen" nicht zu erreichen. Das bescheinigt er Bismarck ausdrücklich. An anderer Stelle wiederum legt Nipperdey allerdings Verwahrung dagegen ein, den Nationgedanken der Befreiungskriege kurzatmig mit dem späteren Nationalsozialismus in Verbindung zu bringen. Der Nationalismus sei zu Beginn des 19. Jahrhunderts ein europäisches Problem gewesen, sozusagen die für diese Epoche klassische Gestalt der Sozialisierung der Völker. Ein nationales, bürgerliches Reich ist uns also nicht gegönnt worden.

In seinem Münsteraner Vortrag deutet Nipperdey an, was für ihn das Erbe des Bürgertums darstellt, nämlich die Skepsis des Realismus, der „mißtrauisch (ist) gegen die großen Sprünge und Entwürfe, angeschmiedet an die mühsame Stückwerksarbeit der Erhaltung wie – nicht mehr, nicht weniger – der Verbesserung von Freiheit und Ordnung. Solches Beharren auf der

---

[13] *Thomas Nipperdey*, Im Zwielicht der Geschichte. Vom Nutzen und Nachteil der Geschichte für das Leben, in: Zweiter Träger des Historikerpreises der Stadt Münster Thomas Nipperdey. Dokumentation, Münster 1985, S. 37–75.

Endlichkeit (nicht anderer, sondern unserer selbst) allein schützt die Menschlichkeit gegen die Absolutheiten der großen Versprechungen."[14]

Wie ist dies zu verstehen? Er sieht in der Frühgeschichte des 19. Jahrhunderts eine Bourgeoisie erwachsen, deren Aufgabe die Mitkontrolle der staatlichen Macht in der Verfassungsfrage ist, die Gegenüberordnung von Gesellschaft und Staat. Darin ist das Bürgertum zunächst gescheitert, ähnlich wie auch die Kirchen unter Druck geraten. Was ist nun aber die geschichtliche Bedeutung des Bürgertums? Besteht sie nur darin, das Humanum vor dem Zugriff des totalen Staates zu bewahren? Oder gibt es eine Führungsaufgabe des Bürgertums als Träger der Kultur, im Gegensatz zu Schellong und Greschat? Hat uns die skeptisch-resignative Vermassung, vor der so viele Bürgerliche scheuten, überkommen, oder gibt es noch eine kulturelle Aufgabe bürgerlicher Lebenseinstellungen und Gesellschaftsformen?

II.

Im folgenden sollen einige Fragen angeschnitten werden, an denen das Nachdenken des Lesers hängen geblieben ist. Es sind im wesentlichen drei Fragen: 1. Die Fortwirkungen der französischen Revolution und Napoleons, 2. die Beurteilung der theologischen und kirchlichen Richtungen und Strömungen, 3. der Realismus und die Entchristianisierung.

1. Über den Beginn der von Nipperdey geschilderten Epoche ist viel geschrieben worden.[15] Er faßt seine Erkenntnis in den Satz: „Am Anfang war Napoleon." Kosellek würde eher von der Sattelzeit sprechen; andere wieder sehen schon das Bürgertum des 18. Jahrhunderts – nicht allein in Deutschland – längst auf dem Weg zum neuen, politisch-kulturellen Typ des autonomen Bürgers, gleichgültig, ob man diesen Typ etwa von Leibniz' politisch-juristischen Traktaten her in den politischen Theorien des 18. Jahrhunderts, also in der ungeheuren Breite zwischen der Enzyklopädie und Justus Möser, festmacht oder aber, ob man an die Utopien in Frankreich, England und Deutschland erinnert. Sie alle haben bereits das Potential der bürgerlichen Bewegung in sich, die sich staatsfähig und politisch urteilsfähig macht und weiß. Es gibt die Auffassung, daß sich die bürgerliche und die christliche Kirchengeschichte an der Stellung zur Revolution entscheidet. Auch Hermelink[16] beginnt seine Darstellung mit der französischen Revolution. Es gibt aber auch die andere Auffassung, daß sich trotz aller Einflüsse

---

[14] Im Zwielicht der Geschichte, aaO. S. 71.

[15] *Albert Soboul*, Die Große Französische Revolution, 2. A., Frankfurt am Main 1973; *Eberhard Schmitt*, Einführung in die Geschichte der Französischen Revolution, = Beck'sche Elementarbücher, München 1976.

[16] *Heinrich Hermelink*, Das Christentum in der Menschheitsgeschichte. Von der französischen Revolution bis zur Gegenwart, Bd. 1, Tübingen und Stuttgart 1951.

aus dem revolutionären Frankreich und insbesondere durch Napoleon in Deutschland eine selbständige Linie der politischen Entwicklung, eben die des 18. Jahrhunderts, durchhält, und aus dieser Linie eines kontinuierlichen Bürgertums sei dann auch die deutsche Nationalbewegung zu verstehen. Wird das, was Nipperdey als nationales Bürgertum bezeichnet, eigentlich erst durch Napoleon konstituiert, oder wird es lediglich durch ihn in bestimmte Bahnen seiner Entwicklung gedrängt?

Gordon Craig war in seiner Laudatio für Nipperdey in Münster von diesem Satz: „Am Anfang war Napoleon" besonders angetan. Aber als was faßt Nipperdey das Ereignis Napoleon auf? Der Leser gewinnt den Eindruck, daß es für ihn den Charakter der Nemesis, also einen tragischen Charakter besitzt. Wie eine urige Gewalt fegt Napoleon durch Frankreich, dann durch Italien, Ägypten, Deutschland, bringt das Morsche zum Zusammensturz. Das heilige römische Reich deutscher Nation wird disponibel. Er zwingt es zur Neuordnung, und aus diesem Scherbenhaufen der challenges kehren sich die Nationen, Territorien und Staaten zu einer Art Reform ihres Systems. Österreich ist dabei gehemmt. Es ist ein Vielnationalitätenstaat, und Metternich rettet auf diplomatischem Weg, was im Sinne der alten Monarchien zu retten ist. Preußen spielt eine Doppelrolle. Zunächst ergreift es mit den Reformern die Chance neuer Staatlichkeit, führt die Bauern- und die Judenbefreiung durch, gründet die Berliner Universität und öffnet sich dem nationalen Geist, der die Menschen beherrscht. Insofern ist auch Preußen eingebettet in den Trend des nationalen Erwachens, und der König gibt sogar ein Verfassungsversprechen ab. Aber – und dies ist die andere Seite –, er wird dieses Verfassungsversprechen nicht halten.

Die geschichtsmächtige Linie liegt für Nipperdey in der nationalen, bürgerlichen Bewegung, darin, daß sich aus dem Bewußtsein der Menschen heraus – im Widerstand gegen Napoleon – das Reich auf eine neue Ebene hebt, auf die Vorstellungsebene von der Volkssouveränität, der Verfassung, der Bürgerschaft, ja der nationalreligiösen Begeisterung.

Hannah Arendt[17] und Talmon[18] sehen als Fortwirkung der Revolution den Typus des neuzeitlichen Weltanschauungs- und Machtstaates, den Typus der „totalitären Demokratie" erwachsen. Das findet sich in Nipperdeys Darstellung (außer einer kurzen Andeutung auf S. 287) nicht weiter thematisiert. Welche Ergebnisse haben die Revolution und Napoleon für das politische Denken im bürgerlichen Deutschland? Wie bei Saint Simon und den Frühsozialisten in Frankreich – in Verlängerung des revolutionären Impetus – neue totalitäre Vorstellungen aus dem Katholizismus entstehen, die als politische Radikalisierungen anzusehen sind, so entstehen auch in der nationalen Bewegung Deutschlands Politiken und Einheitsvorstellun-

---

[17] *Hannah Arendt*, Elemente und Ursprünge totalitärer Herrschaft, Frankfurt am Main, 1955.

[18] *J.L. Talmon*, Die Geschichte der totalitären Demokratie, Bd. 1: Die Ursprünge der totalitären Demokratie, Bd. 2: Politischer Messianismus, Köln und Opladen 1963.

gen, die nicht auf langfristige Evolution und Entfaltung, sondern auf revolutionäre Umbrüche und auf einen politischen Holismus ausgerichtet sind und in dieser Weise Elemente totalitärer Herrschaft aufweisen, sowohl in der Linie eines nationalistischen Imperialismus, wie schon bei Fichte, als auch in der Linie einer aus dem Umsturz zu erbauenden Gesellschaft sozialistischer Gleichheit, ebenfalls bei Fichte und von da an bis in den Vormärz hinein.

Was hat nun Napoleon gebracht? Sind etwa in seinem Code so wichtige, rechtliche Neubestimmungen, beispielsweise zugunsten des Eigentums, der Trennung von Kirche und Staat, des Individualschutzes und -rechts, daß sie durch ihn in das deutsche Rechtsdenken eingegangen wären? Ist die Bauern- und die Judenbefreiung in Preußen allein durch Napoleon ausgelöst worden? Die historischen Vorbilder liegen doch, wie z. B. Reinhard Rürup referiert[19], bereits im 18. Jahrhundert und seinem Naturrechtsdenken, so schon bei Kaiser Joseph II. Nipperdey weist mehrfach darauf hin, daß das 18. Jahrhundert mit seinem Naturrechtsdenken erstarrt, daß das Naturrechtsdenken überhaupt statisches Denken gewesen sei. Mir scheint, daß im deutschen Bürgertum neben den konstitutionellen Zielen eben gerade durch das Vorbild Napoleons auch diese Züge des Totalitären erweckt worden sind, die Erwartungen, man könne eine Gesellschaft durch politische Einheitskonzeptionen formieren. Das würde für den Zusammenhang von Theologie und Politik sowie von Philosophie und Politik erhebliches bedeuten. Jedenfalls sehen Arendt und Talmon, daß Napoleon einen neuen Typus von Staat, den kollektiven Machtstaat revolutionären und totalitären Musters, entstehen läßt, daß sich durch ihn auch eine neue Auffassung vom Wesen des Politischen verdichtet, nämlich nicht mehr die Kabinettspolitik, sondern die Nationalpolitik. Der neue, nationale und imperiale Machtstaat erhebt zugleich auch Anspruch auf die geistige, ja geradezu ersatzreligiöse Loyalität seiner Bürger, wie das der Katechismus Napoleons vorgemacht hat; er wird zum Weltanschauungsstaat. Dieser Typus von Staat hat Geschichte gemacht. Wieweit sind daran Fichte, Hegel, Schleiermacher, die Unionsbildungen, die Fürsten, besonders die Könige Preußens beteiligt? Was auch ist der zentrale Inhalt der preußischen Reformen?

In dem Kapitel „Das Problem der Minderheit: die Juden"[20] schildert Nipperdey ein zentrales Detailproblem des aufkommenden, nationalistischen Kollektivismus, die Judenfrage. Er kommt dabei zu dem Ergebnis, daß sich schon in der Zeit nach 1815 antijüdische Syndrome zeigen, und macht für den Fremdenhaß und die Identitätsangst den aufsteigenden Nationalismus, aber dann auch den „christlich-teutschen Kreis" und schließlich sogar die Konzeption vom „Christlichen Staat" verantwortlich, wohingegen er für das Bürgertum zu dem Ergebnis gelangt, daß es für die jüdisch-

[19] *Reinhard Rürup*, Deutschland im 19. Jahrhundert 1815–1871, = Deutsche Geschichte 8, Kl. Vandenhoeck-Reihe 1497, Göttingen 1984, S. 37.

[20] *Nipperdey*, aaO., S. 248ff.

liberale Weggemeinschaft und für ein steigendes Zusammenwachsen von Juden und Deutschen aufgeschlossen gewesen sei. Soll damit gesagt sein, daß die Radikalisierung des deutschen Nationalismus auf christlich-konservative Einstellungen zurückzuführen sei?

Der deutsche Protestantismus war ständisch ausgerichtet; er war in dieser Epoche gewiß nicht kollektivistisch. Im Gegenteil, die Ablehnung der französischen Revolution und der Aufbau der bürgerlichen Gesellschaft vollziehen sich in deutlicher Distanz von den sozialistischen und nationalistischen Kollektivvorstellungen, und zwar nicht allein in konservativen, sondern auch in liberalen Kreisen. Inwiefern ist dann aber Napoleon der Anfang? Was hat er in Deutschland hinsichtlich des politischen Bürgertums bewirkt?

2. Eine weitere Frage bezieht sich auf die Entstehung und Beurteilung der theologischen und kirchlichen Richtungen und Strömungen.

Nipperdey stellt mehrfach in seiner Darstellung einen Trendwandel der öffentlichen Meinung fest, so zunächst von 1800 bis 1815, die Phase der kirchendistanzierten Klassiker, eines noch rational bestimmten Bürgertums, sozusagen die Bremsverzögerung des aufgeklärten Rationalismus.

Eine zweite Phase entsteht mit 1815. Sie wird angedeutet durch einen Konservatismus, der als „metapolitische Irrationalität“ gekennzeichnet wird, durch die Romantik, den sich zentrierenden Katholizismus, die Formierung der Liberalen im Zusammenhang der nationalen Idee, denen aber noch nicht klar ist, ob das nationale Deutschland ein republikanisches oder ein – wie sich die meisten bürgerlichen Liberalen das gedacht haben – konstitutionell-monarchisches Deutschland sein solle.

In der dritten Phase von 1835 bis rund 1850 entsteht unter dem Druck der Metternich'schen Reaktion im Bund die Stimmung des Vormärz, die sich im „Jungen Deutschland“ und bei den Materialisten und Atheisten zu einer Phase der offenen Kirchenfeindschaft entwickelt, der auch die Hegelsche Schule zum Opfer fällt. In dieser dritten Phase kommt es innerhalb der politischen Bewegungen zu Aufbrüchen, an denen auch die Theologie beteiligt ist. Es entsteht ein politischer Rechts- und Linkshegelianismus, ein rechter und linker Schleiermacherflügel. Die Kritik des „Jungen Deutschland“ und der Schopenhauersche Skeptizismus offenbaren, wenn nicht einen Wertzerfall, so doch jedenfalls eine Entchristianisierung, die sich nach Nipperdeys Meinung besonders im Protestantismus abspielt.

In der Schilderung dieser drei Phasen gibt es in der Darstellung Nipperdeys recht unterschiedliche Bewertungen. Das betrifft insbesondere die Darstellung des römischen Katholizismus. Er übernimmt die katholischen Selbstdarstellungen in einer erstaunlichen Weise. Die katholische Kirche verliert zwar durch Napoleon ihre weltliche Stellung im Reich, aber dies gedeiht ihr dahin, daß sie ihren „geistlichen Charakter“ herstellt; sie „wurde eine ganz und gar religiöse, auf die Religion konzentrierte Institution und

Gemeinschaft; auch wo es um Macht ging, ging es um religiöse Macht".[21] Wenn das wirklich gelten soll, dann wird die rundweg negative Beurteilung der konservativen Staatslehren und der Theorie des „christlichen Staates" auf protestantischer Seite eigentlich unverständlich, wenn und insofern es sich dabei um analoge, protestantische Entwicklungen handelte.

Die katholische Kirche greift nach 1815 in betonter Weise noch nicht auf Thomas, sondern auf die organologischen Sozialtheorien der Romantik zurück, so in der Tübinger Schule, so auch bei Newman. Die römisch-katholische Kirche versteht sich seitdem – weit über Thomas von Aquin hinaus – als ein soziales Ganzes, und zwar nicht nur geistlich, sondern gerade auch weltlich. Sie koppelt sich nur anders an das politische Leben an. Die Vorstufen der Zentrumspartei und des politischen Katholizismus, wie sie durch Görres, die „Historisch-politischen Blätter" und die Athanasius-Schrift gekennzeichnet sind, stellen sich nur als konsequenter Ausdruck dessen dar. Die Kurie hat bis zur italienischen Konkordatseinigung im Jahr 1929 den Verlust der weltlichen Stellung nicht akzeptiert. Sie geht schon unter den Päpsten des 19. Jahrhunderts bis hin zu Leo XIII. und sodann unter den Pius-Päpsten des 20. Jahrhunderts über in die Linie einer potestas directiva. Das zeigen nicht allein der Syllabus, sondern ebenso auch die Auseinandersetzungen um die Ehefrage in Preußen, der Kniefallstreit in Bayern, die Unnachgiebigkeit in den Fragen der konfessionellen Schulen und der Ausbildung der Geistlichen. Das zeigt vor allem die Theorie über die päpstliche Infallibilität von 1870. Hat nicht die römische Kirche im 19. Jahrhundert den Kollektivismus in ihrer Weise aufgenommen und ihn als Totalanspruch weiterentwickelt? Das antagonistische Klima in der deutschen Presse, vor allem in der späteren Kaplanspresse, hat in einer immer schärfer werdenden Weise dazu beigetragen, das politische Miteinander in Deutschland nicht naturwüchsig-bürgerlich, sondern militant und ideologisch zu gestalten. Eine ähnliche Kollektivierung kann man nicht im protestantischen Bürgertum, ja noch nicht einmal bei den Landeskirchen beobachten. Auf die Utopien vom sozialen Papsttum und der Integration von Kirche und Gesellschaft bei Saint Simon habe ich bereits verwiesen. Sie offenbaren eine kollektivistische Bereitschaft im Katholizismus, die sich nur schwer als bloß geistliche Kraft interpretieren läßt. Es kommt hinzu, daß dieser Katholizismus wissenschaftlich verkümmert, ökumenisch intransigent, daß er mit seinen Dogmen nahezu abstrus wird.

Den Protestantismus dieser Zeit schildert Nipperdeys Darstellung mit dem Satz: „Nicht nur der deutsche ‚Geist' und die deutsche ‚Bildung', sondern auch die politischen Parteien und zuletzt überhaupt die Mentalität des evangelischen Volksteils sind dabei – anders als im Katholizismus, anders als im außerdeutschen, z. B. angelsächsischen Protestantismus – ganz stark von Entwicklung und Konflikten der Theologie bestimmt." „Liberalismus

[21] *Nipperdey*, aaO., S. 406.

wie Konservativismus haben einen ganz starken theologisch-religiösen Grund."[22]

Nipperdey gliedert argumentativ folgendermaßen: Während zu Beginn des Jahrhunderts das Christentum noch die Gestalt einer aufgeklärten Vernunft- und Schöpfungsreligion, eines vernunft- und naturgemäßen, humanen Ethos besitzt, das nach lutherischem Glaubensverständnis „innerlich" überzeugen müsse, ergeben sich nach 1815 drei Richtungen: die rationalistischen Ausläufer bei Wegscheider, Gesenius und in der Hallenser Fakultät, die neue Allianz zwischen Pietismus und Orthodoxie in der Erweckung, die stark politisiert ist, und die liberale Theologie.

Der alte Rationalismus mit seinem Moralchristentum führt in den vierziger Jahren in die Entchristianisierung.[23] Nipperdey übernimmt insoweit die These von der hausgemachten Entchristianisierung.

Der „neue Konservatismus", wie der Verfasser ihn ausdrücklich nennt[24], grenzt sich gegen Kultur und Welt ab und geht auf der Welle des Historismus auf Bibel (im Sinne der verbalinspirierten Schrift) und Bekenntnis zurück und führt schließlich in den politischen Konservatismus hinein, im ostelbischen Deutschland, im Kronprinzenkreis, in Wuppertal und in Württemberg. Hengstenberg wird hier zur markanten Repräsentationsfigur.

Die dritte sich bildende theologische Richtung ist der von Schleiermacher her bestimmte Liberalismus, der sich nach 1835 in eine Linke (Bauer, Strauß, Feuerbach) und Rechte (die Vermittlung: Rothe, Dorner, Nitzsch) trennt und das Programm einer Versöhnung von Christentum und moderner Kultur vertritt, schließlich jedoch selbst zur Kultur- und Weltfrömmigkeit wird, zum Kulturprotestantismus.[25]

Im Zusammenhang des liberalen Kultur- und Harmonieglaubens sagt Nipperdey, der liberale Protestantismus habe es den bürgerlichen Schichten ermöglicht, „die Orientierung an Wissenschaft und Philosophie guten Gewissens mit dem evangelischen Glauben zu vereinbaren und zugleich den Kernbestand von Humanität, gesellschaftlicher Gesittung wie deren Problematik an die theologische Reflexion auf die Überlieferung des Christentums zu binden: Säkularisierung noch blieb an Christlichkeit gebunden".[26]

Hat dies der Liberalismus wirklich bewirken können? Jedoch vor allem:

---

[22] *Nipperdey*, aaO., S. 423. – Inwieweit die theologischen Schulbildungen das Klima der politischen Öffentlichkeit und die Gemeinden bestimmen, das müßte, so scheint mir, noch erhoben werden. Das Bild, das sich aus Presseorganen ergibt, muß keineswegs auch für die dörflichen, kleinstädtischen Gemeinden stimmen, die sich weithin independentistisch verhalten.

[23] „Die kritische Wendung des Rationalismus gegen Wunder und Dogma, Orthodoxie und Pietismus, wird dann, als seine Vertreter in der Unversitätstheologie aussterben, in den 40er Jahren bei städtisch kleinbürgerlichen Gruppen virulent; hier mündet sie in den Prozeß der Entchristianisierung.", so *Nipperdey*, aaO., S. 424.

[24] So *Nipperdey*, aaO., S. 425.

[25] *Nipperdey*, aaO., S. 427f. (passim).

[26] *Nipperdey*, aaO., S. 429.

Was ist diese Christlichkeit, wenn es in diesem Zusammenhang heißt, daß zwar Schleiermacher den Religionsbegriff vor der Ethisierung retten wollte, daß sich jedoch schon die historische Kritik und schließlich David Friedrich Strauß von der Rechtfertigungslehre im Sinne der Genugtuung abkehren und in der Auffassung landeten, daß die „historische Betrachtung der Dogmatik die irreversible Auflösung ins allgemein Menschliche" mit sich bringe.[27]

Aus der Sicht der Theologiegeschichte muß jedenfalls die Schilderung des theologischen Liberalismus auch die – wenn auch anders geartete – Kirchenbindung der Liberalen berücksichtigen, und sie muß innerhalb des Liberalismus deutlicher die wissenschaftliche, historische Kritik von dem kulturtheologisch ausgerichteten Liberalismus und dann noch einmal von der sogenannten Linken wie Strauß und Feuerbach abheben. Die Gründung etwa des Protestantenvereins 1863 ist eine kirchliche Fraktionierung innerhalb, nicht außerhalb der Kirche.

Ein solches Lob wie den Liberalen erteilt der Autor der „Deutschen Geschichte" den konservativen Strömungen nicht. Aber – und dies ist für verdienstvoll zu halten – er hebt hervor, daß der „neue Konservatismus" durchaus neu und insofern auch „modern" gewesen sei. Die konservative Bewegung habe „ihr Verständnis des Themas Religion, wir mögen sagen: vom Sinn des Lebens, ganz neu formuliert und mit Erfolg auf die Tagesordnung der Zeit gesetzt, hat die Religion neu belebt, sich selbst neue Anhänger geschaffen; sie hat neue Macht etabliert. Es ist – wenn denn – ein neuer Konservatismus."[28]

Dabei kommt Nipperdey gleichwohl zu der These, daß die Spannungen zwischen den Orthodoxen und den Liberalen zum Zerreißen sind: „Im Grunde muß man sagen, spaltet sich der deutsche Protestantismus in zwei neue Konfessionen auf."[29]

Diese Darstellung Nipperdeys berührt sich sachlich mit den Auffassungen von Trutz Rendtorff über die sogenannten Säkularisate. Christliche Motive lösen sich aus ihrer kirchlichen Bindung und bewegen sich in die Säkulargesellschaft hinüber. Dieser Vorgang ist nach Rendtorff nicht mehr ekklesiologisch zu fassen. Man kann nur von einer Fortwirkung des Christentums und in diesem Sinne dann von einer Christentumsgeschichte sprechen. Es entsteht eine Schicht des freien, bürgerlichen Protestantismus, den nur noch Restbestände an konventioneller Frömmigkeit kennzeichnen.

Hierzu ergeben sich weitere Fragen:

a) Was sind die auslösenden Faktoren der sogenannten Säkularisation im Sinne der Entchristlichung? Wir täten gut daran, Säkularisation und Entchristlichung als verschiedene Phänomene zu begreifen. Die Frage nach der Entchristlichung gewinnt einen weiterreichenden Horizont, wenn man sie

[27] *Nipperdey*, aaO., S. 431.
[28] *Nipperdey*, aaO., S. 425.
[29] *Nipperdey*, aaO., S. 431.

über die Literaturgeschichte hinaus vor den Hintergrund der allgemeinen politischen, ökonomischen und sozialen Wandlungen stellt. Hat die Entchristlichung möglicherweise schon im 18. Jahrhundert begonnen, und zwar auch in den Landgemeinden etwa der ostelbischen Gebiete? Jedenfalls geht im Zuge der Wanderungsbewegungen des 19. Jahrhunderts vom Osten in den industriellen Westen die Bildung neuer, protestantischer Gemeinden nur schwierig vor sich, nicht nur weil sich, wie Loock[30] das einmal an Berlin-Moabit gezeigt hat, die Alteingesessenen weigern, die neu Hinzukommenden zu integrieren, sondern weil die Abgewanderten ihre kirchliche Praxis nicht wieder aufnehmen, aus welchen Gründen immer.[31]

Man muß zudem auch eine Gegenrechnung aufmachen: Die sogenannten Säkularisate verdämmern und verebben, wo sie den Zusammenhang mit der Kirche verlieren. Das Christentum wird im 19. Jahrhundert durch das kirchentreue Bürgertum getragen. Auch die erweckten und konfessionell bestimmten Kreise darin sind vom Fortschritt des Christentums nicht auszuschließen; das konzediert Nipperdey durchaus. Auch sie sind Fortträger des christlichen Ethos, selbst oder – für manche – gerade dort, wo sie sich dem Staat, der Säkulargesellschaft und dem aufsteigenden Atheismus und Materialismus gegenüber entziehen. Aber was so abstrakt als Säkularisate bei Rendtorff und bei Nipperdey als kulturoffenes Bürgertum angesprochen wird, ist nach einer gewissen Zeit keineswegs mehr ohne weiteres als „christlich“ zu verorten, sondern stellt ein neues, weltanschauliches Amalgam dar, das sich gerade in seinen dechristianisierten Lagen für die neuen, naturalistischen und pessimistischen Trends, auch für den Nationalismus als Ersatzreligiosität, weitaus offener hält als das (noch) kirchlich gebundene Bürgertum. Dann aber muß die Frage nach den Bewertungen auftauchen: Können die auf allen Seiten auftauchenden Erneuerungen der Theologie lediglich vom Maßstab des bürgerlichen Fortschritts und des Öffentlichkeitserfolgs der Kirchen her beurteilt werden? Es scheint, daß Nipperdey an mehreren Stellen unmittelbar von der Kirchensoziologie Max Webers oder gar Schelskys abhängig sein könnte.

Es ist durchaus eine Auffassung dieser Richtungsspannungen vertretbar, wonach Konservatismus und Liberalismus ein miteinander verbundenes System theologischer Äußerung darstellten, nicht aber zwei Konfessionen. Auch Nipperdey bescheinigt ja den Liberalen wie Biedermann, Dorner, Hundeshagen, daß sie nicht antikirchlich, sondern dezidiert christlich-protestantisch gedacht hätten. Zwar gibt es Zeugnisse von entschiedenen Feind-

---

30 *Hans Dietrich Loock*, Die kirchengeschichtliche Bedeutung des Jahres 1848, in: JGP 5 (1979), S. 9–20.

31 Die Pauperisierung, die damit verbundene Entsittlichung der Massen, die wirtschaftliche und kybernetische Unfähigkeit der Landeskirchen, neue parochiale Strukturen zu entwickeln (trotz des zahlreichen Aufbaus neuer Kirchengebäude), der Druck auch des neuen, naturwissenschaftlich begründeten Autonomieverständnisses der Menschen und schließlich die noch unentwickelte Sozialverantwortlichkeit des Staates spielen dabei eine Rolle.

schaften zwischen den Richtungen, aber die gemeinsame christliche Verwurzelung beider Richtungen weist eher dahin, daß diese theologischen Gruppierungen in ihrer je unterschiedlichen Wendung zur Neuzeit ein gemeinsames, offenes System akademischer und kirchlicher Symbiose dargestellt haben. Darin konkretisiert sich auch eine Ekklesiologie, nämlich im Sinne eines damaligen, ständisch-pluralen Systems der Offenheit, das in der Tat dem Bürgertum nahegestanden und die Entwicklungen der Gesellschaft, vor allem in der Spannung zwischen Kirche und Universitätswissenschaft, in sich mitvollzogen und – so gut es ging – ausgetragen hat.

b) Diese Überlegungen führen zur politischen Seite des Protestantismus und seines Bürgertums bis ca. 1866. Die wohl wichtigste Frage dabei ist, ob der Protestantismus für die Extremisierung des deutschen Nationalismus wirklich so wichtige Vorarbeit geleistet hat oder ob diese Extremisierung nicht schwergewichtig ein Produkt von Schichten ist, die aus dem Protestantismus in die Ersatzreligiosität herausgefallen sind und zu denen sich auch sonstige freidenkerische, auch katholische Stimmen zählen. Diese Problemstellung greift aber in die Zeit nach 1871 hinüber.

Zunächst zur politischen Wirkung der Symbiose von Liberalismus und Protestantismus sowie Preußen und Protestantismus. Nipperdey beurteilt die politische Wirkung des Protestantismus so: Zunächst ist festzustellen, daß die neuorthodoxen Protestanten nach 1840 das Bündnis mit dem Obrigkeitsstaat geschlossen haben. Dazu heißt es weiter: „Das reformierte, westeuropäisch-amerikanische Thema politischer Theologie, daß die Macht böse sei und kontrolliert werden müsse, daß es gerade das institutionelle Gefüge einer Verfassung sei, das die Bosheit der Menschen eindämme, das spielt in dieser konservativen politischen Theologie keinerlei Rolle."[32]

Sodann erklärt der Verfasser aber, daß diese Symbiose doch relativ wirkungslos geblieben sei: „Im ganzen ist der Protestantismus gewiß keine Macht und Stütze der Revolution gewesen, aber, entgegen der Lautstärke des konservativ-kirchlichen Establishments, auch keineswegs ein entscheidend massenwirksamer Faktor der Gegenrevolution."[33]

Diese Beobachtung wird mit der bis zu Bismarck eingeübten Unterscheidung von Politik und „Evangelium" gemäß der lutherischen Tradition begründet[34] – wieder eine These Max Webers –, wobei dann aber in einer mir unverständlichen Wendung eine Linie gezogen wird von Arndts und Schleiermachers radikalem, totalitären Nationalismus hin zum bürgerlichen Vormärz-Protestantismus: „Für den ‚normalen' liberalkulturellen Nationalis-

---

[32] *Nipperdey*, aaO., S. 437.

[33] *Nipperdey*, aaO., S. 437.

[34] Im Zusammenhang der Nichteinmischung des Evangelischen Oberkirchenrats in Preußen in der Zeit der neuen Ära heißt es: das verbittere den Parteienkampf. „... dagegen wird die Unterscheidung von Politik und ‚Evangelium' zur Geltung gebracht. So hat – in lutherischer Tradition – auch der konservative Bismarck gedacht und ist darüber in tiefen Gegensatz zu seinen altkonservativen Freunden geraten", so *Nipperdey*, aaO., S. 438.

mus der Protestanten des Vormärz ist das Christliche und das Protestantische mit dem Germanen- und Deutschtum wie selbstverständlich verflochten, und die liberalen wie moderaten Protestanten betonen die Verbindung von Nationalität, Deutschheit und – evangelischer – Christlichkeit."[35]

Sodann heißt es wiederum, daß die Konservativen gegen das Nationale eingestellt waren; zur anderen Seite hin habe es aber auch keine Identität zwischen Protestantismus und Nationalliberalismus gegeben, „so gewiß der kleindeutsche Liberalismus sich als wahrer Erbe eines freien Protestantismus verstand. Die eigentliche Nationalisierung des deutschen Protestantismus setzt darum erst nach 1871 ein."[36]

Dem Letzteren ist zuzustimmen, und dennoch erscheinen diese Übertragungen eines theologischen Konservatismus in den politischen, eines theologischen Liberalismus in den politischen doch vorerst nur als Konstruktionen. Für den derzeitigen Stand der Kirchengeschichtsforschung liegt – leider! – dieser Fragenkreis noch außerhalb dessen, was sich irgend „idealtypisch" hochrechnen und unter „protestantisches Bürgertum" verrechnen ließe, wenn man von neueren Arbeiten zur Frankfurter Nationalversammlung absieht, die aber auch wieder fraglich erscheinen lassen, was dabei jeweils Protestantismus sein soll. Die einzelnen Abgeordneten können dafür nicht herhalten.

Nipperdey arbeitet mit einem Begriff von Protestantismus, in dem Kirche, Kirchenleitung, Kirchenvolk und die Säkulargesellschaft protestantischer Herkunft ineinander liegen. Die Liberalen hätten sich gefreut, wenn es so gewesen wäre, und für die damaligen Konservativen wäre es ein Unding. Natürlich berührt dies das Problem der Volkskirche. Aber historiographisch am wichtigsten erscheint mir dabei Nipperdeys Versuch, den Germanismus und den extremen Nationalismus der Richtung Fichte, Arndt, Schleiermacher auf den Protestantismus der Vormärzzeit und der neuen Ära zu übertragen. Er macht damit den Protestantismus, was immer darunter zu verstehen wäre, zum Hauptverantwortlichen für die Extremisierung des deutschen Denkens.[37]

---

[35] *Nipperdey*, aaO., S. 439.

[36] *Nipperdey*, aaO., S. 439.

[37] „Der Idealismus hatte – ich meine: als Antwort auf das soziale Heraustreten der Menschen aus der Welt von Stand und Tradition – Kultur und Nation als höhere, nämlich überegoistische ‚sittliche' Gemeinschaften gedeutet, den Dienst an der Gemeinschaft als ethisch-christliche Forderung, und den Staat erst durch die Verbindung mit der Nation wiederum ‚versittlicht'. Christliche Begriffe wie: Offenbarung, Wiedergeburt, Auferstehung und Erlösung bekamen einen auch säkularen, politisch-ethischen und nationalen Sinn. Die Propagandisten des neuen Nationalismus verstanden sich religiös", so *Nipperdey*, aaO., S. 438.

Die Frage ist die nach der Zeit der Entstehung dieses Nationalismus und der weltanschaulich-konfessorischen Hintergründe. Viel abgewogener lautet das andere Urteil auf S. 436: „Die preußische Reform begründet sich religiös; nicht die Trennung von Religion und Politik, nicht der lutherische leidende Gehorsam sind für diese Politik zentral, sondern aus dem lutherischen Amts-, Berufs- und Pflichtethos wird gerade die Forderung politischer Freiheit im Staat und für den Staat begründet."

c) Es sei noch auf die Frage nach dem Kirchenverständnis in Nipperdeys Darstellung eingegangen.

Er setzt den konservativen Begriff von Kirche im Sinne einer heiligen, objektiven Anstalt in den Gegensatz zum liberalen Kirchenverständnis eines aufgeklärten, undogmatischen, „freien" Christentums.[38]

Haben die Spannungen liberal – konservativ für die Kirchenleitungen zu dieser Zeit des Vormärz und der neuen Ära schon eine zentrale Rolle gespielt? Die Akte Liberale ist meiner Erinnerung nach im Archiv des Evangelischen Oberkirchenrats denkbar dünn. Wiederum hat später Albrecht Ritschl auch von liberaler Seite her in den siebziger Jahren einen Schritt zur Würdigung der sichtbaren Kirche getan.

Die Kirchenleitungen waren gewiß durchweg gouvernemental eingestellt. Die Dechristianisation haben sie aber gleichwohl wahrgenommen. Das Kirchenverständnis mußte sich zwangsläufig unter der Entchristianisierung verändern. Die Frage heute ist auch, welche dieser Ekklesiologien die funktional richtigere war. Anknüpfungen an die reformatorische Theologie wollte man auf beiden Seiten leisten. Die Theologen des frühen 19. Jahrhunderts waren sich darüber klar, daß mit dem Kirchenbegriff auch eine Einstellung zur Kultur, zum Volk und zum Staat gegeben ist. Die sogenannte positive Theologie sah die Chancen der Kirche in ihrer von ihrem theologischen Bekenntnis bestimmten Freiheit gegenüber den gesellschaftlichen Nötigungen und Umklammerungen. Freilich gab es dabei auch Überspitzungen und Radikalisierungen. So sieht Nipperdey mit Recht bei Vilmar eine extreme Ekklesiologie, vielleicht dürfte man sogar sagen: einen utopisch hochkirchlichen „Realismus", hier auch mit markanten, nationalistischen Hintergründen. Die Liberalen sahen ihre Möglichkeiten in der Stützung der individuellen, bürgerlichen Freiheit. Aber auch sie konnten der Utopie eines geistbestimmten Staates kollektivistisch aufsitzen. Nipperdey selbst erinnert an Richard Rothe. Extreme und kollektivierende Tendenzen hat es auf beiden Seiten in der Tat gegeben.

Aber bedeutet dies schon durchgehend vor 1866 eine extreme, totalitäre Nationalisierung?

Wäre die Konzeption des „christlichen Staates" auch zu solchen extremen, hier aber rückwärts gewandten Utopien zu rechnen? Bei Nipperdey ist die Loslösung von solchen konservativen Einstellungen in sich schon ein Fortschritt; gleichwohl machen seine Bemerkungen nachdenklich, weil die Theorie vom christlichen Staat mehr umgreift als nur die Behauptung Stahls von der Legitimität der monarchischen Gewalt in ihrem Verhältnis zur Konstitution. Sie ist eine christliche Theologie des Rechts. Noch Alfred de Quervain wird an Stahl anknüpfen.

Die Kirchenleitungen haben sich jedenfalls von totalitären und kollektivierenden Vorstellungen freigehalten. Freilich haben sie das Opfer der

[38] *Nipperdey*, aaO., S. 434f.

Staatskirche erbracht, was aber die vielschichtigen Fragen nach Wirkung und Rechtsgestalt des Summepiskopats, der preußischen, ministeriellen Kultusverwaltung seit 1808 in ihrem Verhältnis zur geistlichen Kirchenleitung, der Unionspolitik Friedrich Wilhelms III. und IV. aufwirft. Was dabei Staatskirche ist und wird, hat Gerhard Besier für den Zeitabschnitt von 1866 bis 1872 dargestellt.[39]

In diesen Zusammenhang der Ekklesiologien gehört schließlich auch die Beobachtung hinein, daß die wichtigsten Impulse zur sozialen Aktivität, ob zunächst auf der Ebene der privaten Caritas, ob in der Phase der Genossenschaften und Selbsthilfevereinigungen, ob in der noch späteren Phase des Staatssozialismus – nahezu ausschließlich von konservativen Vertretern zuwege gebracht worden sind: Wichern, Huber, Todt, Wagner, Lohmann sind zu nennen. Aber auch darüber muß über die Darstellungen von Kramer[40], Shanahan[41] und Brakelmann[42] hinaus noch intensiver geforscht werden, denke ich, bevor ein abschließendes Urteil über das Verhältnis der theologischen Richtungen zur sozialen Frage möglich sein wird.[43]

Was uns fehlt, ist dabei eine Analyse des kirchlichen und christlichen Konservatismus dieser Zeit vor 1866. Einige wichtige Aussagen dazu finden sich bei Nipperdey auf den Seiten 313, 426, 440 in den Konservatismus-Analysen, für die wir dankbar sind. Nipperdey zeigt, wie die Haltung des bloßen Bewahrens übergeht in den „neuen Konservatismus" nach 1848, die Statik in die historistische Bewegung. Mir scheint, daß wir derzeit noch nicht in der Lage sind, diese Andeutungen theologiegeschichtlich zu verifizieren. Daß die Max Webersche These von der sogenannten unpolitischen, lutherischen Innerlichkeit derzeit mit allem Nachdruck hinterfragt wird, zeigt für das späte 19. Jahrhundert der Aufsatz von Friedrich Wilhelm Graf „Kulturluthertum und Eigengesetzlichkeit".[44]

---

[39] *Gerhard Besier*, Preußische Kirchenpolitik in der Bismarckära. Die Diskussion in Staat und Evangelischer Kirche um eine Neuordnung der kirchlichen Verhältnisse Preußens zwischen 1866 und 1872, = Veröffentlichungen der Historischen Kommission zu Berlin, Bd. 49, Berlin/New York 1980.

[40] *R. Kramer*, Nation und Theologie bei J. H. Wichern, Hamburg 1959.

[41] *William O. Shanahan*, Der deutsche Protestantismus vor der sozialen Frage. 1815–1871, München 1962.

[42] *Günter Brakelmann*, Die soziale Frage des 19. Jahrhunderts, Bde. 1 und 2, Witten 1962.

[43] Allgemein gesprochen richteten sich deren Sozialvorstellungen darauf, das entstehende Proletariat in die ständische Gesellschaft zu reintegrieren und der klassenkämpferischen Zersplitterung der Nation im Sinne eines christlichen Organismusgedankens zu widerstehen.

[44] *Friedrich Wilhelm Graf*, Kulturluthertum und Eigengesetzlichkeit, in: Evangelische Arbeitsgemeinschaft für kirchliche Zeitgeschichte, Mitteilungen Folge 7, S. 14–63.

III.

Nun sei von jenem Zusammenhang die Rede, der für die Extremisierung des deutschen, politischen Denkens möglicherweise von größerer Bedeutung ist, als die Nachfragen nach der demokratischen Vorgeschichte der heutigen deutschen Staaten erkennen lassen.

Im Kapitel „Stationen der Entchristianisierung; der Sinn des Lebens“[45] faßt Nipperdey unter das Stichwort des „Jungen Deutschland“ für die Zeit vor 1848 jene Gruppen des deutschen Bürgertums, in denen sich in der Zeit des Vormärz eine nachchristliche, unmetaphysische Sicht der menschlichen Lebenswirklichkeit durchsetzt. Er sieht in Goethe den ersten, dezidierten Nicht-Christen. Die Wende tritt in der Mitte der dreißiger Jahre ein, wo die junge Generation sowohl gegen Goethe als auch gegen Hegel auftritt und sich, wie der Verfasser sagt, ein neuer Vitalismus durchsetzt, ein neues Naturbewußtsein. Diese Wandlungen erklärt er gelegentlich mit der Verwissenschaftlichung und der steigenden Komplexität der Welterfahrung, also insgesamt durch den Hinweis auf die steigende Bedeutung der Bildung. Nipperdey weist aber auch darauf hin, daß sich aus dem Luthertum die Voraussetzungen für diese neue, weltliche Bildungsreligion ergeben hätten, und schreibt dazu im Blick auf den Vormärz:

„Nur Ideen, nur ein politischer Glaube konnte die alte gesellschaftliche Wirklichkeit aufbrechen, die unterschiedlichen Interessen und Oppositionen bündeln. Freilich, das ist auch ein Stück deutscher Mentalität, wie sie durch Religions- und Geistesgeschichte geformt worden ist. Luther hat das Gewissen an das Buch und seine gelehrte Auslegung, wie sie vor allem an den Universitäten geübt wird, gebunden. Das hält sich durch die Säkularisierung durch: die rechte Lehre, die Theorie und ihre professorale und quasiprofessorale Auslegung – sie bleiben ein entscheidendes und spezifisches Moment deutscher auch politischer Kultur. Und Luther hat dem deutschen Bewußtsein die Unterscheidung der beiden Reiche scharf eingeprägt: Seele und Welt, Innen und Außen, Freiheit und Zwang, Ethos und Politik, und solcher Dualismus dauert auch im säkularisierten Bewußtsein fort; Kant... hat ihn neu eingeschärft.“[46]

Aus diesen Wandlungen in der Vormärzzeit ergeben sich nach Nipperdeys Darstellung die historische Kritik und die mythenkritischen Ergebnisse der liberalen Theologie (Strauß, Feuerbach), dann aber auch das schon in den Atheismus und Materialismus hineinweisende Werk von Bruno Bauer, Moleschott, Stirner, Büchner, Vogt, der naturwissenschaftlich drapierte „Vulgär“materialismus der jungen Arbeiterbewegung und schließlich von Karl Marx. Er beschließt das Kapitel mit Hinweisen auf Overbeck und Lagarde. Die bürgerliche Gesellschaft spaltet sich sozusagen in einen christli-

---

45 *Nipperdey*, aaO., S. 440f.

46 *Nipperdey*, aaO., S. 290.

chen und einen nichtchristlichen Teil, und damit beginnt die Abwanderung eines Teils des intellektuellen und ökonomisch (?) eingestellten Bürgertums aus der Kirche und aus dem Christentum.

Die Linie dieser Namen ist natürlich nicht einfach auf den Bildungsprotestantismus zu verrechnen, nicht einmal auf den theologischen Liberalismus. Im Gegenteil, selbst der Liberalismus wirkt zu dieser Zeit nur noch in die Kirche und theologische Wissenschaft hinein. Er mag „moderner" gewesen sein, während sich viele Kirchen und Christen noch in der Manufakturgesellschaft bewegten. Aber das Bild, wie es Nipperdey schildert, daß sich im Vormärz eine auch die Theologen umgreifende atheistische, vitalistische Philosophie gebildet habe, ist, wenn dies wirklich gemeint sein sollte, problematisch. Es handelt sich im „Jungen Deutschland" und im Atheismus nicht nur um Interpretationen der Religion, sondern um ihre Zerstörung durch die Ironie derer, die den Positionenverfall dieser Zeit als eine historische Notwendigkeit ansehen.[47] Für die Areligiösen spielt die Kritik im Rahmen des theologischen Systems keine Rolle mehr.

Freilich ist es möglich, zu zeigen, wie die Linkshegelianer aus philosophieimmanenten Gründen von Hegel her zu ihrer neuen Position hingelangen. Das gilt für Bruno Bauer, für Ludwig Feuerbach und auch für Karl Marx.

Wenn wir aber über den literarischen Einzelfall hinaus die bürgerliche Gesellschaft im Blick haben, wie Nipperdey, dann ergibt sich von Hegel her kaum eine Verstehenschance für diese Vorgänge im Vormärz und seitdem. Hier muß nun wirklich gefragt werden, ob nicht die uneingelösten und unbefriedigten Nachwirkungen der französischen Revolution gerade in diesen Kreisen mit diesen ihren holistischen Entwürfen nachgewirkt und eben eine Totalisierung – zunächst des Denkens – herbeigeführt haben, die seitdem für das deutsche Geistesleben mitbestimmend geworden ist.

Nipperdey operiert in diesem Kapitel mit den Begriffen der Ersatzreligiosität, des Holismus, des neuen Mythos, der Wissenschaftsreligion und schreibt in politischer Hinsicht sodann: „Eine Religion nenne ich das, weil es um ‚letzte Dinge' geht, um das, worauf es den Menschen zuletzt ankommt, um das, was bis dahin ‚Heil' und ‚Reich Gottes' hieß. Diese neue Humanität meint eine nicht-christliche Form des menschlichen Lebens und setzt sie vielfach auch bewußt gegen die christliche Lebensdeutung ab. Nicht die rationalen Einwände der Aufklärung gegen das überlieferte Christentum und seine Lehren, sondern eine Umwertung der Lebenswerte, das ist hier

---

[47] Die kirchenpolitischen Kräfte der Vermittlungstheologie – die Schleiermachersche Rechte – gewinnt nur noch eine innerkirchliche Bedeutung und wirkt nicht mehr für die bürgerliche Öffentlichkeit bestimmend. Auch die historische Kritik bringt nur innerhalb der Theologie Veränderungen hervor. Als Akkomodation an den Prozeß der Gesellschaft in den Atheismus und Materialismus hinein verpufft ihre Wirkung, ebenso die von Schleiermacher her selbst gestellte Aufgabe des „Kulturprotestantismus" in jenen Schichten, wo die Säkulargesellschaft – auch im Bürgertum – übermächtig wird.

entscheidend..."[48] Er setzt verdeutlichend fort: „Auch im Politischen entwickelt sich solche Religiosität, das, was ich den politischen Glauben nenne; er rückt manchmal neben, manchmal an die Stelle des alten christlichen Glaubens."[49]

Unter diese Beschreibung rückt der Verfasser aber schon das Hambacher Fest, dann Georg Büchner und Weidig (Hessischer Landbote), schließlich auch den vitalistischen Aufstand des „Jungen Deutschland" gegen das traditionelle, das kirchlich geprägte Ethos. 1848 tritt, wie er sagt, ein revolutionärer Religionshaß zutage, der vor allem von rationalistischen Volksschullehrern getragen wurde.

In diese Wandlungstendenzen bringt Nipperdey, wie ich schon zitiert habe, nun auch die Liberalen und die Protestanten ein, aber auf der Seite des deutschen, religiösen Nationalismus. Er setzt die Entwicklung des bürgerlichen Christentums in einen Zusammenhang mit der totalitären Wende zu den naturalistischen und postchristlichen Weltanschauungen. Damit bestätigt Nipperdey im Grunde die Behauptungen der katholischen Kirchengeschichtsschreibung von Leo XIII. bis zur Lortz-Schule.

Wenn es diese Wende als eine protestantische gegeben hat, wie verhält sie sich dann zur Zeit des Nationalismus nach 1871, wo sich allerdings zunehmend die Frage stellt, ob das, was da unter Protestantismus läuft, überhaupt als solcher angesprochen werden kann? Aber auch selbst nach 1871 findet man diesen nationalistischen Totalitarismus in den protestantischen und lutherischen Ethiken so noch nicht.

Der neue Vitalismus will Weltanschauung, totale Lebensdeutung sein, auch wenn er agnostisch ist, er will den Menschen als Wesen und Gattung beschreiben. Das physische Existieren wird zum Ausgangspunkt für ein holistisches, antiidealistisches Begreifen dessen, was der Mensch ist. Es gehört zwar nicht mehr zum Thema des Buches Nipperdeys, zu zeigen, wie sich diese Art der politischen Naturmythik in die sozialistischen Strömungen des Vulgärmaterialismus und in die des, alsbald auch rassistisch werdenden, Nationalismus hinein fortsetzt. So muß der Einzelbeweis, daß es so gewesen ist, einer neuen Darstellung vorbehalten bleiben. Mit dem Begriff der Weltanschauung tritt in der Kulturgeschichte des 19. Jahrhunderts ein spezifisch deutsches Moment auf und mit ihm der Kampf um die sich als total verstehenden parteipolitischen Lebensdeutungen. Nipperdey selbst bekundet dies bereits für die Parteiengeschichte seiner Zeit, daß sich die Parteien in den Parlamenten weltanschaulich fraktionieren. Obschon der Weltanschauungsbegriff auch in die Theologie eindringt, sehe ich nicht, daß sich der bürgerliche Protestantismus vor 1871 im ganzen zu dieser Zeit bereits an diesem neuen Stil der totalen Entwürfe beteiligt hätte. In die Linie

[48] *Nipperdey*, aaO., S. 440.
[49] *Nipperdey*, aaO., S. 442.

eines Extremismus gehört er jedenfalls – von Ausnahmen abgesehen – zu dieser Zeit nicht.

IV.

Der letzte der anzusprechenden Punkte ist der Realismus. Die Kirchengeschichte ist vornehmlich aus zwei Gründen daran interessiert. 1. Stammt Bismarcks Wende zur Realpolitik wirklich aus den Quellen der Lutherschen Zweireichelehre oder der lutherischen Frömmigkeit und 2. was wird in der Zeit der fünfziger und sechziger Jahre aus dem protestantischen Bürgertum?

Nipperdey beschreibt den Realismus folgendermaßen: „Schließlich die große neue Bewegung der 50er und 60er Jahre, der ‚Realismus'" ... „Die Religion tritt, für die großen Schriftsteller wenigstens, weiter zurück, oder sie verschwindet ganz, und damit zumal der Glaube an ein Jenseits, eine Unsterblichkeit, eine transzendente Versöhnung und auch die idealistische Metaphysik, der Glaube an den ‚Geist'. Zum zweiten aber: die Verabschiedung von Religion und Metaphysik endet – trotz Schwermut und Weltverdunklung – nicht im Nihilismus. Denn der Tod Gottes wird mit Feuerbach auch als Wendung zur Diesseitigkeit positiv erfahren, als Orientierung an nichts als dem Leben des Individuums wie der Gattung selbst, als Bejahung des Augenblicks, als Tendenz zum Erreichbaren, zum möglichen – bescheideneren – Glück. Oder, zurückhaltender, aber gefaßt: dem Transzendenzverlust entspricht ein Transzendenzverbot, das agnostische Abweisen dahin zielender Fragen, das Sich-Bescheiden in der Immanenz."[50]

Die Beziehungen zwischen dem Protestantismus und dem politischen Parteienleben werden nun offenbar dünner. Die Zeit nach 1850 ist in Preußen zunächst im Sinne der Stahl'schen Rechtstheologie von der Rechristianisierung bestimmt.[51] Das bedeutet den reaktionären Stillstand der parlamentarischen, bürgerlichen Bewegung. Aber die bürgerliche Revolution gerät schon 1848 wegen der Spannung zwischen Demokraten und Liberalen in eine Orientierungskrise hinein, und die Liberalen lernen nach 1850, daß das Frankfurter Parlament zwar sehr geistig-idealistisch, aber nur wenig politisch-pragmatisch gehandelt hat. Resümiert Nipperdey die damaligen oder seine eigenen Einsichten, wenn er schreibt: „Die Politik hat es nicht mit Normen zu tun – so die polemische Zuspitzung –, sondern mit Erfahrung, und was die politische Erfahrungswelt konstituiert, ist die Macht, das ‚Naturgesetz' der Macht? Es ist macchiavellischer Realismus – zumal wenn zu der Macht der Erfolg als Ziel und Maßstab der Politik genannt wird."[52]

Der Autor vertritt hier offensichtlich nicht die Meinung, daß der politische Realismus ein Ergebnis der Lutherischen Zweireichelehre sei. Er sieht

[50] *Nipperdey*, aaO., S. 579f.
[51] *Nipperdey*, aaO., S. 732.
[52] *Nipperdey*, aaO., S. 719.

ihn vielmehr aus einer veränderten Lage der deutschen und europäischen Politik erwachsen. Bismarck bringt durch seine Realpolitik die Liberalen und die Konservativen dahin, sich neu zu orientieren.[53] Es gibt dann – sehe ich dies recht? – einen Alt- und Neukonservatismus, einen Alt- und Neuliberalismus. Für das damalige, liberale Bürgertum gilt: „Zuletzt geht es darum, die metaphysische Ungewißheit zu ertragen und sich in die wirkliche Welt einzufügen, dem Verlust von Sinn mit einem unprätentiös und unpathetisch tapferen Ja zum Leben standzuhalten. Das ist eine der sehr typischen bürgerlichen ‚Haltungen' – da wo Politik, Wissenschaft, Arbeit oder Familie nicht ausreichen, den Sinn des Lebens, nach dem Verlust der Religion, zu stiften und zu bewahren."[54]

Es organisieren sich in diesem Sinne auch die sozialistischen Vereine und Parteien in der Arbeiterbewegung in der Form einer neuen Religiosität, eines politischen Glaubens.[55]

Die letzte Frage richtet sich an den wichtigsten Urheber dieses neuen Realismus im politischen Raum, Bismarck. Nipperdey bietet ein spannungsreiches Bild. Einerseits heißt es von Bismarck: Nach seiner religiösen Krise kehre er vom skeptischen Deismus zum christlich-lutherischen Glauben zurück und sei seitdem von „einem tiefen christlichen Realismus" durchdrungen.[56] Andererseits aber gilt auch dieses: „Er war mehr als ein kluger Diplomat, er war ein... dämonischer Machtpolitiker, und man kann ihn nicht... zur Hauskatze stilisieren."[57]

Durch Bismarck gibt es die Differenz zwischen Gesinnungspolitik und Machtpolitik. Nipperdey nimmt sogar deutlich für seine Machtpolitik Partei, so in der Frage Schleswig-Holstein und in der Frage der deutschen Einigung 1866. Gleichwohl sei aber der Sieg über Österreich nicht – wie die Ideologie des Realismus meinte – ein Sieg des protestantisch-bürgerlichen Freiheits„prinzips". Das ist sicherlich richtig; dieser Realismus ist die Fortsetzung des macchiavellistischen Naturalismus der Vormärzzeit. Von diesem Naturalismus und Vitalismus her ist das spätere Durchschlagen des Rassegedankens als Zuspitzung der Volksideologie ehestens und einigermaßen erklärbar.

Wer oder was hat hier in der deutschen Geschichte letztlich gesiegt? Nur die Tragik? Oder ist es Napoleon? Jedenfalls sollte es keinen protestantischen Esel geben, der die Lasten der Geschichte zu tragen hat, während sich andere in der Ersatzreligiosität des fröhlichen Materialismus „modern" nennen und sich ihrer Tage freuen.

---

[53] *Nipperdey*, aaO., S. 717.

[54] *Nipperdey*, aaO., S. 581.

[55] „Die religiöse Struktur einer antikirchlichen, säkularen Heilsbewegung wird deutlich – Gedichte, Lieder, Feste, Symbolworte und Symbolhandlungen begleiten das Leben dieser Arbeiterbewegung", so *Nipperdey*, aaO., S. 744.

[56] *Nipperdey*, aaO., S. 758.

[57] *Nipperdey*, aaO., S. 775.

Jochen-Christoph Kaiser

Geschichtswissenschaft und Politik

Gerhard Ritter und die Deutsche Frage 1945–1949[1]

Die Frage nach dem Verhältnis von Geschichtswissenschaft und Politik hat in den letzten Wochen und Monaten unversehens wieder Schlagzeilen gemacht. Der in den Medien ausgetragene Streit geht nicht allein um die Vergleichbarkeit oder Unvergleichlichkeit der Untaten Stalins und Hitlers, er geht auch nicht in erster Linie um die geplanten Geschichtsmuseen in Bonn und Berlin, sondern mir scheint, er zielt im Kern darauf ab, welches Verständnis ihrer selbst, ihres Werdens und ihrer Entwicklung seit 1945 den Westdeutschen und ihrer Teilnation vermittelt werden soll. Vielleicht kennzeichnet die Formel vom Ringen um die ‚geistige Hegemonie' der verschiedenen Richtungen im Sinne eines an divergierenden politischen Vorgaben orientierten neuen Identitätsfindungs-Versuches am besten den Punkt jener Diskussion, deren Ende noch nicht in Sicht ist.[2]

Mit der Feststellung, daß diese Debatte und ihre Frontlinien keineswegs neu sind, soll kein vorschneller Beitrag zu ihrer Historisierung geleistet werden; doch bildet die Deutsche Frage in ihrer von den Ergebnissen des Krieges geprägten Form nach wie vor eines der Hauptprobleme der Zeitgeschichte. Vertreter alter und neuer Schulformen haben ihre Stimme häufig erhoben, wenn um die deutsche Identität gestritten wurde. Das war und ist gewiß ihr gutes Recht, auch wenn man hinsichtlich des realen gesellschaftspolitischen Einflusses von Historikern Skepsis anmelden kann. Die Inanspruchnahme eines auf historische Kompetenz gegründeten informellen politischen Mandats ist jedenfalls nicht das Spezifikum jener einen Richtung, die jüngere Fachvertreter gemeinhin als lange überwunden und abgetan charakterisieren und als deren letzter prominenter Protagonist unter den Neuhistorikern vielen noch immer Gerhard Ritter gilt.

[1] Im wesentlichen unveränderter Text einer historischen Antrittsvorlesung an der Universität Münster vom 15. XII. 1986; die Vortragsform wurde beibehalten.

[2] Eine Dokumentation des im Sommer und Herbst 1986 vornehmlich in ZEIT, FAZ und SPIEGEL ausgetragenen sogenannten Historikerstreits um die Einmaligkeit oder Vergleichbarkeit des von Deutschen begangenen Völkermords und eine Revision des Geschichtsbilds mit apologetischer Tendenz im Gefolge der ‚Wende', dessen Protagonisten Ernst Nolte und Jürgen Habermas gewesen sind, ist soeben erschienen: „Historikerstreit". Die Dokumentation der Kontroverse um die Einzigartigkeit der nationalsozialistischen Judenvernichtung (Serie Piper 816), München ^{3}1987. – Zum Begriff der ‚geistigen Hegemonie' vgl. *Ernst Jeismann/Bernhard Sicken/Hans-Ulrich Thamer*, „Zum öffentlichen Gebrauch von Geschichte – Anmerkungen zum ‚Historikerstreit'", in: Geschichte, Politik und ihre Didaktik 14. 1986, 141–153.

Der Freiburger Gelehrte und sein Werk hatten sich – folgt man den Kritikern – schon in den letzten Jahren vor seinem Tode 1967 selbst überlebt. Der Schwerpunktwechsel fort von der klassischen politischen Geschichtsschreibung hin zur Sozial- und Gesellschaftsgeschichte blieb nicht auf den methodischen Zugriff beschränkt, sondern markierte bekanntlich auch einen grundlegenden Einschätzungswandel von Leistungen und Defiziten des Bismarckreiches, an dessen grundsätzlich positiver Bedeutung für die deutsche Nationalgeschichte Ritter ungeachtet aller Einschränkungen immer festgehalten hat. Seine Gegner gingen nicht alle so weit wie Immanuel Geiss, mit dessen Fundamentalkritik an Ritters gesamtem Œuvre auch ein Generationenkonflikt innerhalb der Zunft 1972 seinen vorläufigen Höhepunkt erreichte.[3] Aber es ist nicht zu übersehen, daß selbst Ritters Schüler in ihren Nachrufen anläßlich seines Todes bemüht blieben, zu ihrem Lehrer Distanz zu halten, ganz so, als gäbe man mit ihm einer Epoche deutscher Geschichtswissenschaft endgültig den Abschied.[4]

Daß kein Niedergang von geistigen Strömungen, Ideen und Weltauffassungen immer definitiv sein *muß*, sich diese vielmehr auf den unterschiedlichsten und verschlungensten Pfaden tradieren können, weiß jeder Historiker. Und so überrascht es denn nicht, daß knapp 20 Jahre nach Ritters Tod einige seiner populärsten Bücher – ich erinnere an die Biographien von Luther, Friedrich dem Großen, Stein und Goerdeler – neu aufgelegt wurden. Nicht zuletzt ist auf die umfangreiche Edition von Klaus Schwabe hinzuweisen, die vor zwei Jahren erschien und neben den wichtigsten Briefen Ritters auch andere bemerkenswerte, bislang ungedruckte Stücke enthält.[5] Für wesentlicher als die Frage, ob wir vor einer möglichen Ritter-Renaissance stehen, halte ich die nähere Betrachtung eines Wirkungsbereichs dieses Mannes, der in der zeitgeschichtlichen Forschung bisher relativ unbekannt geblieben ist.

Ich beziehe mich auf die *politischen* Lageberichte, die Ritter von 1945 bis 1949 im Auftrage der Kirchenkanzlei der Evangelischen Kirche in Deutschland (EKD) anfertigte. Sie waren zur persönlichen Kenntnisnahme der Ratsmitglieder der EKD und für einen ausgewählten kleinen Kreis anderer führender protestantischer Persönlichkeiten bestimmt und enthalten in der Regel keine Informationen und Stellungnahmen zu innerkirchlichen Problemen, sondern eine Übersicht zur welt- und deutschlandpolitischen Kon-

---

[3] Geiss nannte Ritters Geschichtsschreibung „Tendenzhistorie", die „für die neuere Forschung keinerlei fruchtbare und konstruktive Anregungen gegeben habe" und sich schon heute [1972], fünf Jahre nach seinem Tod innerhalb des Faches nicht mehr behaupten könne; ders., Studien über Geschichte und Geschichtswissenschaft, Frankfurt a. M. [2]1974, 190f.

[4] *Hans-Günter Zmarzlik*, „Lebendige Vergangenheit. Eine Würdigung Gerhard Ritters", in: HZ 207. 1968, 55–74 und *Eberhard Jäckel*, „Gerhard Ritter. Historiker in seiner Zeit", in: GWU 18. 1967, 705–715.

[5] Gerhard Ritter. Ein politischer Historiker in seinen Briefen, hg. v. *Klaus Schwabe* und *Rolf Reichardt* unter Mitwirkung von *Reinhard Hauff*, Boppart a. Rh. 1984.

stellation der unmittelbaren Nachkriegszeit.[6] Insofern lautet unser Thema nicht „Geschichtswissenschaft und *Kirchen*politik“, sondern eben sehr viel allgemeiner „Geschichtswissenschaft und Politik“ im Kontext der Deutschen Frage. Es handelt sich insgesamt um sechs solcher Berichte von unterschiedlicher Länge und systematischer Intensität, deren Materialbasis auf der Auswertung der deutschen, neutralen und alliierten Presse beruht, soweit sie Ritter und seinem zeitweisen Mitarbeiter Michael Freund zugänglich war. Ergänzend hinzugezogen wurden die bekannten, in ihren Hauptteilen von Ritter verfaßten Denkschriften des Freiburger Kreises von 1938 und 1943, die veröffentlichte Korrespondenz sowie weitere Archivalien und zeitgenössische Schriften dieses Autors.

Ritter sagte also ein bewußtes Ja zu den politischen Implikationen seines Faches und nahm – wie viele Kollegen seiner Generation auch – für sich in Anspruch, zu brennenden Gegenwartsfragen öffentlich Stellung zu beziehen. Parteipolitisch stand er wie sein Lehrer Oncken ursprünglich im Lager der Nationalliberalen, war im Ersten Weltkrieg erbitterter Gegner des alldeutschen Annexionismus und gehörte seit Mitte der 20er Jahre kurzzeitig der DVP an, die er 1931 aus Protest gegen deren Obstruktionspolitik gegen die Regierung Brüning ebenso wieder verließ wie Anfang 1933 den Deutschen Nationalverein, den letzten Versuch einer Sammlung bürgerlicher Mittelparteien gegen die NSDAP.[7]

So verwundert es nicht, daß er dem Dritten Reich von Beginn an mit Mißtrauen und Ablehnung begegnete. Im Nationalsozialismus erblickte Ritter die große politisch-pädagogische Herausforderung für den Neuhistoriker, der aufgrund seiner wissenschaftlichen Erfahrungen hätte erkennen müssen, daß die „Bewegung“ den deutschen Nationalstaat zerstören würde. In pointierter Weise kam das in seiner Antwort an einen Marburger Kollegen zum Ausdruck, der nach dem Krieg sein Amt verlor und ihn Ende 1945 um ein entlastendes Votum bat; ihm teilte er – diesen Wunsch abschlagend – mit: „Als neuerer Historiker sind Sie nicht irgendwer, sondern haben ein politisches Erziehungsamt, eine ganz große Pflicht. Ich nehme diese Pflicht verdammt ernst und habe innerlich schon mit vielen, mir sehr nahestehenden Freunden brechen müssen..., weil ich erlebt habe, daß sie in dieser heiligen Pflicht des Historikers versagten.“[8] – Freilich war dies nun ein Vorwurf, den eine Reihe von Kollegen nach dem Krieg auch Ritter gegen-

---

[6] Von den ursprünglich sechs Gutachten konnten fünf verifiziert werden; sie befinden sich im Ev. Zentralarchiv in Berlin: EZA, EKD 1/234a bis c; 1/237. Ein Gutachten Ritters für die Amsterdamer Weltkirchenkonferenz von 1948 mit dem Titel „Kirche und internationale Ordnung“ ist im Archiv der Ev. Akademie Bad Boll vorhanden. Der Vf. bereitet zusammen mit Kurt Nowak/Leipzig eine Edition dieser Gutachten vor. Im folgenden werden Zitate und Gedanken aus den Berichten Ritters nicht gesondert nachgewiesen; die betr. Aussagen beziehen sich immer auf die genannten Archivalien. – Zu den Denkschriften des Freiburger Kreises vgl. die von R. Hauff hg. Fassungen bei *Schwabe*, aaO., 629ff.

[7] S. *Schwabes* biographische Einführung; ebd., 71.

[8] Schreiben an Wilhelm Mommsen/Marburg v. 21. XII. 1945, abgedruckt bei *Schwabe*, 407.

über erhoben.[9] Immerhin hatte dieser beruflich und privat nahezu unbehelligt bis zu seiner Verhaftung durch die Gestapo im Herbst 1944 die NS-Herrschaft überstanden und neben aller Anerkennung seines Eintretens für Hermann Oncken 1935 und seines mutigen Auftritts auf dem Internationalen Historikertag 1938 in Zürich[10] einige zumindest mißverständliche Schriften veröffentlicht, in denen Gegner wie Anhänger des Nationalsozialismus ihren jeweils konträren Standort wiederfinden konnten.[11]

Eine andere Form seines gesellschaftlichen Engagements bildete die Mitarbeit in kirchlichen Gremien. So zählte er zu den Mitbegründern des badischen Bruderrats, für den er auch an der Ersten Bekenntnissynode der DEK 1934 in Barmen teilnahm. Ritters vom Elternhause her lutherisch geprägter Protestantismus, seine Abneigung gegen die s. E. standpunktlose liberale Theologie und seine Skepsis hinsichtlich eines Neuluthertums, das wenigstens partiell der völkischen Faszination erlag und auch den Staat Hitlers noch als ‚christliche Obrigkeit' begreifen wollte, flossen zusammen mit profunden Kenntnissen der Reformationsgeschichte und einer harten Kritik an wertrelativistischen Positionen des Späthistorismus.

Als nach der bedingungslosen Kapitulation im Mai 1945 Souveränität und Eigenstaatlichkeit des Reiches faktisch erloschen und in der Folge Legislative wie Exekutive auf zunächst unabsehbare Zeit an die Siegermächte übergingen, entstand in der Mitte Europas ein politisches Vakuum, für dessen Ausfüllung sich die unterschiedlichsten Optionen denken ließen. Daß sich nicht nur in den neu entstehenden politischen Parteien, sondern auch in anderen, oft auf private Initiative hin begründeten Zirkeln und in den einzigen einigermaßen intakt gebliebenen gesellschaftlichen Großorganisationen, eben den Kirchen, schon unmittelbar nach der Kapitulation Menschen zusammenfanden, um den Anspruch einer deutschen Interessenvertretung gegenüber den Besatzungsbehörden anzumelden, ist von der Forschung bisher noch unzureichend in den Blick genommen worden.

Wir gehen im folgenden nicht auf die katholische Weltkirche ein und beschränken uns auf den Protestantismus. Hier gelang es dem ehemaligen Konsistorialrat im Kirchlichen Außenamt, Eugen Gerstenmaier, mit der Gründung des Ev. Hilfswerks seine nicht abgerissenen Verbindungen zur

---

9 So sehr pointiert *Johann Albrecht von Rantzau*, „Individualitätsprinzip, Staatsverherrlichung und deutsche Geschichtsschreibung", in: Die Sammlung 5. 1950, 284–299.

10 Ritters Versuch, Hermann Oncken vor den Angriffen seines ehemaligen Schülers Walter Frank zu schützen, sein in diesem Zusammenhang erfolgter Boykott der HZ bis 1943 und die Auseinandersetzung um ein nationalsozialistisch eingefärbtes Lutherbild auf dem Züricher Historikertag 1938 wird bei *Schwabe*, 75f. und bei *Georg Iggers*, Deutsche Geschichtswissenschaft, München 1971, 323 beschrieben und gewürdigt.

11 Am bekanntesten wohl *Ritters* „Kriegsbuch": Machtstaat und Utopie; nach dem Kriege mehrfach publiziert unter dem Titel ‚Die Dämonie der Macht. Betrachtungen über Geschichte und Wesen des Machtproblems im politischen Denken der Neuzeit', München ^{6}1948; dazu auch *Iggers.*, aaO.

Ökumene erfolgreich zu reaktivieren, um Nahrungsmittel und Sachspenden aus neutralen und bald auch alliierten Ländern über Genf in das hungernde Deutschland zu leiten. Schon Mitte 1946 richtete das Hilfswerk eine Dependance in Stockholm ein, – de facto die erste deutsche Auslandsvertretung nach dem Krieg. Die Mitarbeit früherer Diplomaten aus der Wilhelmstraße erleichterte die Aufnahme informeller Kontakte zu den ehemaligen Feindstaaten über die dem Hilfswerk zur Verfügung stehenden Kanäle.[12] Unabhängig vom Hilfswerk unterhielt auch der Rat der EKD selbst ökumenische Kontakte, für deren Ausweitung und Intensivierung das von dem Synodalen Ritter mitgetragene Stuttgarter Schuldbekenntnis vom Oktober 1945 die wichtigste Voraussetzung schuf. Wollten sich Rat und Kirchenkanzlei nicht allein von den politischen Voten der umstrittenen deutschlandpolitischen Vorstellungen Karl Barths und seiner Richtung abhängig machen[13], bedurfte es eigener Informationsquellen, was noch 1945 zu dem Beraterauftrag für Ritter führte.

Die von Ritter zusammengetragenen Informationen und seine Kommentare sind aus mehreren Gründen für die Geschichtswissenschaft von Interesse. Einmal gehört der Freiburger Gelehrte zu den ganz wenigen Vertretern seiner Zunft, die sich nicht allein in zahlreichen Schriften zwischen 1945 und 1950 zur ‚Deutschen Katastrophe' publizistisch äußerten, – das taten etwa Meinecke, Tellenbach, Dehio oder Stadelmann auch[14] –, sondern er wagte sich darüber hinaus auf das schwierige Terrain quasi-journalistischer Berichterstattung und Deutung des welt- und deutschlandpolitischen Geschehens; dies auf einer höchst unsicheren und zum Teil durch die Pressepolitik der Siegermächte propagandistisch verzerrten Informationsbasis. Seine Berichte waren nicht für die Öffentlichkeit bestimmt, sollten aber zur Meinungsbildung einer in dieser Situation ausgesprochen wichtigen Multiplikatorengruppe dienen, die – gestützt auf die moralische Autorität der Kirche – vernehmlich ihren Öffentlichkeits- und Mitgestaltungswillen beim Wiederaufbau Deutschlands zur Geltung brachte. Ich greife im folgenden vier Aspekte aus dem Problemfeld der Deutschen Frage heraus: 1. den Erklärungsversuch Ritters, wie es zu Hitler und zur Machtergreifung des NS

---

12 Siehe *Johannes Michael Wischnath*, Kirche in Aktion. Das Evangelische Hilfswerk 1945–1957 und sein Verhältnis zu Kirche und Innerer Mission, Göttingen 1986 und *Øyvind Foss*, Politische Diakonie? Das Hilfswerk der Evangelischen Kirchen in Deutschland und der Versuch nach dem Zusammenbruch des Dritten Reiches eine gesellschaftsorientierte Diakonie zu verwirklichen, Frankfurt a. M.–New York 1986.

13 Auszüge bei *Martin Greschat* (Hg.), Die Schuld der Kirche. Dokumente und Reflexionen zur Stuttgarter Schulderklärung vom 18./19. Oktober 1945, München 1982.

14 *Friedrich Meinecke*, Die deutsche Katastrophe. Betrachtungen und Erinnerungen, Wiesbaden ^{2}1946; *Gerd Tellenbach*, Die deutsche Not als Schuld und Schicksal, Stuttgart 1947; *Ludwig Dehio*, Gleichgewicht oder Hegemonie. Betrachtungen über ein Grundproblem der neueren Staatengeschichte, Krefeld 1948; *Rudolf Stadelmann*, Deutschland und Westeuropa, Schloß Laupheim 1948.

kommen konnte, 2. seine Vorschläge zum Verfassungsneubau nach der Katastrophe, 3. die Frage nach Einheit oder Spaltung, 4. das Problem der Entnazifizierung und die Aufgabe der Kirchen bei der ‚Lösung der Deutschen Frage'.

1. Eine ausführliche historisch-politische Antwort darauf, warum 1933 der Nationalsozialismus in Deutschland zur Macht gelangte, findet sich in Ritters Berichten für die Kirchenkanzlei eher am Rande. Diese Tatsache ist nur auf den ersten Blick erstaunlich, konnte er doch davon ausgehen, daß darüber unter den – mehrheitlich konservativ orientierten – Kirchenführern Einigkeit bestand; außerdem hat sich Ritter zwischen 1945 und 50 wiederholt andernorts zu diesem Komplex geäußert.[15] Da sich seine Deutung des NS aber implizit immer wieder in diesen Papieren widerspiegelt, müssen wir hier darauf eingehen. Zu unterscheiden ist zwischen der kirchlich-theologischen Interpretation und Ritters zwar damit verwandter, tendenziell aber unabhängiger historischen Herleitung. Der vom Nationalprotestantismus geprägte Flügel der Bekennenden Kirche sah den NS in der Rückschau des Jahres 1945 – keineswegs schon zwölf Jahre zuvor! – als Höhepunkt des mit der Französischen Revolution einsetzenden Säkularismus, oder – um die Formulierung eines bekannten Buchtitels von Walter Künneth zu benutzen –, als ‚großen Abfall' vom Christentum.[16] Damit war eine in der Reformation erneuerte, den einzelnen wie den Staat umschließende Religiösität gemeint, die in Aufklärung und französischer Revolution zusammen mit dem – idealtypisch gesehenen – mittelalterlichen Corpus christianum zerbrach. Der Anspruch auf Mündigkeit wendete sich für Ritter gegen die bis dahin fraglos akzeptierte staatliche *und* religiöse Autorität zugunsten individueller politischer Freiheits- und Mitgestaltungsrechte ohne letzte Anbindung an ein nicht hinterfragbares, metaphysisch begründetes Wertesystem. Diese Entwicklung, beschleunigt durch Industrielle Revolution und sozialen Wandel, mußte nach Auffassung vieler Protestanten geradewegs zu Relativismus und Nihilismus führen und erreichte für sie in den beiden großen Massenbewegungen des 20. Jahrhunderts: Bolschewismus und Nationalsozialismus ihren absoluten Höhepunkt. Der Neubau nach 1945 sollte deshalb im Zeichen einer umfassenden Rechristianisierung des deutschen Volkes und Europas stehen, um den Nationalsozialismus endgültig zu überwinden und den von Osten drohenden Bolschewismus fernzuhalten.

---

[15] Vgl. etwa Geschichte als Bildungsmacht. Ein Beitrag zur politisch-historischen Neubesinnung, Stuttgart 1946; Europa und die deutsche Frage. Betrachtungen über die geschichtliche Eigenart des deutschen Staatsdenkens, München 1947; Das sittliche Problem der Macht, Bern 1948.

[16] Der große Abfall. Eine geschichtstheologische Untersuchung der Begegnung zwischen Nationalsozialismus und Christentum, Hamburg 1947. Dazu – in freilich richtungspolitisch eindimensionaler Sicht – *Ewald Hein-Janke*, Protestantismus und Faschismus nach der Katastrophe (1945–1949), 81 ff.

Obwohl Ritter als Privatmann und Christ die hier etwas holzschnittartig zusammengefaßte Säkularismusthese durchaus teilte, bemühte er sich als Historiker, der sich auch anderen, in solchen religiösen Grundüberzeugungen nicht lebenden Kreisen verständlich machen wollte, um eine differenziertere Erklärung des NS-Phänomens. Die zeitgenössisch gebräuchliche Herleitung mit Hilfe einer dem Vansittartismus entlehnten Argumentation[17] – der angeblichen Ahnengalerie Hitlers von Luther über Friedrich d. Gr. und Bismarck – verwarf er jedoch vehement. In Umrissen entfaltete er sein NS-Bild erstmals zusammenhängend in dem von ihm verfaßten Hauptteil der Freiburger Denkschrift von 1943. Hier taucht schon das Stichwort auf, das dann in seinen Nachkriegspublikationen immer wiederkehrt und sich als Schlüsselbegriff sowohl seiner Analyse der Vergangenheit als auch seiner Vorschläge für eine künftige Verfassungswirklichkeit entpuppt: die *,Vermassung'* des Menschen durch die großen nationalen wie sozialen Gesellschaftsentwürfe des 19. und 20. Jahrhunderts. Der Aufbruch des Nationalbewußtseins in Kontinentaleuropa im Gefolge der französischen Revolution, die eudämonistischen Züge der modernen Naturrechtsvorstellungen und ihre Rezeption auch in den unteren Klassen im Zuge der Industrialisierung, schließlich die Überdehnung des Machtstaatsgedankens bei gleichzeitiger Abkopplung sittlicher Normierungen unter dem Einfluß historistischen Denkens und die dadurch bedingte Abschwächung rechtsstaatlich-altliberaler Gesinnung trügen dafür die Verantwortung. Mit Ritter gesprochen: „Vermassung heißt geistige Uniformierung und Entseelung, heißt Schwächung des Personalbewußtseins, Aufhebung individueller Eigenart und freien, d. h. selbstverantwortlichen Handelns."[18] Der „Vergötzung der Staatsgewalt", jener „Ursünde" von Bolschewismus und Nationalsozialismus kann nur Rückbesinnung auf die religiösen Kräfte wehren; denn ohne Religion „wird es unheimlich kalt und finster in der Welt. Da werden die Ideologien zu dämonischen Mächten, weil ohne irgend eine Art von Gläubigkeit keine menschliche Gemeinschaft zu existieren vermag".[19]

2. Es ist aufschlußreich zu verfolgen, wie Ritter Ende 1945 diesen Gedankengang in seinem ersten Bericht für die Kirchenkanzlei wieder aufnahm. Nun wurde die Massendemokratie explizit als die den Nationalsozialismus erst ermöglichende Regierungsform genannt und in Verbindung damit die Frage aufgeworfen, ob die Parteien als ihr tragendes Element in der von Weimar her bekannten Form überhaupt restituiert werden sollten. Ursprünglich überzeugter Anhänger der konstitutionellen Monarchie und nach 1918 eher contre cœur – damit Meinecke ähnlich – als ,Herzensmonar-

---

[17] Zum Vansittartismus s. die informative Zusammenfassung bei *Hermann Fromm*, Deutschland in der öffentlichen Kriegszieldiskussion Großbritanniens 1939–1945, Frankfurt a. M.–Bern 1982, 69ff.

[18] *Schwabe*, aaO., 677.

[19] Ebd., 682f.

chist' zum ‚Vernunftrepublikaner' geworden, blieb Ritter bis in die Bundesrepublik hinein gegenüber jeder Art von ‚Demokratismus', wie er es nannte, skeptisch. Er hatte stets das Versagen der Parteien im Jahre 1933 im Blick und hielt sie letztlich für das zentrale Instrumentarium „zur Vermassung, Uniformierung und Verflachung des Denkens". Die für ihn nur im Rahmen der Demokratie mögliche Manipulierung der Wähler durch den demagogischen Appell an Emotionen, die durch sie erreichbare Politisierung aller Lebensbereiche und die schließliche Gefahr, daß mit ihrer Hilfe ein neuer Diktator im Namen der volonté générale zur Macht gelangen könne, ließ ihn die Utopie ‚echter Gemeinschaftsbildung versus Massenmenschentum' entwerfen. Hier ganz den verfassungspolitischen Vorstellungen des Widerstands folgend[20], forderte er die Schaffung einer starken Staatsautorität, die sich auf eine sachverständige Notabelnschicht stützen würde. Auch wenn sich die neue Elite aus allen Schichten rekrutieren sollte, ist der aristokratische Grundzug dieses Modells unverkennbar, das sich einer egalitären Demokratie bewußt verweigerte. Freilich war Ritter Realist genug, um an die Durchsetzungschancen dieser an Stein erinnernden, sich von lokalen Berufs- und Gemeindevertretungen bis zum Reichstag nach einer Art Siebwahlsystem von unten nach oben aufbauenden Legislative wirklich zu glauben. Er wußte, daß sich auch nach dem Zusammenbruch Parlamentarisierung und Politisierung nicht rückgängig machen ließen. Unbeirrt hielt er jedoch daran fest, die Parteien nur mit wirklich politischen Fragen zu befassen: Aus Verwaltung und Kommunen sollten sie verbannt bleiben. Zur Unterstützung der schließlich unvermeidlichen Parteien forderte er die Bildung kleiner Zirkel zur Mitarbeit am Wiederaufbau bereiter und kompetenter Männer gleicher Gesinnung überall im Land, was er als besondere Aufgabe der Kirchen ansah. Damit war das Notabelnprinzip auf freiwilliger Basis doch wieder zum Leben erweckt; eine von Ritter versuchte Realisierung dieser Idee, die in anderer, d. h. mehr auf den kulturellen Neuanfang bezogenen Form auch Meinecke und Tellenbach vorschlugen, scheiterte allerdings schon Ende 1946 an mangelndem Echo in der Öffentlichkeit und am Veto der französischen Besatzungsmacht in Baden.

Ganz eindeutig setzte Ritter seine Hoffnungen auf die Christlich-demokratische Union, als er einsehen mußte, daß die Siegermächte ohne Rücksicht auf Vorbehalte der geschilderten Art dennoch den Parteien die Verantwortung für den inneren Wiederaufbau übertragen wollten. Dies ließ er allerdings nur für eine CDU gelten, die den alten Zentrumsgeist überwinden und dem protestantischen Element den ihm gebührenden Platz einräumen würde. Eine der Hauptursachen für die Gefahr einer mangelnden Ausgewogenheit sah er in der auffälligen Zurückhaltung der evangelischen

---

[20] Dazu *Hans Mommsen*, „Gesellschaftsbild und Verfassungspläne des deutschen Widerstands", in: *W. Schmitthenner/H. Buchheim* (Hg.), Der deutsche Widerstand gegen Hitler, Köln–Berlin 1966, 73–167.

Kirchen, ihrer leitenden Männer und Theologen gegenüber der neuen Partei, und er wurde nicht müde, kritisch darauf hinzuweisen, daß diese informelle Distanzierung die CDU wieder zur katholischen Partei machen werde. Zwar gestand er zu, daß sich der Protestantismus nicht an *eine* Partei binden dürfe und Christen in allen Parteien unterstützen müsse, postulierte aber eine besondere evangelische Affinität zur CDU, die als einzige ihr Programm bewußt an den Vorgaben christlicher Grundsätze orientiert habe. Darüber hinaus erschien sie ihm aber auch als Garant einer notwendigen neuen ‚Gemeinschaftsbildung', – auch dies ein Schlüsselwort in Ritters politischen Grundüberzeugungen – oder moderner formuliert: Er hielt sie unbeschadet aller auch in ihr wirksamen Interessengegensätze für die einzige *Volks*partei, deren innere und äußere Integrationskraft jenen Grundkonsens herbeiführen könne, an dessen Fehlen die Weimarer Republik gescheitert war. Diese Volkspartei-Anschauung löste auch den prinzipiellen Grundwiderspruch gegenüber der lutherischen Staatstheorie auf, die Ritter ansonsten nach wie vor vehement vertrat: daß es nämlich nach evangelischer Auffassung keinen christlichen Staat und keine genuin ‚christlich' im Sinne des Reiches Gottes handelnde oder dieses gar herbeiführende Partei geben könne. Als abwegig empfand Ritter deshalb die Angriffe der innerprotestantischen Gegner der Union, die – von Karl Barth und seinem Freundeskreis beeinflußt – genau diese Vorbehalte artikulierten und seiner Ansicht nach die CDU mit der ‚Partei des Christentums' verwechselten, was gar nicht intendiert sei. Mochte das noch ein primär theologischer Streitpunkt sein, der ihn von der zur SPD neigenden bruderrätlichen Richtung trennte, so verstärkte sich dieser Dissens durch die apodiktische Forderung mancher Barthianer, der Platz der Kirche sei heute innerhalb der Sozialdemokratie oder sie habe aus der Vergangenheit nichts gelernt. Schließlich war es auch die Hoffnung Barths und seiner Freunde auf die Entwicklungsfähigkeit des Kommunismus als Partner einer konstruktiven Friedensordnung, die ihm als frühem Verfechter der Totalitarismustheorie ‚weltfremd' und ‚illusionär' anmutete.

Überraschend positiv wertete er dennoch die SPD, deren Widerstand gegen eine Zwangsvereinigung mit der KPD er ihr hoch anrechnete und deren Existenz er als Sammelbecken für die Arbeiterschaft und jene bürgerlichen Kreise für erforderlich hielt, für die die CDU aus weltanschaulichen und antikatholischen Ressentiments nicht wählbar war. Schließlich begrüßte er auch ihr Bekenntnis zur deutschen Nation, das er als Unterstützung im Kampf gegen Partikularismus und Separatismus in den Westzonen verstand. Freilich vermißte er bei den Sozialdemokraten das eben erwähnte ‚Gemeinschaftsbewußtsein', d. h. er konstatierte ihre nach wie vor bestehende Verwurzlung in traditionell marxistisch-klassenkämpferischem Gedankengut, das zum ‚Massenmenschentum' führe und „echte Persönlichkeitsbildung" verhindere. Die SPD befinde sich mit Schumacher auf dem richtigen Wege, aber dieser sei noch lang und das Ziel nicht in Sicht. Mit andern Worten: Die SPD war noch keine Volkspartei, konnte sich aber in dieser wünschenswerten Richtung entwickeln. Bis dahin aber war das Hineinströmen evangelischer Persönlichkeiten in die Partei noch mit Risiken verbunden; ja, Ritter glaubte eine Parallele zu den „Gutgläubigen" ziehen zu dürfen, die 1933 als Christen der NSDAP in der Hoffnung beigetreten waren, auf ihre Politik Einfluß nehmen zu können und dann bitter enttäuscht wurden.

3. Die noch völlig ungewisse Zukunft der deutschen Nation in den ersten beiden Nachkriegsjahren spiegelt sich in Ritters Berichten plastisch wieder. Deutschland als bloßes „Objekt der großen Weltpolitik" hatte mit der Frage nach Einheit oder dismemberment nichts zu tun. Und die auch von Ritter im Dezember-Gutachten 1945 konstatierten Divergenzen der Siegermächte in Asien und Mitteleuropa trugen nicht dazu bei, klare Zukunftsperspektiven aufzuzeigen. Noch gab Ritter die Hoffnung auf Erhaltung des Einheitsstaates nicht auf, wiewohl er gleichzeitig feststellte, daß die Russen in den inzwischen den Polen übergebenen Ostgebieten und in Mitteldeutschland so schnell wie möglich endgültige Regelungen zu schaffen suchten. Jedenfalls rechnete Ritter bereits Ende 1945 damit, daß sich der Eiserne Vorhang auf absehbare Zeit *nicht* heben würde. War damit implizit Rußland als die ausschlaggebende Macht benannt, die Deutschlands Einheit zwar verbal verfocht, de facto aber dagegen handelte, so verwies Ritter des weiteren vor allem auf Frankreich, das seiner Auffassung nach „niemals mehr die Bildung eines geschlossenen deutschen Nationalstaates dulden werde". Dennoch plädierte Ritter hartnäckig dafür, an der Forderung nach einer „letzten politischen, geistigen und wirtschaftlichen Einheit" Deutschlands zumindest verbal ohne Abstriche festzuhalten, um den Anspruch auf den deutschen Osten nicht preiszugeben.

Schon ein gutes Jahr später hatte sich die Lage völlig gewandelt. Nun war die brüchige Allianz der Sieger in der Tat dahin, – fast eine nachträgliche Bestätigung für Ritters vorsichtige Prognosen von Ende 1945. Das Scheitern der Außenminister-Konferenzen von Moskau, Paris und London, sodann Truman-Doktrin und Marshall-Plan markierten die fast schon vollzogene ‚Teilung' der Welt, in der das Deutschland-Problem bald nur noch eine untergeordnete Rolle spielte.[21] Dazu konstatierte Ritter manche Anzeichen für eine Sonderentwicklung in der SBZ, die seines Erachtens eines Tages zu einer eigenen ostdeutschen Staatsbildung führen könnten. Es spricht für den starken Realitätssinn Ritters, wenn er aus seinen Beobachtungen schon im Januar 1948, d. h. knapp anderthalb Jahre vor einer eigenen Staatwerdung der Westzonen in der Bundesrepublik den Schluß zog, nicht im Bereich des Politischen läge für die Deutschen die Möglichkeit, an ihrer Einheit als Nation festzuhalten: „Sie kann" – so schrieb er – „allein noch auf dem

[21] *Wilfried Loth*, Die Teilung der Welt 1941–1955, München [5]1985.

elementaren Willen ruhen, eine Nation sein zu *wollen* [Hervorh. v. Vf.]. In der kirchlichen und kulturellen Sphäre, die zum großen Teil in ganz Deutschland gleich geblieben ist, ist [...] noch das Band zu suchen, das im Augenblick ganz Deutschland verbindet. Das elementare Gefühl, daß diesseits und jenseits der Grenze, hüben und drüben Deutsche wohnen, muß gepflegt werden. Daraus kann die Stimme des deutschen Volkes gegen seine Zerreißung erwachsen. Die Pflege einer gesamtdeutschen Geschichtsbetrachtung kann gleichfalls dazu beitragen, geistige Brücken über den Abgrund, der Deutschland spaltet, zu bauen." – Wenn uns im Nachhinein eine solche Auffassung auch mehr als problematisch erscheinen mag, – die Vorstellung, daß angesichts der politischen und ökonomischen Ohnmacht des geschlagenen Reiches nur die Rückbesinnung auf das nationale und kulturelle Band als geistiger Idee den Fortbestand der Nation – selbst unter Verzicht auf den Einheitsstaat – sichern könne, war fest im Bewußtsein einer Generation verankert, die schon den Zusammenbruch von 1918 erlebt hatte.

4. Der Zusammenbruch 1945 bedeutete nicht nur eine militärisch-politische Katastrophe für die deutsche Nation, sondern ebenso, wenn nicht stärker, eine moralische. Das wurde auch denen, die bis dahin nichts von den entsetzlichen Verbrechen erfahren oder Gerüchte darüber verdrängt hatten, spätestens bewußt, als die vorrückenden alliierten Truppen die Konzentrationslager erreichten und die Nachricht von den unvorstellbaren Ereignissen überall in Deutschland und darüber hinaus in der Welt verbreiteten. Zu dem Schock der totalen Niederlage trat nun zumindest bei jenen, die inmitten der täglichen Sorge um verschollene Angehörige und das tägliche Brot noch dafür aufnahmebereit waren, die Gewißheit, daß Deutschland diese historisch singuläre Niederlage verdient hatte und dem nun folgenden Strafgericht der Sieger nicht würde entrinnen können. Das gänzlich andere der Situation im Vergleich zu 1918 lag auf der Hand: Eine wie auch immer geartete Dolchstoßlegende kam gar nicht erst auf, und auch wer das Dritte Reich lange Zeit für eine positive Wendung der deutschen Geschichte gehalten hatte, mußte angesichts der nun bekanntwerdenden Untaten seiner Führer verstummen.

Man wird nicht fehlgehen in der Annahme, daß in den ersten Wochen und Monaten nach der Kapitulation die Bereitschaft zur Anerkennung der Schuld Deutschlands am Krieg und den unmenschlichen Verbrechen weit verbreitet war und in sich moralische Möglichkeiten barg, diese Schuld unter der Voraussetzung einer zwar harten, aber in sich gerechten Strafe durch die Sieger wenigstens in Ansätzen aufzuarbeiten und zu bewältigen. Daß es anders kam und der Gedanke an deutsche Schuld bald darauf in weiten Volksteilen wieder verschüttet zu werden drohte, hatte vielfältige Ursachen, die nicht zuletzt in Mißgriffen und Ungeschicklichkeiten und daraus folgenden neuen Ungerechtigkeiten der Besatzungsmächte lagen. Der Schuldvorwurf wurde gleichsam politisch instrumentalisiert, um dismemberment und gesellschaftliche Neuordnung – letztere vor allem in der Ostzone – gegenüber der Bevölkerung zu legitimieren.[22]

Nach Ritter erreichten die stereotyp wiederholten Schuldzuweisungen für die Verbrechen des NS an das ganze deutsche Volk das genaue Gegenteil ihrer Absicht. Die Bevölkerung war inzwischen abgestumpft gegenüber diesen Anwürfen und einer sie konterkarierenden politischen Umerziehungspraxis. Dem Mann auf der Straße vermittelte sich – wie Ritter schrieb – das verzweifelte Gefühl, „aus diesem Pfuhl der allgemeinen Verdammnis wird es keine Rettung mehr geben", – fortan gehörten die Deutschen zu den rechtlosen Parias der Welt. Folgerichtig erregten die Nürnberger Prozesse kaum die ihnen gebührende Aufmerksamkeit, und wer sich dennoch mit ihnen beschäftigte, war meistens nicht an der Aufklärung über deutsche Kriegsverbrechen interessiert, sondern kritisierte – zu Recht – die mangelnde Rechtsstaatlichkeit der Verfahren und ihr Abweichen von fundamentalen Grundsätzen europäischer Rechtspflege.

Als noch fataler empfand Ritter, daß durch die mehr als umstrittenen Praktiken der Entnazifizierung viele den ‚Buß- und Umkehrruf' der Kirche nicht mehr hörten, ja kritisierten und zurückwiesen, so daß die Chance für einen moralischen Neuanfang vertan zu werden drohte. Man muß sich vergegenwärtigen, daß nach allgemeiner Anschauung die Kirchen als einzige gesellschaftliche Großorganisationen das Dritte Reich ‚unbeschadet' überstanden hatten und nun gestützt auf diese moralische Legitimation mit einigem Recht den Anspruch erheben durften, als sinnstiftende, dem christlichen Sittengesetz verpflichtete Institutionen so etwas wie das in seiner Integrität nicht beeinträchtigte Gewissen der geschlagenen Nation zu verkörpern. In diesem Bewußtsein hatte der Rat der EKD auch im Oktober 1945 das vornehmlich an die Adresse der Ökumene gerichtete sogenannte Stuttgarter Schuldbekenntnis formuliert.[23] – Dieser von ihm kompromißlos bejahte gesellschaftspolitische Anspruch der Kirche besaß für Ritter eine zweifache Qualität: Einmal wandte er sich an die *Christen* in der Bevölkerung, und insofern bewegte sich der Ruf nach Abkehr vom Nationalsozialismus und zum Neuanfang auf der Basis christlicher Grundvorstellungen zunächst ausschließlich innerhalb einer religiös-theologischen Dimension. Andererseits konnte die Aufforderung zur Versöhnung, zur Überwindung sozialer und weltanschaulicher Interessengegensätze, nach mehr Gerechtigkeit im Umgang miteinander und Solidarität mit jenen, die in den Ostgebie-

[22] Zur außerkirchlichen Schulddiskussion nach 1945 jetzt die anregende, wenngleich in ihrem historischen Urteil gelegentlich zu kurz greifende Stockholmer Dissertation von *Barbro Eberan*, Luther? Friedrich „der Große"? Wagner? Nietzsche? . . . ? . . . ? Wer war an Hitler schuld? die Debatte um die Schuldfrage 1945–1949, München 1983. S. a. den empirischen, sich auf Umfragen westalliierter Meinungsforscher stützenden Beitrag von *Josef Foschepoth*, „Zur deutschen Reaktion auf Niederlage und Besatzung", in: *Ludolf Herbst* (Hg.), Westdeutschland 1945–1955. Unterwerfung, Kontrolle, Integration, München 1986, 151–165.

[23] Wie Anm. 13.

ten einem ungewissen Schicksal ausgeliefert waren, auch von denen aufgenommen und bejaht werden, die sich als Nichtchristen bekannten und deshalb Appellen von kirchlicher Seite skeptisch gegenüberstanden. Die hier wieder zum Vorschein kommende Idee der ‚Gemeinschaftsbildung' aller Gutwilligen umfaßte Menschen unterschiedlicher Weltanschauungen, die nun an dem kaum zu überschätzenden moralischen Kredit der Kirchen beim Wiederaufbau partizipieren konnten. – Es ging Ritter also weniger – so meine These – um eine genuin christliche Überformung bzw. Ausrichtung der deutschen Gesellschaft im Sinne einer von manchen Theologen und Kirchenmännern geforderten Re-Christianisierung Deutschlands und Europas als Voraussetzung für jede Gesundung von der nationalsozialistischen ‚Krankheit', sondern um die Sammlung der Aufbauwilligen auf der Basis allgemein akzeptierter humanitärer Prinzipien. Als gläubiger Protestant hätte Ritter wohl die Möglichkeit einer Verchristlichung der Gesellschaft favorisiert, nicht mit dem Ziel der Schaffung eines christlichen Staates, sondern um religiöse Verantwortung auf breitester Front zur Lösung aller Fragen des Politischen zu aktivieren. Sein historisch-wissenschaftlicher Sachverstand sagte ihm indessen, daß solche Ideen in der Mitte des 20. Jahrhunderts ‚reaktionär' waren, weil sie den Weltanschauungspluralismus der Gesellschaft verneinten und sich ihre Verfechter in der Tendenz dazu bereit fanden, diesen kirchlichreligiösen Anspruch auch auf Kosten dissentierender Ansichten durchzusetzen. – Die weltliche, d. h. soziale und politische Aufgabe der Kirchen sah Ritter daher in ihrer integrierenden Funktion innerhalb der deutschen Nachkriegsgesellschaft. Ihre zeitweise außenpolitische Vermittlungsrolle mit Hilfe der Ökumene und der genannte Beitrag zur deutschen Einheit durch die gesamtdeutsche Klammer der EKD blieben in der frühen Nachkriegszeit für Ritter der zentrale Beitrag der Nation wenn nicht zur Lösung, doch zur Offenhaltung der Deutschen Frage.

Wir wissen heute, nahezu vierzig Jahre später, daß sich die damals artikulierten Hoffnungen Ritters und vieler seiner Zeitgenossen nicht oder nur zum geringen Teil erfüllten. Nun ist hier nicht der Ort, im einzelnen Bilanz zu ziehen; eine Anmerkung, die auf den Anfang zurückzielt, sei jedoch abschließend erlaubt: Das von Ritter für den Historiker reklamierte politische Mandat und Erziehungsamt wurde und wird auch von seinen Kritikern im Namen einer *neuen* politischen Pädagogik in Anspruch genommen; und so scheint es, als stelle sich die Frage nach der *Notwendigkeit* einer öffentlichen Einflußnahme der Geschichtswissenschaft in Gesellschaft und Politik immer wieder neu. Ob diese Frage deshalb mit Ja zu beantworten ist, wie die aktuelle Debatte suggerieren könnte, wage ich indessen zu bezweifeln. Der Historiker ist ebensowenig wie der Sozialwissenschaftler zum Sinnstifter der Nation und ihrer Identität berufen[24]; das hieße seine Möglichkeiten

[24] Ich folge hierin dem von *Heinz Gollwitzer* in seiner Abschiedsvorlesung am 29. 1. 1982 geäußerten Gedankengang; vgl. ders., „Der Historiker und die Öffentlichkeit", in: Evolution Zeit Geschichte Philosophie. Universitätsvorträge. Münster 1982, 47–64.

überschätzen. Sein Arbeitsfeld ist die Vergangenheit, eine Vergangenheit, die freilich an die Gegenwart heranreicht und ihr hoffentlich Einsichten und Impulse vermittelt. Wie wenig sich diese in ihren realpolitischen Folgen jedoch messen lassen, lehrt uns ein Blick auf die Geschichte unserer Disziplin und auch auf das Wirken Gerhard Ritters.

Günther Wartenberg

Der Pietismus in Sachsen – ein Literaturbericht

Kurt Meier zum 60. Geburtstag

Bei der Durchsicht der regional ausgerichteten Forschung zur Entwicklung des deutschen Pietismus fällt auf, daß sich nur wenige Arbeiten mit den Verhältnissen im damaligen Kurfürstentum Sachsen befassen. Eine Gesamtdarstellung liegt bisher nicht vor.[1] Gab es unter den Bewohnern dieses bedeutenden evangelischen Territoriums keine Neigungen zum Pietismus? Blieb Sachsen unangefochten die orthodox-lutherische Hochburg? Wenn hier versucht wird, diesen Fragen nachzugehen und die Bedeutung des Pietismus für die kirchliche, theologische und politische Entwicklung Kursachsens zwischen 1690 und 1750 auf dem Hintergrund der seit der Jahrhundertwende erschienenen Literatur herauszuarbeiten, so beschränkt sich dieser Überblick auf die sächsischen Gebiete, die seit 1815 das Königreich Sachsen bildeten und die heute zur Evang.-Luth. Landeskirche Sachsens gehören.[2] Eine solche Begrenzung erscheint sinnvoll, um Überschneidungen mit anderen Territorien und Landschaften zu vermeiden.

Verschiedene, noch zu erörternde Faktoren führten in der Tat dazu, daß sich kaum sächsische Theologen dem Pietismus öffneten und daß sich eine dem Luthertum und der Konkordienformel verpflichtete Theologie und Kirchlichkeit offiziell behauptete. Dabei waren die Voraussetzungen für ein Einwurzeln des Pietismus gar nicht so ungünstig. Der für den Verlauf dieser Frömmigkeitsbewegung bedeutende Philipp Jakob Spener erhielt im März 1686 die Berufung zum Oberhofprediger, Kirchenrat und Beisitzer im Oberkonsistorium zu Dresden. Durch das Direktorium des sächsischen Kurfürsten in dem 1653 entstandenen Corpus evangelicorum genoß Speners neuer Aufgabenbereich besonderes Ansehen. Es galt als höchstes geistliches Amt in den evangelischen Territorien. Für die fünfjährige Wirksamkeit Speners in Sachsen ist die Forschung auf die ausführliche Darstellung bei

[1] Eine Zusammenfassung unter territorialkirchengeschichtlichem Aspekt gibt *Fr. Blanckmeister*, Sächsische Kirchengeschichte, 2., verm. Aufl., Dresden 1906, 234–263. Für zahlreiche Hinweise danke ich Herrn Jürgen Storz, dem Leiter des Archivs der Franckeschen Stiftungen Halle/Saale, und Herrn Dr. Dietrich Blaufuß, Erlangen.

[2] Der vorliegende Literaturbericht berücksichtigt nicht die Problemkreise Jakob Böhme und Nikolaus Ludwig Graf von Zinzendorf samt Herrnhut. Bei Spener und Löscher werden nur die Aspekte behandelt, die unserem Thema entsprechen.

Paul Grünberg[3] angewiesen. Neue Untersuchungen, wie sie für die Frankfurter und Berliner Zeit vorliegen, fehlen.

Speners Tätigkeit in Dresden beschränkte sich weitgehend auf den Hof und die Erfüllung repräsentativer Pflichten. Kurfürst Johann Georg III. entzog sich bald der Einflußnahme des reformeifrigen Oberhofpredigers. Vorhaltungen über den Lebenswandel des Herrschers führten zum Bruch und beschleunigten den Wechsel nach Berlin. Anfang Juni 1691 verließ Spener Dresden. Mit der Theologischen Fakultät, die ihn 1686 in der üblichen Weise begrüßt und beglückwünscht hatte[4], entstanden bald durch die sich in Leipzig ausbreitende pietistische Bewegung erhebliche Differenzen. Die sächsische Pfarrerschaft scheint ihn gemieden zu haben. Zu den Ausnahmen gehörten die Superintendenten Johann Wilhelm Hilliger in Chemnitz und Christian Gotthelf Birnbaum in Colditz (Kr. Grimma), der Lockwitzer Pfarrer und Verfasser der „Historia der Wiedergebohrnen in Sachsen", Christian Gerber[5], der Diakonus an der Dresdner Kreuzkirche Johann Seebisch[6] sowie Pfarrer Christoph Matthäus Seidel zu Wolkenburg (Kr. Glauchau).[7] Auf Wunsch der Räte der beiden Städte vollzog Spener im August 1689 die feierliche Investitur der Superintendenten, die allerdings schon seit 1686 bzw. 1687 amtierten. Franz Blanckmeister veröffentlichte einige Briefe, die in den Umkreis dieser Einweisungen gehören.[8] Überschwenglich

---

3 Philipp Jakob Spener. Bd. 1: Die Zeit Speners. Das Leben Speners. Die Theologie Speners, Göttingen 1893, 214–241. 251–256; *K. Aland*, Philipp Jakob Spener. Sein Lebensweg von Frankfurt nach Berlin (1666 bis 1705), dargestellt an Hand seiner Briefe nach Frankfurt, in: Ders., Kirchengeschichtliche Entwürfe, Gütersloh 1960, 531f. 536–540; *D. Blaufuß*, Gottlieb Spizels Gutachten zu Ph.J. Speners Berufung nach Dresden (1686), ZBKG 40, 1971, 97–130; *A. Nebe*, Aus Speners Dresdner Briefen an eine Freundin in Frankfurt a.M., Theol. Studien und Kritiken 106, 1934/35, 253–299; Einleitung von *D. Blaufuß* und *P. Schicketanz* in: *Ph.J. Spener*, Die Evangelische Glaubens-Lehre..., eingel. von *D. Blaufuß* und *E. Beyreuther*, Hildesheim 1986, 30–45, und in: Ders., Letzte Theologische Bedencken..., eingel. von *D. Blaufuß* und *P. Schicketanz*, Hildesheim 1987, 54f. 60–63. 74–79. 87–89.

4 *O. Kirn*, Eine Korrespondenz der Leipziger Theologischen Fakultät mit Spener im Sommer 1686, aus den Akten der Fakultät, Beiträge für sächsische Kirchengeschichte (BSKG) 24, 1911, 1–7.

5 *M. Schmidt*, Pietismus, 3. Aufl., Stuttgart 1983, 60. Gerber (1660–1731), studierte in Leipzig und Wittenberg, 1685 Pfarrer Rothschönberg (Kr. Meißen), 1690 Lockwitz (Dresden), Liederdichter und Hg. von Sprichwörtersammlungen. Historia derer Wiedergebohrnen in Sachsen, Oder Exempel solcher Personen, mit denen sich in Leben, oder in Tode viel merckwürdiges zugetragen... 6 Teile, Dreßden [1725]–1730. Vgl. ADB 8, 718f.; Neue Sächsische Kirchengalerie: Die Ephorie Meißen, Leipzig 1902, 729f; *J. H. Reitz*, Historie der Wiedergebohrnen, hg. von *H.J. Schrader*, Tübingen 1982, Nachwort 140–142.

6 Seebisch (1634–1700), studierte in Leipzig, 1666 Diakonus Katharinen Zwickau, 1671 Diakonus Kreuzkirche Dresden, 1697 Stadtprediger Dresden. Vgl. *K. Petzoldt*, Studien zu einer Biographie Valentin Ernst Löschers, theol. Diss. Leipzig 1971, 156. 219 Anm. 370; Sächsisches Pfarrerbuch, bearb. von *R. Grünberg*, Freiberg 1940, Bd. 2, 863.

7 Zu Seidel vgl. u. Anm. 25.

8 Spener in Chemnitz: Die Investitur des Superintendenten Hilliger, BSKG 36, 1927, 34-43. Hilliger (1643–1705) stammte aus Chemnitz, studierte in Leipzig und Wittenberg, 1676 Diakonus, 1684 Archidiakonus, 1686 Superintendent St. Jakob Chemnitz. Vgl. Neue Sächsische

begrüßte Hilliger in seiner Einladung an die Kirchen- und Schuldiener der Ephorie Chemnitz Spener als „Gottesmann", als „den Athanasius, Hieronymus, Chrysostomus, Augustinus unsers Zeitalters".[9] Diese stark rhetorisch überlagerte und vom Zeitgeist geprägte Verehrung blieb offensichtlich ohne Nachahmung. Bei Birnbaum sind außerdem verwandtschaftliche Beziehungen zu berücksichtigen. Er hatte 1688 die jüngere Tochter Speners, Elisabeth Sibylle, geheiratet. 1703 ging er ebenfalls nach Brandenburg und übernahm die Pfarrstelle zu Prenzlau.[10] Die Amtsführung dieser Geistlichen und ihre Rolle im sächsischen Kirchenwesen sind bisher noch nicht untersucht worden.

Nach dem Weggang Speners von Dresden rissen die persönlichen Verbindungen nicht ab. Vor allem konnte er sich das Wohlwollen der Kurfürstin Anna Sophia, der Gattin des 1691 verstorbenen Johann Georg III., bewahren. Jährlich besuchte er sie auf ihrem Witwensitz Lichtenburg (Prettin), um ihr das Abendmahl zu reichen. Von ihr gingen auch die verschiedenen Versuche aus, Spener zurückzurufen. Bereits 1694 sah dieser es jedoch als Versuchung Gottes an, „sich wieder unter so viele Feinde zu begeben".[11] Er ließ aber nichts unversucht, bei Johann Georg IV. und Friedrich August I., seit 1697 als August II. König von Polen, für die pietistische Bewegung einzutreten. Die Gemahlin Augusts des Starken, Christiane Eberhardine, gehörte ebenfalls zu Speners Sympathisanten. Die Gegensätze zwischen ihm und dem Clerus Saxoniae waren unüberbrückbar und bestimmten die kirchliche Lage um 1700 in Sachsen. Offenbar konnte Spener die Anstöße, die von der Leipziger Bewegung ausgingen, nicht weiterentwickeln. Seine Frömmigkeitsstruktur verwehrte ihm den Zugang zum Hofleben, zur „Welt". Sein Scheitern in der Hochburg des Protestantismus bedeutete einen Rückzug aus dieser „Welt", der vielen Erweckten sicher nicht ungelegen kam.[12]

Mit der Dissertation Hans Leubes zur Geschichte der pietistischen Bewegung in Leipzig[13] liegt die gründlichste Darstellung zur Entwicklung der

---

Kirchengalerie: Die Ephorien Chemnitz I und II, Leipzig 1902, 139. 156. Die Predigten sind gedruckt unter dem Titel: Schuldige Pflicht christlicher Prediger und Zuhörer... Matth. 12/33 und Gal. 4/19 vorstellet, in: *Ph. J. Spener*, Erste Geistliche Schriften... Franckfurt am Mayn 1699, 1241–1334.

9 *Blanckmeister*, aaO., 39.

10 Zu Elisabeth Sibylle Spener vgl. *Rüdiger Mack*, Pädagogik bei Philipp Jakob Spener, in: Pietismus-Forschungen. Zu Philipp Jakob Spener und zum spiritualistisch-radikalpietistischen Umfeld, hg. von *D. Blaufuß*, Frankfurt/Main 1986, 71f. Birnbaum (1651–1724) studierte in Jena, Wittenberg, Leipzig und Straßburg, 1683 Diakonus Katharinen Zwickau, 1685 Reiseprediger des sächsischen Kurfürsten, 1683 Superintendent Colditz, 1694 Grimma, 1703 Pfarrer Prenzlau, 1709–1721 Neuruppin; vgl. Evangelisches Pfarrerbuch für die Mark Brandenburg seit der Reformation, bearb. von *Otto Fischer*, Bd. 2, Berlin 1941, 62.

11 *Grünberg*, aaO., 256.

12 Dazu *D. Blaufuß*, Spener-Arbeiten, 2., verb. und erg. Aufl. Bern 1980, 26.

13 Die Geschichte der pietistischen Bewegung in Leipzig: Ein Beitrag zur Geschichte und Charakteristik des deutschen Pietismus, phil. Diss. Leipzig 1921. Jetzt gedruckt in: Ders.,

Frömmigkeit zwischen 1685 und 1730 in dieser wichtigen Stadt Kursachsens und ihrer Umgebung vor. Die weitgehend aus Akten in Leipzig, Dresden und Halle/Saale gearbeitete Darstellung untersucht eingehend die Hintergründe für das Aufkommen der pietistischen Bestrebungen. Ihre Anfänge fallen zeitlich mit dem Amtsantritt Speners in Dresden zusammen. Das am 18. Juli 1686 von August Hermann Francke und Paul Anton gegründete „Collegium philobiblicum" ist Teil der Erneuerungsbestrebungen. Francke und Anton fühlten sich von dem neuen Oberhofprediger ermutigt und verbanden mit ihm große Hoffnungen. Franckes Bekehrungserlebnis in Lüneburg im Herbst 1687[14] sollte die weitere Entwicklung in Leipzig entscheidend bestimmen.

Nach zwei Monaten im Hause Speners kehrte jener Ende Februar 1689 nach Leipzig zurück und begann mit wachsendem Erfolg, exegetische Vorlesungen über Briefe des Paulus zu halten, wobei er die religiös-praktischen Akzente der Texte besonders herausarbeitete. Da er aber keinen akademischen Grad in der Theologischen Fakultät erwarb, untersagte ihm diese schließlich jede weitere Lehrtätigkeit. Francke verließ Leipzig. Mit der Auslegung des Jakobusbriefes im Haus eines Leipziger Handwerkers hatte er jedoch noch den entscheidenden Schritt getan. Die akademische Erneuerungsbewegung hatte den Raum der Universität verlassen und in der Leipziger Bevölkerung Fuß gefaßt. In dem Zusammenwirken Franckes mit Christian Thomasius sieht Leube den entscheidenden Fehler.[15] Der Pietismus geriet damit in Auseinandersetzungen, deren negativer Ausgang bereits feststand. Am 10. März 1690 erfolgte das Verbot aller Konventikel und jeder Unterstützung und Förderung der pietistischen Bewegung. Verdächtige erhielten keine Pfarrstellen mehr. Die kurfürstliche Regierung hatte zunächst Erfolg. Die mit Francke sympathisierenden Studenten verließen Leipzig. Die Anhänger unter der Leipziger Bürgerschaft verhielten sich ebenfalls ruhig, ohne ihrer Überzeugung untreu zu werden. Die Gruppen existierten weiter und verzichteten auf spektakuläre Auftritte.

Diese Zurückhaltung entsprach der offiziellen Linie in Dresden. Man gab sich mit dem Konventikelverbot zufrieden und trat gegen alle Äußerungen

---

Orthodoxie und Pietismus: Gesammelte Studien, hg. von *D. Blaufuß*, Bielefeld 1975, 153–267. Eine Selbstanzeige erfolgte im Jahrbuch der Philosophischen Fakultät Leipzig 1921, 56–59. Aus der Diss. sind hervorgegangen: Die Entscheidungsjahre der Reformbestrebungen Ph. J. Speners, Neue kirchliche Zeitschrift 36, 1925, 155–174; Pietismus und Separatismus in Leipzig, Das Jahr des Herrn 1926, 1925, 32–35; ebd. 1927, 1926, 28–32; Pietistisch-separatistische Bestrebungen in und um Leipzig, BSKG 37, 1928, 49–69. Vgl. *D. Blaufuß*, Leube, Erich Hans, NDB 14, 1985, 365.

14 Vgl. *K. Aland*, Bemerkungen zu August Hermann Francke und seinem Bekehrungserlebnis, in: Ders., Kirchengeschichtliche Entwürfe..., 543–567; *F. de Boor*, Francke, August Hermann, TRE 11, Berlin 1983, 313f; *F. Blanke*, Franckes Bekehrung, Der Kirchenfreund 67, 1933, 122–124. 129–133. 145–147; *H. Weigelt*, August Hermann Franckes religiöse Entwicklung bis zu seiner Bekehrung 1687, in: Ders.: Pietismus-Studien 1, Stuttgart 1965, 46–63.

15 *Leube*: Die Geschichte..., 195–201.

auf, die im Pietismus eine Ketzerei oder eine neue Sekte vermuteten. Reichspolitisch schien es nicht angebracht zu sein, Zweifel am Luthertum in Kursachsen aufkommen zu lassen. Die Existenz des Pietismus wurde einfach geleugnet, jede literarische Polemik untersagt und die Bücherzensur verschärft. Diese Haltung kam letztlich den Pietisten zugute und engte die orthodoxe Polemik entscheidend ein. Wenn auch an der Leipziger Theologischen Fakultät um 1700 mit Johann Olearius und Adam Rechenberg zwei Freunde des Pietismus Einfluß erhielten, blieb das Dresdner Oberkonsistorium weiterhin ablehnend. Es trat erst ein gewisser Wandel ein, als in Valentin Ernst Löscher und später Bernhard Walter Marperger Gegner und Befürworter einer religiösen Erneuerung aufeinandertrafen.

Als Francke 1727 in Halle starb, ergingen aus Leipzig offizielle Beileidsschreiben. In der Paulinerkirche fand eine Trauerfeier statt. Eine Volksbewegung war der Pietismus nicht geworden. Nach Leube hatten sich nur „ein paar adlige Geschlechter und einige Gelehrtenfamilien... für das pietistische Gefühlschristentum begeistert".[16] Die Anhänger unter den Leipziger Handwerkern neigten zunehmend dem Separatismus und Enthusiasmus zu, die noch in der zweiten Hälfte des 17. Jh. lebendig waren.[17] Eine besondere Rolle spielte dabei Christoph Tostleben, Schmied in Böhlitz (Böhlitz-Ehrenberg, Kr. Leipzig), aus dessen Vernehmung 1695 Leube neben anderen Quellen wichtige Abschnitte benutzt hat.[18]

Gerade die separatistisch-enthusiastische Seite des Pietismus verdient für Sachsen mehr Aufmerksamkeit. Lediglich für Dresden und Mutzschen (Kr. Grimma) liegen größere Untersuchungen vor. Die Mobilität der Pietisten, ihr Missionseifer sowie ihre ausgedehnte Korrespondenz und Schriftenpropaganda legen vergleichbare Entwicklungen – zumindest bis zum Erweis des Gegenteils – in anderen Gebieten Kursachsens nahe. Die Akten in den Archiven der Städte und Superintendenturen müßten eingehend durchforscht werden. Dabei ist auch zu prüfen, wieweit der bereits in den Visitationsakten des 16. Jh. erkennbare, allerdings nie größere Ausmaße erreichende Separatismus vom Pietismus gefördert wurde.

Das Konventikelwesen zwischen 1690 und 1750 in Dresden hat Klaus Petzoldt eingehend nach dem reichen Quellenmaterial im Stadtarchiv untersucht.[19] Im Mittelpunkt der Darstellung stehen die Eigenart der einzelnen

---

16 Ebd., 235.

17 Dazu ebd., 235–249.

18 Ebd., 262–266. Der Quellenanhang enthält außerdem Gedichte und eine Vorlesungsnachschrift von Joachim Feller sowie Gedanken von Thomasius zum theologischen Studium. Feller, Professor für Poetik in Leipzig, trat öffentlich für die neue Bewegung ein und erregte Aufsehen durch ein Gedicht, mit dem er die Bezeichnung Pietist aufnahm und einbürgerte. Vgl. ebd., 190–192. 200. 210f.; *R. Breymayer*, Die Erbauungsstunde als Forum pietistischer Rhetorik, in: Rhetorik, hg. von *H. Schanze*, Frankfurt 1974, 87–104. Zu Feller selbst vor allem *R. Beck*, Aus dem Leben Joachim Fellers, nach handschriftlichen Quellen der Zwickauer Ratsschulbibliothek, Mitteilungen des Altertumsvereins für Zwickau und Umgebung 4, 1894, 24–77.

19 *K. Petzoldt*, aaO., 65–164.

Konventikel und die Reaktionen Löschers, während das Verhalten des Stadtrates und der kursächsischen Regierung nur gestreift wird. Bei den einzelnen Gruppen zeigte sich zunehmend eine Distanzierung und Abkehr von der Kirche, wobei neben pietistischen Einflüssen auch aufklärerische Gedanken zu Triebkräften geworden sind. Für Unruhe sorgte der aus Böhmen stammende Johann Liperda, der unter nationalem und sozialpolitischem Akzent versuchte, seine nach Sachsen eingewanderten Landsleute zu sammeln. An seine Arbeit knüpfte die Brüdergemeine an. Wenn auch Löscher als zuständiger Superintendent die Auflösungserscheinungen kirchlicher Strukturen als Zeichen eines allgemeinen gesellschaftlichen Umbruchs erkannte, griff er bei seinen Gegenmaßnahmen doch weitgehend auf traditionelle und äußere Zwangsmittel zurück, um so die Konventikel einzugrenzen und zu beseitigen.

Ein ebenso eindrucksvolles Bild eines pietistischen Zentrums vermittelt der Grimmaer Superintendent Felix Richard Albert in seinem Aufsatz über „Die Mutzschener Pietisten".[20] Dabei benutzte er vor allem das im Ephoralarchiv Grimma und im Pfarrarchiv Mutzschen vorliegende Material. Mittelpunkt der sich zum Separatismus entwickelnden Gruppe war der Chirurg Johann Samuel Siegfried, der sich bei der Visitation 1731 auf Francke berief. Offenbare Mißstände im kirchlichen Leben, unsicherer Gebrauch der Kirchenzucht, ungeistliches Auftreten verschiedener Pfarrer oder persönliche Erlebnisse der Erweckten förderten die Ausbreitung. Um 1740 wird die Zahl der Separatisten in Mutzschen, einem Städtchen, das damals 600–700 Einwohner zählte, mit 30 angegeben. Zum Kern gehörten Handwerker und Handelsleute. Obwohl die zuständigen Superintendenten in Grimma und die wechselnden Ortsgeistlichen teilweise mit Geduld und seelsorgerlichem Ernst auf die oft berechtigten Vorwürfe reagierten, gelang es nicht, die Anhänger Siegfrieds wieder zur Teilnahme an Gottesdienst und Abendmahl zu bewegen. Härtere Maßnahmen, wie die Beschlagnahme von „verdächtigen" Büchern oder die Drohung einer Ausweisung, hatten ebenfalls keinen Erfolg. Dabei engten das Desinteresse am Dresdener Hof und die wohlwollende Duldung durch das Oberkonsistorium den Handlungsspielraum der betroffenen Pfarrer ein. Wie positiv sich das Wirken von Geistlichen auswirkte, die unter pietistischem Einfluß standen und jede polemische Auseinandersetzung vermieden, zeigte sich in Grimma. Dort verhinderten die Superintendenten Birnbaum und Daniel Gottlieb Metzler eine Separation.[21] Nachfolger Birnbaums in Colditz wurde mit Clemens Thieme ein Theologe, der in Wurzen von seinem Superintendenten als Pietist beschimpft

[20] Mitteilungen des Wurzener Geschichts- und Altertumsvereins 2, 1914/16, 79–117.

[21] Ebd., 92f.; Neue Sächsische Kirchengalerie: Die Ephorie Grimma links der Mulde, Leipzig 1911, 92–95. Zu Birnbaum vgl. o. Anm. 10. Metzler (1691–1744) besuchte die fürstliche Schule in Pforte, studierte in Wittenberg und Leipzig, 1718 Pfarrer Rittersgrün (Kr. Schwarzenberg), 1722 Geringswalde (Kr. Rochlitz), 1730 Superintendent Grimma. Vgl. Neue Sächsische Kirchengalerie..., Grimma..., 134.

worden war. Möglicherweise existierten in Colditz auch pietistische Neigungen.[22]

In seiner Dissertation geht Leube auf einen Bericht des Leipziger Konsistoriums von 1693 über pietistische Geistliche ein.[23] In Panitzsch (Kr. Leipzig) bemühte sich Justinus Töllner, der in enger Verbindung mit den Leipziger Pietisten stand, über sechs Jahre vergeblich, die kirchlichen Bräuche und Sitten nach seinen Vorstellungen umzuformen und Kirchenzucht zu üben. Das Konsistorium entließ 1695 auf Wunsch der Gemeindeglieder Töllner, den Francke als Schulinspektor im Waisenhaus anstellte.[24] Zu den Befürwortern des Pietismus zählte der Bericht außerdem nur den Lehrer in Calbitz (Kr. Oschatz) und Pfarrer Seidel in Wolkenburg. Ihn, der als Anhänger Speners galt, berief 1700 Carl Hildebrand von Canstein in die Pfarrstelle Schönberg (Kr. Osterburg).[25]

Eine Schlüsselstellung im Ringen um die pietistische Bewegung nahm die Leipziger Theologische Fakultät ein. Otto Kirn gibt eine zusammenfassende Darstellung der Auseinandersetzungen in der 1909 zum 500. Universitätsjubiläum publizierten Geschichte der Theologischen Fakultät.[26] Dem entschlossenen Gegner des Pietismus, Johann Benedikt Carpzov II., der seit 1689 keine Gelegenheit ausließ, um die Neuerer anzugreifen, stand Johann Olearius gegenüber. Dieser konnte sich gegen die andersdenkende Mehrheit der Fakultätskollegen nicht durchsetzen, da sowohl die Senioren Georg Möbius und Georg Lehmann als auch der Extraordinarius Valentin Alberti in der Regel Carpzov unterstützten. Seit 1695 beteiligte sich Alberti an der literarischen Auseinandersetzung mit dem Pietismus und mit Spener, allerdings verhielt er sich wesentlich maßvoller als Carpzov. Als dieser und Lehmann 1699 starben, repräsentierte Olearius, der mehrfach die Zielscheibe für orthodoxe Angriffe bildete[27], für einige Monate allein die Fakultät.

Damit begann zugleich ein neuer Abschnitt in ihrer Geschichte. Hatte Olearius den Pietismus wohlwollend und duldend gefördert, so erhielt die neue Frömmigkeitsbewegung in Rechenberg einen aktiven Befürworter,

---

22 Ebd., 92. Thieme (1667–1732) studierte in Leipzig, 1690 Reiseprediger des Kurprinzen Johann Georg, 1692 Archidiakonus Wurzen, 1694 Superintendent Colditz. Vgl. Sächsisches Pfarrerbuch..., 935.

23 *Leube*, Die Geschichte..., 220.

24 Ebd., 256f.

25 Seidel (1668–1723) studierte in Leipzig, 1689 Substitut Marbach (Kr. Hainichen), 1691 Wolkenburg, 1700 Schönberg, 1708 Superintendent Tangermünde, 1715 Superintendent Brandenburg, 1717 Superintendent und adj. Propst St. Nicolai Berlin; vgl. Evangelisches Pfarrbuch... 2, 821.

26 Die Leipziger Theologische Fakultät in fünf Jahrhunderten, Leipzig 1909, 71f. 82–87. 95–111. 134–144. *Kirn* publizierte die Akten zur Anfrage des Superintendenten von Muskau, Martin Francisci, der mit seinem Patron, Graf von Callenberg, wegen dessen Förderung des Pietismus im Streit lag: Aus dem Archiv der Theologischen Fakultät zu Leipzig II, ZKG 34, 1913, 235–269. Dazu auch *Kirn*: Die Leipziger Theologische Fakultät..., 104–106; *Leube*, Die Geschichte..., 215f.

27 *Th. Wotschke*, Gottlieb Wernsdorf gegen Johann Olearius, ZKG 53, 1934, 242–254.

während Thomas Ittig die Sache der Orthodoxie vertrat. Beide wurden noch 1699 Mitglieder der Fakultät. Leipzig verlor seine Funktion als antipietistische Festung. Dieses zeigte sich deutlich in dem zweiten Gutachten zum „Terministischen Streit“ vom 29. Dezember 1699, das abweichend von einer Äußerung im Juli 1698 die Lehren des Sorauer Diakonus Johann Georg Böse als nicht neu und in Gottes Wort gegründet ansah.[28] Die Auseinandersetzungen zogen sich über Jahre hin und erfuhren neue Nahrung, als Rechenberg seit 1700 sich Böses Auffassungen teilweise zu eigen machte. Martin Schmidt sieht in dieser „Nebenfrucht des Pietismus“ „die wohl reichste literarische Auseinandersetzung des Pietismus“.[29] Für etwa zwei Jahrzehnte prägten Olearius und Rechenberg den Charakter der Leipziger Fakultät. Die Neigung zum Pietismus unterstreicht ein Gutachten von 1710, das der Stadtphysikus und Ratsherr Philipp Klettwig aus Langensalza erbeten hatte. Danach trage der Pietismus keine Merkmale einer Sekte, der Name Pietist sei ein Schimpfwort. Diese Meinung wiederholte die Fakultät 1719.[30] Man kann daher durchaus von einer „pietistischen Periode in der Leipziger Fakultätsgeschichte“ sprechen[31], die mit dem Tod Rechenbergs 1721 zu Ende ging.

Wenn auch Leube in seiner Dissertation wichtige Ergänzungen zur Rolle der Theologischen Fakultät in der Auseinandersetzung mit dem Pietismus zusammenträgt, sind doch wesentliche Zusammenhänge bisher nicht erforscht. Zu den wichtigsten Professoren, wie Carpzov, Alberti, Olearius und Rechenberg, fehlen gründliche Untersuchungen.[32] Die vorhandenen Quellen sind nur zum geringeren Teil ausgewertet. Das gilt in besonderer Weise für den umfangreichen Briefwechsel Rechenbergs – nicht zuletzt mit Spener –[33], der einer Erschließung harrt. Trotz der Arbeit Leubes ist zu

---

[28] Vgl. *Leube*, Die Geschichte . . ., 229f.

[29] RGG 3. Aufl., Bd. 6, 691. Für den Gesamtzusammenhang noch unentbehrlich: *Fr. H. Hesse*, Der terministische Streit. Ein Bild theologischen Lebens an den Gränzjahren des siebenzehnten und achtzehnten Jahrhunderts, Giessen 1873.

[30] Vgl. *Leube*, Die Geschichte . . ., 230; *M. Greschat*, Simon Philipp Klettwig – Bürger und Pietist, in: Der Pietismus in Gestalten und Wirkungen, Martin Schmidt zum 65. Geburtstag, hg. von *H. Bornkamm* . . ., AGP 14, Bielefeld 1975, 192–208.

[31] Diese Charakterisierung lehnte *F. Lau* ab. Zuzustimmen ist ihm aber, wenn er schreibt: „Eine pietistische Fakultät in Leipzig hat es nie gegeben“. Vgl. Ders., Aus der Geschichte der Leipziger Theologischen Fakultät, Herbergen der Christenheit 4, 1961, 32-34. Ähnlich äußerte sich *Blanckmeister*, Sächsische Kirchengeschichte . . ., 246, der „von dem pietistischen Sauerteige“ spricht, der die Fakultät durchdrungen hat.

[32] Vgl. *G. Wartenberg*, Die Entwicklung der lutherischen Theologie in Leipzig bis zur Zeit Bachs, in: Johann Sebastian Bachs Traditionsraum, hg. von *R. Szeskus* unter Mitarbeit von *J. Asmus*, Leipzig 1986, 147f.

[33] Zum Briefwechsel Rechenbergs in der UB Leipzig vgl. *Blaufuß*, Spener-Arbeiten . . ., 91. 209 Anm. 47. Seine mit Samuel von Pufendorf gewechselten Briefe bearbeitet zur Zeit Dr. *D. Döring*, Leipzig. Von besonderer Bedeutung ist Rechenbergs Korrespondenz mit Spener, dessen älteste Tochter Susanna Katharina (1665–1726) Rechenberg im Herbst 1686 geheiratet hatte. Zu ihr vgl. *Mack*, aaO., 70f.

wenig über die Zusammensetzung der pietistischen Bewegung in Leipzig[34], über den weiteren Lebensweg der Beteiligten, aber auch über die soziologische Struktur der einzelnen Konventikel bekannt. Offen ist ferner die Rolle der pietistisch eingestellten Bürger im Gesamtverband der Stadt. Nur am Rande erwähnen die bisherigen Arbeiten die Wirksamkeit des Buchgewerbes. So wird dem Verlagshaus Fritsch eine „Art Vorpostenstellung des Halleschen Pietismus in Leipzig" zugebilligt.[35] Die Untersuchungen der Bücherkommission 1693/94 förderten erhebliche pietistische und antipietistische Literatur zutage[36], die Rückschlüsse auf den Umsatz der einzelnen Buchhandlungen und das öffentliche Interesse zulassen. Zu den Forschungslücken gehört die Erschließung der geistig-kulturellen Situation in Leipzig im ausgehenden 17. Jh. oder die Rolle der „Acta eruditorum" und des diese gelehrte Zeitschrift tragenden Kreises um Otto Mencke[37], bei dem 1686 Francke und Anton zu Tisch gegangen waren. Weitgehend unbekannt ist die Durchschnittsfrömmigkeit, ganz abgesehen von Lehre und Verkündigung, auf die der Pietismus stieß und an der er weitgehend scheiterte.

Ernst Schwabe kam 1909 zu dem Schluß, daß der Pietismus Speners und Franckes im kursächsischen Schulwesen nicht Fuß zu fassen vermochte. Die vereinzelten Versuche, den Unterricht in andere Bahnen zu lenken, den Religionsunterricht in deutscher Sprache zu halten und das „Compendium locorum theologicorum" Leonhard Hutters[38], das „Bollwerk der altsächsischen Orthodoxie in der Schule", durch pietistische Lehrbücher zu ersetzen, seien überall mißlungen.[39] Leider nennt Schwabe in diesem Zusammenhang keine Beispiele. Nur für Zittau liegt eine ausführliche Darstellung von E. Hünigen vor[40], der für das dortige Gymnasium zwischen 1690 und 1750 eine pietistische Prägung der Erziehungsziele herausarbeitet. Noch deutlicher als bei Christian Weise[41] trat die pietistische Durchdringung bei seinem

[34] Wichtige Informationen enthält *Harald Schieckel*, Stammbuch von Wilhelm Ludwig Spener aus den Jahren 1689 bis 1696, in: Pietismus-Forschungen... (vgl. Anm. 10), 117–195. W. L. Spener studierte vom September 1690 bis zum Juni 1691 in Leipzig Theologie.

[35] So *H. Schlechte*, Pietismus und Staatsreform 1762/63 in Kursachsen, in: Archivar und Historiker. Studien zur Archivwissenschaft. Zum 65. Geburtstag von Heinrich Otto Meisner, Berlin 1956, 370–372.

[36] Vgl. *Leube*, Die Geschichte..., 226f.

[37] Vgl. *W. Fläschendräger*, Rezensenten und Autoren der „Acta Eruditorum" 1682–1731, in: Universitatis Studiorum saec. XVIII et XIX, Warszawa 1982, 61–80; *A. H. Laeven*, De „Acta eruditorum" onder redactie van Otto Mencke. De geschiedenis van een internationaal geleerden periodiek tussen 1682 en 1707, Amsterdam 1986.

[38] Vgl. *M. Petzoldt*, Zwischen Orthodoxie, Pietismus und Aufklärung – Überlegungen zum theologiegeschichtlichen Kontext Johann Sebastian Bachs, in: Johann Sebastian Bach und die Aufklärung, hg. von *R. Szeskus*, Leipzig 1982, 67. 73f.

[39] *E. Schwabe*, Beiträge zur Geschichte des sächsischen Gelehrtenschulwesens von 1700–1820, Leipzig 1909, 1f.

[40] Der Religionsunterricht am Zittauer Gymnasium im Zeitalter des Pietismus, Neues Lausitzisches Magazin 93, 1917, 49–139.

[41] Zu Weise (1642–1708) vgl. Quellenbuch zur Geschichte des Gymnasiums in Zittau, hg. von *Th. Gärtner*. Teil 1: Bis zum Tode des Rektors Christian Weise, Leipzig 1905, 91f.

Nachfolger Gottfried Hoffmann hervor, der von 1708 bis 1712 das Rektorat des Zittauer Gymnasiums verwaltete. In seinem Lehrprogramm „Dic cur hic" von 1709[42] strebte er nach gründlichen Bibelkenntnissen, einer umfassenden Vorbereitung auf das Abendmahl und der Verstärkung der katechetischen Unterweisung, um die Schüler zum tätigen Christsein zu erziehen. Zugleich stellte er das Verständnis der Bibel auf eine geschichtliche Grundlage und bezog so die Kirchengeschichte in die religiöse Erziehung mit ein. Diesen Zielen fühlten sich auch Hoffmanns Nachfolger verpflichtet, von denen sich Polykarp Müller der Brüdergemeine anschloß und 1738 nach Herrnhut weichen mußte.

Wenn auch die Entwicklung in Zittau sehr von den Rektoren Weise und Hoffmann bestimmt war, so hat doch die politische Sonderstellung der Oberlausitz der kirchenpolitischen Einflußnahme von Dresden aus Grenzen gesetzt. Vor allem unter dem Lausitzer Adel breitete sich der Pietismus aus. Er stärkte das Bewußtsein, für das geistige Wohl der Untertanen verantwortlich zu sein. Mit diesem Streben nach religiöser Erneuerung war die Übersetzung der Heiligen Schrift in die sorbische Sprache verbunden, was zugleich ihre Entwicklung entscheidend förderte.[43] 1689 ermutigte Spener den Postwitzer (Kr. Bautzen, heute Großpostwitz) Pfarrer Michael Frentzel zur Übersetzung des Neuen Testaments in das Obersorbische. Diese Ausgabe erschien 1706.[44] Die Anfänge der Waisenhäuser in Bautzen und Zittau gehen auf Martin Grünwald zurück, der 1690 Konrektor am Bautzener Gymnasium wurde und 1699 das neugeschaffene Amt eines „Katecheten" in Zittau übernahm. Obwohl er allgemein der „reformwilligen lutherischen Orthodoxie" zugerechnet wird, konnte Friedrich de Boor durch ein Schreiben Grünwalds an Francke vom 29. August 1698, das sich im Archiv der Franckeschen Stiftungen befindet, Verbindungen nach Halle nachweisen.[45] Sicher blieben diese nicht ohne Einfluß auf die bereits erwähnte pietistische Phase am Zittauer Gymnasium.

Zu den sächsischen Adelsfamilien, die sich dem Pietismus öffneten und sich später teilweise der Brüdergemeine anschlossen, gehörten u. a. die von Einsiedel, von Hohenthal, von Heynitz, von Ponickau und von Gersdorf. Eine gründliche Untersuchung fehlt ebenfalls. Für den Hochadel gibt die Dissertation von Hans-Walter Erbe wichtige Informationen, die sich mit

---

42 Ebd. Teil 2: 1709–1805, Leipzig 1911, 2–45. Zu Hoffmann (1658–1712) selbst ebd., 2 Anm. 1.

43 *F. Mětšk* (A. Mietzschke), Lusatica aus dem Anfang des 18. Jahrhunderts. Ein Beitrag zur Geschichte des Pietismus in der Lausitz, in: Ders., Studien zur Geschichte sorbisch-deutscher Kulturbeziehungen, Bautzen 1981, 10–23 = Zeitschrift für slavische Philologie 17, 1940, 123–142.

44 Vgl. *(K.J.) Röseberg*, Leben und Wirken Michael Frentzels, Übersetzer des Neuen Testaments in das Wendische (Obersorbische), BSKG 39, 1930, 93. 104f., *G. Laser*, Philipp Jacob Spener. Der Förderer der sorbischen Bibel, Der Sonntag 40, 1985, Nr. 34, 1f.

45 *F. de Boor*, Die Franckeschen Stiftungen als „Fundament" und „Exempel" lokaler, territorialer und universaler Reformziele des Hallischen Pietismus, JGP 10, 1984, 222–224.

Zinzendorfs Ausstrahlung auf den hohen Adel sowie den Verbindungen dieser Gruppe zu Halle auseinandersetzt. Der Verfasser versteht seine Arbeit als „Materialsammlung und Vorarbeit für eine systematische Untersuchung über den Pietismus".[46] Unberücksichtigt bleiben die Grafen von Schönburg, von denen vor allem Otto Wilhelm zu den Freunden der hallischen Arbeit gehörte.[47] Enge Verbindungen zu Francke pflegte auch Graf Heinrich Wilhelm zu Solms-Wildenfels.[48] Er ließ die Lehrer für seine Kinder aus Halle kommen. Die älteste Tochter, Friederike Wilhelmine Luise, fühlte sich sehr dem Pietismus verbunden. Bei Graf Heinrich Wilhelm klang das große Interesse wieder ab, als er 1727 die oberschlesische Standesherrschaft Bielitz übernahm.[49]

Der bisherige Überblick hat die unterschiedlichsten Versuche aufgezeigt, in Kursachsen pietistisches Gedankengut zu verbreiten. Die Ausgangslage war zunächst nicht ungünstiger als in anderen protestantischen Territorien. Unter Johann Georg IV., der nach absolutistischen Herrschaftsformen strebte, schien sich sogar eine propietistische Kirchenpolitik abzuzeichnen. Der plötzliche Tod dieses Kurfürsten schuf eine veränderte Situation. Sein Bruder Friedrich August I. zeigte wenig Interesse an theologischen Fragen. Sein Religionswechsel 1697 ergab eine neue Konstellation. Die in Brandenburg-Preußen zu beobachtenden Bemühungen, mit Hilfe des Pietismus das konservative, im orthodoxen Luthertum verwurzelte Denken der Landstände aufzubrechen und Reformen einzuleiten, waren in Sachsen undenkbar. Die ständigen Bemühungen der sächsischen Landstände, mit dem lutherischen Kirchenwesen ihre eigene Stellung gegenüber dem Herrscher zu behaupten, stärkten die orthodoxen Lutheraner und entzogen jeder religiösen Erneuerung zunächst den Boden. August der Starke konnte es nicht wagen, die orthodoxe Grundstruktur der Landeskirche in Frage zu stellen.

Von gleicher Bedeutung für das Ringen zwischen Pietismus und lutherischer Orthodoxie war die Berufung des Wittenberger Professors Löscher im März 1709 zum 1. Pfarrer und Superintendenten an die Kreuzkirche nach Dresden und zum Mitglied des Oberkonsistoriums. Die Umstände dieser Entscheidung, die für das Fortbestehen des Luthertums in Kursachsen von erheblicher Bedeutung war, behandelt Klaus Petzoldt eingehend.[50] Bei Löscher verbanden sich durchdachte Apologetik und Reformbestrebungen,

---

46 *H.-W. Erbe*, Zinzendorf und der fromme hohe Adel seiner Zeit, phil. Diss. Leipzig 1928, 7. Die Schrift erschien zugleich als selbständige Schrift Leipzig 1928 und wurde nachgedruckt in: Erster Sammelband über Zinzendorf, mit einem Vorwort von *E. Beyreuther* und *G. Meyer*, Hildesheim 1975, 373–634.

47 Ebd., 69 Anm. 5.

48 Ebd., 69f. 150–155.

49 Ebd., 155. Vor allem für 1725/1726 sind besonders starke Verbindungen zu Zinzendorf feststellbar.

50 *K. Petzoldt*, aaO., 20–64; *M. Greschat*, Zwischen Tradition und neuem Anfang. Valentin Ernst Löscher und der Ausgang der lutherischen Orthodoxie, Witten 1971, 41f.

die in vielen Punkten pietistische Anliegen aufnahmen.[51] Der unbeugsame Superintendent geriet bald wegen seiner Publikationen in Schwierigkeiten. Am Hof verlor er viele Sympathien. Das galt besonders für die Königin Christiane Eberhardine, die den Pietismus deutlich begünstigte[52], und für das Oberkonsistorium. Diese Schwierigkeiten äußerten sich auch in der Berufung des als pietistisch geltenden Marperger zum Oberhofprediger. Er hatte in Halle studiert und nutzte die Verbindungen, um sich vor allem von Joachim Lange, einem Gegner Löschers, während der Dresdener Zeit beraten zu lassen. Am 6. August 1724 trat Marperger sein Amt an. Er scheute keine Mühe, um dem Pietismus neue Wirkungsmöglichkeiten zu erschließen sowie Löscher zu bedrängen. Dieser blieb trotzdem in Dresden als Anwalt lutherischer Theologie.[53]

Die aufkommende Aufklärung ließ die Auseinandersetzungen mit Francke, Spener und den verschiedenen Formen des Pietismus zurücktreten. Für die innere Kraft dieser Frömmigkeitsbewegung spricht, daß die Träger der Staatsreform unter der Regentschaft Prinz Xavers von 1763 bis 1768 pietistisch beeinflußt sind, wie Horst Schlechte überzeugend dargestellt hat.[54] Während der Pietismus in Kursachsen auf Gemeindeebene und innerhalb der Pfarrerschaft keine Resonanz fand, wurde er nach der allgemeinen Katastrophe von 1763 zum Motor weitreichender Veränderungen.

---

[51] Zu Löschers Arbeit in Dresden vgl. *Fr. Blanckmeister*, Valentin Ernst Löscher und der Rat zu Dresden, BSKG 21, 1907, 124–128; *K. Petzoldt*, aaO., 5–19; *Greschat*, Zwischen Tradition..., 45–75; Ders., Valentin Ernst Löscher. Ein orthodoxer Lutheraner gegen den Absolutismus in Sachsen, Jahrbuch für die Geschichte Mittel- und Ostdeutschlands 25, 1976, 106–123.

[52] Zur pietistenfreundlichen Haltung des Pretzscher Hofes, wo die Königin sich zumeist aufhielt, vgl. *Th. Wotschke*, Die Nöte der Orthodoxie in Wittenberg, ZKG 52, 1933, 289–298.

[53] Marperger (1682–1746) studierte in Altdorf und Halle, seit 1704 in verschiedenen Ämtern an Egidien und Sebald in Nürnberg tätig; vgl. *M. Simon*, Nürnbergisches Pfarrerbuch, die evangelisch-lutherische Geistlichkeit der Reichsstadt Nürnberg und ihres Gebietes 1524–1806, Nürnberg 1965, 145. *Greschat*, Valentin Ernst Löscher..., 116 verweist auf Gespräche Franckes am Dresdner Hof vor der Berufung des von Halle „völlig... abhängigen" Marpergers. Dazu auch *Th. Wotschke*, Oberhofprediger Marperger in Briefen an A. H. Francke, ZKG 51, 1932, 169–201.

[54] *Schlechte* verweist in seinem Aufsatz (vgl. o. Anm. 35) darauf, daß alle Träger der Veränderungen in Kursachsen entweder in enger Verbindung zur Brüdergemeine standen oder aus pietistischer Umgebung stammten und enge Beziehungen mit Herrnhut und Halle pflegten. Ausführlicher geht er auf Thomas Fritsch (1700–1775), Christian Gothelf Gutschmid (1721–1798), Peter Freiherr von Hohenthal (1726–1794) und Johann Georg Graf von Einsiedel (1730–1811) ein.

Peter Schicketanz

Pietismus in Berlin-Brandenburg

Versuch eines Forschungsberichtes

1. *Gibt es einen „märkischen Pietismus"?*

Walter Wendland, der bisher wohl beste Kenner der Kirchengeschichte Berlin-Brandenburgs vom 17. bis zum ausgehenden 19. Jahrhundert, hat 1927 unter dem Titel „Märkischer Pietismus" einen Vortrag veröffentlicht. Er führt u. a. aus: „Es herrscht im märkischen Pietismus von Anfang an ein nüchterner Zug. Alle Überschwenglichkeiten liegen ihm fern." „Nur ein kirchlich konservativer Pietismus hat hier Eingang finden können."[1] Walter Dreß nimmt den Begriff ebenfalls auf: „Trotz gelegentlich auftretender leidenschaftlicher Eiferer blieb der Berlin-Märkische Pietismus nüchtern, kirchlich und konservativ, Eigenschaften, die auch die kommende Aufklärung in Berlin auszeichneten."[2] Richtig an diesem Begriff ist, daß jede Frömmigkeitsbewegung, die in einem Landstrich Wurzeln schlägt, sich mit den Besonderheiten der dort lebenden Menschen und ihren Verhältnissen vereint. Das ist auch hier geschehen. Gerd Heinrich charakterisiert diesen Vorgang konkreter: „Die preußisch-puritanische Form des Pietismus, vermittelt durch Franckes Schüler und Anhänger, hat als arbeitsethische Antriebskraft unabhängig vom Stand und Besitz weite Volksschichten auf Redlichkeit, Gläubigkeit, Sparsamkeit und Staatsloyalität, Produktivität und ‚Entfeudalisierung' hingelenkt."[3] Andrerseits ist der Pietismus zu keiner eigenständigen Weiterentwicklung vorgedrungen, die sich mit spezifischen Charakteristika umschreiben ließe. Insofern gibt es in diesem Sinne keinen „märkischen Pietismus", sondern nur eine Wirkungsgeschichte des Pietismus in dieser Landschaft.

Aufgrund dieser Sachlage ist ein Forschungsbericht besonders schwierig.[4]

---

[1] *Walter Wendland*, Märkischer Pietismus, in: Berlin und Brandenburgischer Pfarrerverein (Hg.): Festgabe zum deutschen Pfarrertag in Berlin 1927, Eberswalde 1927, 11–43; Zitate: 28 und 33.

[2] *Walter Dreß*, Berlin, in: TRE 5, 633.

[3] *Gerd Heinrich* (Hg.), Handbuch der historischen Stätten Deutschlands Band X: Berlin-Brandenburg, Stuttgart 1979, Geschichtliche Einführung S. LXV.

[4] Zur besseren Durchsichtigkeit für den Leser gebe ich hier einen knappen Überblick über die herangezogenen Schriften:

1. Periodika: Jahrbuch für brandenburgische Kirchengeschichte 1 (1904)–37 (1943) (JBrKG);

Im Bilde gesprochen: es gilt, pietistische Regenschauer zu verfolgen, die zumeist im märkischen Sand versickert sind. Mancherlei Pflanzungen sind zwar entstanden, die pietistische Wurzeln haben, aber sie entstammen zumeist auch anderen Einflüssen, z. B. Absolutismus, Konfessionalismus, Romantik, Konservativismus. Eine weitere Schwierigkeit liegt in der territorialen Eingrenzung des Themas. Berlin-Brandenburg ist nur ein Teil von Preußen. Erst recht sind im 19. und 20. Jahrhundert pietistische Erscheinungen in diesem Land nur ein Teil umgreifender deutscher und internationaler Strömungen.[5]

Die gesamte Frage des Einflusses des Pietismus in Berlin-Brandenburg ist in grundsätzlicher Abhängigkeit von der Religionspolitik der Hohenzollern zu sehen. Mit dem Übertritt Johann Sigismunds 1613 zum Calvinismus bis zu Friedrich II. entwickelte sich Brandenburg langsam aber stetig zur Zufluchtstätte verfolgter Christen aus anderen absolutistischen Staaten (Huge-

---

Jahrbuch für Berlin-Brandenburgische Kirchengeschichte 38 (1963)–55 (1985) (JBBKG); Herbergen der Christenheit. Jahrbuch für deutsche Kirchengeschichte. 1–14 (1957–1983/84) Leipzig 1–4, Berlin 5–14 (HerChr); Theologische Versuche 1–15 (1966–1985) (Hg. *J. Rogge/G. Schille*) (ThV); Zeichen der Zeit (1948–1986) (ZdZ); „Beiträge für uckermärkische Kirchengeschichte" (Hg. Arbeitsgemeinschaft für uckermärkische Kirchengeschichte) Heft 1–9 (1975–1984), dazu Sonderbände 1–16 (beides hektographiert, pro Heft 100–200 Seiten) (BuKG).

2. Monographien bzw. Einzelaufsätze (s. Fußnoten), die nicht alle eingesehen werden konnten.

3. Territorialgeschichtliche Gesamtdarstellungen, von denen nur *Ludwig Lehmann* und *Walter Wendland* berücksichtigt zu werden brauchten: ich notiere in historischer Reihenfolge: *Christian Wilhelm Spieker*, Kirchen- und Reformationsgeschichte der Mark Brandenburg, Berlin 1839; *Friedrich Gustav Lisco*, Zur Kirchen-Geschichte Berlins. Ein geschichtlich-statistischer Beitrag, Berlin 1857, XII+397 S.; *Emil Gustav Lisco*, Zustände des sittlichen und kirchlichen Lebens in Berlin, Berlin 1968, 63 S.; *G. von Loebell*, Zur Geschichte der evangelischen Kirchengemeinden Berlins während der Jahre 1875–1908, Berlin 1909; *Ludwig Lehmann*, Bilder aus der Kirchengeschichte der Mark Brandenburg vom Ausgang der Reformation bis zur 300 Jahrfeier (1817), Berlin 1924, 267 S.; *A. Ebeling*, Kirchengeschichte der Provinz Brandenburg, Leipzig 1926, 23 S.; *Hans Liesigk* und *A. Blumenfeldt*, Brandenburgische Kirchengeschichte, Leipzig 1927, 47 S.; *Walter Wendland*, Siebenhundert Jahre Kirchengeschichte Berlins, Berlin/Leipzig 1930, 397 S.; *Ludwig Lehmann*, Kirchengeschichte der Mark Brandenburg 1818–1932, Berlin 1936, 271 S.; *Günther Minia*, Unsere Heimat. Bericht aus dem Leben der Kirche der Niederlausitz Bd. 1, Havelberg 1939; *Walter Dreß*, Die Evangelische Kirche in Berlin-Brandenburg, in: JEB 10 (1967), 173–192; *Martin Schmidt*, Christentum und Kirche im frühen 19. Jahrhundert, in: *G. Hertzfeld/G. Heinrich* (Hgg.), Berlin und die Provinz Brandenburg im 19. und 20. Jahrhundert, Berlin 1968, 423–478; *Karl Kupisch*, Christlich-kirchliches Leben in den letzten 100 Jahren, in: ebenda (wie Schmidt), 479–513; *Lutz Borgmann* (Hg.), Kirche in der Mark. Berichte und Bilder aus der Ev. Kirche Berlin-Brandenburg, Berlin 1973, 208 S.; *Friedrich Weichert*, Die Geschichte der Evangelischen Kirche in Berlin-Brandenburg. Ein Überblick (Hg. Evangelische Sammlung Berlin) Berlin 1986, 47 S.

[5] Das Territorium Berlin-Brandenburg hat verschiedene Änderungen erlitten: Bis 1806/07 gehörte die Altmark dazu. Seit 1815 hat Preußen größere Teile der Niederlausitz von Sachsen erhalten (dazu gehört auch Sorau). Seit 1945 bilden Neiße und Oder die Ostgrenze. In den 70er Jahren sind kirchlich gesehen Teile der Uckermark an die Evangelische Landeskirche Greifswald gekommen. Die Unterschiede in der Frömmigkeitsentwicklung von Ost- und Westberlin seit 1961 werden später sicher einmal untersucht werden.

notten, Salzburger, Böhmen). Das kam dem Pietismus zweifelsohne zugute, auch wenn separatistische Einzelgänger kaum Wirkung hatten.

2. *Der Pietismus von 1691 bis Ende des 18. Jahrhunderts*[6]

Der Wechsel Philipp Jacob Speners von Dresden nach Berlin 1691 ist nach Martin Schmidt „der Anfang für den geistigen Aufstieg Berlins zur deutschen Hauptstadt".[7] Auch wenn diese Äußerung etwas überspitzt klingt, in den 14 Jahren bis zu Speners Tod 1705 wurden von ihm die Grundlagen dafür geschaffen, daß Pietismus und preußischer Staat zu einer sehr engen Verbindung kamen. Martin Kruses Wertung dürfte zutreffen: „Die Entscheidung, Spener nach Berlin und Francke nach Halle zu berufen, hat wesentlich dazu beigetragen, den Pietismus als Reformbewegung in der Kirche zu erhalten."[8] Es verwundert deshalb nicht, daß die Frühzeit des Pietismus relativ gut erforscht ist. Neben den Werken, die Spener selbst in seiner Berliner Zeit herausgegeben hat – darunter sind die Theologischen Bedenken von besonderer Wichtigkeit –, sind folgende Quellenveröffentlichungen zu nennen: der Briefwechsel mit August Hermann Francke[9], die von Aland veröffentlichten Materialen aus Berliner Archiven[10] und der Briefwechsel Cansteins mit Francke.[11] Der Schadesche Beichtstuhlstreit 1696/97 hat insbesondere Niederschlag in der Forschung gefunden. Neben einigen Hinweisen bei Wendland und Aland sind hier vor allem Simon, Obst

---

[6] Die Frage, ob es vor Spener nennenswerte pietistische Einflüsse in Berlin-Brandenburg gab, bedürfte einer eigenen Untersuchung. Der Einfluß Christian Scrivers (1629–1693), 1653–1667 Archidiakonus in Stendal, als Erbauungsschriftsteller ist hierbei zu nennen. Dazu Joachim Betke (1601–1663), Konrektor in Ruppin und über 30 Jahre Pfarrer in Linum bei Fehrbellin (vgl. *Margarete Bornemann*, Joachim Betke (1601–1663) und seine Theologie, Dissertation Kirchl. Hochschule Berlin 1959 und dieselbe: Joachim Betke, in TRE 5, 763–765).

[7] *Martin Schmidt*, Pietismus, Berlin/Köln/Mainz 1972, 61; vgl. auch *Martin Schmidt*, Der Beitrag der evangelischen Kirchengeschichte zum Aufstieg Berlins, in: JGMOD 20 (1971), 69–88.

[8] *Martin Kruse*, Preußen und der frühe Pietismus, JBBKG 53 (1981), 19; wiederabgedruckt mit veränderter Überschrift: Philipp Jacob Spener und August Hermann Francke – Preußen und der frühe Pietismus, in: *Manfred Richter* (Hg.), Kirche in Preußen. Gestalten und Geschichte, Stuttgart/Berlin/Köln/Mainz 1983, 41–50 (Zitat 49). Ähnlich *Johannes Wallmann*, der Speners Berliner Jahre als „Entscheidungsjahre für die Durchsetzung des Pietismus" ansieht, in: Philipp Jacob Spener in Berlin 1691–1705, ZThK 84 (1987), 58–85 (Zitat 85). Wallmann verweist auf zwei ältere Arbeiten zu Speners Wirkung in Berlin: *Adolf von Harnack*, Das geistige und wissenschaftliche Leben in Brandenburg-Preußen um das Jahr 1700, Hohenzollern-Jahrbuch 1900, 170–191 und *Walter Wendland*, Philipp Jacob Spener in Berlin (1691–1705), Die Wartburg 34 (1935), 8–13.

[9] Vgl. den Überblick über das vorhandene Material bei *Peter Schicketanz*, Carl Hildebrand von Cansteins Beziehungen zu Philipp Jacob Spener, Witten 1967 AGP 1, 29 Anm. 103.

[10] *Kurt Aland*, Spener-Studien. Arbeiten zur Geschichte des Pietismus I, JBrKG 36/37 (1941/42) Berlin.

[11] *Peter Schicketanz* (Hg.), Der Briefwechsel Carl Hildebrand von Cansteins mit August Hermann Francke, TGP III/1, Berlin/New York 1972.

und Blaufuß zu nennen.[12] Wichtig sind auch die Briefe Speners an seine Frankfurter Freundin Kißner, die Nebe im Auszug mitteilt.[13] Allgemeinerer Natur, aber auch für die Berliner Zeit bedenkenswert sind Bunners' Arbeit zur Hymnologie[14], Delius' Arbeit über Speners Stellung zu den Reformierten[15] und die Überlegungen von Obst zum Kirchenverständnis Speners.[16] Der Frage, was an gedruckten Speneriana in Berlin noch vorhanden ist, widmet sich demnächst Laminski.[17]

Verlassen wir Speners Lebenszeit, verändert sich die Forschungslage grundlegend. Über Speners und Franckes Schüler in Berlin und der Mark gibt es nur versprengte Einzelveröffentlichungen, über den zweiten Teil des Jahrhunderts nicht einmal das. Eine Reihe von Personen will ich aufzählen:

Bedauerlich ist, daß wir über Johann Porst (1668–1728), seit 1713 Nachfolger in Speners Propstamt, zu wenig wissen. „Porsts Predigten, Erbauungsbücher und vor allem das von ihm redigierte Gesangbuch bürgerten den Pietismus in der Brandenburgischen Hauptstadt ein."[18] Altenburg hat eine ausführliche Interpretation seiner Erbauungsschriften vorgelegt.[19] Einiges erfahren wir bei Wendland über das Gesangbuch.[20] 16 Briefe von Porst an Francke und 1 Brief an Canstein hat Delius aus den „Berliner Kapseln" abgedruckt.[21] Wenig ergiebig ist Wendlands Aufsatz über die pietistischen

---

12 *Walter Wendland*, Studien zum kirchlichen Leben in Berlin um 1700, JBrKG 21 (1926), 162–172; *Kurt Aland*, Spener-Studien aaO. (Anm. 10), 131–146; *Georg Simon*, Der Berliner Beichtstuhlstreit 1697/98, JBBKG 39 (1964), 42–88; *Helmut Obst*, Der Berliner Beichtstuhlstreit, Witten 1972 AGP 11; *Dietrich Blaufuß*, Philipp Jacob Spener, Johann Caspar Schade und sein Freundeskreis in der Auseinandersetzung um die Einzelbeichte im Pietismus. Bemerkungen auf Grund einer Veröffentlichung von Helmut Obst (1970/72), JBBKG 48 (1973), 19–52, wiederabgedruckt in *Dietrich Blaufuß*, Spener-Arbeiten, Bern 2. verb. 1980, 31–60 (im Wiederabdruck fehlen JBBKG 30 Fehlerverzeichnis und 41–44 Übersicht über das DZA Merseburg Rep. 47 B fasc. 18); *Dietrich Blaufuß*, Untersuchungen zu Speners Berliner Mitarbeiter Johann Caspar Schade und seinem literarischen Werk, in: Spener-Arbeiten Bern 2. verb. 1980, 141–194.

13 *August Nebe*, Aus Speners Berliner Briefen an eine Freundin in Frankfurt, JBrKG 30 (1935), 115–155.

14 *Christian Bunners*, Philipp Jacob Spener und Johann Crüger. Ein Beitrag zur Hymnologie des Pietismus, ThV 14 (1985), 105–130.

15 *Walter Delius*, Spener und die Reformierten, JBBKG 54 (1983), 67–73.

16 *Helmut Obst*, Das Kirchenverständnis Philipp Jacob Speners, ThV 3 (1971), 87–98.

17 *Adolf Laminski*, Die Kirchenbibliotheken zu St. Nicolai und St. Marien. Ein Beitrag zur Berliner Bibliotheksgeschichte. (Manuskript 1986). Erscheint als Beiheft zum Zentralblatt für Bibliothekswesen Leipzig 1989 (ZfB.B).

18 *Martin Schmidt*, Der Beitrag der evangelischen Kirchengeschichte zum Aufstieg Berlins, JGMOD 20 (1971), 81.

19 *Bruno Altenburg*, Die Mystik des lutherischen Pietismus. Dargestellt auf Grund der Erbauungsschriften Johann Porsts (1668–1728), JBrKG 26 (1931), 53–78; 27 (1932), 92–101; 28 (1933), 128–145; 19 (1934), 61-75.

20 *Walter Wendland*, Die praktische Wirksamkeit Berliner Geistlicher im Zeitalter der Aufklärung (1740–1806), JBrKG 9/10 (1913), 320–369; 11/12 (1914), 233–303; über das Gesangbuch: 1914, 280–285.

21 *Walter Delius*, Aus dem Briefwechsel des Berliner Propstes Johann Porst mit A. H. Francke

Landgeistlichen.[22] Eine Biographie Porsts fehlt nach wie vor.[23] Das 1709 zuerst herausgekommene Gesangbuch hat eine 180jährige Geschichte. Noch 1881 steht es nach Lehmann in 1649 Gemeinden in Geltung.[24] Kein anderes Gesangbuch hat sich ähnlicher Beliebtheit erfreut. Aber wie erforscht man die Ausstrahlungskraft von Gesangbüchern? Die Auflagenhöhe und die Verbreitung sind doch nur äußerliche Indizien.

Christoph Matthäus Seidel (1668–1723), 1715 Superintendent in Brandenburg, 1717 Superintendent an der Nicolaikirche in Berlin, ist ein energischer, strenger Pietist gewesen. Über seine Tätigkeit in Schönberg/Altmark hat er eine ausführliche Chronik geschrieben, die Wendland ausführlich wiedergibt.[25] Zu Speners Generation gehört noch der Inspektor von Nauen Balthasar Köpke (1646–1711), von dem Wotschke einiges zu berichten weiß.[26]

Wichtig ist der Feldpropst Lampertus Gedicke (1683–1736), dessen 14 Briefe an den Gothaer Kirchenrat Ernst Salomo Cyprian durch Wotschke vorgelegt wurden. Weiske hat Briefe von ihm an Francke und Canstein veröffentlicht.[27]

Gedickes Nachfolger als Feldpropst ist Johann Caspar Carsted (1684–1752), über den ein später Nachfahre einige Quellentexte vorgelegt hat.[28]

Besonderes Interesse kann Johann Gustav Reinbeck (1683–1741), seit 1709 in Berlin, beanspruchen wegen seines Einflusses auf das Königshaus und einer aufgeschlossenen Haltung zur Aufklärung. Delius teilt drei Briefe von Reinbeck mit.[29] Welch starken Einfluß der Pietismus in Preußen gewonnen

---

in Halle an der Saale, JBBKG (1964), 89–113 (Auswahl aus 82 Briefen; weitere Literatur zu Porst 89 Anm. 1).

22 *Walter Wendland*, Der pietistische Landgeistliche in Brandenburg um 1700, JBrKG 29 (1934), 76–102.

23 Eine Würdigung von *Winfried Zeller*, „Die edle und wohlgeordnete Musik der Gläubigen." Zum 300. Geburtstag von Johann Porst (11. Dez. 1668), MuK 38 (1968), 160–165.

24 *Ludwig Lehmann*, Kirchengeschichte der Mark Brandenburg 1818–1932, Berlin 1936, 182.

25 *Walter Wendland* aaO. (Anm. 22). Wendland beruft sich auf Theol. past. praet. oder Sammlung nutzbarer Anweisungen zur gesegneten Führung des ev. Pfarramtes, Hg. *J. A. Steinmetz* Band 3, 1740 Stück 18–23 (lt. Anm. 4 auf S. 78). Das Original befindet sich im Pfarrarchiv Schönberg/Altmark (Wendland spricht fehlerhaft von Schöneberg statt Schönberg).

26 *Theodor Wotschke*, Der märkische Freundeskreis Brecklings, JBrKG 23 (1928), 134–203; 24 (1929), 168–177; 25 (1930), 193–226; über Köpke 1928, 163–176.

27 *Walter Wendland*, Lampert Gedickes Briefe an Ernst Salomo Cyprian, JBrKG 20 (1925), 105–133; *Karl Weiske*, Pietistische Stimmen aus der Mark Brandenburg, JBrKG 24 (1929), 178–241 (Gedicke 201–219, ansonsten andere brandenburgische Korrespondenten mit Francke: Chr. Daniel Ancillon, Chr. G. Birnbaum, C. Gottschling, Z. Grübel, Joh. Christoph Hollfeld, Phil. Sgm. Stoschius, Wreech).

28 *Ernst Carsted*, Lebenslauf des Feldpropstes Johann Caspar Carsted, BuKG (s. Anm. 4) Heft 2 (1976), 45–50.

29 *Gustav Reinbeck*, Leben und Wirken des Johann Gustav Reinbeck, Stuttgart 1842; *Walter Delius*, Berliner Kirchengeschichte des 18. Jahrhunderts, JBBKG 43 (1968), 31–43 (daneben

hat, zeigt sich an Johann Julius Hecker (1707–1768) und dem von ihm stammenden Preußischen Landschulreglement 1763.[30] Nicht vergessen werden sollte schließlich, daß auch ein Mann wie Johann Christoph Wöllner (1732–1800) „auf der Grenze zwischen Pietismus und Aufklärung steht", wie Stupperich schreibt.[31]

So gut wie ganz fehlen für diese Zeit territoriale Spezialuntersuchungen. Wendland hat über die Entstehung des Waisenhauses in Züllichau eine Untersuchung vorgelegt.[32] Eine gewisse Intensität ist für Sorau festzustellen, das damals freilich noch zu Kursachsen gehörte.[33]

Hauptgewicht für die Einbürgerung des Pietismus in Preußen hat natürlich die Frage nach der Einstellung der Könige. Für Friedrich I. liegt Deppermanns Arbeit vor.[34] Für Friedrich Wilhelm I. hat es seit Beginn des Jahrhunderts Untersuchungen gegeben.[35] Mit Carl Hinrichs Biographie, seinen verschiedenen Aufsätzen und dem von seiner Witwe herausgegebenen Sammelband Pietismus und Preußen[36] hat die Forschung einen gewissen Höhepunkt erreicht. Der krönende Abschluß steht jedoch aus. Positive Wertungen gibt es öfters[37], nötig wäre aber eine Fortsetzung und Zusammenfassung.

Briefe von Joh. Ludwig Lindhammer und Ulrich Christian Köppen); Im Archiv von St. Petri befindet sich die „Umständliche Nachricht vom Brand der Kirche 1730" von *Reinbeck* (lt. *Karl Themel*, Die evangelischen Kirchenbücher von Berlin, Berlin 1984 (Einzelveröffentlichung der Hist. Kommisson zu Berlin Bd. 48), 48 (ein wertvoller Helfer für die Erschließung der noch vorhandenen Akten der Berliner Kirchengemeinden Ost- und Westberlin betreffend).

30 *Ludwig Lehmann*, Bilder aus der Kirchengeschichte der Mark Brandenburg..., Berlin 1924, 170–174; *Hugo Gotthard Bloth*, Johann Julius Hecker 1707–1768 und seine Universalschule, Dortmund 1968.

31 *Robert Stupperich*, Wöllner als Prediger, HerChr 2 (1957), 117–132.

32 *Walter Wendland*, Zur Kirchengeschichte von Züllichau, JBrKG 22 (1927), 11–24.

33 *Hans Petri*, Der Pietismus in Sorau N. L., JBrKG 9/10 (1913), 126–203; *Theodor Wotschke* (bearb. von *Walter Delius*), Josephi und Löscher oder um die reine Mystik, HerChr 5 (1965), 111–121; *E. Teufel*, Die Beziehung zwischen Herrnhut und Sorau von 1727–1745, JBrKG 20 (1925), 172–184.

34 *Klaus Deppermann*, Der hallesche Pietismus und der preußische Staat unter Friedrich III. (I.), Göttingen 1961.

35 *Wilhelm Stolze*, Aktenstücke zur evangelischen Kirchenpolitik Friedrich Wilhelms I., JBrKG 1 (1904), 264–290; *Wilhelm Stolze*, Friedrich Wilhelm I. und der Pietismus, JBrKG 5 (1908), 172–205; *Walter Wendland*, Zur Geschichte der öffentlichen Kirchenbuße in Brandenburg im 18. Jahrhundert, JBrKG 15 (1917), 45–65; *Karl Wolff*, Ist der Glaube Friedrich Wilhelm I. von A. H. Francke beeinflußt? JBrKG 33 (1938), 70–102.

36 *Carl Hinrichs*, Friedrich Wilhelm I., König in Preußen. Eine Biographie. Jugend und Aufstieg, Hamburg 1941; *Carl Hinrichs*, Der Hallesche Pietismus als politisch-soziale Reformbewegung des 18. Jahrhunderts, JGMOD 2 (1953), 177–189; wiederabgedruckt bei *Martin Greschat* (Hg.), Zur neueren Pietismusforschung, Darmstadt 1977, 243–258; *Carl Hinrichs*, Preußentum und Pietismus, Göttingen 1971.

37 *Rudolf von Thadden*, Wie protestantisch war Preußen? Gedanken zur evangelischen Kirchengeschichte Preußens, JBBKG 53 (1981), 37–54; *Gerhard Kaiser*, Pietismus und Patriotismus im literarischen Deutschland. Ein Beitrag zum Problem der Säkularisierung, Frankfurt ²1973. (Diese an Moser, Lavater und Herder orientierte Arbeit bedürfte einer Ergänzung für den preußischen Raum.); vgl. auch *Käthe Gaede*, Der Pietismus unter Friedrich I. und Friedrich

Der Pietismus hat auch in Preußen seine Außenseiter gehabt, wenn auch vielleicht weniger als anderswo. Über Gottfried Arnolds Tätigkeit in Perleberg hat Delius eine Untersuchung vorgelegt.[38] Johann Konrad Dippel (1673–1734) war 1704–1707 als Goldmacher in Berlin, spezielle Untersuchungen darüber fehlen.[39] Friedrich Breckling (1629–1711) fand als alter Mann bei Spener finanzielle Unterstützung.[40] Johann Christian Edelmann (1698–1767) stand zwar in seiner Jugend unter pietistischem Einfluß. Als er aber 1749 in Berlin für den Rest seines Lebens Zuflucht fand, galt er als Feind der Kirche und des Glaubens.[41]

Nicht unwichtig ist schließlich, daß unter Friedrich Wilhelm I. Böhmen nach Berlin und in die Mark gekommen sind, die aus Sachsen weiterziehen mußten (Großhennersdorf). Das führte zur Gründung von Brüdergemeinen in Berlin, der Bethlehemsgemeinde 1751 und Rixdorf 1756. Über diese und die anderen brandenburgischen Gemeinden liegt eine aus den Quellen erarbeitete Untersuchung von Irmgart Hort vor.[42] Auch Mennoniten gibt es in Berlin-Brandenburg, worüber Schwartz informiert.[43] Als extremer sektiererischer Außenseiter ist Philipp Rosenfeld (1731–1788) anzusehen.[44]

Der Überblick über das 18. Jahrhundert zeigt, daß aus der zweiten Hälfte wenig zu berichten ist. Pietistische Frömmigkeit hat eine gewisse alltägliche Selbstverständlichkeit erreicht. Man streitet nicht mehr darüber. Friedrich Nicolai, „das Haupt der Berliner Aufklärung“ (Wendland), hat in seinem Roman Sebaldus Nothanker 1775 festgestellt, daß man den Berliner Bürger „eher pietistisch als heterodox nennen könne“.[45] Das scheint mir eine symptomatische Äußerung zu sein.

Wilhelm I., in: Beiträge zur Berlin-Brandenburgischen Kirchengeschichte, Union Verlag Berlin 1987.

38 *Walter Delius*, Gottfried Arnold in Perleberg (1707–1714), JBBKG 43 (1968), 155–160.

39 Vgl. *Jürgen Büchsel*, Johann Konrad Dippel, in: TRE 9,9f.

40 *Theodor Wotschke*, Der märkische Freundeskreis aaO. (Anm. 26) 1929, 168–177.

41 Vgl. *Walter Grossmann*: Johann Christian Edelmann, in: TRE 9, 263-265; *Johann Christian Edelmann*, Selbstbiographie (Faksimile-Neudruck) Stuttgart-Cannstatt 1976 (vgl. Rezension von *Klaus Deppermann*, in JGP 8, 259–262).

42 *Irmgart Hort*, Die Böhmischen Ansiedlungen in und um Berlin, HerChr 3 (1959), 20–54; vgl. auch Pastor *Schneider* (o. V.), Die Brüdergemeine in der Mark, in: Hefte zur Märkischen Kirchengeschichte. Im Auftrage des Provinzial-Ausschusses für Innere Mission in der Provinz Brandenburg. Hg. *P. Troschke*, Hefte 1–10 (mit je eigener Paginierung) o. O. u. J. (Berlin ca. 1910); *Manfred Motel*, Das Böhmische Dorf in Berlin. Die Geschichte eines Phänomens. Hg. von den „Freunden Neuköllns“, *Günter Darge*, Berlin 1983, 104 S.

43 *Paul Schwartz*, Die Ansiedlung von Mennoniten im Netzebruch 1795, Landsberg a. d. W. 1910, in: Schriften des Vereins für die Geschichte der Neumark, Heft 24, 111–114.

44 *Paul Schwartz*, Philipp Rosenfeld (1731–1788), ein neuer Messias in der Mark, JBrKG 11/12 (1914), 113–159.

45 Zitiert von *Walter Wendland* aaO. (Anm. 20) 1913, 326.

3. *Die Erweckungsbewegung in Berlin-Brandenburg 1800–1880.*

Die Forschungsbedürfnisse für das 19. Jahrhundert sind anders zu sehen als für den älteren Pietismus. Die einsetzende Industrialisierung bringt auch für die „Stillen im Lande" sehr wirksame Publikationsmöglichkeiten. Erbauungsschriften, Missionsblätter, Traktate, Lebenserinnerungen, Zeitungen und Predigten werden in reicher Zahl veröffentlicht und verbreitet. Das Bedürfnis nach textkritischen Ausgaben ist nur selten gegeben. Über das Archivmaterial kann ich keine gesicherten Angaben machen. Die zahlreich entstandenen Institutionen haben ihre Archive, soweit sie nicht vor allem im 2. Weltkrieg verloren gegangen sind. Präzisierungen, Vertiefung und Ergänzung sind durch Archivstudien zu erwarten, aber kaum Korrekturen. Daran dürfte es liegen, daß der Eifer der Forscher für diesen Bereich nicht sehr groß zu veranschlagen ist.[46]

Der umfassende Bericht von Benrath berichtet auf einer Seite über die Entwicklung in Berlin-Brandenburg.[47] Das anschließende vierseitige Literaturverzeichnis enthält so gut wie keine speziell dieses Gebiet betreffende Schrift.[48] Zugespitzt kann man sagen, daß die Erweckungsbewegung vornehmlich nur in der Stadt Berlin festzustellen ist, und das hängt an dem rasanten Aufstieg dieser Stadt im 19. Jahrhundert.[49] Sie wirkte an vielen Stellen als Magnet. So fanden viele Träger der Erweckungsbewegung dort ihr Tätigkeitsfeld, obwohl sie aus anderen Gegenden stammen. Von der Provinz Brandenburg ist so gut wie nichts zu berichten.

3.1 Personen

Der Vorrang biographischer Arbeit ist auch hier festzustellen. Er hat auch seine Berechtigung, soweit man nicht darin stecken bleibt. Ich versuche

[46] Allgemeine Darstellungen: *Ludwig Tiesmeyer*, Die Erweckungsbewegung in Deutschland während des 19. Jahrhunderts, 4 Bde. Kassel ²1905–1912; *Walter Wendland*, Studien zur Erweckungsbewegung 1810–1930, JBrKG 19 (1924), 5–77; *Friedrich Wilhelm Kantzenbach*, Die Erweckungsbewegung. Studien zur Geschichte ihrer Entstehung und ersten Ausbreitung in Deutschland, Neuendettelsau 1957; *Friedrich Wilhelm Kantzenbach*, Zwischen Erweckung und Restauration. Einige Kapitel aus der unbekannten Kirchengeschichte des 19. Jahrhunderts, Gladbeck 1967; *Alfred Adam*, Erweckungsbewegung und Romantik im Aufbau der preußischen Landeskirche, in: *Alfred Adam*, Sprache und Dogma, Gütersloh 1969, 208–219; *Martin Greschat*, Die Erweckungsbewegung. Versuch einer Übersicht anhand neuerer Veröffentlichungen, JWKG 66 (1973), 97–148; *Erich Beyreuther*, Die Erweckungsbewegung, Göttingen ²1977.

[47] *Gustav Adolf Benrath*, Erweckung, Erweckungsbewegungen, TRE 10, 205–220; über Berlin-Brandenburg 211 f.

[48] TRE 10, 216–220; erwähnt sei *Kurt Aland*, Berlin und die bayrische Erweckungsbewegung, in: Festschrift zum 70. Geburtstag von Otto Dibelius, Gütersloh 1950, 117–136.

[49] Vgl. *Robert Stupperich*, Berlin als kirchliche Metropole, JBBKG 50 (1977), 23–43; *Robert Stupperich*, Theologische Bestrebungen in Berlin seit der Reformation, JBBKG 55 (1985), 91–112.

wiederum, durch Aufzählung wichtiger Männer – die Frauen stehen nach wie vor im Hintergrund – die Sachlage zu umreißen.

Johannes Jänicke (1748–1827), seit 1779 Prediger an der böhmisch-lutherischen Bethlehemsgemeinde, gründet im Jahre 1800 die erste deutsche Missionsschule.[50]

Hans Ernst Freiherr von Kottwitz (1757–1843) gilt mit Recht als wichtiger Initiator der Erweckungsbewegung in Berlin. Sein Einfluß auf Tholuck, Wichern und Goßner ist von besonderer Wichtigkeit.[51]

Weniger gut aufgearbeitet sind die Biographien der drei Brüder von Gerlach. Zum Theologen Otto von Gerlach (1801–1849) liegt im Berliner Konsistorium Ost in der Bibliothek eine recht gute biographische Arbeit vor. Sie verdiente eine Veröffentlichung.[52] Vom Generaladjutanten Leopold von Gerlach (1790–1861) und dem Oberlandesgerichtspräsidenten Ernst Ludwig von Gerlach (1795–1877) liegen gedruckte Erinnerungen und Aufzeichnungen vor.[53] Schoeps hat Ergänzungen vorgelegt.[54]

Als einziger namhafter Vertreter der jungen theologischen Fakultät der Königlichen Friedrich-Wilhelm-Universität zu Berlin ist auf den Kirchenhistoriker August Neander (1789–1850) zu verweisen.[55]

Bekannter geblieben ist Johannes Evangelista Goßner (1773–1858), seit 1829 Pfarrer an der böhmisch-lutherischen Bethlehemsgemeinde in Berlin.[56]

Am besten erschlossen ist nun freilich Johann Hinrich Wichern (1808–1881). Mit der Herausgabe seiner sämtlichen Werke gehört er neben

---

50 *K. F. Ledderhose*, Johann Jänicke. Hg. *G. Knak*, Berlin 1863; *E. Strümpfel*, Johannes Jänikke, AMZ 27 (1900), 308–315.

51 *Walter Wendland*, Studien zur Erweckungsbewegung 1810–1830, JBrKG 19 (1924), 5–77; *Friedrich Wilhelm Kantzenbach*, Baron Ernst von Kottwitz und die Erweckungsbewegung in Schlesien, Berlin und Pommern, Ulm 1963.

52 *Hanns J. Christiani* (Pfr. i. R.), Otto von Gerlach. Eine biographische Studie, Berlin 1955 (maschinenschriftlich), 233 S. vgl. auch *Max Lenz*, Geschichte der Königlichen Friedrich-Wilhelm-Universität zu Berlin, 4 Bde. in 5 Bden Halle 1910 (Bd. II, 2 1918), über Otto von Gerlach Bd. II, 1, 350.

53 *Leopold von Gerlach*, Denkwürdigkeiten aus dem Leben Leopold von Gerlachs. Nach seinem Tod herausgegeben von seiner Tochter, 2 Bde, Berlin 1891/92; *Ernst Ludwig von Gerlach*, Aufzeichnungen aus seinem Leben und Wirken 1795–1877 Hg. *J. v. Gerlach*, 2 Bde., Schwerin 1903.

54 *Joachim Schoeps* Hg., Tagebücher und Briefe der Gebrüder Gerlach und ihres Kreises 1805–1820, Berlin 1963.

55 *K. H. Schneider*, August Neander, 1894; *Rudolf Kayser*, Neander und Hengstenberg, JBrKG 26 (1931), 79–99; *Max Lenz* aaO. (Anm. 52), Bd. II, 2 Register 460, auch 105 und Bd. IV Dokumente 496, 503; *Robert Stupperich*, Von Schleiermacher zu Harnack. Beobachtungen zur Entwicklung der Berliner Theologie, JBBKG 53 (1981), 21–36 (Literatur zu Neander 35 Anm. 28).

56 *Franz-Heinrich Philipp*, Ad Fontes – Johann Evangelista Gossner. Leben und Lebenswerk, Stuttgart 1964; *Charlotte Sauer*, Fremdling und Bürger – Lebensbild des Johann Evangelista Goßner, Berlin 1966; *Bruno Schottstädt*, Der Charismatiker und die Institution. Zum 200. Geburtstag von J. E. Goßner, ZdZ 1973, 462–468.

Schleiermacher zu den wohl am besten der Forschung zugänglichen Theologen des 19. Jahrhunderts. Seit 1856 ist er in Berlin als Oberkonsistorialrat und als Referent für Gefängnisreform tätig gewesen. Im Rahmen dieses Forschungsberichtes erscheint eine detaillierte Darstellung überflüssig zu sein.[57]

Für die innere Linie der Erweckungsbewegung ist Ernst Wilhelm Hengstenberg (1802–1869) wahrscheinlich wichtiger als Wichern. Seit 1826 Professor in Berlin, gibt er von 1827 an bis zu seinem Tod die „Evangelische Kirchenzeitung" heraus. Konservativismus und Konfessionalismus gewannen damit die Oberhand.[58]

Zu erwähnen sind schließlich noch: Ernst Wilhelm Krummacher (1796–1868), seit 1853 Hofprediger in Potsdam[59], und Emil Frommel (1828–1896), seit 1867 Garnisonspfarrer und Hofprediger in Berlin.[60]

Carl Büchsel (1803–1889), seit 1853 Generalsuperintendent der Neumark, hat mit seinen bis in unser Jahrhundert immer wieder neu herausgegebenen Lebenserinnerungen pastoraltheologische Erfahrungen niedergelegt, die einer typisch pietistisch-konservativen Amtsauffassung entsprechen.[61] Die Pfarrergeneration der Kaiserzeit dürfte von diesen Schriften nachhaltig beeinflußt worden sein.

Für die Zeit von 1830–1870 schrieb Wendland: „Die Prediger der Erweckung hatten den stärksten Einfluß, sie überwogen auch an der Zahl."[62] Das bedeutet, daß die oben ausgewählten Personen nur eben die bekanntesten sind. Die Forschung müßte hier eine sehr viel größere Breite in der Zahl der erfaßten Personen haben.[63] Zwei neuere Untersuchungen in dieser Richtung liegen vor: Huck hat über den Pfarrer Gottlieb Christian Baltzer (1822–1877) in verschiedenen brandenburgischen Gemeinden) eine Untersuchung vorgelegt.[64] Hünerbein hat über den Exegeten, Seelsorger und Dogmatiker Heinrich Leonhard Heubner (1780–1853) geforscht. Er hält ihn für einen

---

57 *Johann Hinrich Wichern*, Sämtliche Werke, Hg. *Peter Meinhold*, Hamburg I–VIII 1960–80; *P. L. Schram*, Wichern und Heldring in Beziehung zum Pietismus, in: *J. van den Berg/J. P. van Doren* (Hg.), Pietismus und Réveil, Leiden 1978, 343–351.

58 *J. Bachmann/Th. Schmalenbach*, Ernst Wilhelm Hengstenberg, 3 Bde., 1876–1892; *Rudolf Kayser*, Neander und Hengstenberg, JBrKG 26 (1931), 76–99; *Max Lenz* aaO. (Anm. 52), Bd. II, 1, 327–343.

59 *Friedrich Wilhelm Krummacher*, Eine Selbstbiographie, Berlin 1869.

60 *Emil Frommel*, 25 Jahre in Berlin, Berlin ^{2}1897; *Th. Kappstein*, Emil Frommel, 1928, ^{3}1955.

61 *Carl Büchsel*, Erinnerungen aus dem Leben eines Landgeistlichen, Berlin 1. Bd ^{4}1865, 2. Bd. ^{3}o. J., 3. Bd. 1869; als 4. Band betitelt: Erinnerungen aus meinem Berliner Amtsleben, Berlin 1886; ^{10}1925.

62 *Walter Wendland*, Siebenhundert Jahre Kirchengeschichte Berlins, Berlin/Leipzig 1930, 292.

63 Vgl. nur die kleine Aufzählung bei *Ludwig Lehmann*, Kirchengeschichte der Mark Brandenburg 1818–1932, Berlin 1936, 28.

64 *Friedrich Huck*, Gottlob Christian Baltzer, ein Pfarrerleben des 19. Jahrhunderts, JBBKG 42 (1967), 133–158.

„für den Pietismus aufgeschlossenen Lutheraner".[65] Biographische Detailarbeit wäre hier weiter zu wünschen, wobei die historisch-kritische Aufarbeitung der Autobiographien nötig erscheint. Übersehen wird dabei leicht, daß es dabei nicht nur um die Personen gehen dürfte, die durch Veröffentlichungen wirksam geworden sind. Die Erweckungsbewegung erfaßt große Teile des Adels in Justiz und Militär. Ihr Einfluß auf die preußischen Könige ist dabei besonders wichtig, insonderheit auf Friedrich Wilhelm IV.[66]

3.2 „Pietistische" Institutionen

Das Kennzeichen des Halleschen Pietismus war die Gründung von Waisenhäusern. In Berlin, Potsdam, Züllichau und darüber hinaus wurden sie von Franckes Schülern gegründet. Richard Boschan schreibt 1912: Potsdam „ist eine Kolonie von Halle".[67] Den gesellschaftlichen Möglichkeiten entsprechend waren das im 18. Jahrhundert staatliche oder kommunale Einrichtungen. Außerdem blieb diese Entwicklung eigentlich stecken. Im 19. Jahrhundert gewinnt der Pietismus in Form der Erweckungsbewegung eine institutionelle Leiblichkeit auf anderer Basis. In relativer Unabhängigkeit von Staat und Kirche entstanden Gesellschaften und Vereine, die gestützt auf die Gaben ihrer Freundeskreise flexibler und schneller reagieren konnten. Ohne Zweifel hat die Erweckungsbewegung damit ihre größte Langzeitwirkung erreicht. Die Herausforderung der einsetzenden Industrialisierung fand hier eine gewisse Antwort. „Es ist das Verdienst der Denominationen Pietismus, Erweckungsbewegung und in ihrem Rahmen auch der Brüdergemeine, für diese Not (gemeint: Industrialisierung) eingetreten zu sein, eigene Wege gefunden und Schlimmeres verhütet zu haben."[68] Die Wirkung der einzelnen Personen liegt vornehmlich in ihrer Lebenszeit, wenige von ihnen wirkten durch ihre Schriften weiter wie z. B. Carl Büchsel. Die Institutionen, die von ihnen geschaffen wurden, haben das Bild des Protestantismus in Berlin-Brandenburg erheblich bereichert und zwar bis heute, denn die meisten Gründungen bestehen weiter. Es sind seit ihrer Gründung Kristallisationszentren pietistisch erweckter Gemeindeglieder, die ihrem Glauben sichtbare Gestalt geben

---

[65] *Kurt Hünerbein*, Dr. Heinrich Leonhard Heubner als Seelsorger, Exeget und Dogmatiker (1780–1853), JBBKG 52 (1980), 89–130.

[66] *Robert N. Bigler*, The Politics of German Protestantism. The Rise of the Protestant Church Elite in Prussia 1815–1848, Berkeley, Cal. 1972; vgl. die Aufzählung bei *Jörg Ohlemacher*, Das Reich Gottes in Deutschland bauen, Göttingen 1986, AGP 23, 59 Anm. 184.

[67] Zitiert bei *Walter Wendland*, Märkischer Pietismus aaO. (Anm. 1), 39.

[68] *Ilse Tönnies*, Die Arbeitswelt von Pietismus, Erweckungsbewegung und Brüdergemeine. Ideen und Institutionen. Zur religiös-sozialen Vorgeschichte des Industrialisierungs-Zeitalters in Berlin und Mitteldeutschland, JGMOD 20 (1971), 89–133; 21 (1972), 140–183; Zitat 1971, 99.

wollen. Insofern kann ich dem Urteil Ulrich Gäblers nicht zustimmen, daß die Erweckungsbewegung in der Volkskirche aufgegangen sei.[69]

Um welche Institutionen geht es? Auch hierbei kann ich nicht alles erfassen. Einmal geht es um Gründungen, die sich dem Gedanken der Schrift- und Schriftenverbreitung, sowie der Heidenmission verpflichtet wissen. Es beginnt mit Jänickes Missionsschule 1800. Mit einigen Umwegen führt das zur „Gesellschaft zur Beförderung der evangelischen Missionen unter den Heiden" 1824. Zu erwähnen ist der „Hauptverein für christliche Erbauungsschriften in den preußischen Staaten" und die „Gesellschaft zur Beförderung des Christentums unter den Juden".[70] Die Gründung der Preußischen Hauptbibelgesellschaft 1814 nach dem Vorbild der Britischen Bibelgesellschaft ist ebenfalls Frucht der beginnenden Erweckungsbewegung.[71] Zum andern gehören die zahlreich entstehenden Stiftungen christlicher Liebestätigkeit dazu.[72] Sie stehen meist mit Wicherns Programm der Inneren Mission in Verbindung. Auf ihn selbst geht das Johannesstift 1858 zurück.[73] Genannt werden sollen außerdem: das Elisabeth-Diakonissen- und Krankenhaus[74], das Königin-Elisabeth-Hospital 1843 geht auf Goßners Initiative zurück (Name seit 1908), die Hoffnungstaler Anstalten 1905 in Lobetal bei Bernau auf Initiative von Bodelschwinghs[75], das Oberlinhaus 1871 in Potsdam.[76]

Die Jahresberichte und vor allem die jeweiligen Jubiläen boten und bieten diesen Institutionen Gelegenheit, ihre eigene Geschichte aufzuarbeiten und darzustellen. Dabei geht es nicht nur um Mitarbeiter und Patienten, sondern

[69] *Ulrich Gäbler*: Art. Erweckung, EKL ^{3}1986 I Sp. 1087.

[70] Über diese Gesellschaften vgl. *Johannes Althausen*, Kirchliche Gesellschaften in Berlin 1810–1830. Ein Beitrag zur Geschichte der Erweckungsbewegung und des Laienapostolats in den evangelischen Kirchen des 19. Jahrhunderts, masch. Diss. Halle 1965, 361 S. (Selbstmitteilung in ThLZ 1966, Sp. 873f.; das Kapitel 8 dieser Arbeit ist veröffentlicht unter dem Titel: Aus den Anfängen der Berliner Missionsgesellschaft (1), JBBKG 43 (1968), 112–150); *Hellmut Lehmann*, 150 Jahre Berliner Mission, Erlangen (1974), 208 S.

[71] *Ernst Breest*, Festschrift zum 100jährigen Jubiläum der Preußischen Hauptbibelgesellschaft, Berlin 1914, 183 S.; *Johannes Adler*, Aus der Geschichte der Evangelischen Hauptbibelgesellschaft zu Berlin, in: Almanach. Ich bin der Weg, Berlin 1954; 27–37; *Wilhelm Gundert*, Geschichte der deutschen Bibelgesellschaften im 19. Jahrhundert, Bielefeld 1987, TAB 3, 122–125.

[72] *Paul Troschke* (Hg.), Handbuch der freien evangelischen Liebestätigkeit in der Provinz Brandenburg, 2 Bde., Berlin 1906–8; *Walter Wendland*, Die Entwicklung der christlichen Liebestätigkeit in Groß-Berlin vom Mittelalter bis zur Gegenwart, Berlin-Spandau 1939; *Friedrich Weichert*, Diakonische Bestrebungen der Preußischen Landeskirche in den letzten Jahrzehnten des 19. Jahrhunderts, JWKG (1981), 135–157.

[73] Vgl. z. B. *Wicherns* Eingabe an den Oberkirchenrat 1858 und sein Bericht über das Johannesstift, in Sämtliche Werke, Hamburg 1971 Bd. 5, 146–151 und 216–231.

[74] *Walter Augustat* (Hg.), Festschrift 125 Jahre Elisabeth-Diakonissen- und Krankenhaus, Berlin 1962, 124 S.

[75] *Gertrud Busch*, Die Bodelschwinghschen Anstalten in Lobetal, Berlin 1963, 47 S.

[76] *Th. Hoppe*, Das Oberlinhaus. Fünf Jahrzehnte Diakonissenarbeit, Nowawes (heute: Potsdam-Babelsberg) 1930, 99 S.; o. V., Gesprengte Riegel. Aus der Arbeit des Oberlinhauses Berlin ^{4}(1967), 90 S.

um die Freundeskreise in Adel und Bürgertum und später um Gemeinden, ohne die diese Arbeitszweige nicht entstehen und am Leben bleiben konnten. Insgesamt stehen hier verstärkte historische Bemühungen nach wie vor an.

3.3 Gegenläufiges

Im 18. Jahrhundert kann man mit Grund von einer pietistischen Durchdringung des Pfarrer- und Lehrerstandes in Brandenburg sprechen. Im 19. Jahrhundert ändert sich dieses Bild. Die Arbeit der erweckten Kreise und ihrer Institutionen sind nur eine Seite der kirchlichen Wirklichkeit. Es gibt auch Gegenströmungen. Wenn sich in den Gemeinden selbst Christen zusammenfinden wollten, gerieten sie schnell in staatlichen Verdacht. Die Altensteinsche Ministerialverfügung von 1825, in der vor „mystischen, pietistischen und separatistischen Abirrungen“ gewarnt wird[77], zeigt das herrschende Mißtrauen. Demzufolge hat der Pfarrer von Arensdorf bei Teltow Konventikel in seinen Gemeinden beim Landrat angezeigt.[78] Rudloff hat aufgrund von Aktenstudien in der Gemeinde Kletzke in der Prignitz folgende Sicht mitgeteilt: „Seit 1810 tritt als Visitationsfrage ständig die nach dem Vorhandensein von ‚Pietisten‘ auf. Noch stand die Kirche selbst unter der Herrschaft des Rationalismus; es war die Zeit, da die schwärmerische Frau von Krüdener den gesunden Pietismus eines Spener, Francke und Zinzendorf in Mißkredit brachte. Dieser ungesunde Pietismus sollte wohl mit jener Frage getroffen werden. Dazu fürchtete die Kirche wohl nichts so sehr wie geheimes Konventikelwesen; vielleicht kam auch die Furcht hinzu, daß diese Kreise die Träger politisch freiheitlicher Ideen werden könnten; war doch jene Zeit nach den Befreiungskriegen die Zeit Metternichscher Reaktion. Pfarrer Schütz und sein Nachfolger Petri konnten das Konsistorium stets beruhigen: ‚Pietisten sind nicht vorhanden.‘“[79]

Aber von schwärmerischen Pietisten habe ich so gut wie nichts entdecken können. Hünerbein erwähnt lediglich das Zungenreden bei den Gebrüdern von Below, die als Gichtelanhänger bezeichnet werden, aber die gehören nach Pommern.[80]

Bei der engen Verbindung der pietistischen Kreise mit dem preußischen Hof und seiner Ideologie nimmt es nicht Wunder, daß Einflüsse aus dem englischen oder amerikanischen Raum bis zur Mitte des Jahrhunderts so gut wie gar nicht nachweisbar sind. Der 1854 gegründete CVJM fand erst 1883 in Berlin seine deutsche Konstituierung. Es versteht sich, daß freikirchliche

---

[77] *Max Lenz* aaO. (Anm. 52), Bd. II, 1, 338.

[78] *Ulrich Muhs*, Einige Aktenstücke betr. Erbauungsgesellschaft oder Pietistenvereine im Kreise Teltow, JBrKG 17 (1919), 125–127 (aus den Jahren 1822, 1826 und 1827).

[79] *R. Rudloff*, Aus alten Akten, JBrKG 22 (1927), 138–149; Zitat 147f.

[80] *Kurt Hünerbein* aaO. (Anm. 65), 104.

Arbeit unter den Bedingungen des Staatskirchentums kaum eine echte Chance hatte. Immerhin, die erste baptistische Gemeinde in Berlin datiert sich auf 1837.[81]

Der Unterschied zum 18. Jahrhundert kommt besonders eklatant beim Vergleich der beiden Universitätsgründungen Halle und Berlin zutage. Obwohl die Gründung der Berliner Universität von den erweckten Kreisen bewußt gefördert worden ist, kann von einer beherrschenden theologischen Stellung im Gegensatz zu Halle keine Rede sein. Außer dem oben genannten Neander und Hengstenberg lassen sich keine dem Pietismus nahestehenden Professoren entdecken. Vielleicht wäre es anders gelaufen, wenn Ernst Tholucks Berufung nach Berlin zustande gekommen wäre.[82]

4. *Der Pietismus in den letzten 100 Jahren*

Es gäbe Gründe, diesen letzten Abschnitt nicht zu schreiben, weil unter dem leitenden territorialgeschichtlichen Gesichtspunkt mehr das Fehlen als das Existieren pietistischer Strömungen festzustellen wäre. Hinzu kommt die größere Unsicherheit des Verfassers aufgrund der Zufälligkeit des Entdeckens. Andrerseits zeigen sich in der Zeit des Niederganges einer Frömmigkeitsentwicklung ihre Schwächen besonders deutlich.

4.1 *Landeskirchliche Gemeinschaft*

Im 2. Teil des 19. Jahrhunderts entstand in vielen Teilen Deutschlands die Gemeinschaftsbewegung.[83] Für Berlin nennt Lange als Beginn die Heili-

[81] Vgl. Festschrift zur 100 Jahrfeier der ersten Baptistengemeinde Berlin Schmidtstraße 1837–1937, Berlin 1937.

[82] Vgl. *Max Lenz* aaO. (Anm. 52), Bd. II, 1 über die Theologen; *Rudolf Mau*, Programme und Praxis des Theologiestudiums im 17. und 18. Jahrhundert, ThV 11 (1979), 71–91 enthält nichts über die Berliner Verhältnisse. Mau konzentriert sich auf Halle.

[83] Allgemein für die Gemeinschaftsbewegung wichtig: *Paul Fleisch*, Die moderne Gemeinschaftsbewegung in Deutschland, Leipzig 1913; *Hans von Sauberzweig*, Er der Meister wir die Brüder. Geschichte der Gnadauer Gemeinschaftsbewegung, Offenbach 1959, 502 S. (eine recht gute Darstellung auch auf Quellen beruhend, aber ohne wissenschaftliche Nachweise); *Dieter Lange*, Eine Bewegung bricht sich Bahn, Berlin 1979 (wichtig, mit reichem Literaturverzeichnis (299–311), für die Zeit von 1880 bis etwa 1925); Ev.-Kirchl. Gnadauer Gemeinschaftswerk (Hg.), Stimmen der Väter, Zeugnisse aus den Anfängen der Gnadauer Gemeinschaftsbewegung, Berlin 1958, 228 S. (22 Väter der Bewegung werden mit Texten vorgestellt); *Johannes Dreßler* (Hg.), Leben für Christus, Berlin ^{2}1984 (21 Personen werden mit sehr kurzer Biographie und Auslegungsbeispielen vorgestellt); *Jörg Ohlemacher*, Das Reich Gottes in Deutschland bauen. Ein Beitrag zur Vorgeschichte und Theologie der deutschen Gemeinschaftsbewegung, Göttingen 1986, 296 S. AGP 23 (eine wichtige Ergänzung der Arbeit von Lange vor allem für die Vorgeschichte); verwiesen sei noch auf *Joachim Drechsel*, Das Gemeindeverständnis in der deutschen Gemeinschaftsbewegung, Gießen/Basel 1984, 284 S. (Diss. Halle 1982); die Anmerkungen 84–92 beziehen sich jeweils auf die hier genannte Literatur.

gungsversammlungen von Robert P. Smith vom 31. 3. bis 9. 4. 1875, aus denen 1881 eine Gründung erwuchs.[84] Mit der ersten Gnadauer Konferenz Ende Mai 1888 in Gnadau bei Magdeburg bekam die Gemeinschaftsbewegung einen Dachverband. Ihre Ziele waren die „Mitarbeit am Reiche Gottes nach evangelischer Lehre" innerhalb der Volkskirche als „Pflicht aller Gläubigen" und die „Privaterbauung" als „wichtige Ergänzung des Gottesdienstes".[85] Die 100-Jahrfeiern 1988 werden der historischen Aufarbeitung neue Impulse geben. Die bisher von Staat bzw. Landeskirchen mehr administrativ als sachlich geführte Auseinandersetzung mit separatistischen und schwärmerischen Teilen des Pietismus ist seit der Gemeinschaftsbewegung Domäne und Belastung dieser Kreise geworden. Sie hat hier stellvertretend für die Gesamtkirche Grenzziehungen gesucht und gefunden, vor allem gegenüber der Pfingstbewegung und später gegenüber evangelikalen Kreisen, vgl. vor allem die „Berliner Erklärung" von 1909 zur Abgrenzung von der Zungenbewegung.[86]

Auch die Gemeinschaftsbewegung ist wie ihre älteren Schwestern Pietismus und Erweckungsbewegung zunächst Herzensanliegen einzelner Personen. Dabei ist sowohl im Programm wie in der Wirklichkeit eine wesentlich stärkere Mitarbeit von Nichttheologen festzustellen. Die historische Arbeit wird sich also auch hier zunächst auf biographische Forschungen orientieren müssen.

Für den Berliner Raum – die Mark Brandenburg ist wiederum sehr wenig ergiebig – spielen vor allem folgende Personen wichtige Rollen:

Eduard Graf von Pückler (1853–1924) datiert seine Bekehrung in das Jahr 1878. 1883 gründet er die Berliner Gemeinschaftsarbeit St. Michael, 1886 verläßt er den juristischen Staatsdienst, um sich ganz der Reich-Gottes-Arbeit zu widmen.[87]

Genannt werden muß auch der methodistische Prediger Friedrich von Schlümbach (1842–1901), obwohl er nur fünf Monate in Berlin weilte. Seine Evangelisationen zeigten aber große Wirkung.[88]

In seinen Staatsämtern blieb Andreas Graf von Bernstorff (1844–1907). Er wirkte als Laienprediger.[89]

Eberhard von Rothkirch (1852–1911) war nach dem Krieg 1870/71 Forstmeister in Berlin und wirkte als Seelsorger besonders für Jugendliche.[90]

Ernst Lohmann (1860–1936) und sein Bruder Johannes Lohmann

---

84 *Lange*, 58.

85 *Lange*, 84.

86 *Lange*, 202.

87 *Ohlemacher*, 43f. Anm. 108; *Lange*, 60 Anm. 117; *Dreßler*, 184–193; *Max Diedrich*, Geschichte der Christlichen Gemeinschaft St. Michael, Berlin 1883–1958, Berlin (1958).

88 *Ohlemacher*, 45 Anm. 115; Lange 58.

89 Zu den Schwierigkeiten, seine Biographie zu gestalten, vgl. *Ohlemacher*, 55–57, insbesondere Anm. 165; *Sauberzweig*, 122–126.

90 *Lange*, 59 Anm. 116.

(1867–1941) sind bekannt geworden durch ihre Gründungen in der Malche (Bibelhaus 1898) und in Uchtenhagen bei Eberswalde (Erholungsheim).[91]

Aus späterer Zeit ist Peter Kullmann (1904–1969) erwähnenswert. Er war Inspektor des Gemeinschaftswerkes Berlin Brandenburg von 1954–1969, in Potsdam in der Gemeinschaft tätig.[92]

4.2 Pietismus auch außerhalb der landeskirchlichen Gemeinschaft

Die oben erwähnten pietistischen Institutionen erleben in der Kaiserzeit ihre Blüte. Neue Stiftungen kommen hinzu, sowohl nach dem 1. wie auch nach dem 2. Weltkrieg. Auch wenn hierbei auch Menschen anderer Frömmigkeitsrichtungen tätig sind, eine pietistische Grundhaltung vieler Mitarbeiter und Freundeskreise darf angenommen werden, und zwar bis heute. Unter den Institutionen verdient die Berliner Stadtmission besondere Erwähnung. Adolf Stoecker (1835–1909) gilt als ihre bedeutendste Persönlichkeit. Die Leitung der Stadtmission hatte er von 1877–1907. Er war kein Pietist und sah die Schwächen der bisherigen Arbeit der Inneren Mission.[93] In der Folgezeit ist aber deutlich, wie stark pietistische Mitarbeiter auf dem Boden der Arbeitszweige der Stadtmission Erfüllung fanden. Dazu gehört der Inspektor Jänicke (1870?–1916), von 1896 bis 1916 in ihr tätig.[94] Von 1926–1947 war Hans Dannenbaum (1895–1956) Inspektor der Stadtmission und zugleich führend im Gnadauer Gemeinschaftswerk.[95]

Aber wie sieht es mit dem Pietismus in den Gemeinden aus? Max Fischer hat den innerkirchlichen Pietismus mit einem Frühbeet oder einer Baumschule verglichen. Er verweist darauf, daß sehr viele der kirchlichen Mitarbeiter aus pietistischen Elternhäusern kommen.[96] Aber wie kann dieser Satz wissenschaftlich verifiziert werden? Religionssoziologische Erhebungen gibt es kaum. Es bleibt also auch hier bei Einzelerscheinungen, die nicht als Ausnahme, sondern als Symptom gewertet werden können. Z. B. schreibt Heinrich Vogel über seinen Freund Johannes Jänicke (1900–1979), 1955–1968 Bischof von Magdeburg: „Er war ein Pietist, aber was für ei-

---

[91] Gnadauer Gemeinschaftswerk (Hg.), 182–190.

[92] *Dreßler*, 141–156.

[93] *Reinhold Pietz*, Adolf Stoecker (1835–1909), JBBKG 51 (1978), 91–114 (110–114 Bericht über die Arbeit der Stadtmission nach 1945). Über die Stadtmissionsarbeit: *(Walter Thieme)*, 50 Arbeits-Jahre im Dienste des Glaubens und der Liebe. Jubiläumsschrift der Berliner Stadtmission, Berlin (1927); *Max Diedrich*, 75 Jahre Berliner Stadtmission 1877–1952, (Berlin 1952), 183 S.; *Martin Greschat*, Die Entstehung der Berliner Stadtmission (1874–1877), JBBKG 50 (1977), 45–78 (über Brückner und Stoecker).

[94] Vgl. Bericht des Sohnes: *Johannes Jänicke*, Ich konnte dabeisein, Berlin 1984, 9–17.

[95] *Hans Dannenbaum*, Werden und Wachsen einer Missionsgemeinde. Erlebnis- und Tatsachenbericht aus der Arbeit im Dienste der Berliner Stadtmission 1926–1947, Gladbeck (1950), 246 S.; *Dreßler* aaO. (Anm. 83), 61–70.

[96] *Oskar Söhngen* (Hg.), Die bleibende Bedeutung des Pietismus, Witten/Berlin 1960, 102.

ner!" ... „ein bekehrter Theologe", „der sich freilich von so manchen ‚Bekehrten' nicht zuletzt dadurch unterschied, daß er davon gerade nicht das geringste Gerede machte".[97] Kniffka hat eine Erhebung über das kirchliche Leben in Berlin in den Jahren 1924 bis 1927 ausgewertet. Spezifische Lebensäußerungen pietistischer Tätigkeit finden sich darin nur an einer Stelle: In den Bibelstunden einiger Gruppierungen finden sich mehr Jugendliche, Kinder und Arbeiter als in den Veranstaltungen der Ortsgemeinde. Die Gruppen sind: Bund für Entschiedenes Christentum, Ev. Gemeinschaft, Christliche Gemeinschaft, Heilsarmee, Biblisch-Soziale Christentumsgemeinschaft und Berliner Stadtmission.[98]

Pietistisches Gedankengut hat sich als Ferment des kirchlichen Lebens in vielerlei Abwandlungen auch in Berlin-Brandenburg erhalten. Zu neuen Aufbrüchen und Konzentrationen hat es jedoch nicht geführt.

4.3 Die Haltung pietistischer Kreise in der Zeit 1933–1945

Das große historische Interesse an der Zeit des Kirchenkampfes während der Herrschaft des Nationalsozialismus bzw. auch an seiner unmittelbaren Vorgeschichte hat es mit sich gebracht, daß auch das Verhalten der Gemeinschaft, der Freikirchen und pietistischer Kreise ins Blickfeld der Forschung getreten ist. Speziell mit der Gemeinschaftsbewegung beschäftigt sich Rüppel.[99] Wichtig ist die Untersuchung von Zehrer für die Freikirchen, zumal „vor allem die nichtlutherischen Freikirchen bis 1933 viel von ihrer ursprünglichen Prägung aufgegeben hatten und sich der Gemeinschaftsfrömmigkeit im Landeskirchentum angepaßt" hatten.[100] Was sich aus der ausführlichen Darstellung des Kirchenkampfes von Kurt Meier ablesen läßt, ist freilich betrüblich. In den jeweiligen drei Exkursen über die Entwicklung in den einzelnen Landeskirchen über Berlin-Brandenburg gibt es keine einzige Notiz, die pietistische Aktivität verriete.[101] Was sonst allgemein über die Gemeinschaftsbewegung zu lesen ist[102], erklärt diese Schweigsamkeit: „Dem offiziellen Landeskirchentum standen Freikirchen und Gemeinschaftschristentum in der positiven Würdigung des politischen Geschehens des Jahres 1933 keineswegs nach."[103] Die Stellungnahme des Gnadauer

---

97 Vorwort in: *Johannes Jänicke*, Ich konnte dabeisein, Berlin 1984, 6.

98 *Jörg Kniffka*, Das kirchliche Leben in Berlin-Ost in der Mitte der zwanziger Jahre. Eine Untersuchung der kirchlichen Teilnahme und ihrer Motivation in evangelischen Arbeitergemeinden 1924 bis 1927, Phil. Diss., Münster 1971, 100.

99 *Erich Günter Rüppel*, Die Gemeinschaftsbewegung im Dritten Reich, Göttingen 1969 AGK 22.

100 *Karl Zehrer*, Evangelische Freikirchen und das „Dritte Reich", Berlin 1986, 79.

101 *Kurt Meier*, Der evangelische Kirchenkampf, Leipzig/Göttingen 1976–1984, Bd. I, 273–283; Bd. II, 180–187; Bd. III, 225–261.

102 *Kurt Meier* aaO., Bd. I, 18–21 zusammenfassend, ansonsten vgl. das Register.

103 *Kurt Meier* aaO., Bd. I, 80.

Verbandes vom 8. 6. 1933 aus Wernigerode[104] dokumentiert dies nachdrücklich. Ähnlich wie in den Landeskirchen gelang es den Deutschen Christen im Juni bis August 1933, auch in den Gemeinschaftskreisen die Mehrheit zu erreichen. Nach der Sportpalastkundgebung gewann Walter Michaelis mit anderen wiederum die Mehrheit. Eine gewisse Solidarisierung mit der Bekennenden Kirche wird von Sauberzweig betont[105], aber aufs Ganze gesehen war man auf seine eigene Linie und Selbständigkeit bedacht. Gemeinschaftsbewegung und Freikirchen landeten insgesamt in der „unentschlossenen Mitte". [106] Auch der „Jugendbund für Entschiedenes Christentum" hielt sich institutionell fern von der Bekennenden Kirche. [107]

Zehrer schreibt: „In den Freikirchen herrschte die Überzeugung vor, daß im faschistischen Deutschland das Evangelium frei und unbehindert verkündigt werden kann." [108] Dieser Satz, der für Gemeinschaftschristen und auch weite Teile der Landeskirchen Geltung beanspruchen darf, macht einen entscheidenden Mangel pietistischer und auch anderer kirchlicher Verkündigung deutlich: die gesellschaftliche Relevanz des Evangeliums wird nicht mehr gesehen. Von einer besonderen Wirksamkeit der pietistischen Kreise in dieser Zeit zu sprechen, ist also nicht möglich.

4.4 *Pietistisches nach 1945?*

Der Spurensucher nach pietistischen Lebensäußerungen gerät nun vollends in die Rolle des Wünschelrutengängers: Es geht darum, versickerte pietistische Wasseradern unter dem Sand der märkischen Heide, in den Trümmern zerstörter Dörfer und Städte und in den Köpfen und Herzen der Menschen aufzuspüren, die um ihre leibliche und geistliche Existenz ringen. Unter den aus dem Osten auch nach Berlin und in die Mark strömenden Christen haben viele lebendige Glaubenstraditionen mitgebracht. Vor allem Menschen, die nicht nur kirchlich versorgt wurden, sondern eine gewisse Selbständigkeit im Umgang mit Bibel und Gesangbuch gewohnt waren, versuchten an ihren neuen Wohnorten kirchliches Leben aufzubauen oder mitzugestalten. Ohne Zweifel kann man von Neubelebung in einzelnen Gemeinden sprechen. Gerade wo die Integration mit den Einheimischen gelang, und dabei half die gesellschaftliche Entwicklung wie z. B. die Bodenreform 1946 mit, entstanden neue Kerngemeinden. Das Ganze vollzog sich ohne feierliche Beschlüsse, Evangelisationen oder Streitereien. In den notvollen Jahren 1945–1949 lebte die christliche Gemeinde in der konkreten

---

104 *Kurt Meier* aaO., Bd. I, 81.

105 *Hans von Sauberzweig* aaO. (Anm. 83), 302–319 mit Abdruck einiger Dokumente, insonderheit vom 13.–15. 11. 1933, 315.

106 *Zehrer* aaO. (Anm. 100), 78.

107 *Kurt Meier* aaO. (Anm. 101), Bd. I, 153.

108 *Zehrer* aaO. (Anm. 100), 80.

Wahrnehmung sehr elementarer alltäglicher Aufgaben. Die geschichtlich exakte Aufarbeitung dieser Vorgänge ist, soweit ich sehe, für diesen Raum nicht wahrgenommen worden. Was die Institutionen anlangt, so ließe sich in der zunächst gastweisen Aufnahme östlicher Diakonissenhäuser in Mitteldeutschland, die dann langsam eingewurzelt sind, ein lohnendes Forschungsthema finden.

In der Gemeinschaftsbewegung vollziehen sich nach 1945 Veränderungen: Die nach 1918 aufgetretenen Bestrebungen zu einer größeren Kirchenfreiheit treten angesichts der gesellschaftlichen Gesamtsituation in den Hintergrund. In der langsam wachsenden ökumenischen Gemeinschaft entfällt die Notwendigkeit von Abgrenzungen. Aufs Ganze gesehen wird man aber mehr von einem freundlicheren Nebeneinander als einem echten Miteinander von Kirche und Gemeinschaft sprechen müssen. Zu einem echten Miteinander ist es jedoch durch die Gründung der Evangelischen Predigerschule Paulinum 1946 in Berlin gekommen. Sie geht auf die Initiative von Hans Dannenbaum (s. o.) zurück und wird bis heute von der Landeskirche und dem Gnadauer Gemeinschaftswerk getragen. Walter Michaelis hat die Aufgabe des Paulinums dahingehend formuliert, daß „eine Begegnung pietistischer Frömmigkeit und theologischer Wissenschaft herzustellen" ist.[109]

Ein gewisses Indiz ist schließlich auch die kirchliche Pressearbeit. Die Berliner „Kirche" und die „Potsdamer Kirche" spiegeln eine gewisse Schriftgemäßheit bis Erbaulichkeit wider, die da und dort auch pietistische Akzente trägt. Pietistisch kann man die bis heute erscheinende Wochenzeitschrift „Frohe Botschaft" nennen, obwohl sowohl die Mitarbeiter wie auch ihre Verbreitung nicht auf pietistische Kreise beschränkt sind.

Was die offizielle Kirchenpolitik anbetrifft, so ist das Ergebnis der Suche nach pietistischen Einflüssen negativ. Stappenbeck hat in seiner auf breiter auch ungedruckter Quellengrundlage entstandenen Dissertation[110] keinerlei Grund gehabt, sich mit pietistisch eingestellten Kräften zu befassen. Die kirchenpolitischen Gruppierungen der 50er Jahre sind alle anders zu charakterisieren. Die wichtige Auseinandersetzung über den künftigen Weg der Kirche in einer sozialistischen Gesellschaft, die sich unter Otto Dibelius in dieser Kirche besonders kontrovers gestaltete, fand bei den Pietisten im Lande keinen Widerhall. Die Gründe mögen dafür sehr verschieden sein.

Winter hat über die Arbeit der Gemeindekirchenräte in Berlin-Branden-

---

109 *Friedrich-Wilhelm Krummacher*, 10 Jahre Paulinum, ZdZ 1956, 262–264; *Reinhold Pietz*, Der zweite Weg in das öffentliche Predigtamt, ZdZ 1966, 225–228; *Reinhold Pietz*, 25 Jahre Paulinum, ZdZ 1971, 227–232; Zitat 1971, 228.

110 *Christian Stappenbeck*, Eine Kirche in der Übergangsperiode. Die Entwicklung der Evangelischen Kirche in Berlin-Brandenburg im Spiegel ihrer Provinzialsynoden von 1945 bis 1960/61, theol. Diss. Humboldt Berlin 1981 (hektographiert), 212 S. (Rezension von *W. Dittmann* in JBBKG 54 (1983), 228–234); vgl. auch *Christian Stappenbeck*, Die Kirche Berlin-Brandenburg vor der Aufgabe der Neuordnung. Bekenntnissynoden und erste Provinzialsynode in den Jahren 1945/46, HerChr 14 (1983/84), 137–152 (außer der ersten und letzten Seite handelt es sich um einen stilistisch überarbeiteten Abdruck aus der Dissertation; 21–42 etwa gleich 138–148).

burg gearbeitet. Auch er hat bei seiner Analyse keinen Anlaß, etwa auf pietistische Aktivitäten in der Laienarbeit einzugehen.[111]

Nach 1961 ist mit unterschiedlichen Entwicklungen in Westberlin einerseits und dem andern Teil dieser Landeskirche andererseits zu rechnen. Ein wichtiges Indiz dafür ist, daß die Bekenntnisbewegung „Kein anderes Evangelium" in der DDR keine vergleichbare Bewegung hervorgebracht hat. Das traditionelle Bewußtsein des Gemeinschaftschristentums wie der Freikirchen, Minderheit zu sein, reibt sich nicht mehr an den großen Landeskirchen, weil diese ihrerseits ebenfalls Minderheit in der Gesellschaft geworden sind. Das führt zweifelsohne dazu, daß bislang als typisch pietistisch bezeichnete Gemeinschafts- und Lebensformen allgemeine kirchliche Gültigkeit erlangen, ohne daß das als pietistisch empfunden wird. Als Beispiel möchte ich dafür Äußerungen des langjährigen Cottbuser Generalsuperintendenten Günter Jacob anführen: Wir „benötigten" nach 1945 keine „imposanten Kultgebäude", sondern „Wohnstuben, in denen die Christen außerhalb der gottesdienstlichen Feier auch alltags zu gemeinsamer Arbeit und Besinnung, zu Bibelstunden um den runden Tisch und zu Gesprächen zusammenkommen können."[112] Abschließend stellt Jacob fest: „Die Zukunft der Kirche hängt – menschlich gesprochen –... von dem Werden solcher Gruppen, Zellen und Dienstgemeinschaften junger und alter Christen ab, die christliches Leben unter den Leuchtsignalen der großen Verheißungen Gottes darstellen und sich in der Nachfolge Christi in der liebenden Hinwendung zu ihren Mitmenschen auf den Weg machen, der täglich aus dem kirchlichen Getto in die wirkliche Welt führt."[113]

---

[111] *Uwe-Helmut Winter*, Der Gemeindekirchenrat als Entscheidungsgremium in seiner Bedeutung für die Beteiligung der Gemeinde am gemeindeleitenden Handeln. Eine empirische Analyse am Beispiel der Evangelischen Kirche in Berlin-Brandenburg, Gießen 1975, 324+21 S. (Diss. Kirchl. Hochschule Berlin 1975).

[112] *Günter Jacob*, Kirche auf dem Wege, in: *Lutz Borgmann* (Hg.) Kirche in der Mark. Berichte und Bilder aus der Evangelischen Kirche Berlin Brandenburg, Berlin 1973, 196.

[113] *Günter Jacob* aaO., 206.

Norbert Buske

Pietismus und Neuzeit – ein Literaturbericht für den Bereich der pommerschen Kirche, vor allem für das Gebiet der heutigen Evangelischen Landeskirche Greifswald

1. *Der kirchenpolitische, konfessionelle Rahmen*

Die im Westfälischen Frieden 1648 bestätigte Teilung Pommerns in den westlichen, an die Krone Schwedens gefallenen, und den östlichen, an Brandenburg/Preußen gefallenen Landesteil führte – obgleich das pommersche, lutherisch geprägte Kirchenrecht in beiden Landesteilen fortbestand – zu einer unterschiedlichen Entwicklung in diesen Gebieten.[1] Das galt auch für die theologischen Anschauungen und den sich in unmittelbarem Bezug hierzu ausprägenden allgemeinen kirchlichen Vorstellungen und Frömmigkeitsformen.

In dem an Brandenburg/Preußen gefallenen Landesteil begann sich eine Angleichung an die allgemeinen und damit auch an die kirchlichen Entwicklungen in den anderen brandenburg/preußischen Gebieten abzuzeichnen. Die Toleranz gegenüber dem Calvinismus, der katholischen Kirche und den Juden wurde im Laufe der Zeit vom Staat – oft gegen kirchliche Widerstände – durchgesetzt. Die pommersche Kirche öffnete sich neuen theologischen Anschauungen und den sich wandelnden religiösen Strömungen. Da es in dem an Brandenburg/Preußen gefallenen Landesteil keine Universität gab, orientierte man sich an den theologischen Fakultäten der preußischen Universitäten. Besondere Bedeutung gewann dabei auch für Pommern die theologische Fakultät in Halle.

Die kirchliche Entwicklung in Schwedisch-Pommern verlief anders. Für sie wurde während des 17. und 18. Jahrhunderts eine hartnäckig festgehaltene lutherische Rechtgläubigkeit bezeichnend. Die alte pommersche Landesuniversität in Greifswald lag in Schwedisch-Pommern. Sie wurde zu

[1] Wiederholte Kriege zwischen Brandenburg/Preußen und Schweden verschoben die Grenze zwischen Schwedisch-Pommern und den an Brandenburg/Preußen gefallenen Teilen des Herzogtums zuungunsten Schwedens, zuletzt der Nordische Krieg. Von 1721 bis 1815 gehörte nur noch der später „Neuvorpommern" genannte Teil, das vorpommersche Gebiet nördlich der Peene mit Stralsund als Regierungssitz zur Krone Schwedens.

einem Hort lutherischer Orthodoxie.[2] Diese Entwicklung wird vor dem Hintergrund der damaligen politischen Situation verständlich. Auch Schweden hatte die pommersche Verfassung und alle entsprechenden Rechte, darunter das Kirchenrecht, wiederholt bestätigt. Die an die schwedische Krone gefallenen Teile Pommerns blieben staatsrechtlich ein deutsches Herzogtum.[3] Die pommersche Kirche wurde nicht der konfessionsverwandten lutherischen Kirche Schwedens angegliedert. Nur durch ein Beharren auf dem bestätigten, lutherisch geprägten pommerschen Kirchenrecht vermochte die pommersche Kirche eine relative Selbständigkeit gegenüber Schweden und der sich dort immer stärker ausprägenden Staatskirchlichkeit zu behaupten. Die Respektierung der pommerschen Kirche durch die Regierung Schwedens stieß allerdings an ihre Grenze, wenn sich die pommerschen Generalsuperintendenten um eine selbständige, den sich ändernden Erfordernissen angepaßte Weiterentwicklung des pommerschen Kirchenrechts bemühten. Das führte in Schwedisch-Pommern zu einer Erstarrung des kirchlichen Rechts. Hinzukam, daß – vor allem unter der Regierung Friedrichs I. (1720–1751) – auch das in Pommern wahrgenommene obrigkeitliche Kirchenregiment immer nachdrücklicher im staatskirchlichen Sinn ausgeübt wurde. Der damit gegebene kirchliche Rahmen war einer Entfaltung persönlicher, individueller Frömmigkeit nicht günstig. Die Situation änderte sich mit der Ende des 18. Jahrhunderts einsetzenden religiösen Aufklärung, die das allgemeine gesellschaftliche Leben, vor allem auf der Insel Rügen, nachhaltig geprägt hat. Die Zeit der weithin von der rügischen Geistlichkeit getragenen Aufklärung ist für die Kirche in Schwedisch-Pommern die fruchtbarste nach der Reformation gewesen. Sie gehörte zu den Voraussetzungen für jenen Beitrag, den Rügen zur Romantik – bei der Ausprägung der religiösen Malerei (C. D. Friedrich) und durch sensible Rezeption der Schleiermacherschen Theologie – geleistet hat.

Nachdem der letzte Teil von Schwedisch-Pommern, das vorpommersche Gebiet nördlich der Peene, 1815 an Brandenburg/Preußen gefallen war und das ganze Gebiet des Herzogtums Pommern sich als die in mehrere Regierungsbezirke gegliederte Provinz Pommern darstellte, wurde die sich nun gleichfalls wieder zusammenfügende pommersche Kirche als ganze in die kirchliche Entwicklung Preußens hineingezogen. Die pommersche Kirche wurde zu einer Provinzialkirche der sich herausbildenden preußischen Landeskirche. Dabei gewannen die Auseinandersetzungen um Union und Agende, die fast allen nach Pommern herüberschlagenden

---

[2] Einen Überblick zur Geschichte der Theologischen Fakultät in Greifswald bietet *Hans Georg Thümmel* (Mitglied des Lehrkörpers der Sektion Theologie der E. M. Arndt-Universität in Greifswald) in TRE Bd. XIV unter dem Stichwort „Greifswald, Universität".

[3] *R. Berger*, Rechtsgeschichte der schwedischen Herrschaft in Vorpommern, Würzburg 1936; *Kjell å Modeér*: Gerichtsbarkeiten der schwedischen Krone in deutschen Reichsterritorien, Teil I, Voraussetzungen und Aufbau 1630–1657, Stockholm 1975.

religiösen Strömungen zum Vorwand dienten, eine besondere Bedeutung für die weitere Ausbildung der Frömmigkeit.

Nach dem Zweiten Weltkrieg hat sich – im Zusammenhang mit der Umbildung der preußischen Landeskirche, der Kirche der altpreußischen Union, in die förderativ gegliederte Evangelische Kirche der Union – die pommersche Provinzialkirche im Gebiet von Vorpommern, dem zur Deutschen Demokratischen Republik gehörenden Teil der früheren Provinz Pommern, im Jahr 1950 erneut als selbständige Landeskirche konstituiert. Die Evangelische Landeskirche Greifswald gehört zur Evangelischen Kirche der Union und ist eine Gliedkirche des Bundes der Evangelischen Kirchen in der DDR. Im Jahr 1956 trat die Greifswalder Landeskirche, ohne ihre Zugehörigkeit zur Evangelischen Kirche der Union aufzugeben, dem Lutherischen Weltbund bei. Im ökumenischen Rahmen pflegt sie vor allem die Kontakte zur Nordelbischen Kirche und zu den lutherischen Kirchen Skandinaviens. In der Geschichte wirksam gewordene Bezüge finden hier einen neuen, das kirchliche Leben fördernden Ausdruck.

Die territorialkirchengeschichtliche Arbeit und Forschung geschieht in der Arbeitsgemeinschaft Kirchengeschichte der Evangelischen Landeskirche Greifswald. Diese Arbeit ist seit langem eng mit der theologischen Fakultät (Sektion) der Greifswalder Universität (Ernst-Moritz-Arndt-Universität) verbunden.[4] Kontakte zu anderen Einrichtungen, die sich mit den die Territorialkirchengeschichte berührenden Fragen beschäftigen, werden auf- bzw. ausgebaut.

2. *Hinweise auf biographische Darstellungen*

2.1. *Die Generalsuperintendenten*

Der Einfluß der pommerschen Generalsuperintendenten auf die theologische und kirchliche Entwicklung in ihrem Gebiet war groß. Das galt besonders für die vorpommerschen Generalsuperintendenten, die zugleich die erste theologische Professur an der Greifswalder Universität innehatten. Unter ihnen befanden sich bemerkenswerte Persönlichkeiten, von denen einige über Pommern hinaus Bedeutung erlangten. In den Darstellungen ihrer Lebensumstände und ihrer Wirksamkeit haben auch die jeweiligen theologischen und religiösen Strömungen einen Niederschlag erfahren.

Eine Zusammenstellung der vorpommerschen Generalsuperintendenten mit einer Reihe von Lebensdaten und Literaturverweisen bietet Hellmuth Heyden in: „Die Evangelischen Geistlichen des ehemaligen Regierungsbe-

[4] *Norbert Buske*, Zur Geschichte und zu den Aufgaben der Territorialkirchengeschichtsforschung im Gebiet der Evangelischen Landeskirche Greifswald. In: Territorialkirchengeschichte. Entwicklung – Aufgaben – Beispiele. Hg. von der E. M. Arndt-Universität Greifswald, 1984, S. 6–30.

zirkes Stralsund“, hg. vom Evangelischen Konsistorium Greifswald, 1956–1973 (als Manuskript gedruckt), im Abschnitt, der sich mit den Synoden Greifswald-Land und Greifswald-Stadt beschäftigt (1967), S. 131–136. Darüber hinaus gibt es für alle vorpommerschen Generalsuperintendenten ausführliche – naturgemäß unterschiedlich gewichtige – Lebensdarstellungen. Für die Zeit bis zum Beginn des 17. Jahrhunderts bietet Jac. Heinrich Balthasar in seiner Sammlung „Einige zur Pommerischen Kirchenhistorie gehörige Schriften“ Bd. II, Greifswald 1725, die einschlägigen Lebensbeschreibungen.[5] Er geht dabei z. T. ausführlich auf die jeweiligen theologischen Auseinandersetzungen ein. Eine neuere Darstellung und Würdigung hat der vorpommersche Generalsuperintendent „D. Johann Friedrich Mayer, Prof. Prim. der Theologie, Prokanzler der Universität Greifswald etc. (1701–1712)“ durch William Nagel erfahren.[6] Nagel kommt in seinem Aufsatz abschließend zu folgendem Urteil: „Die Nachwirkungen des Lebenswerkes Johann Friedrich Mayers verhinderten, daß die Auswirkungen des Pietismus in Greifswald jemals stärker hervortraten... ein ganz neues Kapitel in der Geschichte der theologischen Fakultät beginnt erst mit der Wirksamkeit Hermann Cremers, dessen Gestalt und Leistung in manchen Zügen Erinnerungen an Joh. Friedrich Mayer wachruft.“[7] Dem mittelbaren[8] Nachfolger Mayers wurde bereits im 19. Jahrhundert eine umfangreiche Schrift gewidmet: „Sammlung etlicher Nachrichten aus der Zeit und dem Leben des D. Albr. Joach. v. Krakevitz... veranstaltet durch C. E. F. Dalmer“, Stralsund 1862. Unter Krakevitz begann sich eine gewisse Lockerung der lutherischen Orthodoxie in Schwedisch-Pommern abzuzeichnen. Die Sammlung Dalmers enthält aufschlußreiches Material zu den pietistischen Streitigkeiten in Pommern. Geistesgeschichtlich wichtiger als die Auseinandersetzungen um Pietismus und Orthodoxie wurden für Vorpommern die Einflüsse der religiösen Aufklärung. Es ist deshalb verdienstvoll, daß Günther Ott[9] die Aufmerksamkeit auf einen weiteren vorpommerschen Generalsuperintendenten gelenkt hat: „Gottlieb Schlegel, der Greifswalder Lehrer Ernst Moritz Arndts, und die Aufklärungstheologie seiner Zeit.“[10]

Für Hinterpommern ist die Situation nicht so günstig. Hier bietet Ernst

---

[5] Fortgesetzt in seiner Vermischten Sammlung von allerhand gelehrten und nützlichen Sachen, so bisher unter dem Namen des Greifswaldischen Wochenblatts ausgefertigt wurden, Greifswald 1744, Nr. 4, S. 55, 277, 390–397, *Diedrich Hermann Biederstedt's* Beyträge zur Geschichte der Kirchen und Prediger in Neuvorpommern , Greifswald 1818–1820, 4. Teil (1819), S. 9.

[6] In: Festschrift zur 500-Jahrfeier der Universität Greifswald, 1956, Bd. II, S. 34–47.

[7] Ebenda S. 45.

[8] Krakevitz wurde bereits 1715 berufen, konnte aber sein Amt wegen der dänischen Wirren erst 1721 antreten.

[9] Vorsitzender der Arbeitsgemeinschaft Kirchengeschichte der Ev. Landeskirche Greifswald von 1971–1980.

[10] In: Wissenschaftliche Zeitschrift der Ernst-Moritz-Arndt-Universität Greifswald, Jg. XXIV (1975, erschienen 1977), Gesellschafts- und sprachwissenschaftliche Reihe Nr. 4, S. 219–229.

Müller, „Die Evangelischen Geistlichen Pommerns von der Reformation bis zur Gegenwart" Bd. II, Stettin 1912, S. 557–571 einen relativ knappen, zur Orientierung allerdings sehr nützlichen Überblick über die einzelnen (General)superintendenturen und deren Inhaber im Anschluß an ein älteres Manuskript, das allerdings zahlreiche biographische Daten enthält.

Die pommerschen Generalsuperintendenten seit der Zusammenfügung der pommerschen Kirche in der das ganze frühere Herzogtum umfassenden preußischen Provinz Pommern haben in: „Die Kirche in Pommern. Auftrag und Dienst der evangelischen Bischöfe und Generalsuperintendenten der pommerschen Kirche von 1792–1919" durch Gerhard Bloth eine die theologischen und religiösen Strömungen detailliert darstellende Behandlung erfahren.[11] Die unter ihnen herausragende Gestalt ist Georg Carl Benjamin Ritschl (1783–1858).

2.2. *Weitere Geistliche und mit der kirchlichen Arbeit eng verbundene Persönlichkeiten*

Hier sind zunächst die bereits erwähnten Nachschlagewerke von Diedrich Hermann Biederstedt[12] und Hellmuth Heyden (2.1.) für Vorpommern sowie Hans Moderow / Ernst Müller[13] für Hinterpommern zu nennen. Biederstedt bietet neben historischen Nachrichten Hinweise auf Veröffentlichungen der Geistlichen und viele persönliche, die Lebensleistungen würdigende Bemerkungen. Im vierten Teil seiner Zusammenstellung finden sich außerdem „In Auszügen gebrachte Actenstücke als Beyträge zur Geschichte der Veränderungen des Geschmacks im Predigen zu Greifswald. Ein Versuch"[14].

Es ist ferner auf die „Pommerschen Lebensbilder", die den Zeitraum vom 17. Jahrhundert bis zum Beginn des Zweiten Weltkrieges berücksichtigen, zu verweisen.[15] In 141 meist kürzeren Biographien werden Persönlichkeiten vorgestellt, die aus Pommern stammten bzw. eine besondere Bedeutung für Pommern gewannen. Neben den für die kirchliche Entwicklung unmittelbar wichtig gewordenen Personen verdient eine Reihe weiterer Personen im Blick auf ihre kirchlichen Stellungnahmen und Bindungen bei der Erfassung des kirchlichen, frömmigkeitsgeschichtlichen Umfeldes Beachtung. Dabei sind die Oberpräsidenten, die z. T. sehr nachdrücklich auf das geistig-kultu-

[11] In: Veröffentlichungen der Historischen Kommission für Pommern, Reihe V, Forschungen zur pommerschen Geschichte, Heft 20, Köln, Wien 1979 (als Bd. V der „Pommerschen Lebensbilder").

[12] S. Anm. 5.

[13] Die Evangelischen Geistlichen Pommerns von der Reformation bis zur Gegenwart. Auf Grund des Steinbrück'schen Manuskriptes, 2 Bde, Stettin 1903 und 1912.

[14] S. 153–164.

[15] Hg. von der Landesgeschichtlichen Forschungsstelle (Historische Kommission) für Pommern, 4 Bde, 1934–1966 (vgl. a. Anm. 11).

relle Leben in der Provinz einzuwirken versuchten, nicht zu vergessen. Weitere biographische Darstellungen und Hinweise bieten die „Baltischen Studien“, das Jahrbuch der Gesellschaft für pommersche Geschichte, Altertumskunde und Kunst.[16]

Einzelne Namen werden in ihrem thematischen Bezug genannt (3.). Auf Hinweise zu besonders hervorgehobenen Persönlichkeiten, die ihre Würdigung im überregionalen Bereich erfahren – wie Joh. Joach. Spalding und der mit ihm verbundene Kreis sowie Friedrich Schleiermacher mit dem rügischen Kreis um Ernst Moritz Arndt – kann hier verzichtet werden.[17]

3. *Hinweise auf thematische Darstellungen*

3.1. *Auseinandersetzungen zum Bekenntnisstand während des 17. und 18. Jahrhunderts und erste Ansätze religiöser Toleranz*

Eine zusammenfassende, von Polemik nicht freie Darstellung zum Bekenntnisstand in Pommern gibt Karl Wieseler: „Geschichte des Bekenntnisstandes der lutherischen Kirche Pommerns bis zur Einführung der Union. Zugleich ein Beitrag zur Urgeschichte des Luthertums. Mit Erörterungen über zwei wichtige Beschlüsse der außerordentlichen Pommerschen Provinzialsynode“, Stettin 1870. Auf einen speziellen Abschnitt der konfessionellen Auseinandersetzungen geht Hellmuth Heyden ein: „Der Kampf zwischen Luthertum und Reformiertentum während des 17. Jahrhunderts und seine Rückwirkungen auf die Politik“, Bl. f. KG.P’s 13 (1936), S. 8–34. Von Interesse ist in diesem Zusammenhang „Ein Gutachten der Stettiner Theologen zum schwedisch-pommerschen Bündnis von 1630“, Bl. f. KG.P’s 10 (1932), S. 3–18, das von Wolfram Schulze dargestellt wird. Zu verweisen ist hier ferner auf Hermann Klaje: „D. Johann Colberg, Pastor in Kolberg und Professor in Greifswald. Ein Lebensbild aus der Zeit der synkretistischen

16 Zugleich Mitteilungsorgan der Historischen Kommission für Pommern. Geschäftsstelle der Gesellschaft: Marburg/Lahn.

17 Es liegen natürlich auch einige Arbeiten pommerscher Kirchen- und Literaturhistoriker zu diesen Personenkreisen vor. Als Beispiele seien Veröffentlichungen aus dem Arndtschen Briefwechsel durch *Erich Gülzow* genannt u. a. „Ernst Moritz Arndts Briefe an eine Freundin“, Stuttgart und Berlin 1928; *Günther Ott*, Ernst Moritz Arndt, Religion, Christentum u. Kirche in der Entwicklung d. dt. Publizisten und Patrioten, Bonn (Düsseldorf) 1966; *Gustav Erdmann*, Ernst Moritz Arndt, Freiheitssänger und Patriot. Zum 100. Todestag ... Hg. vom Kulturhistorischen Museum Stralsund u. a., Putbus 1960 und der dazugehörige Katalog der Gedenkaustellung im Kulturhistorischen Museum Stralsund; *Manfred Herling/Horst-Diether Schroeder*, Ernst Moritz Arndt 1769–1969, Katalog der Ausstellung der Ernst-Moritz-Arndt-Universität Greifswald zum 200. Geburtstag Ernst Moritz Arndts, Putbus 1969. Zu Johann Joachim Spalding sei auf *Hans Nordmann*, Leben und Werke des J.J. Spalding. In: Blätter für Kirchengeschichte Pommerns (im folgenden: Bl. f. KG. P’s) 13 (1936), S. 34–70 hingewiesen. Nordmann verweist dabei u. a. auf „Einzelne, sonst nicht faßbare, wohl archivarische Nachrichten bei *H. Petrich*, Pommersche Lebensbilder I, S. 237 ff., Hamburg 1880“.

Streitigkeiten des 17. Jahrhunderts“, B. f. KG.P’s 18 (1938), S. 104–200.[18] Auch ein Beitrag von Theodor Wotschke: „Zum Stettiner Gebetsstreite“, Pom Jb. 19 (1918), S. 77–127, in dem es – übrigens nicht zum ersten Mal – um die in den Kirchengebeten formulierte Verdammung der „Papisten, Calvinisten und anderen Rottengeistern“ ging, gehört in diesen Zusammenhang. Der Streit hatte angesichts der Eroberung Stettins 1677 durch den zum reformierten Bekenntnis gehörenden brandenburgischen Kurfürsten, Friedrich Wilhelm, und der von ihm verfolgten Kirchenpolitik, der Tolerierung der Reformierten, an Aktualität gewonnen.

Die Wirksamkeit reformierter Prediger in Hinterpommern begann 1657 mit der Berufung eines Hofpredigers in Stargard. Im Verlauf des 18. Jahrhunderts hatten sich in den größeren hinterpommerschen Städten und bei der Erschließung der Ueckermünder Heide, vor allem im Zusammenhang mit der Ansiedlung von Hugenotten und Pfälzern, elf reformierte Gemeinden gebildet. Einen Überblick über die reformierten Gemeinden in Hinterpommern bietet Ernst Müller: „Historische Nachrichten von den evangelisch-deutsch und französisch-reformierten Gemeinden, Kirchen und Predigern in Pommern.“[19] In Schwedisch-Pommern kam es dagegen, trotz der vereinzelten Einwanderung Reformierter, auf Grund des dort vertretenen lutherischen Ausschließlichkeitsanspruchs nicht zur Bildung reformierter Gemeinden.

Neben den innerprotestantischen Auseinandersetzungen und der sich entwickelnden Toleranz gegenüber den Reformierten in Hinterpommern ist die Rekatholisierung einiger Teile Pommerns zu berücksichtigen. Sie ist von Fritz Bahr in seiner „Kirchengeschichte des Landes Draheim“, Bl. f. KG.P’s 4 (1930), S. 3–32 und 5 (1930), S. 3–79, dargestellt worden. Georg Gudelius beschäftigte sich mit den entsprechenden Vorgängen im östlichen Pommern: „Die Wiederherstellung des Katholizismus in den Landen Lauenburg und Bütow nach 1637“, Bl. f. KG.P’s 19 (1939), S. 3–23 und 20/21 (1939), S. 17–34. Erste Ansätze einer Toleranz gegenüber den Katholiken in den lutherischen Landesteilen Pommerns begannen sich 1717 in Stettin mit der Erlaubnis, den katholischen Soldaten die Sakramente zu reichen, abzuzeichnen. Einzelheiten zum weiteren Verlauf dieser Entwicklung bietet Johann Allendorf: „Religiöse Heimatkunden. Geschichte der katholischen Kirche in Pommern“, 1930.[20]

---

[18] Gleichzeitig erschienen in: Baltische Studien (im folgenden: B.St.) NF 40 (1938), S. 103–200.

[19] S. Anm. 13; S. 536–556.

[20] Vgl. a. Festschrift zur Ottofeier zu Stettin am 28., 29. und 30. Juni 1924 (ohne Verfasserangabe).

3.2. *Auseinandersetzungen mit dem Pietismus und dessen Einfluß; Einfluß der Herrnhuter Brüder*

Zu den frühesten Arbeiten, die sich nicht an Hand der Lebensgeschichte einzelner vorpommerscher Generalsuperintendenten, sondern thematisch der Darstellung des Pietismus in Pommern zuwandten, gehören die Beiträge von H. Lother: „Pietistische Streitigkeiten in Greifswald", Gütersloh 1925, und Theodor Wotschke: „Der Pietismus in Pommern", Bl. f. KG.P's 1 (1928), S. 12–58 und 2 (1929), S. 24–75.[21] Zum Verständnis der Situation in Schwedisch-Pommern und der konfessionellen Verhärtung in diesem Gebiet ist eine Darstellung von Heinrich Laag[22] hilfreich: „Die Bedeutung Friedrichs I.[23] für die Entwicklung der Kirche in Schwedisch-Pommern", Bl. f. KG.P's 4 (1930), S. 33–59. Eine in manchem interessante Gegenüberstellung zu den Verhältnissen in Schwedisch-Pommern bietet das Lebensbild eines hinterpommerschen Pastors, das Erich Winguth entwarf: „Der Rower Pastor Johannes Jarcken Gustowski, der Großvater des Generalfeldmarschalls Grafen Yorck v. Wartenburg", Bl. f. KG.P's 10 (1932), S. 18–38. In vielen weiteren Fällen – oft noch deutlicher – wird der Einfluß aus Halle an der Lebensgeschichte und der Wirksamkeit hinterpommerscher Pastoren darstellbar sein. Friedrich Wilhelm I. hatte 1736 angeordnet, daß Theologen nur dann auf eine Anstellung in Preußen rechnen könnten, wenn sie mindestens zwei Jahre in Halle studiert hatten.[24]

Den neuesten Überblick über den Pietismus in Pommern bietet Hellmuth Heyden in seiner zweibändigen „Kirchengeschichte Pommerns", Köln-Braunsfeld 1957, S. 133–140. Das gilt auch für die mit dem Pietismus geistverwandte, von ihm jedoch zu unterscheidende Bewegung der „Herrnhuter Brüder" (ebenda). Sie fand nicht nur in Hinterpommern, sondern auch in Vorpommern Eingang. Es ist in mehrfacher Hinsicht bemerkenswert, daß sich Nikolaus Graf von Zinzendorf 1734 vom Geistlichen Ministerium in Stralsund, das als „orthodox" bekannt war, examinieren ließ. Andererseits stießen die Herrnhuter in Stettin auf besonderen Widerstand. Sie schlossen sich dort später der französisch-reformierten Gemeinde an.[25]

---

21 Mit diesem Beitrag wurden die Bl. f. Kg. P-s eröffnet.

22 Heinrich Laag war Geistlicher der pommerschen Kirche und vertrat seit 1922 etliche Jahre das Fach Territorialkirchengeschichte an der Greifswalder Universität.

23 Friedrich I., König von Schweden (1720–1751, seit 1730 auch Landgraf von Hessen), heiratete 1715 Ulrika Eleonora, die 1718 nach dem Tode ihres Bruders, Karl XII., zur schwedischen Königin gewählt wurde, aber 1720 der Krone entsagte.

24 *Heyden*, KG II, S. 140 (s. 4.).

25 *Hellmuth Heyden*, Die Kirchen Stettins und ihre Geschichte, Stettin 1936, S. 200ff.

3.3 Zur religiösen Aufklärung

Auch hier ist wieder auf einen Aufsatz von Hellmuth Heyden aufmerksam zu machen: „Zur Geschichte der Aufklärung in Pommern". [26] Dabei verdient die Insel Rügen besondere Beachtung. Jakob Grümbke gelangte 1819 zu der Feststellung: „Die Prediger Rügens... gehören zu den aufgeklärtesten Männern des Landes und einige sind rühmliche Gelehrte..." [27] Eine Durchsicht der Leistungen, die rügische Pastoren auf den verschiedensten Wissenschaftsgebieten erbrachten, bestätigt diese Aussage. Auf Spalding und den mit ihm verbundenen Kreis ist bereits aufmerksam gemacht worden (2.2.). Für Hinterpommern ist beispielhaft auf den Stettiner Geistlichen „Ludwig Wilhelm Brüggemann (1745–1817)" zu verweisen. Hellmuth Heyden widmete ihm eine biographische Darstellung. [28] Nach Heydens Beurteilung gehörte Brüggemann „zu den namhaftesten Vertretern der Aufklärung und den protestantischen Geistlichen, welche Aufklärung und Rationalismus in der tätigen, schöpferischen Teilnahme am geistigen Leben ihrer Zeit praktizierten". [29]

In diesem Zusammenhang ist auch an die Bemühungen um die Aufhebung der Leibeigenschaft auf Rügen zu erinnern. Der rügische Präpositus Picht hob sie in seinem Zuständigkeitsbereich bereits 1773 auf. Vor allem aber muß die Schrift von Ernst Moritz Arndt: „Versuch einer Geschichte der Leibeigenschaft in Pommern und Rügen", Berlin 1803, genannt werden. Ein Verweis auf die Bemühungen um das Schulwesen – vor allem auf den Einsatz des vorpommerschen Generalsuperintendenten Gottlieb Schlegel (2.1.) – läßt sich hier anschließen.

In der älteren Literatur wird dem Rationalismus und der Aufklärung ein erheblicher Schuldanteil an der Unkirchlichkeit im vorpommerschen Bereich zugewiesen. Eine solche Beurteilung übersieht die für die Mehrheit der Bevölkerung erbärmliche soziale Lage und manche andere gesellschaftspolitische Hintergründe. Ihr mangelt es an Verständnis für gesellschaftliche Leistungen der Kirche, die nicht aus der Gemeindefrömmigkeit erwachsen. Der eigentliche Durchbruch für eine sachgerechte Würdigung der religiösen Aufklärung in Pommern ist trotz der genannten, in diese Richtung zielenden Arbeiten noch nicht erfolgt.

---

[26] In: *Hellmuth Heyden*, Neue Aufsätze zur Kirchengeschichte Pommerns. Veröffentlichungen der Historischen Kommission für Pommern Reihe V, Heft 12 (1965), S. 142–177.

[27] Ebenda, S. 147.

[28] In: Pommersche Geistliche vom Mittelalter bis zum 19. Jahrhundert; Veröffentlichungen der Historischen Kommission für Pommern, Reihe V, Heft 11 (1965), S. 180–211. Diese Darstellung geht beträchtlich über die biographische Skizze in den „Pommerschen Lebensbildern", Bd. III, hinaus (s. Anm. 15).

[29] Ebenda, S. 183.

3.4. *Zu den Einflüssen der Romantik auf das kirchliche Leben*

Auf die Beziehungen Schleiermachers zu Pommern und Rügen, die im Zusammenhang mit seiner Biographie und Wirksamkeit wiederholt behandelt wurden, ist bereits hingewiesen worden (2.2.). Hier ist zunächst auf jenen Bereich der Romantik aufmerksam zu machen, der seinen Niederschlag in der religiösen Landschaftsmalerei gefunden hat und zu Vorstellungen und Formen einer sich parallel zur Kirche ausbildenden, von der Kirche nie mehr ganz integrierten Frömmigkeitsentwicklung führte. Der Ausgangspunkt dieser Entwicklung wird im Wirken des Altenkirchner Pfarrherrn, des Dichters Gotthard Ludwig (Theobul) Kosegarten (1758–1818), deutlich. Als Theologe war er trotz allem naturwissenschaftlichen Interesse eher konservativ und als Dichter bei aller, dem Zeitgeschmack verpflichteten poetischen Begeisterung ein realistischer Beobachter. Aufmerksam zu machen ist hier im Blick auf seine Dichtungen auf einen Aufsatz von Bruno Marquard: „Greifswalder Dozenten als Dichter, zur Würdigung E. M. Arndts und G. L. Kosegartens“.[30] Eine weitere Beschäftigung mit Kosegarten zeichnet sich ab.[31] Dem Einfluß Kosegartens auf Caspar David Friedrich wird im Rahmen der kunstgeschichtlichen Forschung nachgegangen. Für die religiösen Strömungen der Romantik im Umfeld der bildenden Künste ist hier auf die beiden „Greifswalder Romantik-Konferenzen“, 1974 und 1979, die sich zwangsläufig – naturgemäß oft nur am Rande – mit diesen Gesichtspunkten beschäftigten, hinzuweisen.[32]

Interesse verdient in diesem Zusammenhang die bisher noch nicht genauer untersuchte Entwicklung der Gottesdienste im Freien, die in der später für das 19. Jahrhundert bezeichnenden Art mit den Ufergottesdiensten Kosegartens am Ende des 18. Jahrhunderts beginnen und ihre Weiterentwicklung – vor allem im zweiten Drittel des 19. Jahrhunderts – in den Waldgottesdiensten und der Einrichtung von „Waldkirchen“ und Außenkanzeln erfahren. Diese aus der Romantik erwachsenen Frömmigkeitsformen verbanden sich mit patriotischer Gesinnung und bildeten einen wesentlichen Teil des Hintergrundes für den Gemeindebezug der sich bildenden Missionsgesellschaften. Auch die Bemühungen der Missionsgesellschaften entwickelten sich anfangs neben der Kirche. Sie konnten erst im weiteren Verlauf in die

30 In: Festschrift zur 500-Jahrfeier der Universität Greifswald, 1956, Bd. I, S. 227–260.

31 Im Verlagsprogramm der Evangelischen Verlagsanstalt Berlin ist für 1988 die Herausgabe der Uferpredigten Kosegartens vorgesehen.

32 1. Greifswalder Romantik-Konferenz anläßlich der Caspar David Friedrich-Ehrung in der Deutschen Demokratischen Republik 1974, Sonderband der Wissenschaftlichen Zeitschrift der Ernst-Moritz-Arndt-Universität Greifswald; 2. Greifswalder Romantik-Konferenz „Philipp Otto Runge im Umkreis der deutschen und europäischen Romantik“, Wissenschaftliche Zeitschrift der E. M. Arndt-Univ. Greifswald, Gesellschafts- und sprachwissenschaftliche Reihe, Jg. XXVIII (1979), Heft 1 und 2. Dabei ist in mancher Hinsicht aufschlußreich, wie die vielen in diesen Dokumentationsbänden zu Worte kommenden marxistischen Kunsthistoriker und Künstler die gegebenen religiösen Bezüge behandeln.

Gemeindearbeit, nicht jedoch in die kirchliche Organisation und Administration eingegliedert werden.[33]

Es ist ferner auf die speziellen Diskussionen und Forschungen zu C. D. Friedrich im Blick auf seine Beteiligung und seine Anteilnahme bei großen Kirchenrenovierungen (die Marienkirche in Stralsund, die Nikolaikirche in Greifswald) aufmerksam zu machen. Sie haben auf Grund der vor einigen Jahren begonnenen Restaurierungsarbeiten am Dom St. Nikolai in Greifswald und dessen Neugestaltung entsprechend der sich wandelnden kirchlichen und gemeindlichen Vorstellungen an Aktualität gewonnen.[34]

In diesem Zusammenhang ist auch ganz allgemein auf die Leistungen des 19. Jahrhunderts beim Kirchenbau zu verweisen. Vor allem die zweite Hälfte des 19. Jahrhunderts kann im Blick auf den Umfang der Kirchbautätigkeit dem Mittelalter an die Seite gestellt werden. Das gilt nicht nur für die sorgfältigen Sicherungen und Wiederherstellungen zahlreicher mittelalterlicher Kirchen, sondern auch für die Neubauten.[35] Die dabei deutlich werdenden Baugedanken sind bisher kaum verstanden, geschweige denn genauer untersucht und gewürdigt worden. In der Kirchbautätigkeit des 19. Jahrhunderts, die naturgemäß vor allem im Rahmen der kirchlichen Administration verantwortet wurde, steht den individuellen und gemeindlichen Frömmigkeitsäußerungen eine Leistung gegenüber, die bei der Beurteilung des Verhältnisses von Gemeindefrömmigkeit und Kirchenorganisation sachgerechte Berücksichtigung finden muß. Mit dem Kirchenbau war es der kirchlichen Administration im Gegensatz zur Frömmigkeitsentwicklung gelungen, Impulse der Romantik aufzugreifen und fruchtbar zu machen.

Im Blick auf die höchst aktuellen Fragen der Erhaltung der Kirchengebäude ergeben sich auch für die Territorialkirchengeschichtsforschung beträchtliche Aufgaben. Das Mißverständnis, daß mit der Übernahme bestimmter Stilformen des Mittelalters im Kirchenbau eine Restauration des Mittelalters erfolgt sei, bestimmt bei vielen Pfarrern noch immer die negative Beurteilung der Neogotik, vor allem bei der Kirchenausstattung. Die Beseitigung neogotischer Kirchenausstattung seit den 50er Jahren signalisiert ein erschreckendes kirchliches und theologisches Unvermögen beim Erkennen von geistes- und kulturgeschichtlichen Zusammenhängen, die außerhalb des kirchlichen Bereichs verwurzelt sind.[36]

---

[33] Erste Ansätze zu Überlegungen in dieser Richtung bieten die entsprechenden Abschnitte in dem von *Werner Hofmann* herausgegebenen Katalog der Ausstellung in der Hamburger Kunsthalle „Luther und die Folgen für die Kunst“ 1983/84. Weiteres für die Erhellung der Zusammenhänge wichtiges Material kann der kirchlichen Entwicklung auf der Insel Rügen entnommen werden.

[34] Eine Veröffentlichung zur Domrestaurierung wird von der Greifswalder Landeskirche vorbereitet.

[35] Als Beispiel für eine Bauleistung des 19. Jh. von überregionaler Bedeutung sei hier auf den Demminer Kirchturm verwiesen.

[36] Die Ev. Landeskirche Greifswald bemüht sich mit ihrem Gesetz zum Schutz des kirchlichen Kunst- und Kulturgutes über die Fachgruppe für kirchliches Kunst- und Kulturgut auch

3.5. *Auseinandersetzungen um Union und Agende; die altlutherische Kirche*

Eine zusammenfassende Darstellung hierzu bietet wiederum Hellmuth Heyden: „Zur Geschichte der Kämpfe um Union und Agende in Pommern" und „Aktenstücke zur Geschichte der Kämpfe um Union und Agende in Pommern".[37] Bemerkenswert ist in diesem Zusammenhang eine bezeichnende, allerdings kaum wirksam gewordene Rückbesinnung auf „Die Pommersche Kirchenordnung und Agende... von 1535, 1542 und 1563", die vom damaligen Superintendenten in Naugard, Karl Wilhelm Otto, dem Führer der sogenannten Vereinslutheraner, neu herausgegeben wurde (Naugard 1854).[38]

Auch das Entstehen der altlutherischen Kirche gehört zu den sehr differenzierten Strömungen bei den Auseinandersetzungen um Union und Agende. Heinrich Laag hat an Hand der Konsistorialakten die „Entwicklung der altlutherischen Kirche in Pommern bis zur Mitte des 19. Jahrhunderts" Pom. Jb. 23 (1926), S. 37–108, dargestellt.[39] Zu den Selbstdarstellungen aus diesem Bereich gehört Fr. Willer: „Die evangelisch-lutherisch-separierte Kirchen-Gemeinde, ihre Entstehung und Fortgang", Stolp 1932.[40] In der Regel wird die altlutherische Kirche parallel und im Zusammenhang mit der Erweckungsbewegung im 19. Jahrhundert behandelt. Die Angaben im folgenden Abschnitt sind deshalb ebenfalls zu berücksichtigen. Inzwischen hat auch „Die Auswanderung der pommerschen Altlutheraner in die USA – Ablauf und Motivation 1839–1843" durch Lieselotte Clemens (Hamburg 1976) eine Darstellung erfahren.

3.6. *Die Erweckungsbewegung im 19. Jahrhundert*

Eine erste, die Parteinahme nicht verleugnende Darstellung fand die Erweckungsbewegung im 19. Jahrhundert bei Hermann Theodor Wangemann: „Geistiges Regen und Ringen am Ostseestrande", Berlin 1861.[41] Hier werden die Entwicklung im hinterpommerschen Dorf Seehof und der Kreis um v. Below ausführlich geschildert. Den Triglaffer Kreis stellt Hermann Petrich dar: „Adolf und Henriette von Thadden und ihr Triglaffer Kreis. Altes und Neues zur Geschichte pommerscher Frömmigkeit", Bl. f. KG. P's

---

im Blick auf die Erhaltung der Kirchenausstattung aus dem 19. Jahrhundert auf die Gemeindekirchenräte einzuwirken. Die Greifswalder Landeskirche ist bisher die einzige Landeskirche in der DDR, die sich ein solches gesetzliches Instrumentarium geschaffen hat.

[37] ZKG 69 (1958), S. 287–323 und 70. Jg. (1959), S. 231–252.

[38] Weitere Zusammenhänge bietet *Bloth* (2.1.), Anm. 11.

[39] Dieser Aufsatz ist auch als Sonderdruck erschienen.

[40] Willer war Vorsitzender der Stolper separierten Gemeinde.

[41] Selbständiger Nachtrag zu *Wangemanns* „Sieben Bücher Preußischer Kirchengeschichte", Berlin 1861. Er leitete die „Monatsschrift für die evangelisch-lutherische Kirche Preußens" und war einer der Führer der konfessionellen Partei innerhalb der Landeskirche.

6 (1930), S. 34–64, 7 (1931), S. 29–60, 8 (1931), S. 3–39.[42] Hellmuth Heyden zeigt, daß entsprechende Strömungen auch in anderen Gebieten wirksam wurden: „Die separatistische Bewegung in den Kreisen Rummelsburg und Fürstentum", Bl. f. KG P's 17 (1938), S. 28–50.[43] G. Gudelius geht auf „Bismarcks Traupastor Sauer von Alt Kolziglow in seinem Kampf um den Separatismus", Bl. f. KG. P's 22/23 (1940), S. 42–54, ein. Heranzuziehen ist auch Hermann Witte: „Die pommerschen Konservativen, Männer und Ideen 1810–1860", Berlin, Leipzig 1938.

Aufmerksam zu machen ist in diesem Zusammenhang ferner auf die 1985 erschienene Bismarck-Biographie von Ernst Engelberg „Bismarck, Urpreuße und Reichsgründer". Dabei ist nicht nur der spezielle Abschnitt „Der Pietistenkreis in Pommern" (S. 183–206) für die Veranschaulichung bestimmter Frömmigkeitsrichtungen in Pommern von Interesse. Deutlich wird auch die politische Einflußnahme von Persönlichkeiten, die mit der Erweckungsbewegung eng verbunden waren. Genannt sei hier nur der in Hinterpommern beheimatete und begüterte konservative Politiker Hans Hugo von Kleist-Retzow, der bereits mit 36 Jahren zum Oberpräsidenten der Rheinprovinz berufen wurde, seinen Platz jedoch acht Jahre später räumen mußte, weil er politisch untragbar geworden war. An Kleist-Retzow wird beispielhaft manches – was sonst kaum herausgestellt wird – von der patriarchalisch, gutsherrschaftlich geprägten Erweckungsbewegung Hinterpommerns deutlich. Trotz der gemeinschaftlichen Gebetsstunden von Gutsherren und Gutsarbeitern vergaßen die Herren niemals die Standesunterschiede. Es ging im Rahmen dieser Frömmigkeit nicht um eine Weiterentwicklung der bestehenden Verhältnisse, sondern um eine durch persönliche Frömmigkeit zu erzielende Entschärfung der sozialen Spannungen und damit um die Stabilisierung alter Privilegien und Abhängigkeiten. Politischer Unverstand – auf Grund eines gutsherrlich durch Eigeninteressen eingeschränkten Blickfeldes – gepaart mit persönlicher Lauterkeit und ehrlicher Absicht zur tätigen Nächstenliebe führte in dieser eigentümlichen Mischung trotzdem zu höchst respektablen Leistungen auf dem Gebiet der Inneren Mission. Kleist-Retzow gründete Rettungs- und Krankenhäuser und gehörte zu den besonderen Förderern der Berliner und der Stettiner Stadtmission. Man bemühte sich, Wunden zu verbinden, ohne sachgerecht und gezielt nach den Ursachen für die sozialen Wunden zu fragen. Es ist an der Zeit, das politisch soziale Bezugsfeld der hinterpommerschen Erweckungsbewegung kirchlicherseits aufzuarbeiten. Engelberg bietet zahlreiche Hinweise und Anknüpfungspunkte.

Eine vom Provinzialverein für Innere Mission in Pommern herausgegebene Zusammenstellung „Bilder aus dem kirchlichen Leben und der christli-

---

[42] Zugleich erschienen in: Forschungen zur Kirchengeschichte Pommerns, Bd. 2, dort mit Abbildungen.

[43] Zu vergleichen ist hier auch: *Hellmuth Heyden*, Die Erweckungsbewegung im 19. Jahrhundert. In: Der Kreis Rummelsburg. Ein Heimatbuch (1938).

chen Liebestätigkeit in Pommern", Stettin 1895, enthält zahlreiche biographische Darstellungen und Würdigungen einzelner, im Zusammenhang mit der Erweckungsbewegung bekannt gewordener Geistlicher und zu ihrem Freundeskreis gehörender Persönlichkeiten. Genannt seien hier: der Pastor Gustav Knak, der Dichter des immer noch von älteren Gemeindegliedern gern gesungenen Liedes „Laßt mich gehen, laßt mich gehen, daß ich Jesum möge sehen…"[44], der Kamminer Superintendent und Pastor Karl Meinhold, eine der führenden Persönlichkeiten im Lutherischen Verein, der seine Konferenzen anfangs in Naugard, später in Kammin hielt.[45] Die Zusammenstellung des Provinzialvereins enthält aber nicht nur Darstellungen aus dem hinterpommerschen, sondern auch aus dem vorpommerschen Bereich. Behandelt werden der auf Rügen, bei Greifswald und später im Kreis Demmin wirkende Pastor Magnus Böttger und die mit ihm verbundene Wieker (Gützkow) Konferenz[46], Karl Reinhold Graf von Pansevitz/Rügen, zeitweilig Regierungspräsident und Förderer der Inneren Mission[47], Friedrich Graf von Bismarck-Bohlen, Karlsburg bei Greifswald, Mitglied des Johanniter Ordens, längere Zeit Präsident der evangelischen Allianz, Förderer des pommerschen Gebetsbundes und der Schriftenmission[48], und der Superintendent und Pastor August Rübesamen, viele Jahre Präses der pommerschen Provinzialsynode.[49] Ferner wird – das ist für diese Zusammenstellung bezeichnend – der Generalsuperintendent Albert Sigismund Jaspis (2.1.; Anm. 11) genannt. Auch Hans Hugo von Kleist-Retzow findet hier seine Würdigung.[50]

Doch nicht nur die lutherische Kirche, auch die reformierten Gemeinden in Pommern hatten Anteil an der Erweckungsbewegung. Das Lebensbild des Predigers an der französisch reformierten Gemeinde in Stettin, Rudolf Palmié[51], das gleichfalls in dieser Zusammenstellung gegeben wird, ist ein Beispiel dafür.

3.7. *Zur Mission und Diakonie*

Die Bemühungen um die Äußere und vor allem um die Innere Mission, die sich zunächst neben der offiziellen Kirchlichkeit entwickelten, waren anfangs mit dem Einfluß der Herrnhuter Brüder (3.2.) und später mit der Erweckungsbewegung eng verbunden. Die im vorhergehenden Abschnitt

[44] Zunächst in Wusterwitz, Synode Dramburg, später in Berlin, gest. 1878.

[45] Er war der Bruder des durch seinen Roman „Bernsteinhexe" bekannt gewordenen *Wilhelm Meinhold*. Karl Meinhold starb 1888.

[46] Gest. 1881.

[47] Gest. 1892.

[48] Gest. 1894.

[49] Gest. 1893.

[50] Gest. 1892.

[51] Gest. 1858.

behandelte Zusammenstellung „Bilder aus dem kirchlichen Leben…" enthält neben den genannten Biographien auch Darstellungen einiger mit Diakonissenhäusern verbundener Einrichtungen. Einen geschichtlichen Überblick zum Themenbereich „Mission und Diakonie" bietet Johannes Rahn: „Pommersches Missionsleben in zwei Jahrhunderten. Heft 1: Die Anfänge 1715–1834", Greifswald 1924. In den Festschriften zum 50jährigen und zum 100jährigen Bestehen des Provinzialvereins für Innere Mission in Pommern kann die Entwicklung weiter verfolgt werden.[52] Einem speziellen Bezug geht Ernst Poetter nach: „Wichern und die Innere Mission Pommerns", Stettin 1938. An neueren Darstellungen zu einzelnen alten diakonischen Einrichtungen liegen vor: Günther Ott: „Hundert Jahre Diakonissen-Mutterhaus in Bethanien"[53] und Willi Griebenow: „Das Bugenhagen-Stift in Ducherow".[54] Das Beispiel „Ducherow" verdient besonderes Interesse, da es zeigt, wie eng in vielen Fällen die christliche Liebestätigkeit mit den Bemühungen um eine Verbesserung des allgemeinen Bildungswesens verbunden war. Zum Bugenhagen-Stift gehörte eine Lehrerbildungsanstalt.

3.8. *Zu den sozialpolitischen Hintergründen*

Eine Reihe von Pastoren und Gemeindegliedern verstanden die ihnen vor Augen liegende soziale Not als eine Herausforderung ihres Christentums und versuchten, dieser Not im Rahmen christlicher Liebestätigkeit zu steuern. Die sozialpolitischen Bezugsfelder, die Hintergründe der sozialen Not wurden nur in Ausnahmefällen Gegenstand der Betrachtung. Auf die Auseinandersetzung Ernst Moritz Arndts mit der Leibeigenschaft ist bereits hingewiesen worden. (3.3.) Es kann hier ferner „Ein Wort über die steigende Noth des Tagelöhners in Pommern" von dem Gültzer Pfarrer Johann Thilo genannt werden. Sein Beitrag erschien 1821 im zweiten Band der „Pommerschen Provinzialblätter für Stadt und Land", S. 478–504. Thilo stellte die weitere Verelendung der ländlichen Bevölkerung dar, die nach der Aufhebung der Leibeigenschaft einsetzte. Dabei bemühte er sich – neben dem Appell zum Mitleid –, auch die Gründe, die zur Verelendung führten, zu erfassen. Bezeichnend und in mancher Hinsicht beschämend ist dann die durch diesen Bericht ausgelöste Kontroverse.[55] Die vor dem Hintergrund der Befreiungskriege sich vereinzelt auch in kirchlichen Kreisen abzeichnen-

---

52 *Walter Langkutsch*, Geschichte des Provinzialvereins für Innere Mission in Pommern. Festschrift zum 50jährigen Bestehen des Provinzialvereins für Innere Mission in Pommern. 1878–1928, S. 8–66; *Heinz Klatt* (Hrg.): Im Dienst der Liebe. Hundert Jahre Innere Mission der evangelischen Kirche in Pommern, Berlin 1949.

53 Amtsblatt der Evangelischen Landeskirche Greifswald, 1970, S. 21 ff.

54 Herbergen der Christenheit, 1983/84, S. 73–92.

55 Dieser Bericht und die sich anschließenden Kontroversen werden demnächst von der Arbeitsgemeinschaft Kirchengeschichte in einer Untersuchung vorgelegt werden.

de sozialpolitische Verantwortung blieb in Ansätzen stecken und wurde mit der Restauration der politischen Verhältnisse für längere Zeit erstickt. Statt dessen begann sich die von der persönlichen Verantwortung des Einzelnen ausgehende, mit der Erweckungsbewegung oft eng verbundene, keineswegs ausschließlich von ihr getragene christlich geprägte Sozialarbeit zu entfalten. Sie führte zu beeindruckenden Leistungen und Erfolgen. Dennoch ist nicht zu übersehen, daß sich auch in Pommern – vor allem in den größeren Städten und auf den Rittergütern – die kirchliche Entfremdung ausbreitete.

Ein weiteres Nachdenken über die christliche Liebestätigkeit macht deutlich, daß die Entwicklung der Frömmigkeit, ihre Formen und ihre Bedeutung, nicht genügend erfaßt werden kann, wenn sie abgehoben von den sozialen und politischen Hintergründen betrachtet wird. Leider liegen bisher von kirchlicher Seite keine Untersuchungen vor, die diese Hintergründe im Blick haben. Arbeiten aus marxistischer Sicht beschäftigen sich naturgemäß kaum mit den religiösen und moralischen Bezügen, vermitteln jedoch indirekt auch für die Kirchengeschichte wichtige Gesichtspunkte.[56]

3.9. Zum Aufgreifen des Niederdeutschen

Einen speziellen Bereich der Frömmigkeitspflege stellt seit dem letzten Drittel des 19. Jahrhunderts das Aufgreifen der niederdeutschen Sprache dar. Sie war den Menschen auf dem Lande und in den kleineren Städten noch vertraut. Die Pflege des Niederdeutschen findet neuerdings auch in der kirchengeschichtlichen Forschung zunehmend Beachtung. Zu nennen sind hier die Arbeiten von Heinrich Kröger[57]: „Um die plattdeutsche Bibel. Pro und Contra vor 100 Jahren“[58] und „Pommersche plattdeutsche Pastoren“.[59] Vor diesem Hintergrund ist auch Fritz Reuter unter theologischen und kirchlichen Gesichtspunkten behandelt worden. Genannt seien die Arbeiten von Christian Bunners: „Fritz Reuters Auftreten auf dem Protestantentag 1865 im Spiegel der Publizistik“[60] und „Das Bild des Pastors bei Fritz Reuter. Ein theologischer Beitrag“.[61]

Parallel zum Interesse, das seit dem letzten Drittel des 19. Jahrhunderts dem Niederdeutschen im Blick auf die Frömmigkeitspflege zugewandt

---

56 Als Beispiel sei hier genannt: *Rolf Rodigast*, Die Rolle des Landbesitzes in der wirtschaftlichen und sozialpolitischen Entwicklung der Stadt Greifswald während des 17. und 18. Jahrhunderts. In: Hansische Studien IV, Abhandlungen zur Handels- und Sozialgeschichte Bd. 18 (1979), S. 173–180. Weitere Arbeiten von Rodigast zu diesem Thema sind im Greifswald-Stralsunder Jahrbuch abgedruckt. 11 (1977); 13/14 (1982).

57 Mitherausgeber von „Kennung – Zeitschrift für plattdeutsche Gemeindearbeit“, Soltau.

58 In: Vestigia Biblia, Bd. 4, Hamburg 1982, S. 79–96.

59 In: Pommern, 23. Jg. (1985), Heft 3, S. 12–20.

60 In: Territorialkirchengeschichte ... (s. Anm. 4), S. 92–103.

61 In: Kennung, 9. Jg. (1986), Heft 1, S. 21–50.

wurde, richtete sich anläßlich der Reformations- und Bugenhagen-Feiern 1985 in Greifswald die Aufmerksamkeit erneut auch auf die Bedeutung des Niederdeutschen während des 16. Jahrhunderts.[62] Das macht deutlich, wie eng die niederdeutsche Sprachpflege mit der Pflege des lutherischen Erbes verflochten ist. Eine zusammenfassende Darstellung der Sprachsituation des Niederdeutschen bietet Hans Joachim Gernentz: „Niederdeutsch – gestern und heute. Beiträge zur Sprachsituation in den Nordbezirken der Deutschen Demokratischen Republik in Geschichte und Gegenwart", Rostock 1980.[63]

3.10. Zur religiösen Emblematik

Ein neuer, sich rasch ausweitender Forschungsbereich ergibt sich im Blick auf die religiöse Emblematik. Dieser Bildertyp prägte die im 17. und 18. Jahrhundert nach dem Dreißigjährigen und dann nach dem Nordischen Krieg notwendig gewordene Erneuerung der Kirchenausstattung. Aus diesem in der kirchengeschichtlichen Forschung kaum und in der kunstgeschichtlichen Forschung erst vereinzelt behandelten, umfangreichen Material lassen sich Rückschlüsse auf die Verbreitung und Verarbeitung der in emblematischen Bildern verdeutlichten Frömmigkeitsvorstellungen ziehen. Das Verhältnis der Emblematik zur Predigt ist noch genauer zu untersuchen. Deutlich ist jedoch, daß die Emblematik selber für Jahrhunderte eine sicherlich sehr eindrücklich gewesene Bildpredigt war. Dietrich und Christoph Gerhardt stellen im Anschluß an ihre Besprechung von Michael Schillings Buch „Imagines Mundi" die 22 Embleme umfassende Bilderserie in der Kirche von Kummerow vor.[64] Als Vorlage für diese Bilder dienten Johann Arndts Bücher „Vom wahren Christentum". Verwiesen sei auch auf „Die barocke Kanzel der Kirche in Schaprode – ein Zeugnis zwischen Orthodoxie und Pietismus".[65] Die Aufmerksamkeit wird sich künftig auf den Einfluß der „Emblemata sacra", Frankfurt a. M. 1622 und 1624, des Stettiner Theo-

---

62 In der von der Arbeitsgemeinschaft Kirchengeschichte der Ev. Landeskirche Greifswald herausgegebenen Reihe „Bilderserien zur Kirchengeschichte..." wurde auf die niederdeutsche Barther Bibel von 1588 (Nr. 1) und auf den niederdeutschen pommerschen Bilderkatechismus von 1564 (Nr. 4) aufmerksam gemacht. In der Evangelischen Hauptbibelgesellschaft zu Berlin und Altenburg erschien 1985 ein Faksimiledruck des 1586 in Barth gedruckten niederdeutschen Passionals von Johannes Bugenhagen.

63 Zu den speziellen territorialgeschichtlichen Bezügen vgl. *Hellmuth Heyden*, Niederdeutsch als Kirchensprache in Pommern während des 16. und 17. Jahrhunderts. In: Greifswald-Stralsunder Jahrbuch, Bd. 5 (1965), S. 189–210.

64 Daphnis, Zs. f. mittlere dt. Literatur 10 (1981), S. 415–482, mit dem Bildanhang: Embleme aus Kummerow und dem dazugehörigen Erläuterungstext.

65 *Norbert Buske* in: Baltische Studien NF 71 (1985), S. 114–128, mit zahlreichen Abbildungen.

logen Daniel Cramer auf die Bildausstattungen der Kirchen in Pommern richten.[66]

4. *Gesamtdarstellungen, weiteres Material, Archive*

An erster Stelle ist die zweibändige „Kirchengeschichte Pommerns", 2. Aufl., Köln-Braunsfeld 1957, von Hellmuth Heyden[67] zu nennen. Sie enthält sehr viel Material und nennt die Quellen. Hinzuweisen ist ferner auf die „Geschichte Pommerns", 2 Bde, Gotha 1904 und 1906, von Martin Wehrmann.[68] Sie muß immer noch als die bisher beste Geschichtsdarstellung Pommerns gelten. Spezielles Material zu einzelnen Orten bieten: Ludwig Wilhelm Brüggemann: „Ausführliche Beschreibung des gegenwärtigen Zustandes des Kgl. Preuß. Herzogthums Vor- und Hinterpommern", Bd. 1–5, Stettin 1779–1806, und Heinrich Berghaus: „Landbuch des Herzogthums Pommern und des Fürstenthums Rügen", Bd. 1–12, Berlin u. a. 1865–1876. Material zu speziellen Fragen enthält auch die 1765 von Johann Karl Dähnert begonnene, bis 1802 fortgeführte „Sammlung gemeiner und besonderer Pommerscher und Rügischer Landes-Urkunden, Gesetze, Privilegien, Verträge, Constitutionen und Ordnungen", Stralsund. Zur Orientierung nützliche Überblicke über die Archive und ihre Bestände gibt Joachim Wächter[69] in seinen Aufsätzen: „Die Archive im vorpommerschen Gebiet und ihr historisches Quellengut"[70] und „Quellen zur pommerschen Geschichte in ausländischen Archiven".[71]

---

[66] Wir hoffen hier auf weitere Hinweise und Hilfen von der Literaturwissenschaft und Bedeutungsforschung durch Wolfgang Harms.

[67] *Heyden* hatte entscheidenden Anteil an der Belebung und Fortführung der territorialkirchengeschichtlichen Forschung in Pommern. Er war Herausgeber der Blätter für Kirchengeschichte Pommerns, Vorsitzender der sich mit der Territorialkirchengeschichte beschäftigenden „Landesgruppe Pommern der Luthergesellschaft" und Lehrbeauftragter für Landeskirchengeschichte an der E. M. Arndt-Universität Greifswald.

[68] Im Verlag Wolfgang Weidlich 1981 als unveränderter Nachdruck erschienen.

[69] Seit 1981 Geschäftsführer der Arbeitsgemeinschaft Kirchengeschichte der Ev. Landeskirche Greifswald.

[70] Greifswald-Stralsunder Jahrbuch, Bd. 2 (1962), S. 145–164.

[71] Ebenda, Bd. 4 (1964), S. 195–204.

Dietrich Meyer

Pietismusforschung im Rheinland 1965–1985

Eine Übersicht über die jüngsten Forschungen auf dem Gebiet des Pietismus innerhalb der rheinischen Kirche, dem Territorium der alten preußischen Rheinprovinz, mag aus einem doppelten Grunde erwünscht sein. Nach der bedeutsamen und noch heute unentbehrlichen „Geschichte des christlichen Lebens“ von Max Goebel[1] gibt es keine vergleichbare, zusammenfassende Darstellung, die eine zuverlässige Orientierung erlaubte. Allerdings wurden Versuche unternommen, die Arbeit von Goebel fortzusetzen. Vor allem ist durch das grundlegende Buch von Wilhelm Goeters[2] ein entscheidender Neuansatz in einer besonders heiklen Frage, dem Verständnis des Labadismus, gelungen, doch beschränkte sich Goeters auf die Niederlande. Es blieb ihm versagt, seine umfassenden Kenntnisse der rheinischen Zusammenhänge zu Papier zu bringen. So fehlt bis heute eine neuere, dem Forschungsstand entsprechende Zusammenfassung. Nur aus diesem Grunde konnte das sonst völlig veraltete Büchlein von Wilhelm zur Nieden, 1910 veröffentlicht, noch 1981 als Reprint aufgelegt werden.[3] Das war eine Verlegenheitslösung, denn diese Einführung entspricht in keiner Weise dem gegenwärtigen wissenschaflichen Stand, ja ist ein Rückschritt hinter Goebel. Welch beherrschende Stellung das Werk von Goebel bis in die Gegenwart besitzt, mag etwa die jüngste Darstellung der rheinischen Kirchengeschichte durch den Kirchenhistoriker Erwin Mülhaupt[4] aus dem Jahr 1970 belegen, der sich weitgehend auf Goebel verläßt, auch wenn er dessen positive Einschätzung des Pietismus, ähnlich wie schon Albrecht Ritschl[5] in seiner Geschichte des Pietismus, kräftig kritisiert.

---

[1] *Max Goebel*, Geschichte des christlichen Lebens in der rheinisch-westphälischen evangelischen Kirche. Bd. 1–3 Coblenz 1849–1860. Weiterführungen von Goebel sind z. B. *Friedrich Augé*, Dr. med. Samuel Collenbusch und sein Freundeskreis. Neukirchen Bd. 1–2, 1905–1907; *Alexander von der Goltz*, Thomas Wizenmann, der Freund Friedrich Heinrich Jacobi's. Gotha 1859. Vgl. ferner die jüngste populäre Einführung von *Julius Roessle*, Zeugen und Zeugnisse. Die Väter des rhein.-westf. Pietismus. Konstanz 1968.

[2] *Wilhelm Goeters*, Die Vorbereitung des Pietismus in der Reformierten Kirche der Niederlande bis zur Labadistischen Krisis 1670. Leipzig 1911.

[3] *Heinrich W. zur Nieden*, Die religiösen Bewegungen im 18. Jahrhundert und die evangelische Kirche in Westfalen und am Niederrhein. Gütersloh 1910.

[4] *Erwin Mülhaupt*, Rheinische Kirchengeschichte. Von den Anfängen bis 1945. Düsseldorf 1970.

[5] *Albrecht Ritschl*, Geschichte des Pietismus, 3 Bde. Bonn 1880–1886.

Zu dem Fehlen einer Gesamtübersicht kommt als hinderlich hinzu, daß neuere Studien nur zu ausgewählten Höhepunkten des Pietismus im Rheinland vorliegen und in aller Regel an den herausragenden Persönlichkeiten orientiert sind: Gerhard Tersteegen, Joachim Neander. Sieht man die Bibliographie in den Jahrbüchern „Pietismus und Neuzeit" durch, so stellt man fest, daß in den letzten Jahren mehr Arbeiten über Tersteegen als über alle weiteren rheinischen Pietisten erschienen sind. Gerade durch diese von Mülhaupt mit Recht kritisierte Beschränkung auf die hervorragenden Gestalten geht der Blick auf die Gemeinden und die regionalen Entwicklungen verloren. Besonders gravierend ist das Fehlen einer Bibliographie zur rheinischen Kirchengeschichte nach 1945.[6] Es ist also nicht ganz einfach, die in den Gemeindegeschichten und regionalen historischen Zeitschriften und Reihen enthaltene einschlägige Literatur zusammenzustellen. Dies kann auch hier keineswegs nur annähernd erschöpfend geschehen. Dennoch soll der Versuch eines Überblicks gewagt werden, wobei ich mich im wesentlichen auf die letzten 20 Jahre beschränke. Zunächst möchte ich einen Blick auf die übergreifenden Darstellungen nach 1945 werfen.

Albert Rosenkranz behandelt in seinem „Abriß einer Geschichte der Evangelischen Kirche im Rheinland" (Düsseldorf 1960) den Pietismus nicht als selbständige Bewegung in einem eigenen Kapitel, sondern als integrierter Teil oder Abschnitt in den beiden Kapiteln „Das Zeitalter Ludwigs XIV." und „Das achtzehnte Jahrhundert". Geht er in dem ersten Kapitel auf den „Widerstreit" der Rechtgläubigkeit mit der „neuen Geistesbewegung" in sehr sachlicher, gedrängter Form ein, wobei er den „deutlichen Zug zur Union" bei den meisten Vertretern (z. B. Friedrich Adolf Lampe) unterstreicht[7], so würdigt er in dem andern positiv die Ellerianer in Ronsdorf[8] und insbesondere die innerliche Frömmigkeit Tersteegens als den „wertvollsten Beitrag" des Niederrheins zur rheinischen Kirchengeschichte des 18. Jahrhunderts.[9]

Im Gegensatz zu Rosenkranz unterscheidet Mülhaupt in seiner bereits zitierten „Rheinischen Kirchengeschichte" zwischen lutherischem und reformiertem Pietismus und trennt zwischen einem gesunden Hauptstrom, den er in den reformierten Pietisten Undereyck, Neander und Lampe, in den hallesch-lutherischen Pietisten Horb, Hellmund, Collenbusch und in dem vermittelnden Sohn des schwärmerischen Pietismus, Gerhard Tersteegen, erblickt.[10] Dagegen verurteilt er als ungesund und schwärmerisch den Laba-

---

[6] Erst seit 1980 wird in den Jahrbüchern der „Monatshefte für Evangelische Kirchengeschichte im Rheinland" (MEKGR) die laufende Zeitschriftenliteratur verzeichnet.

[7] S. 53.

[8] S. 66. Die Weissagungen der Anna von Büchel verh. Eller seien „nicht leichthin" als „Schwärmerei" abzuurteilen, sondern Zeichen der „pietistisch beeinflußten Volksfrömmigkeit".

[9] S. 68.

[10] S. 245.

dismus und dessen rheinische Vertreter sowie die Ellerianer. Mit dieser Wertung setzt er sich kritisch von Max Goebel ab, der zu undifferenziert und einseitig positiv vom Pietismus rede und vor allem „die Mystik geradezu als das eigentliche große Positivum des Pietismus", als sein Grundelement, und entsprechend den Labadismus als den „eigentlichen, ursprünglichen Pietismus" ansehe.[11] Damit rührt Mülhaupt an entscheidende Grundfragen, die das Verständnis des Pietismus überhaupt betreffen und die für die rheinische Kirchengeschichte eine besondere Relevanz bis in die Gegenwart besitzen, eben das Verhältnis von Pietismus und Separatismus und von Pietismus und Mystik (bzw. Quietismus). Weil hier das Rheinland eine besondere Stellung einnimmt, findet es in den beiden jüngsten Monographien zum Pietismus von Martin Schmidt und Erich Beyreuther kaum Beachtung. Bei Schmidt werden Undereyck und der Niederrhein als Anhängsel an den niederländischen „Vorpietismus" gesehen, Horche, Hoffmann mit Tersteegen, aber auch Hellmund werden dem „radikalen Pietismus" zugerechnet.[12] Ähnlich werden bei Beyreuther den Rheinländern nur wenige Sätze zugestanden, und zwar im Kapitel über „Gottfried Arnold und der schwärmerische Pietismus".[13] Dies hängt natürlich mit dem Verständnis von Pietismus überhaupt zusammen und mit der Kernfrage, ob der „reformierte Pietismus" (einschließlich der Entwicklung in England und den Niederlanden) überhaupt zum Pietismus gerechnet werden soll. Doch können solche Fragen nur in einem überregionalen Kontext diskutiert werden. Sie gehen über diesen Bericht hinaus.

Einen besonderen Reiz in territorialer Sicht hat dagegen das Nebeneinander von reformierten und lutherischen Gemeinden, und es ist für die Zeit des Pietismus zu untersuchen, inwieweit sich beide gegenseitig befruchtet oder auch bekämpft haben. Das Rheinland bietet gerade für eine solche Fragestellung einen fruchtbaren Boden. Man kann an Mülhaupt m. E. durchaus legitim die Frage richten, ob sich eine konfessionelle Unterscheidung überhaupt als sinnvoll erweist. Einerseits ist der auf viele Gemeinden so inspirierend wirkende Hochmann von Hochenau auch nach Mülhaupt trotz seines lutherischen Ausgangspunktes kaum zum Luthertum zu zählen[14], und Collenbusch wurde entscheidend durch Tersteegen beeinflußt.[15] Andererseits werden so die jeweiligen Ausgangspunkte deutlich markiert, und die späteren Wandlungen und Beziehungen fallen in den Blick.

Es ist ein besonderes Problem rheinischer Kirchengeschichtsschreibung, daß die Quellenlage auf reformierter Seite ungleich besser als auf lutherischer ist, was sich natürlich negativ auf die Erforschung der lutherischen Gemeinden auswirkt. Allerdings entstammen in der Zeit des

---

[11] S. 226f.

[12] *Martin Schmidt*, Pietismus. Stuttgart u. a. 1972, S. 39 (Urban TB 145).

[13] *Erich Beyreuther*, Geschichte des Pietismus. Stuttgart 1978, vgl. S. 311f.

[14] Rhein. Kirchengeschichte, S. 204f.

[15] Ebd. S. 209f.

Pietismus die bedeutenderen und markanteren Persönlichkeiten, begünstigt durch den regen geistigen Austausch mit den benachbarten Niederlanden, tatsächlich der reformierten Kirche. Wer vom rheinischen Pietismus spricht, denkt an dessen reformierte Vertreter. Ein Blick auf die gängigen Darstellungen kann dies leicht bestätigen. Ernest Stoeffler widmet den reformierten Pietisten Undereyck, Neander, Alardin, Nethenus und Horche ein eigenes Kapitel: „Pietism comes to Northwestern Germany.“[16] Wallmann behandelt in seiner Kirchengeschichte Deutschlands neben dem Separatismus, Spener, Francke, den Württembergern und Zinzendorf den „niederrheinischen Pietismus“ in einem gesonderten Abschnitt mit Labadie, Undereyck und Tersteegen.[17] In der als Standardwerk geltenden „Rheinischen Geschichte“ (hg. v. F. Petri und G. Droege) erhält der Pietismus zwar keinen Abschnitt, aber die Namen von Undereyck, Neander, Eller und Tersteegen werden kurz vorgestellt.[18] Rudolf Mohr beschreibt in einem Überblick über die rheinische Kirchengeschichte die Wesensmerkmale des Pietismus weitgehend mit Zitaten von J. H. Reitz und stellt dann Neander und Tersteegen vor.[19] Rheinischer Pietismus gilt als reformierter Pietismus, ja er ist auf deutschem Boden neben Bremen das Beispiel für reformierten Pietismus überhaupt[20]. So richtig das sein mag, sollte man doch die pietistischen Strömungen und Vertreter in den lutherischen Gemeinden nicht übersehen. Das Bild ändert sich erheblich, wenn man seine Aufmerksamkeit auf das rheinische Oberland, den heute zu Rheinland-Pfalz gehörigen Teil der rheinischen Kirche richtet. In dem 1954 erschienenen Werk „Unsere Kirche im rheinischen Oberland“ schildert Hugo Fröhlich in dem Kapitel „Pietismus und die Aufklärung“ nur die Einflüsse Speners auf die Pfarrbesetzungen an Mosel, Nahe und in Saarbrücken anhand von Briefauszügen des Inspektors Johann Peter Klick in Trarbach an P. J. Spener.[21] Die Namen von Tersteegen, Neander oder Eller sucht man hier vergeblich. Nun dürfte allerdings auch diese Darstellung einseitig sein. Immerhin hat der reformierte Heinrich Horche zwei Jahre in Kreuznach gewirkt, und Tersteegens Freundeskreis reichte bis Frankfurt, Speyer und Heidelberg. Doch fehlen einstweilen Studien über mögliche pietistische Einflüsse auf die reformierten Gemeinden im rheinischen Oberland bzw. mögliche Einflüsse von Spener und Francke. Deutlich ist, daß der Pietismus in diesem Raum keinen bedeutenderen Anhalt gewinnen konnte.

---

16 Rise of Evangelical Pietism. Leiden 1971, S. 169–175.

17 Kirchengeschichte Deutschlands II. Frankfurt u. a. 1973, S. 150f. (Ullstein TB 3854) ²1985.

18 Bd. 2, Düsseldorf 1976, S. 305 unter der Überschrift „Die religiöse Aufklärung“.

19 *Rudolf Mohr*, Fünfzig Jahre Gemeindegeschichte im Zusammenhang mit der Geschichte des Protestantismus im Gebiet der heutigen Rheinischen Kirche, S. 223–237, in: Lutherkirchengemeinde Düsseldorf 1927–1977. Festschrift hg. v. *R. Mohr*. Köln 1977, S. 155–273.

20 Vgl. auch die kurze Übersicht von *Klaus Goebel*, Leineweber und Bandwirker sammelten erweckte Seelen, in dem Bildband: Kirche am Rhein, hg. v. *H.-O. Kindermann*, Düsseldorf 1984, S. 70–74.

21 Hg. v. *Ernst Gillmann*. Simmern 1954, S. 190.

1. *Der von Holland beeinflußte reformierte Pietismus*

Die Geschichte des niederrheinischen Pietismus ist nicht zu verstehen, wenn man nicht ihre Wurzeln in den Niederlanden aufspürt. Es ist das Verdienst von Heiner Faulenbach, daß er sich seit geraumer Zeit in verschiedenen Studien der Aufhellung der coccejanischen Wurzeln gewidmet hat, grundlegend in seiner Habilitationsschrift über „Weg und Ziel der Erkenntnis Christi. Eine Untersuchung zur Theologie des Johannes Coccejus" (Neukirchen 1973). Er versteht Coccejus als den „Wegbereiter eines undogmatischen Christenglaubens pietistischer Art". Coccejus habe das „Frömmigkeitsideal des Pietismus" geprägt durch seinen Biblizismus, durch Empfehlung der Erbauungsstunden und seine Christusmystik.[22] Damit rückt er diesen bedeutenden niederländischen Föderaltheologen im Gegensatz zu der Sicht von W. Goeters[23] sehr nahe an den Pietismus heran. Tatsächlich hat seine Theologie erheblichen Einfluß auf die Theologen der Duisburger Universität[24] und die Pfarrerschaft[25] am Niederrhein und darüber hinaus bis in den Ronsdorfer Katechismus[26] besessen. Diese Einflüsse coccejanischer Gedanken sind zusammenfassend mit Aufarbeitung der älteren Literatur in Faulenbachs Aufsatz von 1979 dargestellt.[27] Freilich sind in der letzten Zeit keine vergleichbaren Studien über die Einflüsse von Voetius und Amesius, in denen Wilhelm Goeters die Führer der kirchlichen Reformpartei in den Niederlanden sieht, oder auch über den Einfluß des Puritanismus und des mystischen Spiritualismus auf rheinische Pastoren angestellt worden, und man ist hier auf ältere Arbeiten angewiesen.[28]

---

22 S. 231, 233.

23 Zur Föderaltheologie jetzt J.F. *Gerhard Goeters*, Artikel „Föderaltheologie" in: TRE Bd. XI, S. 246–252.

24 Vgl. *Günter v. Roden*, Die Universität Duisburg. Duisburg 1968 (Duisburger Forschungen Bd. 12); *Joachim Mehlhausen*, Artikel „Duisburg" in: TRE Bd. IX, S. 215–218.

25 Vgl. *Heiner Faulenbach*, Die Beurteilung des Cartesianismus und Coccejanismus durch Johannes Pitten. Die Mahnung zum kirchlichen Frieden an die Niederländer durch die Jülicher Provinzsynode des Jahres 1677. In: MEKGR 1976, S. 155–165.

26 Siehe *Gerson Monhof*, Zur Theologie von Petrus Wülfing. Dargestellt am Ronsdorffischen Katechismus von 1756. In: Von Eller bis Dürselen. Neue Beiträge zur Kirchen- und Stadtgeschichte von Wuppertal-Ronsdorf. Hg. v. *Klaus Goebel*. Köln 1981, S. 147–160.

27 *Heiner Faulenbach*, Die Anfänge des Pietismus bei den Reformierten in Deutschland. In: JGP 4 (1979), S. 190–234.

28 Siehe dazu die Hinweise bei *Faulenbach* (s. Anm. 27), S. 194, 198–200. *Johann Henrich Reitz* bringt in seiner „Historie der Wiedergebohrnen" im ersten Band (Teile I–III, 1698–1701, Reprint herausgegeben von *H.-J. Schrader*, Tübingen 1982) eine Fülle englischer Lebensbilder. Zu den Niederlanden vgl. *Rudolf Mohr*, Niederländer und niederländische Literatur in der „Historie der Wiedergebohrnen" von Johann Henrich Reitz, in: Pietismus und Reveil. hrsg. v. *J. van den Berg* und *J. P. van Dooren*. Leiden 1978, S. 192–206. (Kerkhistorische Bijdragen Deel VII). Zu Voetius s. *Aart de Groot*, Gisbertus Voetius, in: *Martin Greschat* (Hg.), Gestalten der Kirchengeschichte 7 (Orthodoxie und Pietismus), 1982, S. 149–162. Zu Amesius s. *Aart de Groot*, Art. in: Biografisch Lexicon voor de Geschiedenis van het Ned. Protestantisme I, Kampen 1978, S. 27–31.

Während der Coccejanismus und dessen Föderaltheologie eher lautlos die Pastoren für sich gewann, sind die Wirkungen, die von Jean de Labadie[29] ausgingen, von den offiziellen Organen der reformierten Gemeinden scharf bekämpft worden. Darüber läßt sich anhand der bis zum Jahre 1700 fast vollständig vorliegenden Synodalprotokolle auf den drei Ebenen der Generalsynode, Provinzialsynode und Klassikalkonvente ein klares Bild gewinnen. Am ergiebigsten für die Pietismusforschung ist die reich kommentierte Edition der klevischen Provinzialsynoden von 1649 bis 1700 durch Wolfgang Petri, die manche Einzelinformation über die Auseinandersetzung mit Anhängern des Labadismus enthält.[30] Die Synode zeigte sich bemüht, Härten zu vermeiden, und gestattete Eltern, die sich den Labadisten in Wieuwerd angeschlossen hatten und deren Kinder darum nicht getauft waren, nun aber zur Gemeinde zurückkehrten, die Taufe ihrer Kinder in Form der Haustaufe nachzuholen.[31] Die Protokolle, die durch ein detailliertes Personen-, Orts- und Sachregister ausgestattet sind, ermöglichen es, die schon von Goebel dargestellten Ereignisse um den Labadisten Reiner Copper, auch um Heinrich Schlüter und Pierre Yvon mühelos nachzulesen. Im Einzelnen ergänzt und korrigiert Petri gelegentlich ältere Darstellungen.[32]

Die von Hermann Kelm edierten Protokolle der Jülicher Provinzialsynode[33], ebenfalls mit ausführlichen Anmerkungen versehen, dokumentieren die Anstrengungen der reformierten Kirche, den Gefahren des Labadismus zu begegnen durch verschärfte Kirchenzucht, vermehrte Katechisationen, klare Predigten und Hausbesuche.[34] Die Synodalverhandlungen beschäftigten sich wiederholt mit der eigensinnigen Person des Predigers von Kirchherten, Hermann Barlemeyer, den man des Labadismus verdächtigte. H. Faulenbach hat in einer eigenen Studie die verwickelten Vorgänge dargestellt bis zur Resignation Barlemeyers auf das Pfarramt im Jahre 1700 und

---

[29] Vgl. *Aart de Groot*, Jean de Labadie, in: Gestalten der Kirchengeschichte, hg. v. *M. Greschat*. Bd. 7 (Orthodoxie und Pietismus). Stuttgart u. a. 1982, S. 191–203; *D. Nauta*, Artikel „Labadie, Jean de“ in: Biographisch Lexicon Voor De Geschiedenis Van Het Nederlandse Protestantisme, Deel 2, Kampen 1983, S. 293–302 (einschließlich Bibliographie).

[30] *Wolfgang Petri*, Die reformierten klevischen Synoden im 17. Jahrhundert. Bd. 2 1649–1672. Köln 1979; Bd. 3, 1673–1700. Köln 1981 (Schriftenreihe des Vereins für Rheinische Kirchengeschichte). So hat z. B. der des Labadismus beschuldigte Daniel Brandis häusliche „Übungen“, d. h. Bibelstunden abgehalten und wird in einem Verhör auf seinen Glauben hin befragt (Bd. 3, S. 172f.). Ähnlich der Verdacht gegen einen Rosendahl, der vom Abendmahl fern bleibt (Bd. 3, S. 43), oder gegen Bernhard Wallenkamp, dessen Mutter eine geb. Schlüter ist (Bd. 3, S. 10).

[31] Ebd. Bd. 3, S. 223.

[32] Vgl. *Goebel* II S. 319; *Heinrich Forsthoff*, Der Under Eyck'sche Pietismus und die Wende zum Separatismus in Mülheim an der Ruhr, 1671–1716, in: MEKGR Jg. 10.1916, S. 289–310, bes. S. 294. Die Vornamen des Predigers Theodor Christian Schaaf in Mülheim stellt *Petri* Bd. 3, S. 182f. gegenüber Forsthoff S. 296ff. richtig.

[33] *Hermann Kelm* (Hg.), Protokolle der reformierten Synoden des Herzogtums Jülich 1677 bis 1700. Köln 1986 (Schriftenreihe des Vereins f. Rhein. Kirchengeschichte).

[34] *Kelm* ebd., S. 152; Bemühungen um eine gekürzte, verständliche Ausgabe des Heidelberger Katechismus S. 164.

kommt zu dem Ergebnis, daß der Vorwurf des Labadismus einer kritischen Prüfung nicht standhält.[35] Freilich fehlen Predigten oder andere theologische Ausführungen Barlemeyers. Für die Auseinandersetzungen um den Labadismus enthalten auch die Protokolle der Classis Wesel[36], der Kirchengemeinde Düsseldorf[37] und der Gemeinde Duisburg[38] Material. Zur Zeit werden die Protokolle der Classis Moers und der Kirchengemeinde Mülheim/Ruhr für eine Edition vorbereitet, die auch für die Pietismusforschung aufschlußreich sein dürften.

Während man die von den Niederlanden ausgehenden kirchlichen Reformbestrebungen des Voetius und Coccejus sowie deren Gefährdung durch die labadistische Krise ebenso wie den Einfluß des englischen Puritanismus am Niederrhein zwar in einem weiteren Sinne dem reformierten Pietismus zurechnen kann, sind die Anfänge eines reformierten rheinischen Pietismus doch erst mit Theodor Undereyck anzusetzen. Seine von der Generalsynode anerkannte Form der conventus particulares, seine theologische Verknüpfung von niederländischer und englischer praxis pietatis und der Einfluß auf seinen Schülerkreis (Neander) haben dem reformierten Pietismus im Rheinland ein kirchliches Heimatrecht verschafft.[39] Freilich fehlt es gerade an diesem entscheidenden Punkt an neueren Studien. Das Gediegendste über ihn (mit Berücksichtigung der neueren Literatur) kann man bei Faulenbach[40] nachlesen. Die These, daß Undereyck der Begründer pietistischer Konventikel sei, läßt Faulenbach nur dann gelten, wenn man diese als „Bibelbesprechungen", die ihren „Ausgangspunkt im Katechismusunterricht" haben, ansieht.[41] Gottfried Mai hat die Tätigkeit Undereycks in Bremen anhand der dortigen Protokolle des Ministeriums untersucht und ein lebendiges Bild seiner Auseinandersetzung mit dem Ministerium im Zusammenhang des Labadismus-Vorwurfs und der kirchlichen Tätigkeit seiner Frau gezeich-

[35] *Heiner Faulenbach*, Hermann Barlemeyer, Prediger in Kirchherten 1681–1700, in: Die Evangelische Kirche Kirchherten 1684–1984. Festschrift zum dreihundertjährigen Jubiläum. Bedburg 1984, S. 57–111.

[36] *Hermann Kleinholz/Wolfgang Petri* (Hg.), Sitzungsberichte der Convente der reformierten Weseler Classis 1611–1662. Köln 1980 (Schriftenreihe des Vereins f. Rhein. Kirchengeschichte); der Anschlußband 1683–1715 ist im Druck.

[37] *Hanns-Joachim Maßner* (Hg.), Protokolle des Presbyteriums der Reformierten Gemeinde Düsseldorf. 3. Band 1649–1669. Köln 1977; 4. Band 1670–1700. Köln 1980 (Schriftenreihe des Vereins für Rhein. Kirchengeschichte).

[38] *Hans Schaffner* (Hg.), Duisburger Konsistorialakten. Protokolle des Presbyteriums. Bd. II. 1660–1689. Neustadt/Aisch 1970. Bd. III. 1689–1721. Neustadt/Aisch 1973 (Duisburger Geschichtsquellen).

[39] *Albert Rosenkranz*, Generalsynodalbuch. Die Akten der Generalsynoden von Jülich, Kleve, Berg und Mark 1610–1793. Düsseldorf 1966 (Schriftenreihe des Vereins f. Rhein. Kirchengeschichte) 1674, § 61. Darin werden die „Zusammenkünfte der Gottseligkeit" oder „christliche gottselige Übungen" empfohlen.

[40] *H. Faulenbach* (s. Anm. 27), S. 205–220; ferner *W. Goeters*, Artikel „Under-Eyck" in RE 3. Aufl. Bd. XX, S. 228 ff.

[41] *Faulenbach* ebd., S. 209.

net.[42] Die Frage, ob Undereyck schon in Mülheim/Ruhr Konventikel eingerichtet habe, beantwortet er nicht eindeutig: „Seit spätestens 1665 hielt er auch in Mülheim allwöchentlich in Privathäusern Versammlungen ab, in welchen Übungen über Abschnitte aus der Heiligen Schrift vorgenommen wurden."[43] Hier wüßte man gern Genaueres, doch behandelt Mai die rheinischen Vorgänge nicht.[44] Die Frage ist von Gewicht, weil Undereycks Schüler Neander bei seiner Einrichtung von Zusammenkünften mit dem Düsseldorfer Presbyterium zusammenstieß.

Einen Schwerpunkt jüngster rheinischer Pietismusforschung bildete Person und Liedschatz von Joachim Neander, ausgelöst durch das Gedenken an seinen 300. Todestag. Der Düsseldorfer Superintendent Helmut Ackermann wertete in einer ansprechenden Monographie die seit langem bekannten Quellen und vorhandene Sekundärliteratur aus, er konnte auch zwei wenig bekannte Gelegenheitsgedichte ausfindig machen.[45] Die entscheidende Frage nach Neanders Verhältnis zum Labadismus beantwortet Ackermann so, daß er einen Wandel in Neanders Düsseldorfer Zeit konstatiert. Ließ Neander die Entwicklung zunächst „arglos aus seinem bisherigen Erleben"... "auf den gefürchteten Labadismus hin tendiren", so hat er nach dem am 17. 2. 1677 unterzeichneten Unterwerfungsprotokoll seine Verfehlung erkannt und ist auf „Undereyks Linie" eingeschwenkt.[46] Hanns Joachim Maßner, der Herausgeber der Düsseldorfer reformierten Presbyterialprotokolle, hat Neander vor dem Hintergrund der Entwicklung der Gemeinde gewürdigt[47] und kommt zu dem Ergebnis: die Gemeinde Düsseldorf steht nicht auf einem starr orthodox-reformierten Standpunkt, sondern ist in der Mehrheit der Konsistorialen und Gemeindeglieder „dem frühen Pietismus und seinen Vorläufern in der Nachfolge von Voetius und Coccejus zugewandt".[48] Maßner weiß dies anschaulich am Beispiel von Neanders Vorgänger, Prediger Johannes Steinhausen, zu belegen.[49] Schon Steinhausen hatte einen Zusammenstoß mit dem Residenten Pagenstecher und wird verschiedentlich we-

---

[42] *Gottfried Mai*, Die niederdeutsche Reformbewegung. Ursprünge und Verlauf des Pietismus in Bremen bis zur Mitte des 18. Jahrhunderts. Bremen 1979. (Hospitium ecclesiae, Bd. 12); dazu kritisch die Rezension von *J. F. Gerhard Goeters* in: JGP 7, 1981, S. 243–245.

[43] *G. Mai* ebd. S. 85. Da sich dieser Satz im Abschnitt „Die pietistischen Konventikel" findet, muß man annehmen, daß er Undereycks Versammlungen in Mülheim so wertet.

[44] Vgl. *W. Petri* (s. Anm. 30), Bd. 22 zu Undereyck.

[45] *Helmut Ackermann*, Joachim Neander. Sein Leben, seine Lieder, sein Tal. Düsseldorf 1980. Hier wird Neanders Hochzeitsgedicht auf Dirikus Düsing 1669 und eine dazugehörige Motette abgedruckt (S. 19–23).

[46] Ebd. S. 34, 40.

[47] *H.-J. Maßner*, Joachim Neander als Rektor der Lateinschule in Düsseldorf, in: MEKGR 1980, S. 209–239.

[48] Ebd. S. 217.

[49] Ebd. S. 212f. So redet Steinhausen die Konsistorialen nicht mehr mit „Herr", sondern „Bruder" an. Er vertritt in einer Predigt über Ps 51,7 z. B. die Sätze: „Erbsünde sei schwerer als Vater- oder Muttermord" und „Wiedergeburt müsse durch äußere Zeichen, Zittern und Beben sich bemerkbar machen."

gen seiner Theologie angegriffen, findet aber Rückendeckung bei der Mehrheit der Konsistorialen. Maßner kann in dem Kollegen Neanders, Prediger Lürsen, nicht, wie Gottfried Mai den eigentlichen Gegenspieler erblicken, und vermutet, daß das Unterwerfungsprotokoll des Presbyteriums einen „Labadistenspiegel" darstellt, der auch anderswo Verwendung fand.[50] Über einen Wandel in Neanders Anschauungen äußert er sich nicht.[51] Die Bedeutung Neanders liegt in seinen Liedern und ihrem Siegeszug durch die reformierten und nichtreformierten Gesangbücher. Sie sind zugleich die einzige inhaltliche Quelle, die über seine Frömmigkeit Auskunft gibt. Zu einer tiefergehenden Einordnung in die Musik- und Kirchenliedgeschichte liegen bisher nur Hinweise vor.[52] Eine historisch-praktische Ausgabe des Erstdruckes der „Bundeslieder" von 1680 mit den ursprünglichen Texten und den in heutige Notenschlüssel übertragenen Melodien mit ausgesetztem Generalbaß ist jetzt erschienen.[53] Die Erforschung der musikalischen Praxis im frühen Pietismus ist ein noch weithin unbestelltes Feld. Rudolf Mohr hat die Sprache und Symbolik der Lieder theologisch untersucht und die Spuren einer mystischen Theologie bzw. Ausdrucksweise zur Verlebendigung des christlichen Glaubens aufgespürt.[54]

Der in seiner Wirkungsgeschichte bedeutsame Friedrich Adolf Lampe, der in Weeze (1703–1706) und in Duisburg (1706–1709) Prediger war, kam erst außerhalb des Rheinlandes zu voller Entfaltung.[55]

2. *Der radikale Pietismus*

Über Begriff und Umfang des radikalen Pietismus hat Hans Schneider erst kürzlich einen außerordentlich kenntnisreichen und weiterführenden

50 Ebd. S. 228–230.

51 *G. Mai* (s. Anm. 42) hält Neanders Unterwerfung vor dem Presbyterium 1677 für ein glattes Versagen. „Es ist unerklärlich, warum wohl Neander in so vielen Punkten so schnell seine Meinung änderte und sich durch seine Unterschrift in einen Gegensatz zur Bewegung des Pietismus begab." (S. 155) Luersen scheine die Situation „zur privaten Rache" genutzt zu haben (S. 156). Solche Äußerungen verraten allerdings wenig Gespür für das Ringen der rheinischen Gemeinden mit den Gefahren des Labadismus. S. ferner *Cornelis Pieter van Andel*, Joachim Neander (1650–1680), in: Kerk en Theologie 31, 1980, S. 177–199.

52 *Oskar Gottlieb Blarr*, Neanders musikalischer Stil, in: *Ackermann* (s. Anm. 45), S. 103–105; *Helmut Ackermann*, Joachim Neander und der Daktylus, in: MEKGR 1980, S. 284–288.

53 *Joachim Neander*, Bundeslieder und Dankpsalmen von 1680. Historisch-praktische Ausgabe von *Oskar Gottlieb Blarr*. Köln/Bonn 1984 (Schriftenreihe des Vereins f. Rhein. Kirchengeschichte). Der Titel des Erstdruckes lautet: Joachim Neandri Glaub- und Liebes-Übung: Auffgemuntert durch Einfältige Bundes-Lieder und Danck-Psalmen. Bremen 1680. – Ein Reprint ist geplant. Vgl. dazu Bremer Gesangbücher. Bibliographie, Archivalien, Untersuchungen. Bremen 1982, S. 73f. (Hospitium Ecclesiae. Bd. 13).

54 *Rudolf Mohr*, Joachim Neanders Frömmigkeit, in: Geschichtliche Miniaturen. Neanderkirche Düsseldorf. hrsg. v. *G. A. Eberhard*. Köln/Bonn 1984, S. 65–84 (Schriftenreihe des Vereins f. Rhein. Kirchengeschichte).

55 Seine Tätigkeit in Bremen ist dargestellt in *G. Mai* (s. Anm. 42), S. 243–301.

Überblick vorgelegt, so daß sich hier ein Bericht erübrigt.[56] Es sollen lediglich einige Ergänzungen aus jüngster Zeit verzeichnet werden.

Über den radikalen Pietisten der ersten Generation, Samuel Nethenus, geb. in Rees 1628, dem die Grafschaft Moers ihre „nachhaltig wirkende pietistische Prägung" (Faulenbach) verdankt, hat Faulenbach die neuere Literatur verzeichnet und auf seine weitverzweigten Beziehungen und Gesinnungsgenossen eindrücklich hingewiesen.[57] Von holländischer Seite untersucht A. de Groot Wirksamkeit und kritische Stellungnahme des Nethenus zum Labadismus.[58] Daß Nethenus Sympathie über seine unmittelbare Umgebung hinaus besaß, zeigt ein Passus aus den Klever Synodalprotokollen: So setzt sich der Älteste Dr. Schnabel dafür ein, die von der klevischen Regierung konfiszierte Schrift des Samuel Nethenus „Der bekehrte Hausvater" durch „einige Brüder" erst selbst prüfen zu lassen und nach deren Untersuchung über dessen Rechtgläubigkeit zu urteilen.[59] Die in Vorbereitung befindliche Edition der Classikalprotokolle von Moers wird die Tätigkeit des Nethenus in seiner Baerler Zeit leicht zugänglich dokumentieren.

Die Bedeutung von Johann Henrich Reitz, vor allem seines paradigmatischen, unerhört wirksamen Hauptwerkes, die „Historie der Wiedergebohrnen", soll noch einmal unterstrichen werden.[60] Die vielversprechende Dissertation von Schrader „Literaturproduktion und Büchermarkt des radikalen Pietismus" (1979) ist leider noch nicht im Druck erschienen. Auch steht eine Biographie, zu der Rudolf Mohr schon Wesentliches beigesteuert hat, noch aus.[61]

Die Existenz der Neutäufer in Solingen und Krefeld und ihre Auswirkungen auf die reformierte Kirche sind zwar schon von Goebel[62] und Donald F. Durnbaugh[63] dargestellt worden, finden aber immer wieder neues Forschungsinteresse, einmal wegen der Zugehörigkeit Johann Lobachs zum Tersteegenkreis, zum anderen wegen verwandtschaftlicher Beziehungen der Brüder Grahe zu der Mutter von Elias Eller.[64]

---

[56] *Hans Schneider*, Der radikale Pietismus in der neueren Forschung, in: JGP Bd. 8, 1982, S. 15–42 und Bd. 9, 1983, S. 117–151.

[57] *H. Faulenbach* (s. Anm. 27), S. 225ff.

[58] Samuel Nethenus und die Labadisten, in: Nederl. theologisch tijdschrift 32, 1978, S. 12–30; *A. de Groot*, Artikel „Nethenus" in: Biogr. Lexicon Bd. 2 (s. Anm. 28), S. 340f.

[59] *W. Petri* (s. Anm. 30), S. 95.

[60] S. *Schneider* (s. Anm. 55) Bd. 9, S. 125f.

[61] *Rudolf Mohr*, Ein zu Unrecht vergessener Pietist: Johann Henrich Reitz (1655–1720), in: MEKGR 1973, S. 45–109; ders., Über die „Historie der Wiedergebohrnen" von Johann Henrich Reitz, in: MEKGR 1974, S. 56–104.

[62] *Goebel* III, S. 235–267.

[63] *Donald F. Durnbaugh*, Brethren Beginnings. The Origins of the Brethren in Early Eighteenth-Century Europe. PhD-Diss. Univ. of Pennsylvania 1960; ders. (Hg.), European Origins of the Brethren. Elgin/III. 1958 2. Aufl. 1967; The Brethren Encyclopedia. 3 Bde. Philadelphia 1983–1984.

[64] *Walther Risler*, Zur Geschichte des bergischen Pietismus im frühen XVIII. Jahrhundert, in: ZBG 77, 1960, S. 135–144 (mit einem Nachtrag von *Edmund Strutz*, Zur Einordnung der

Eine inspirierende, das Entstehen von pietistischen Zirkeln auslösende Wirkung ist von der Predigt Hochmanns von Hochenau ausgegangen. Hochmanns „Eroberungszug durch die Gemeinden der reformierten Kirche am Niederrhein 1704–1706, 1709–1710, 1717–1718" hat Heinz Renkewitz vorbildlich dargestellt[65], und der Wiederabdruck Göttingen 1969 tut der rheinischen Forschung einen guten Dienst. Hans Schneider hat jetzt die mystisch-spiritualistische Frömmigkeit Hochmanns trefflich beschrieben.[66]

Auch zu dem im rheinischen Raum wirkenden Heinrich Horche sei nach dem Bericht von Schneider[67] jetzt nur auf einen Aufsatz von Rudolf Mohr[68] hingewiesen. Horche lernte während seiner Amtszeit in Kreuznach die Witwe des verstorbenen Simmerer Herzogs Ludwig Heinrich kennen und hielt nach ihrem Tod im Jahr 1688 nachträglich eine „Christliche Klag-Rede" zu ihrem Gedenken, die einzige von Horche überlieferte Leichenpredigt, niedergeschrieben nach dem Einfall der Franzosen in die Pfalz, der ein halbes Jahr nach dem Tod der Herzogin erfolgte. Mohr sieht in der Rede ein typisches Muster barocker Leichenpredigt, die von eschatologischen Motiven erfüllt ist.

Auf William Penns Missionsreise an den Niederrhein und seinen Einfluß auf die Krefelder Mennonitengemeinde will ich hier nicht eingehen.[69]

3. Gerhard Tersteegen und sein Freundeskreis

Wenden wir uns nun Tersteegen zu, so erkennen wir in ihm die beherrschende Gestalt des rheinischen Pietismus. „Es ist so, daß sich in seiner Person, im Geist seiner Schriften und in seinem Wirkungsbereich die verschiedenen geschichtlichen Entwicklungslinien vereinigen und zugleich schneiden. An seiner Person und seiner Frömmigkeit wiederum kann die Bestimmtheit und Eigenart des älteren Rheinischen Pietismus gewisserma-

---

Brüder Grahe); *Werner Kaupert*, Zur Geschichte der Wiedertäufer im Bergischen Land, in: Romerike Berge 20, 1970, S. 35–39.

65 *Heinz Renkewitz*, Hochmann von Hochenau. Breslau 1934. S. 194–216.

66 Art. „Hochmann von Hochenau" in: TRE 15, 1986, S. 421–423 mit der neusten Literatur; ders., Ein ‚Schreiben an die Juden'. Hochmann, Zinzendorf und Israel, in: Unitas fratrum 17, 1985, S. 68–77; ders., Hochmann von Hochenau and Inspirationism. A newly discovered letter, in: BLT 25 (1980), S. 199–222.

67 JGP 8, S. 37–39.

68 *R. Mohr*, Heinrich Horches „Christliche Klag-Rede" auf Maria von Oranien und die Gattung der gedruckten protestantischen Leichenpredigt, in: MEKGR 1987 (im Druck).

69 Vgl. hierzu *Friedrich Gorissen*, William Penn am Niederrhein (1677), in: Heimatkalender für das Klever Land auf das Jahr 1980. Jg. 30 Kleve 1979, S. 194–203; *Guido Rotthoff*, Die Auswanderung von Krefeld nach Pennsylvanien im Jahre 1683, in: Die Heimat. Krefelder Jahrbuch. Jg. 53, 1982, S. 13–22, auch abgedruckt in: Mennonitische Geschichtsblätter 40, NF 35, 1983, S. 59–83. Grundlegend ist immer noch: *Friedrich Nieper*, Die ersten deutschen Auswanderer von Krefeld nach Pennsylvanien. Neukirchen 1940.

ßen abgelesen werden."[70] Zu seiner Erforschung fehlen leider bisher weitgehend bibliographische Hilfsmittel.[71] Die von der Arbeitsstelle der Pietismus-Kommission in Mainz geplante und in Vorbereitung befindliche Tersteegen-Bibliographie würde eine empfindliche Lücke schließen und eine Übersicht über die weitverzweigte, auch im Ausland (Niederlande, USA, Skandinavien, Schweiz) lebendige Forschung vermitteln, insbesondere auch über die dort erschienenen Text- und Werkausgaben. Bei Dieter Hoffmann „Der Weg zur Reife"[72] ist die Sekundärliteratur bis 1982 zur Zeit am vollständigsten verzeichnet. Auch bietet er die beste Übersicht über die Tersteegen-Ausgaben mit einer Bibliographie der in schwedischer Übersetzung erschienenen Werke Tersteegens. Den im Augenblick informativsten Überblick über die Tersteegenforschung aus theologischer Sicht bietet die jüngst erschienene Dissertation von Hansgünter Ludewig: „Gebet und Gotteserfahrung bei Gerhard Tersteegen" (Göttingen 1986).[73] Für die weitere Forschung grundlegend ist die von der Pietismus-Kommission begonnene Textedition[74], die endlich dem Mangel einer zuverlässigen Textgrundlage abhelfen wird.

Tersteegen wollte „kein Kirchenmann" sein, sondern ein „unpartheiischer" Christ (K. Barth). Das stellt jede Tersteegen-Interpretation vor Probleme. In der älteren Forschung stehen zwei grundverschiedene Deutungen je nach ihrer Wertung des separatistisch-quietistischen Gedankengutes gegenüber: auf der einen Seite die mehr oder minder kritischen Schüler und Verehrer M. Goebel, Kerlen, Winter und Löschhorn, auf der anderen die Kritiker, die Tersteegens Frömmigkeit als katholische oder heidnische Mystik abtun, so A. Ritschl, H. Forsthoff, J. Moltmann. Erst mit den Arbeiten von Zeller[75] und Nigg[76] tritt insofern eine grundsätzliche Wende in der

---

[70] *J. F. Gerhard Goeters*, Gerhard Tersteegens Beziehungen zur Ev. Gemeinde von Rheydt, in: Rheydter Jahrbuch 21, 1957, S. 65.

[71] S. dazu allgemein: *Hans-Jürgen Schrader*, Probleme der bibliographischen und editorischen Erschließung pietistischer Literatur, in: 2. Kolloquium zur bibliographischen Lage in der deutschen Literaturwissenschaft. Hg. von *Wolfgang Martens*. Boppard 1987.

[72] *Dieter Hoffmann*, Der Weg zur Reife. Eine religions-psychologische Untersuchung der religiösen Entwicklung Gerhard Tersteegens. Lund 1982.

[73] Arbeiten zur Geschichte des Pietismus. Bd. 24. Der forschungsgeschichtliche Überblick findet sich auf S. 19–58.

[74] Bisher sind erschienen: *Albert Löschhorn/Winfried Zeller* (Hg.), Gerhard Tersteegen. Geistliche Reden Göttingen 1979 (Texte zur Geschichte des Pietismus. Abt. 5. Bd. 1); *Cornelis Pieter van Andel* (Hg.), Gerhard Tersteegen. Briefe in niederländischer Sprache. Göttingen 1982 (TGP. Abt. 5. Bd. 8). Nach dem Tod von Winfried Zeller wird die Reihe von Gustav Adolf Benrath betreut.

[75] Hier seien nur die beiden wichtigen Aufsätze genannt: *Winfried Zeller*, Die Bibel als Quelle der Frömmigkeit bei Gerhard Tersteegen, in: Pietismus und Bibel. Witten 1970, S. 170–192 (AGP. Bd. 9); ders., Die kirchengeschichtliche Sicht des Mönchtums im Protestantismus, insbesondere bei Gerhard Tersteegen, in: Erbe und Auftrag 49, 1973, S. 17–30, ins Englische übersetzt von *F. Sandeman* u. d. T.: The Protestant Attitude to Monasticism, with Special Reference to Gerhard Tersteegen, in: Downside Review, Bath, Exeter 93, 1975, S. 178–192.

[76] *Walter Nigg*, Große Heilige, Zürich 1946; ders., Gerhard Tersteegen. Eine Auswahl aus

Forschung ein, als nun Tersteegen aus sich selbst heraus, von seinem Leben her mit eigenen Kategorien gedeutet wird. Die befruchtende, positive Rolle des quietistischen Erbes kann unbefangen gewürdigt werden. Mit dem neu erwachten Interesse an mystischer Religiosität gewinnt der rheinische Mystiker gegenwärtig eine besondere Aktualität. Tersteegen soll bei den heute oft unklaren Vorstellungen über das, was Mystik ist, dazu verhelfen, den Inhalt einer christlichen, dem Protestantismus zugänglichen Form von Mystik zu bestimmen. Ein Beispiel dafür bietet Gerhard Ruhbach.[77] Ausgehend von dem herkömmlicherweise gespaltenen Verhältnis der evangelischen Kirche zur Mystik, das sich erst seit 1965 entspannt habe, schildert er Tersteegens Leben, Werke und Mystik am Begriff der Gottseligkeit als „Herzensgottseligkeit" und „Erfahrungserkenntnis Gottes". Tersteegens Mystik, wenn man sie so nennen wolle, sei „im genuin christlichen Sinne verstanden als Begegnungs- und Tiefenerfahrung im Umgang mit Gott".[78]

Nicht aus historischem Interesse, sondern auf der Suche nach „Möglichkeit und Wirklichkeit von unmittelbarer Gotteserfahrung" verfolgt Hansgünter Ludewig das Ziel, Tersteegens „Gebetserfahrung aus dem widerspenstigen Material der Überlieferung herauszuschälen" und in einer Art Zusammenschau zu erschließen.[79] Das schließliche Erlebnis der Gottesgegenwart, die in Tersteegens Verschreibung 1724 gipfelt, ist Schlüsselbegriff und Ansatzpunkt der Arbeit. Tersteegens Ausgangspunkt sei nicht die reformatorische Frage nach der Heilsgewißheit, sondern die Frage nach den Bedingungen unmittelbarer Gotteserfahrung. Der Verfasser entfaltet Tersteegens Spiritualität in einer Interpretation des Liedes „Gott ist gegenwärtig", indem er phänomenologisch vorgeht, die Bilder erhellt und Begriffe gelegentlich auf ihre Traditionsgeschichte hin untersucht. Dabei bleibt das einfühlsame Abtasten der Sprache Tersteegens für den Historiker zum Teil willkürlich, doch spiegelt Ludewig das Erleben und pastorale Wirken Tersteegens nicht unzutreffend wider. In einem Schlußabschnitt wird Tersteegens Mystik mit Hilfe von R. Ottos Verständnis des Numinosen und in Anlehnung an A. Mager als „eigentliche Durchdringung von Seelen- und Gottesmystik" gedeutet.[80] Der Verfasser lenkt auch hier, und darin liegt eine Stärke der Arbeit, auf den ihn leitenden Grundbegriff zurück: „Wenn er (Tersteegen) erklären soll, was wahre Mystik ist, verweist er auf das Gefühl der Gegenwart Gottes."[81] Ludewig führt in mancher Weise zurück auf den

---

seinen Schriften. Basel 1948, Wuppertal 1967 (etwas gekürzt); ders., „Eine Blume zu Saron": Gerhard Tersteegen, in: *Wolfgang Böhme* (Hg.), Christus in uns. Karlsruhe 1983, S. 81–93 (Herrenalber Texte 46), jetzt nachgedruckt in: *Wolfgang Böhme* (Hg.), Zu dir hin. Über mystische Lebenserfahrung. Von Meister Eckhart bis Paul Celan. Frankfurt 1987, S. 160–177.

77 *Gerhard Ruhbach/Josef Sudbrack* (Hg.), Große Mystiker. Leben und Wirken. München 1984, darin: Gerhard Tersteegen (1697–1769), S. 251–266.

78 Ebd., S. 260f., 266.

79 Gebet und Gotteserfahrung (s. Anm. 73), S. 11, 13.

80 Ebd., S. 317.

81 Ebd., S. 316.

Beginn des zwanzigsten Jahrhunderts und kommt einem frühen Aufsatz K. Barths über Tersteegen, 1910 geschrieben[82], nahe. Auch Barth ging damals aus von dem „unmittelbaren Erlebnis" Gottes und dem Lied „Gott ist gegenwärtig", und schrieb abschließend: „Er (Tersteegen) ist und bleibt einer der Größten, die wir haben, als Prophet der Konzentration im Leben und Denken, der Innerlichkeit der Seele und ihrer Erlösung, der Überlegenheit Gottes, der uns gemacht hat und nicht wir ihn." Aber Barth hat sein Urteil später erheblich revidiert. Man muß bei Ludewig fragen, ob ihn sein einseitiges Interesse nach unmittelbarer Gotteserfahrung nicht dazu verführt, Tersteegens Bibel- und Christusfrömmigkeit sowie das reformierte Erbe zu verflüchtigen.

Bindet sich Ludewig nicht allzu streng an eine Methode, um Tersteegens Erfahrung zu verarbeiten, so ist in der sehr gründlich gearbeiteten Dissertation von Dieter Hoffmann[83] eher ein Übergewicht an religionspsychologischer Voraussetzung und Begrifflichkeit zu verzeichnen. Die Analyse von Tersteegens Werdegang, angefangen bei seiner Kindheit im reformierten Elternhaus (Kap. II), über das „Heranwachsen des Kampfes" (Kap. III), die äußeren Einflüsse (Kap. IV), seine Bekehrung (Kap. V) bis zur „Religion der Reife" (Kap. VI) wird anhand von G. W. Allports und W. H. Clarks Theorien zu Reifekriterien vorgenommen. Die Arbeit ist unter Prof. H. Åkerberg aus der Schule von William James angefertigt und bekundet offen ihr Interesse an dem „religiösen Erleben in seiner Vielfalt". Der Verfasser geht methodisch sorgfältig vor und achtet auf Rang und Aussagewert der Quellen, die nach sieben Kategorien unterschieden werden.[84] Er beobachtet genau ihre Entstehungszeit bei der Analyse und interpretiert Texte zum Teil ausführlich mit religions-psychologischen Kriterien. Der Tod des Vaters (1703), die Konfirmation (1715), das Jahr 1717 als Wendepunkt und Beginn einer „Periode der Ordnungssuche und des Kampfes" unter der Überschrift „das geteilte Selbst" (Tersteegens Askese und soziales Engagement und sein Erlebnis der Einsamkeit, auch durch den Tod der Mutter 1721 verursacht) werden sorgfältig beschrieben. Seine Bekehrung als Selbstpreisgabe (für die Verschreibung habe der Imitatio-Gedanke nach Thomas a Kempis und der Guyon ausschlaggebende Bedeutung gehabt) und deren affektive Erfahrung werden genau beleuchtet. Der Verfasser geht auch den äußeren Einflüssen, die auf die Bekehrung eingewirkt haben, z. B. anhand der „Anweisung und Beschreibung einiger geistlicher Bücher" nach. Die Religion der Reife, das „reife Sentiment", wird mit den der Bekehrung zeitlich am nächsten stehenden Texten als „Erlebnis der Gottseligkeit" erläutert. Fragt man nun, wel-

---

[82] *Karl Barth*, Gerhard Tersteegen, in: Gemeinde-Blatt für die Deutsche-reformierte Gemeinde Genf, Jg. 7 Nr. 40 v. 10. 12. 1910, S. 2–4.

[83] Der Weg zur Reife, s. Anm. 72.

[84] a) Bekenntnishandlungen, b) Briefe, c) handschriftliche Werke, d) gedruckte Werke nach Tersteegens Tod, e) gedruckte Werke von Tersteegen herausgegeben, f) Übersetzungen Tersteegens, g) übrige Werke.

ches Verhältnis Tersteegen zur Mystik besitze, so benutzt Hoffmann in der Tradition von N. Söderblom die Unterscheidung von Unendlichkeits- und Persönlichkeitsmystik. „In der Bewahrung, Neuschaffung und Reinigung des persönlichen Lebens ist Tersteegen Persönlichkeitsmystiker."[85] Auch Hoffmann greift ähnlich wie Ludewig auf die Distinktionen, die zu Beginn dieses Jahrhunderts entwickelt wurden, zurück, doch kommt ihm die in den USA und Schweden kontinuierlich weiterentwickelte Methodik zugute, auch wenn es manchmal so aussieht, als sollte lediglich die Begrifflichkeit Söderbloms bzw. sein religionspsychologischer Ansatz bestätigt und verifiziert werden.

Mit Tersteegens Verhältnis zur Mystik hat sich schließlich die Karmeliterin Sr. Giovanna della Croce (Gerda von Brockhusen) aus Mailand beschäftigt.[86] Sie gibt ihrer Arbeit über Tersteegen den bezeichnenden Untertitel: „Neubelebung der Mystik als Ansatz einer kommenden Spiritualität." Die Stärke der Arbeit liegt in der geistlichen Verankerung der Verfasserin, in ihrer Kenntnis klösterlichen Lebens und der katholischen Tradition. Sie untersucht das sonst weniger beachtete Werk Tersteegens „Auserlesene Lebensbeschreibungen" als Beispielsammlung für gelebtes Wort Gottes und unterstreicht mit Zeller insbesondere den Einfluß der karmelitanischen Frömmigkeit, den sie in drei Hinsichten gegeben sieht, in dem nach Graden gestuften meditativen und kontemplativen Gebet, in der notwendigen Läuterung und Abtötung der Seele durch Leiden und in Theologie und Einübung der Gegenwart Gottes. Sie erkennt in Tersteegen einen aus der „Schrifterfahrung" lebenden Laien[87], der freilich den „Ansatz mystisch-spiritueller Begegnung mit dem Wort der Schrift" verfolgt. Seine Mystik sei experimentell, da er keine abstrakte Gotteserkenntnis sucht, und dialogisch als „liebendes Offenstehen" für Gottes Mitteilung, als „Liebesgemeinschaft", zu der Gott einlädt.[88] Für Tersteegen sei wichtig: „Neben der Schrift darf niemals die Mitarbeit vergessen werden, die den Menschen für die

[85] Als Beispiel für die Art der Analyse soll folgender Text angeführt werden: „Zuerst ist es das mystische Erlebnis, das von Tersteegen zwar unterschiedlich als ‚christliche Gottseligkeit in ihrer besten Kraft, Schönheit und Völligkeit', als ‚Ganz für Gott sein', als ‚Vereinigung mit Gott, durch Glauben und Liebe', als ‚Erleuchtung', als ‚Leben Gottes, da der Mensch oder das ich nicht mehr lebet, sondern Christus in ihm', und als ‚Wandeln im Himmel', zu dem Friede Gottes, das Vollkommensein in Eins u. a. m. gehört, beschrieben und definiert, das aber nie als erreichtes Ziel und erlebter Zustand von ihm beschrieben wird, sondern das als äußerstes Ziel dem ‚Weg zur wahren Mystik oder zum inwendigen Christenleben' vorangestellt wird. Tersteegen spricht oft von unio mystica Tendenzen und gibt damit Ausdruck, daß auch das unio mystica Erlebnis durch verschiedene Tiefen charakterisiert ist. Damit ist es Ausdruck des von G. W. Allport bestimmten Kennzeichens, daß das reife religiöse Sentiment heuristischen Charakter hat." (S. 298; hier ohne Anmerkungen zitiert).

[86] *Giovanna della Croce*, Gerhard Tersteegen. Neubelebung der Mystik als Ansatz einer kommenden Spiritualität. Bern u. a. 1979 (Europäische Hochschulschriften Theologie Bd. 126, Peter Lang AG).

[87] Ebd., S. 98ff.

[88] Ebd., S. 103, 105.

reine, mystische Gotteserfahrung vorbereitet."[89] Die protestantischen Bedenken in Bezug auf Tersteegens Quietismus und Mystizismus hält die Verfasserin für grundlos, die vom päpstlichen Lehramt verurteilte Häresie des Quietismus betreffe ihn nicht. Vor heterogenen und pseudomystischen Haltungen sei Tersteegen durch seine Bindung an die Schrift und seine christologische Grundsicht geschützt.[90] Freilich ist das Interesse der Verfasserin weniger historisch als gegenwartsbezogen; sie will in Tersteegen „lebenskräftige Keime" vergessener religiöser Haltungen wiederentdecken, Ansätze für jene „ethisch-religiöse Disposition des Menschen, die zur Grundlage für eine kommende Weltkirche dient".[91]

Bei der Darstellung der drei jüngsten größeren Arbeiten zu Tersteegen fällt das ausgesprochene Gegenwartsinteresse auf, das sich befruchtend auf die Fragestellungen auswirkt. Andererseits vermißt der Kirchenhistoriker, daß Tersteegens Standort als Schnittpunkt verschiedener Traditionen und Konfessionen kaum noch, mit Ausnahme wohl von Croce, kritisch reflektiert wird. Was für die ältere Forschung die entscheidende Aufgabe bildete, Tersteegens Stellung zu Mystik (Quietismus), reformiertem Erbe und Separatismus zu bestimmen, erscheint unproblematisch. Demgegenüber liegt der Wert der Studien von van Andel[92] und Winfried Zeller darin, daß sie die frömmigkeitsgeschichtliche und theologische Problematik ernster nehmen und die theologischen Aussagen zu gewichten und zu werten suchen. Es scheint mir unerläßlich, bei einer Beschäftigung mit Tersteegen dessen Beziehungen zum Quietismus, zu Mme Guyon und Pierre Poiret[93] zu klären, wenn ein historisch zuverlässiges und nachprüfbares Bild entstehen soll. Einige vor wenigen Jahren wieder aufgetauchten Stücke aus dem Nachlaß Tersteegens weisen nachdrücklich auf dieses Erbe hin. Ich meine das in Verbindung mit Tersteegens Verschreibung überlieferte Minnekästchen mit Haarkranz der Mme Guyon und mit Poirets beigefügtem Text, dessen Geschichte R. Mohr[94] eindrücklich dargestellt hat. Tersteegens „mystische Theologie" bzw. sein Verhältnis zur Tradition der Mystik und deren Lebensrecht in der evangelischen Kirche dürfte

---

89 Ebd., S. 106.

90 „Tersteegens Weg zum inneren Leben ist unübersteigbar christozentrisch", ebd., S. 162.

91 Ebd., S. 162.

92 *Cornelis Pieter van Andel*, Gerhard Tersteegen. Leben und Werk – sein Platz in der Kirchengeschichte. Düsseldorf 1973 (Schriftenreihe des Vereins f. Rhein. Kirchengeschichte). Übersetzung der 1961 erschienenen niederländischen Dissertation.; ders., Gerhard Tersteegen, in: Orthodoxie und Pietismus, hrsg. v. *M. Greschat*. Stuttgart u. a. 1982, S. 331–345 (Gestalten der Kirchengeschichte Bd. 7).

93 Vgl. *Gustav A. Krieg*, Der mystische Kreis. Wesen und Werden der Theologie Pierre Poirets. Göttingen 1978 (AGP); *Ernst Schering*, Pietismus und die Renaissance der Mystik. Pierre Poiret als Interpret und Wegbereiter der romanischen Mystik in Deutschland, in: Pietismus – Herrnhutertum – Erweckungsbewegung, hrsg. v. *D. Meyer*, Köln 1982, S. 39–70 (Schriftenreihe des Vereins f. Rhein. Kirchengeschichte).

94 *Rudolf Mohr*, Tersteegens Verschreibung mit Blut und die mit ihr zusammen überlieferten Stücke, in: MEKGR 1984, S. 275–300.

in der gegenwärtigen Zeitlage auch in Zukunft erhebliche Aufmerksamkeit finden.

Tersteegen hat in jüngster Zeit auch unter den Medizinhistorikern Beachtung gefunden. Habrich[95] unterstreicht Tersteegens Sorge um den Leib und die menschliche Körperlichkeit als das „Gerüst für die geist-seelische Existenz". „Die ‚Mortificationen' dürfen nur im Geistigen, in leiblicher Disziplin geübt werden, nicht jedoch in aktiven Angriffen gegen den Körper."[96] In der Arbeit ist das einzige von Tersteegen noch erhaltene Rezept abgebildet, denn dieser stellte seine Medikamente nicht nur selbst in seinem Laboratorium her, sondern gab auch bereitwillig Rezepte an Patienten und Apotheken heraus. Er stand mit Ärzten in Verbindung wie Johann Samuel Carl[97] in Berleburg, Dr. Lauterbach in Barmen, Samuel Collenbusch, Johannes Gottlieb Leidenfrost und Johannes Hummel und wurde von diesen anerkannt. Habrich urteilt: „Auch bei strengster Beurteilung ist ihm an keiner Stelle Kurpfuscherei nachzuweisen, ebenso wenig irgendeine Scharlatanerie." „Tersteegen war ein ausgesprochen vorsichtiger Therapeut mit dem obersten Prinzip, nicht zu schaden."[98] Die Alchemie beurteilt er kritisch[99], die Krankheit wertet er positiv als „Sensibilisierungsprozeß der Seele und Möglichkeit zur Steigerung der inneren Aufnahmefähigkeit für geistliche Einsichten."[100]

Schon seit jeher wurde Tersteegen als Liederdichter geehrt und nachgedruckt. Dazu liegen auch aus den letzten Jahren Studien vor.[101] Der Beitrag von Andreas Wittenberg über die Aufnahme von Tersteegens Lied „Ich bete an die Macht der Liebe" in den Großen Zapfenstreich, also in ein militärisches Zeremoniell, sei hier nur wegen seines verblüffenden wirkungsgeschichtlichen Aspektes genannt; für die Tersteegenforschung ergibt er nichts.[102] Traugott Stählin[103] untersucht die innere Verwandtschaft der Dichtung Tersteegens mit der G. Arnolds, die ihm durch die gemeinsame barocke Hoheliedmystik und Abhängigkeit von Bernhard von Clairvaux und Angelus Silesius gegeben erscheint, andererseits sei Tersteegen stärker im spanisch-französischen Quietismus verankert. Ist Arnold noch Barockdichter, so weist Tersteegens „ebenso schlichte wie zum Teil empfind-

95 *Christa Habrich*, Zur Bedeutung medizinischer Bemühungen im Wirken Gerhard Tersteegens, in: Medizinhistorisches Journal 12, 1977, S. 263–279; vgl. *v. Andel* (s. Anm. 92), S. 197 ff.

96 Ebd., S. 268 f.

97 Die Verfasserin arbeitet über Carl.

98 Ebd., S. 273 f.

99 Ebd., S. 270.

100 Ebd., S. 278.

101 *Werner Hehl*, Dichter der christlichen Gemeinde. Gerhard Tersteegen. Stuttgart 1986.

102 *Andreas Wittenberg*, Helm ab – zum Gebet. – „Ich bete an die Macht der Liebe." Gedanken zum Großen Zapfenstreich, in: Jahrbuch f. Liturgik und Hymnologie 26, 1982, S. 157–174.

103 *Traugott Stählin*, Gottfried Arnolds Einfluß auf die Dichtung Gerhard Tersteegens und Christian Friedrich Richters. Ein Beitrag zur Hymnologie des 18. Jahrhunderts, in: Jahrbuch f. Liturgik und Hymnologie 13, 1968, S. 171–188.

same Lyrik in die lyrische Dichtung der den Barock ablösenden Empfindsamkeit".[104] Aber Tersteegen knüpft an Arnold an, nimmt Motive, Begriffe, ja Verszeilen Arnolds auf.[105] Im Unterschied zu Stählins historisch-vergleichender Analyse möchte Reinhard Deichgräber[106] durch vierzehn Liedmeditationen, die vor philologischer Kleinarbeit nicht zurückscheuen, in Tersteegens Lebensweg und mystische Theologie einführen. Er verfolgt dabei das seelsorgerliche Anliegen, Tersteegens weltkritische Aussagen vor einem gesetzlichen Übereifer und asketischen Mißverständnis zu schützen. Als Liedmeditation läßt sich wohl auch die in den Bereich germanistischer Interpretation reichende Liedanalyse von Goes zu Tersteegens Lied „Nun schläfet man" bezeichnen.[107]

Tersteegen besitzt auch in der Gegenwart eine treue Schar von Anhängern, die seine Schriften in volkstümlichen Ausgaben verbreiten und sein Erbe zu tradieren suchen.[108] Über die Geschichte der jährlich stattfindenden „Gerhard-Tersteegen-Konferenz" (früher: Tersteegen-Ruh-Konferenz) liegt jetzt ebenfalls eine Studie vor.[109] Dem Erbe Tersteegens ist auch der im bergischen Land verbreitete Brüderverein verpflichtet. In Rölefeld bei Nümbrecht ist nach dem Abbruch der „Pilgerhütte" Otterbeck jetzt die alte Tersteegen-Sammlung zu benutzen.[110]

Wie volkstümlich Tersteegen heute noch ist, beweist die Tatsache, daß sein Lebensweg auch zu freien novellistischen Erzählungen anregt.[111]

Aufgabe der territorialen Kirchengeschichtsschreibung ist es, zusätzlich zu der Darstellung des Lebensbereiches Tersteegens dessen vielfältige Beziehungen und Freundeskreise über die bereits von Goebel gebrachten Informationen hinaus zu erhellen.[112] Ansätze dazu, meist kleinere Aufsätze, oft mit Briefedition verbunden, findet man zum Teil recht entlegen veröffentlicht. Über Tersteegens Kontakte zu Berleburg (mit Teerstegens Briefen)[113],

---

104 Ebd., S. 171.

105 Z. B. das Lied „O Durchbrecher aller Banden" und Tersteegens „Mein Erlöser, schaue doch".

106 *Reinhard Deichgräber*, Gott ist genug. Liedmeditationen nach Gerhard Tersteegen. Göttingen/Regensburg 1975.

107 *Albrecht Goes*, Gerhard Tersteegen. Andacht bei nächtlichem Wachen. Zuletzt abgedruckt in: Christus in uns. Mystische Strömungen von Angelus Silesius bis Tersteegen, hrsg. v. *Wolfgang Böhme*, Karlsruhe 1983, S. 94–98 (Herrenalber Texte).

108 *Arno Pagel*, Gerhard Tersteegen. Mein Vaterland heißt Ewigkeit. Gießen 5. Aufl. 1986 (ABCteam); *Julius Roessle*, Gerhard Tersteegen. Sein Leben und sein Zeugnis. Wuppertal-Elberfeld 1968.

109 *Karl-Heinz Ehring*, Die Gerhard-Tersteegen-Konferenz. Gladbeck 1969, über Tersteegen S. 36–54.

110 *Hermann Kelm*, Repertorium von Archiv und Sammlung des Evangelischen Brüdervereins (1850 begründet), in: MEKGR 1987 (im Druck). Bei Besichtigung des Tersteegenhauses in 5220 Rölefeld ist Anmeldung bei Dr. Hans Horn, Goethestr. 5, 522 Waldbröl erbeten.

111 Z. B. *Maximilian Maria Ströter*, Die große Reise. Eine Novelle um Gerhard Tersteegen. Duisburg/München 1970.

112 Vgl. *Goebel*, Geschichte des christl. Lebens (s. Anm. 1), Bd. 3, S. 355–408.

113 *Rudolf op ten Höfel*, Gerhard Tersteegen in Berleburg – ein Beitrag zur Tersteegenaus-

zu Krefeld[114], zu Solingen (mit Briefen)[115], zu Barmen (mit Briefen)[116] und zu Rheydt (mit Briefen)[117] liegen ältere Aufsätze vor. Durch die Arbeiten von van Andel und eine wissenschaftliche Edition des Briefwechsels sind wir jetzt über den holländischen Freundeskreis gut unterrichtet.[118] An die geplante Briefedition durch die Pietismuskommission knüpfen sich große Erwartungen, und es bleibt nur zu wünschen, daß von den zum Teil verschollenen oder verloren gegangenen Briefen doch noch einiges auftaucht.[119] Unabhängig davon sind biographische Studien über Freunde oder Mitarbeiter Tersteegens, möglichst mit Abdruck einzelner wichtiger Briefe, wünschenswert. Robert Steiner hat anhand der in Barmen aufbewahrten Quellen das Leben von „Johann Engelbert Evertsen, der Freund von Gerhard Tersteegen" aufgezeichnet, das besondere Beachtung verdient.[120] Evertsen, Kaufmann in Barmen, war nicht nur einer der wichtigen Briefpartner Tersteegens, sondern auch der Mittelpunkt der Tersteegenianer in Barmen und nach Tersteegens Tod der „Seelenführer" auch der Freunde in Mülheim. An seiner Person läßt sich die weitere Geschichte der Tersteegenianer in ihrer kritischen Auseinandersetzung mit anderen Erweckten ablesen. Trotz enger verwandtschaftlicher Beziehungen findet Evertsen kein Verhältnis zu Collenbusch.[121] Verblüffend ist die Freimütigkeit, mit der Evertsen in seinen Briefen Jung-Stilling gegenübertritt und dessen aufgeklärte, weltoffenere Art von der Bibel her kritisiert. Damit werden zwei bisher kaum bearbeitete Fragen angegriffen: das Verhältnis der Tersteegenianer zur Aufklärung und ihre Fortexistenz als eine stille Minderheit im Raum

---

strahlung, in: Macht der Liebe. Gerhard Tersteegen – Leben und Gegenwartsbedeutung. Hg. v. Verkehrsverein Mülheim/Ruhr. Mülheim (1969), S. 27–32.

114 *Arthur Klein*, Der Tersteegen-Kreis in Krefeld, in: Macht der Liebe (s. Anm. 113), S. 34–40.

115 *Klaus Goebel*, Gerhard Tersteegen und sein Solinger Freundeskreis. Versuch einer einführenden Darstellung, in: Die Heimat. Beilage zum Solinger Tageblatt. Mitteilungsblatt des Berg. Geschichtsvereins, Abt. Solingen. Solingen 24. 6. 1955 (Jg. 21 Nr. 5).

116 *Klaus Goebel*, Gerhard Tersteegen und sein Barmer Freundeskreis, in: Romerike Berge V, 1956, S. 107–117. Vgl. auch Roessle (s. Anm. 1), S. 70–80 (auch zu Solingen).

117 *J. F. Gerhard Goeters*, 1957 (s. Anm. 70), S. 65–92.

118 S. Anm. 74.

119 Gelegentlich wird ein Fund veröffentlicht, z. B. *Klaus Goebel*, Brief Tersteegens von 1758 entdeckt, in: Westdt. Allgemeine Zeitung, Ausg. Mülheim/Ruhr v. 6. 4. 1985 (Brief vom 23. 11. 1758 ganz abgedruckt); vgl. auch *Horst Weigelt* in: MEKGR 1974, S. 50–55 (Brief vom 15. 5. 1753 ganz abgedruckt).

120 *Robert Steiner*, Johann Engelbert Evertsen, der Freund von Gerhard Tersteegen, in: MEKGR 1980, S. 29–76; vgl. auch *Klaus Goebel*, Gerhard Tersteegen schreibt an Joh. Engelbert Evertsen. Ein unveröffentlichter Brief vom 18. Februar 1757, in: Ausfahrt und Landung. Festgabe für W. van der Briele. Wuppertal 1960, S. 143–146.

121 *Heiner Faulenbach*, Samuel Collenbusch, ein Gegner der Aufklärung, in: MEKGR 1969, S. 12–45; vgl. auch *Klaus Goebel*, Samuel Collenbusch, in: Wuppertaler Biographien 2, 1960, S. 15–23; *Walter Dietz*, Chronik der Familie Wuppermann, Bd. 1. Leverkusen-Schlebusch 1960, S. 210–221; Art. Collenbusch in: *F. W. Bautz*, Biogr.-Bibliogr. Kirchenlexikon. Hamm 1975, Sp. 1097 f. Vgl. auch *Roessle* (s. Anm. 1), S. 99–117.

der reformierten Kirche – im Einvernehmen mit der Pastorenschaft. Zu Tersteegens Freundeskreis in Elberfeld gehörte auch der damals nicht unbekannte, zu den Honoratioren Elberfelds zählende Orgelbaumeister Jakob Engelbert Teschemacher[122], der eine „avantgardistisch-moderne“ Stilrichtung mit neuen Klangvorstellungen vertrat.[123] Auch von ihm ist eine Herzensverschreibung überliefert. Er gehört zu den Gästen der Elberfelder Tafelrunde um Jung-Stilling vom 22. 7. 1774, die Goethe besucht hat.

4. *Die Ellerianer*

Über die Ellerianer erfährt man in den gängigen Kirchengeschichten Deutschlands kaum etwas. Emanuel Hirsch tut sie mit einem einzigen Satz ab: „Ihre Bedeutung ist wesentlich, im Gefolge der öffentlichen Aufdeckung der in ihr herrschenden sittlichen Mißstände seit 1749 die Sache des prophetisch werdenden Radikalismus gründlich in Verruf gebracht zu haben.“[124] Und ähnlich kritisch hatte schon Goebel, der die Entstehung ausführlich schildert, geurteilt: „Ronsdorf ging in ihr (der Schwärmerei) unter.“[125] Während die ältere Geschichtsschreibung sich stark von den Antironsdorfiana abhängig macht, ist seit den Arbeiten von Strutz und H. K. Hesse[126] eine sehr viel objektivere und positivere Sicht entstanden. Der bedeutsamste Aufsatz, von Günther van Norden 1976 geschrieben[127], entfaltet folgendes Bild anhand einer kritischen Sichtung der Quellen: Das sich um Elias Eller in der Gemeinde Elberfeld schon vor 1730 bildende Konventikel zeichnete sich durch seine wohlhabenden, erfolgreichen Kaufleute und den Anschluß von vier Predigern: Daniel Schleyermacher (seit 1732), Hermann Adolph Jansen (seit 1730), Petrus Wülfing (seit 1737) und Heinrich Rudenhaus (seit 1738/39) aus, „denen die Botschaft der Kirche zu dünn geworden war, weil ihnen

---

122 *Marie-Luise Baum*, Der Elberfelder Orgelbauer Jakob Engelbert Teschemacher 1711–1782, in: Wuppertaler Biographien 7, 1967, S. 88-98.

123 Ebd., S. 95. Charakteristische Register seien gewesen: Baßflöte, Bourdon, Fagott, Tremolo und vor allem Unda Maris.

124 *Emanuel Hirsch*, Geschichte der neuern evangelischen Theologie im Zusammenhang mit den allgemeinen Bewegungen des europoäischen Denkens, Bd. 2, Gütersloh, 3. Aufl. 1964, S. 401.

125 *Goebel*, Geschichte des christl. Lebens (s. Anm. 1), Bd. 3, S. 449.

126 *Edmund Strutz*, Elias Eller, der Gründer der Stadt Ronsdorf, in: Rheinische Lebensbilder, Bd. 1 Düsseldorf 1961, 2. Aufl. 1971; *Hermann Klugkist Hesse*, Die Ronsdorfer Gemeindegründung und das Wort Gottes, in: Der Weg. Synodalausgabe Barmen/Elberfeld 1956 Nr. 26–28, 30 (Vortrag vom 16. 11. 1956 hg. v. *K. Goebel*); beide Aufsätze sind jetzt abgedruckt in: *Klaus Goebel* (Hg.), Von Eller bis Dürselen. Neue Beiträge zur Kirchen- und Stadtgeschichte von Wuppertal-Ronsdorf. Köln/Bonn 1981, 2. Aufl., 1984, S. 14–25 und 26–45.

127 *Günther van Norden*, Die Entstehung der reformierten Zionsgemeinde in Ronsdorf und die Stellung der Obrigkeiten dazu, in: Zeitschrift für Kirchengeschichte 87, 1976, S. 16–38, abgedruckt in: Von Eller bis Dürselen (s. Anm. 126), S. 98–123.

hier das Element des Chiliastischen fehlte".[128] Nach dem Bericht der offiziellen Kommission der Bergischen Synode von 1750 richtete sich die Kritik allein gegen die in der reformierten Kirche ungewöhnlichen Agapen, d.h. die etwa bei Bekehrungen fröhlich gefeierten Feste, nicht gegen die angeblich blasphemischen Inspirationen der Zionsmutter. Das zweite entscheidende und mit dem ersten in Verbindung stehende Kennzeichen der Ellerianer Sozietät war nach van Norden die „Aktivität" ihrer Mitglieder, „sie wollte die reformierte Gemeinde zu Elberfeld zu einer Zionsgemeinde der Wiedererweckten machen" und hatte dank ihrer fähigen Kaufleute erhebliche Erfolge.[129] Nach Ansicht von Strutz war Eller der „bedeutendste Wirtschaftspolitiker des Bergischen Landes im 18. Jahrhundert". Dank dieser Tüchtigkeit, aber auch dank der guten Beziehungen zu dem preußischen Hof in Berlin erhielt die seit 1735 nach Ronsdorf ausgewanderte Sozietät schon 1741 die Erlaubnis öffentlicher Religionsausübung, die Preußen aus politischen Gründen (Hoffnung auf die Erbschaft Berg) nicht uninteressant erschien. Die Abwanderung der Sozietät wurde von der Bergischen Synode nicht als Separation gewertet. Erst die nach dem Tod der Zionsmutter Anna (1744) einsetzenden Streitigkeiten, die 1749 zur Vertreibung des Predigers Schleyermacher führten, haben das Bild dieser philadelphischen Gemeinde getrübt, und darum müssen die späteren Quellen, etwa Schleyermachers spätere Darstellung, methodisch scharf von den Texten vor 1749 unterschieden werden.

Hans Kaiser[130] untersuchte den Streit zwischen Daniel Schleyermacher und Elias Eller auf seine theologischen Motive hin und kam zu dem Ergebnis: Schleyermacher ging es um die „reine Gemeinde". Deshalb war er für die Gründung des neuen Zion (Philadelphia) in Ronsdorf. Elias Eller dachte mehr „an das Reich Gottes, in dem auch Nichtgläubige, Lutheraner und Katholiken, ja selbst Atheisten Platz haben müßten". Ihm ging es um die „Stadt". Erkannten beide die Autorität von Anna von Büchel an, so unterschieden sie sich doch in der Interpretation ihrer „Einsprachen". Schleyermacher hielt sie nicht für übertragbar, während Eller sie erst überprüfen wollte, bevor sie weitergegeben würden. Freilich verläßt sich Kaiser hier auf die Darstellung von Max Goebel, und man müßte die philadelphisch-chiliastische Konzeption und die Frömmigkeit der Beteiligten noch einmal genauer untersuchen.

Für die Entstehung der Ronsdorfer Gemeinde sehr verdienstvoll ist die Studie von Klaus Goebel über den nach Eller einflußreichsten Kaufmann und Fabrikbesitzer Johann Bolckhaus[131], der seit 1730 zur Sozietät gehörte und nach Ellers Tod dessen Titel „Agent und Vorsteher" der evangelischen

---

128 Ebd., S. 106 (im Nachdruck).

129 Ebd., S. 110.

130 *Hans Kaiser*, Der Streit zwischen Daniel Schleyermacher und Elias Eller, in: MEKGR 1971/72, S. 262–273, abgedruckt in: Von Eller bis Dürselen (s. Anm. 126), S. 85–97.

131 *Klaus Goebel*, Die brandenburgisch-preußischen Vorsteher aller Protestanten, Elias Eller

Gemeinden von Friedrich II. erhielt, bis er auf wiederholte Eingaben der reformierten Generalsynode hin 1765 durch Preußen entmachtet wurde. Er war der Nachfolger Ellers, dessen Bandmanufaktur und -handlung er übernommen hatte, die unangefochten die erste Firma am Ort blieb. Freilich konnte auch er nicht das Auseinanderfallen der Gemeinde in verschiedene Parteien verhindern.[132] In einem weiteren Aufsatz hat Klaus Goebel die Listen über „Die ersten Einwohner der Stadt Ronsdorf" abgedruckt[133], deren auffallende verwandtschaftliche Beziehungen er in einer Grafik darstellt. Über die Ausstrahlung der Ellerianer bzw. ihre erhebliche Anziehungskraft auf die umliegenden Orte geben diese ersten Einwohnerlisten Anhaltspunkte, ebenso auch einige gediegen gearbeitete Gemeindegeschichten.[134] So wäre D. Schleyermacher nach seiner Vertreibung aus Ronsdorf beinahe Pfarrer in Solingen geworden.

Die reformierte Gemeinde Ronsdorf hat bis heute eine starke Eigenprägung bewahrt. Der 1974 gegründete historische Arbeitskreis[135] bemüht sich um den Ausbau des vorhandenen Gemeindearchivs[136] sowie um eine Aufarbeitung der Gemeindegeschichte.[137] Die von dem katholischen Pfarrer Wilhelm Wolff 1850 verfaßte, nüchterne Darstellung der Ereignisse und ihrer politischen Hintergründe liegt jetzt in einem Reprint vor.[138] Die jüngste Darstellung ist das Heft „Ronsdorf" in dem Werk „Rheinischer Städteatlas" (Lieferung VI. Nr. 33, hg. von Klaus Goebel).

5. Pietismus in den lutherischen Gemeinden

Die intensive Spenerforschung der letzten Jahre hat sich bisher nicht befruchtend auf die rheinische Pietismusforschung ausgewirkt. Neuere Ar-

und Johann Bolckhaus, in: Von Eller bis Dürselen (s. Anm. 126), S: 131–146. Goebel druckt die im ZSTA Merseburg vorhandenen Eingaben an die Regierung in Berlin ab.

132 S. dazu *Günther van Norden*, Entstehung und Entwicklung der Kirchengemeinden und der Stadt Ronsdorf 1740–1840. Ein Überblick, in: MEKGR 1977, S. 37–59, abgedruckt in: Von Eller bis Dürselen (s. Anm. 126), S. 161–186.

133 *Klaus Goebel*, Die ersten Einwohner der Stadt Ronsdorf, in: Von Eller bis Dürselen (s. Anm. 126), S. 73–84.

134 *Heinz Rosenthal*, Solingen. Geschichte einer Stadt. Bd. 2. Duisburg 1972, S. 39f.; *Heinrich Brinkmann*, Geschichte der evangelischen Gemeinde Homberg im Bergischen Land. Homberg 1983, S. 101f.

135 *Klaus Goebel*, Der Historische Arbeitskreis der evangelisch-reformierten Gemeinde Wuppertal-Ronsdorf 1974–1977, in: MEKGR 1977, S. 294–296.

136 Die jüngste Neuerwerbung ist die Heiratsurkunde E. Ellers mit Anna Gertrud Bosselmann, der 3. Frau Ellers, vom 10. 9. 1749 aus dem Familienarchiv des Reichsministers J. v. Bredt, s. Westdeutsche Zeitung/Generalanzeiger Wuppertal 9. 5. 1987, S. 9.

137 Die Gemeinde gibt eine Schriftenreihe heraus, in der bisher (seit 1973) 5 Schriften vorwiegend zur Geschichte des 19. und 20. Jahrhunderts erschienen sind; vgl. auch die Bibliographie von *Klaus Goebel* (Hektographie im Gemeindearchiv).

138 *Wilhelm Wolff*, Geschichte der Stadt Ronsdorf, ein Beitrag zur bergischen Landes- und Kirchengeschichte. Mülheim/Ruhr 1850, Reprint Remscheid 1982.

beiten über Speners Beziehungen zu rheinischen Gemeinden gibt es nicht, obwohl sich anhand des umfangreichen Briefwechsels, den Spener geführt hat, solche für die Territorialgeschichte höchst aufschlußreichen Bezüge sicherlich feststellen lassen. Einzelnes ist in den Monatsheften für rheinische Kirchengeschichte in früheren Jahren publiziert worden.[139] Aber es ist andererseits auch eine Tatsache, daß die wichtigeren Korrespondenzpartner Speners nicht im Rheinland lebten.[140] Daß dennoch Auswirkungen der von Spener angeregten Erneuerung der Kirche bis in die Wirtschaftsgeschichte hinein spürbar sind, hat jüngst Guntram Philipp an zwei Lebensbildern von in der lutherischen Gemeinde Köln und Köln-Mülheim ansässigen Kaufleuten und Handelsherren eindrucksvoll belegt.[141]. Die lutherische Gemeinde Kölns sah in Spener „gleichsam ihren Patron" (S. 39) und unterhielt regen Briefwechsel mit ihm. Christoph Andreae d. Ä. (1665–1742) wurde bereits mit 22 Jahren Ältester in der lutherischen Gemeinde Kölns und für deren Finanzen verantwortlich; Ältester war auch sein Geschäftspartner Daniel Noel. Nach deren Umzug von Köln in die lutherische Gemeinde Köln-Mülheim wurden beide auch dort Älteste. Der jüngere Christoph Andreae war ein Gegner des theologischen Rationalismus und Freund des pietistischen Pfarrers Johann Gustav Burgmann. Seine Haltung wird durch die in den Geschäftsbüchern eingetragenen Dankgebete wie schon bei seinem Vater deutlich.[142] Untersuchungen über die Frömmigkeit pietistischer Unternehmer im Rheinland könnten zukünftig ein dankbares Arbeitsfeld sein.

Über Speners Schwiegersohn Heinrich Horb, der von 1671–1678 Pfarrer in Trarbach war, hat zuletzt Otto Th. Müller gearbeitet.[143]

Dichter als bei Spener ist das Netz der Korrespondenten mit August Hermann Francke. Wotschke hat den in Halle liegenden Briefwechsel bereits zu weiten Teilen veröffentlicht[144] und Briefe Franckes an folgende Orte und

---

139 *Theodor Wotschke*, Briefe vom Niederrhein an Spener und Francke, in: MRKG 1927, S. 129–154 (186–189); ders., Speners und Franckes rheinische Freunde in ihren Briefen, in: MRKG 1929, S. 321–357; 1931, S. 331–348; *Wilhelm Rotscheidt*, Spener-Briefe an die lutherische Gemeinde zu Köln, in: MRKG 1908, S. 267–279.

140 Vgl. dazu die Korrespondentenliste bei *Dietrich Blaufuß*, Spener-Arbeiten. Quellenstudien und Untersuchungen zu Philipp Jacob Spener... Bern/Frankfurt 1975, S. 75–100, wo nur Johann Heinrich Horb und Johann Scheibler genannt werden.

141 *Guntram Philipp* , Christoph Andreae (1665–1742), in: Rheinisch-Westfälische Wirtschaftsbiographien. Bd. 12. Münster 1986, S. 15–47; ders., Christoph Andreae (1735–1804), in: ebd., S. 48–78.

142 *Philipp* zitiert folgendes Gebet: „... laß den Zufluß Deiner unermeßlichen Güte im Zeitlichen eine Handleiterin sein, um immermehr und mehr nach denen himmlischen Gütern und unverwelklichen Schätzen zu streben, welche die Motten nicht fressen und die Diebe nicht rauben können! Herr, unser Gott, erhebe ferner Dein Gnaden-Antlitz über alle unsere Handlungen..." ebd., S. 73.

143 *Otto Th. Müller*, Heinrich Horbius (1643–1695), ein tragisches Pfarrerschicksal, in: MEKGR 1966, S. 127–133; s. auch *Alfred Roth*, Das Leben und Wirken des Superintendenten Johann Heinrich Horb in der Reichsstadt Windsheim, in: ZBKG 1982, S. 111–115.

144 *Theodor Wotschke*, A. H. Franckes rheinische Freunde in ihren Briefen, in: MRKG 1928,

Personen vorgelegt: Altenkirchen (J. H. v. Grießheim), Burtscheid bei Aachen (M. Lyssow, A. Schmidt), Duisburg (A. K. Berner, Chr. Raab), Essen (D. S. Bohnstedt, J. Mercker, J. G. Burgmann, G. D. Krupp, J. C. Nehring, J. Severin, J. H. Zopf), Kleve (J. Overbeck), Köln (J. v. Dozem, H. S. v. Dozem, V. Heinrici, M. Lyssow, J. A. Plaz), Köln-Mülheim (A. Wüshoff), Lennep (D. C. Francke), Reusrath (J. A. Beurhaus), Schöneberg (A. Gravenhorst), Wesel (J. J. Klermond, S. Hopfensack, W. B. Rauner), Wetzlar (E. G. Hellmund). Neuere Literatur über einzelne genannte Personen bzw. pietistische Zentren gibt es mit Ausnahme von Hellmund, soweit ich sehe, nicht. Über den Düsseldorfer Pfarrer Bartholomäus Crasselius, der für Halle in Preußen kollektiert hat und der nicht zuletzt wegen seiner pietistischen Anschauungen in Düsseldorf Schwierigkeiten hatte, liegt jetzt ein Aufsatz mit Abdruck von zwei Briefen an A. H. Francke vor.[145] Crasselius, der Dichter des Liedes „Dir, dir Jehova will ich singen", hat bis in die Gegenwart die hymnologische Forschung angezogen.[146] Er ist heute noch mit drei Liedern im Gesangbuch der Brüdergemeine vertreten.

Hervorzuheben sind die Aufsätze von Rudolf Mohr über Pfarrer Egidius Günther Hellmund und den Pietismus in der Reichsstadt Wetzlar, der dank der Prozeßakten und der Schreibfreudigkeit von Hellmund gut zu dokumentieren ist.[147] Der theologisch entscheidende Punkt sind die von Hellmund zunächst in einer Kirche, dann privat abgehaltenen Betstunden, auf die Hellmund trotz des Verbotes durch den Rat nicht verzichten will, worauf er vom Amt suspendiert wird. Mohr stellt mit Recht heraus, daß die eigentlichen Gründe für diese Suspension im außertheologischen Bereich liegen. Der Rat sieht seine Autorität gefährdet. Der Pietismus erscheint ihm als aufrührerisch, da die Bürgerschaft zu einem erheblichen Teil ebenso wie einzelne evangelische Räte des Reichskammergerichtes zu Hellmund stehen. Zwar gelingt es Hellmund, über das Reichskammergericht und ein Gutachten der Universität Tübingen wieder ins Amt zu kommen, aber die Fronten sind so verhärtet, daß Hellmund 1721 Wetzlar verläßt, erscheint es ihm doch aussichtslos, die Stadt für den Pietismus zu gewinnen. Übrigens sind nach Auffassung der Räte des Reichskammergerichts und der Universität die

---

S. 81–92; 103–123, 151–158, 175–186, 206–219, 236–251, 264–278, 308–320, 343–350, 366–373; 1929, S. 23–29, 55–70; 1930, S. 68–80; ferner s. Anm. 139.

145 *Dietrich Meyer*, Der Düsseldorfer Pfarrer Bartholomäus Crasselius als Kollektant für Halle in Ostpreußen, in: *Gunter A. Eberhard* (Hg.); Geschichtliche Miniaturen. Neanderkirche Düsseldorf. Köln/Bonn 1984, S. 117–128.

146 *Walter Hüttel*, Bartholomäus Crasselius. Jugendjahre, Studienzeit, pietistischer Aufbruch, in: Jb. f. Liturgik u. Hymnologie 16, 1971, S. 171–174 mit neuen Informationen über die Wernsdorfer Jahre.

147 *Rudolf Mohr*, Egidius Günther Hellmunds gescheiterter Versuch, in der Reichsstadt Wetzlar den Pietismus einzuführen, in: Pietismus – Herrnhutertum – Erweckungsbewegung (s. Anm. 93), S. 146–203; s. ferner ders., „Lutherus purificatus", in: MEKGR 1971/72, S. 251–261; ders., Der Pietist Egidius Günther Hellmund – Zum Jubiläum der Confessio Augustana im Jahre 1730, in: MEKGR 1981, S. 111–185.

Betstunden von Hellmund nicht gegen die Gesetze. – Die Vorgänge in Wetzlar bieten ein schönes Beispiel für die völlig unterschiedliche Beurteilung der Konventikel sowie das Scheitern eines Pietisten an innerstädtischen Spannungen, die weitgehend unabhängig von seiner Person sind. Leider gibt es kaum vergleichbare Studien für andere rheinische Städte. Die heftigen Auseinandersetzungen in Essen hat neuerlich Hanns Joachim Maßner im Überblick dargestellt, ohne freilich die Quellen im einzelnen zu zitieren und erschöpfend auszuwerten.[148] Für den Pietismus wichtig sind in Essen neben den Streitigkeiten um Johann Mercker die Verbindungen Franckes zu dem bedeutsamen Rektor der Lateinschule Johann Heinrich Zopf, der seinen Schüler Johann Julius Hecker, Sohn des Rektors der lutherischen Stadtschule in Werden bei Essen, an das Pädagogium in Halle vermittelte. Der von Francke ausgehende Einfluß auf die rheinische Schulgeschichte ist noch nicht gebührend untersucht worden. Ferner darf nicht übersehen werden, daß Francke nicht nur Lutheranern, sondern auch reformierten rheinischen Predigern Ratgeber und Autorität gewesen ist. Unter seinen reformierten Freunden war der Duisburger Professor Christoph Raab, der mir auch in der jüngsten Universitätsgeschichte nicht recht gewürdigt zu sein scheint, wohl der bedeutsamste.[149]

Zu einem geistigen Schwerpunkt des lutherischen Pietismus wurde im 18. Jahrhundert Barmen-Wichlinghausen durch die Gestalt von Theodor Arnold Müller, der 1732 in Essen geboren wurde und die Schwiegertochter Speners, Catharina Helena Spener, zur Taufpatin hatte.[150] Die neueren Arbeiten, auch die hilfreichen genealogischen Studien von W. Dietz zur Familie Wuppermann[151] stützen sich auf ein umfangreiches, leider nicht veröffentlichtes Manuskript von A. von der Goltz aus dem Jahre 1854, der noch die Schätze des nach dem letzten Krieg verloren gegangenen Gemeindearchivs von Wichlinghausen ausschöpfen konnte.[152]

6. Die Herrnhuter Brüdergemeine

Die Ausstrahlungen Zinzendorfs ins Rheinland sind durch die kritische Haltung Tersteegens am Niederrhein sehr eingeschränkt worden. Dennoch hat es vereinzelte Pfarrer mit Beziehungen zur Brüdergemeine gegeben, so

---

148 *Hanns-Joachim Maßner*, Aus Vergangenheit und Gegenwart unserer Kirche in Essen (Kleine Essendische Kirchengeschichte). Köln/Bonn 1978, S. 94–106.

149 *Günter von Roden*, Die Universität Duisburg (s. Anm. 23), vgl. MRKG 1919, S. 65–85; 1939, S. 123–128.

150 *Klaus Goebel*, Theodor Arnold Müller 1732–1775, in: Wuppertaler Biographien 5, 1965, S. 63–68.

151 *Walter Dietz*, Chronik der Familie Wuppermann, Bd. 1, Leverkusen-Schlebusch, S. 361–378. T. A. Müller war verheiratet mit Johanna Wuppermann.

152 *Alexander von der Goltz*, Theodor Arnold Müller, sein Freundeskreis und die Gemeinde Wichlinghausen, 2 Bde, 1854. Das Manuskript ist in der Gemeinde zur Zeit nicht auffindbar.

den Solinger Johann Wilhelm Gangolf Forstmann, über dessen Tätigkeit jedoch in den vergangenen Jahren nicht intensiver gearbeitet worden ist.[153] Der Einfluß Herrnhuts ging im wesentlichen von Neuwied seit der Niederlassung der Brüder im Jahre 1750 aus. Über die Entstehungsgeschichte der Brüdersiedlung bis zu ihrer Bestätigung durch Zinzendorf am 22. 7. 1754 berichtet jetzt am sachkundigsten der Aufsatz von Gerhard Reichel: „Die Anfänge der Brüdergemeine in Neuwied."[154] Es handelt sich hierbei um eine Zusammenfassung älterer Aufsätze des 1953 verstorbenen Pfarrers der Brüdergemeine Neuwied mit Ergänzungen aus neuerer Literatur, die sein Sohn Hellmut Reichel vorgenommen hat. Er behandelt die großzügige Aufnahme der aus der Wetterau abgewanderten, teilweise französisch sprechenden Mitglieder, vornehmlich aus dem Elsaß und der Schweiz, durch den Grafen Friedrich Alexander zu Wied. Die Brüder sollten unter Führung ihres Predigers Philipp Molther eine reformierte französische Gemeinde bilden[155], mußten aber fast vier Jahre auf die Entscheidung Zinzendorfs und der brüderischen Generalsynode warten, weil diese in erheblichen finanziellen Schwierigkeiten steckte. Über die Errichtung des heutigen brüderischen Kirchensaales, eingeweiht am 16. 10. 1785, sowie über den ältesten brüderischen Gottesacker in Neuwied informiert quellenkundig Dieter Krieg in dem anläßlich des 200jährigen Saaljubiläums erschienenen Sammelband.[156] Dieser enthält auch eine detaillierte Liste der Prediger und Vorsteher der Gemeinde von 1750 bis zur Gegenwart.[157] Über die Wirkung der Brüdergemeine in Neuwied auf Außenstehende, meist Durchreisende oder zeitweilige Schüler der dortigen Erziehungsinstitute, sind die anregenden und lebendigen Texte von Ekkehard Langner[158] und F. Wolf Kupfer[159] gesammelt worden. Zur Baugeschichte informiert aus der Sicht des Architekten und Denkmalpflegers ein Beitrag von Hans Merian.[160] Die zahlreichen Einzelstudien zu Häusern, Familien oder Personen Neuwieds sind jetzt am besten

153 S. *Rosenthal* (s. Anm. 134), S. 37–39; *Hans Lochmann*, Die Pastorenfamilie Forstmann, in: MEKGR 1952, S. 22–25. Vgl. Roessle (s. Anm. 1), S. 81–85.

154 *Gerhard Reichel*, Die Anfänge der Brüdergemeine Neuwied, in: Unitas Fratrum, Heft 18, 1986, S. 7–24.

155 S. *Hans-Walter Erbe*, Philipp Heinrich Molther 1714–1780. Ein herrnhutisches Lebensbild, in: Unitas Fratrum 11, 1982, S. 55–90; über die Zusammensetzung der Ansiedler s. *Wolfgang Polke*, Einige Gedanken zu den ersten „Brüderischen" in Neuwied, in: Zum 200jährigen Bestehen (s. Anm. 156), S. 35–38.

156 Zum 200jährigen Bestehen des Kirchensaales der Brüdergemeine Neuwied 12. und 13. Oktober 1985. Hg. v. Ältestenrat d. Bgm., Neuwied 1985, S. 1–14 und 115–120.

157 Ebd., S. 131–147.

158 *Ekkehard Langner*, Eine Ortsgemeine um 1800. Die Herrnhuter in Neuwied in Reiseberichten der Zeit, in: Unitas Fratrum H. 4, 1978, S. 52–69.

159 *F. Wolf Kupfer*, Die Herrnhuter in Neuwied im Urteile ihrer Zeit, in: Zum 200jährigen Bestehen (s. Anm. 155), S. 39–58.

160 *Hans Merian*, Die Herrnhuter Brüdergemeine in Neuwied, in: Rheinische Heimatpflege 1979, S. 261–271.

aus der Bibliographie von Dieter Krieg zu ersehen.[161] Solche Studien sind Bausteine für die sozial-, wirtschafts-, kunst- und kulturgeschichtliche Forschung, auf die in diesem Bericht schon wegen ihrer zeitlich meist übergreifenden Zusammenhänge nicht gut eingegangen werden kann. Allein der Name der Neuwieder Kunst- und Möbelschreiner Abraham und David Roentgen erforderte eine Spezialdarstellung.[162]

Die international anerkannte Knabenanstalt in Neuwied[163] wurde 1756 begründet, erlangte ihren Ruf – vor allem unter den Engländern – aber erst im 19. Jahrhundert, so daß sie hier nicht mehr berücksichtigt werden kann.

Die brüderische Diasporaarbeit konnte im Rheinland während des 18. Jahrhunderts fast gar nicht Fuß fassen. Im Gebiet der märkischen Synode, soweit sie ins Oberbergische reichte, gab es kleine Freundeskreise (Gelpetal, Berghausen, Gimborn).[164] Erst seit 1760 lassen sich Freunde und Hausversammlungen bei Bingen und bei den Mennoniten auf dem Rheingrafenstein (bei Bad Kreuznach) feststellen.[165] Im Grunde sind auf diesem Feld keine über O. Steinecke: Die Diaspora (Gemeinschaftspflege) der Brüdergemeine in Deutschland. Teil 3 (Halle 1911) hinausführenden Arbeiten entstanden.

Schluß

Der Bericht soll um das Jahr 1760 enden. Sachlich ist das nicht gerechtfertigt. Die stille Arbeit der Tersteegenianer, der brüderischen Diasporapflege, auch der Gemeinde in Ronsdorf wirkte kontinuierlich weiter oder kam, wie bei der Brüdergemeine, erst eigentlich im 19. Jahrhundert zu größerer Verbreitung. Neue Impulse und Persönlichkeiten gewannen an Einfluß, wie die Christentumsgesellschaft, Collenbusch und sein Freundeskreis, Jung-Stilling und viele andere. Im Rheinland ist der Pietismus, gelegentlich in separatistischen Formen, immer eine die kirchliche Frömmigkeit im Stillen begleitende Erscheinung geblieben, die Reste der älteren Täuferbewegung aufge-

161 *Dieter Krieg*, Bibliographie der Veröffentlichungen über die Brüdergemeine in Neuwied am Rhein, in: Unitas Fratrum, H. 22, 1987/88.

162 *Michael Stürmer*, Die Roentgen Manufaktur in Neuwied, in: Kunst und Antiquitäten. Hannover 1979. H. 5, S. 24–36, H. 6. S. 32–45, 1980, H. 1, S. 43–55, H. 2, S. 58–68; ders., Handwerk und höfische Kultur. Europäische Möbelkunst im 18. Jahrhundert. München 1982, besonders S. 241–271; *Josef Maria Greber*, Abraham und David Roentgen. Möbel für Europa. Starnberg 1980.

163 S. *Marianne Doerfel*, Engländer in einer preußischen Internatsschule. Die Knabenanstalt Neuwied/Rh. 1756–1913, in: Geschichte in Wissenschaft und Unterricht 1986, S. 420–434.

164 S. dazu *Hermann Kelm/Fritz Rau*, Die Protokolle der Tagungen der Kreissynode an der Agger von 1817 bis 1849. Düsseldorf 1969, S. 276f.; *Hermann Kelm*, Protokolle der Konvente des Ministeriums der lutherischen Kirche in der Reichsherrschaft Gimborn-Neustadt von 1698–1813, Neukirchen 1977, S. 166f.

165 S. *Friedhelm Ackva*, Spätpietistische Erbauungsversammlungen in und um Kreuznach 1785–1835, in: MEKGR 1984, S. 21–64.

nommen hat und die gleitend in die Erweckungsbewegung übergegangen ist. Es ist dem Pietismus gelungen, zeitweilig in einzelnen Regionen[166] eine beherrschende Stellung zu erobern wie in Wuppertal oder dem bergischen Land, aber auf das Ganze gesehen war und ist er eine die offizielle Kirche mehr oder weniger kritisch begleitende Unterströmung.

---

166 Es wäre eine lohnende aber mühsame Aufgabe, das Verhältnis der zahlreichen Territorien und Grafenhäuser im Rheinland zum Pietismus zu untersuchen. Dazu liegen bisher nur Ansätze vor, z. B. für Wied, Reichsstadt Wetzlar.

Rüdiger Mack

Forschungsbericht: Pietismus in Hessen

*Vorbemerkungen**

Zur zeitlichen und räumlichen Begrenzung des Berichts:

Der vorliegende Forschungsbericht bezieht sich auf das heutige Land Hessen, das in den gegenwärtigen Grenzen erst 1945 entstanden ist. Er geht jedoch aus von den historischen Landschaften, wie sie sich vor dem 18. Jahrhundert herausgebildet hatten. Unter Berücksichtigung der Gebietsänderungen ergibt sich folgende Gliederung:

1. die Freie Reichsstadt und Kaiserstadt Frankfurt/Main,
2. die Landgrafschaft Hessen-Darmstadt (einschließlich des hessischen Hinterlandes um Biedenkopf und Battenberg),
3. die Landgrafschaft Hessen-Kassel (ohne die Grafschaft Schaumburg mit Rinteln und die Herrschaften Plesse und Schmalkalden),
4. die Wetterau einschließlich der Landgrafschaft Hessen-Homburg (aus der Vielzahl der kleinen Herrschaften und Freien Reichsstädte werden nur einige ausgewählt, die für das Thema von einiger Bedeutung sind: Solms-Laubach, Isenburg-Büdingen, die Freie Reichtsstadt Wetzlar, die Landgrafschaft Hessen-Homburg, die Grafschaften Hanau und Isenburg-Offenbach),
5. die nassauischen Grafschaften und Fürstentümer der walramischen Linie (Nassau- Weilburg, – Usingen, -Idstein),
6. die nassauischen Grafschaften und Fürstentümer der ottonischen Linie (ohne das Fürstentum Siegen), nach 1743 zusammengefaßt als Fürstentum Nassau-Oranien.

---

* *Abkürzungen*

AGP	Arbeiten zur Geschichte des Pietismus
AHG	Archiv für Hessische Geschichte
BHKG	Beiträge zur Hessischen Kirchengeschichte
HJLG	Hessisches Jahrbuch für Landesgeschichte
JGP	Pietismus und Neuzeit. Ein Jahrbuch zur Geschichte des neueren Protestantismus
JHKV	Jahrbuch der Hessischen Kirchengeschichtlichen Vereinigung
MOGV	Mitteilungen des Oberhessischen Geschichtsvereins
NA Nass. Ann.	Nassauer Annalen
Zedler	Großes vollständiges Universal Lexikon aller Wissenschaften und Künste, Bd. 1–64, 1733–1750

Die zeitliche Begrenzung ist mit Anfang und Ende der Epoche des Pietismus gegeben. Die Untersuchung beschränkt sich also auf das Jahrhundert nach dem Erscheinen von Speners „Pia Desideria".

Die konfessionellen Verhältnisse

Die Überzahl der hessischen Territorien hatte eine lutherische Bevölkerung; das ottonische Nassau war überwiegend reformiert (das Fürstentum Nassau-Hadamar und die Hälfte des Fürstentums Siegen waren katholisch). Calvinistisch waren auch die Grafschaften Solms-Braunfels und Isenburg, schließlich die Provinz Niederhessen der Landgrafschaft Hessen-Kassel. In einigen Fällen bestand ein Konfessionsunterschied zwischen dem Herrscherhaus und einem größeren Bevölkerungsteil (Hessen-Kassel, Hessen-Homburg, Hanau-Lichtenberg). Im 19. Jahrhundert schlossen sich überall die beiden evangelischen Konfessionen zusammen und bildeten Unionskirchen. Heute gehören Hessen-Kassel mit Hanau und Waldeck (dazu der seinerzeit katholische fuldische Raum) zur „Evangelischen Kirche von Kurhessen und Waldeck", Hessen-Darmstadt, Frankfurt und Nassau zur „Evangelischen Kirche in Hessen und Nassau". Die Kirchenkreise Wetzlar und Braunfels sind eine Enklave der „Evangelischen Kirche im Rheinland".

Frankfurt/Main

Das Jubiläumsjahr 1985 hat für Speners Wirken als Senior des Frankfurter Prediger-Ministeriums kaum neue Erkenntnisse gebracht.[1] Wer die Blütezeit des großen Pietisten kennen lernen will, ist im Wesentlichen immer noch auf Grünbergs gründliche Biographie[2] angewiesen. Doch haben die Untersuchungen von Johannes Wallmann[3], die Speners Jugend und die ersten Frankfurter Jahre bis 1670 behandeln, das Bild an verschiedenen Stellen vertieft. Es zeigt sich, daß Speners Charakter keine großen Ausschläge kannte. Er war ein aussagekräftiger Kanzelredner, der in konzentrierter, spannungsreicher Form den Text auslegte und auf barocke Ausuferungen verzichtete. Der Senior war kein Eiferer und Kämpfer; bei aller Hartnäckigkeit im Verfolgen seiner Ziele hatte er Geduld mit seinen Mitarbeitern und bewahrte Konzilianz im Umgang mit seinen Gegnern. Die eigentlichen Medien, in denen sich der eher verhaltene Stubengelehrte[4] entfalten konnte

---

[1] *Ernst Schering*, Der Vater des Pietismus und Wegbereiter des Neuprotestantismus, Ein Rückblick auf das Spener-Jahr, JHKV 37. Bd., 1986, S. 239ff.

[2] *Paul Grünberg*, Philipp Jakob Spener, Bd. I–III, 1893–1906 (Nachdruck: Hildesheim 1986).

[3] *Johannes Wallmann*, Philipp Jakob Spener und die Anfänge des Pietismus, 1986, besonders S. 198ff.

[4] *Rüdiger Mack*, Pädagogik bei Philipp Jakob Spener, in: *Dietrich Blaufuß* (Hg.), Pietismus-

und die seine Bedeutung ausmachten, waren das geschriebene Wort und das vertrauliche Gespräch mit gleichgesinnten Freunden.

In seinem Frankfurter Amt hat er das Kirchenleben in eine straffere Form gebracht. Sein besonderes Anliegen war die Jugendunterweisung und der Katechismusunterricht. Eigene Vorstellungen hat er wohl nicht eingebracht; aber er hat Anregungen anderer aufgenommen und entwickelt. Mit seinen Anstößen wollte er dem Frömmigkeitsleben des einzelnen Gemeindegliedes neue Impulse geben. Hier wären zu nennen[5]: seine Vorschläge, das Beichtwesen zu erneuern, seine Bemühungen um die Kinderlehre, die Durchführung der Konfirmation in Frankfurt, das Drängen auf die Neuordnung der städtischen Armenpflege[6], das häufige Betonen der Aufgabe der Judenmission, vornehmlich aber die Einführung der „collegia pietatis". Die Verbesserung des Beichtwesens konnte er nicht erreichen, der Hinweis auf die Judenmission wurde nicht aufgenommen. Das Zentralstück seiner Reformanliegen entwickelte sich anders, als er erhofft hatte; daher stellte er in dem Krisen- und Krankheitsjahr 1684 seine „collegia pietatis" ein. Ausschließlich aus dieser Wirkgeschichte läßt sich Speners Bedeutung, das eindrückliche Charisma seiner Persönlichkeit, nicht erkennen.

Der Nachklang seiner Frankfurter Tätigkeit ist relativ gering: Die Briefe an die Frankfurter Freundin Anna Elisabeth Kißner[7] zeigen, daß er einige treue Anhänger in Frankfurt hatte, auch unter den einfachen Leuten. Als Francke auf seiner Reise nach Südwestdeutschland im Herbst 1717 im Ort Station machte[8], konnte er bei einigen Alten einen gewissen Spener-Enthusiasmus wahrnehmen. Es ist kaum anzunehmen, daß sein Nachfolger im Amt, Johann David Arcularius[9], der das Seniorat fast 25 Jahre, von 1686 bis 1710, innehatte, Speners Ansätze absichtlich vernichtet hat. Er war jedoch ein entschieden orthodoxer Kirchenmann, der den heterodoxen Ansichten und separatistischen Neigungen, die er in Frankfurt und in seinem Umfeld wahrnahm, energisch entgegentrat.[10] Sicherlich hat er auch das Seinige dazu

---

Forschungen. Zu Philipp Jacob Spener und zum spiritualistisch-radikalpietistischen Umfeld, 1986, S. 64ff., 112f.

5 *Marianne Queckbörner*, Das Frankfurter Gemeindeleben und Philipp Jakob Speners Reformbestrebungen, in: *Christoph Führ* und *Jürgen Telschow* (Hg.), Die evang. Kirche von Frankfurt am Main in Gesch. und Gegenwart, 1980, S. 161–172.

6 *Willi Grün*, Speners soziale Leistungen und Gedanken, Ein Beitrag zur Geschichte des Armenwesens in Frankfurt/Main und in Brandenburg-Preußen, 1934; ferner: *Udo Sträter*, Pietismus und Sozialtätigkeit. Zur Frage nach der Wirkungsgeschichte des „Waisenhauses" in Halle und des Frankfurter Armen-Waisen- und Arbeitshauses, JGP Bd. 8, 1982, S. 201ff.

7 *August Nebe*, Aus Speners Dresdner Briefen an eine Freundin in Frankfurt a. Main, in: *Otto Eißfeldt* und *G. Heinzelmann* (Hg.), Theologische Studien und Kritiken, 106. Jg., N. F. I., 1934/35, S. 263f.

8 *August Nebe*, Zu August Hermann Franckes Reise ins Reich, Von Hersfeld nach Ingelfingen 1717, BHKG X, 1933–35, S. 381ff.

9 *Hermann Dechent*, Kirchengeschichte von Frankfurt/Main, Bd. II, 1922, S. 105ff.; ders., Johann Jacob Schütz, Christliche Welt, Bd. 3, 1889, S. 954ff.

10 Gräflich Solms-Laubachisches Archiv, Kirchensachen S, Bl. 309–320 Responsum Franco-

beigetragen, daß der Rat der Reichsstadt im Jahre 1700 die Privatversammlungen grundsätzlich verbot. Doch konnte oder wollte er es nicht verhindern, daß immer mehr junge Theologen aus der pietistischen Universität Gießen, die damals Frankfurt eng verbunden war, in die Vakanzen des Prediger-Ministeriums eindrangen.

Von den vier Nachfolgern des Arcularius, die in den nächsten 50 Jahren das Seniorat wahrnahmen, waren mindestens drei entschiedene Pietisten: Johann Georg Pritius (Senior 1710–1731)[11] stand schon längere Zeit vor seiner Berufung in naher Verbindung mit dem führenden Gießener Pietisten Johann Heinrich May, so daß zu vermuten ist, daß dieser angesehene Gelehrte und Kirchenmann bei der Berufung seine Hand im Spiel hatte. In der Reichsstadt hat der Senior, dem Ernst Benz eine ungewöhnliche ökumenische Weite bescheinigt, Neuauflagen von Speners Werken herausgebracht, zu denen er Einführungen schrieb. Von der kirchlichen Einstellung seines Nachfolgers Christian Münden (Senior 1731–1741) weiß man wenig, immerhin wagt Dechent das Urteil: „Doch stand er dem Pietismus nicht unfreundlich gegenüber."[12] Heinrich Andreas Walther (Senior 1741–1748) wuchs im Hause seines Paten Johann Heinrich May in Gießen auf und war später dessen enger Mitarbeiter.[13] Johann Philipp Fresenius, sein Nachfolger im Seniorat (1748–1761), hat ihn in der Grabrede als pietistisch-hallisch bezeichnet. Über Fresenius, einen der wirkungsmächtigsten Spätpietisten, ist noch zu sprechen. Unter den bekannteren Geistlichen in der ersten Jahrhunderthälfte hingen mindestens Johann Balthasar Ritter VI, Johann Balthasar Starck, dessen Neffe Johann Friedrich Starck, Johann Georg Schmidt und Johann Caspar Griesbach der Frömmigkeitsbewegung[14] an. Es wäre interessant zu wissen, welchen Widerhall die „hallisch-pietistische Epoche", von der Hermann Dechent spricht, in den Gemeinden gefunden hat.

Besondere Beachtung verdient der Letzte in der Reihe der Senioren, Johann Philipp Fresenius (1705–1761). Goethe, den der Senior einst getauft

---

furtense vom 10. 1. 1700 bringt ein Gutachten zu der sog. „Kirchenrevolution" zu Laubach, ausgestellt vom Prediger-Ministerium. Auch *Heinz Renkewitz*, Hochmann zu Hochenau, 1969², S. 75f., bezeichnet das Gutachten als „ganz orthodox".

[11] ADB 26, 1888, S. 602–604 *(Dechent)*. Die Briefe an May werden nachgewiesen von *Nilüfer Krüger*, Supellex epistolica Uffenbachii et Wolfiorum, Katalog. Bd. II S. 810f. – *Ernst Benz*, Die protestantische Thebais, 1983, S. 29–31, betont die Neigung des Pritius zur mystischen Theologie und seine Verbindungen zu Poiret, Bayle und William Penn. – May widmet 1713 sein Hauptwerk dem Prediger-Ministerium als Dank für eine ehrenvolle Grußadresse, s. *H. Dechent*, Ki. Gesch. Frankfurt II, S. 123ff.

[12] *H. Dechent*, aaO., S. 149f.

[13] ADB 41, S. 108f., *H. Dechent*, Ki. Gesch. Frankfurt II, S. 164ff. *Wilhelm Diehl*, Geschichte der Gießener Stipendiatenanstalt von ... 1605 bis ... 1780, in: Die Universität Gießen von 1607 bis 1907, Festschrift zur dritten Jahrhundertfeier, Hg. von der Universität Gießen, 1907, Bd. II, S. 75f.

[14] *Rüdiger Mack*, Pietismus und Frühaufklärung an der Universität Gießen und in Hessen-Darmstadt, 1984, S. 193ff.

hatte, hat dem bedeutenden Mann in der Gestalt des Oberhofpredigers in den „Bekenntnissen einer schönen Seele" ein Denkmal gesetzt und ihn auch in „Dichtung und Wahrheit"[15] mit einem Satz gewürdigt, der es in sich hat:

> „Der Senior des Ministeriums, Johann Philipp Fresenius, ein sanfter Mann, von schönem gefälligem Aussehen, welcher von seiner Gemeinde, ja von der ganzen Stadt als ein exemplarischer Geistlicher und guter Kanzelredner verehrt ward, der aber, weil er gegen die Herrnhuter aufgetreten, bei den abgesonderten Frommen nicht im besten Ruf stand, vor der Menge hingegen sich durch die Bekehrung eines bis zum Tode blessirten freigeistigen Generals berühmt und gleichsam heilig gemacht hatte, dieser starb..."

Als einer der letzten, auf Halle orientierten Repräsentanten des Pietismus verdient Fresenius sorgsame Beachtung, die ihm bisher noch nicht zuteil geworden ist.[16] Der begabte praktische Theologe und Seelsorger ist von seinem inneren Werdegang zu verstehen. Sein großes Bildungserlebnis war die enge Freundschaft mit dem Gießener Professor Johann Jacob Rambach, dessen Grabrede er als junger Pfarrer gehalten und dessen Nachlaß er herausgegeben hat.[17] Im Sinne seines geistlichen Ziehvaters hat er in Darmstadt als Hofdiakon zusammen mit dem aus Halle stammenden Hofprediger Friedrich Wilhelm Berchelmann[18] eine blühende Proselytenanstalt für Juden aufgebaut. Nachdem er bei Hofe in Ungnade gefallen und nach Gießen strafversetzt war, nahm er den Ruf in ein Frankfurter Pfarramt an und wurde dort bereits vier Jahre später Senior des Prediger-Ministeriums. Für sein Wirken in der Reichsstadt steht der Goethe-Satz. Wer sich mit diesem bedeutenden Geistlichen beschäftigen will, kann eine Fülle bisher nicht genutzter Materialien heranziehen: seine frühen Aufsätze im „Heßischen Heb-Opfer", das von ihm herausgegebene Organ „Pastoralsammlungen" und vor allem den umfangreichen Nachlaß an Manuskripten und Briefsachen.[19]

---

15 Dichtung und Wahrheit, 4. Buch.

16 Diese Aussage bezieht sich auch auf die Dissertation von *Gerhard Johannes Raisig*, Theologie und Frömmigkeit bei Johann Philipp Fresenius. Eine Studie zur Theorie und Lebenspraxis im Pietismus der frühen Aufklärung, 1975. Dazu ist heranzuziehen die Rezension von *Beate Köster*, JGP Bd. 6, 1980, S. 233–238. Frau Köster bestätigt dem Autor, daß seine Studie eine Lücke füllt in der Theologiegeschichte des 18. Jahrhunderts, muß andererseits feststellen, daß dessen Urteile „sich auf eine offenbar nicht ausreichende Kenntnis der zeitgenössischen Kirchengeschichte begründen".

17 Zu der Zeit, die Fresenius in Hessen-Darmstadt verbracht hat, jetzt *R. Mack*, Pietismus... in Hessen-Darmstadt, S. 165ff. u. ö.

18 *R. Mack*, aaO., S. 138f. u. ö.

19 Über das „Heßische Heb-Opfer" wird unten gehandelt (s. u. S. 193); Die Mitarbeit des Fresenius begann mit dem 8. Stück des 1. Bandes, den 2. Band hat dieser mitherausgegeben. – Die „Pastoralsammlungen", 1748–1761, befinden sich in der Bibliothek von Goethes Vater im Hirschgraben. – Der ganze schriftliche Nachlaß liegt in der Handschriftenabteilung der „Stadt- und Universitätsbibliothek Frankfurt" und harrt der Inventarisierung und Auswertung. Er umfaßt „27 Kapseln mit Korrespondenz, Manuskripten, Predigten und Aktenstücken" (Schreiben des Leiters der Hss. Abt. an den Verfasser vom 12. 8. 1986).

Schon zu Speners Zeiten traten in Frankfurt kirchenkritische, ja außerkirchliche Strömungen in Erscheinung, die sich in dem rührigen Handelszentrum und in der von wenigen patrizischen Familien gelenkten Bürgerschaft freier als in den umliegenden absolutistisch regierten Territorialstaaten entwickeln konnten. Wie Wallmann nachgewiesen hat, hatte der Jurist Johann Jakob Schütz einen beträchtlichen Anteil an der Entstehung der „collegia pietatis".[20] Da er mit Speners Kurs, der die führende Rolle der Geistlichen herausstellte, unzufrieden war, gründete der Dichter des Kirchenliedes „Sei Lob und Ehr dem höchsten Gut" mit einigen Anhängern ein eigenes Konventikel und zog sich immer mehr vom Kirchenleben zurück. Unter den „Saalhofpietisten", wie der oppositionelle Kreis nach seinem Versammlungsort bezeichnet wurde, traten das Edelfräulein Eleonore von Merlau[21], das über eine ausgeprägte spekulative Begabung verfügte, und der einzelgängerische Jurist Christian Fende[22] hervor.

Schütz und andere Separatisten nahmen auch mit ausländischen Gesinnungsgenossen Verbindung auf, so mit den Labadisten und den Quäkern. Auf seiner Festlandsreise 1677 besuchte William Penn auch die Saalhofpietisten in der Reichsstadt.[23] Fünf Jahre später sandte er seinen Frankfurter Freunden den Aufruf, in dem er seine Absicht verkündete, aus dem ihm vom König Karl II. übereigneten „Pennsylvania" ein Musterland und eine Freistatt für alle ihres Glaubens wegen Verfolgte zu machen. Einige Bürger, die dem Kreis um Schütz angehörten, bildeten mit diesem und mehreren Kaufleuten, die in Städten am Niederrhein ansässig waren, die „Frankfurter Landcompagnie", um in die Neue Welt auszuwandern und so dem Druck der kirchlichen wie städtischen Behörden zu entgehen. Geschäftsführer wurde der Jurist Franz Daniel Pastorius[24], der sich bei einem längeren Aufenthalt in Frankfurt den Separatisten um Schütz angeschlossen hatte. Als Agent der Gesellschaft gelangte er im Sommer 1683 nach Philadelphia. Noch im selben Jahr konnte er in dem benachbarten Germantown die ersten deutschen Einwanderer, dreizehn Quäker- und Mennonitenfamilien aus Krefeld, ansiedeln. Die „Frankfurter Landcompagnie", die über ansehnliches Kapital und Siedlungsgebiet bei Germantown verfügte, mußte mehr-

---

20 *J. Wallmann*, Ph. J. Spener..., S. 296ff.

21 *Ernst A. Schering*, Johann Wilhelm und Johanna Eleonore Petersen, in: *Martin Greschat* (Hg.), Gestalten der Kirchengeschichte, Bd. 7 (Orthodoxie und Pietismus), 1984, S. 225–239.

22 *Else Oswalt*, Christian Fende, Diss. Phil. Frankfurt 1922 (masch.), weiß mit dem Mann wenig anzufangen, der ein frommer Einzelgänger und ein querköpfiger Aufkläricht in einem war und dazu noch kabbalistische Spekulationen hegte.

23 *Klaus Deppermann*, Pennsylvanien als Asyl des frühen deutschen Pietismus, JGP Bd. 10, 1984, S. 162ff.

24 *Marion Dexter Learned*, Francis Daniel Pastorius, The Founder of Germantown, Philadelphia, 1908. – Die ersten Berichte von Pastorius aus der Neuen Welt sind um 1690 von seinem Vater Melchior Adam Pastorius veröffentlicht worden, doch in einer ungeschickten Anordnung. Der Sohn hat 1700, damals in Germantown wohnend, eine gute Zusammenstellung seiner Erkundigungen und Erfahrungen in einem deutschen Verlag herausgebracht.

fach umgestaltet werden und bestand noch bis zum Jahr 1707.[25] Die Aufklärungs- und Werbetätigkeit des Pastorius, der die Geschäfte bis 1700 führte, brachte einige deutsche, vornehmlich pfälzische Siedler ins Land. Frankfurter sind ihm damals nicht gefolgt. Die interessante und wichtige Persönlichkeit von Pastorius hat in Deutschland wenig Beachtung gefunden, obwohl er im Jahre 1688 der Initiator des ersten Protestes gegen die Sklaverei in der Neuen Welt wurde.[26] Es ist zu hoffen, daß in dem Jubiläumsjahr 1988, das besonders in Germantown, heute einem Stadtteil von Philadelphia, gefeiert wird, dieser Vertreter des Frankfurter Pietismus nicht nur in den USA, sondern auch in seinem Heimatland gebührend gewürdigt wird.

Johann Jacob Schütz starb 1690, ohne daß der Senior Arcularius den Todkranken zur Rückkehr in die Kirche veranlassen konnte.[27] Seine Witwe und Töchter blieben in der gleichen Hartnäckigkeit der Kirche fern. Das Haus Schütz war um 1700 für die oppositionellen Gruppen, die sich innerhalb und außerhalb der Kirche gebildet hatten, Rückhalt und Versammlungsort.[28] Zwei Töchter Schütz heirateten zwei Brüder Mettingh, die als maßgebliche Verwaltungsbeamte die kirchenkritischen Gruppen in den beiden Grafschaften Isenburg-Offenbach und Sayn-Wittgenstein-Berleburg stützten. Eine unverheiratete Tochter, die „Jungfer Schütz“, bewegte sich mit ihren kabbalistisch-rosenkreuzerischen Neigungen im Gedankenfeld

---

[25] Die Geschichte der „Frankfurter Landcompagnie“ ist noch nicht geschrieben. Während der 25 Jahre ihres Bestehens litt sie ständig unter der Gleichgültigkeit ihrer europäischen Gesellschafter. Aber auch Pastorius, der durch andere Verpflichtungen und seine Liebhabereien oft sehr in Anspruch genommen war, nahm die Geschäfte sehr ungleichmäßig wahr. Nicht ganz durchsichtig ist der Streit zwischen 1700 und 1707, den der neue Geschäftsführer Daniel Falckner (s. *Harald Schieckel*, Das Stammbuch von Wilhelm Ludwig Spener aus den Jahren 1689 bis 1696, in: *Dietrich Blaufuß* (Hg.), Pietismus-Forschungen, 1986, S. 142f.) mit Pastorius ausfocht. Als Marginalie sei hier angeführt, daß der Sohn des Quedlinburger Pietistenführers, des Hofdiakons Johann Heinrich Sprögel, und Schwager von Gottfried Arnold sich schließlich auf betrügerische Weise den Besitz der „Landcompagnie“ aneignete und damit ihr Ende herbeiführte. Spezialuntersuchungen mit Notizen über die „Compagnie“ und noch nicht erschlossenes Quellenmaterial wird man in den wissenschaftlichen Bibliotheken von Philadelphia finden.

[26] Der Protest gegen die Sklavenhaltung ging von vier deutschen Quäkern unter der Federführung von Pastorius aus und wurde weitergegeben an die höheren Quäkergremien: an das Monthly Meeting of Lower Dublin und an das Yearly Meeting of Burlington. In diesem maßgeblichen Gremium in Pennsylvanien wurde die Behandlung mit der Begründung ausgesetzt, man müsse bei der Wichtigkeit der Angelegenheit erst alle Weiterungen prüfen. Die Eingabe auf dem kirchlichen Instanzenweg war gleichzeitig ein Politikum, da Quäker die höchsten Verwaltungsposten innehatten und damals noch die Spitzenpositionen in Kirche und Provinzverwaltung meist von denselben Personen besetzt waren.

[27] *H. Dechent*, J.J. Schütz, Sp. 955ff. Im Wesentlichen stimmt dieser Bericht vom Sterben des Juristen mit einer ausführlicheren Mitteilung überein, die Frau Kißner in einem Brief der Gräfin Benigna zu Solms-Laubach machte. Der Brief, der sich in dem Gräflich Solms-Laubachisches Archiv, Privatarchiv XVII, 1, befand, ist derzeit nicht auffindbar. Der Berichterstatter besitzt eine photokopierte Abschrift, die ihm Dr. Ernstotto Graf zu Solms-Laubach (1890–1978) kurz vor seinem Tode übersandt hat.

[28] *H. Dechent*, J.J. Schütz, Sp. 955f., *H. Renkewitz*, Hochmann... S. 46ff.

ihres Urgroßonkels Johann Valentin Andreae. Später siedelte sie nach Homburg v. d. H. über, wo sie einen Kreis von Anhängern fand. Bisher ist noch nicht bekannt, ob bereits ihr Vater Sinn für diese Geheimwissenschaften hatte. Dafür spricht, daß er dem Verfasser der „Cabbala denudata", Christian Knorr von Rosenroth, eng verbunden war und im Winter 1686/87 den bekannten Vertreter der Kabbalistik Johann Jakob Zimmermann, einen Theologen und Mathematiker, der vor den Franzosen aus Heidelberg geflohen war, als Gast in seinem Haus aufnahm.[29]

Eine kirchenkritische Haltung zeigte sein Leben lang der Arzt Johann Christian Senckenberg (1707–1772), der als seinen Meister Johann Conrad Dippel verehrte[30], dessen Lehre von den geistgeladenen Kräften in der Natur ihn stark beeinflußte. Senckenberg stand schon in seinen jungen Jahren in Frankfurt mit vielen spekulativ gerichteten Geistern verschiedener Provenienz in Verbindung.[31] Der alte Fende, der viele ketzerische Gedanken aus Arnolds großem Werk bezogen hatte, war der Großvater seiner Ehefrau. Der Buchhändler Andreas Groß[32] war das Haupt der großen Inspiriertengemeinde, die sich unter dem Einfluß der beiden Wanderprediger Eberhard Ludwig Gruber und Johann Friedrich Rock in der Stadt gebildet hatte. Aus Frankfurt stammten auch einige der acht „Harmonisten"[33], einer Gruppe von theologischen Schriftstellern, die sich ultra-orthodox gebärdeten, den Hallenser Rambach als geistlichen Vater verehrten und Fende als Freigeist und Sozinianer bekämpften.

Zu den Separatisten kamen als eine geschlossene Gruppe nach 1735 die Anhänger der Herrnhuter Brüdergemeine hinzu, die besonders auf die unteren Bevölkerungsgruppen eine starke Anziehungskraft ausübten und, anders als die älteren, mehr selbstgenügsamen Kreise, über eine längere Zeit Unruhe in das Gemeindeleben hineintrugen.[34] Auch Fresenius, der in Frank-

---

29 *J. Wallmann*, Spener..., S. 346f., *H. Dechent*, aaO., Sp. 954f., ferner *Ernst Benz*, Die Protestantische Thebais, 1963, S. 93ff.

30 *August de Bary*, Johann Christian Senckenberg (1707–1772), 1947, S. 77ff. – Zu J. C. Dippel zuletzt: *Karl Ludwig Voß*, Johann Conrad Dippel, in: *Martin Greschat* (Hg.), Orthodoxie und Pietismus-Gestalten der Kirchengeschichte Bd. 7, 1982, S. 277–285.

31 *G. L. Kriegk*, Die Brüder Senckenberg, Eine biographische Darstellung, 1869, S. 221ff.

32 Andreas Groß, geboren um 1685, vermutlich in Straßburg, studierte in Halle, bekannt mit August Hermann Francke, 1700 Hauslehrer, geht 1706 zu den Inspirierten in Isenburg, danach Buchhandel in Frankfurt, dort noch 1749 Führer der Separatisten Westdeutschlands (vgl. *Gottfried Mälzer*, Die Werke der Württembergischen Pietisten, BGP 1, 1972, S. 114f.).

33 Die „Harmonisten" werden als „Haupt-Secte" erwähnt bei *G. L. Kriegk*, Senckenberg, S. 221; *Else Oswalt*, Christian Fende, S. 20ff. zitiert den alten Rat: „Was die acht Harmonisten belangt, so wird ihr Geschmier (hoch-)gehalten auf Veranlassung des Dr. Rambach..." Hier erscheinen sie also als pietistische Schriftsteller, die buchstabengläubig sich gebärden. – *Reinhard Breymayer*, Ein radikaler Pietist im Umkreis des jungen Goethe..., JGP Bd. 9, 1983, S. 195 Anm. 44, hält es für wahrscheinlich, daß die acht Harmonisten die Beiträger zu einem Sammelband sind: „Bewährte und Harmonische Zeugnüße Einiger... Freunde..."; die von ihm genannten Mitarbeiter kommen aber alle aus dem heterodoxen Lager, darunter der Kabbalist Christoph Schütz.

34 *Heinrich Steitz*, Geschichte der Evangelischen Kirche in Hessen und Nassau, 1977,

furt in Schriften und von der Kanzel herab Zinzendorf und seine Jünger energisch angriff, scheint vorher in Gießen für eine kurze Zeit sich dem Geist und der Form der Brüdergemeine geöffnet zu haben. Vom Standpunkt der Reformierten bekämpfte den Grafen Goethes Großonkel Johann Michael von Loen, der jedoch schon der Aufklärung zuzurechnen ist. Da der Rat der Stadt sich nur ungern zum Eingreifen in das kirchliche Leben nötigen ließ, hatten Senioren und Predigerministerium es schwer, gegen Kirchenkritiker und ausgesprochene Kirchenfeinde vorzugehen. Kaum irgendwo anders im Reich mag es auf engem Raum eines städtischen Gemeinwesens eine ähnlich bunte Palette von verschiedenen religiösen Richtungen und sektiererischen Strebungen gegeben haben.

Nicht nur der Kirchengeschichte kommt eine sorgsame Darstellung der religiösen Strömungen in Frankfurt zugute, sondern wir erhalten auch ein vertieftes Bild der frühen Goethezeit. Es ist sicherlich falsch, den Gewinn solcher Forschungen nur an der Gestalt der Klettenbergerin und an ihrem Hineinwirken in die Familie Goethe festzumachen. In einem Lebensbild von Goethes Vater Johann Caspar schildert Ernst Beutler diesen als einen zutiefst religiösen Menschen.[35] Bei der Klassifizierung von dessen Bibliothek weist Beutler eindeutig nach, daß die Theologie den Schwerpunkt der ganzen Büchersammlung[36] bildete, der sich schon aus den zehn, teilweise von verschiedenen Übersetzern stammenden, Bibeln ablesen läßt. Der Rat hatte eine große Zuneigung zu Fresenius, der die geistlichen Handlungen in der Familie wahrnahm, so die Trauung der Eltern Goethe und die Taufe des kleinen Johann Wolfgang. Das Arbeitszimmer schmückt auch heute noch das Bildnis des Seniors, dessen wichtigste Veröffentlichungen einschließlich der fast vollständigen Jahresbände der „Pastoralsammlungen" in den Bücherregalen stehen. Beutler erkennt aber auch in der Mutter, der „Frau Aja", bei aller Betriebsamkeit und Fabulierlust dieser „Frohnatur", eine tiefe Frömmigkeit als Wesensgrundlage.[37] Gewiß waren die Erscheinungsformen ihrer Religiosität ganz anders als die auf gegründeter Überzeugung beruhende Haltung des nüchternen und schwerblütigen Vaters. Zu dessen Ehre kann gesagt werden, daß er die Frau in ihrer sprunghaften Lebendigkeit nicht

S. 227ff., *G.H. Raisig*, Theologie... bei Fresenius, S. 172ff., vgl. auch *Wilhelm Diehl*, Hassia Sacra II, 1928, S. 405f.

35 *Ernst Beutler*, Am Großen Hirschgraben, Goethes Vater, Schwester und Mutter, 1981, S. 79ff. u. ö.

36 *Franz Götting*, Die Bibliothek von Goethes Vater, NA 64. Bd., 1953, S. 35ff.; *E. Beutler*, aaO., S. 156f.: „was uns aber besonders angelegen sein dürfte, das ist die Frage nach der Theologie, denn hier lag doch wohl für den Kaiserlichen Rat ein Schwerpunkt der ganzen Sammlung. Gegen zehn Bibeln waren im Hause..."

37 *E. Beutler*, aaO., S. 282ff. Beutler hat offensichtlich die Beziehungen des gräflichen Hauses Solms-Laubach zu den frühen pietistischen Kreisen in Frankfurt gekannt. Das ist die Voraussetzung zu einer Mitteilung des Kunsthistorikers Dr. Ernstotto zu Solms-Laubach, vormals Direktors des Frankfurter Kunsthandwerksmuseums, an den Verfasser: Beutler habe ihn oft „getriezt", eine Studie über die religiösen Strömungen in der Goethestadt in der ersten Hälfte des 18. Jahrhunderts zu verfassen.

durch eine doktrinäre Kirchlichkeit zu reglementieren suchte. Beutler seinerseits hat verschiedentlich die Wichtigkeit betont, die religiöse Vorgeschichte und das durch den Pietismus gekennzeichnete Klima in der alten Reichsstadt zu erforschen, um so das Wirkfeld, dem Goethe als Kind und Jugendlicher ausgesetzt war, differenzierter wahrnehmen zu können.

Hessen-Darmstadt[38]

Die Landgrafschaft, die ursprünglich auf den Raum um Darmstadt beschränkt war, erhielt in der Auseinandersetzung mit Hessen-Kassel um das Marburger Erbe (1604ff.) einen neuen Schwerpunkt in Oberhessen mit dem Vorort Gießen. Der Streit hatte auch eine konfessionelle Komponente, da Ludwig V. von Darmstadt gegenüber seinem reformierten Vetter Moritz dem Gelehrten das Luthertum in der Tradition des gemeinsamen Großvaters Philipps des Großmütigen vertrat. Kräftig unterstützt wurde er dabei von den lutherischen Theologieprofessoren, die die von Moritz reformierte Philippina in Marburg verlassen hatten und in Gießen beim Aufbau der neuen Ludoviciana mitwirkten.[39] Diese Professoren haben nicht nur die darmstädtischen Pfarrer in der Lehre entscheidend geformt, sondern waren als Superintendenten Oberhirten der drei oberhessischen Diözesen und hatten Sitz und Stimme in dem gewichtigen Gießener Konsistorium. Demgegenüber trat das darmstädtische Konsistorium zurück, da es nur über die Angelegenheit des einen, südhessischen, Sprengels zu entscheiden hatte. Schon in ihrer inneren Form war die hessen-darmstädtische Kirche von einer großen Geschlossenheit, da einzig das Luthertum im Lande und in der Dynastie galt. Darüber hinaus hatten die drei oberhessischen Superintendenten in der Kirche und in der Gießener Fakultät das Übergewicht und konnten selbstbewußt Eingriffe der Regierung zurückweisen.[40]

---

[38] Als Hilfsmittel unentbehrlich: *Wilhelm Diehl*, Hassia Sacra, Bd. II. Der Verfasser des vielbändigen Werks war nicht nur bis 1933 Prälat der hessisch-darmstädtischen Kirche, sondern hat sich auch als überaus fruchtbarer Historiker vielen Einzelthemen zugewandt, so daß die kirchlichen Verhältnisse dieses Teils von Hessen relativ gut bekannt sind, obwohl das Archiv des Darmstädter Oberkonsistoriums 1944 vernichtet wurde und das Staatsarchiv Darmstadt damals einen großen Teil seiner Bestände verlor. Opfer des schweren Bombenangriffs im September 1944 wurde auch Wilhelm Diehl.

[39] *Wilhelm Martin Becker*, Das erste halbe Jahrhundert der Hessen-darmstädtischen Landesuniversität, in: Die Universität Gießen 1607–1907, Festschr. zur dritten Jahrhundertfeier, hg. von der Univ. Gießen, Bd. I S. 345ff.; ferner: *Ernst Schering*, Gießen und Marburg, Universitäts- und Fakultätsgesch. im Kontext konfessioneller Auseinandersetzungen, in: *Bernhard Jendorff* u. a. (Hg.), Theologie im Kontext der Gesch. der Alma Mater Ludoviciana, 1983, S. 39–44.

[40] Für die Frühphase des Pietismus in Hessen-Darmstadt (1675–1695) grundlegend: *Walther Köhler*, Die Anfänge des Pietismus in Gießen 1689 bis 1695, in: Festschrift 1907, Bd. II, S. 135–244. Besonders hervorzuheben ist Köhlers umsichtiges „Schlußurteil“, in dem er fast gleichzeitig mit Horst Stephan gegenüber Albrecht Ritschls Abwertung die vorwärtsweisen-

Spener, der die Machtverhältnisse in der Landgrafschaft genau kannte, umwarb vor allem den ersten Kirchenmann des Landes Balthasar Mentzer II.[41] Dieser hatte sich beim Wiederaufbau der Kirchenorganisation nach dem Großen Kriege viele Meriten erworben[42] und hatte um 1675 alle Spitzenpositionen in seiner Hand: er war Oberhofprediger, Superintendent der Darmstädter Diözese und Mitglied der Theologischen Fakultät in Gießen. Den Bemühungen des Frankfurter Seniors gegenüber verhielt sich der Oberhofprediger zurückhaltend. Doch gewann Spener einige seiner Mitarbeiter, die in der Residenz Privatversammlungen einrichteten. Da sah Mentzer II die Kircheneinheit in Gefahr: er zerschlug den pietistischen Zirkel und zwang die beiden führenden Mitglieder, den Kammerrat Kriegsmann und den zweiten Hofprediger Johannes Winckler, einen angeheirateten Verwandten, das Land zu verlassen. Auch setzte er einen Regierungserlaß[43] durch, in dem die Konventikel in der Landgrafschaft verboten wurden (1677).

Über zehn Jahre lang blieb Hessen-Darmstadt dem Pietismus verschlossen. In dieser Zeit regierte die tatkräftige Landgräfin Elisabeth Dorothea[44] für ihren unmündigen Sohn Ernst Ludwig. Als dieser 1688 die Regierung übernahm, konnte Spener bald einige Anhänger in wichtige Schlüsselpositionen am Hof und in der Landesuniversität bringen. Dabei stand er in unmittelbarer Verbindung mit der Landgräfin Dorothea Charlotte, einer entschiedenen Pietistin, die ihren in religiösen Fragen eher lauen Gatten zu

---

den Wesenszüge des Pietismus herausarbeitet. Einige Korrekturen und Ergänzungen bringen: *Heinrich Steitz*, Das antipietistische Programm der Landgrafschaft Hessen-Darmstadt von 1678, in: *Heinrich Bornkamm* u.a. (Hg.), Der Pietismus in Gestalten und Wirkungen, 1975, S. 444-465; *R. Mack*, Pietismus... in Hessen-Darmstadt, S. 25-205. Die Studien von Köhler und Steitz enden mit dem sogenannten Sieg der Pietisten im Jahre 1695. Doch bei genauem Hinsehen stellt sich dieser keineswegs als eine tiefgehende Zäsur dar. Der Berichterstatter bezieht in seine Untersuchung die ganze pietistische Epoche, 1675–1761, ein.

41 *R. Mack*, aaO. S. 27f.

42 Zu Mentzers „Restaurationswerk": *R. Mack*, Die Obrigkeit und der Pietismus..., in: *R. Mack*, Pietismus... in Hessen-Darmstadt, S. 1–5.

43 Dieser Erlaß ist im Lande nie aufgehoben worden. Engagierte Pietisten versuchten das Verbot zu umgehen und sogenannte „Betstunden" einzurichten (so um 1700 der Metropolitan in Groß-Gerau Eberhard Philipp Zühl und, 40 Jahre später, Johann Philipp Fresenius, damals Hofdiakon in Darmstadt). – Die „collegia pietatis", die über Jahrzehnte, um 1706, die Professoren Johann Heinrich May und Johann Christian Lange in Gießen abhielten, fielen offensichtlich nicht unter das Verdikt. Diese collegia, hier „Erbauungsstunden" genannt, werden in der Lebensbeschreibung von *J.F. Starck*, im Vorspann der Fassung seines Erbauungsbuches von 1776 erwähnt, s. *Karl Dienst*, Johann Friedrich Starcks Tägliches Handbuch in guten und bösen Tagen, JHKV, 32. Bd., 1981, S. 73f.

44 Die Regentin Elisabeth Dorothea, Tochter Ernsts des Frommen von Sachsen-Gotha, war eine umsichtige Persönlichkeit, die sich von Vorurteilen möglichst freihielt. Doch ist es falsch, sie als Pietistin zu bezeichnen, wie es nach dem Vorgang von *W. Köhler* die seitherige Forschung tut. Köhler konnte seinerzeit noch nicht die Akten des großherzoglichen Privatarchivs benutzen. Die dort befindlichen Briefsachen und Tagebücher zeigen, daß die Fürstin in enger Verbindung zu den führenden Orthodoxen in Gießen stand. Andererseits wandte sie sich nach 1695 auch dem couragierten Pietisten Hedinger zu, zumal als dieser den auch ihr verhaßten Fürstengünstling Bilefeld bekämpfte.

bestimmen wußte. Während sich die Pfarrerschaft und die Bevölkerung anfangs der neuen Frömmigkeitsbewegung gegenüber eher ablehnend verhielten, vermochten die Pietisten mit kräftiger Unterstützung des Landgrafenpaares ihre Stellung an der Universität auszubauen. In einem teilweise mit großer Härte geführten Machtkampf, für den der von Spener ausgewählte Oberhofprediger und Primarius der Fakultät Johann Christoph Bilefeld verantwortlich war, gelang es den Pietisten, die orthodoxen Hochschullehrer zu verdrängen und einen vollständigen Sieg zu erringen. In dem anschließenden Jahrzehnt (1695–1705) bestimmte nicht eigentlich eine geistliche Bewegung die Entwicklung, vielmehr machte der als Gefolgsmann Speners hochgekommene Bilefeld Kirchenpolitik. Bald erhielt er Widerspruch aus den eigenen Reihen: gegen ihn wandte sich der schwäbische Pietist Johann Reinhard Hedinger[45], von 1694 bis 1699 Professor in der Gießener Philosophischen Fakultät. Bevor er der Berufung als Hofprediger nach Stuttgart nachkam, prangerte er in einer Abschiedspredigt das Regime des Oberhofpredigers in aller Öffentlichkeit an. Eine inquisitorische Untersuchung und ein dreimonatiger Hausarrest waren die Folge. Genau so unerschrocken wies er später seinen neuen Landesherrn Eberhard Ludwig auf seine geistlichen Pflichten hin. Auch Gottfried Arnold[46] hielt es nur ein Dreivierteljahr in Gießen, wohin er als Professor der Geschichte berufen war. Eine Universität, in der die Pietisten den Ton angaben, hatte er sich anders vorgestellt als die von Krisen und Konflikten gebeutelte Ludoviciana. Der Secundus der Fakultät, der irenische Hebraist Johann Heinrich May[47], litt unter den örtlichen Verhältnissen und wäre gern wie Arnold „aus Babel ausgegangen“. Aber er blieb in seinem Wirkungsfeld in der Hochschule und

---

45 *R. Mack*, Johann Reinhard Hedinger und die pietistischen Querelen in Gießen, in: *R. Mack*, Pietismus... in Hessen-Darmstadt, S. 239ff. – Die Frage, wann sich Hedinger dem Pietismus zugewandt hat, ist nun geklärt: Bei seinem Amtsantritt in Gießen 1694 überreichte er dem Universitätsrektor J. H. May ein „Curriculum Vitae“. Darin erwähnte er, im Vorsommer 1691 habe ihn eine längere Bildungsreise nach Berlin geführt; dort habe er nicht nur seinen Verwandten Samuel Pufendorf besucht, sondern auch regen Umgang mit Spener gehabt. (Das Dokument befindet sich im Corpus der Briefe des Johann Heinrich May, s. *Nilüfer Krüger*, Supellex epistolica Uffenbachii et Wolfiorum..., 1978, Bd. I, S. 385).

46 *Bernhard Willkomm*, Gottfried Arnold als Professor Historiarum in Gießen. Mitt. des Oberhess. Geschichtsvereins (= MOGV), NF 9. Bd., 1900, S. 62ff., kann nur wenige Hinweise geben. Heute läßt sich der Gießener Hintergrund besser ausleuchten. Sein „Ausgang“ aus der Universität und aus der Kirche (beide Institutionen galten ihm damals als „Babel“) war ein euphorischer Aufbruch, der ein Zeichen setzen sollte, s. *R. Mack*, Pietismus... in Hessen-Darmstadt, S. 82ff., 197ff. Nur ein einziger Gießener Pietist folgte damals Arnolds Beispiel: J. K. Dippel. Zu seiner hessischen Zeit. *W. Diehl*, Beiträge zur Gesch. J. C. Dippels, BHKG III, 1908, S. 134ff.

47 Zu J.H. May: *W. Köhler*, Festschrift 1907, Bd. II, S. 149ff., *R. Mack*, Pietismus... in Hessen-Da., S. 39ff., S. 73ff. – Ein enger Freund von May war der Mediziner Michael Bernhard Valentini. Es ist gewiß auf den Einfluß des bedeutenden Hebraisten May zurückzuführen, daß der Rektor Valentini im Frühjahr 1697 einen jungen Juden in die Universitätsmatrikel eintrug und damit zum Medizinstudium zuließ (s. *R. Mack*, Judenexamina an der Universität Gießen vor 1800, in: MOGV, NF 57. Bd., 1972, S. 111ff.).

in der Kirche. Vornehmlich seinem Ausharren ist es zuzuschreiben, daß sich der Pietismus allmählich in der Pfarrerschaft und in der Bildungsschicht des Landes durchsetzte, da seine persönliche Integrität und sein pädagogisches Charisma die Einstellung einer ganzen Theologengeneration bestimmten. Erst dem nur kurze Zeit in Gießen wirkenden Tertius Johann Ernst Gerhard gelang es, der Herrschaft Bilefelds ein Ende zu bereiten. Doch konnte dieser noch nach dem Sturz in Darmstadt (1705) sein universitäres Amt und die oberhessische Superintendentur behalten.

Nach dem Tode ihrer Schutzherrin, der Landgräfin Dorothea Charlotte (1705), gerieten die Pietisten, erst in der Universität, später auch im Lande, in die Defensive. Andererseits verbündeten sich jetzt gern die zuständigen Regierungsstellen mit den pietistischen Superintendenten und Professoren. Dafür sprachen zwei Gründe: die pietistischen Geistlichen hielten mehr als ihre orthodoxen Amtsbrüder auf Kirchen- und Schulzucht, und an der Universität suchten die isolierten Pietisten Rückendeckung bei der Obrigkeit, während die Mehrheit ihrer Kollegen bestrebt war, sich staatlicher Aufsicht zu entziehen und die akademische Autonomie auszuweiten. Wirkungsvoll war die Zusammenarbeit besonders in der kurzen Zeit (1731–1735), in der der bedeutende Hallenser Johann Jacob Rambach in Gießen lehrte und predigte. Er starb zwar zu früh, als daß er die Gesamtentwicklung hätte nachhaltig beeinflussen können, doch hielten sich einige seiner Neuerungen noch lange Zeit, die von ihm entworfene oberhessische Volksschulordnung fast 100 Jahre.[48] Zur Fortbildung der Pfarrer[49] in Hessen-Darmstadt gründete er eine wissenschaftliche Zeitschrift „Heßisches Heb-Opfer Theologischer und Philologischer Anmerckungen", die sich über 25 Jahre hielt. Offensichtlich hat Rambach dieses Publikationsorgan herausgebracht, um seine Pfarrer immun zu machen gegen die „Berleburger Bibel" und gegen die von dem gleichen Kreis um den Grafen Casimir von Wittgenstein-Berleburg herausgegebene Zeitschrift „Geistliche Fama ..."[50], deren mystische und allegorische Ausdeutungen von Bibel und Kirchengeschichte der Gießener Professor als Verfälschungen ansah. Rambach verdient nicht nur als praktischer Theologe und Homiletiker, sondern auch als Hermeneutiker Beachtung, der das philologische und theologische Rüst-

---

[48] Rambachs Wirksamkeit in Gießen: *R. Mack*, aaO., S. 152–167; zur Förderung des Volksschulwesens: *W. Diehl*, Die Schulordnungen des Großherzogtums Hessen, 3. Bd. – Volksschulwesen, 1903, S. 126ff.

[49] *Paul Drews*, Der wissenschaftliche Betrieb der praktischen Theologie in der theologischen Fakultät zu Gießen, in Festschrift 1907, Bd. II, S. 245ff.; *Martin Schian*, Johann Jakob Rambach als Prediger und Predigertheoretiker, Beiträge zur Hess. Kirchengeschichte, Bd. III, 1909, S. 88–149; gründlicher: *Karl Lischka*, Johann Jakob Rambach, Praecepta Homiletica, Ein Beitrag zur Theorie der Predigt des Pietismus, Diss. theol. Münster 1975; *Paul Herbers*, Die hermeneutische Lehre Johann Jakob Rambachs, Diss. Heidelberg 1952.

[50] *Martin Brecht*, Die Berleburger Bibel. Hinweise zu ihrem Verständnis, JGP Bd. 8, 1982, S. 162–200. – *Winfried Zeller*, Geschichtsverständnis und Zeitbewußtsein, die „Geistliche Fama" als pietistische Zeitschrift, JGP Bd. 2, 1975, S. 89ff.

zeug gleichermaßen zu gebrauchen wußte. Rambachs 20 Beiträge in dem ersten Band des „Heßischen Heb-Opfers".[51] die vornehmlich Auslegungen dunkler Bibelstellen enthalten, sind ein Beispiel dafür.

Nach dem Tode von Rambach konnten sich die Vertreter der Spätorthodoxie durch eine geschickte Personalpolitik, in die die Kollegen der anderen Fakultäten miteinbezogen waren, die Schlüsselpositionen in der Universität und in der Kirche sichern. Sie spürten bald in mehreren Gemeinden die verbotenen Konventikel auf, die sich unter dem Einfluß der von Marienborn aus eifrig missionierenden Herrnhuter gebildet hatten. Die Wahrer der Rechtgläubigkeit polemisierten in schärfster Form auf den Kanzeln und Lehrstühlen und in Publikationen gegen den Grafen und seine Anhänger, auch veranlaßten sie das Eingreifen der staatlichen Behörden.[52] Damit zielten sie nicht nur auf Zinzendorf und seine Gemeine, sondern wollten auch die Pietisten im eigenen Lande einschüchtern und vollends isolieren. Mit ihrer Kampagne gegen die neue „Secte" waren sie nur eine Stimme in einem großen Chor; den Pietismus in der Landgrafschaft, der keinen angesehenen und wortmächtigen Verteidiger hatte, brachten sie aber zum Verstummen.

Als Pietisten werden zwei Theologen bezeichnet, die ein Jahrzehnt später, 1756/57, in führende Positionen der Kirche einrückten: der Gießener „Kanzler", Primarius und „Generalsuperintendent" Christoph Matthäus Pfaff[53] und der Darmstädter Oberhofprediger und Superintendent Johann Hector Dietz.[54] Sie mögen in ihrer Jugend einige Zeit Pietisten gewesen sein; aber das war lange her und wurde durch ihre Einstellung in der Spätzeit keineswegs mehr abgedeckt. Bei Pfaff, der mehr als 40 Jahre Mitglied der Tübinger Fakultät war, ist seine Hinwendung zur Aufklärungstheologie unverkennbar. Der Name „Pietisten" war Pfaff und Dietz nur angehängt, um sie als Gegner der Gießener orthodoxen Führungsgruppe zu kennzeichnen. Deren

---

51 Die fünf Bände der anscheinend ganz seltenen Zeitschrift sind in der Universität Erlangen vorhanden.

52 *R. Mack*, aaO., S. 172ff.; *Irwin Wiegner Bauman*, Der Kampf der Gießener Theologischen Fakultät gegen Zinzendorf und die Brüdergemeine, BHKG Bd. 9, 1930, S. 113–198.

53 Die geschmeidige und schillernde Persönlichkeit von Christoph Matthäus Pfaff (1686–1760), der immerhin mehr als 30 Jahre Kanzler der Universität Tübingen war, fand bei deren 500. Hochschuljubiläum 1976 keine rechte Beachtung. *Martin Schmidt*, RGG³ IV, Sp. 265f., charakterisiert ihn kurz und prägnant: „Ehrgeizig bis zur Bedenkenlosigkeit in wissenschaftlichen Fälschungen, literarisch begabt, organisatorisch geschickt, durch einflußreiche Beziehungen begünstigt, stets erfolgreich, neben Mosheim die glänzendste Theologengestalt des 18. Jahrhunderts." – Für die Gießener Zeit s. *W. Diehl*, Gesch. der Giessener Stipendiatenanstalt von ... 1605 bis ... 1780, Festschrift 1907, Bd. II, 112ff., ferner *R. Mack*, aaO., S. 183–189.

54 Eine Ehrenrettung von Johann Hector Dietz ist angesichts der Quellenlage kaum möglich. *Wilhelm Diehl*, Hassia Sacra Bd. II, S. 61–66, stellt seinem Gewährsmann ein ausgesprochen gutes Zeugnis aus und betont die Unabhängigkeit und Besonnenheit im Urteil, die ihn besonders glaubwürdig machen. – Der Bericht des Erbprinzen, den *Mack* heranzieht (aaO., S. 190f.), ist ebenfalls ernstzunehmen, da Ludwig sich selten genug und nur in begründeten Fällen in einem Rapport an seinen Vater wandte.

wichtigster Vertreter war Johann Hermann Benner, der, im letzten Jahr des 17. Jahrhunderts als Sohn eines Bäckers geboren, als bejahrter Mann in seiner Vaterstadt Primarius der Theologischen Fakultät wurde. In der praktischen Theologie hatte er wesentliche Anregungen von Rambach aufgenommen, auch hatte er dem Zeitgeist Zugeständnisse gemacht. Doch im Kirchenverständnis vertrat er unnachgiebig den orthodoxen Standpunkt. Als er hochbetagt 1782 starb, hatte die Aufklärungstheologie freie Bahn an der Hochschule.[55] Im Jahre 1801 gab der Theologe F. L. Textor ein Büchlein heraus, in dem er 50 angesehene Amtsbrüder charakterisierte.[56] Nur bei einem bejahrten Kollegen merkte er an, dieser sei auf die alten pietistischen Grund- und Heilslehren wieder zurückgefallen. Die Erweckungsbewegung[57], die in dem Großherzogtum und in Gießen erst in den vierziger Jahren deutlich hervortrat, war eine eigenständige Erscheinung, die an den alten Pietismus nicht mehr anknüpfen konnte.

Hessen-Kassel

Nach dem Tode Ludwigs IV. von Hessen-Marburg, des letzten Sohnes Philipps des Großmütigen, galt in erster Linie Moritz der Gelehrte von Hessen-Kassel als erbberechtigt.[58] Ludwig hatte jedoch testamentarisch verfügt, daß das Luthertum seines Territoriums unangetastet bleiben solle. Moritz, der dem reformierten Bekenntnis anhing, hatte aber bereits begonnen, mit dem „Verbesserungswerk" seine Untertanen dem Calvinismus zuzuführen. Im Moment des Erbfalls bemächtigte er sich Marburgs und machte die Philippina zu einer reformierten Hochschule. Nach diesem Gewaltakt konnte der lutherische Ludwig V. von Darmstadt als Vollstrecker des Willens des Erblassers auftreten und das Erbe für sich beanspruchen. Eine gültige Entscheidung der nun auftretenden langen Auseinandersetzungen brachte erst der Westfälische Frieden (1648), der eine Teilung der Erbschaft festlegte, aber eine Nachreformation verbot. Nur die Philippina blieb endgültig reformiert; damit herrschte an der Universität dieselbe Konfession wie in Niederhessen, dem Kerngebiet der Landgrafschaft um Kassel. Da das Luthertum in den anderen Besitzungen von Hessen-Kassel erhalten blieb – in der Herrschaft Schmalkalden in Thüringen, in der Niedergrafschaft Katzenellenbogen (um St. Goar am Rhein) und in der Grafschaft

---

55 *R. Mack*, Johann Christoph Schulz und das Eindringen der Aufklärung in die Universität Gießen, in: *R. Mack*, Pietismus ... in Hessen-Darmstadt, S. 273f.

56 *Friedrich Ludwig Textor*, Charakteristik der jetzt lebenden bekanntesten Hessen-Darmstädtischen Theologen und Prediger mit Rücksicht auf ihre moralische und vorzüglich wissenschaftliche Cultur, 1801. (Das Büchlein ist in der Universität Gießen vorhanden).

57 *Hanns Martin Wolf*, Die Darmstädter Erweckung, JHKV 20. Bd., 1969, S. 125ff., ferner *H. Steitz*, Gesch. der EKHN, S. 354ff.

58 *Heinrich Heppe*, Kirchengesch. beider Hessen, 1876, Bd. II; *Heinrich Steitz*, Gesch. der EKHN, S. 127ff., 147ff., s. o. S. 190, Anm. 39.

Schaumburg an der mittleren Weser –, war der Konfessionsstand einigermaßen ausgewogen, zumal die lutherische Universität Rinteln[59] ein Gegengewicht gegen die Marburger Hochschule bildete. Unter den drei Konsistorien in Kassel, Marburg und Rinteln[60] hatte die reformierte Behörde in Kassel eine bevorzugte Stellung, doch war ihr Verwaltungseinfluß auf Niederhessen beschränkt. Die schlimmen Erfahrungen in der ersten Hälfte des Jahrhunderts veranlaßten die Regenten, in einer toleranten Kirchenpolitik ein gutes Zusammenleben der beiden Religionsparteien anzustreben. In dem Kasseler Colloquium, das Landgraf Wilhelm VI. 1661 einberief, einigten sich die Theologen der beiden Universitäten als Vertreter der Konfessionen auf das Mindestziel: „daß ein Brüderlicher Friede/ und Einigkeit/ und mutua tolerantia, daß ein Theil das ander duldete/ gestiftet würde."[61] Ein milder kirchlicher Pietismus, der nicht in Schwärmertum und Separatismus ausartete, konnte daher geradezu als Unterstützung der obrigkeitlichen Religionspolitik aufgefaßt werden, da er die konfessionellen Unterschiede nicht so stark gewichtete.

Theodor Untereyck[62], dem manchmal für das reformierte Nordwestdeutschland eine ähnliche Bedeutung zugeschrieben wird, wie sie Spener im Luthertum hatte, war in jungen Jahren, von 1668 bis 1670, Hofprediger in Kassel. Die Spekulationen, die Heinrich Heppe an diesen episodenhaften Aufenthalt knüpfte[63], haben keinen Rückhalt in den Quellen gefunden. Von 1677 bis 1730, das bedeutet: in der Epoche der ausgreifenden pietistischen Bewegung, herrschte in Hessen Kassel der Landgraf Karl; seine kraftvolle, auf konkrete Ziele gerichtete Persönlichkeit gab der Regierungspolitik Eindeutigkeit und Impulse. Ob er ein frommer calvinistischer Christ war, wie seine Biographen[64] behaupten, sei dahingestellt; er galt als ein aufgeklärter, den Naturwissenschaften zugewandter Fürst. Für seine Universitäten, die nicht mit der Zeit gingen, vielmehr in ihrem hölzernen Wissenschaftsbetrieb verharrten, hatte er wenig übrig: Rinteln ließ sich nicht dadurch verändern, daß er den forschen Cartesianer Johannes Kahler[65] auf einen philosophischen Lehrstuhl berief. In Marburg konnte der enge und unduldsame Dogmatiker Thomas Gautier die Cartesianer Dénis Papin und Georg Otho zurückdrän-

[59] *Winfried Zeller*, Die Universität Rinteln und ihre Bedeutung für die hessische Kirchengeschichte, JHKV, 23. Bd., 1972, S. 55ff.

[60] *Fred Schwind* (Hg.), Geschichtlicher Atlas von Hessen, Text- und Erläuterungsband, 1984, S. 180.

[61] *Winfried Zeller*, Die niederhessische Irenik, in: *Bernd Jaspert* (Hg.), Frömmigkeit in Hessen, 1970, S. 96ff., hier S. 137ff.

[62] *Heiner Faulenbach*, Die Anfänge des Pietismus bei den Reformierten in Deutschland, JGP Bd. 4, 1979, S. 206ff., ferner RE^{3}20, S. 228–233.

[63] *H. Heppe*, Kirchengesch. beider Hessen, II, S. 329f.; vgl. *Friedrich Klingender*, Der Pietismus in Hessen-Kassel, Diss. theol. Göttingen 1920 (masch.), S. 18ff.

[64] *Hans Philippi*, Landgraf Carl, 1976, S. 564ff.

[65] ADB 14, S. 795ff.

gen.[66] Als Konkurrenz zu den beiden Akademien errichtete Karl das Collegium illustre Carolinum in Kassel[67], das die künftigen Studenten zwei Jahre lang in Mathematik, Naturwissenschaften, Philosophie und natürlicher Theologie unterrichten und diesen dadurch bessere Voraussetzungen zum Fachstudium geben sollte. Im Ganzen gilt für den Landgrafen: er verfolgte seine ehrgeizigen politischen und wirtschaftlichen Pläne; für die Belange der Kirchen und für ihre inneren Verhältnisse hatten die Konsistorien und Superintendenten einzustehen.

Der den Pietisten nahestehende Marburger Professor Christian Ludwig Mieg[68] äußerte im Jahre 1704, erst sieben Jahre vorher sei durch die Unruhen um Horche der Pietismus nach Hessen hineingetragen worden. Der Theologe benutzte das Wort Pietismus in der abschätzigen Bedeutung, die es damals in Hessen allgemein hatte: eine radikale Bewegung, die aus der Kirche herausführte.[69] Bei den engen Beziehungen, die Marburg mit den holländischen Universitäten[70] hatte und die Niederhessen mit den nordwestdeutschen Zentren des reformierten Pietismus verband, ist zu vermuten, daß Hochschule und Land schon vorher von dem frommen Geist der neuen Richtung berührt waren. Kurz vor 1700 riß der in Herborn entlassene Professor Heinrich Horche[71] mit seinem ekstatischen Chiliasmus viele Menschen in seinen Bann. Die Bewegung, die in Horches Vaterstadt Eschwege und in der Werra-Gegend sich ausbreitete, ging über ihren Initiator hinaus und führte zu Erscheinungen wie der Wetzelschen und Buttlarschen Rotte.[72] In seinen späteren, ruhigeren Jahren[73] verfaßte dieser die „Mystische und prophetische Bibel", eine mit allegorischen und spekulativen Elementen

---

66 *S. A. Kaehler* in: *H. Hermelink*, *S. A. Kaehler*, Die Philipps-Universität in Marburg 1527–1927, 1927, S. 320ff.; zu Dénis Papin s. ADB 25, S. 142f.; zu Georg Otho s. ADB 24, S. 297f.

67 *H. Heppe*, K. G. beider Hessen, S. 350f., das Verlegungsprojekt, das die Marburger Universität mit dem Carolinum in der Residenz vereinigen sollte, gefährdete die Existenz der Philippina jahrzehntelang: *S. A. Kaehler* in *Hermelink-Kaehler*, Die Philipps-Universität..., S. 417 u. ö.

68 *Max Goebel*, Gesch. des christlichen Lebens in der rheinisch-westfälischen evang. Kirche, 1852, Bd. II, S. 740f.

69 *R. Mack*, Pietismus... in Hessen Darmstadt, S. 269ff.

70 *R. Mack*, Juden an den hessischen Hochschulen im 18. Jahrhundert, in: Neunhundert Jahre Geschichte der Juden in Hessen, 1983, S. 264ff.

71 *C. W. H. Hochhut*, Heinrich Horche und die philadelphischen Gemeinden in Hessen, 1876. Im Verhältnis zu dieser sehr sorgfältigen Studie bietet die Arbeit von *Norbert Fehringer*, Philadelphia und Babel, Diss. theol. Marburg 1971, wenig Neues.

72 *R. Mack*, Libertinärer Pietismus, Die Wanderungen der Pfarrerswitwe Wetzel, in: R. Mack, Pietismus in... Hessen-Darmstadt, S. 209–238. – Über die Buttlarsche Rotte orientiert immer noch am gründlichsten: *E. F. Keller*, Die Buttlersche Rotte (sic:), in Niedners Zeitschrift für die historische Theologie, 15. Bd., 1845, S. 88ff.

73 *Winfried Zeller*, Heinrich Horche in Kirchhain, in: *B. Jaspert* (Hg.) Frömmigkeit..., S. 141ff.

kommentierte Bibelübersetzung. Die „Marburger Bibel"[74] gilt als eine Vorform der reichhaltigeren „Berleburger Bibel"[75]; gern wüßte man, in wieweit die jüngere von der älteren abhängig ist. Mit den wilden Schößlingen der chiliastischen Bewegung, die sich um die beiden Frauen Catharina Elisabeth Wetzel und Eva von Buttlar bildeten, hatten die kirchlichen Behörden ihre liebe Not. Als Maßnahmen des Kasseler Konsistoriums keinen Erfolg zeitigten, erließ die Regierung im September 1702 eines der ersten „Pietistenedikte", das die hartnäckigen „Sektierer und Schwärmer" aus dem Lande wies. Mit dem Erlaß wollte die Obrigkeit nicht die „Stillen im Lande" treffen, sondern ausdrücklich die Gruppen, die sich der Sinnenlust ergeben hatten oder diese verteidigten:

> „Wie denn höchst ärgerlich zu vernehmen ist, daß sothane Leute, wenn Einige ihres Mittels sich auf eine ganz unchristliche und viehische Weise zusammenthun, solche verrückte Leichtfertigkeit und sündliches Verfahren nicht allein vertheidigen und entschuldigen, sondern auch sogar für gute Werke anpreisen..."[76]

Die langmütige Behandlung der Frauen und ihrer Anhänger und der behutsame Umgang mit der Frömmigkeitsbewegung insgesamt sind als Ergebnisse der toleranten Kirchenpolitik zu werten, die sich in diesem Lande auf der Grundlage der hessischen Irenik heraugebildet hatte.

Als entschiedener Pietist trat an der Marburger Universität der bedeutende Hebraist Johann Henrich Hottinger[77] in Erscheinung. Er stand in einem engen Kontakt zu Heinrich Horche, der in dem nahen Kirchhain wirkte, und war bei der Errichtung des reformierten Waisenhauses in Marburg führend beteiligt. Als der Präzeptor am Waisenhaus Gietzentanner, den Hottinger eingestellt hatte, in einer Predigt behauptete, alle seine Worte seien göttliche Eingebungen, wurde nicht nur dieser des Landes verwiesen, sondern auch sein Schutzherr Hottinger angegriffen und bei der Regierung verklagt. Die kirchlichen Verhältnisse in der Universitätsstadt waren besonders delikat, da im Ort fast nur die Angehörigen der Hochschule zur reformierten Gemeinde gehörten, während die übrige Einwohnerschaft dem angestammten Luthertum anhing. Deshalb setzte die Obrigkeit eine Untersuchungskommission ein. Trotz oder wegen seiner Berufung auf Spener konnte Hottinger den Vorwurf, die Inspirierten zu unterstützen und damit die Heterodoxie zu fördern, nicht entkräften, weshalb er aus dem Dienstverhältnis entlassen wurde. Als August Hermann Francke im folgenden Jahr (1717) auf seiner großen Reise Marburg besuchte[78], fand er kaum Anhänger in der Stadt. Offensichtlich hatte das harte Gericht die Pietisten eingeschüchtert. Das

---

[74] *W. Zeller*, Conrad Mel und die Marburger Bibel, in: Reformatio und Confessio (Festschrift Wilhelm Maurer) 1965, S. 180–189.

[75] *Martin Brecht*, Die Berleburger Bibel, JGP, 8. Bd., 1982, S. 161ff.

[76] *R. Mack*, Pietismus... in Hessen-Darmstadt, S. 223 Anm. 59.

[77] NDB 9, S. 657ff., vgl. *R. Mack*, Juden an den hess. Hochschulen..., S. 267ff., 272f.

[78] *A. Nebe*, Zu A. H. Franckes Reise..., S. 386ff.

reformierte Waisenhaus, nach dem er sich erkundigte, steckte in einer schweren Krise. Nur zwei Professoren der Philosophischen Fakultät kümmerten sich um den illustren Gast und zeigten ihm die Sehenswürdigkeiten der Stadt und Universität. Mit der Verdrängung von Hottinger hatte die starre Marburger Orthodoxie ihren letzten Sieg errungen. Denn sieben Jahre später trat der führende Aufklärer Christian Wolff, mit der Huld des Landesherrn versehen, in die Philosophische Fakultät der Hochschule ein.[79] Der kluge Schachzug des Fürsten, den Lutheraner und zugleich den Mann des Fortschritts nach Marburg zu berufen, stieß die Philippina, bisher eine „lateinische Meierei"[80] wie ihre Gießener Schwester, mit einem gehörigen Ruck in die Moderne.

Daß pietistische Frömmigkeit auch in Hessen-Kassel aufgenommen wurde, ist wohl in erster Linie auf das Wirken von Conrad Mel[81] zurückzuführen, der seit 1704 als geistlicher Inspektor des Fürstentums Hersfeld und Direktor des Hersfelder Gymnasiums tätig war und einige Jahre später am Ort ein Waisenhaus gründete. Als Schuldirektor stieß er anfangs bei einigen Lehrern auf Widerstand, da er gegen die Schüler zu nachsichtig und als Organisator zu unsystematisch war. Doch war er ein Theologe und Kirchenhistoriker von hohem Rang. Daß er einige technische Erfindungen machte, erfreute den Landgrafen. Die fromme Fürstin Marie Amalie schätzte seine Erbauungsschriften und förderte tatkräftig die Errichtung des Waisenhauses. Das hohe Niveau von Mels Unterricht zog viele Studenten nach Hersfeld. Unter seiner Leitung entstand eine Reihe von Disputationen, bei denen Studenten als Respondenten mitwirkten. Bei seiner großen Reise 1717 kehrte Francke in Hersfeld ein[82], um die Bekanntschaft des reformierten Amtsbruders zu machen und seine Anstalten zu besichtigen. Beide fanden sich in dem gemeinsamen Interesse für die Innere und Äußere Mission und für Schulfragen.

Ganz wenig ist bisher über den lutherischen Pietismus in Marburg und in

[79] Die Literatur über die Berufung von Christian Wolff nach Marburg und über dessen dortiges Wirken zuletzt zusammengestellt in den ersten Anmerkungen der Studie von *Gerhard Menk*, Die gescheiterte Berufung Christian Wolffs an die Gießener Ludoviciana, HJLG 36/1986, S. 135ff. Anm. 1–5.

[80] Als „lateinische Meierei" bezeichnete der Minister C. F. von Moser um 1772 die vom Zeitgeist noch wenig berührte Gießener Universität, s. *R. Mack*, Pietismus... in Hessen-Darmstadt, S. 278, Anm. 30.

[81] *Winfried Zeller*, Conrad Mel als Theologe des reformierten Pietismus, in: *B. Jaspert* (Hg.), Frömmigkeit..., S. 151–191, vgl. auch *F. Klingender*, Pietismus in Hessen-Kassel, S. 36–50.

[82] *A. Nebe*, Zu A. H. Franckes Reise..., S. 380f. – Bereits zehn Jahre vorher – 1707 – hatte Mel sich brieflich mit Francke in Verbindung gesetzt. Er bat nicht nur den Hallenser um die Vermittlung zweier Gehilfen, sondern wollte auch dessen Rat einholen, weil er ähnlich, wie es Francke tat, in Hersfeld Missionare für Rußland, Persien und China ausbilden wollte (s. *W. Zeller*, aaO., S. 166ff.). Diese weitgesteckten Missionsziele ließen sich damals in Hessen-Kassel nicht verwirklichen.

Oberhessen bekannt.[83] Ein Jahr bis zu seinem frühen Tode (1714) konnte der pietistische Superintendent Petrus Becker[84] hier wirken, den der Fürst den Pfarrern oktroyiert hatte. Ihn traf der doppelte Zorn seiner Amtsbrüder, da er nicht nur mit führenden Reformierten Gespräche hatte, sondern auch mit den reformierten Pietisten Fühlung nahm. Die Herrnhuter Diaspora-Arbeiter fanden in den dreißiger Jahren keine Pietistenkreise in der Stadt. Das paßt nicht zu der Tatsache, daß das auch in reformierten Kreisen gern benutzte „Marburger Gesangbuch" in einem Anhang ab 1711 von Auflage zu Auflage mehr pietistische Lieder aufnahm.[85] Es wird vermutet, daß gerade wegen dieser Anhanglieder das Gesangbuch seine große Beliebtheit in den Gemeinden bis zum Ende des Jahrhunderts behalten hat.

Waldeck

Gegenüber den Territorien im übrigen Hessen war die Grafschaft Waldeck am Ende des 17. Jahrhunderts noch erheblich im Rückstand. Ihre Regenten trieben eine dynastische Politik, die entweder dem eigenen Ansehen diente oder auf die Versorgung der Angehörigen zielte. Letzteres war besonders bei dem Grafen Christian Ludwig verständlich (Regierungszeit 1660–1706), der aus zwei Ehen 25 Kinder hatte. Da die erste Ehefrau aus dem Hause Rappoltstein im Elsaß stammte, bestanden alte Beziehungen zwischen den Waldekkern und Philipp Jakob Spener[86], dessen Vater und Schwager im Dienste der Rappoltsteiner Herrschaft standen. Der Graf nahm um 1670 die Hilfe des Frankfurter Seniors in Anspruch, nicht in dessen Eigenschaft als Kirchenmann, sondern als kenntnisreichen Genealogen und Ratgeber in Erbschaftsangelegenheiten. Einige Jahre später konnte Spener seinen angeheirateten Neffen Martinus Michael als Rektor des Gymnasiums nach Korbach vermitteln.[87] Doch blieb dessen Wirken an der wichtigsten Schule des Landes nur eine kurze Episode (1681–1684). Seinerseits zog Spener, inzwischen Oberhofprediger in Dresden, den Waldecker Eberhard Philipp Zühl in sein Haus und machte ihn zum Informator seiner Kinder.[88] Ein anderes waldek-

---

[83] *Wilhelm Maurer*, RGG[3] Bd. 3, Sp. 182, behauptet, ohne weitere Hinweise oder Belege zu geben: Das (Marburger) Oberhessen habe enge Beziehungen zum hallischen Pietismus gehabt.

[84] *F. Klingender*, Pietismus in Hessen-Kassel, S. 70ff.

[85] . *Klingender*, aaO., S. 130ff.

[86] *Gerhard Menk*, Philipp Jacob Spener und Waldeck, in: HJLG, Bd. 33/1983, 171ff. – An dieser Stelle möchte ich Herrn Archivrat Dr. G. Menk danken für die helfenden Hinweise, die diesem Abschnitt zugute gekommen sind.

[87] *Gerhard Menk*, Martinus Michael als Rektor des Korbacher Gymnasiums (1681–1684). Ein Beitrag zur Pädagogik und zum Organisationsgrad des frühen Pietismus, in: Gbll. Waldeck 70, 1982, S. 141ff.

[88] *Harald Schieckel*, Das Stammbuch von Wilhelm Ludwig Spener aus den Jahren 1689 bis 1696, in: *Dietrich Blaufuß* (Hg.), Pietismus-Forschungen, Zu Philipp Jacob Spener und zum spiritualistisch-radikalpietistischen Umfeld, S. 121f. – Zu Zühls Wirken in Hessen vor allem

kisches Landeskind, Anton Wilhelm Böhme (1673–1722)[89], hatte in Halle Theologie studiert und wurde anschließend Hauslehrer bei den Kindern des Grafen. Im Lande machte er sich unbeliebt mit seinen ketzerischen Ansichten und brachte die Pfarrerschaft gegen sich auf, als er behauptete, unter allen Predigern in der Grafschaft gebe es nicht einmal vier wirkliche Christen. Da er wegen dieser und anderer Ansichten der Heterodoxie geziehen wurde, mußte er das Land verlassen. Francke schickte ihn als Vertrauensmann an den Hof in London. Hier wurde er Hofprediger bei dem Prinzen Georg von Dänemark, dem Gemahl der Queen Anne. Über Jahrzehnte rührte er bei der britischen Hocharistokratie mit großem Erfolg die Werbetrommel für die Hallischen Anstalten und die anderen weitläufigen Unternehmungen, die von Francke ausgingen.

Christian Ludwig, noch mehr seine zweite, sehr energische Gattin Johannette von Nassau-Saarbrücken waren pietistisch gesonnen.[90] Die Schlüsselpositionen in der Verwaltung und Kirche besetzte die Herrschaft ab 1700 ausschließlich mit Leuten, die in Halle studiert hatten. Einige waren zudem vor der festen Anstellung als Hofmeister der gräflichen Kinder tätig und gerieten so in den Bannkreis des Grafenpaares. Der Jurist Otto Heinrich Becker, der 1701 als Regierungs- und Konsistorialrat an die Spitze der Verwaltung berufen wurde, konnte sich bei seinen einschneidenden Reformen auf einen gleichgesinnten Mitarbeiterkreis stützen.[91] Allerdings konnte er die neue pietistische Kirchenordnung im Lande nicht durchsetzen. Aber 1704 erschien die „Schulordnung vor die Schulen in der Grafschaft Waldeck", im gleichen Jahr wurde die Stiftungsurkunde für das Waisenhaus in Niederwildungen erlassen. Zwei Jahre vorher war das Landeshospital in Flechtdorf eingeweiht. Wieder 1704 wurde in Flechtdorf ein Predigerseminar[92] gegründet, das der Leitung des tüchtigen Pietisten Hieronymus Brückner anvertraut wurde. Für die Korbacher Schule wurde als Rektor der junge Theologe Johann Heinrich

---

Heinrich Steitz, Gesch der EKHN, S. 210ff., S. 222ff., *R. Mack*, Pietismus... in Hessen-Darmstadt, S. 119f. u. ö.

89 *Johann Georg Walch*, Historische und theologische Einleitung in die Religionsstreitigkeiten, V. Theil, 1739, S. 111–117, RGG^3 I, Sp. 1340, dort weitere Literatur. Neu kommt hinzu: *Arno Sames*, Anton Wilhelm Böhme (1673–1722). Studien zum ökumenischen Denken und Handeln eines hallischen Pietisten, Theol. Habil. Schrift Halle/Saale (masch.), 1983.

90 *Wilhelm Irmer*, Die Gesch. des Pietismus in der Grafsch. Waldeck. Diss. theol. Greifswald 1912. Ergänzende Hinweise zu dem Quellenmaterial bei *Hans Schneider*, Johann Heinrich Marmor (1681–1741). Zur Biographie eines Waldecker Pietisten, GBll. Waldeck, 65/1977, S. 138ff.

91 Charakterisierung der Reformen von Becker bei: *Dieter Waßmann*, Waldeck, Gesch. einer Landeskirche, 1984 (Monographia Hassiae, Heft 10), S. 68ff.

92 Laut RGG^{3}V Sp. 514f., Art. Predigerseminar, wurde das erste Seminar im ehemaligen Kloster Riddagshausen im Herzogtum Braunschweig-Wolfenbüttel 1690 errichtet. Von unmittelbaren Nachfolgegründungen ist nicht die Rede. Die eigentliche Zeit der Seminare beginnt erst mit dem 19. Jahrhundert. Das Seminar in Waldeck, das allerdings nur zehn Jahre Bestand hatte, ist also eine der frühesten Einrichtungen.

Marmor gewonnen, der bald in Streit mit dem orthodoxen Oberpfarrer der Stadt geriet.

Als im Jahre 1706 der Graf Christian Ludwig starb, änderte sich die Situation vollständig. Die im Landtag vereinigten Landstände betrieben den Sturz der pietistischen Kamarilla. Nur zu gern ließ der neue Regent Becker fallen, da der allzu eifrige Vertreter eines fortschrittlichen Absolutismus ihm zu übermächtig geworden war. Mit ihm mußten die anderen führenden Pietisten das Land verlassen.[93] Nicht alle Reformen wurden zurückgenommen, doch der Aufbau eines Wohlfahrtsstaates, den Becker anstrebte, war gescheitert, welche Gründe auch immer im Einzelnen dabei mitgespielt haben mögen. Den Schlußstrich zog das Edikt vom 23. 7. 1711 „contra Fanaticos et Pietistas".[94]

War damit der Pietismus ein für allemal geächtet? Als einer der ersten war der fromme Hofprediger und zweite Consistorialis Johann Friedrich Botterweck[95] gemaßregelt und in eine Landpfarre versetzt worden. Daraufhin war er einem ehrenvollen Ruf als Probst nach Magdeburg gefolgt, nach einiger Zeit wurde er Vertreter des Generalsuperintendenten von Magdeburg, des hallischen Primarius Joachim Justus Breithaupt. Zehn Jahre später (1721) rief ihn der Fürst Anton Ulrich mit dem zum ersten Mal verliehenen Titel eines Generalsuperintendenten in die Heimat zurück. Es ist nicht anzunehmen, daß sich in der Magdeburger Zeit die pietistische Einstellung von Botterweck gewandelt hat. Er hatte vielmehr erleben können, daß im Zusammenwirken des Pietismus mit einem auf Reformen drängenden absolutistischen System sich der innere Zustand eines Landes verbessern läßt. Gegen eine Ächtung spricht auch, daß nach dem Jahr 1711 weiterhin eine große Zahl von Waldecker Landeskindern[96] in der pietistischen Hochburg Halle studierte.

Wetterau

Grafschaft Solms-Laubach

Das Territorium der Grafschaft umfaßte um 1700 das Residenzstädtchen und zehn Dörfer am Westrand des Vogelsberges mit insgesamt etwa 4000 Einwohnern. Der Graf Johann Friedrich, verheiratet mit Benigna Gräfin

---

93 Beckers weiterer Lebensweg: s. u. S. 207ff.

94 *W. Irmer*, Pietismus in... Waldeck, S. 131f.

95 *Zedler*, Suppl. IV, S. 319f. – Briefe von J. F. Botterweck an seinen Lehrer Johann Heinrich May in Gießen s. *Nilüfer Krüger*, Supellex epistolica Uffenbachii et Wolfiorum. Katalog, 1979, Bd. I, S. 111f.

96 *H. Schneider*, J. H. Marmor..., S. 140f. – Von *H. Schneider* stammt noch eine weitere wichtige Studie, die sich mit H. O. Becker und den Waldecker Streitigkeiten beschäftigt: Die rechte Gestalt der Wölffe in der Kirche, Unitas Fratrum, Heft 3, 1978, S. 74ff.

Promnitz, besaß eine kleine Herrschaft Wildenfels im Erzgebirge. Nach dem Aussterben einer älteren Laubacher Linie (1676) konnte er in einer schwierigen Erbauseinandersetzung die Regentschaft von Solms-Laubach übernehmen.[97] Graf und Gräfin waren die ersten Standespersonen, die mit dem Frankfurter Senior persönlichen Kontakt aufnahmen[98]. Bei ihren Aufenthalten in der Kaiserstadt nahmen sie an Speners Versammlungen teil. Doch die Gräfin interessierte sich auch für die kirchenkritischen Kreise, die sich um den Juristen Johann Jacob Schütz gebildet hatten. In Briefen beriet der Senior das Ehepaar in Erziehungs- und Bildungsfragen. Zweimal konnte er seine Freunde in ihrer Residenz besuchen; seiner Gönnerin widmete er ein Büchlein mit den am Ort gehaltenen Predigten und Andachten.[99] Der pflichtbewußte Graf plante verschiedene Reformen, um sein Territorium auf einen besseren Stand zu bringen. Doch mußte er die wichtigsten Strukturverbesserungen seinem Nachfolger überlassen, da seine Geldmittel zu beschränkt waren. Die Gräfin sammelte am Hofe um sich einen Kreis von Gleichgesinnten, in dem man sich mühte, ein lebendiges, tatenfrohes Christentum zu leben. Im Ort betreute sie außerdem ein Konventikel[100]; angelegentlich kümmerte sie sich um radikale Pietisten, die wegen ihrer Kirchenkritik anderswo verfolgt wurden. Befreundet war Benigna zu Solms mit der Freifrau Henriette Katharina von Gersdorf, der Großmutter des Grafen Zinzendorf, mit Elisabeth Dorothea Landgräfin von Hessen-Darmstadt und mit der Gräfin Christine von Stolberg-Gedern[101], der Schwiegermutter ihres ältesten Sohnes.

Der Erbgraf Friedrich Ernst, erzogen durch einen von Spener sorgfältig ausgewählten Hofmeister, studierte Jurisprudenz, vornehmlich in Leipzig. Anschließend verbrachte er neun Monate als Privatschüler des berühmten Staatswissenschaftlers Veit Ludwig von Seckendorff auf dessen Gut Meuselwitz.[102] Die juristische Praxis lernte er als Mitglied des Reichshofrats in Wien kennen. Nachdem er in der Nachfolge des Vaters Regent geworden war

---

97 *Rudolph Graf zu Solms-Laubach*, Gesch. des Grafen- u. Fürstenhauses Solms, 1865, S. 341 ff., s. auch *R. Mack*, Religionsstreitigkeiten u. militärischer Ungehorsam in Laubach um 1700, in: MOGV, NF, 63. Bd., 1978, S. 161 ff.

98 Die bisherige Literatur über das fromme Grafenhaus und den Laubacher Pietismus ist zusammengestellt bei *R. Mack*, Pietismus ... in Hessen-Darmstadt, S. 217, Anm. 34. – Der Berichterstatter hat eine Studie im Manuskript abgeschlossen: Spener, Francke und Zinzendorf, ihre Beziehungen zum Laubacher Grafenhaus.

99 Laubachisches Denckmal oder Lehre von dem Weg zum Himmelreich und dem Namen der Christen, Frankfurt/Main 1683.

100 *H. Renkewitz*, Hochmann zu Hochenau (1670–1722), 1969^2 (AGP 5), S. 80, Anm. 122.

101 Christine zu Stolberg-Gedern, geb. Herzogin von Mecklenburg-Güstrow („Fürstin von Gedern", 1663–1749, s. ADB 4, 219), spielte unter den pietistischen Standespersonen keine geringe Rolle. Bei der Übersiedlung nach Dresden machte Spener in ihrem Schloß die erste Station. Vor der Weiterfahrt stärkte sie ihn mit einem passenden Bibelwort, das sie gerade erlost hatte. Auch Francke besuchte sie auf seiner großen Reise 1717, s. *A. Nebe*, aaO., S. 396.

102 *R. zu Solms-Laubach*, Gesch. des Hauses Solms, S. 347 f. – Die Briefe, die der fromme Staatsrechtler mit Johann Friedrich und Benigna gewechselt hat und die nach Ausweis des

(1696), wurde er drei Jahre später evangelischer Präsident des Reichskammergerichts in Wetzlar. Als solcher mußte er sich in jahrelangen schweren Auseinandersetzungen gegen seinen ambitiösen katholischen Amtskollegen durchsetzen.[103]

Der Gedanke der Gewissensfreiheit und der Toleranz, von Spener in den Pia Desideria angesprochen[104], wurde auch von den Laubacher Grafen aufgenommen. Wer Friedrich Ernst um Asyl anging, erhielt seinen Schutz und Unterstützung. So wurde die Residenzstadt Ziel und Sammelpunkt der radikalen Pietisten.[105] Seßhaft wurde hier der hartnäckige Separatist Christoph Balthasar Klopfer[106], dessen kleine Anhängerschar sich im Ort noch über zwei Generationen hielt. Der Widerstand der orthodoxen Bürger gegen die Eindringlinge führte zur sogenannten „Laubacher Kirchenrevolution" (1699–1700)[107], die die Ruhe in der Stadt sowie das gute Verhältnis zwischen Obrigkeit und Bürgerschaft gefährdete. Bei dem Bau eines neuen Kirchenschiffs, den der Graf kräftig unterstützte, wurde das Einvernehmen wiederhergestellt.[108]

Als der Ortspfarrer Johann Philipp Marquard, der Amt und Kirche verlassen hatte, wieder in seine alte Stellung zurückdrängte, entschied der ihm wohlgesinnte Regent nicht selbst, sondern befragte die Bürgerschaft in einem Wahlakt, ob sie mit Marquards Restitution einverstanden sei.[109] Als mehr als zwei Drittel der Bürger positiv votierte, genügte ihm das Ergebnis nicht. Erst nach einiger Zeit, als der orthodoxe zweite Pfarrer einen Ruf nach auswärts angenommen hatte und er Marquard in eine Gemeinschaft mit zwei diesem wohlgesinnten Geistlichen einbinden konnte, setzte der Graf den Rückkehrwilligen in das alte Amt ein.

Nach der Versöhnung der streitenden Parteien in der Kirchengemeinde konnte Friedrich Ernst mit systematisch vorbereiteten Reformen[110] begin-

---

Repertoriums im Laubacher Archiv vorhanden sein müßten, haben sich bisher nicht auffinden lassen.

103 Aktenmaterial zu der Auseinandersetzung am RKG am Beginn des 18. Jhdt.s und zu der Visitation in Wetzlar liegt noch unausgewertet in der Gräflich Solms-Laubachischen Bibliothek in Laubach und im Stadtarchiv Wetzlar. Zum Streit, (wohl etwas einseitig) *Heinz Duchhardt*, Reichskammerrichter Franz Adolf Dietrich von Ingelheim, Nass. Ann. Bd. 81/1970, S. 183ff.

104 Pia Desideria, ed. *Kurt Aland*, 1940, S. 62ff.

105 *H. Renkewitz*, Hochmann zu Hochenau..., S. 57ff.

106 Literatur zu Balthasar Christoph Klopfer bei *R. Mack*, Pietismus... in Hessen-Darmst., S. 209, Anm. 2; ergänzende Angaben finden sich an anderen Stellen des Bändchens.

107 Diese – unangemessene – Bezeichnung der Unruhen findet sich bei *H. Renkewitz*, Hochmann..., S. 53.

108 Archiv des Evang. Pfarramts Laubach, Pfarrchronik, 1858ff., S. 282.

109 Pfarrchronik 1858ff., S. 202ff.

110 Der Berichterstatter arbeitet an einer Studie über die Reformen des Grafen Friedrich Ernst. Zu einzelnen Punkten: zum Schulwesen s. *Hans Kraft Rodenhausen*, Von der Lateinschule zum Laubach-Kolleg, 1987, S. 10–13; zur wöchentlichen Rechenstunde s. *Rüdiger Mack*, Ein Konflikt zwischen den Freienseenern und ihren Pfarrern im Jahre 1705, in: Festschr. der Evang. Kirche Freienseen zur Wiedereinweihung ihres Gotteshauses, 1976, S. 60f.; zur Hebammenfortbildung: Gräflich Solms-Laubachisches Archiv, Kirchensachen 14, Acta die Annah-

nen. Sie betrafen erstens das Kirchenwesen (dabei wurde die Zahl der Pfarrstellen von sechs auf zehn erhöht), zweitens das Schulwesen (die allgemeine Schulpflicht wurde eingeführt, eine wöchentliche Rechenstunde wurde zur Pflicht gemacht, die Lateinschule wurde ausgebaut), drittens das Medizinalwesen (zwei Ärzte praktizierten im Ländchen, eine Apotheke wurde eingerichtet, der „Landphysikus" mußte die Hebammen fortbilden), viertens die Errichtung eines Waisen- und Altersheimes, fünftens das Manufakturwesen (das im Laubacher Gebiet gebrochene Erz wurde mit der Holzkohle aus den großen Waldungen verhüttet und im Eisenhammer gehärtet). Dabei war auch dieser Graf vom „Bauwurm" befallen. Doch verstand er mit Geld umzugehen und vermochte seine privaten Ausgaben und Liebhabereien mit dem Gehalt abzudecken, das er als Reichskammergerichtspräsident erhielt. Mit anderen Besuchern war auch August Hermann Francke[111] beeindruckt von den Erfolgen, die der Aufbau des kleinen „Musterländles" zeitigte. Die Schwester des Grafen, Erdmuthe Benigna Gräfin Reuß-Ebersdorf, übernahm manche Einrichtungen für ihr Territorium.[112] Ihr Schwiegersohn, der Graf Zinzendorf, schrieb um 1730 an den Inspirierten J. F. Rock[113]:

> „Ich kann Herrenhut noch nicht unter die Oeconomien setzen, die einen Einfluß in andere Länder und Seelen haben, als wie ichs von denen Hallensibus; Jenensibus und den Collegiis pietatis, von dem seligen Hochmann, Spener, von den Laubachischen Anstalten... behaupten kann."

Doch in der Zeit, in der Zinzendorf diesen Satz schrieb, war die Blüte bereits dahingewelkt, da der Schöpfer dieser Einrichtungen schon 1723 verstarb und die Vormundschaft seiner jungen Söhne das Werk nicht weiterführen konnte. Ein Vierteljahrhundert später war auch in Laubach der Pietismus verschwunden.[114]

Isenburg-Büdingen

Das Grafenhaus Isenburg hatte sich um 1600 dem reformierten Bekenntnis angeschlossen. Wie die Solmser und die Stolberge zeigten sich auch verschiedene Vertreter dieses Grafengeschlechts für den Pietismus besonders

---

me von Hebammen betr., 1708; zur Errichtung des Waisenhauses s. *Udo Sträter*, Pietismus u. Sozialtätigkeit, in: JGP, Bd. 8, 1982, S. 227ff.; zum „Bauwurm" s. *R. zu Solms-Laubach*, Gesch. des Hauses Solms, S. 352f.

111 *A. Nebe*, Zu A. H. Franckes Reise, BHKG X, 1932–34, S. 391–95.

112 *H. W. Erbe*, Zinzendorf und der fromme hohe Adel seiner Zeit, 1928, S. 157ff.

113 *Max Goebel*, Gesch. des christlichen Lebens in der rheinisch-westfälischen Kirche, Bd. II, 1852, S. 777, Anm. 1, zu Rock: Bd. III, S. 129ff.

114 *H. W. Erbe*, Zinzendorf und der... Adel..., S. 143f., Pfarrchronik 1858ff., S. 203f.

aufgeschlossen.[115] Wer die Verwandtschaftsverhältnisse der Büdinger oder deren Personalpolitik in den Spitzenbehörden betrachtet, wird feststellen, daß um 1700 der Unterschied zwischen den evangelischen Konfessionen und zwischen den verschiedenen Glaubenshaltungen bei ihnen keine wesentliche Rolle spielte. Von seinem Landesherrn, dem Grafen Karl August von Isenburg-Marienborn konnte der Kircheninspektor Samuel König, der einst von einer engherzigen Obrigkeit aus seiner Schweizer Heimat vertrieben war, feststellen, dieser habe „ein nicht geringes donum der Geduld und Vertragsamkeit".[116]

Glaubensflüchtlinge durften sich in den Büdinger und Marienborner Dörfern als Landarbeiter, Handwerker und Krämer niederlassen und brauchten nur das Beisassengeld zu zahlen.[117] Kurz nach 1700 wanderten die Württemberger Separatisten, der ehemalige Pfarrer Eberhard Ludwig Gruber und der Sattler Johann Friedrich Rock[118], ein Prälatenenkel, nach Düdelsheim, bei Büdingen, ein. Beide hatten später in der Inspiriertenbewegung eine führende Rolle inne. Flüchtlinge aus der Pfalz, die die Lehren des einzelgängerischen Hochmann von Hochenau von der allgemeinen Kirche über den Konfessionen, von der brüderlichen Friedfertigkeit und von der Erwachsenentaufe aufgenommen hatten, kamen damals ebenfalls ins Land. Da ihr Führer Alexander Mack heimlich einige Einwohner taufte, was nicht verborgen blieb, mußte er mit seinen Brüdern das Isenburger Gebiet verlassen.[119] Vorübergehend ließen sich diese „Neutäufer" in der Separatistenherberge Wittgenstein-Berleburg nieder. Unter Führung des Düdelheimers Peter Becker zog 1719 die erste Gruppe nach Pennsylvanien, die andern Neutäufer folgten schubweise, 1729 ihr alter Anführer Alexander Mack. In der Neuen Welt bildeten sie die noch heute existierende „Church of the Brethren", die mit den Mennoniten und Quäkern zu den drei historischen Friedenskirchen zählt.

Im Jahre 1706 schickte der Graf Karl August von Isenburg-Marienborn sein Mündel, den Büdinger Erbgrafen Ernst Casimir, zur Beendigung der Studien auf die pietistische Universität Halle. Bei seiner Volljährigkeit 1708 übernahm dieser sein Erbe, das sich nach dem Tode seines Vormunds um dessen Ländchen vergrößerte. Durch seine Heirat mit einer Tochter der Fürstin von Gedern verschwägerte sich der Büdinger auch mit Friedrich Ernst zu Solms-Laubach. Es kann kaum Zweifel bestehen, daß er ein ähnli-

---

115 *Dagmar Reimers*, Sektenwesen und Herrnhuterbewegung in der Grafschaft Ysenburg, in: Kreis Büdingen, Wesen und Werden, hg. vom Gesch. Verein Büdingen, 1956, S. 255 ff.

116 *R. Mack*, Pietismus... in Hessen-Da, S. 228 Anm. 77. – Zu dem Berner Theologen Samuel König: *Rudolf Dellsperger*, Samuel Königs „Weg des Friedens" (1699–1711), JGP Bd. 9, 1983, S. 152–179.

117 *D. Reimers*, Sektenwesen..., S. 256 f.

118 Zu E. L. Gruber und J. F. Rock zuletzt *Matthias Benad*, Ekstatische Religiosität und gesellschaftliche Wirklichkeit, JGP 8, 1982, S. 128 ff.

119 *Donald F. Durnbaugh* (Hg.), Die Kirche der Brüder, Vergangenheit und Gegenwart, 1971, S. 12 ff.; TRE 7, S. 216 ff. Art. Brüder (Church of the Brethren).

ches Standesethos und fromme Einstellung hatte wie dieser Verwandtenkreis. Auch war er weder vom „Bauwurm“ noch vom „Jagdteufel“ heimgesucht. Daß er sein Land in Flor bringen und seine Einkünfte vermehren wollte, verlangte die drückende Schuldenlast.

Am 29. 3. 1712 erließ der junge Graf ein Wirtschaftsprivileg und forderte tüchtige Handwerker verschiedener Profession unter einer Reihe von Vergünstigungen auf, sich in einer zu gründenden Vorstadt der Residenz anzusiedeln. Das Neuartige dieser Werbung von Neubürgern steht im Art. I des Patents[120]:

> „Weil... Wir... überzeuget sind/, daß die Obrigkeitliche Macht sich nicht über die Gewissen erstrecke/, So wollen Wir Jedermann vollkommene Gewissens-Freyheit verstatten/ also/ daß Niemand unserer Unterthanen/ Frembden oder Beysassen in unserem Lande/ so sich zu einer anderen/ als der Reformirten Religion bekennen/ oder die aus Gewissens-Skrupel sich gar zu keiner äußerlichen Religion halten/ jedoch dabey in Bürgerlichem Wandel gegen Obrigkeit und Unterthanen so wohl/ als in ihren Häusern/ ehrbar/ sittsam und Christlich sich aufführen/ dieserhalb einige Mühe und Verdrießlichkeit gemacht werden.“

Mitverfasser dieses Patents war der Kanzleirat Otto Heinrich Becker, der erst vor einigen Monaten zusammen mit dem ebenfalls aus Waldeck verdrängten Konrektor Johann Heinrich Marmor[121] in den Isenburger Dienst getreten war. Gleichzeitig mit dieser Initiative, die dem wirtschaftlichen Aufbau galt, schlug der bewährte Verwaltungsmann ein Bündel von Reformen des Kirchen- und Schulwesens[122] vor, die die Christen zu einer Verinnerlichung ihres Glaubenslebens und zu einer Bewährung in der praxis pietatis nach hallischem Muster führen sollten. Hierher gehören auch Pläne, wie das Schulwesen zu verbessern sei, und der Vorschlag, ein Waisenhaus zu errichten. Doch zur Durchführung kam es nicht. Becker hatte nämlich das Patent in mehreren Exemplaren nach Waldeck geschickt. Seine dortigen Feinde zeigten den Grafen und Becker beim Fiscal am Reichskammergericht an. Das Gericht erließ am 17. 6. 1712 ein Mandat gegen beide, insbesondere gegen den Kanzleirat, wegen Verstoßes gegen das Sektenverbot, wie es im Friedensvertrag zu Osnabrück festgeschrieben war.[123] Becker, dessen Waldecker Verteidigungsschriften in dem Mandat gleichermaßen inkriminiert wurden, gab seine Büdinger Position auf. Ab 1714 war er in Thüringen als

---

120 *Reinhard Steiger*, Die Gewährung der Gewissensfreiheit durch Ernst Casimir von Ysenburg-Büdingen im Jahre 1712, in: *Otto Triffterer* u. *Friedrich von Zezschwitz* (Hg.), Festschrift für Walter Mollmann, S. 293–316, s. Zitat auf S. 294. – Zu den sozio-ökonomischen Voraussetzungen des Patentes und den Ergebnissen der Ansiedlung, s. *Matthias Benad*, Toleranz als Gebot christlicher Obrigkeit, 1983. Studia Irenica Nr. 27 = Diss. phil. Frankfurt 1981.

121 Zu Marmors Biographie nach seiner Waldecker Zeit: *Hans Schneider*, J. H. Marmor..., S. 142ff.

122 *M. Benad*, Ekstatische Religiosität, S. 122f.

123 *R. Steiger*, Gewährung der Gewissensfreiheit..., S. 301f.

erster Berater des jugendlichen Grafen Heinrich II. von Reuß-Greiz tätig.[124] Wieder half er mit, ein Kleinterritorium in seiner Landeskultur zu entwikkeln. Diesmal ging er behutsamer vor und suchte den ungeduldigen Regenten vor Übereilung zu bewahren.

Der Büdinger Graf zog aus dem Mandat keine Konsequenzen. Doch hatte er keine große Freude an der erstehenden Vorstadt, da sie das Wirtschaftsleben kaum förderte. Unter den Neubürgern kam es 1714 zu einer Inspirationsbewegung.[125] Deren Glieder lebten der Überzeugung, das Ende der Zeiten sei nahe, und schränkten die Berufsarbeit auf den bloßen Broterwerb ein. Zwar wurden die maßgeblichen Führer aus den Büdinger Ortschaften ausgewiesen, doch führte dieser Abzug nicht zu einem Erlöschen der Sekte. Im Geheimen blieben Kleingruppen bestehen, die durch eine rührige Reisetätigkeit ihrer Lehrer verbunden waren. Reste konnten die Aufklärungsepoche überdauern. Im ersten Drittel des 19. Jahrhunderts gewann das geistliche Leben dieser Gruppen eine neue Stärke. Verfolgt von den großherzoglichen Behörden, konnten sie sich um 1830 in dem Gebäudekomplex des ehemaligen Klosters Arnsburg sammeln und nach einigen Jahren gemeinsam in die Neue Welt ziehen.[126] Der junge Zinzendorf, der den Inspirierten eine Zeit lang mit Sympathie gegenüberstand, versuchte vor allem ein Einvernehmen mit ihrem Führer Johann Friedrich Rock herzustellen.[127]

Nach der Vertreibung aus Sachsen suchte Zinzendorf für sein wanderndes Gottesvolk eine neue Bleibe.[128] Ein Verwandter von Ernst Casimir, Wilhelm von Isenburg-Wächtersbach[129], bot ihm als Unterkunft die verkommene Ronneburg an. Doch dort war kein Daueraufenthalt möglich, so daß die gräfliche Familie für einige Zeit nach Frankfurt auswich. Mit finanzieller Hilfe holländischer Anhänger konnte die Brüdergemeine das Schloß Marienborn anmieten. Vor allem aber konnte sie im Jahre 1738 von dem Grafen Ernst Casimir das Areal um die Kirche auf dem Haag erwerben. Zu diesen Mittelpunkten kamen als Außenstellen das Schrautenbachsche Schloß in Lindheim, ferner die büdingensche Domäne Leustadt hinzu. Zentrum wurde Herrnhaag[130], das großzügig ausgebaut wurde und in seiner Blütezeit mindestens 1000 Einwohner hatte. Inmitten der glänzenden Anlage hatte

124 *Rudolf Herrmann*, Thüringische Kirchengeschichte, 2. Bd., 1937/47, S. 282ff.: Becker war als Konsistorialdirektor erster Helfer des jungen Grafen, dessen „kurze Regierung den eigenartigen und wahrscheinlich einzigartigen Versuch darstellt, ... einen radikalen Pietismus von oben her konsequent durchzuführen".

125 *M. Benad*, Ekstatische Religiosität ..., S. 127ff.

126 *Gustav Simon*, Die Inspirierten im Isenburgischen, in: AHG Bd. 9, 1881, S. 385–435.

127 *H. Steitz*, Gesch. der EKHN, S. 233–238.

128 *H. Steitz*, Gesch. der EKHN, S. 238–245, hier auch Angabe der wichtigsten älteren Literatur (die neueste Literatur in der Pietismus-Bibliographie in den JGP 1ff., Abschnitt X „Zinzendorf und die Brüdergemeine").

129 *Ludwig Hepding*, Zu Zinzendorfs Wetterauer Periode, Wetterauer Gesch. Bll., Bd. 27, 1978, S. 60ff.

130 Einen guten Einblick in das Leben in Herrnhaag ergeben die beiden Aufsätze von *Hans-Walter Erbe*, Die Grundsteinlegung zum Brüderhaus in Herrnhaag (in: Unitas Fratrum, Heft 6,

der Graf seine Residenz in der „Lichtenburg". Da er in diesen Jahren meist im Ausland weilte, hat er das prächtige Haus selten bewohnt. Die vierzehn Jahre in der Wetterau, die „Sichtungszeit", war die höchste Aufgipfelung, die das junge Herrnhutertum erreichte. Beides stand nebeneinander: die Seminare, die die Diaspora-Arbeiter und Missionare, die in die Neue Welt gingen, ausbildeten, und die „Lichtenburg", in der eine ekstatische Jugend in mystischen Bildern, die erotisch eingefärbt waren, ihre Christusnähe feierte. Die Geschichte dieser bewegten Jahre ist noch nicht geschrieben worden.

In der Residenzstadt Büdingen und in umliegenden Dörfern fand die Herrnhuter Gemeine viel Anklang. In Frankfurt hatte der Graf besonders unter den Handwerkern eine große Anhängerschaft.[131] Diaspora-Arbeiter, als wandernde Handwerksburschen getarnt, tauchten in Alsfeld, Wanfried und Kassel auf. Gemeindekreise entstanden unter den Gießener Studenten, ein Konventikel bildete sich in Grünberg.[132] Der alte Gießener Stadtpfarrer Schilling, der 1697 als Begleiter von Arnold nach Gießen gekommen war, nahm mit einer Schar von Studenten das Abendmahl nach herrnhutischer Art, wobei sein Kollege Johann Philipp Fresenius bei der Austeilung assistiert haben soll.[133] Eine religiöse Bewegung erfaßte Hessen, die andere Ausformungen hatte als das gleichzeitige Inspiriertentum, das von einigen Exzentrikern getragen wurde. Der Geist der Herrnhuter ließ sich auch nicht in esoterischen Zirkeln einfangen wie das kabbalistisch-rosenkreuzerische Geheimwissen. Besonders junge Menschen, Studenten in Gießen, Handwerker in Frankfurt, Adlige aus der Wetterau wie Ludwig von Schrautenbach auf Lindheim, aber auch aus anderen Teilen des Reiches ließen sich ein auf diese Dienstgemeinschaft, die das ganze Leben in Anspruch nahm, die in die Welt hinausströmte und nicht verborgen bleiben wollte.

Die hessischen Kirchen empfanden die Herausforderung noch stärker als die Unruhen im Kirchenvolk, die von der Philadelphischen Bewegung um Horche, Klopfer, Eva von Buttlar ausgegangen waren. Die chiliastischen Strömungen um 1700 konnten noch mit administrativen Mitteln bekämpft werden oder verliefen sich schnell. Um die Mitte des Jahrhunderts, als sich die Aufklärung fast überall durchgesetzt hatte, war es nur in Ausnahmefällen möglich, den strafenden Arm des Staates heranzuziehen. Den Vertretern der Amtskirchen – seien sie pietistisch oder orthodox oder nicht mehr auf einen dieser Nenner zu bringen – blieb nur der Kampf mit publizistischen Mitteln.

1980, S. 3–43), und: die Herrnhaag-Kantate von 1739, Ihre Geschichte und ihr Komponist Philipp Heinrich Molther (in: Unitas Fratrum 11, 1982, S. 7–90).

[131] *Hermann Dechent*, Die Beziehungen des Grafen von Zinzendorf zu den Evangelischen in Frankfurt a. M., Zeitschr. für Kirchengesch. 14, 1894, S. 19–68, ferner *H. Steitz*, Gesch. der EKHN, S. 227ff.

[132] Diaspora-Arbeiter in Alsfeld: *R. Mack*, Pietismus... in Hessen-Darmstadt, S. 173f.; in Wanfried und Kassel: *F. Klingender*, Pietismus in Hessen-Kassel, S. 83ff.; Herrnhuter Konventikel in Grünberg: *R. Mack*, aaO., S. 174ff.

[133] Herrnhutisches Liebesmahl in Gießen: *R. Mack*, aaO., S. 175; zum Herrnhutertum in Gießen *W. Diehl*, Hassia Sacra II S. 405ff.

Leben und Lehre des Grafen und seiner Anhänger gaben in der „Sichtungszeit“ genug anstößige Punkte, die man nutzen konnte, um die Gemeine vor aller Welt bloßzustellen. Die hessischen Kirchenführer, vornehmlich der Frankfurter Senior Johann Philipp Fresenius[134] und der Gießener Professor und Superintendent Hermann Benner[135], sahen ihre Kirchen in ihrem Kern bedroht und wurden zu Vorkämpfern in der großen Auseinandersetzung mit der neuen „Secte“, die auf vielen Kanzeln und Kathedern geführt wurde. Zinzendorf hatte Augenmaß und Autorität genug, um den Kampf nicht auf die Spitze zu treiben. Er nahm widerspruchslos die Ausweisung aus dem Büdinger Territorium an, die der Nachfolger von Ernst Casimir aussprach[136]; während er selbst nach Herrnhut zurückging, zogen die meisten seiner Anhänger in ausländische Gemeinden oder auf die Missionsfelder. Herrnhuter Gemeinden in verschiedenen hessischen Herrschaften hielten sich noch Jahrzehnte im Untergrund und wurden von wandernden Diaspora-Arbeitern betreut. Doch waren sie in ihrer Umwelt zu exponiert und isoliert, als daß sie die Aufklärungsepoche überleben konnten.[137] Die hohe Zeit für die verschiedenen Gruppen von Separatisten, Enthusiasten und Schwärmern hatte um 1770 auch in der Wetterau ihr Ende gefunden.[138]

Reichsstadt Wetzlar

Die Reichsstadt Wetzlar war seit 1693 Sitz des Reichskammergerichts. Die beiden Präsidenten- und achtzehn Assessorenstellen waren konfessionell paritätisch besetzt, so daß ständig der Keim zu Auseinandersetzungen gegeben war. Da die Religionsparteien in den beiden ersten Jahrzehnten des 18. Jahrhunderts in voller Schärfe aneinander gerieten[139], konnte der Rat der Stadt diesen Dauerstreit oft zu seinen Gunsten ausnutzen. Wetzlar blieb nicht unberührt von den Unruhen, die 1697 in nächster Nähe, in der Grafschaft Solms-Braunfels und an der Hohen Schule Herborn, um Klopfer, Reitz und Horche entstanden und zur Bildung separatistischer „philadelphischer“ Zirkel führten.[140] Anhänger der „Philadelphischen Sozietät“ der Engländerin

---

134 *G. J. Raisig*, Theologie... bei Fresenius, S. 172ff. bringt einen ausführlichen Exkurs: Die Kritik an der Theologie und den Frömmigkeitsformen der Herrnhuter.

135 *Irwin Wiegner Bauman*, Der Kampf der Gießener Theologischen Fakultät gegen Zinzendorf und die Brüdergemeine, in: AHG NF 16, 1930, S. 1–86.

136 Zu den Motiven der Büdinger Regierungsbehörden s. *D. Reimers*, Sektenwesen in Ysenburg, S. 271–275.

137 Erst 1773 wurde Marienborn von dem Grafen Isenburg-Meerholz eingelöst. Der Ort blieb bis zu diesem Zeitpunkt Zentrum des Herrnhutertums in der Wetterau und wurde als solches auch von Goethe aufgesucht.

138 Ein Einzelgänger war wohl der Schuhmacher Krämer, s. *Klaus Martin Sauer*, Der Düdelsheimer Schuhmacher Johann Peter Krämer (gest. 1773) in Korrespondenz mit J. K. Lavater in Zürich, in: JHKV Bd. 33, 1982, S. 283ff.

139 *H. Duchhardt*, Reichskammerrichter F. A. D. von Ingelheim, NA, Bd. 81, 1970, S. 183ff.

140 *Rudolf Mohr*, Ein zu Unrecht vergessener Pietist: Johann Henrich Reitz (1655–1720), in:

Jane Leade waren die beiden Juristen Dr. Briegel und Dr. Georg Friedrich Vergenius, letzterer ein angesehener Anwalt und Prokurator am Reichskammergericht.[141] Verschiedene Mitglieder des Assessorenkollegiums sowie der evangelische Präsident Graf zu Solms-Laubach machten aus ihrer Sympathie für den Pietismus keinen Hehl.[142] Weder Rat noch Konsistorium hatten eine Handhabe, gegen diese vorzugehen; um so dringlicher empfanden die orthodoxen Geistlichen die Aufgabe, ihre Gemeinden gegen die neue Frömmigkeitsbewegung abzuschirmen. Als die Pfarrerswitwe Wetzel, die sich erst Horche angeschlossen, später aber für eine kurze Zeit an die „Buttlarsche Rotte" gehängt hatte, nach ihrer Trennung von Eva von Buttlar in Wetzlar erschien, veranlaßte das Konsistorium ihre sofortige Ausweisung.[143] Eine prekäre Situation entstand, als Dr. Vergenius sich als Rechtsbeistand für die Buttlarsche Gesellschaft gewinnen ließ und in Verdacht geriet, an deren sexuellem Treiben teilzuhaben.[144] Jedenfalls hatte er im Januar 1705 Mitglieder der Gruppe, die aus dem Berleburger Gewahrsam geflohen waren, in seinem Hause beherbergt. Offensichtlich konnte er alle Vorwürfe entkräften; denn er behielt die Vertrauensstellung am Gericht.[145] Doch der Argwohn der verantwortlichen Gremien blieb wach: einige Jahre später, 1710, erließ der Wetzlarer Rat ein Edikt gegen die radikalen Pietisten.[146]

Bereits ein Jahr später wurde der entschiedene Pietist Egidius Günther Hellmund als dritter Prediger berufen.[147] Auf Drängen von Gemeindegliedern richtete er in der Kirche Betstunden ein, die er bald aus Rücksicht auf seine Gesundheit in seine Wohnung verlegte. Der Streit, der jetzt um die Privatversammlungen zwischen den Geistlichen entstand, ergriff die ganze Stadt. Hellmund wurde von seinem Amt suspendiert: daraufhin rief er das Reichskammergericht an, das gegen seine Gewohnheit sich eines Falles mit religiöser Materie annahm und die Stadt aufforderte, den Geistlichen zu rehabilitieren. Der Einspruch der Gegenpartei führte zu jahrelangen Ausein-

---

Monatshefte für die Evang. Kirchengeschichte des Rheinlandes, 22. Jg., 1973, S. 46ff., ferner *C. W. H. Hochhut*, Heinrich Horche, 1876, S. 25ff.

141 *C. W. H. Hochhut*, Gesch. und Entwicklung der philadelphischen Gemeinden, in: Niedners Ztschr. für die hist. Theol., Bd. 35 (NF 29), 1865, S. 222 Anm. 38 bringt einen „Catalogus amicorum in Germania" der Sozietät der Jane Leade. Über Dr. Briegel ist nichts bekannt: er war jedenfalls nicht am Reichskammergericht tätig.

142 *A. Nebe*, A. H. Franckes Reise ins Reich..., S. 390–393.

143 *R. Mack*, Pietismus... in Hessen-Darmstadt, S. 227f.

144 *E. F. Keller*, Die Buttler'sche Rotte, in Niedners Ztschr. für die hist. Theol., Bd. 15, 1845, S. 90ff.

145 *Rudolf Mohr*, Egidius Günther Hellmunds gescheiterter Versuch, in der Reichsstadt Wetzlar den Pietismus einzuführen, in: *Dietrich Meyer* (Hg.), Pietismus-Herrnhutertum-Erweckungsbewegung, Festschrift für Erich Beyreuther, 1982, S. 186 u. ö. – Dr. Georg Friedrich Verginius blieb bis 1716 als Prokurator am Reichskammergericht (Mitteilung Dr. Hausmann, HStA Wiesbaden). Er soll im Jahr 1740 in Laasphe gestorben sein.

146 *R. Mack*, Pietismus... in Hessen-Darmstadt, S. 271, Anm. 93.

147 *R. Mohr*, E. G. Hellmunds gescheiterter Versuch..., S. 149ff.

andersetzungen, bei denen juristische Argumente sowie theologische Gesichtspunkte herangezogen wurden. Die Wiedereinsetzung in das Predigtamt brachte keineswegs das Ende des Konflikts um Hellmund. Der Kampf in Streitschriften ging über zehn Jahre hin. Ein negatives Gutachten der Theologischen Fakultät in Straßburg leitete 1720 einen neuen Prozeß ein; doch kam dieser nicht zur Entscheidung, da Hellmund 1721 einen Ruf als Oberpfarrer und Inspektor in der Grafschaft Nassau-Idstein annahm.

Hellmund hatte inzwischen gemerkt, daß es in dem Streit keineswegs nur um seinen Pietismus ging. Sicherlich war er sich zu schade, als Statist in einem politischen Spiel mitzuwirken. Denn[148]

> „es hat vor Hellmunds Ankunft in Wetzlar dort einen Aufstand gegen die... sich absolutistisch gebärdende Obrigkeit gegeben, der 1712 zu einem Kommissionsvergleich[149] führte. Pfarrer Geibel (i. e. der „Gegenspieler" von Hellmund) gehörte als Schwiegersohn des Bürgermeisters Hert zu den Etablierten, den Ratsfamilien. Hellmund ist offenbar schon bei seiner Wahl, ohne das selber rechtzeitig zu merken, vor den Karren der Bürgerschaft gespannt worden. Er mußte letztlich den kürzeren ziehen, weil seine (politischen und ständischen) Gegner die Macht in Händen hatten. Hellmund selbst vermutet, die städtischen Regierungskreise hätten in seinen angeblichen Neuerungen eine Bedrohung ihrer Stellung und Autorität erblickt, und seinen eigenen sich fromm gebärdenden Anhängern sei es zum Teil um etwas ganz anderes als um Frömmigkeit zu tun gewesen."

Eine besondere Note bekam der Konflikt durch die Anwesenheit des Reichskammergerichts am Ort. Der evangelische Reichskammergerichtspräsident und verschiedene Assessoren traten für den angegriffenen Pfarrer ein, die katholischen Angehörigen des Gerichts hielten sich aus gewichtigen Gründen zurück. Gegenüber dieser Gruppe von hochgestellten Persönlichkeiten war der Rat der Reichsstadt in einer unterlegenen Position. Aber „dem Pfarrer Hellmund konnte und wollte der Rat seine Macht beweisen und sie ihn fühlen lassen."[150]

Landgrafschaft Hessen-Homburg

Landgraf Friedrich II. „mit dem silbernen Bein"[151] hatte sich den Hohenzollern angeschlossen: er hatte eine Nichte des Großen Kurfürsten von Brandenburg geheiratet, war zum reformierten Bekenntnis übergetreten und hatte eine Standesherrschaft in der Priegnitz erworben, wo er jahrzehn-

---

148 *R. Mohr*, Der Pietist Egidius Günther Hellmund zum Jubiläum der Confessio Augustana im Jahre 1730, in: Monatsh. f. die Ev. KG des Rheinlandes, 30. Jg., 1981, S. 116ff.

149 Die Kommission hatte im kaiserlichen Auftrag das Reichskammergericht zu visitieren. Am Ende ihrer Tätigkeit wurde sie veranlaßt, zwischen der aufrührerischen Bürgerschaft und dem Rat zu vermitteln. Zu der Untersuchung *H. Duchhardt*, aaO., S. 186ff.

150 *R. Mohr*, E. G. Hellmunds gescheiterter Versuch..., S. 191f.

151 *Friedrich Lotz*, Geschichte der Stadt Homburg v. d. H., Bd. II passim.

telang lebte. Als er seinen Wohnsitz wieder in die Heimat verlegte, siedelte er im Ländchen Hugenotten in Friedrichsdorf und Waldenser in Dornholzhausen an. Ihn leiteten bei der Aufnahme der Flüchtlinge sicher nicht nur wirtschaftliche Gründe. Vielmehr konnte er auf diese Art die bisher auf die Hofbedienten beschränkte reformierte Gemeinde vergrößern. In den Reservatrechten, die sich Hessen-Darmstadt bei der Erbteilung 1622 vorbehalten hatte, gehörte auch die Sorge für die lutherischen Gemeinden des Landes. Die damit gegebenen Einmischungsmöglichkeiten, die das Verhältnis zwischen Herrschaft und Untertanen belasteten, nutzten die Vettern in Darmstadt dreimal zu militärischen Interventionen[152] aus. So war die Übernahme des kurbrandenburgischen Territorialsystems, das den Landesherrn zum Schutzherrn und Mittler verschiedener Konfessionen machte, in Hessen-Homburg gegeben. Mit der damit gegebenen Distanzierung zu den Kirchenorganisationen war der Obrigkeit Verzicht auf Einmischung leicht gemacht und der Toleranzgedanke nahegelegt. Den weiblichen Mitgliedern des Herrscherhauses blieb die Armenpflege und Wohltätigkeit. So geht der Bau des Homburger Waisenhauses auf die pietistische und zugleich weltkluge Fürstin Elisabeth Dorothea[153] zurück; das bei ihrem Tode schon fertiggestellte Gebäude blieb dann aber 23 Jahre liegen und wurde erst 1742 in Betrieb genommen und feierlich eröffnet.[154]

Viel Lärm gab es um die Gemeinde der Inspirierten am Ort. Ein Dr. Schlaf soll diesen Kreis, wohl auf Anstiften eines Wanderpredigers aus dem Isenburgischen, gegründet haben. 1736 kam der Arzt Johann Philipp Kaempf[155] nach Homburg. Hier eröffnete der bekannte Naturheilkundige nicht nur eine medizinische Schule, die Friedrich Christoph Oetinger für neun Monate im Jahre 1737 besuchte[156], sondern er brachte auch neues Leben in die Inspiriertengemeinde. Weder Johann Jakob Mo-

---

152 *Karl E. Demandt*, Geschichte des Landes Hessen, 1972², S. 322f.

153 StAD D 4 329/5: Die Landgräfinwitwe Elisabeth Dorothea, Tochter Ernsts des Frommen von Gotha, kümmerte sich angelegentlich um die Erziehung ihrer jüngsten Tochter Elisabeth Dorothea (verheiratet später mit dem Landgrafen Friedrich II. Jakob von Hessen-Homburg). Noch der 22jährigen Prinzessin ließ sie ein Mahnschreiben überreichen: „Was ich an meiner Tochter... Leben und Wandel... zu desidiren habe". Die Tochter mußte schriftlich auf alle Punkte antworten. Da die Prinzessin die Voreingenommenheit der Mutter gegen die Pietisten kannte, antwortete sie diplomatisch: „... ob ich schon keine Pietistin verlange zu werden, so habe doch viel von ihnen profitiret, daß ich andächtiger in der Kirche worden bin." S. auch *R. Mack*, Pietismus... in Hessen-Darmstadt, S. 35 Anm. 39.

154 *F. Lotz*, Gesch. der Stadt Homburg, Bd. II, S. 125ff.

155 *W. Rüdiger*, Johann Philipp Kaempf, seine Söhne Johann und Wilhelm Ludwig..., in: NA Bd. 41, 1910, S. 86ff.

156 Friedrich Christoph Oetingers Leben und Briefe, als urkundlicher Commentar zu dessen Schriften hg. von *Karl Chr. Eberh. Ehmann*, 1859, S. 136–139, Nr. 29.

ser[157], der für kurze Zeit Leiter der Regierung war, noch seine Nachfolger im Amt schritten gegen diese oder andere separatistische Konventikel, die die Vertreter der Amtskirche[158] beunruhigten, mit Zuchtmitteln ein.

Nach Homburg hatte sich auch Maria Katharina Schütz, die „Jungfer Schütz", gewandt.[159] Sie hatte sich in Frankfurt mit der Kabbalistik beschäftigt. In Homburg traf sie ihren Vetter Christoph Schütz (1693–1750), der ab 1733 hier als fürstlicher Kammerschreiber lebte[160] und schon mit rosenkreuzerischem Schrifttum hervorgetreten war. Um die beiden Mitglieder der Familie Schütz bildete sich in den dreißiger Jahren ein Kreis, der die mystisch-esoterischen Geheimwissenschaften pflegte. Friedrich Christoph Oetinger, der die Jungfer Schütz schon 1729 in Frankfurt besucht und von ihr ein Exemplar der „Kabbala denudata" von Knorr von Rosenroth als Geschenk erhalten hatte[161], erneuerte während seines Aufenthalts bei Dr. Kämpf die Bekanntschaft mit dieser und verkehrte in ihrem Zirkel. Den Meister dieser Geheimbündler konnte er nicht mehr kennen lernen: Georg von Welling[162], dessen „Opus Mago-Cabbalisticum et Theosophicum" auch Goethe in seinen Bann zog, war bereits 1727 in großer Armut in Bornheim bei Frankfurt gestorben. Kurz vor ihrem Tode (1742) schuf die Jungfer Schütz eine Stiftung, in die sie ihr ganzes Vermögen einbrachte und deren Einkünfte den „bedrängten Gliedern Christi" zugute kommen sollten.

Grafschaft Hanau-Lichtenberg

Unter dem Einfluß des verwandten Grafen Johann VI. von Nassau-Dillenburg war auch das Hanauer Grafengeschlecht zum reformierten Bekenntnis übergetreten und setzte um 1600 eine Nachreformation seines Landes durch.[163] Eine jüngere Linie, die die Grafschaft im Dreißigjährigen Krieg im Erbgang erhielt, war lutherisch geblieben.[164] Ein ähnlicher Prozeß wie in Hessen-Homburg setzte ein: der Hof zog lutherische Einwanderer ins

---

157 *Reinhard Rürup*, Johann Jacob Moser, Pietismus und Reform, 1965, S. 9ff. (Moser Chef der Kanzlei in Homburg).

158 *Klaus Wetzel*, Die reformierten Pfarrer und die reformierte Lehre in der Landgrafschaft Hessen-Homburg, in: JHKV, 30. Bd., 1979, S. 306ff., kann bei einigen Hofpredigern in der ersten Hälfte des 18. Jahrhunderts pietistische Einstellung nachweisen.

159 *H. Dechent*, J. J. Schütz, Sp. 956ff.

160 ADB Bd. 33, S. 115f. Vgl. *Telle* (wie unten Anm. 162), 368–374 (Kurzbiographie von Christoph Schütz).

161 F.. Oetingers Leben und Briefe... hg. *K. Chr. E. Ehmann*, S. 58. Vgl. *H. Dechent*, J. J. Schütz, Sp. 956f.

162 *Ernst Grumach*, Prolog und Epilog im Faustplan von 1797, in: Goethe. NF des Jahrbuchs der Goethegesellschaft. Bd. 14/15, 1952/53, S. 63ff., zu Welling S. 82–105. *Joachim Telle*, Zum Opus mago-cabbalisticum et theosopohicum von Georg von Welling, Euphorion 77, 1983, S. 359–379.

163 *Heinrich Steitz*, Gesch. der EKHN, S. 96ff.

164 *Ernst J. Zimmermann*, Hanau, Stadt und Land, 1919, S. 621f.

Land. Im Jahre 1663 veranlaßte der Landesherr die Bildung eines lutherischen Konsistoriums, das knapp zwei Jahrzehnte später die gleichen Rechte wie die reformierte Behörde bekam. Das Nebeneinander der beiden Konfessionen, wobei das Herrscherhaus der zahlenmäßig schwächeren Religionspartei angehörte, forderte die Regierung zu einer behutsamen Religionspolitik heraus. Dabei scheint das erste Auftreten radikaler Pietisten im Jahre 1690 die Obrigkeit geängstet zu haben; offensichtlich fürchtete sie um den konfessionellen Burgfrieden. Daher antwortete sie auf das Erscheinen dieser Gruppe mit folgendem Beschluß[165]:

> „... wurde für gut befunden, daß denjenigen Leuten, so irrige und schädliche opinion in der Religion hegen und den äußeren Gottesdienst nicht besuchen wollen, sondern eigens Zusammenkünfte halten, bei Verlust ihrer Habe und Güter angedeutet werden solle, dergleichen privat Zusammenkünfte müßig zu gehen und sich hingegen der öffentlichen Predigten und Kinderlehre zu bedienen."

Zwei Männern mit ihren Ehefrauen wurde befohlen, sie sollten „sich innerhalb vier Wochen Zeit aus der Stadt von hier weg begeben".

Von 1716 bis 1723 stand Johann Gerhard Meuschen[166] als Oberhofprediger in dem Dienst des Grafen. Dieser wackere Geistliche hatte in schweren Verfolgungen großes Standvermögen bewiesen und war inzwischen auch als Wissenschaftler hervorgetreten. Johann Heinrich May in Gießen wünschte sich Meuschen als Nachfolger in den Hochschul- und Kirchenämtern; und noch einmal stand dieser zwölf Jahre später als Kandidat für die Stelle des Primarius in der Ludoviciana auf der Berufungsliste; damals war er schon Generalsuperintendent in Coburg; Rambach war frei und bekam die Stelle. Die Wirksamkeit Meuschens in Hanau ist noch nicht erforscht. Vielleicht ist die Errichtung des lutherischen Waisenhauses[167], das 1729 eingeweiht wurde, auf ihn zurückzuführen. Damit standen die Lutheraner bald nicht allein; zwei Jahre später öffnete das Waisenhaus der französisch-reformierten Gemeinde seine Pforten, nachdem ein höherer Offizier eine große Kapitalsumme zur Verfügung gestellt hatte; 1739 wurde im Namen des Erbprinzen Wilhelm von Hessen-Kassel ein Waisenhaus gegründet, das den deutsch-reformierten Gemeinden zu treuen Händen übergeben wurde.

Isenburg-Offenbach

Als Prediger am Hof des reformierten Grafen Isenburg-Offenbach wirkte Konrad Bröske. Weder in den Predigten noch in seinen Schriften machte er einen Hehl daraus, daß er ein Chiliast war. Mit dem Jahr 1700 begann für ihn

---

165 *E. J. Zimmermann*, Hanau, S. 626ff.
166 ADB 21, S. 538ff.; da die lateinische Form „musculus" heißt, ist Meus-chen zu lesen.
167 *E. Zimmermann*, Hanau, S. 748ff. (Gründung der drei Waisenhäuser).

die Vorbereitungsstufe zur Endzeit, die „Wagschale des 1000jährigen Reiches", wie eine seiner Schriften heißt. Im Unterschied zu anderen Philadelphiern verwarf er die Kirche nicht als „Babel", sondern er sah „Babel in der Kirche", so daß er noch Chancen sah, daß diese sich ändere. Um Bröske sammelte sich eine kirchenkritische Gruppe, zu der der Regierungsrat Mettingh, der Schwiegersohn von J. J. Schütz, und Johann Henrich Reitz gehörten. Reitz wohnte 1700–1703 in Offenbach.[168]

Mit Bad Homburg gehörte Offenbach zu den Orten im Weichbild von Frankfurt, in denen sich Ableger der dortigen Sektierergruppen bildeten. Mit diesen Kreisen mußte sich Johann Ludwig Ewald[169] auseinandersetzen, der von 1773 bis 1781 hier reformierter Pfarrer war und auch Beziehungen zu dem großbürgerlichen Kreis der D'Orvilles hatte.[170] Lavater, der ihn auf die Schriften des Schwabenvaters Philipp Matthäus Hahn aufmerksam gemacht hatte, bewirkte dadurch die Bekehrung des Rationalisten, der in der Gemeinde Erbauungsstunden einrichtete. In den stürmischen Zeiten der Revolution scheint Ewald seinen „Spätpietismus" erheblich korrigiert zu haben. Doch hat sich später der Heidelberger Professor, der sich mit dem alten Jung-Stilling befreundet hatte, zu wesentlichen Positionen aus seiner Bekehrungszeit wieder bekannt.

Das südliche Nassau

Das alte Nassauer Grafengeschlecht hatte sich bereits um 1270 in die walramische Linie, deren Besitzungen im Raume Wiesbaden-Usingen-Weilburg-Idstein lagen, und die ottonische Linie mit den Zentren Dillenburg-Siegen-Hadamar-Diez aufgeteilt. Die walramische Linie teilte 1629 sein Territorium erneut in die Grafschaft Nassau-Weilburg, Nassau-Idstein und Nassau-Saarbrücken-Usingen. In den 20er Jahren des 18. Jahrhunderts starben mehrere Zweige des Geschlechts aus, so daß nach 1728 nur die Linien Weilburg und Usingen übrig blieben. Der folgende Abriß befaßt sich mit den drei rechtsrheinischen Grafschaften Weilburg, Usingen und Idstein. Dabei ist zu bedenken, daß 1728 die beiden letzteren Territorien vereinigt wurden, wobei Wiesbaden Sitz der Regierungsbehörden und Biebrich Residenz wurden.

---

168 *M. Goebel*, Gesch. des christl. Lebens..., Bd. III, 1852, S. 80ff.; zum weiteren Leben Bröskes (in der Literatur sonst nur kurz erwähnt, wobei der Name manchmal in „Brüßke" verstümmelt wurde): *M. Goebel*, aaO., S. 450–455, mit Angaben seiner Veröffentlichungen.

169 *Martin Brecht*, Der Spätpietismus – ein vergessenes oder vernachlässigtes Kapitel der protest. Kirchengesch.; JGP, Bd. 10, 1984, S. 124ff.

170 Die Mutter von Goethes Braut Lili Schönemann war eine geborene d'Orville. Goethe erwähnt den Pfarrer Ewald im 17. Buch von Dichtung und Wahrheit; zu dessen Geburtstag dichtete er ein Carmen, das er zusammen mit Lili vortrug.

Die Grafschaft Weilburg konnte sich schneller als die meisten hessischen Gebiete von den Schäden des Großen Krieges erholen, da sie eine hoch entwickelte Eisenindustrie hatte, die die übrigen walramischen Territorien mit ihren Erzeugnissen versorgte. Der unternehmende Graf Johann Ernst (1675–1719) nutzte die Wirtschaftskraft seines Ländchens zum Ausbau der Residenz und ihres Umfelds.[171] Davon konnte sich Francke überzeugen, als er auf seiner großen Reise 1717 in Weilburg Station machte.[172] Aber nicht der Graf nahm ihn auf, sondern der fromme Pfarrer Wölfing führte ihn und speiste mit ihm zu Abend. Der Gastgeber erzählte dem berühmten Mann „von dem Durchbruch des Guten (Pietismus) im Lande und gedachte besonders der Gräfin-Schwester des jetzt regierenden Herrn, die sehr gottesfürchtig sei". Auch bei dem Kanzleidirektor Plönnies machte Francke andern Tags um sieben Uhr morgens Besuch. Dieser war entzückt von dem Gast. Der Wagen war bereits abgefahren, da erhielt der Professor einen Brief des Direktors, der sechs Dukaten für das hallische Waisenhaus enthielt sowie das „Anerbieten seiner, wiewohl geringen, doch aufrichtigen Dienste in allhiesigen Landen". Der Empfang auf dieser Reisestation, in dem aufstrebenden Städtchen, war trotzdem nicht sehr ermutigend. Wölfing hätte den Besuch noch zu seinen Amtsbrüdern am Ort, dem Hofprediger und Superintendenten Johann Adam Hasslocher[173] und dem Mitprediger und Schulrektor Philipp Casimir Schlosser, führen können. Beide waren fromme Pietisten; der Superintendent Hasslocher führte 1697 die Konfirmation in der Grafschaft ein.[174] Sonst hat er sich mit seiner Einstellung wohl kaum durchsetzen können; denn das Weilburger Konsistorium brachte 1700 zu den Laubacher Unruhen ein theologisches Gutachten[175] heraus, das der orthodoxen Partei den Rücken stärkte. Als pietistischer Liederdichter hatte er zeitweilig eine gewisse Bedeutung. In seinen schlichten Liedern zeigen sich Einflüsse von Johann Arnd, Johann Gerhard und Paul Gerhardt. Bis ins 20. Jahrhundert finden sich Spuren seiner Dichtungen in den Kirchengesangbüchern.

---

171 *C. Spielmann*, Gesch. der Stadt und Herrschaft Weilburg, o.J. (um 1890) S. 153ff. – Der Graf Johann Ernst stand meist als Soldat und Hofmann im Dienst anderer Regenten. Mit den Einnahmen aus diesen Ämtern konnte er seinen Schloßbau finanzieren, so daß die Landeseinnahmen der Infrastruktur zugute kamen. Um das Kirchenwesen hat der Fürst sich kaum gekümmert.

172 *A. Nebe*, Zu A. H. Franckes Reise... S. 389ff., die beiden folgenden Zitate auf S. 390.

173 *Hans-Werner Surkau*, „Zeugnisse der Liebe zur Gottseligkeit". Die Lieder des Johann Adam Hasslocher aus Weilburg, in: *Bernd Jaspert* und *Rudolf Mohr*, Traditio-Krisis-Renovatio aus theologischer Sicht, Festschrift Winfried Zeller, 1976, S. 225ff.

174 *H. W. Surkau*, aaO., S. 228f.

175 Gräflich Solms-Laubachisches Archiv, Kirchensachen S, Bll. 321–330 (Theologisches Bedenken des Weilburger ministerii, 24. 1. 1700).

Usingen blühte auf unter der Regierung des Grafen, seit 1688 Fürsten Walrad[176], der als niederländischer Feldmarschall gegen Ludwig XIV. Kriegsruhm erlangte und sich in der Stadt ein prächtiges Barockschloß schuf. Der Fürst und seine Nachfolger galten als tolerant. Denn Usingen war mehrfach Ziel von pietistischen Gruppen, die in anderen Territorien ausgewiesen waren. So zog im Herbst 1699 die Pfarrerswitwe Wetzel mit ihrem Anhang in die Grafschaft[177]; um 1702 soll sich die später so berüchtigte Eva von Buttlar mit ihren Getreuen in der Residenz aufgehalten haben.[178]

Große Freude verursachte in Usingen Franckes Besuch im Herbst 1717. Er stieg bei dem eifrigen Pietisten, dem Diakonus Viselius, ab, wurde aber gleich von dem Fürsten und seiner Gemahlin „zur gnädigsten Audientz invitieret".[179] Zum Frühstück um sieben Uhr morgens im Hause des Diakons erschienen viele einfache Leute, zwei Lakaien, ein Mundkoch, ein Drechsler u. a. Ein Schornsteinfeger, der einst im Waisenhaus Halle viel Gutes erfahren hatte, konnte zu seinem großen Schmerz nicht anwesend sein.

Vier Jahre später kam es zu einem schweren Konflikt zwischen dem Diakon und dem ersten Stadtpfarrer, einem Orthodoxen.[180] In diesen Streit wurde die ganze Bürgerschaft miteinbezogen. Das Kirchenvolk nahm in verschiedener Weise Stellung und ergriff für den einen oder anderen Geistlichen emotional und leidenschaftlich Partei. Die kirchlichen und weltlichen Behörden sahen nur die Bewegung im Volk und empfanden den Diakon als Unruhestifter. Mit Zwangsmaßnahmen, Repressalien und psychischem Druck versuchten sie, die Ruhe wiederherzustellen, ohne nach den Ursachen der Spannungen zu fragen. Die Mittelmäßigkeit ihrer Diener überragte weit die Fürstin Charlotte Amalie[181], die ein gehöriges Augenmaß und ein starkes Gerechtigkeitsgefühl zeigte. Umsichtig und behutsam suchte auch der aus Idstein herangeholte Vermittler, der Generalsuperintendent D. Johann Christian Lange[182], den Konflikt zu lösen. Obwohl Fürstin und der

176 ADB 40, S. 770ff., Fürst Walrad lebte von 1635 bis 1702.

177 *R. Mack*, Pietismus ... in Hessen-Darmstadt, S. 237 (Bericht des Andreas Saltzmann).

178 *R. Mack*, aaO., S. 223f.

179 *A. Nebe*, Zu A. H. Franckes Reise ..., S. 399f., s. auch Anm. 35.

180 *Theodor Goebel*, Notizen zum Separatistenstreit in Usingen 1721–1727, JHKV 34. Bd. 1983, S. 53–58. – Leider sind die Notizen sehr kurz geraten. Um so mehr möchte man wünschen, daß der Autor die Gelegenheit erhält, sein Manuskript „Der Separatistenstreit in Usingen 1721–1727" (1981), das er im Archiv der Evang. Kirche im Rheinland, Düsseldorf (Landeskirchenamt) hinterlegt hat, vollständig zu veröffentlichen. An Darstellungen, die die aktive Beteiligung des Kirchenvolkes an der pietistischen „Bewegung" aufzeigen, fehlt es im Bereich der hessischen Kirchen. Aus dem Text dürfte wohl auch hervorgehen, warum der Verfasser den Konflikt als „Separatistenstreit" bezeichnet.

181 Fürstin Charlotte Amalie von Nassau-Usingen (1681–1738) war eine Tochter des Fürsten Heinrich von Nassau-Dillingen, s. *Zedler*, 51. Bd., 1747, Sp. 861f.

182 ADB 17, S. 640ff.; *Strieder* Bd. 7, S. 405–423 (mit Bibliographie); *R. Mack*, Pietismus ...

Vermittler Pietisten waren, verstanden beide ihre Mittlerposition als einen Standort über den Parteien. Auch hier in Usingen ging es in den sieben Jahre andauernden Unruhen nicht nur um theologische Fragen und um die richtige seelsorgerliche Einstellung der Pfarrer. Vielmehr standen im Hintergrund auch soziale Spannungen, die gewisse Bevölkerungsschichten zu Unmutsäußerungen auf dem religiösen Gebiet drängten.

Nassau-Idstein

Der Fürst Georg August Samuel[183], mit dem die Idsteiner Linie 1721 ausstarb, war ein tatkräftiger Regent, der flüchtige Pfälzer in seinem kleinen Territorium ansiedelte, die Gewerbetätigkeit anregte und das Kirchen- und Schulwesen verbesserte. In dem orthodoxen Superintendenten Johann Adam Schmidt (1699–1709 im Amt) hatte er einen tüchtigen Helfer, der auch bei seinen Amtsbrüdern in hohem Ansehen stand. Beim Suchen eines geeigneten Nachfolgers ging Georg August sorgsam vor. Als andere Berufungsverhandlungen gescheitert waren, wandte er sich schließlich an A. H. Francke und bat ihn, einen Kandidaten zu benennen. Dieser schlug seinen ehemaligen Sekretär und Helfer Johann Daniel Herrnschmid[184] (1675–1723) vor, der damals als Diakon in seiner Heimatstadt Bopfingen wirkte. Der Dichter des Liedes „Lobe den Herren, o meine Seele", Verfasser auch einer bekannten Lutherbiographie, hatte das Kirchenamt in Idstein nur vier Jahre inne (1712–1716). In dieser Zeit veranlaßte er eine Reihe von Reformen, führte eine neue Synodalordnung ein und ließ eine Neuauflage des Idsteinischen Katechismus erscheinen. Bei säumigen Gemeindegliedern verzichtete er auf die üblichen Kirchenzuchtverfahren, sondern bemühte sich als Seelsorger um diese. Sicherlich war es ihm nicht recht, aber er mußte es dulden, daß sich in der kleinen Residenz der Separatist Johann Friedrich Haug[185] ansiedelte. Dieser hatte in Straßburg Theologie studiert, wurde aber aus der Stadt wegen seiner separatistischen Neigungen ausgewiesen. Auch die Reichsstadt Eßlingen, wohin er sich von Straßburg begeben hatte, mußte er zwei Jahre später verlassen. In Idstein verhielt er sich nicht ruhig, sondern verteidigte die Inspirierten, die in der nahen Wetterau aufgetreten waren. Auch zog Haug bald seinen Bruder, einen Buchdrucker, nach, der einen

in Hessen-Darmstadt, S. 70 u. ö. – Lange war ein entschiedener Pietist. Als naher Freund von Gottfried Arnold kam er mit diesem 1697 aus Sachsen nach Gießen. Der Professor an der Ludoviciana (1697–1716) war der Intimus des führenden Pietisten J. H. May. In seiner Gießener Zeit fiel es Lange keineswegs leicht, sich von den Separatisten entschieden genug abzugrenzen. 1716 Superintendent in Idstein, erhielt er 1722 bei der Vereinigung von Idstein und Saarbrücken den Titel „Generalsuperintendent".

[183] *C. Spielmann*, Georg August Fürst zu Nassau-Idstein, NA 24, 1892, S. 42ff.

[184] *Karlfried Goebel*, Johann Daniel Herrnschmids Tätigkeit als Superintendent in Idstein (1712–1716), JHKV 26. Bd. 1975, S. 243ff.

[185] *Martin Brecht*, Die Berleburger Bibel..., JGP Bd. 8, 1982, S. 169ff.

Verlag eröffnete und in diesem Bücher von Heterodoxen wie J. W. Petersen und J. H. Reitz herausbrachte. Für Johann Friedrich Haug war Idstein nur eine Zwischenstation, 1720 begab er sich nach Berleburg und wurde dort der wichtigste Mitarbeiter des Grafen Casimir bei der Herausgabe der Berleburger Bibel.

Als 1716 Francke sich dringend Herrnschmid als Helfer und Vertreter in den hallischen Anstalten ausbat, gab der Fürst diesen erst frei, als ihm zugesichert war, man werde ihm einen ähnlich geeigneten und gelehrten Mann als Nachfolger präsentieren. Berufen in das Amt des Superintendenten wurde der Gießener Professor der Moral Johann Christian Lange[186], der zwar nicht eine charismatische Persönlichkeit wie Herrnschmid war, aber in anderer Weise dessen Linie fortsetzen konnte. Hocherfreut war Francke, als er bei dem Besuch in Wiesbaden im Jahre 1717[187] einige ehemalige Schüler aus Halle begrüßen konnte, die im Idsteiner Gebiet Pfarrstellen innehatten. Vielleicht hatte damals der berühmte Gast der Fürstin Henriette Dorothea, der er aufwartete, den Bau eines Fürsorgeheims in Wiesbaden nahegelegt. Nach dem Tode ihres Ehemannes (1721) setzte diese die Errichtung eines Waisenhauses durch, dessen Ausbau sie als ihr „fürstliches Witwengeschäft" ansah.[188] Sie hatte auch schon den geeigneten Leiter bei der Hand: es war Egidius Günther Hellmund, der gerade aus Wetzlar eingetroffen war und das Pfarramt in Wiesbaden übernommen hatte. Dieser erwies sich als ein unternehmender Mann und guter Organisator, der eine ganze Reihe von Wirtschaftsbetrieben und Sozialeinrichtungen um das Waisenhaus gruppierte. Aber der großartige Prediger und Fürsorger war eigensinnig im Verfolgen seiner Ziele und Durchsetzen seiner Ansichten und hatte ein hitziges Temperament. Hier wird oft genug der sachliche und irenische Generalsuperintendent Johann Christian Lange den leidenschaftlichen Amtsbruder, der sich auch in Wiesbaden genug Feinde machte, geschützt und manchen Konflikt entschärft haben.

Nassau-Oranien

Das nördliche Nassau fällt erheblich aus dem Rahmen der hessischen Territorien heraus. Schon die Überschrift macht es deutlich. Dabei spielt am wenigsten das südfranzösische Fürstentum Orange eine Rolle, das im Erbgang zusammen mit dem niederländischen Breda an Wilhelm den Reichen von Nassau-Dillenburg fiel. Aber daß Breda damals an Nassau-Dillenburg

---

186 *K. Goebel*, J. D. Herrnschmid..., S. 252f., Anm. 43, s. o. S. 218 und Anm. 182.

187 *A. Nebe*, Zu A. H. Franckes Reise..., S. 384ff.

188 *H. Steitz*, Gesch. der EKHN, S. 212: zu Hellmunds Wirken in Wiesbaden ferner *Ludwig Conrady*, Egidius Günther Hellmund. Ein Lebensbild nach den Quellen gezeichnet, in: NA XLI, 1911, S. 182ff.; *R. Mohr*, Hellmund zum Jubiläum der C. A. 1730, in: Monatsh. KG des Rheinlandes 30. Jg., 1981, S. 111–185.

kam, hat das politische und kirchliche Schicksal dieses Gebietes für lange Zeit bestimmt: Wilhelm der Schweiger, der zweite Sohn Wilhelms des Reichen, erbte Breda: dadurch wurde nicht nur er, sondern sein Geschlecht und dessen Stammland in den langen Freiheitskampf der Niederländer einbezogen. Es war nur natürlich, daß bei dieser eindeutigen Orientierung auch in kirchlicher Hinsicht eine Angleichung geschah: das nördliche Nassau zwischen Diez und Siegen wurde reformiert. Die damals in Herborn gegründete Johannea (1584) war für 50 Jahre die angesehenste Hohe Schule des Calvinismus in Westdeutschland. Anfangs war ihre Verbindung zu den niederländischen Universitäten Leyden, Utrecht und Franeker sehr eng, doch lockerte sich in der zweiten Hälfte des 17. Jahrhunderts das nahe Verhältnis. Für die in provinzielle Bedeutung abgesunkene Hochschule wurde die nur etwa 60 Kilometer entfernte Philippina in Marburg wichtiger. Es erstaunt daher nicht, daß in Herborn die Föderaltheologie, die in der Frühphase an der Johannea besonders entwickelt wurde, in der neuen Zuspitzung, die ihr der Leydener Professor Coccejus gegeben hatte, erst spät Beachtung fand. Gerade diesen neuen Denkansatz, der in den calvinistischen Akademien seine Formung gefunden hatte, nahmen die Pietisten beider Konfessionen bereitwillig auf, weil er auf das orthodoxe Dogmengebäude verzichten konnte. Auch der Cartesianismus, der sich in Holland und in Nordwestdeutschland eng mit dem Coccejanismus verbunden hatte, wurde von den Philosophen und Theologen der Hohen Schule kaum beachtet.[189]

Die Unruhe und Ungeduld, die den Theologieprofessor Heinrich Horche[190] erfaßt hatte, richtete sich nicht gegen einige Lehrsätze der Orthodoxen, sondern gegen deren selbstgenügsames Stehenbleiben in dem scholastischen Lehrgebäude, während er selbst von eschatologischen Visionen getrieben wurde und die Überzeugung gewonnen hatte, daß das Ende der Zeiten nahe bevorstehe. So wandte er sich gegen das starre Kirchen- und Schulwesen im Lande. Der leidenschaftliche Mann konnte in Herborn viele Studenten und Bürger auf seine Seite ziehen.

Angerührt durch den Bekennermut und das Martyrium des eigenbrötlerischen „Propheten" Christoph Balthasar Klopfer, der in der benachbarten Grafschaft Solms-Braunfels aufgetreten war, beschwor Horche den Geist der frühen Christenheit und stellte „Philadelphia" als das Urbild der gläubigen Gemeinde dem sündigen „Babel", der verfaßten Kirche seiner Zeit, gegenüber. Nach kurzem Verhör wurde er von seinen Ämtern suspendiert und mußte Anfang 1698 Stadt und Land verlassen. Zweimal kehrte er in den nächsten Jahren als Volksprediger für einige Tage zurück, doch konnte er in Herborn und Umgebung nicht mehr Fuß fassen.[191] Stärker und anhaltender war die Bewegung, die er in den Gemeinden seiner niederhessischen Heimat

189 TRE Bd. XV, S. 66–69.

190 TRE Bd. XV, S. 68 f.

191 *C. W. H. Hochhut*, Heinrich Horche, *N. Fehringer*, Philadelphia und Babel, Der Pietist H. Horche; vgl. *R. Mohr*, J. H. Reitz (s. o. S. 210 Anm. 140).

auslöste. In dem nördlichen Nassau folgte seinem Ruf „Aus Babel auszugehen" einzig der Pfarrer von Haiger, Philipp Jacob Dilthey.[192] Als ein Symbol von „Babel" empfand er die Kindertaufe, daher weigerte er sich, wie Christoph Balthasar Klopfer, sein neugeborenes Kind taufen zu lassen. Er wurde seines Amtes enthoben und zog in die Grafschaft Sayn-Wittgenstein-Berleburg, die stärker noch als Laubach und Büdingen die unruhigen Geister anzog. Im Wald bei Saßmannshausen baute er sich ein Blockhaus und suchte die anderen Separatisten seelsorgerlich zu betreuen. Bei der Buttlarschen Rotte erreichte er es durch sein energisches Einreden, daß sich die besonnenen Mitglieder von dem „harten Kern", der zu „Mutter Eva" hielt, trennten.

Unter den Studenten, die Horche aufgerührt hatte, war auch Johann Heinrich Schramm (1676–1753).[193] Doch er war kein Stürmer und Dränger und hielt nichts vom „chiliasmus crassus", der Horche umtrieb, vielmehr scheint der Reformierte Speners „Hoffnung besserer Zeiten" gehegt zu haben. Ab 1701 wirkte er an der Hohen Schule seiner Heimat als Professor in der Philosophischen Fakultät. Im Jahre 1707 wurde er Dillenburger Kirchenrat, 1709 erhielt er eine theologische Professur. Zwei Jahre versuchte er, sich im Reizklima der Marburger Theologen zu behaupten. Gern kehrte er 1723 nach Herborn zurück, wo er sogleich Primarius der Fakultät und Inspektor der Dillenburger Predigerklasse wurde. Als der gesamte nassauische Besitz der verschiedenen oranischen Linien 1743 an die Linie Nassau-Diez fiel, wurde er in dem neuerrichteten Oberkonsistorium das maßgebliche theologische Mitglied. Als guter Pietist sah Schramm seine Hauptaufgabe in der Zurüstung der Studenten zum künftigen Lehramt. Seinen Schülern gab er als Leitfaden „Richtlinien zur Analyse und Exegese von Texten" in die Hand, die aus seinen homiletischen Vorlesungen entstanden waren. Die typologische Exegese, die Schramm anwandte, stand in naher Beziehung zu der Föderaltheologie[194], deren Hauptvertreter im Luthertum Johann Heinrich May im benachbarten Gießen war. Für seine unionistische Gesinnung[195] zeugt vor allem die Herausgabe einer neuen, vermehrten Auflage des Dillenburger Gesangbuchs, die ihm übertragen war: Schon im Titel war vermerkt, daß neben Lobwassers Psalmen und Bundesliedern von Neander auch Gesänge von Luther und vielen anderen gelehrten Männern in die neue Ausgabe aufgenommen seien. In seinem Unterricht an der Hohen Schule bereitete er seine Studenten vornehmlich auf ihren späteren Gemeindedienst vor. Das Vertrauensverhältnis, das er zu seinen Schülern herstellte, setzte er in umgewandelter Form fort, wenn er diese später im Pfarrdienst wiedertraf. Daß in der ersten Hälfte des 18. Jahrhunderts keine großen Auseinandersetzungen

[192] *M. Goebel*, Gesch. des christl. Lebens..., Bd. 2, S. 753ff., ferner *R. Mack*, Pietismus... in Hessen-Darmstadt, S. 211, Anm. 5 u. ö.

[193] *Hugo Grün*, Johann Heinrich Schramm. Ein nassauischer Gelehrter und Kirchenführer in der Übergangszeit von der Orthodoxie zum Pietismus, JHKV 13. Bd., 1962, S. 1–26.

[194] *H. Grün*, aaO., S. 13ff.

[195] *H. Grün*, aaO., S. 14ff., 23f. Anm. 82.

in den Gemeinden auftraten, wird auch an der geistlichen Leitung dieser nassauischen Kirche durch Johann Heinrich Schramm gelegen haben.

Im 18. Jahrhundert sind im zunehmenden Maße reformierte Pfälzer, die sich durch die Katholiken unterdrückt fühlten, nach Pennsylvanien und anderen britischen Kolonien in Amerika ausgewandert. Den deutschen Einwanderern, die sich in Gemeinden zusammenschlossen, fehlten die Geistlichen. Von dieser Not der Glaubensgenossen angerührt, bewog Schramm[196] in seinem letzten Lebensjahr drei Kandidaten, in das ferne Land als Prediger zu ziehen. Einer von diesen, Philipp Wilhelm Otterbein (1726–1813), trug den heimischen Pietismus seines Lehrers Schramm nicht nur zu den reformierten Gemeinden des „Dutch county" um Lancaster/Pennsylvania, sondern wirkte auch auf die Angehörigen verwandter religiöser Gruppen ein, in besonderem Maße auf die Mennoniten. Gut pietistisch stellte er die Wiedergeburt als das zentrale Ereignis heraus, das den Einzelnen zum Zeugnis und zur persönlichen „Heiligung" dränge. Die ökumenische Einstellung seines Herborner Lehrers könnte Otterbein veranlaßt haben, den Gedanken der Verbundenheit der Christen über die Verschiedenheit der Denominationen hinaus zu betonen.

Im Spätpietismus erregte der in Wissenbach bei Dillenburg geborene Johann Daniel Müller alias Elias Artista[197] (1716– nach 1785) einiges Aufsehen. Dieser eigenwillige Schwärmer, der sich in seinen späten Jahren als Prophet, manchmal wohl auch als Messias verstand, verließ frühzeitig die Heimat und mag in seiner folgenden Lebensstation, im Berleburger Schloß unter den Fittichen des Grafen Casimir, seine besondere Prägung empfangen haben. Auf seinem Wanderleben kam er für kürzere und längere Aufenthalte in seinen Heimatort zurück, lebte hier, ohne Ärgernis zu erregen, und soll fleißig die Kirche besucht haben, während er gleichzeitig etwas wirre alchemistische und kabbalistische Bücher schrieb.

Heinrich Schlosser, einer der besten Kenner der Nassau-Oranischen Kirchengeschichte, schreibt zusammenfassend über pietistische Strömungen[198]:

> „Von weiteren Erscheinungen des Separatismus, der im Wittgensteiner Land blühte und bis zu den unerhörten Greueln der sog. Buttlarschen Rotte führte, ist Nassau-Dillenburg verschont geblieben. Der Pietismus ist in den Gemeinden stets lebendig geblieben, beeinflußt vom Siegener Land und vom Niederrhein,

---

196 *H. Grün*, aaO., S. 24ff., auch Anm. 84. – Zu Otterbeins Wirken in den USA s. *James Tanis*, Reformed Pietism in Colonial America, in: *E. Ernest Stoeffler* (Hg.), Continental Pietism and Early American Christianity, Grand Rapids, 1976, S. 34ff.

197 *Reinhard Breymayer*, Ein radikaler Pietist im Umkreis des jungen Goethe: Der Frankfurter Konzertdirektor Johann Daniel Müller alias Elias/Elias Artista (1716 bis nach 1785), JGP Bd. 9, 1983, S. 180–237.

198 *Heinrich Schlosser* und *Wilhelm Neuser*, Die Evangelische Kirche in Nassau-Oranien 1530–1930, Bd. 1, 1931, S. 40f.

von der Obrigkeit oft nicht verstanden, aber auch nicht ausgerottet. Dagegen haben die kirchenfeindlichen separatistischen Bewegungen im Siegener wie im Dillenburger Land das ganze 18. Jahrhundert über gedauert, ohne zu Störungen der öffentlichen Ordnung zu führen."

Über den Tiefgang des Geistes der Aufklärung macht Schlosser folgende Ausführungen[199]:

> „Wir... halten Urteile für vorschnell, die behaupten, um 1800 seien z. B. alle Kanzeln des Siegerlandes mit rationalistischen Pfarrern besetzt gewesen. Daß aber auch unsere Heimat sich der ganz Deutschland überflutenden Welle der Aufklärung nicht entziehen konnte, ist selbstverständlich. Um so erklärlicher ist aber auch, daß diese fast nur die Gebildeten erfassende geistige Bewegung den breiten Massen des Landvolks fremd blieb, und daß die Anhänger des alten biblischen Glaubens in der Stille sich an der Schrift und an den alten Liedern erbauten, wenn ihnen von der Kanzel im Geiste des genannten Ediktes (i. e. „Edikt die wirksamere Ausbreitung der Tugend und guten Sitten betreffend", 1777) gepredigt wurde. Es ist aber auch damit zu erklären, warum das Wirken und die Schriften von Männern wie Jung-Stilling, Tersteegen, Stahlschmidt heimliche oder offene Anerkennung fanden."

Es ist Sache der territorialkirchengeschichtlichen Forschung, die Richtigkeit dieser allgemein gehaltenen Äußerungen zu überprüfen und ein anschauliches Bild von den kirchlichen Verhältnissen im 18. Jahrhundert zu geben.

Schlußwort

Zum Schluß seien einige Fragen und Desiderata aufgelistet, die in diesem Bericht zu kurz kommen oder nicht direkt angesprochen werden:

1. Einige Gebiete sind nur pauschal abgetan oder überhaupt nicht behandelt worden. Nassau-Oranien bietet bisher wenig Material, hier müßte in den Archiven in Wiesbaden und Den Haag sowie in den Pfarrarchiven weitergeforscht werden. Unter den wetterauischen Territorien wurden die Grafschaften Solms-Braunfels, wo die Wurzeln der philadelphischen Bewegung zu suchen sind, und Stolberg-Gedern, das wegen seines pietistischen Herrscherhauses interessant ist, nur am Rande oder in Anmerkungen erwähnt.

2. Bisher ist noch nicht untersucht worden, welcher Einfluß im Pietismus von dem holländischen und niederrheinischen Calvinismus auf Nassau-Oranien und die anderen Herrschaften ausgegangen ist.

3. Noch nicht geklärt ist ferner, wie im 18. Jahrhundert die Bezeichnungen „Pietismus", „Pietist" verwendet wurden. In den offiziellen Verlautbarungen in Hessen-Darmstadt wurden die Namen nur für die Separatisten gebraucht. Zwischen 1700 und 1710 kamen verschiedene Edikte gegen die „Pietisten" heraus. Es ist zu vermuten, daß sie durch die Machenschaften

[199] *H. Schlosser*, aaO., S. 50ff.

von Gruppen wie der Buttlarschen Rotte veranlaßt wurden, die in Kirchen- und Regierungskreisen Ängste und Abscheu hervorriefen.

4. In Wetzlar gab es Sympathiekundgebungen für den Pfarrer Hellmund, in Usingen Unruhen um den Diakon Vigelius, in Laubach eine „Kirchenrevolution" u. ä. Ist es hinreichend, diese Bewegungen nur als Optionen für beliebte Geistliche zu interpretieren, oder stehen soziale Spannungen und Konflikte dahinter?

5. Um 1670 ließ Ernst der Fromme von Gotha in seinem Land ein „Seelenregister" anlegen, um das Frömmigkeitsleben seiner Untertanen unter Kontrolle zu nehmen. Schon 30 Jahre später gab es in Hessen Regenten, die ihren Untertanen Gewissensfreiheit gewährten und ihnen Mündigkeit in Religionsfragen zugestanden. Dieser schnelle Einstellungswechsel, der durch den Geist der Aufklärungszeit forciert wurde, stammte gewiß nicht allein aus dieser Wurzel. Es wäre wichtig, die Quelle der Toleranzpolitik einiger pietistischer Regenten zu ermitteln („pietistischer Absolutismus"?). Dabei wäre etwa nach der Bedeutung und dem Einfluß des Staatsrechtlers Veit Ludwig von Seckendorff zu fragen.

6. In den pietistischen Kreisen Hessens wurden nach dem Vorbild von Spener und den Hallensern intensive Verbindungen zur Vermittlung von Stellen gepflegt, so daß ein weitgespanntes Beziehungsgeflecht entstand. In dieser Personalpolitik spielte Johann Heinrich May in Gießen eine entscheidende Rolle. Auch daraufhin wäre sein in der Staatsbibliothek in Hamburg aufbewahrter Briefwechsel auszuwerten.

7. Nicht aufgenommen wurde das Problem, ob und wie sich der Glaubenseifer der in Hessen frisch angesiedelten Hugenotten und Waldenser in ihrer anderssprachigen Nachbarschaft zugunsten des Pietismus ausgewirkt hat.

8. Von Frankfurtern wurde 1682 die „Frankfurter Landcompagnie" ins Leben gerufen. Doch wagte während des Bestehens der Gesellschaft kein Frankfurter die Auswanderung in die Neue Welt. Im Jahre 1719 waren einige Büdinger unter den Neutäufern, die unter der Führung des Düdelsheimers Peter Becker aus dem Wittgensteinschen nach Amerika auswanderten. Schließlich ging Philipp Wilhelm Otterbein mit zwei anderen Vikaren 1752 nach Pennsylvanien. Haben noch andere Gruppen pietistischer Hessen eine neue Heimat jenseits des Ozeans gesucht oder wenigstens eine Auswanderung erwogen?

9. Im Jahre 1818 wurde in dem Herzogtum Nassau das erste Unionsedikt erlassen. Nach ausgiebigen Beratungen folgten die Kirchen im übrigen Hessen. Kann der Pietismus als eine wesentliche Entwicklungsstufe auf dem Wege zu den Kirchenunionen in Hessen gewertet werden?

10. In letzter Zeit ist die Bezeichnung „Reichsstädtischer Pietismus" aufgekommen. Läßt sich die pietistische Epoche Frankfurts mit diesem Namen abdecken?

11. Wilhelm Diehl hat in einer Besprechung von Walther Köhlers Unter-

suchung „Die Anfänge des Pietismus in Gießen 1689 bis 1695" ausgeführt: Es sei „nun der Frage nachzugehen, in welcher Form und durch welche Persönlichkeiten die neuen Gedanken (aus der Universität) in die Gemeinden hinausgetragen wurden und wie das Leben aussieht, das unter der Wirkung der neuen Gedanken sich entwickelte." Die Forderung bleibt bestehen! Einschränkend muß bezweifelt werden, daß im klassischen Absolutismus der Pfarrer einer evangelischen Landeskirche genug Bewegungsfreiheit hatte, um ein freies Gemeindeleben im Sinne der „Pia Desideria" anzuregen. Fast in allen hessischen Territorien war die Bildung von Konventikeln verboten oder wurde mißtrauisch beäugt. Die Geistlichen aus der Schule von Johann Heinrich May, Johann Jakob Rambach und Johann Heinrich Schramm sahen ihre Aufgabe zum großen Teil darin, auf Kirchen- und Schulzucht zu halten. Die Obrigkeiten erwarteten in erster Linie von ihnen, daß sie auf das sittliche Leben in ihren Gemeinden einwirkten.

12. Auf die hessischen Verhältnisse darf das Bild übertragen werden, das der im Fürstentum Nassau-Siegen aufgewachsene Jung-Stilling in „Henrich Stillings Jugend" von den Beziehungen frommer und treuer Gemeindeglieder zu ihrer Kirche und den Pfarrern zeichnete. Die Geistlichen hatten selten die Möglichkeit, auf ihre Pfarrkinder zuzugehen, diese konnten ihrerseits nicht den Abstand überwinden. Eine große Wichtigkeit für diese Bevölkerungsgruppen gewannen die Bibel, das pietistische Gesangbuch und die Erbauungsliteratur (das „Starckenbuch" u. a.), die bei der Pflege des eigenen geistlichen Lebens helfen konnten. Verständlich wird auch das Auswandern von vielen Frommen in die Gruppen des separatistischen Pietismus, der in der Herrnhuter Brüdergemeine und in der Church of Brethren kirchenbildende Kraft bewiesen hat.

13. Im April 1697 wurde von dem Rektor der Universität Gießen, dem pietistischen Professor Valentini, ein junger Jude zum Medizinstudium zugelassen und in die Universitätsmatrikel eingetragen. Ab 1703 nahm die Philippina in Marburg, wohl nach dem Vorbild der berühmten Universität Leyden, jüdische Medizinstudenten auf. 1712 wurde hier auf Betreiben des Pietistenfreundes Johann Joachim Schröder die Stelle eines „Universitätsrabbis" eingerichtet, der die Theologiestudenten ins Hebräische und Rabbinische einführen sollte. Mit einer gewissen Zeitverzögerung zog die Hohe Schule Herborn nach: der Prorektor Johann Heinrich Schramm veranlaßte 1745 die Annahme eines gelehrten Juden als „Universitätsrabbi", im gleichen Jahr nahm er einen jungen Juden in die Philosophische Fakultät auf.[200] Es stellt sich die Frage, ob der „Philosemitismus" nur auf die Akademien beschränkt war oder ob sich damals auch bei den übrigen Bevölkerungsschichten, besonders in der Reichsstadt Frankfurt, unter pietistischem Einfluß ein besseres Verhältnis zu den Juden herausbildete.

[200] *Rüdiger Mack*, Juden an den hessischen Hochschulen im 18. Jahrhundert, in: Neunhundert Jahre Geschichte der Juden in Hessen, herausgegeben von der Kommission für die Geschichte der Juden in Hessen, 1983, S. 263–302.

Horst Weigelt

Pietismusforschung in Bayern

Bezüglich des Pietismus in Bayern kann uneingeschränkt der Feststellung von Dietrich Blaufuß zugestimmt werden, „daß der Pietismus in Bayern überproportional in seinen Randerscheinungen (radikal-separatistischer Pietismus) greifbar ist..., oder, was etwa das Herrnhutertum angeht, eine hinter dessen wirklicher Bedeutung zurückbleibende Rolle gespielt hat".[1]

Überblicke über die Geschichte des Pietismus in Bayern finden sich in der Evangelischen Kirchengeschichte Bayerns von Matthias Simon[2], in der Darstellung des neueren Protestantismus in Bayern von Friedrich Wilhelm Kantzenbach[3] sowie in dem allerdings sehr knappen Abriß von Klaus Leder über „das Zeitalter des Pietismus" im Handbuch der Bayerischen Geschichte.[4] Hier finden sich auch jeweils Hinweise auf einschlägige Literatur in Auswahl; dagegen sind Angaben auch von wichtigen Quellen spärlich.

I.

Spener hat vor allem während seiner Frankfurter Zeit für Franken beachtliche Bedeutung gehabt. Aufgenommen wurde sein Anliegen hier insbesondere von dem Rothenburger Superintendenten Johann Ludwig Hartmann (1640–1680). Er kann zweifelsohne als der „bedeutendste Freund, Vorläufer und früheste Weggenosse Speners in Franken"[5] bezeichnet werden. Über diesen Theologen, der dank seiner literarischen Tätigkeit weit über sein kirchliches Gebiet hinausgewirkt hat, hat Paul Schattenmann mehrere Untersuchungen vorgelegt, wobei insbesondere auf seine Lizentiatenarbeit hingewiesen sei.[6] Er kam zu dem Ergebnis, daß der Pietismus in der lu-

---

[1] *D. Blaufuß*, Literaturbericht: Zeitalter des Pietismus, in: ZbKG 48 (1979), S. 189.

[2] *M. Simon*, Evangelische Kirchengeschichte Bayerns. Bd. 2. München 1942, S. 477–481.

[3] *Fr. W. Kantzenbach*, Evangelischer Geist und Glaube im neuzeitlichen Bayern. (Schriftenreihe zur bayerischen Landesgeschichte. Bd. 70.) München 1980, bes. S. 6–34, 64–100, 353-368.

[4] *M. Spindler*, Handbuch der bayerischen Geschichte. Bd. 3. Franken, Schwaben, Oberpfalz bis zum Ausgang des 18. Jahrhunderts. 1. Teilband. München 1979, S. 421–423.

[5] *Fr. W. Kantzenbach*, Der Separatismus in Franken und bayerisch Schwaben im Rahmen der pietistischen Bewegung, in: ZbKG 45 (1976), S. 33.

[6] *P. Schattenmann*, Dr. Johann Ludwig Hartmann, Superintendent von Rothenburg (1640–1680). Ein Beitrag zur Kirchengeschichte des 17. Jahrhunderts, in: Verein Alt-Rothenburg, Jahresbericht 1920/21; ders., Johann Ludwig Hartmann als praktischer Theologe, in:

therischen Reformorthodoxie wurzelt. Um dieses enge Verhältnis auch terminologisch auszudrücken, hat er sie auch als Frühpietismus bezeichnet.

Neben Hartmann sind noch einige andere Gestalten des Pietismus Spenerscher Observanz in die fränkische Territorialkirchengeschichtsforschung einbezogen worden. Dies gilt zunächst einmal von Johann Michael Dilherr, Direktor des Melanchthongymnasiums, Leiter des gesamten Nürnberger Schulwesens, Stadtbibliothekar und Hauptprediger an St. Sebald. Seines Lebens und Wirkens in der Freien Reichsstadt Nürnberg sowie seiner regen literarischen Tätigkeit hat sich Gerhard Schröttel angenommen.[7] Im Unterschied zu Schattenmann hat Schröttel den Spenerschen Pietismus keineswegs so eng an die reformorthodoxen Strömungen herangerückt und diese deshalb begrifflich ausdrücklich als „vorpietistisch" charakterisiert.

Ferner liegen mehrere kleinere Beiträge vor über den Windsheimer Superintendenten Johann Heinrich Horb, Speners Schwager[8], sowie über den Spenerfreund Tobias Winkler, der als Prediger seit dem Jahre 1701 in Nürnberg Collegia pietatis abgehalten hat.[9] Sodann hat Kantzenbach erstmals die Aufmerksamkeit auf Johann Heinrich Hassel „als Zentralgestalt des früheren Pietismus in Oberfranken"[10] gelenkt. Über dessen Wirksamkeit in Bayreuth als zweiter Hofprediger seit 1668 und in Coburg als Hofprediger Herzog Albrechts seit 1691 berichten die Gelegenheitsschriften der fränkischen Pfarrfrau Rosina Dorothea Ruckteschel (1670–1744).[11] Diese eigenständige, schriftstellerisch tätige Pfarrfrau verehrte Hassel „zeitlebens als ihren geistlichen Vater"[12], wobei aber das erotische Moment unübersehbar ist und noch einer Aufarbeitung innerhalb der Fragestellung pietistische Seelsorge und Erotik bedarf. Besonders interessant sind Ruckteschels Nachrichten über die Erbauungsstunden, die Hassel in Bayreuth und Coburg abgehalten hat.

Neben Franken ist in neuerer Zeit auch bayerisch Schwaben in das Blickfeld des Interesses gerückt. Dies geschah insbesondere durch Blaufuß. Er hat dem lange Zeit nicht gebührend beachteten Spener-Korrespondenten Gottlieb Spizel Aufmerksamkeit geschenkt. Unter Heranziehung und intensiver

---

NKZ 32 (1921), S. 697–705, desgl. BbKG 31 (1925), S. 90–101; ders., Beiträge zur Geschichte der Familie Hartmann, in: Linde (1925), S. 4–8, 17–23; ders., Neues zum Briefwechsel des Rothenburger Superintendenten Dr. Johann Ludwig Hartmann mit Ph. Jakob Spener in Frankfurt a. M., in: ZbKG 6 (1931), S. 207–217; 7 (1932), S. 36–44.

7 *G. Schröttel*, Johann Michael Dilherr und die vorpietistische Kirchenreform in Nürnberg. (Einzelarbeiten aus der Kirchengeschichte Bayerns. Bd. 34.) 1962.

8 *A. Roth*, Das Leben und Wirken des Superintendenten Johann Heinrich Horb in der Reichsstadt Windsheim, in: ZbKG 51 (1982), S. 111–115.

9 *M. Simon*, Der Prediger Tobias Winkler in Nürnberg, in: Mitteilungen des Vereins für Geschichte der Stadt Nürnberg 42 (1951), S. 198–230.

10 *Fr. W. Kantzenbach*, Evangelischer Geist, S. 7.

11 *Fr. W. Kantzenbach*, Die Schriften der Pfarrfrau Rosina Dorothea Ruckteschel als Quelle für die Geschichte des Pietismus, in: Archiv für die Geschichte von Oberfranken 57/58 (1978), S. 273–292.

12 Ebd. S. 275.

Auswertung des umfangreichen Briefwechsels zwischen Spener und Spizel hat Blaufuß mehrere Arbeiten über diesen 1691 nach 30jähriger Pfarramtstätigkeit verstorbenen Augsburger Theologen vorgelegt.[13]

Wohl auch wegen des stark biographisch ausgerichteten Forschungsinteresses sind nur einzelne Themen des Spenerschen Pietismus aufgenommen worden. Zu nennen ist hier zum einen das Konventikelwesen.[14]

Sodann hat sich Blaufuß vor allem im Zusammenhang mit seiner Beschäftigung mit Spizel mehrfach der Thematik Pietismus und Reichsstadt angenommen. Verwiesen sei insbesondere auf seinen Aufsatz „Pietismus und Reichsstadt".[15] Hierbei gelingt es Blaufuß zu zeigen, daß hinter dem frühen Auftreten des Spenerschen Pietismus in den süddeutschen Reichsstädten eine kirchenpolitische „Strategie" gestanden hat.

II.

Im Gegensatz zum Spenerschen Pietismus hat, wie bekannt ist, der Hallesche Pietismus in Bayern nicht so bedeutende Repräsentanten gehabt, sieht man einmal von Samuel Urlsperger ab, der seit 1722 im Augsburger Kirchendienst gestanden hat. Obgleich auf diesen treuen Freund und tatkräftigen Mitarbeiter August Hermann Franckes im süddeutschen Raum bereits wiederholt in der Forschung hingewiesen worden ist,[16] ist eine Monographie nach wie vor eines der dringendsten Desiderate. Dazu wäre allerdings sein in zahlreichen deutschen und außerdeutschen Bibliotheken und Archiven verstreuter Briefwechsel heranzuziehen.

Über den Halleschen Pietismus im engeren Sinn liegen nur wenige territorialgeschichtliche Arbeiten vor. Verwiesen sei auf den Aufsatz von Wilhelm Gußmann bezüglich Franckes Reise durch Franken im Jahre 1718.[17] Francke berührte auf seiner Reiseroute mehrere schwäbische und fränkische Städte; jedoch fließen nur von seinen Aufenthalten in Augsburg, Nördlingen, Oettingen, Ansbach und Heilsbronn die Quellen reichlicher.

---

13 Siehe bes. *D. Blaufuß*, Reichsstadt und Pietismus – Philipp Jacob Spener und Gottlieb Spizel aus Augsburg. (Einzelarbeiten aus der Kirchengeschichte Bayerns. Bd. 53.) Neustadt a. d. Aisch 1977; ders., Gottlieb Spizels Gutachten zu Ph. J. Speners Berufung nach Dresden (1686). Ein Beispiel der Mutua Consolatio im Pietismus, in: ZbKG 40 (1971), S. 97–130. Über den damaligen Pietismus in Augsburg siehe *Fr. Braun*, Zur Geschichte des Pietismus in Augsburg. 1. „Biblische Figursprüche" des Melchior Mattsperger, in: ZbKG 14 (1939), S. 224–241; 2. Ein Augsburger Bibelwerk, in: ebd. 15 (1940), S. 86–104.

14 *Fr. W. Kantzenbach*, Zur Geschichte der Collegia Pietatis in Nürnberg, in: Mitteilungen des Vereins für Geschichte der Stadt Nürnberg 62 (1975), S. 285–289.

15 *D. Blaufuß* hat diese Thematik wiederholt angesprochen, besonders in seiner Studie Pietismus und Reichsstadt: Beziehungen Philipp Jacob Speners nach Süddeutschland, in: ZbKG 45 (1976), S. 54–68.

16 Eine Zusammenstellung der wichtigsten Literatur über Samuel Urlsperger findet sich bei *D. Blaufuß*, Reichsstadt und Pietismus, S. 34, Anm. 69.

17 *W. Gußmann*, August Hermann Francke in Bayern, in: ZbKG 3 (1928), S. 17–40.

Daß auch in Franken etliche Pfarrer amtierten, die in Halle studiert haben und bleibend von A. H. Francke beeinflußt worden sind, hat Kantzenbach in seinem Aufsatz über den Pietismus in Ansbach und im fränkischen Umland[18] gezeigt. Dieser Beitrag führt erstens sowohl räumlich als auch zeitlich über die Studien von Jakob Batteiger über den Halleschen Pietismus in der Markgrafschaft Bayreuth hinaus.[19] Batteiger hatte sich nämlich in seiner auf intensiven Quellenstudien beruhenden Arbeit auf die Markgrafschaft Bayreuth beschränkt und außerdem den Beginn des dortigen Pietismus erst mit dem Jahr 1726, dem Regierungsantritt Georg Friedrich Karls, beziehungsweise mit der Berufung von Johann Christoph Silchmüller (1694–1771) zum Hofprediger im folgenden Jahr angesetzt. Dieser anfänglich hallisch gesinnte Bayreuther Hofprediger und Konsistorialrat war wohl, wie Batteiger recht gut herausgearbeitet hat, der damals einflußreichste Theologe. Dessen Tagebuch, das die Zeit von November 1727 bis Mai 1728 umfaßt, ist von K. Weiske veröffentlicht worden.[20] Der erwähnte Beitrag von Kantzenbach für die Festschrift für Martin Schmidt ist aber zweitens in gewisser Weise auch als Fortführung des Aufsatzes von Hermann Clauß über den Pietismus in der Markgrafschaft Ansbach[21] zu verstehen.

Im Zusammenhang mit dem Halleschen Pietismus im Markgrafentum Bayreuth sei noch auf die kleine Studie von Simon über den Thurnauer Pfarrer Georg Christoph Brendel und den Bau der dortigen Kirche verwiesen.[22] Hier kommt die über Gebühr vernachlässigte Fragestellung nach dem Verhältnis des Pietismus zur Kunst exemplarisch in den Blick.

Dem Halleschen Pietismus im Fürstentum Oettingen ist Schattenmann in einer Biographie über den Generalsuperintendenten Georg Adam Michel nachgegangen.[23] Diese Monographie ist besonders wichtig für die Kenntnis der Struktur des späteren Halleschen Pietismus.

In mehreren der erwähnten Arbeiten wird mehr oder weniger nur beiläufig auf die Waisenhäuser hingewiesen, die in einigen fränkischen Städten nach dem Muster des Hallischen Waisenhauses gegründet worden sind. Jedoch sind bislang nur wenige dieser Institutionen näher erforscht worden, nämlich einmal das Evangelisch Hochfürstliche-Oettingische Waisenhaus,

---

18 *Fr. W. Kantzenbach*, Der Pietismus in Ansbach und im fränkischen Umland, in: AGP Bd. 14, S. 286–299.

19 *J. Batteiger*, Pietismus in Bayreuth. Historische Studien. Heft 37. Berlin 1903; ders., Zur Geschichte des Pietismus in Bayreuth, in: BbKG 9 (1903), S. 153–189, 210–227; ders., Zur Geschichte des Pietismus in Bayreuth. Nachträge, in: BbKG 11 (1905), S. 34–45.

20 *K. Weiske*, Johann Christoph Silchmüllers Bayreuther Tagebuch, in: Archiv für Oberfranken 29,2 (1925).

21 *H. Clauß*, Der Pietismus in der Markgrafschaft Ansbach, in: BBKG 1920, S. 97–139.

22 *M. Simon*, Georg Christoph Brendel und die Kirche in Thurnau. Ein künstlerisches Denkmal des Pietismus, in: ZbKG 25 (1956), S. 1–39. Über G. Chr. Brendel siehe auch *Theodor Kolde*, Zur Geschichte des Pietismus in Franken, in: BbKG 8 (1902), S. 266–283.

23 *P. Schattenmann*, Georg Adam Michel, Generalsuperintendent in Oettingen, und sein gelehrter Briefwechsel. Ein Beitrag zur Kirchengeschichte des 18. Jahrhunderts. (Einzelarbeiten aus der Kirchengeschichte Bayerns. Bd. 37.) Nürnberg 1962.

das 1714 errichtet worden ist. Darüber liegt aus der Feder Karlheinrich Dumraths eine vorzügliche Detailstudie vor.[24] Aufgrund des vorhandenen Quellenmaterials wird darin die Gründung dieser pietistischen Anstalt sowie ihre Struktur (einschließlich des Verlages des Oettingischen Waisenhauses) dargestellt. Selbstverständlich ist Dumrath auch auf den zweimaligen Besuch Franckes in diesem Waisenhaus eingegangen, der anläßlich seines Aufenthaltes in dieser Residenzstadt vom 16. bis 21. Februar 1718 erfolgte.

Eine kleine Studie existiert auch über das 1730 von Silchmüller in Bayreuth gegründete Waisenhaus.[25] Übrigens konnten in dieser Anstalt relativ bald Herrnhuter Brüder und Schwestern Fuß fassen, wodurch es zu starken Querelen mit den Vertretern des Pietismus Francke'scher Observanz kam.

Bezüglich der in dem Hallischen Waisenhaus als Informatoren wirkenden Franken siehe die kleine Studie von Christoph Beck.[26]

III.

Der herrnhutische Pietismus hat in Franken zwei Hauptstützpunkte gehabt, nämlich das Markgrafentum Bayreuth und – wenn auch nur vorübergehend – die Grafschaft Castell. Übrigens war Zinzendorf mit beiden Häusern durch seine Mutter recht nahe verwandt.

Von den älteren Arbeiten, die sich mit Zinzendorf und dem herrnhutischen Pietismus im Bayreuther Gebiet beschäftigen, sind diejenigen von Theodor Kolde[27], Jakob Batteiger[28] und Karl Schornbaum[29] sowie Clauß[30] zu erwähnen.

Von den neueren Arbeiten zum herrnhutischen Pietismus sei außer auf mehrere Aufsätze Schattenmanns auf den Beitrag von Kantzenbach über Zinzendorfs Beziehungen zu Franken[31] verwiesen. In dieser Darstellung, in der leider die angeführten Zitate nicht verifiziert und die angefügten Litera-

---

[24] *K. Dumrath*, Das Evangelische Waisenhaus in Oettingen, ein Werk pietistischer Frömmigkeit, in: Jahrbuch für Fränkische Landesforschung 34/35 (1975), S. 537–563.

[25] *Th. Meister*, Das Bayreuther Waisenhaus, in: Jahrbuch für die evang.-lutherische Landeskirche Bayerns 1909, S. 87ff.

[26] *Chr. Beck*, Zur Einwirkung des Halleschen Pietismus auf das Erziehungswesen in Franken. 1. Fränkische Studierende an den Franckeschen Anstalten. 2. Ein Nürnberger Pädagoge des Pietismus. Neustadt a. d. A. 1933.

[27] *Th. Kolde*, Zur Geschichte des Pietismus in Franken, in: BbKG 8 (1902), S. 266–283; bes. 271–283.

[28] Siehe Anm. 19.

[29] *K. Schornbaum*, Religiöse Bewegungen im Markgrafentum Brandenburg-Ansbach im 18. Jahrhundert, in: BbKG 16 (1910), S. 145–168, 193–216; ders., Herrnhuter in Franken. I, in: BbKG 24 (1917), S. 23–39, 81–95; 26 (1919), S. 13–17.

[30] *H. Clauß*, Herrnhuter Brüder in Schwabach und Umgebung. Ein Beitrag zur Geschichte des Pietismus in Franken, in: BbKG 21 (1915), S. 101-108.

[31] *Fr. W. Kantzenbach*, Graf Zinzendorf in Bayreuth und Franken, in: Jahrbuch für fränkische Landesforschung 39 (1979), S. 109–124.

turangaben bibliographisch vielfach ungenau sind, ist Kantzenbach einerseits besonders Zinzendorfs Aktivitäten in Franken und andererseits dem dortigen Herrnhutertum nachgegangen. Er hat gezeigt, daß es sowohl im Markgrafentum Bayreuth-Ansbach als auch in den Reichsstädten Nürnberg und Augsburg kleine Herrnhuter-Kreise gegeben hat. Kantzenbachs Annahme, es habe in Franken „kaum Orte von kulturgeschichtlicher Bedeutung gegeben, die frei von Zinzendorfs Einfluß geblieben sind"[32], überschätzt diesen sicherlich.

Horst Weigelt hat sich dagegen besonders dem Herrnhuter Pietismus in der Grafschaft Castell zugewandt.[33] Ludwig Friedrich Graf zu Castell-Remlingen, ein Vetter Zinzendorfs, wollte nämlich sein Allodialgut Rehweiler im Steigerwald, an der Straße zwischen Abtswind und Geiselwind, zu einem zweiten Herrnhut machen.[34] Anfänglich kam es zur engen, wenngleich nicht spannungsfreien Zusammenarbeit zwischen Graf Lutz und Zinzendorf, der sich wiederholt für längere oder kürzere Zeit in Franken aufgehalten hat.[35] Der Kolonieplan zerschlug sich jedoch nicht zuletzt auch infolge der andersartigen religiösen Entwicklung des Grafen von Castell-Remlingen; er suchte und fand nämlich Anschluß an den pietistischen Hof von Stolberg-Wernigerode. Der Briefwechsel zwischen den beiden Vettern liegt in einer kritischen Edition vor.[36] Er eröffnet neue Kenntnisse und Einsichten nicht nur über Zinzendorf, sondern auch über die frühe Geschichte der Brüdergemeine überhaupt.

Auch in anderen Teilen des heutigen Bayern gab es Herrnhuter. Zu nennen ist hier insbesondere der fränkisch-schwäbische Raum. Über die Entstehung des Herrnhutertums in diesem Gebiet liegen, abgesehen von

---

32 Ebd., S. 123.

33 Über ihn siehe die biographische Skizze von *H. Weigelt*, Ludwig Friedrich Graf und Herr zu Castell-Remlingen, in: Fränkische Lebensbilder. Bd. 8. 1978, S. 168–180. Über sein Verhältnis zu Zinzendorf siehe u. a. *H. Weigelt*, Die Korrespondenz zwischen Ludwig Friedrich zu Castell-Remlingen und Nikolaus Ludwig von Zinzendorf. Ein Beitrag zur Geschichte des Herrnhuter Pietismus, in: D. Mayer (Hrsg.), Pietismus – Herrnhutertum – Erweckungsbewegung. Festschrift für Erich Beyreuther. (Schriftenreihe des Vereins für Rheinische Kirchengeschichte. Bd. 70.) Köln 1982, S. 264–276. Bezüglich des Herrnhutertums in der dortigen Gegend vgl. auch den bislang viel zu wenig beachteten Beitrag von *Aspacher*, Pietisten und Herrnhuter in Prichsenstadt. 1717–1756, in: Zeitschrift für Brüdergeschichte 10 (1916), S. 1–31.

34 Hierzu siehe außer der in Anm. 33 genannten Literatur *M. Simon*, Graf Lutz von Castell und Rehweiler, in: ZbKG 27 (1958), S. 58–65; *G. Vollprecht*, Eine Brüdergemeine in Bayern, in: Brüderbote 313/314 (1975), S. 38–46; ausdrücklich sei angemerkt, daß letzterer Beitrag offensichtlich stärker das brüderische Selbstverständnis widerspiegeln soll.

35 Siehe *H. Weigelt*, Zinzendorfs Aufenthalte in der Grafschaft Castell. Zur Geschichte des Herrnhuter Pietismus in Franken, in: ZbKG 51 (1982), S. 116–130. Vgl. auch ders., Zinzendorf und die Grafschaft Castell-Remlingen. Ein Beitrag zur Geschichte des Pietismus in Franken. In: Castell. Christlicher Glaube in Geschichte und Gegenwart. Ausstellung des Landeskirchlichen Archivs Nürnberg 1981. Nürnberg (1981), S. 29–37 (m. Abb.).

36 *H. Weigelt*, Die Beziehungen zwischen Ludwig Friedrich zu Castell-Remlingen und Zinzendorf sowie ihr Briefwechsel. Ein Beitrag zur Geschichte des Herrnhuter Pietismus in Franken (Einzelarbeiten aus der Kirchengeschichte Bayerns, Bd. 59). Neustadt a. d. Aisch 1984.

dem kleinen, aber quellenreichen Aufsatz von Theodor Wotschke[37] über die Herrnhuter in Augsburg, zwei Beiträge aus der Feder Schattenmanns vor. Anhand des Briefwechsels des Pfarrers Heinrich Jakob Deubler von Greiselbach mit der Herrnhuter Brüdergemeine ist er einmal deren dortigen Anhängern nachgegangen.[38] Er hat gezeigt, daß Deubler „als ein früher Vertreter und entschiedener Vorkämpfer der Zinzendorfischen Brüdergemeine im schwäbisch-fränkischen Raum"[39] anzusehen ist. Er blieb aber, „solange er im Frankenland wirkte und weilte, ein Einsamer"[40]. Sodann ist Schattenmann den beiden Brüdern Martin und Leonhard Dober in Mönchsroth nachgegangen.[41] Beide wurden bekanntlich nicht nur für die Anfänge des Herrnhutertums im fränkisch-schwäbischen Gebiet, sondern generell für die Brüdergemeine bedeutsam.

IV.

Dem radikalen Pietismus hat man sich, gemessen an seiner Bedeutung für den fränkischen und bayerisch-schwäbischen Raum, noch nicht in hinreichendem Maß zugewandt. Dank der Arbeiten von Paul Schaudig[42] und Theodor Meister[43] sowie Schornbaum[44] ist zweifelsohne das Gebiet des Markgrafentums Bayreuth am besten erforscht. Demnach hat vor allem im Aischgrund der radikale Pietismus zu Beginn des 17. Jahrhunderts eine breite Strömung dargestellt. Alle gesellschaftlichen Schichten wurden von ihm ergriffen. Über das theologische Anliegen geben die teilweise erhaltenen Akten der markgräflichen Untersuchungskommission von 1710 Auskunft, die Schornbaum veröffentlicht[45] hat.

Sodann hat sich die Forschung mehreren Einzelgestalten des radikalen Pietismus zugewandt, die im Gebiet des heutigen Bayern vorübergehend oder bleibend gewirkt haben. Hierbei handelt es sich durchgehend um Laien. Besonders wichtig ist nach wie vor die 1934 erschienene Monographie von Friedrich Braun über den Perückenmacher Johann Tennhardt.[46]

---

37 *Th. Wotschke*, Herrnhuter in Augsburg, in: ZbKG 11 (1936), S. 169–185.

38 *P Schattenmann*, Heinrich Jakob Deubler, Pfarrer von Greiselbach (1721–1740) und sein Briefwechsel mit Herrnhut. Ein Beitrag zur Entstehung des Herrnhutertums im fränkisch-schwäbischen Raum, in: ZbKG 34 (1965), S. 113–169.

39 Ebd., S. 122.

40 Ebd.

41 *P. Schattenmann*, Zur Entstehung des Herrnhutertums im fränkisch-schwäbischen Raum, in: ZbKG 32 (1963), S. 219–229.

42 *P. Schaudig*, Der Pietismus und Separatismus im Aischgrund. Schwäbisch-Gmünd 1925.

43 *Th. Meister*, Separatisten in Bayreuth (1723), in: BbKG 10 (1904), S. 211–217.

44 *K. Schornbaum*, Separatisten in Fürth, in: BbKG 17 (1911), S. 1–27; ders., Separatisten im Bibertgrund, in: ZbKG 19 (1950), S. 176–196.

45 *K. Schornbaum*, Zur Geschichte des Separatismus im Bayreuther Unterland, in: ZbKG 16 (1941), S. 209–229; 23 (1954), S. 10–16.

46 *Fr. Braun*, Joh. Tennhardt. Ein Beitrag zur Geschichte des Pietismus. (Einzelarbeit aus der

Sodann hat man sich mehrfach des herumreisenden Propheten Johann Friedrich Rock angenommen.[47] Dieser Wunderprediger und Prophet der Inspiriertengemeinde in der Wetterau war seit Mai 1716 mehrfach auch in Franken und bayerisch Schwaben aufgetaucht. Hier konnte Rock, „der eigentliche Apostel des Separatismus“[48], eine ganze Anzahl von Anhängern gewinnen.

Schließlich hat Friedrich Fritz über den Sporergesellen Johann Georg Rosenbach, der sich mehrfach in Franken aufgehalten hat, gearbeitet.[49] Hierbei ist Fritz außerdem auf den Einfluß des auch literarisch hervorgetretenen Erlanger Notars Johann Adam Raab, dessen Bedeutung für den radikalen Pietismus übrigens noch bei weitem nicht hinlänglich genug erforscht ist, auf Rosenbach während seines Aufenthaltes in Erlangen im Jahre 1700 eingegangen.

In neuerer Zeit hat sich vor allem Kantzenbach des radikalen Pietismus angenommen, und zwar unter Einbeziehung einer sozialgeschichtlichen Fragestellung.[50] Besonders bemerkenswert gelang ihm dies, indem er die Äußerungen der Visionärin Anna Vetter auf den sozialen Gehalt hin befragte.[51]

Obgleich der radikale Pietismus in Franken und bayerisch Schwaben also eine recht bedeutende Bewegung gewesen ist, hat er zu keiner Zeit für das hiesige Kirchenwesen eine wirkliche Gefahr dargestellt. Dies ist nicht zuletzt darauf zurückzuführen, daß er in seinen Reihen eigentlich keine Theologen gehabt hat.

V.

Über Johann August Urlsperger, den Gründer der Deutschen Gesellschaft edler thätiger Beförderer reiner Lehre und wahrer Gottseligkeit, liegen aus der Feder von Weigelt mehrere Arbeiten vor.[52] Hierbei hat er sich

---

Kirchengeschichte Bayerns. Bd. 17.) München 1934. Vgl. auch *H. Clauß*, Separatisten im Oettingischen, in: BbKG 18 (1912), S. 265–281.

47 *H. Clauß*, Die Beziehungen Johann Friedrich Rocks zu den Separatisten in Schwaben und Franken, in: BbKG 18 (1912), S. 49–81; vgl. ders., Separatisten im Oettingischen, in: ebd., S. 265–281.

48 *H. Clauß*, Die Beziehungen Johann Friedrich Rocks zu den Separatisten in Schwaben und Franken, in: BbKG 18 (1912), S. 51.

49 *Fr. Fritz*, Johann Georg Rosenbach, in: ZbKG 18 (1949), S. 21–59 (Lit.).

50 *Fr. W. Kantzenbach*, Der Separatismus in Franken und bayerisch Schwaben im Rahmen der pietistischen Bewegung, in: ZbKG 45 (1976), S. 33–53.

51 *Fr. W. Kantzenbach*, Die Ansbacher Visionärin und Prophetin Anna Vetter. Zu den sozialen Gehalten ihrer Botschaft, in: ZbKG 45 (1976), S. 26–32.

52 *H. Weigelt*, Johann August Urlsperger, ein Theologe zwischen Pietismus und Aufklärung, in: ZbKG 33 (1964), S. 67–105; ders., Die Deutsche Christentumsgesellschaft. Ihre Entstehung, Entwicklung und Bedeutung, in: ders., Pietismus-Studien. 1. Teil: Der spener-hallische Pietismus. (Arbeiten zur Theologie. II. Reihe. Bd. IV.) Stuttgart 1965, S. 119–140; ders., Johann

besonders der ursprünglichen doppelten Zielsetzung Urlspergers mit dieser Gesellschaftsgründung angenommen und gezeigt, wie die apologetische sehr rasch hinter der erbaulichen zurückgetreten ist. Daneben wurde in mehreren Arbeiten[53] auch auf die im Dezember 1781 gegründete Partikulargesellschaft der Christentumsgesellschaft in Nürnberg eingegangen. Allerdings ist diese bei weitem noch nicht quellenmäßig genügend erforscht. Eine erste, unentbehrliche Hilfe hierfür ist nach wie vor die Quellensammlung von Ernst Staehelin.[54] Thematisch gesehen sind insbesondere die vielfältigen Beziehungen der fränkischen Spätpietisten zu denen in Württemberg und im Rheinland noch kaum in den Blick gekommen. Auch die missionarisch-karitativen Aktivitäten sind noch völlig unzureichend erforscht, sieht man von den Beziehungen zu den österreichischen Toleranzgemeinden ab.[55] In dem Zusammenhang ist besonders der eindrücklichen Gestalt des Nürnberger Kaufmannes Johann Tobias Kießling Aufmerksamkeit geschenkt worden. An ihm wird deutlich, welche Opferbereitschaft sich in den spätpietistischen Kreisen gefunden hat.

Angesichts dieses noch nicht befriedigenden Forschungsstandes sei jedoch mit Nachdruck auf die Untersuchungen der Geschichte des Nürnberger Verlegers Raw von Walther Hahn hingewiesen.[56] Anhand der Auflistung der dort innerhalb von nahezu anderthalb Jahrhunderten erschienenen Werke wird deutlich, welche Autoren man in den Kreisen der Christentumsgesellschaft geschätzt und gelesen hat.

VI.

Über die Allgäuer katholische Erweckungsbewegung sind eine ganze Reihe von Arbeiten erschienen. Hingewiesen sei hier aus chronologischen Gründen zunächst auf die akribischen Quelleneditionen über Johann Micha-

---

August Urlsperger und die Anfänge der Christentumsgesellschaft, in: Pietismus und Neuzeit. Ein Jahrbuch zur Geschichte des neueren Protestantismus. Bd. 7. Göttingen 1981, S. 52–68. Über Urlsperger vgl. auch *P. Schattenmann*, Zum Aufenthalt Dr. Johann August Urlspergers in Oettingen, in: ZbKG 22 (1953), S. 47ff; ders., Zur theologiegeschichtlichen Bedeutung von Dr. Johann August Urlsperger, in: ZbKG 33 (1964), S. 106ff.

53 *Fr. W. Kantzenbach*, Nürnberg – ein Umschlagplatz deutscher Kirchengeschichte, in: Evangelium und Geist der Zeit. 450 Jahre Reformation in Nürnberg. Nürnberg 1975, S. 140–165.

54 *E. Staehelin* (Hrsg.), Die Christentumsgesellschaft in der Zeit der Aufklärung und der beginnenden Erweckung. Texte aus Briefen, Protokollen und Publikationen. (Theologische Zeitschrift. Sonderband II.) Basel 1970.

55 *G. Mecenseffy*, Der Nürnberger Kaufmann Johann Tobias Kießling und die österreichischen Toleranzgemeinden, in: Jahrbuch für die Geschichte des Protestantismus in Österreich 74 (1958), S. 29–69. Vgl. auch dies., Johann Tobias Kießling, Kaufmann und Pietist, in: *G. Pfeiffer* (Hrsg.), Lebensläufe aus Franken. Bd. 6. Würzburg 1960, S. 293–302.

56 *W. Hahn*, Der „Verlag der Raw'schen Buchhandlung" und die Deutsche Christentumsgesellschaft in Nürnberg 1789–1826, in: ZbKG 45 (1976), S. 83–171.

el Sailer von Hubert Schiel.[57] Dieser sah in der Allgäuer Erweckungsbewegung, deren Repräsentanten im wesentlichen ungebrochen Sailers Anliegen aufgenommen und bewahrt hätten, eine Frömmigkeitsbewegung innerhalb der katholischen Kirche, vergleichbar mit dem Pietismus.

Dagegen hat Kantzenbach die Allgäuer Erweckungsbewegung in die Nähe des evangelischen Glaubens gerückt.[58] Im Unterschied dazu vertrat Kurt Aland, der sich aufgrund neuen Quellenmaterials mehrfach mit dieser „bayrischen Erweckungsbewegung" befaßt hat,[59] wohl mit Recht in verschiedenen Arbeiten die Auffassung, die Allgäuer Erweckungsbewegung sei „ursprünglich eine schwärmerische Bewegung gewesen, die sich in einer Reihe von wichtigen Zügen durchaus nicht von den Auswüchsen des radikalen Pietismus im 17./18. Jahrhundert unterscheidet"[60]. Allerdings räumte auch Aland ein, daß sie infolge ihrer weiteren, keineswegs geradlinigen Entwicklung „schließlich zu erheblichen Teilen in die evangelische Kirche eingemündet"[61] ist.

Mit der umfangreichen Monographie über Feneberg von dem Benediktiner Hildebrand Dussler erfuhr dann erstmals einer der Träger und Repräsentanten der Allgäuer Erweckungsbewegung eine umfassende Darstellung.[62] Diese auf weitausgreifenden Quellenstudien beruhende Untersuchung eröffnet darüber hinaus Kenntnisse und Einsichten in die personelle Zusammensetzung und das Beziehungsgeflecht dieser Bewegung in ihrer Frühphase; leider wurde den theologischen und frömmigkeitsgeschichtlichen Aspekten nicht mit gleicher Intensität nachgegangen.

Eine neue Zuwendung zur Beschäftigung mit der Allgäuer Erweckungsbewegung vollzog sich im Zusammenhang mit dem Sailer-Jubiläum 1982. Von den aus diesem Anlaß erschienenen Publikationen sei besonders die von Georg Schwaiger vorgelegte neueste Sailer-Biographie hervorgehoben.[63] Wie schon der Titel andeutet, wird Sailer hier als „der bayerische Kirchenvater" gezeichnet. Daneben sei auf den Sammelband verwiesen, der zum

---

57 *H. Schiel*, Johann Michael Sailer. Leben und Briefe. 2 Bde. Regensburg 1948 u. 1952.

58 *Fr. W. Kantzenbach*, Johann Michael Sailer und der Ökumenische Gedanke. (Einzelarbeiten aus der Kirchengeschichte Bayerns. Bd. 29.) Nürnberg 1955.

59 *K. Aland*, Der Inquisitionsprozeß gegen Anton Bach und seine Anhänger. Ein Beitrag zur Geschichte der bayrischen Erweckungsbewegung, in: ZbKG 18 (1949), S. 110–156; ders., Zur Geschichte der bayrischen Erweckungsbewegung, in: ders., Kirchengeschichtliche Entwürfe. Alte Kirche, Reformation und Luthertum, Pietismus und Erweckungsbewegung. Gütersloh 1960, S. 650–671.

60 *K. Aland*, Geschichte, S. 670.

61 Ebd., S. 671.

62 *H. Dussler*, Johann Michael Feneberg und die Allgäuer Erweckungsbewegung. Ein kirchengeschichtlicher Beitrag aus den Quellen zur Heimatkunde des Allgäus. (Einzelarbeiten aus der Kirchengeschichte Bayerns. Bd. 33.) Nürnberg 1959.

63 *G. Schwaiger*, Johann Michael Sailer. Der bayerische Kirchenvater. München und Zürich 1982.

Sailergedenkjahr von Schwaiger und Mai herausgegeben worden ist.[64] Auch hier ist die Tendenz unverkennbar, die Antagonismen zwischen Sailer und dem hohen Klerus möglichst abzuschwächen. Zudem werden die Spannungen und Konflikte zwischen der Allgäuer katholischen Erweckungsbewegung und der römisch-katholischen Kirche bagatellisiert.

VII.

Ein Überblick über den geschichtlichen Verlauf der Fränkischen Erweckungsbewegung findet sich bei Kantzenbachs Studien zur Evangelischen Erweckungsbewegung.[65]

Für die Anfänge der Fränkischen Erweckungsbewegung ist immer noch wichtig die Monographie über den Erlanger Professor für reformierte Theologie Christian Krafft von Georg Pickel.[66] Allerdings ist es Pickel von seinem lutherisch-konfessionellen Vorverständnis her nicht möglich gewesen, den Reformierten Krafft als einen wichtigen Anreger der Fränkischen Erweckungsbewegung zu würdigen.

In neuerer Zeit hat sich der Fränkischen Erweckungsbewegung insbesondere Kantzenbach angenommen. Es ist hierbei sowohl auf die Fortwirkungen des Spätpietismus als auch auf die Einwirkung der Romantik hingewiesen worden.[67] Auch wurde in mehreren Arbeiten, nicht zuletzt in denen von Kantzenbach, auf das Umschlagen bzw. Ausmünden der Fränkischen Erweckungsbewegung ins konfessionelle Luthertum unter Rezeption idealistischen Geistesgutes hingewiesen.[68] Hierbei wurde immer mehr die große Bedeutung des Ansbacher Dekans Theodor Lehmus (1777–1837) erkannt.[69] Jedoch ist hier noch eine große Lücke in der Forschung, trotz des Hinweises auf den Organismusgedanken.

Den Nachwirkungen der missionarisch-karitativen Zielsetzung des Spätpietismus und der Erweckungsbewegung hat sich Simon in zwei Studien angenommen; allerdings verfolgen seine Ausführungen diese entsprechend -

---

[64] *G. Schwaiger* u. *P. Mai* (Hrsg.), Johann Michael Sailer und seine Zeit. (Beiträge zur Geschichte des Bistums Regensburg. Bd. 16.) Regensburg 1982.

[65] *Fr. W. Kantzenbach*, Die Erweckungsbewegung. Studien zur Geschichte ihrer Entstehung und ersten Ausbreitung in Deutschland. Neuendettelsau 1957.

[66] *G. Pickel*, Christian Krafft, Professor der reformierten Theologie und Pfarrer in Erlangen. Ein Beitrag zur Geschichte der Erweckungsbewegung in Bayern. (Einzelarbeiten aus der Kirchengeschichte Bayerns. Bd. 2.) Nürnberg 1925.

[67] *Fr. W. Kantzenbach*, Evangelischer Geist und Glaube im neuzeitlichen Bayern. (Schriftenreihe zur bayerischen Landesgeschichte. Bd. 70.) München 1980, S. 100–200.

[68] *M. Simon*, Die Entstehung des Zentralbibelvereins in Bayern. Festgabe Hans Meiser. 1951; ders., Mission und Bekenntnis in der Entwicklung des Evangelisch-Lutherischen Zentralmissionsvereins für Bayern. Neuendettelsau 1953.

[69] *H. Weigelt*, Erweckungsbewegung und konfessionelles Luthertum im 19. Jahrhundert, untersucht an Karl v. Raumer. Stuttgart 1968.

der Themenstellung bis weit in das konfessionelle Luthertum des 19. Jahrhunderts.[70]

Insgesamt zeichnen sich für diesen Abschnitt fränkischer Kirchengeschichte vordringlich zwei Desiderate ab, die die Forschung energisch aufnehmen sollte. Einmal wäre anhand der vielfältigen Quellen noch einmal neu den spätpietistischen sowie den romantischen Momenten der Fränkischen Erweckungsbewegung nachzugehen. Solche Detailstudien dürften sich aber nicht auf das Biographiegeschichtliche beschränken, obgleich auch hier noch bedeutende Lücken klaffen. Verwiesen sei hier beispielsweise nur auf den Orientalisten und Naturphilosophen Kanne.

Vielmehr sollte besonders den theologie- und geistesgeschichtlichen Bestrebungen Aufmerksamkeit geschenkt werden. Selbstverständlich wird dabei dem organologischen Denken als wichtigem Strukturelement der Fränkischen Erweckungsbewegung hohe Priorität zukommen. Hier sind Theologie und Philosophie sowie Germanistik zur Interdisziplinarität herausgefordert.

Ein zweiter künftiger Forschungsschwerpunkt sollte sich dem konfessionellen Aspekt der Fränkischen Erweckungsbewegung zuwenden, wobei unterstellt wird, daß dieser ihr nicht von Anfang an inhärent gewesen ist. Es wird nach den theologischen Ursachen und dem geschichtlichen Verlauf dieser allmählich konfessionellen Verfestigung der Erweckungsbewegung in Franken zu fragen sein. Die Ergebnisse dürften dann für das Verständnis des konfessionellen Luthertums von nicht unbeachtlicher Relevanz sein.

Allerdings ist die Inangriffnahme solcher Untersuchung mit erheblichen Kärrnerarbeiten verbunden. Denn die Anzahl der vorliegenden kritisch edierten Texte zur Geschichte des Pietismus in Bayern ist, wie deutlich gemacht wurde, relativ gering.[71] Hier Abhilfe zu schaffen, wäre mit Klopstocks Worten aus seiner Ode „Der Zürichsee" „des Schweißes der Edlen wert".

---

[70] Über Theodor Lehmus siehe die biographische Skizze von *M. Simon* in: *G. Pfeiffer* (Hrsg.), Lebensläufe aus Franken. Bd. 6. Würzburg 1960, S. 302–323.

[71] Über die in diesem überblickartigen Forschungsbericht genannten Editionen hinaus sei auf ehe zahlreichen, zumeist kleineren Quelleneditionen von *Th. Wotschke* nachdrücklich verwiesen.

Rezensionen

Schaer, Markus: Seelennöte der Untertanen. Selbstmord, Melancholie und Religion im Alten Zürich, 1500–1800. Zürich, Chronos Verlag, 1985. 378 S.

Zu den interessantesten Neuerscheinungen zur Geschichte der Frühen Neuzeit gehört die von Rudolf Braun betreute, 1983/84 in Zürich als Dissertation angenommene und 1985 im Druck erschienene Studie, die hier vorzustellen ist. Markus Schaer hat sorgfältig alle Nachrichten über 511 Fälle von Selbstmord ausgewertet, die im Alten Zürich in den knapp drei Jahrhunderten zwischen 1530 und 1799 überliefert sind; er hat die Schriften und Predigten der Züricher Theologen, die sich zum Thema Selbstmord äußern, gesammelt und analysiert; um diese Materialien interpretieren zu können, hat er sich schließlich auch intensiv mit der neueren psychologischen und soziologischen Literatur zum Thema Selbstmord beschäftigt.

Das Resultat seiner Bemühungen ist nicht nur ein wichtiger Beitrag zur Sozial-, Alltags- und Mentalitätsgeschichte der Frühen Neuzeit, sondern eine für Kirchen- und Theologiehistoriker aufregende, ja bahnbrechende Untersuchung. Nach einleitenden Bemerkungen über die neueren Theorien zur Erklärung des Suizids wendet sich M. Sch. einer Auswertung der Daten zu und kommt zu dem Ergebnis, daß nach kritischer Prüfung aller Quellen kein Zweifel daran bestehen kann, daß Fälle von Selbstmord im Alten Zürich vom 16. bis zum 18. Jahrhundert stetig zunahmen. Gewiß, mancher Fall mag vertuscht worden sein; auch mag die Überwachung der Züricher Untertanen erst im 18. Jahrhundert so genau gewesen sein, daß erst dann die allermeisten Fälle aktenkundig wurden und wir auch erst dann von einer relativ kleinen Dunkelziffer ausgehen können. Wenn die Zeitgenossen seit dem späten 17. Jahrhundert immer lauter beklagten, Selbstmordfälle nähmen zu, dann entsprach dies jedoch durchaus der von Schaer rekonstruierten Entwicklung.

In einem weiteren Teil weist d. Vf. nach, daß Suizidopfer je nach Lebenswandel verschieden beurteilt und auf verschiedene Weise beerdigt wurden. Fromme, die Selbstmord begangen hatten und solche, die, falls die Tat, was oft vorkam, erst nach Stunden den Tod herbeiführte, wenigstens kurz vor ihrem Ende noch Reue zeigten, wurden, wie man sich denken kann, nicht völlig aus dem Gedenken der christlichen Gemeinschaft ausgeschlossen. Unter den verschiedenen Ursachen für Selbstmord spielten nämlich, wie M. Sch. nachweisen kann, neben Krankheit, Hunger und Elend sowie neben

Statusverlust und familiären Spannungen religiöse Momente eine erstaunlich große Rolle, wobei diese „frommen Selbstmörder" häufig schon Jahre vor ihrer Tat Anzeichen von Schwermut beziehungsweise Melancholie gezeigt hatten. Sie fühlten sich Gott gegenüber schuldig und nahmen gewissermaßen das Urteil vorweg, das Gott im Endgericht ihrer Meinung nach über sie verhängen würde. „Wegen teils eingebildeter, teils tatsächlicher Sünden glauben sich die Melancholiker verworfen", schreibt Schaer, „vom Bösen besessen und so aus der Schar der Auserwählten ausgeschlossen. Um sich selber zu richten oder den teuflischen Anfechtungen zu entfliehen, versuchen sie, sich umzubringen, was ihnen in einigen Fällen auch gelingt" (S. 123).

In einem weiteren großen Teil seiner Untersuchung geht Sch. ein auf „die Durchsetzung des reformierten Gottesbildes" im Alten Zürich: auf den Kampf der Züricher Reformatoren gegen Magie und Volksglauben sowie auf ihre Lehre von Gottes Allmacht und Allwissenheit und auf die daraus abgeleitete Prädestinationslehre. Ohne die Stärkung der Autorität der Pastoren hätten diese Lehren freilich wenig Wirkung gezeigt. Just dies geschah jedoch, nicht zuletzt durch den Ausbau des religiösen Unterrichts und der sittlichen Überwachung, so daß den ihrer traditionellen magischen Hilfsmittel beraubten Züricher Untertanen etwa seit der Mitte des 17. Jahrhunderts fast allmächtige Pastoren als zürnende Abgesandte eines allgewaltigen Gottes gegenüberstanden. Ab etwa 1570 konzentrierten sich die Züricher Pastoren zudem besonders auf den Kampf gegen den Teufel. Wer glaubte, er sei vom Teufel in Versuchung geführt worden, wie das typischerweise für viele Selbstmörder nachweisbar ist, konnte sich nur noch für verdammt und verloren halten.

Interessant ist in diesem Zusammenhang Schaers Beobachtung, daß die Lektüre von Erbauungsbüchern solchermaßen angefochtenen Gläubigen in der Regel nicht half, sich im Glauben zu festigen, sondern diese nur noch weiter in Selbstzweifel und Ungewißheit hineinführte. Für jeden, der sich einmal für verdammt hielt, war es nach Schaer unendlich schwer, sich selbst davon zu überzeugen, daß er wieder zur kleinen Schar der Auserwählten gehören würde. Wie eine Reihe von Suizidfällen zeigt, waren es nicht zuletzt Kinder, die an diesem Druck zerbrachen. Für sie war auch die von den Züricher Theologen betriebene Stärkung der väterlichen Autorität keine Hilfe, da diese Väter eben nur als Stellvertreter der Pastoren in Erscheinung traten und deren Erziehungsmaximen huldigten, es gelte den Eigenwillen der Kinder möglichst früh zu brechen.

Im Alten Zürich wurde so nach Schaer im Laufe des 17. Jahrhunderts ein neuer Persönlichkeitstypus geschaffen: furchterfüllte Menschen, die sich im Spannungsfeld zwischen Gott und Teufel wähnten, die ihre Gefühle unterdrückten, da es als sündhaft galt, sie zu zeigen oder gar auszuleben, und die ihr Gewissen als eine Gottes Willen reflektierende Instanz betrachteten. Diese innere Stimme konnte sie jahrelang quälen, konnte jahrelange Selbstzweifel auslösen, und in einigen Fällen konnte sich diese Stimme gewissermaßen zum Scharfrichter erheben und Gottes Urteil vorwegnehmen.

Da gerade oft die Frömmsten in Schwermut verfielen, erörtert Sch. in einem weiteren Teil den Zusammenhang von Religiosität und Melancholie noch ausführlicher. Nicht zuletzt Suizidgefährdete waren es im Alten Zürich, wie er ausführt, die zunächst die neuen Autoritäten von Pastoren und Vätern bedingungslos anerkannten und die häufig, wie bezeugt ist, das demonstrierten, was als exemplarischer christlicher Lebenswandel galt. Wenigstens in 219 von 252 Fällen von Selbstmördern, über die entsprechende Nachrichten vorliegen, ist das so. Viele Selbstmörder hatten vor ihrer Tat Ehrenämter, viele besaßen Bücher und waren belesen, viele waren in der Bibel bewandert. Gewiß, manche von ihnen waren in ihrer Jugend, bevor sie eine Bekehrung erlebten, leichtsinnig gewesen. Umso strenger sonderten sie sich dann später aber von der bösen Welt ab, vereinsamten und gerieten in den Teufelskreis von Erlösungswunsch, Sündenbewußtsein und Selbstverdammung. Daß pietistische Konventikel Frommen, die auf diese Weise angefochten waren, möglicherweise auch persönlichen Halt und neue Hoffnung geben konnten, wird von Schaer nicht gesehen. Aufgrund der Fälle, die er untersucht hat, kommt er zu dem Schluß, daß der Weg von Selbstzweifeln zum Suizid oft fast zwangsläufig verlief, weil die reformierte Kirche im Alten Zürich alle Vermittlungsinstanzen zwischen Gott und denjenigen, die sich für verdammt hielten, konsequent ausgeschaltet hatte und keinerlei Entlastung gewährte, wenn das Sünden- und Schuldbewußtsein übermächtig wurde. Dazu kommt, daß die Geistlichen solche Anfechtungen durchaus in der Annahme begrüßten, daß daraus eine Festigung im Glauben resultiere. Wenn sich solche Züricher, was oft geschah, die Gurgel durchschnitten, dann imitierten sie auf ihre Weise die Hinrichtung durch das Schwert. Interessant ist auch Schaers Beobachtung, daß in Zürich vom 16. bis zum 18. Jahrhundert die Zahl der Totschläge kontinuierlich abnahm, während die Zahl der Selbstmorde kontinuierlich zunahm. Die durch die Erziehung im reformierten Glauben forcierte Affektkontrolle führte also dazu, daß sich in Konfliksituationen die Wut gegen die eigene Person richtete.

Fazit: Alle, die sich für den Grenzbereich von Sozial- und Religionsgeschichte interessieren, sollten Schaers präzis recherchierte, klar aufgebaute und durch viele prägnante Zitate sehr anschauliche Studie lesen. Zwar wird nicht jeder allen Schlußfolgerungen Schaers zustimmen, so wie auch mir erscheint, daß er die vielfältigen Formen einer Entlastung (beispielsweise durch Projektion der Schuldgefühle auf Außenseiter und Fremde, auf Hexen und Juden), die es in der Frühen Neuzeit auch und gerade in protestantischen Territorien gab, nicht genügend beachtet und gewürdigt hat. Was Schaer uns vorführt, ist jedoch eine wissenschaftlich ebenso faszinierende wie im Ergebnis bedrückende Bilanz. Weitere gründliche Studien zum gleichen Themenbereich sind dringend geboten, damit wir wissen, ob und, wenn ja, inwieweit Schaers Erkenntnisse verallgemeinert werden können.

Washington, D. C.
German Historical Institute — Hartmut Lehmann

Johann Valentin Andreä 1586–1654. Leben, Werk und Wirkung eines universalen Geistes. Ausstellung zum 400. Geburtstag in Zusammenarbeit der Evangelischen Kirchengemeinde Calw, des Landeskirchlichen Archivs Stuttgart und der Großen Kreisstädte, Calw, Herrenberg und Vaihingen an der Enz. Katalog. (Kommissionsverlag Bernhard Gengebach) Bad Liebenzell 1986. 127 S.

Johann Valentin Andreae 1586–1986. Die Manifeste der Rosenkreuzerbruderschaft. Katalog einer Ausstellung der Bibliotheca Philosophica Hermetica. Amsterdam 1986. 144 S.

Anläßlich des 400. Geburtstags J. V. Andreaes sind zwei Ausstellungen zustandegekommen, deren Kataloge auch einen Beitrag für die Andreaeforschung bieten. Die in den württembergischen Andreae-Städten gezeigte Ausstellung suchte Andreaes Leben und Werk einem breiteren Publikum vorzustellen. Dies dürfte auf der Basis derzeitiger Andreae-Forschung einigermaßen geglückt sein. Der Wert des Katalogs liegt in den Materialien und Dokumenten zur Biographie. Nicht alle Zuordnungen, Gruppierungen und Erklärungen sind ganz glücklich. Z. B. werden Andreaes Sozietätspläne wohl doch zu schwach unter der Sparte „Genie der Freundschaft" dargeboten. Die vorkommenden Unsicherheiten weisen fast durchweg auf Defizite in der Forschung hin, die ihrerseits z. B. eine zusammenhängende Deutung und Bewertung der bedeutenden Schriften der Vaihinger Zeit (1614–1620) noch nicht vorgelegt hat.

Ganz anderer Art ist der Amsterdamer Katalog mit der ausführlichen Beschreibung der 63 Exponate. Die Ausstellung der Bibliotheca Philosophica Hermetica (Bibliothek J. R. Ritman) wurde im Zusammenhang mit einem internationalen Andreae-Symposium im November 1986 veranstaltet. Die Bibliotheca Philosophica Hermetica ist eine Einrichtung des Rosenkreuzers Ritman, die sich u. a. die wissenschaftliche Erforschung des Rosenkreuzertums zum Ziel gesetzt hat. Die Ausstellung konzentrierte sich auf die echten Rosenkreuzerschriften und ihr Umfeld. Der wissenschaftliche Mitarbeiter und versierte Bibliograph Carlos Gilly legt mit dem Katalog ein erstes Resultat seiner Forschungen über die Entstehung der echten Rosenkreuzerschriften vor. Diese wird damit so umfassend und plausibel wie nie zuvor dokumentiert. Abgesehen von den bereits erstaunlich reichen Beständen der Bibl. Phil. Herm. stammen die Exponate vor allem aus der ehemaligen Bibliothek Christoph Besolds, heute in der UB Salzburg, aus der Herzog August-Bibliothek Wolfenbüttel und aus der Niedersächsischen Landesbibliothek Hannover. Der Katalog belegt nunmehr eigentlich unwiderlegbar, daß die Verfasser der echten Rosenkreuzerschriften die drei Tübinger Tobias Heß, Christoph Besold und Johann Valentin Andreae waren. Die Bezüge in ihren sonstigen Schriften und in ihrem Bücherbesitz werden präsentiert. Gezeigt werden nicht nur die verschiedenen seltenen Drucke der echten Rosenkreuzerschriften samt ihren Übersetzungen, sondern auch die bereits vor dem Druck der Fama Fraternitatis (1615) zirkulierenden handschriftlichen Fassungen. Aus dem alsbald entstandenen sekundären Schrifttum über die Rosenkreuzer ist das ausgewählt, was ein Licht auf die Entstehung der echten Schriften wirft. Beiläufig erfährt die Andreae-Bibliographie einige Ergänzungen und Korrekturen. Der Katalog dürfte für die weitere Beschäftigung mit Andreae und den Anfängen des Rosenkreuzertums unentbehrlich sein.

Münster/W. Martin Brecht

Wallmann, Johannes: Philipp Jakob Spener und die Anfänge des Pietismus. Tübingen, J. C. B. Mohr (Paul Siebeck), 2. Aufl. 1986. XIV + 384 S. = Beiträge zur historischen Theologie 42.

Die 1970 erstmals gedruckte Arbeit war 1967 als Habilitationsschrift eingereicht worden; der Autor dankt noch Walter Elliger, dem damaligen Ordinarius in Bochum. Neben Elliger sei noch ein anderer verdienstvoller Kirchenhistoriker genannt, der inzwischen verstorben ist: Martin Schmidt. Dieser Kenner des Pietismus hat das Buch von Wallmann rezensiert. Er stellte fest, daß W. andere Ansichten als er vortrug und oft gegen ihn polemisierte. Dennoch respektierte Schmidt „die Sorgfalt und die überlegte Urteilsbildung des Vf.s wie seine Darstellungskraft und seine Fähigkeit, verwickelte Zusammenhänge mustergültig aufzuhellen". Schmidt meinte, dieses Buch werde „als ein Standardwerk in die Pietismusforschung und vielleicht darüberhinaus in die neuzeitliche Kirchengeschichte Deutschlands eingehen" (JbGMOD 1974, 308). Damit hat Schmidt nicht nur Wallmann, sondern auch sich selbst ein schönes Zeugnis ausgestellt. Seine Einschätzung wurde auch von anderen Rezensenten geteilt. Martin Greschat sprach von einem Meilenstein in der Spenerforschung (Luth. RS 1971, 388); Helmut Obst schloß seine Rezension mit dem Satz: „Die Arbeit kann schon heute zu den Standardwerken der Spener- und Pietismusforschung gezählt werden" (ThLZ 1971, 772). Martin Brecht nannte das Buch „eines der wichtigsten und besten Werke..., die in den letzten Jahren zur Geschichte des Pietismus geschrieben worden sind" (Bl. f. würt. KG 1972, 226). Angesichts solcher Urteile kann vorausgesetzt werden, daß den Lesern des JGP der Inhalt der Erstauflage dieses Buches bekannt ist. In der folgenden Skizze sollen drei Aspekte herausgehoben werden: Zusätze in der Zweitauflage, Beziehungen Speners zu Rostock sowie das Verhältnis Speners zu Luther.

Teil 1, „Frömmigkeits- und Reformbestrebungen der Straßburger Orthodoxie zur Zeit des Kirchenpräsidenten Johann Schmidt", bringt über die Erstauflage hinaus neue Erkenntnisse über Emanuel Sonthoms „Güldenes Kleinod" (S. 18, Anm. 68). Fragen nach Herkunft und Verfasserschaft dieser Erbauungsschrift beantwortete der schwedische Forscher B. Hellekant: Engelsk uppbyggelse litteratur i svensk översättning intill 1700 – talets mitt (Samlingar och studier till svenska kyrkans historia 10, Lund 1944). Von Karl Joseph Höltgen kommen Arbeiten über Sonthom (Anglia 100, 1982 sowie Wolfenbüttler Renaissance Mitteilungen 7, 1983). Edgar McKenzie berücksichtigte Sonthom ausführlich in seiner Dissertation „British Devotional Literature and the Rise of German Pietism" (Aberdeen 1984). Eine Bochumer Dissertation von Udo Sträter trägt den Titel „Sonthom, Bayly, Dyke und Hall. Studien zur Rezeption der englischen Erbauungsliteratur in Deutschland im 17. Jahrhundert" (1987). Auch zu der Schrift „Praxis Pietatis" nennt W. Fortschritte: Als zweiter Teil dieses Buches wurde ein Erbauungstraktat von Joseph Hall in deutscher Übersetzung 1634 in Straßburg gedruckt (S. 21, Anm. 87 mit Details). – Teil 2 „Die elsässische Zeit Philipp Jakob Speners (1635–1666)" schildert die Jugend in Rappoltsweiler (S. 37–65) sowie ausführlich die Studienzeit in Straßburg. Spener war ein Schüler Dannhauers, doch gibt es auch wichtige Unterschiede zwischen ihnen, die schon Tholuck klar erkannt hatte (S. 104, Anm. 52). Wichtig ist die Erkenntnis, daß Spener „während seiner Studienzeit wenig von Luther zu Gesicht bekommen" hat (116). Hier wurde die Zweitauflage gekürzt, da Polemik gegen Martin Schmidt überflüssig geworden war, nachdem dieser der Ansicht W.s zugestimmt hatte (S. 117, Anm. 110).

In Tübingen bekam Spener 1662 die Programmschrift des Rostocker Theologen Theophil Großgebauer in die Hand: „Wächterstimme aus dem verwüsteten Zion." Hans Leube wird zitiert, der Großgebauers Schrift „einen Wendepunkt in der vorpietistischen Reformliteratur der lutherischen Kirche" genannt hatte (159). W. nennt auch die von Leube hoch geschätzten Rostocker Reformtheologen Joachim Lütkemann, Heinrich Müller und die beiden Quistorp (160). Großgebauer wollte „eine durchgreifende Strukturveränderung der lutherischen Kirche" durch straffere Kirchenzucht. Großgebauer setzte also stets die Volkskirche voraus, „nirgendwo zielen seine Gedanken in die Richtung der Spenerschen Collegia pietatis und der ecclesiola in ecclesia" (161). Wenige Sätze weiter jedoch formuliert W.: „Wenn man aber das Drängen auf individuelle, erlebbare und datierbare Bekehrung als das Kennzeichen des Pietismus annimmt, so ist Großgebauer viel eher als Spener ein Pietist zu nennen" (161). Daher möchte W. bei der Frage nach den Einflüssen, die auf Spener bei der Abfassung seiner Pia Desideria eingewirkt haben, Großgebauers „Wächterstimme" mit an erster Stelle nennen (163). Vorlesungen aus Anlaß seiner Promotion 1663 nahm Spener zum Anlaß, sich mit Großgebauer auseinanderzusetzen. Dieser hatte geklagt, die Taufe sei offenbar bei den meisten Menschen ohne Wirkung, sie müsse daher ergänzt werden durch eine bewußte Bekehrung. Spener nimmt Großgebauers Anliegen auf, hält jedoch an der Wirksamkeit der Taufe fest. Die Taufgnade verliert ihre Wirkung durch die Sünden, deshalb müssen sich die Menschen immer wieder um eine Wiedergeburt mühen, um so den Taufbund zu erneuern, von dem sie abgefallen sind. „An dieser Auffassung, die sich Spener zur Zeit der Großgebauerlektüre und der Straßburger Doktorpromotion gebildet haben muß, hat er sein Leben lang festgehalten, und sie hat es ihm ermöglicht, das Drängen auf Bekehrung und Wiedergeburt in dem von ihm beeinflußten lutherischen Pietismus in Übereinstimmung mit der lutherisch-orthodoxen Tradition von der Taufwiedergeburt und mit der damit verknüpften Lehre von der fides infantium zu halten" (175). – Auch in Teil 3 „Die Frankfurter Zeit Speners bis zum Erscheinen der Pia Desideria" spielt Großgebauer eine Rolle. Die Lehre vom allgemeinen Priestertum bekam eine neue Bedeutung, auf die Spener durch Großgebauers „Wächterstimme" hingewiesen worden sein dürfte (244). Daneben tritt noch der Rostocker Pfarrer Joachim Schröder in Erscheinung: 1671 wurde die „Hellklingende Zuchtposaune" dieses Mannes, „eines der schreibfertigsten lutherischen Reformschriftsteller der Jahrhundertmitte", auf Speners Veranlassung in Frankfurt neu gedruckt, – und zwar zusammen mit einem Gutachten der Theologischen Fakultät Straßburg von 1653 zu dieser Schrift: „Es ist ein singulärer Fall, daß wir zu einem Reformprogramm eines Theologen der lutherischen Orthodoxie ein Gutachten der Straßburger Fakultät aus Speners Jugendzeit und zugleich eine Vorrede des Frankfurter Seniors Spener besitzen" (246).

Bedeutungsvoller war sicher die 1674 erscheinende Neuausgabe der „Vier Bücher vom Wahren Christentum" von Johann Arndt (247). Dazu bringen die Anmerkungen 46 und 47 neue Informationen, u. a. einen Hinweis auf M. Brechts Aufsatz im JGP 4, 1979, 119-54 „Philipp Jakob Spener und das wahre Christentum" (S. 248, Anm. 47). Brecht besitzt ein Exemplar der Ausgabe von 1674, das W. für die Erstauflage nicht hatte finden können. Größere Bedeutung hatte die Arbeit an einer Lutherausgabe, „die wichtigste und folgenreichste Beschäftigung Speners in dieser Zeit" (249). Einem Brief Speners folgend werden Einzelheiten dargelegt: „Alles, was in den deutschen und den lateinischen Schriften Luthers zur Erklärung und Auslegung einzelner Schriftstellen anzutreffen sei, werde von ihnen ausgeschrieben und nach der biblischen Ordnung zusammengestellt... Bis auf wenige im Druck kenntlich gemachte Verbindungssätze sollten nur Äußerungen Luthers gebracht werden, deren Fundstellen am Rande angemerkt würden. Der Registerband der Altenburger Ausgabe leiste ihnen gute Dienste..." (252). Diese Arbeit beanspruchte Spener „von 1669 an mehr als jede andere Arbeit" (253). Noch heute möchte man bedauern, daß diese Arbeit nicht zum Druck kam. Nach W.s Vermutung hat Abraham Calovs dreibändige Folioausgabe einer Lutherbibel mit fortlaufendem Kommentar (Wittenberg 1681/82) den Druck der Spenerschen Lutherausgabe verhindert. Calovs Bibelausgabe liegt u. a. in einem Handexemplar mit Randbemerkungen von J. S. Bach vor (S. 254, Anm. 67). Die Frage, welche Schriften Luthers für Spener besonders wichtig waren, bringt folgendes Ergebnis: „An der Spitze steht Luthers Vorrede zum Römerbrief" (256), es folgen seine Äußerungen zum allgemeinen Priestertum sowie sein Lob mystischer Schriften, „vor allem Johann Taulers und der Deutschen Theologie" (256). Schließlich ist Luthers Vorrede zur Deutschen Messe zu nennen. Hier revidiert W. die in der Erstauflage vertretene Meinung und sagt, daß Luthers Vorrede zur Deutschen Messe bei Spener erst 1675 nachweisbar sei (S. 259 mit Anm. 89a). Bei der Vorrede zur Separatausgabe der „Pia Desideria" im Spätsommer 1675 muß ihn „dieser Luthertext sehr bewegt haben" (260).

Ein zentraler Abschnitt betrifft das Collegium pietatis (S. 264ff.). W. bleibt bei seiner Meinung: „sämtliche Berichte stimmen darin überein, daß nicht Spener selbst, sondern Männer der Frankfurter Gemeinde den Anstoß gegeben haben" (270). Die Collegia begannen 1670 unter dem Einfluß des Juristen Johann Jakob Schütz, daneben gewann seit 1674 auch Labadie Einfluß. „Eine Idee der Collegia pietatis, wie sie Spener in den Pia Desideria vorträgt, hat sich offensichtlich erst allmählich bei ihm gebildet. Die Wirklichkeit ist eher dagewesen als die Idee" (283). In diesem Zusammenhang verweist W. pauschal auf K. Aland, der widersprochen hatte: Im JGP 4, 1979, 155-89, „Philipp Jakob Spener und die Anfänge des Pietismus" sowie in ZThK 78, 1981, 206-34: „Spener – Schütz – Labadie? Notwendige Bemerkungen zu den Voraussetzungen und der Entstehung des deutschen lutherischen Pietismus." Dazu sagt W., die Kritik Alands „enthält keine Argumente, die mich an irgendeiner Stelle zu einer Änderung oder Korrektur veranlassen müßten" (S. 281, Anm. 56). Diese Kürze ist vertretbar, da W. in ZThK 1980, 69–105 und 1981, 235-66 ausführlich geantwortet hat. Über die anregende und detaillierte Kontroverse zwischen Aland und W. urteilt Heiko A. Oberman in der Festschrift für Gerhard Ebeling (Verifikation, 1982): „Ich betrachte die Anfragen von K. Aland an J. Wallmann von diesem überzeugend beantwortet" (erneut abgedruckt in dem Sammelband „Die Reformation. Von Wittenberg nach Genf", Göttingen 1986, S. 185, Anm. 115). Alands Anfragen könnten mit dazu beigetragen haben, daß das Buch von W. noch zusätzlich Beachtung fand. Auch W. gewinnt jenem Meinungsstreit eine positive Seite ab: „Immerhin verdanke ich dieser Kontroverse, erneut zum Rückgang auf die Quellen genötigt worden zu sein" (Vorwort, S. VI).

Der Abschnitt „Johann Jakob Schütz" (299–323) bringt in der Zweitauflage neue Informationen über „eine Reihe weiterer Quellenzeugnisse" (300, Anm. 8). Meistens sind es Zeugnisse aus der Zeit nach 1675. Besonders interessant sind Beziehungen zwischen Schütz und dem finnischen Theologen Johannes Gezelius d. J., die in Briefen bzw. Briefauszügen bis in das Jahr 1673 zurückführen. W. verweist S. 306, Anm. 35 auf seinen Aufsatz „Philipp Jakob Spener – Begründer des Pietismus? Ein Beitrag zu den Beziehungen zwischen deutscher und finnischer Kirchengeschichte" in der Festschrift für Erich Beyreuther „Pietismus – Herrnhutertum – Erweckungsbewegung" (Köln 1982, S. 22–38). Er nennt die Arbeit des finnischen Kirchenhistorikers Pentti Laasonen: Johannes Gezelius vanhempi ja suomalainen täysortodoksia (Helsinki 1977), wo die Beziehung zwischen Schütz und Gezelius vorkommt (S. 406 und 478f.). Auch für Anna Maria van Schurman, deren Briefe an Schütz eine wichtige Quelle sind, wird neue Literatur beigebracht (S. 308, Anm. 40). Weiterführend ist sodann die Anmerkung 95 (S. 321f.): Es gibt einen Beweis dafür, daß „eine beträchtliche Zahl von Schriften Labadies im Spenerschen Besitz waren" (JGP 3, 1977, 71–80: R. Breymayer). Schütz hat Schriften von Jakob Böhme gekannt, doch hat er vor Böhme gewarnt (S. 341, Anm. 74 und 75). Zusätzliche Mitteilungen gibt es zu der Schrift von Quirinus Kuhlmann „Neubegeisterter Böhme, begreifend Hundert funfzig Weissagungen...", Leiden 1674 (S. 342, Anm. 77a). Neue Erkenntnisse gibt es zum Verhältnis Speners zu den chiliastischen Gedanken des Christian Hoburg. Dessen Schriften will Spener „bald ärgerlich aus der Hand gelegt haben" (343). W. verweist darauf, daß M. Schmidt in dem Band „Der Pietismus als theologische Erscheinung" (AGP 20, 1984) eingeräumt habe, „daß seine These von der Abhängigkeit Speners von Hoburg durch Kruse unwahrscheinlich gemacht worden sei" (S. 343, Anm. 83). Für Spener wichtig war der Cambridger Bibeltheologe Joseph Mede, für den W. den im angelsächsischen Raum gebrauchten Namen „father of English millenarianism" bringt, den er bei Bryan Ball fand: A Great Expectation. Eschatological Thought in English Protestantism to 1660, Leiden 1975, 173 (S. 348, Anm. 112).

Das Endergebnis von W. blieb unverändert: „Nicht der labadistische Gedanke der ecclesiola, dem Schütz folgte, sondern der Spenersche Gedanke der ecclesiola in ecclesia hat die Kraft zu einer Erneuerung des evangelischen Kirchenwesens gehabt... Aber den Keim des Neuen, der den Pietismus von der Orthodoxie ablöst, der die Pia Desideria über das Reformschrifttum der lutherischen Orthodoxie hinaushebt und zur Programmschrift einer neuen Epoche im lutherischen Deutschland macht, den hat Spener wohl von Schütz empfangen: den Gedanken der Sammlung der Frommen in besonderen Versammlungen urchristlichen Musters und den Gedanken an ein den Frommen verheißenes herrliches Reich Christi auf Erden. Beide Gedanken haben sich gegen 1675 im Frankfurter Pietismus gebildet. Die Pia Desideria, in denen sie erstmals öffentlich ausgesprochen werden, sind deshalb nicht nur die Programmschrift, sie sind zugleich das klassische Dokument der Entstehung des Pietismus" (354).

Rostock Gert Haendler

Kurten, Petra: Umkehr zum lebendigen Gott. Die Bekehrungstheologie August Hermann Franckes als Beitrag zur Erneuerung des Glaubens. Paderborn–München–Wien–Zürich, Ferdinand Schöningh, 1985. 289 S. = Paderborner Theologische Studien Bd. 15.

Wenn eine Katholikin unter Anleitung von Heribert von Mühlen (Paderborn), also zur katholisch-charismatischen Gemeindeerneuerung gehörend, sich eines „urprotestantischen" Themas wie das der Bekehrung annimmt, kann mit Recht Seelenverwandtschaft vermutet werden. Diese wird denn auch immer wieder in diesem Buch deutlich. Die Verfasserin bekennt sich bewußt zu einer ökumenischen Orientierung (S. 9). Aber nicht nur darin besteht der Reiz dieser Arbeit. Ebenso liegt ein beachtlicher Versuch vor, historische Erkenntnisse dogmatisch und praktisch für die heutige Lage der katholischen Kirche in der Bundesrepublik nutzbar zu machen. Der interdisziplinäre Arbeitsgang dieser 1984/85 im Fachgebiet Dogmatik und Dogmengeschichte vorgelegten Dissertation verdeutlicht, wie Geschichte in heutige Praxis umgesetzt werden kann.

Das Ziel der Arbeit beschreibt Frau Kurten wie folgt: „Die Bekehrungstheologie Franckes kann als Herausforderung verstanden werden, sich vom katholischen Verständnis her kritisch mit dem Umkehraspekt der biblischen Botschaft und seiner Interpretation bei Francke auseinanderzusetzen und nach Bekehrung, Christusbegegnung und Grundentscheidung heute zu fragen. Es wäre zu einfach, sein Verständnis von Bekehrung, wie oft geschehen, als ‚pietistisches Dogma' ohne breitere Relevanz abzutun. Man würde dabei zugleich eine der Kernbotschaften des Neuen Testamentes abtun oder verkürzen." (S. 195).

Die Arbeit vermittelt einen sehr soliden Eindruck; 1046 Fußnoten sind ein äußerlicher Hinweis auf präzise Beweisführung. Auch das methodische Vorgehen wird begründet und abgesichert (Einleitung S. 6f.). Die herangezogenen Quellen werden ausführlich zitiert, was angesichts der bisher schwer zugänglichen Werke Franckes und Speners zu begrüßen ist. Aber auch die Sekundärliteratur wird mit größeren Abschnitten wiedergegeben. Besonders E. Stoefflers „German Pietism" wird deutsch übersetzt im Text zitiert, in den Anmerkungen findet man dann den englischen Text. Die Heranziehung der Sekundärliteratur ist bewunderswert bis hin zu J. Lenz: „Spener und der Pietismus." Reval 1805.

Der erste Schwerpunkt des Buches liegt bei dem Thema ‚Bekehrung' bei August Hermann Francke (S. 13–68). Es beginnt mit einleitenden Bemerkungen zum Verhältnis Spener–Francke, zu Wegbereitern des Pietismus und zur lutherischen Kirche des 17. Jahrhunderts und ihrem Verhältnis zur Aufklärung. Das Wichtigste wird gesagt, trotzdem fragt man sich, ob es für Kenner nicht überflüssig und für Neulinge zu wenig sei. Zum Verhältnis Speners zu Francke hätte die Verfasserin sicher die Möglichkeit gehabt, einen theologisch fundierten Beitrag zu geben. Die gegenüberstellenden und ergänzenden Zitate, z. B. S. 84, 86, 97, 100, 116, 133, 166 beweisen es. Ein genauerer theologischer Vergleich ist ja ein immer noch ausstehender Wunsch der Pietismusforschung. Eine Wertung des Materials ist in diesen einleitenden Bemerkungen kaum zu erkennen, so daß hier auch kein besseres Verstehen des Anliegens der Verfasserin erfolgen kann.

Mit der Interpretation des erstmals 1861 veröffentlichten Bekehrungsberichtes aus Franckes Hand (S. 28–86) gewinnt das Buch Profil. Es ist abgesehen von Herbert Stahls Untersuchung (1939) die erste umfassende Analyse, obwohl natürlich jeder Franckeforscher auf diesen Text eingeht. Die bisherigen Ergebnisse werden von Frau Kurten auf S. 28–44 referiert. Hier wäre eine gewisse Einordnung ratsam gewesen. Der eigene Kommentar ist dann sorgfältig und einfühlend, alle wichtigen Fragen berücksichtigend. Ergebnis: Die Bekehrung Franckes ist angesichts der Vorgeschichte keine plötzlich unerwartete Kehrtwendung, sondern es „handelt sich vielmehr um die Bekehrung eines ‚Gläubigen' im Sinne äußerer Kirchenzugehörigkeit zu einem personalen Glauben im vollen Sinne". (S. 62) Es gelingt der Verfasserin, die vorherrschende theologiegeschichtliche Einordnung zu einer dogmatischen Beurteilung des Textes selbst hinzulenken. Die Berechtigung theologiegeschichtlicher Ableitungsversuche wird nicht bestritten, aber es geht schließlich auch darum, Franckes eigene Intention zu erheben. – Im Gegensatz zu den späteren Abschnitten, wird hier das Ergebnis nicht zusammengefaßt. Mit dem letzten Abschnitt über die menschliche Mitwirkung bei der Bekehrung wird ein deutliches Signal für die Fortsetzung des Buches gesetzt. Formal frage ich mich, ob angesichts der vielen Zitate aus dem Bekehrungsbericht und der guten Erreichbarkeit desselben in E. Peschkes Francke-Auswahl der Bericht im Anhang (S. 273–280) nochmals abgedruckt werden mußte.

Der zweite Schwerpunkt, der auch im Untertitel des Buches akzentuiert wird, ist nun die Bekehrungstheologie August Hermann Franckes (S. 69–157). Auch hier geht die Verfasserin auf Quellen zurück, die bisher noch nicht herangezogen worden sind (S. 69). Außer E. Peschkes „Studien zur Theologie August Hermann Franckes" fehlt es ja an einer Theologie Franckes. Frau Kurten legt für ein wichtiges Kernstück Grundzüge vor. Sie handelt über den ordo salutis und das Verhältnis von Bekehrung und täglicher Buße. Neu in diesem Zusammenhang sind die Ausführungen über das Verhältnis der Bekehrung zum Taufbund und zur Übergabe des Herzens an

Jesus Christus (S. 104–125). Die zu Beginn bearbeiteten Forscher werden im Laufe der Darstellung kaum noch zu Rate gezogen. Stattdessen finden sich Verweise auf bzw. Zitate von Spener, Zinzendorf und Johann Arndt. In zwei Zusammenfassungen (S. 126–128 und S. 159–161) werden die Ergebnisse vorgetragen. Eigene Wertungen sind zurückhaltend. Ein wichtiges Ergebnis soll zitiert werden:

„Einerseits kann man Francke selbst nicht ohne weiteres die Forderung nach einer biographisch fixierbaren Bekehrungsstunde und einen absoluten Bekehrungsmethodismus vorwerfen, ohne seine wesentlichen Aussageintentionen zu übersehen. Andererseits ermöglicht die Bekehrungstheologie Franckes aber durchaus Tendenzen in dieser Richtung. Von dem leitenden Interesse am neuen Menschen und der Kraft lebendigen Glaubens her ist die urchristliche Metanoiapredigt neu entdeckt und Buße wieder auch als Gesamtwende des Lebens verstanden worden" (S. 160).

Mir fehlt an dieser Stelle ein Abschnitt, wo Bekehrungsbericht und Bekehrungstheologie ins Verhältnis hätten gesetzt werden müssen. Offenbar sieht die Verfasserin dieses Verhältnis positiver als F. de Boor, dessen Meinung sie S. 32 vermerkt.

In der Gedankenfolge der Abhandlung kommen jetzt zwei wichtige Teilstücke: ein dogmatischer Abschnitt über die menschliche und göttliche Kooperation in der Bekehrung (S. 161–176) und ein mehr historisch referierender Abschnitt über Franckes Programm für die Reformation der Kirche (S. 177–194). Der Zusammenhang von Bekehrung und Kirche ist für die Verfasserin entscheidend. Hier kommt sie zur Kritik an Francke: „Die Kirche als eine der Bekehrung des einzelnen vorgegebene und sie tragende Wirklichkeit fehlt allerdings bei Francke" (S. 240). Dafür wäre allerdings der Beweis zu führen gewesen. Es reicht nicht, nur die analytischen Urteile Franckes über den Zustand der Kirche (S. 179f.) anzuführen. Hier wären auch dogmatische Äußerungen Franckes zu Kirche und Gemeinde heranzuziehen gewesen. Die Verfasserin meint, daß die Leibhaftigkeit des Menschen in der katholischen Tradition ernster genommenn würde als in der evangelischen (S. 264). Für Liturgie und Gottesdienst stimme ich ihr da auch zu. Aber Oetingers Satz von der Leiblichkeit als dem Ende der Wege Gottes bezieht sich auf die Kirche in allen ihren Arbeitszweigen. Gerade Franckes Werk beweist, daß er diese Verleiblichung des Geistes in all seinen Werken in Halle und anderswo sieht und bekennt.

Der dritte Schwerpunkt der Dissertation wurde schon auf den ersten Seiten der Einleitung kräftig angekündigt. Es ist eine mit persönlichem Engagement und deutlicher Akzentsetzung vorgetragene Nutzanwendung: „Die Bedeutung der Bekehrungstheologie Franckes für die gegenwärtige Pastoraltheologie" (S. 195–271). Methodisch wird von den Lebensverhältnissen der katholischen Kirche in der Bundesrepublik ausgegangen. Ihr Niedergang wird mit Kehrer/Schäfer als „parasitäre Stabilität" ohne Bedauern dargestellt. Aus der katholischen Tradition von Thomas von Aquin bis

Rahner und möglichst auch aus den offiziellen Lehräußerungen (Trient, II. Vaticanum, Bischofssynode und Kardinal Höffner) wird sodann all das zusammengetragen, was die Grundeinsichten der Verfasserin katholisch legitimiert und auch beflügelt. Dabei wird dann jeweils auf Francke zurückgegriffen. Es geht in den vier Unterabschnitten, deren Aufteilung mir nicht ganz glücklich erscheint, um die Wiederherstellung des in der volkskirchlichen Tradition oft zerbrochenen Zusammenhanges zwischen Sakrament und Glaube. Mit Sympathie für Francke stellt die Verfasserin fest: „Die Sakramente (Taufe, Abendmahl) haben nach Francke, der sich in seinen Aussagen auf das Neue Testament stützt, ihren Platz in der Heilsordnung nach Bekehrung und Glaube." (S. 211f.). In der katholischen Kirche hingegen „prägen fast allein die allgemeinen regelmäßigen Bußzeiten und der Empfang des Bußsakramentes das Verständnis von Umkehr" (S. 216). Das sei aber zu wenig. Franckes Beziehung der Bekehrung auf den Taufbund ist für Kurten der entscheidende Konvergenzpunkt. Mit großer Umsicht diskutiert die Verfasserin die auch in der katholischen Kirche aufbrechende Frage nach der Berechtigung der Kindertaufe (S. 240). Sie bekennt sich eindeutig zu ihr. „Das Problem liegt heute nicht in der Kindertaufe an sich, sondern im Fehlen einer personalen Glaubensentscheidung im Erwachsenenalter. Die Notwendigkeit der persönlichen Annahme der Taufgnade wird in der gegenwärtigen noch volkskirchlich geprägten Situation zu wenig bewußt und in der Verkündigung oft übergangen." (S. 250). Von hier aus kommt Frau Kurten zu konkreten Vorschlägen, nämlich die Firmung als Tauferneuerung zu verstehen. „Umkehr als Glaubensentscheidung ist tragfähiger, wenn sie ein *erinnerbarer, öffentlicher* Akt ist, wenn sie einen ausdrücklichen Anfang hat." (S. 269). Daneben wird auch auf katechetische Bemühungen auf Mallorca und Madrid sowie andere Versuche der Glaubensseminararbeit verwiesen (S. 262f.). Das dogmatische Thema der Kooperation von Gott und Mensch prägt auch diesen Abschnitt. „Umkehr muß anthropozentrisch und theozentrisch zugleich gesehen werden." (S. 238). Hier vermutet die Verfasserin bei Francke gutes katholisches Erbgut im Gegensatz zu einer rein forensischen Rechtfertigungslehre (z. B. S. 168 Anm. 750, 165, 247, 256f.). Francke wird nicht zum katholischen Kirchenvater ernannt. Die Echtheit ökumenischer Arbeit wird sich aber daran zeigen, daß ohne Polemik gegenseitige Verwandtschaften aufgezeigt werden.

Es bleibt zu bedauern, daß das Buch kein Personen- und Sachregister enthält. Angesichts der vielen Quellenzitate und der weiträumigen Kenntnis der gegenwärtigen katholischen Situation hätte man so die weitere Arbeit mit diesem Buch erleichtern können. Der Vorteil des Buches, interdisziplinär zu arbeiten und zu denken, wird freilich auch sein Nachteil sein, befürchte ich. Die Kirchengeschichtler werden sagen, es führe zu wenig weiter. Die Dogmatiker werden es zum Thema Kooperation leicht übersehen, weil da kaum jemand auf Francke verfallen dürfte. Die Wirksamkeit im praktischen

Bereich kann ich nicht einschätzen. Für den Raum, in dem ich lebe, klingen manche Argumentationen wie vor 30 Jahren, aber Anstöße für Tauferinnerung, Kindersegnung und Katechumenat haben wir nach wie vor nötig.

Potsdam — Peter Schicketanz

Neugebauer, Wolfgang: Absolutistischer Staat und Schulwirklichkeit in Brandenburg-Preußen. Berlin, Walter de Gruyter, 1985. XVIII + 715 S. = Veröffentlichungen der Historischen Kommission zu Berlin 62.

Die von Otto Büsch betreute Dissertation (F. U. Berlin 1983) stellt einen bedeutsamen Beitrag zur Geschichte des brandenburgisch-preußischen Absolutismus dar. Trotz ihres Umfanges von über 700 Seiten kommt an keiner Stelle beim Leser der Eindruck einer reinen Materialsammlung auf, wie es bei Qualifikationsarbeiten gelegentlich der Fall ist. Die Darstellung konzentriert sich stets analysierend, abwägend, argumentierend auf das zentrale Thema des Buches, nämlich auf die Rolle des absolutistischen Staates im Bereich des Schulwesens, insbesondere im Bereich der „niederen" Schulen. Aufgrund der systematischen Gliederung und eines Sachregisters sowie aufgrund des abundanten wissenschaftlichen Apparates kann das Werk gleichwohl als Handbuch zur Geschichte der Schule in Brandenburg-Preußen vom 16. bis zum Ende des 18. Jahrhunderts gelten. Um so bedauerlicher ist es, daß dem Autor die in Merseburg und Potsdam lagernden Akten verschlossen geblieben sind.

Neugebauer behandelt vor allem die ländlichen und niederen städtischen Schulen, daneben das Realschulwesen und die „Bürgerschulen" sowie das System der Privaterziehung, die Institution des Hauslehrers und die Winkelschulen, weniger ausführlich allerdings die Gymnasien. Seine grundlegende These wendet sich gegen die Interpretation, daß der absolutistische Staat das flächendeckende niedere Schulsystem als Instrument der „Sozialdisziplinierung" begründet, gefördert und durchgebildet habe. Die normativen Quellen des 18. Jahrhunderts konnten vielleicht den Eindruck einer solchen Entwicklung entstehen lassen. Neugebauer wendet sich nun in besonderem Maße der Schulwirklichkeit zu und vertritt überzeugend die Auffassung, daß es dem absolutistischen Staat nicht gelang, seinen Regelungsanspruch in diesem Zusammenhang durchzusetzen, daß er vielmehr auf der unteren Ebene eine weitgehende Zurückhaltung übte. Auf dieser Ebene seien vor allem die lokalen Gewalten als Patronatsherren ausschlaggebend gewesen. Ein wichtiges Argument für seine These ist der Nachweis, daß die flächendeckende Ausbildung des niederen Schulwesens in Brandenburg-Preußen „vorabsolutistisch" ist, schon seit dem 16. Jahrhundert durch die regionalen

Obrigkeiten, den Adel, die Städte und die geistlichen Amtsträger betrieben wurde, und daß der absolutistische Staat des 18. Jahrhunderts nur ganz begrenzt auf diese Ebene durchgreifen konnte: „Das Schulwesen im Brandenburg-Preußen des 18. Jahrhunderts blieb... geprägt von einer hochgradigen Kontinuität der Strukturen, die mehr als einmal bis in das 16. Jahrhundert zurückweisen" (S. 625).

Dem Anspruch des Staates auf ungeteilte Kontrolle stand in der Stadt die in hohem Maße betriebene „staatsfreie Privatschulung" und auf dem Lande die in der Regel „staatsferne Dorfschule" entgegen (S. 630). Anspruch und Realität klafften im 18. Jahrhundert erheblich auseinander, so daß nach der Auffassung Neugebauers weniger dieses Jahrhundert als vielmehr die ganze Frühe Neuzeit als eine eigene Epoche der brandenburgisch-preußischen Schulgeschichte angesehen werden könne. Die Rettungsversuche des Autors allerdings für den Begriff der „Sozialdisziplinierung" als einer „Sozialdisziplinierung aus lokalem Impuls" wird den ansonsten überzeugenden Ergebnissen der Untersuchung nicht gerecht, wirkt aufgesetzt. Neugebauer stützt diese Interpretation durch die Beobachtung, daß im Brandenburgischen die vom Landadel und der lokalen Geistlichkeit durchgeführte Intensivierung der Kirchenzucht und die Errichtung von Landschulen im Anschluß an den Dreißigjährigen Krieg zur verstärkten Konfessionalisierung führte, und „Konfessionalisierung war aber zugleich ein Teilprozeß der Sozialdisziplinierung" (S. 53).

Mit dem Nachweis, daß das flächendeckende Elementarschulwesen *nicht* durch den absolutistischen Staat entwickelt und als Instrument der „Sozialdisziplinierung" eingesetzt wurde, muß auch dem Wirken des halleschen Pietismus auf diesem Sektor ein neuer Stellenwert zugeordnet werden. Ihm wurde nämlich bisher in einem größeren Umfang ein maßgeblicher Einfluß auf die Entstehung dieses Schulwesens zugeschrieben. Wenn nun der Einfluß des absolutistischen Staates und des Monarchen auf die Schulrealität geringer war, als bisher angenommen, und wenn die flächendeckende Ausbildung des niederen Schulwesens bereits vorabsolutistisch war, so kann auch dem Pietismus in Verbindung mit der Förderung durch den Monarchen keine zentrale Rolle zugewiesen werden.

Neugebauer weist nach, daß es in der ersten Hälfte des 18. Jahrhunderts zur lokalen Übernahme von pietistischen Vorstellungen im Bereich des Schulwesens kam, daß pietistische Pädagogen gestützt durch lokale Geistlichkeit Reformansätze verfolgten. Und auch im Privatunterricht durch Hauslehrer scheinen pietistische Einflüsse Verbreitung gefunden zu haben (S. 606 f.). Dabei handelt es sich aber lediglich um „städtische Reforminseln, in denen der Pietismus zu gestalten oder doch zu beeinflussen vermochte" (S. 545), in Ostpreußen auch gestützt durch Friedrich Wilhelm I. Die pietistischen Einflüsse wie auch die philanthropischen Reformen des späteren

18. Jahrhunderts waren für Neugebauer vor allem „Ausdruck eines sich wandelnden Bildungswillens auf lokaler Ebene“ (S. 540).

Trier Klaus Gerteis

Böhme, Wolfgang (Hrsg.): Christus in uns. Mystische Strömungen von Angelus Silesius bis Tersteegen. Beiträge von Alois M. Haas, Josef Sudbrack, Dietrich Meyer, Walter Blankenburg, Walter Nigg, Albrecht Goes und Wolfgang Böhme. Karlsruhe, Evangelische Akademie Baden, 1983. 104 S. = Herrenalber Texte 46.

Unter den sieben, einzeln für sich stehenden Beiträgen dieses Sammelbändchens – die drei letzten sind thetischen, meditativen und homiletischen Charakters – stellen sich vier dem Anspruch, der an eine historisch-kritische Behandlung des Gegenstandes zu richten ist. In seinem Beitrag über Angelus Silesius („Die Christusmystik des Angelus Silesius“, S. 9–31) versteht Alois Haas den „Cherubinischen Wandersmann“, der inzwischen durch Louise Gnädinger eine musterhafte Edition bei Reclam erfahren hat (1985), und die „Heilige Seelenlust“ als die beiden komplementären hauptsächlichen Dichtungen Schefflers, die unbedingt aufeinander zu beziehen seien: „Sie repräsentieren... Intellekt und Affekt, Verstand und Liebe... die Cherubin für die Erkenntnis, die Seraphin für die Liebe“ (S. 12). Die „Heilige Seelenlust“ enthält – im Unterschied zu den Sinn- und Schlußreimen des „Cherubinischen Wandersmanns“ – „nicht Lesegedichte, sondern Lieder, die zu singen sind“: Mehrere Komponisten wie Georg Joseph und Buxtehude haben sie vertont, und über 50 Lieder der Sammlung wurden später ins Freylinghausensche Gesangbuch aufgenommen (S. 20, 21). Indem er vor einer Verharmlosung Schefflers warnt: „Seine Dichtung nimmt sich... als Resultat einer Lebensoption aus“ (S. 27), meint Haas schließlich, „daß die Scheffler-Forschung von... einer psychologisierenden wie konfessionsgeschichtlichen Interpretation einmal abrücken müßte, um dessen dichterische Gestalt voll in den Blick zu bekommen“ (S. 31).

In seinem Aufsatz über „Das goldene Zeitalter der französischen Mystik“ (S. 31–52) weist Josef Sudbrack in aller Kürze auf recht unterschiedliche Zusammenhänge wie Mystik und psychische Disposition, Mystik und Politik, Mystik und karitatives Tun, Mystik und Moral hin. Auch skizziert er absichtlich sehr verschiedene Gestalten der Mystik, um – m. E. mit Recht – der Neigung zu blassen Abstraktionen von Mystik entgegenzuwirken, die der jeweils persönlichen Färbung der *theologia mystica* der betreffenden Mystiker nicht gerecht wird: „Eine verantwortungsbewußte Mystikforschung muß gerade die Individualität der Erfahrungen berücksichtigen“ (S. 51).

Dietrich Meyer (S. 52–66) leitet die Christusmystik des älteren Zinzendorf mit ihrem beherrschenden Leitmotiv „Täglicher Umgang mit dem Heiland“ von Luther ab und folgert aus seinen Beobachtungen schließlich fünf Thesen, die für den Zugang des evangelischen Christen zur Mystik bedeutsam sein können (S. 65f.): Christusgemeinschaft nach Zinzendorf ist (1) personale Begegnung und Freundschaft – nicht Verschmelzungsmystik, (2) ist Erleben der Gemeinde – nicht Individualmystik, (3) ist Öffnung der Welt für Christus – nicht innerliche theozentrische Theologie, (4) ist Verwirklichung der Rechtfertigung – nicht moralischer Aufstieg, (5) ist Erfahrung der Gnade Christi und Einübung in Christi Art und Wesen – nicht spekulative Theorie. In einem m. E. bezeichnenden Unterschied zu der Überschrift seines Aufsatzes findet sich aber die Redewendung „Christus – mein ander Ich“ in den von Meyer herangezogenen Quellen selbst nirgends, vielmehr heißt es hier mehrfach: *Wir* sind *sein* „ander Ich“, – wie denn auch auf S. 63 richtig bemerkt wird: „Christus ist das Original, wir nur Kopien.“ Damit bleibt selbst in terminologischer Hinsicht die unverwechselbare Priorität Christi im Verhältnis zum Gläubigen deutlich gewahrt.

Der inzwischen verstorbene Kirchenmusikhistoriker Walter Blankenburg († 1986) behauptet in seinem Aufsatz („Mystik in der Musik Johann Sebastian Bachs“, S. 67–81) unter vagem Verweis auf die musikalische Figurenlehre, man müsse das späte Instrumentalwerk Bachs „als eine Art mystischer Versenkung verstehen“ (S. 71, 80). Deutlicher erinnert er an die (bekannten) Zusammenhänge von Bachs Vokalmusik mit der Brautmystik (S. 73–79).

Mainz — Gustav Adolf Benrath

Hertel, Friedrich (Hg.): 450 Jahre Evangelisches Stift in Tübingen. Stuttgart, Calwer Verlag, 1986. 340 S. = Quellen und Forschungen zur württembergischen Landesgeschichte Bd. 8.

Das 450jährige Jubiläum des Stifts hat insgesamt drei selbständige Publikationen hervorgebracht, nämlich eine studentische, dann eine populär gehaltene Stiftsgeschichte, verfaßt von zwei ehemaligen Repetenten, und schließlich das hier vorliegende offizielle Festbuch, herausgegeben von dem gegenwärtigen Ephorus. Alle drei wollen und können die Stiftsgeschichte von Martin Leube nicht ersetzen, deren dritter und letzter Band 1936 zum 400. Jubiläum erschien. Die hier anzuzeigende Aufsatzsammlung will deshalb Leubes Werk lediglich ergänzen und fortführen. Sie tut dies auf unterschiedliche Weise, mit wissenschaftlichen Aufsätzen, essayistischen Beiträgen und autobiographischen Berichten. Es ist deshalb schwierig, die in diesem Buch zusammengefaßten Beiträge insgesamt zu würdigen, so daß sie einzeln aufgezählt werden müssen.

Auf die eher aphoristischen Betrachtungen von Werner-Ulrich Deetjen zu den Anfängen des Stifts folgt Martin Brechts Überblick über die Konzeptionen der Theologenausbildung von der Reformation bis zu den Auswirkungen der Hochschulreform seit 1967. Zurück zu den Anfängen des Stifts lenkt der Aufsatz von Christoph Weismann über Michael Tiffern, den Erzieher Herzog Christophs, dem das Stift nicht nur ein zusätzliches Stipendium für Studenten aus der Krain, sondern – bisher nicht erkannt – die Erstausstattung seiner Bibliothek verdankt. Ins Reformationsjahrhundert gehört noch Jakob Heerbrand, der Verfasser der ersten evangelischen Dogmatik Württembergs, der neben seinem Professorenamt auch das eines Superattendenten des Stifts bekleidete, und von dem Siegfried Raeder ein kurzes Lebensbild bietet. Die Auswirkungen der großen Umwälzungen von Luthertum und Orthodoxie zum Pietismus auf Württemberg und das Stift zeigen die Aufsätze von Jörg Baur und Oswald Bayer auf. Einzelforschungen bieten dagegen die Untersuchungen von Reinhard Breymayer zu Hölderlins Umfeld und von Volker Schäfer zu Stammbuchblättern von Hölderlin und Hegel. Die Verbindung zur allgemeinen Theologiegeschichte stellt dann wieder die Arbeit von Rolf Schäfer über die Anfänge des Ritschlianismus im Stift her. Die Betrachtung von Justus Maurer über die Stiftsdiener leitet über zu den autobiographischen Berichten von Manfred Mezger über seine Wirksamkeit als Repetent in den dreißiger Jahren und von Friedrich Lang über den Neubeginn im Stift nach 1945. Eben hier setzt auch die Untersuchung von Jörg Thierfelder über den Ephorus Karl Fezer ein, der bei den Deutschen Christen eine gewisse Rolle gespielt hatte, aber dennoch aus mannigfaltigen Gründen nach 1945 im Amt bleiben konnte. Aus der Sicht des Zeitgenossen beschreibt dann Hans Friedrich Geißer die sich um Barth und Bultmann gruppierende theologische Auseinandersetzung in den fünfziger und sechziger Jahren. Den Beschluß macht eine Betrachtung des Dichters und Pfarrers Albrecht Goes über die dem Stift benachbarte Platanenallee auf der Neckarinsel.

Die wissenschaftlichen Beiträge sind zweifellos ein Beweis dafür, welche Fülle an geistes- und theologiegeschichtlichen Implikationen das Thema Stift in sich begreift. Für eine Fortschreibung der Geschichte des Stifts werden die autobiographischen Berichte künftig zweifellos Quellenwert besitzen, während die essayistischen Beiträge zeigen, daß das Stift als Bildungsstätte so vieler Menschen in einem so langen Zeitraum für manchen zu einer Angelegenheit geworden ist, die auch Herz und Gemüt angeht.

Wertheim — Hermann Ehmer

Findeisen, Hans-Volkmar: Pietismus in Fellbach 1750–1820. Zwischen sozialem Protest und bürgerlicher Anpassung. Zur historisch-sozialen Entwicklungsdynamik eines millenaristischen Krisenkultes. Tübingen, Druckerei Joachim Bölk (Selbstverlag), 1985. 312 S.

In dieser äußerst anregenden Dissertation verficht Hans-Volkmar Findeisen die mit Scharfsinn formulierte These, im 18. Jahrhundert sei ein „Volkspietismus" entstanden, dessen Erscheinen eng mit dem Zerfall der hergebrachten Dorfkultur und der ihr eigenen Sozialstruktur verknüpft gewesen sei. Pietismus wird damit als „Krisenkult" einer im Dorf an den Rand gedrängten Bevölkerungsschicht verstanden, die zugleich scharfe Kritik an der wachsenden Macht des absolutistischen Staates sowie am Klerikalismus der Staatskirche ausübte. Erst die Auswanderung besonders extremer Separatisten und die durch den Herzog trotz pietistischer Proteste eingeführte Wehrpflicht sowie die Weigerung der Dorfpfarrer, in ihren Berichten über die unerlaubten pietistischen Versammlungen zu klagen, sollen dem Pietismus um 1820 seinen unterwürfigen, bürgerlichen Charakter verliehen haben.

Kennzeichnend für die neuere Pietismusforschung ist Findeisens eindrückliche Leistung, die neueste Literatur zur Soziologie der Religion mit sozialgeschichtlichen dörflichen Archivquellen in Einklang zu bringen. Man begegnet nur selten Arbeiten, in denen theoretische Ansätze so grundlegend in lokaler und regionaler Geschichte verankert sind. Der Autor hat nicht nur die Geschichte religiöser Sondergruppen, besonders der Rappisten (unter denen die Fellbacher eine besondere Rolle spielten), gemeistert, sondern auch die theoretischen Arbeiten von Forschern wie Peter Berger, Kenelm Burridge, Bryan Wilson und Mary Douglas. Aufgrund dieser Materialien entwirft Findeisen ein eindrucksvolles Bild des Wachstums des Fellbacher Pietismus um die Mitte des 18. Jahrhunderts, den er aus drei Quellen gespeist sieht: dem linken Flügel der Reformation, dessen Ideen mittels Kontakte mit den Taufgesinnten des Kraichgaus im 18. Jahrhundert erneut aufleben; den Werken Böhmes und Bengels, die den lutherischen Pietismus mit einer mehr volkstümlichen und teilweise radikaleren Form des Pietismus verbinden; und von lokalen Traditionen, die der Magie und einheimischem Volksglauben entstammen. Findeisen sucht zu zeigen, wie diese drei Formen volkstümlichen Protests unter dem Druck veränderter sozialer Umstände sich während des 18. Jahrhunderts zu einem Krisenkult entwickelten.

Zwar ist es für die Erforschung der sozialgeschichtlichen Aspekte höchst problematisch, daß vor 1779 Erbteilungs- und Inventarquellen sowie viele Zensurprotokolle des Kirchenkonvents fehlen, aus deren Restbestand Findeisen dennoch m. E. zutreffend die Situation der marginalisierten Pietisten nachzuzeichnen vermag. Doch kann er weniger erfolgreich erklären, weshalb zwischen 1740 und 1770 Fellbachs Pietismus sich kaum in sozialem Protest manifestierte. Würde man diesen nicht zu eben der Zeit erwarten, als der Herzog 1743 das Pietisten-Reskript erließ, schlechtes Wetter und Mißernten die dörflichen Randgruppen besonders stark betrafen und die Auswanderung aus Württemberg ein Höchstmaß erreichte? Nach den fünf Stufen der Pietismus-Entwicklung, die H. Lehmann postuliert hat, würde Fellbachs Pietismus zur dritten (1780–1820) gehören, eine Einteilung, die Findeisen teilweise ablehnt. Auch bezweifelt er Lehmanns Ansicht, der Pietismus hätte sich erst in dieser Zeit in einen kleinbürgerlichen-radikalen und einen allgemein-bürgerlichen Flügel gespalten. Zugleich verwirft Findeisen den Mythus des stets konservativen Schwaben, weist aber, seinem Lehrer Trautwein folgend, der Idee des Krisenkultes entscheidende Bedeutung zu. Dieser bilde den eigentlichen Kontext und die wahre Kontinuität für eine radikale Form des Pietismus, der sich bereits im 16. Jahrhundert entwickelt habe. Findeisens Arbeit weist fortschrittlich über den Kirche-Sekten Dualismus von Max Weber und Troeltsch hinaus, vermag aber den postulierten Bezug zwischen Pietismus und sozialer Krise der alten Dorfkultur kaum überzeugend zu erhellen.

Recht unkritisch ist Findeisens Übernahme jenes Schemas von Agrar- und Sozialgeschichte, wonach es sich um den Übergang vom Feudalismus zum Kapitalismus handeln soll. Historiker, die sich mit diesen Problemen befassen, haben allzu selten in Betracht gezogen, daß die Dorfbewohner durch ihre neiderfüllten Streitereien und ihre Ablehnung verschiedener Reformvorschläge bezüglich der Erbteilung an der Zerstörung der alten Kultur mitbeteiligt waren und nicht nur als Unterdrückte und Opfer angesehen werden dürfen. Falls aber der postulierte Übergang vom Feudalismus zum Kapitalismus Gültigkeit haben sollte, vermag Findeisen den Bezug zwischen der sozial-wirtschaftlichen und religiösen Entwicklung kaum überzeugend aufzuzeigen.

Der Autor versäumt es auch, sich mit der späteren Deutung von Kenelm Burridge („Reflections on Prophecy and Prophetic Groups", *Semeia* 21, 1982, 99–102) auseinanderzusetzen, wonach „prophetische Gruppen" sowie apokalyptisch-millenaristische Ideen nicht, wie er früher glaubte, Ausdruck einer zeitbedingten Krise, sondern Dauerphänomene jeglicher Kultur seien. Ähnliches gilt für den Antiklerikalismus der Fellbacher Pietisten, der als ein ständiges Thema des westlichen Christentums gelten darf und nicht notwendigerweise infolge sozialgeschichtlicher Ereignisse zu- oder abnimmt. Gewiß bemerkt Findeisen zutreffend, daß die Württemberger Pastoren „die schwächste Stelle im herrschaftlichen System" (S. 87) einnahmen; Martin Hasselhorn hat schon aufgezeigt, daß jene als Symbol der herzoglichen Macht im 18. Jahrhundert eine tragikkomische Rolle spielten.

Zusammenfassend mögen drei Fragen gestellt werden: Erstens: Hat der Autor wirklich aufgezeigt oder nur postuliert, daß sich in Fellbach eine kontinuierliche Form des radikalen Pietismus entwickelt habe? Zweitens: Hat er überzeugend einen sozialen Protest der Pietisten oder nur deren Auflehnung gegen die Einführung der Militärpflicht und die mehr oder weniger zu erwartende Kritik am Klerus profiliert? Drittens: Hat er überzeugend dargelegt, daß die Theorie des Krisenkults den gültigen Bezug zwischen Württembergs sozialer und religiöser Geschichte darstellt?

Obwohl diese kritischen Fragen offen bleiben müssen, bleibt Findeisens Werk bedeutsam. Er hat überzeugend aufgedeckt, daß der Pietismus an den hergebrachten sozialen Traditionen der Dorfgemeinschaft Kritik übte. Auch zeichnet er ein gültiges Bild des separatistischen Pietismus im Gegensatz zu der von Michael Hahn entwickelten milderen Form. Ferner zeigt er sorgfältig auf, daß das staatskirchliche lutherische Bekenntnis Württembergs unfähig war, aus eigener Kraft dem radikalen Pietismus schöpferisch zu begegnen. In diesem Zusammenhang wäre es wünschenswert, mehr davon zu erfahren, wann und wie die verschiedenen Formen des liturgischen lutherischen Pietismus verschwanden, falls das überhaupt der Fall war, und auch, ob man nicht von Bengels Form des lutherischen Pietismus eine lebendigere Stellungnahme zum radikalen Pietismus hätte erwarten dürfen. Mit Zuversicht sieht man weiteren Studien Findeisens entgegen, die wie die vorliegende zum Nachdenken über Pietismus und Sozialgeschichte anregen werden.

Chicago/Illinois A. C. Roeber

1200 Jahre Nagold. Herausgegeben von der Stadt Nagold. Redaktion Stefan Ackermann. Konstanz, Verlag Friedrich Stadler, 1985. 300 Seiten mit zahlreichen Abbildungen.

Die inzwischen für die Wissenschaften nahezu selbstverständlich gewordene interdisziplinäre Zusammenarbeit und Forschung hat bislang in den Bereich der Ortsgeschichtsschreibung kaum Eingang gefunden. Umso erfreulicher ist es, wenn die Stadt Nagold eine Art stadtgeschichtliches Werkstattbuch vorlegt, das sich von den gängigen monolithischen Darstellungen aus einer Hand wohltuend unterscheidet und die Einheit der historischen Interpretation in einer Vielfalt von Einzelbeiträgen sucht. Von der Farbigkeit und dem Abwechslungsreichtum dieser Form historischer Spurensicherung profitiert nicht allein der an einer eher atmosphärischen Heimatgeschichtsschreibung Interessierte. Auch die (regionale) Religions- und Mentalitätsgeschichte, der das Nagoldtal spätestens seit Max Webers Würdigung des Calwer Pietismus in der „Protestantischen Ethik" als eine der Kernzonen des württembergischen Pietismus bekannt geworden ist, kommt im vorliegenden Fall in den seltenen Genuß einer sehr konzentrierten und dichten Darstellung, einer Art „thick description" (Clifford Geertz) der lokalen Pietismus-Geschichte im 18. und 19. Jahrhundert.

Rainer Flik, Friedemann Weinhold, Karl Kempf und Joachim Trautwein, vier der insgesamt siebzehn Autoren, analysieren und beschreiben dabei die genannte Epoche jeweils aus dem Blickwinkel der Wirtschafts- und Sozialgeschichte, der Politikgeschichte und der Bildungs- bzw. Religionsgeschichte.

Fliks Beitrag „Tuchmacherei im oberen Nagoldtal vom 16. bis zur Mitte des 19. Jahrhunderts" schildert, wie das Nagoldtal mit den Hauptorten Calw und Nagold sich schon früh zu einem der bedeutendsten Standorte einer zünftisch oder im Verlagssystem (Calwer Compagnie ab 1650) betriebenen Tuchherstellung in Württemberg entwickelte.

Für das Aufblühen der mechanischen Baumwollspinnereien ab ca. 1850 bot das Nagoldtal aufgrund der reichlich vorhandenen Wasserkraft günstige natürliche Voraussetzungen. Doch verlief der Übergang von der herkömmlichen Haus- und Handweberei zur industriellen Textilverarbeitung hier wie andernorts nicht ohne schwerwiegende strukturelle Einbrüche und forderte hohe soziale Kosten. Obwohl es schon Ende des 18. Jahrhunderts, etwa in Form der als Societät organisierten Tuchfabrik Sautter in Nagold, vielversprechende und weitsichtige Versuche gab, die Textilproduktion auf einen höheren technologischen Standard zu überführen, stürzten Importe billiger Baumwollwaren das ohnehin überbesetzte heimische Handwerk in anhaltende wirtschaftliche Schwierigkeiten.

Innovationsbereitschaft und Krisenbewußtsein der in sich versippten Nagolder Oberschicht verbanden sich mit der Suche nach neuen und unkonventionellen Lösungsstrategien auch im Bereich der verfassungspolitischen Auseinandersetzungen Ende des 18. Jahrhunderts.

Der Abschnitt „Nagold und die Französische Revolution", verfaßt von Friedemann Weinhold, bestimmt die politische Position der lokalen Elite als gleichermaßen beeinflußt von altrechtlichem Gedankengut wie von den Ideen der Französischen Revolution. Gewiß ein bemerkenswerter Befund, wenn man bedenkt, daß die traditionelle Landesgeschichtsschreibung (seit Erwin Hölzle) eine qualitative Beeinflussung der württembergischen Innenpolitik durch die revolutionäre Entwicklung in Frankreich weitgehend in Abrede stellt. Die politische Selbstdarstellung der örtlichen Führungsschicht wurde entscheidend geprägt durch den Stadtschreiber Johann Ludwig Hofacker, einem indirekten Nachfahren des legendären württembergischen Landschaftskonsulenten Johann Jakob Moser und Onkel des Erweckungspredigers Ludwig Hofacker. Nachdem bereits 1793 in Nagold ein Jakobiner-Club bestand und eine militärische Intervention der Landesherrschaft provozierte, berief Hofacker 1796 ein Vorparlament der Ämter Wildberg und Nagold für den Stuttgarter Reformlandtag von 1797–99 ein. Unter anderem führte dieser zur Verabschiedung eines sogenannten „Cahier", einer nach dem Vorbild französischer Beschwerdebriefe abgefaßten Schrift, welche neben verschiedenen Reformforderungen auch den Gedanken einer „levée en masse" diskutierte.

Den von Flik und Weinhold aufgenommenen Faden spinnt Joachim Trautweins Aufsatz „Der Pietismus in Nagold“ weiter, wobei der Verfasser nachweist, daß die wirtschaftlich und politisch innovativen Kräfte in Nagold neben ihrer sozialen und familiären Zusammengehörigkeit zugleich auch über die seit 1733 – zunächst in Form des Herrnhutertums – vor Ort präsenten pietistischen Gemeinschaften miteinander verbunden waren. Anhand einiger Fallbeispiele unternimmt Trautwein zudem den Versuch, die nachhaltige Bedeutung des Pietismus für den gesellschaftlichen, politischen und ökonomischen Wandel der Region zwischen dem 18. und 19. Jahrhundert herauszuarbeiten. An der (allerdings bald durch die Intrigen der Zünfte und der Calwer Compagnie blockierten) Entwicklung der in erster Linie von Herrnhuter Familien getragenen Sautterschen Compagnie liest er ab, wie die in den Konventikeln gepflegte Ethik und Lebensführung die Befähigung mit sich brachte, „ökonomisch und technologisch erfolgreich zu sein“.

Das einst Pietismus-typische Anliegen der „Neugestaltung der politischen und sozialen Verhältnisse“ sieht der Verf. v. a. in den Biographien des Schulmeisters Johann Wolfgang Metzger um 1800 und des etwas späteren Apothekers G. H. Zeller verwirklicht. Während sich Metzger als Gründer der Nagolder Industrieschule einen Namen machte und schon 1793 als Angehöriger des Jakobiner-Clubs in Erscheinung trat, spiegelte sich in Zellers Leben die nahezu gesamte Bandbreite der für den Pietismus des 19. Jahrhunderts typischen publizistischen, kirchlichen, missionarischen und diakonischen Aktivitäten.

Nicht weniger interessante Einblicke bieten schließlich die Ausführungen von Stadtarchivar Karl Kempf zur „Nagolder Bücherwelt um 1765“, die auf einer Auswertung der heutzutage von der historischen Forschung viel genutzten Besitzstandsverzeichnisse der sog. Inventuren und Teilungen der württembergischen Gemeindearchive beruhen.

Hierbei überrascht nicht so sehr Kempfs quantitativ-statistischer Befund, denn grosso modo unterschied sich Nagold von anderen Gemeinden des Herzogtums weder hinsichtlich des durchschnittlichen Bücherbesitzes seiner Bürger noch im Hinblick auf das deutliche zahlenmäßige Übergewicht der kirchlichen und erbaulichen Literatur gegenüber der profanen.

Umso beachtenswerter erscheint mir hingegen die ausführliche und kenntnisreiche Besprechung der Bücherlisten örtlich tonangebender Familien, v. a. der des Herrnhuter Bürgermeisters Andreas Stottele, dessen Familie ebenfalls an der Sautterschen Compagnie beteiligt war. Bei Stottele fällt nicht nur der für einen Gemeinschaftsmann ungewöhnliche Schwerpunkt des Bucherwerbs im „weltlichen“ Sektor auf, sondern auch die offensichtlich rege Auseinandersetzung mit dem Gedankengut der Aufklärung, etwa dem Mathematiker und Philosophen Christian Wolff.

Nach dem 1972 in der Zeitschrift für württembergische Landesgeschichte von Hartmut Lehmann publizierten Aufsatz über „Pietismus und Wirtschaft in Calw“ kommt dem hier vorgestellten Buch das Verdienst zu, in methodisch sicher nachahmenswerter Art und Weise unsere Kenntnis eines wichtigen Verbreitungsgebietes des württembergischen Pietismus wesentlich vertieft und erweitert zu haben. Weiteren Forschungen wird es vorbehalten sein, die etwas einseitige und in der Quellenlage begründete Beschränkung der Untersuchung auf die Nagolder Ehrbarkeit zu durchbrechen und die Eigenart der (religiösen und pietistischen) Kultur der unterbürgerlichen Schichten, besonders der Bauern und zahlreichen Handwerker, oder der Frauen, die allem Anschein nach allesamt rege am Leben der Gemeinschaften teilhatten, besser zu profilieren und in die Analyse miteinzubeziehen. Auch im Hinblick auf die Ortsoberschicht wären noch einige Präzisierungen angebracht.

Undurchsichtig bleibt, in welchem systematischen Verhältnis die jeweils innerhalb der lokalen Elite favorisierten politischen oder religiösen Optionen zueinander standen. Insbesondere über die Beziehungen zwischen den pietistischen Gemeinschaften und dem Jakobiner-Club Hofackers hätte man gerne Näheres erfahren.

Endlich böte die Feinanalyse der verschiedenen (sub)kulturellen Gliederungen der Nagolder Gesellschaft und die Ausweisung von Vergleichsgruppen eine gute Möglichkeit, die von Joachim Trautwein gegen Hartmut Lehmann verteidigte, „weberisierende" These von der vergleichsweise großen „Lebenstüchtigkeit" der Bekehrten quantitativ-exakt (etwa anhand von Steuerlisten, Einkommenstabellen o. ä.) zu überprüfen.

Fellbach Hans-Volkmar Findeisen

Groth, Friedhelm: Die „Wiederbringung aller Dinge" im württembergischen Pietismus. Theologiegeschichtliche Studien zum eschatologischen Heilsuniversalismus württembergischer Pietisten des 18. Jahrhunderts. Göttingen, Vandenhoeck & Ruprecht, 1984. 432 S. = Arbeiten zur Geschichte des Pietismus 21.

Wir konstatieren es mit großem Respekt: dem Nichtschwaben Groth ist mit dieser 1981 vom Fachbereich Evangelische Theologie der Universität Münster angenommenen Dissertation ein meisterlicher ‚Schwabenstreich' gelungen, nämlich eine souveräne ‚Zentralschau' des württembergischen Pietismus. Das was sich hier in übergroßer Bescheidenheit nur „Studien" begrenzt auf das „18. Jahrhundert" tituliert, verdient vielmehr als künftiges Standardwerk zur Eschatologie der Schwabenväter deklariert zu werden. Was alle diese Gestalten so ‚eigen' charakterisiert und ‚das Reich Gottes zu Wirtemberg' ‚so eigenartig' macht, hat Michael Hahn in einem Betrachtungslied einmal in den reizvollen Vers gefaßt: „Mit ausgereckten Hoffnungshälsen, so stehen wir fest wie die Felsen und hoffen Herr auf deinen Tag, der uns nicht bald genug kommen mag." In welcher Weise dieser württembergische Pietismus in hartem Ringen und in dauernder Spannung mit CA 17 und dem dort gelehrten „doppelten Ausgang" beim Gericht sowie den dort verworfenen Lehren des Chiliasmus und der Apokatastasis panton den Chiliasmus, das erwartete 1000jährige Reich Christi und die Wiederbringung aller Dinge zentral thematisiert hat, eben dies untersucht der Verf., wobei sich der Betrachtungsbogen vom Zeitalter Speners bis zum frühen 20. Jhdt. spannt. Aber leider gilt nun auch für diese Arbeit: „Ach was muß man oft von bösem/ Bücherkürzen hören, lesen!" Denn sehr ärgerlich und schmerzlich ist es, daß man diese Dissertation an Haupt und Gliedern amputierte, d. h. für den Druck die systematisch-theologische Einleitung kürzte und den für die Gesamtperspektive elementaren Schlußteil mit der präzisen Betrachtung über den Zusammenhang von Reich Gottes, Chiliasmus und Apokatastasis bei den beiden Blumhardt hier ganz wegfallen ließ. Wer diesen letzten Abschnitt nun lesen will – und notwendig, wenn er sich mit dem Gesamtthema befaßt, lesen muß –, der findet ihn in Band 9 (1984, S. 56–116) des vorliegenden Jahrbuchs.

Die gut gegliederte und in sich gewichtete Arbeit bietet in ihrem Einleitungskapitel (S. 11–33) zunächst eine erste Problemerörterung und Einführung in den Forschungsstand, danach einleitende Charakterisierungen zum württembergischen Pietismus sowie grundsätzliche Bemerkungen zum Ziel und speziellen Gang der Untersuchung.

Mit Kapitel II (S. 35–59) beginnt dann der erste Arbeitsgang: „Die durch Ph. J. Spener ausgelöste ‚eschatologische Wende' und deren Niederschlag im frühen Pietismus (ca. 1680–1720)." Groth sieht in Speners „Hoffnung besserer Zeiten für die Kirche" ein Kernstück der „Pia Desideria" von 1675. Da Spener dazu nun auch die Erwartung eines 1000jährigen Reiches nach Offbg. 20,1 ff. rechnet, kommt er in die Nähe jener chiliastischen Vorstellungen, die dann das mit ihm befreundete Ehepaar Petersen entschieden vertritt und die Spener zunächst gegen die Angriffe der Orthodoxie dadurch verteidigt, daß er deren Chiliasmus vereinbar hält mit CA 17. Aus seelsorgerlichen und exegetischen Bedenken distanziert sich Spener dann von den Petersens als diese die Apokatastasis propagieren. Groth hat aber zweifellos recht mit der Einschätzung, daß Spener durch seine neuen Hoffnungsperspektiven dem nun einsetzenden breiten Strom eschatologisch-chiliastischer Gedanken die Bahn gebrochen hat.

Dies gilt nun besonders für den württembergischen Frühpietismus, der durch das Pietistenreskript von 1694 sein Lebensrecht im Lande erhält und durch Spener und dessen Eschatologie entscheidend geprägt wird. Wie Spener deutet man in Württemberg CA 17 nur auf den revolutionären Chiliasmus. Dieser wird zwar offiziell abgelehnt, aber über die Petersens wirkt er doch auf die Separatistenkreise im Herzogtum. Einer ihrer Führer, der vom Konsistorium 1710 wegen seiner Allversöhnungslehre entlassene

Präzeptor D. W. Spindler, ist aber der Pflegevater des Halbwaisen Johann Albrecht Bengel! Damit ist die sachliche und personale Brücke geschlagen zu „Kapitel III: J. A. Bengel als erster Repräsentant der Blütezeit des württembergischen Pietismus (ca. 1720–1780) – Die Bedeutung der ‚Hoffnung besserer Zeiten', des Chiliasmus und der Apokatastasis in der Bengelschen Eschatologie" (S. 61–88).

Groth geht sehr umsichtig an das Problem heran, indem er zunächst Bengels „Verständnis von Schrift und Heilsgeschichte" und darauf aufbauend dessen Stellung zum Chiliasmus und der Apokatastasis untersucht. Gerade im Bengel-Jubiläumsjahr verdient dieser sehr abgewogene Beitrag besondere Beachtung. Bewußt bekennt sich Bengel zu einem biblisch begründeten Chiliasmus, dessen revolutionäre Ausprägung er aber klar ablehnt. Sein ganzheitliches, auf Erkenntnis des göttlichen Heilsplanes zielendes Schriftverständnis erhält nun sein besonderes Gefälle und Gepräge durch die Johannes-Offenbarung, die für Bengel ‚das' Buch der biblischen Bücher ist. In der Zahl 666 (Offbg. 13,18) glaubt Bengel über den ‚Passe-partout' zum Verstehen des gesamten göttlichen Heilsplans zu verfügen und mit diesem Schlüssel alle eschatologischen Ereignisse (1000jähriges Reich ab 1836, kurzes satanisches Interregnum, zweites Reich, Jüngstes Gericht und völlige Neuschöpfung) dem Erkennen völlig erschließen zu können. Als Zweites vermag Groth nun nachzuweisen, daß Bengel zwar den ‚wahren Chiliasmus' klar vertreten hat, sich aber in der Art seiner Apokatastasis-Lehre von den Petersens doch deutlich unterscheidet. „Erst durch die Kombination verschiedener exegetischer Bemerkungen in den Kommentaren" und überlieferte mündliche „Gelegenheitsaussagen" (S. 85) läßt sich nämlich Bengels ‚Ja' zur Allversöhnungslehre festmachen. Die Gründe für solche vorsichtig-geheime Rede lagen wohl in Bengels ausgeprägtem Verantwortungsgefühl im Blick auf die Seelsorge und auf die stete separatistische Gefährdung des Pietismus (Jugenderfahrungen im Spindlerschen Haus!). Freilich, die Tür zur Apokatastasis und damit auch zum Separatismus, die Bengel selbst nur behutsam einen Spalt weit öffnete, diese Tür wurde dann von seinen Nachfolgern weit und vehement aufgestoßen und ungescheut durchschritten. Dies bezeugt das Beispiel von Bengels größtem Schüler, dem Groth das differenziert untergliederte IV. Kapitel seiner Arbeit widmet: „F. Chr. Oetinger als Repräsentant der württembergisch-pietistischen Blütezeit (ca. 1720–1780) – Zur Bedeutung von Chiliasmus und Apokatastasis in der Eschatologie Oetingers" (S. 89–146).

In einem Dreierschritt wird zunächst „Oetingers ‚System' im Zusammenhang seines Verständnisses der Bibel und der außerbiblischen Offenbarungen" untersucht und zwar zuerst hinsichtlich der Grundintentionen seines theosophischen Systems, dann deren Verknüpfung mit dem Bengelschen Schriftverständnis, schließlich bezüglich seines Verständnisses von biblischer und außerbiblischer Offenbarung sowie endlich im Blick auf den ‚Vorsatz Gottes' bei Oetinger. Daran anschließend wird die Bedeutung des

Chiliasmus (die ‚Güldene Zeit') bei ihm bedacht und zuletzt seine Apokatastasislehre (Zwischenzustand und Allversöhnung) sehr differenziert herausgearbeitet. Dabei kommt Groth nun zu folgenden Ergebnissen, die wir hier nur verkürzt und vergröbert wiedergeben können. Nahezu deckungsgleich mit Bengel ist Oetingers Verständnis der Schrift, die ihm prinzipiell – wenn auch in differenzierter Weise – als inspiriert gilt, wobei die Offenbarung wiederum einen zentralen Rang erhält. Neu gegenüber seinem Lehrer ist die Aufnahme theosophischer Gedanken aus Böhme und der Kabbala, die Oetinger nun mit den Bengelschen Gedanken in eigener Weise zum System verbindet. Die Böhmesche Theosophie wird einerseits bezüglich der endzeitlichen Chronologie ‚bengelisiert', andererseits wird all das, was dort biblisch begründet ist in der ‚Güldenen Zeit' (1000jähriges Reich) bestätigt. „Oetinger erwartet nämlich..., daß im chiliastischen Reich jenes ‚Leben', in dessen Dienst sein gesamtes Wirken als Theologe, Philosoph und Naturforscher steht, dann als unentfremdetes und wiederhergestelltes präsent und sichtbar sein wird" (S. 113). Von diesem ersten Reich und seiner Universalität, das danach nochmals an Heilsreichtum überboten werden wird, redet Oetinger in einer Bengel noch weit übertreffenden Erwartungsfülle und zwar gerade auch hinsichtlich der schon jetzt sich daraus für die Denker und Herrscher ergebenden praktischen Konsequenzen. Oetinger versteht sich dabei selbst als denjenigen, der auf der zentralen Grundlage des Bengelschen Chiliasmus nun das ‚Wie' der Reform vertiefend weiterführt und zur Anwendung bringt (S. 116).

Die diesem ersten Millenium nachfolgende Allversöhnung, mit der sich Oetinger bereits in seiner Kindheit traum-denkend beschäftigte, entspricht einem göttlichen „Vorsatz", erkennbar in der Schrift. Bei Oetinger beginnen nun aber – anders als bei Bengel – die letzten Dinge schon mit dem Tod des Einzelnen. Er entwickelt „eine eigene Lehre vom Zustand der Toten vor dem Jüngsten Gericht, die verbunden ist mit der universalen Eschatologie (vom Anbruch des chiliastischen Reiches bis hin zur Apokatastasis), die er mit Bengel teilt" (S. 120). Für diese Lehre vom Mittelzustand der Seelen nach dem Tode und ihrer Läuterung sind nun für Oetinger neben 1.Petr. 4,6 und 3,18ff. sowohl Erfahrungen seines Freundes Schill mit dem verstorbenen Prälaten Öchslin als auch die anschließende Begegnung mit Swedenborgschen Gedanken prägend geworden. Dabei macht Groth beides deutlich: Oetingers Kritik an Swedenborg (ein Seher, aber kein Schrifterklärer) wie nun auch dessen gedanklichen Einbau in Oetingers mittelbare Selbsterfahrungen und Lehren von Zwischenzustand und Apokatastasis. Von zentraler Bedeutung ist dabei, daß Oetinger gleich wie Bengel den Begriff aioonios doppelt versteht, nämlich so, daß die Ewigkeit der Höllenstrafen als begrenzte Zeit zu unterscheiden ist von der unbegrenzten Ewigkeit Gottes. Weil Oetinger damit dem göttlichen Gerichtsernst nichts von seiner Schärfe nimmt, hatte er nun auch – anders als Bengel – keine Vorbehalte, die volle Apokatastasis bewußt predigend zu lehren. Mit dieser Beobachtung falsifiziert Groth übrigens eindeutig ein anderslautendes Urteil E. Beyreuthers (S. 142).

Ebenso kurz wie konzis nimmt der Verf. darauf in einem „Exkurs" Stellung „Zum Apokatastasisgedanken bei Schülern Bengels und Oetingers im württembergischen Pietismus des 18. Jahrhunderts" (S. 147–171). Der zuerst vorgestellte Rechtsbengelianer M. F. Roos, ebenso einflußreich als Theologe, Volksschriftsteller und Kirchenpolitiker, vertritt zwar auch die Bengelsche Eschatologie – freilich in deutlicher pastoralpädagogischer Entschärfung – aber er wird doch zunehmend ein Gegner der Allversöhnungslehre und besonders, bis hinein in persönliche Kränkungen, ein Widersacher von Oetinger und dessen Freunden. Die Schärfe des Gerichtsernstes am Jüngsten Tage und die Apokatastasiskritik der Orthodoxie wird von Roos, Chr. A. Crusius, Ph. D. Burk und anderen gemäßigten Bengelschülern dann nicht nur gegenüber Oetinger betont; zu spüren bekommen diese Ablehnung auch Ph. M. Hahn und M. Hahn.

Dagegen kommt bei Ph. M. Hahn, trotz aller Betonung des Gerichtsernstes, doch zuletzt Gottes ewiger Vorsatz zum Ziel, wenn nämlich Gott in der Apokatastasis ‚alles in allem' ist. Von daher kommt Groth bei diesem kleinen, aber wiederum sehr quellenintensiven Miniatur-Portrait zu dem sicheren Urteil, „daß Ph. M. Hahn der Apokatastasis panton als der entscheidenden eschatologischen Perspektive eine wichtige Rolle zuschreibt; sie ist Zweck und Ziel des Vorsatzes und des verheißenen Königreichs" (S. 161). Damit steht er in großer Nähe zu Oetinger und M. Hahn.

Theologisch und teilweise biographisch eng verbunden mit den drei zuletzt genannten Schwabenvätern ist nun auch der auf seine Weise nicht minder originelle Bengelschüler Chr. G. Pregizer, der seine teilweise enthusiastisch geprägte „Orientierung an der lutherischen Rechtfertigungslehre nicht im Konflikt, sondern im innigsten Einklang mit der Apokatastasislehre gesehen" und die „Befreiung vom Zorn Gottes... nicht nur individualistisch für sich persönlich in Anspruch genommen, sondern ins Universale gewendet und im Blick auf die eschatologische Vollendung für Alle und Alles ohne Ausnahme geglaubt" hat (S. 170f.).

Mit besonderer Ausführlichkeit und spürbarer Liebe charakterisiert Groth nun in „Kapitel V: M. Hahn als Repräsentant der württembergisch-pietistischen Spätphase im 18. Jahrhundert (ca. 1780–1820). Die Apokatastasis panton als eschatologische Zentrallehre Hahns" (S. 173–251). Die Untersuchung wird wiederum in dem bewährten Dreierschritt – von Verständnis der Schrift und außerbiblischen Offenbarung, Heilsgeschichte und Chiliasmus sowie Apokatastasislehre – bei M. Hahn vorgenommen.

Als Bauernsohn und Laientheologe ist M. Hahn exemplarisch für den sog. ‚volkstümlichen Pietismus' in Württemberg, den er, ebenso wie der Theologe Pregizer, dann durch eine auf seine Person und sein Werk ausgerichtete Gemeinschaft bis heute prägt. In eingehender Analyse vermag Groth überzeugend nachzuweisen, daß Hahn trotz aller Nähe und Gedankenaufnahme bei Bengel, Oetinger und Böhme in seiner Theosophie quer durch alle theologischen Loci von reicher Originalität ist. Das wird auch in seiner Schriftauslegung deutlich, wo Hahn zwar sehr nahe bei Oetinger bleibt und auch Werke und Worte Gottes zusammennehmen will, aber an der ‚Natur an sich' wesentlich weniger interessiert ist. Ausgangspunkt und Charakteristikum für Hahn ist das Erlebnis unmittelbarer ‚Zentralschau' und das fast lebenslange Bemühen, diese Erfahrung direkter Gotteserkenntnis zu verbalisieren und in ein theosophisches System zu bringen. Er stimmt zwar mit der Oetingerschen ‚Theologie des Lebens' überein, doch sieht er Gott dynamisch-dualer, und dadurch wird bei ihm der Gott-Welt-Prozeß noch dramatischer. Als mit der ‚Zentralschau' direkt Begabter glaubt sich Hahn dem ‚neuen Leben' noch näher als Oetinger, weshalb der Gewissensbegriff, Fragen der Individualethik und Seelsorge für ihn beherrschendes Gewicht erhalten (S. 208). Bei aller Verbundenheit mit Bengel meint Hahn nun auch dessen heilsgeschichtlich-chronologisches Konzept durch seine heilsgeschichtlich-theosophische Sicht der Offenbarung überbieten zu können (S. 212). Er geht dabei wieder hinter Bengel zurück und versteht die Zahl 666 (Offbg. 13,17f.) im Wortsinn als Namenszahl, die er mit dem nahen Antichrist identifiziert, den er als irgendeinen gegenwärtigen Gewaltherrscher ansieht. Dies führte bei ihm zur Verbindung der Naherwartung des Milleniums mit dem Gedanken der Emigration der ‚wahren Geistgemeinde' (Mitarbeit an der Gründung Korntals). Schließlich sind die „für Hahn so grundlegende unmittelbare Erleuchtung und die chiliastische Perspektive seines Denkens, Zentralschau und Naherwartung, ... unlöslich miteinander verknüpft" (S. 227). Wie bei Bengel und Oetinger ist aber das Millenium bei ihm noch nicht die neue Schöpfung nach Offbg. 21f., vielmehr nur eine endzeitliche Durchgangsetappe.

Bezüglich der ‚Wiederbringung' weist Groth nun darauf hin, daß Hahn diesen Begriff in seinen Schriften so oft wie kein anderer württembergischer Pietist vor ihm verwendet, es sich also von daher nahelegt, „im weiteren Sinn das gesamte System Hahns als Apokatastasislehre zu bezeichnen, denn für Hahn ist der gesamte göttliche Heilsplan ‚Wiederbringungsplan' mit Christus als dem ‚Wiederbringer' und den Gläubigen als ‚Wiederbringungswerkzeugen' und dem chiliastischen Reich Christi als der ‚Wiederbringungsanstalt'" (S. 228f.). All dies verdeutlicht bereits auch Hahns Christologie. Mit Bengel und Oetinger vermag er durch die Doppeldeutung von aionios und zusätzlich gestützt durch eine Fülle von Schriftstellen zugleich an der Gerichtsstrenge und an der Apokatastasis festzuhalten. Dabei unterscheidet ihn nicht die Art der Argumente von seinen Vorgängern, sondern das Ausmaß und die für ihn felsenfest stehende Autoritätswucht der biblischen Belegstellen, mit denen er unermüdlich „die Apokatastasis als biblisch-eschatologische Lehre verteidigt" und einhämmert (S. 236).

In „Kapitel VI: Rückblick und Ausblick" (S. 254–259) faßt Groth seine Ergebnisse in einem beeindruckenden Abschlußresümee zusammen. Der

Versuch, diese historisch-systematische Quintessenz einer ungewöhnlich reichen Arbeit auf wenige Sätze zu konzentrieren, diese notwendige Gewinnverkürzung quält und geniert den Rez. ungemein. Groth konstatiert also, daß die württembergischen Pietisten – wiewohl sie sich „als gute Lutheraner verstanden“ – es doch zunehmend als ihre Aufgabe empfanden, „CA 17 zu korrigieren“ und von der Schrift her dafür zu sorgen, daß „der Chiliasmus und die Apokatastasislehre ihren legitimen Ort im Ganzen des christlichen Glaubens und Hoffens erhalten.“ Von daher wurde „das leidenschaftliche Plädoyer für die Rechtmäßigkeit beider Lehren und das vehemente Eintreten für die Notwendigkeit der universalen Hoffnung das große eschatologische Zentralthema in der Geschichte des württembergischen Pietismus des 18. Jahrhunderts“ (S. 253). Noch einmal zeichnet Groth die Entwicklung und Begründung der immer mehr auf die „Erkenntnis des Ganzen“, auf das universale „Reich Gottes“ zielenden Bemühungen der Schwabenväter. Der Verf. bedenkt dabei auch die Konsequenzen im Vergleich zum theologischen Dualitätsdenken Luthers, nämlich das in der württembergisch-pietistischen ‚Reich-Gottes-Theologie‘ erfolgte Nacheinander von Gericht und Heil gegenüber dem für die lutherische Theologie grundlegenden ‚simul – simul‘, und er weist auch auf die damit verbundene Verlagerung von der pistis auf die gnosis hin, die ihren charakteristischen Ausdruck in heilsgeschichtlichen Systemen findet. Erinnert wird nochmals an den ‚orthodoxen‘ Protest der Rechtsbengelianer im Lande, die diese ‚Systematisierung‘ der Eschatologie mit Sorge erfüllte.

Unterstrichen wird auch, daß diese Entwicklung seit Spener durchaus „als fortschreitende Radikalisierung ‚urpietistischer‘ Momente gedeutet werden kann“ (S. 255) und daß damit also das, was in den Anfängen bereits deutlich „virulent“ war, nun „sukzessive zu einer Vergeschichtlichung der bevorstehenden eschatologischen Ereignisse“ führte und dadurch nun „aus der Lehre von der ‚Wiederkunft Christi‘ letztendlich die von den ‚Wiederkünften Christi‘ wurde. Dies hatte aber keine Zunahme, sondern eine deutliche Abschwächung der eschatologischen Spannung zur Folge“ (S. 256). Und hier versäumt es Groth nicht, gängige Klischees zu entlarven und sehr entschieden darauf hinzuweisen, daß dieser Typus des württembergischen Pietismus eben nicht „das ‚Eigentliche‘ christlicher Hoffnung wiederentdeckt“, vielmehr das Gegenteil, nämlich die Enteschatologisierung der christlichen Hoffnung bewirkt hat. Sofern dieser chiliastische Pietismus nun aber den Blick auf die Verantwortung für die ganze Welt entscheidend öffnete, hält der Verf. dieses Anliegen für notwendig und erachtet diese Bewegung insgesamt als einen wichtigen, faszinierenden, notwendigen Beitrag innerhalb der Theologiegeschichte. Die damit verbundene Gefahr eines „eschatologischen Achtergewichts“ übersieht Groth aber nicht. Gemeint ist die Gefahr, „daß das ‚eschatologische Geheimnis‘ zerstört und die christliche Hoffnung ‚enteschatologisiert' wird, nämlich dann, wenn das Erhoffen des von Gott Verheißenen verwechselt wird mit dem vermeintlich zu wissenden Erwünschten."

Und hier billigt der Verf. den in CA 17 formulierten Kautelen und dem dort um der Rechtfertigungsbotschaft willen festgehaltenen Dualitätsgedanken „nach wie vor ihr eigenes Recht" zu (S. 257). Daß es solcher Sicherungen bedarf, das glauben wir auch. Ob aber eben dieses reformatorische Bekenntnis in eben jener Form und Schriftbegründung diese Sicherungsfunktion angemessen zu leisten vermag, daran zu zweifeln zwingt uns der auch bei strengster Überprüfung doch verbleibende wuchtige Rest pietistischer Gegen- und Kritikargumente. Zum Schluß gibt der Verf. in einer kurz skizzierten Gesamtperspektive der Chiliasmus- und Apokatastasisgedanken im Württemberg des 19. Jhdts. und bei den beiden Blumhardt noch eine Ahnung von dem reichen Ertrag, der nun durch die fatale Kürzung des Werkes in Wegfall gekommen, aber durch die vorliegenden Jahrbücher wenigstens nicht zum Abfall geworden ist.

Ein – im Verhältnis zum Text – fast gleichgewichtiger, breit argumentierender und präzis belegender Anmerkungsteil (S. 260–402) sowie ein reiches Quellen- und Literaturverzeichnis (S. 403–430) bestätigen beeindruckend, was die ganze Untersuchung bezeugt: Wir haben hier ein künftiges Standardwerk vor uns, in dem sachlich und sprachlich souverän ein ebenso schwieriges wie spannend-zentrales Thema des Pietismus gültig dargestellt wird. Das verdient Respekt und Dank sowie den Kauf dieses Buches durch ein breites Interessentenpublikum.

Täbingen Werner-Ulrich Deetjen

Weigelt, Horst (Hg.): Die Beziehungen zwischen Ludwig Friedrich zu Castell-Remlingen und Zinzendorf sowie ihr Briefwechsel. Ein Beitrag zur Geschichte des Herrnhuter Pietismus in Franken. Neustadt a. d. Aisch, Kommissionsverlag Degener & Co., 1984. 165 S. = Einzelarbeiten aus der Kirchengeschichte Bayerns 59.

Den Hauptteil des Bandes macht die Edition des Briefwechsels zwischen Zinzendorf und seinem Vetter Ludwig Friedrich zu Castell (1707–1772) während der Jahre 1721 bis 1747, mit dem Schwerpunkt auf der Zeit 1731 bis 1736, aus. Die Überlieferung ist sehr ungleichgewichtig, denn den 26 Briefen Castells stehen nur sieben Zinzendorfs gegenüber. Den dreizehn in lateinischer oder französischer Sprache geschriebenen Stücken wird eine deutsche Übersetzung beigegeben. Eine ausführliche Einleitung über die persönlichen Beziehungen der beiden bis hin zum Zerwürfnis 1736, über Zinzendorfs Aufenthalte in Franken während dieser Zeit und über den weiteren Lebensweg Castells nach 1736 wertet die Korrespondenz aus und stellt sie in einen breiteren historischen Zusammenhang. Erläuterungen zu Überlieferung und Edition des Briefwechsels, Quellen- und Literaturverzeichnis sowie verschiedene Register runden den Band ab.

Amsterdam Ulrich Gäbler

Schulz, Michael T.: Johann Christoph Blumhardt. Leben – Theologie – Verkündigung. Göttingen, Vandenhoeck & Ruprecht, 1984. 444 S. = Arbeiten zur Pastoraltheologie, hrsg. von Martin Fischer und Robert Frick 19.

Die Verkündigung des älteren Blumhardt in den Mittelpunkt einer umfangreichen Untersuchung zu stellen, hat sich Michael T. Schulz in seiner 1976 von der Theologischen Fakultät der Universität Erlangen angenommenen Dissertation zur Aufgabe gemacht. Daß dies nicht isoliert von Blumhardts Biographie und Theologie geschehen kann – man denke an seine Erlebnisse mit der kranken Gottliebin Dittus und die anschließende Erwekkung der Möttlinger Gemeinde, die Blumhardts Theologie und Verkündigung entscheidend beeinflußt haben –, ist dem Verfasser bewußt, ebenso, daß auch die geistliche Lebensführung des Predigers dessen Verkündigung prägt. Auf diese Weise entstand nicht bloß ein homiletischer Beitrag, sondern eine Untersuchung zur Biographie, Spiritualität, Theologie und Verkündigung Johann Christoph Blumhardts. Jedem dieser Aspekte widmet das Buch (eine gekürzte und teilweise überarbeitete Fassung der Dissertation) ein umfangreiches Kapitel.

Joachim Scharfenberg („Joh. Chr. Blumhardt und die kirchliche Seelsorge heute." Göttingen 1959) hat beobachtet, daß sich die verschiedensten Lager auf Blumhardt berufen; der Spannungsbogen geht „vom Pietismus bis zur dialektischen Theologie, vom Okkultismus bis zur modernen Psychotherapie". Dies ist in der Mehrdimensionalität Blumhardtscher Äußerungen begründet, die sich gegenüber einer Systematisierung oft sperren. Blumhardt redet gewöhnlich mit Blick auf eine bestimmte „Front" von Hörern und Lesern, und so finden sich bisweilen „diametral entgegengesetzte Aussagen", aus der sich jede Richtung die ihr genehmen heraussuchen und gegen anderslautende ausspielen zu dürfen glaubt (Schulz, S. 16f.).

Ein großes Verdienst von Schulz liegt darin, daß er nicht wie Scharfenberg bei diesem Nebeneinander der Interpretationen verharrt, sondern sich um eine Auflösung der gegensätzlichen Deutungen bemüht. Methodisch entscheidet er sich dafür, das von Blumhardt Gesagte auf seinen Kontext, die Frontstellung gegenüber einer bestimmten Position und das vorausgehende sprachliche Signal (Adressatenfrage, Bibeltext u. a.) hin zu überprüfen (S. 16).

Daß sich so Fehlinterpretationen vermeiden lassen, demonstriert Schulz u. a. am Thema der Bekehrung. Blumhardt hat sich bisweilen sehr kritisch hierzu geäußert; andererseits sagt er 1858, „Bekehrung und nichts als Bekehrung der Leute" sei sein Ziel in Möttlingen gewesen und sei es noch jetzt (S. 16f., 176f.). Achtet man auf den Kontext dieser Sätze und die angesprochene Zielgruppe, löst sich der scheinbare Widerspruch auf: Einmal wendet sich Blumhardt gegen ein falsches Bekehrungsverständnis, das den biblischen Aussagen widerspricht (etwa das in manchen pietistischen Kreisen vorhandene „zwängerische" Element); im anderen Fall weist er das Drängen eines Freundes zurück, der die individuelle Bekehrung zugunsten der von Blumhardt erhofften universalen Erlösung herabsetzen möchte.

Die Arbeit stützt sich – abgesehen von Blumhardts in Basel verfaßter, bisher nicht veröffentlichter Homiletik und Katechetik – auf bereits gedruckte Quellen. Besondere Bedeutung mißt Schulz auch der Blumhardt-Biographie Friedrich Zündels bei, die er wegen ihrer historischen Nähe und der Wiedergabe des Atmosphärischen schätzt (S. 25). Die wichtigsten Primärquellen zur Untersuchung von Blumhardts Spiritualität, Theologie und Verkündigung sind für Schulz die 1886–1888 vom Sohn Christoph herausgegebenen *Gesammelten Werke*, die 1873–1877 erschienenen *Blätter aus Bad Boll*, die *Predigtblätter aus Bad Boll* (1879–1881) und die von Otto Bruder 1947–1949 edierten *Ausgewählten Schriften*. Die wissenschaftliche Ausgabe der Möttlinger Schriften Blumhardts (1979, mit Anmerkungsband) konnte in der 1976 abgeschlossenen Dissertation nicht mehr berücksichtigt werden, ebenso der größte Teil der 1975–1979 erschienenen Blumhardt-Biographie von Paul Ernst.

1. Biographie

Um die Verflechtung von Leben, Spiritualität, Theologie und Verkündigung darzustellen, beginnt Schulz mit einem biographischen Abriß. Blumhardts Kindheit in Stuttgart, seine Zeit am Niederen Seminar Schöntal, das Studium in Tübingen, die Vikarszeit in Dürrmenz, die Tätigkeit als Missionslehrer in Basel sind sehr kurz gefaßt (S. 41–47); ausführlicher werden dann die Bemerkungen zur Pfarrgehilfenzeit in Iptingen, zum Pfarrer in Möttlingen und schließlich in Bad Boll (S. 47–88). Von 1837 (Iptingen) an steht vor allem der Seelsorger und Prediger Blumhardt im Vordergrund. Hervorgehoben zu werden verdient Schulz' Hinweis (S. 59; vgl. S. 142, 145 u. ö.), daß Details von Gottliebin Dittus' Krankheits- und Heilungsgeschichte für Blumhardt selbst – im Unterschied zu manchen seiner Interpreten – keine zentrale Bedeutung besitzen; für ihn ist „das erstaunlichste und größere Geschehen in Möttlingen jenes Handeln Gottes an der Gemeinde, das im Anschluß an diesen Kampf und im Anschluß an die Verkündigung geschah".

2. *Spiritualität*

Wenn die geistliche Lebensführung eines Predigers dessen Verkündigung nachhaltig beeinflußt, so gilt dies ganz gewiß auch für Blumhardt. „Spiritualität" wird hier in Absetzung vom belasteten Begriff der „Frömmigkeit" gebraucht und meint „Gebet, biblische Meditation, Leben in und mit der Bibel, Gemeinschaft und Bruderschaft, Beichte, aber auch... das Zeugnis des Christen, seinen Lebensstil". In diesem Bereich haben sich, so Schulz, die „entscheidenden Weichenstellungen" für Blumhardts Verkündigung vollzogen (S. 90).

Die Fülle der unter dem Oberbegriff „Spiritualität" gegebenen Hinweise kann hier nicht referiert werden; stellvertretend sei die interessante Untersuchung über Blumhardts Verhältnis zum Biblizismus genannt. Schulz kommt zu dem Ergebnis, Blumhardt stehe einem „extremen Biblizismus" fern; allerdings finde sich bei ihm ein heute nicht mehr übernehmbares „Gefälle zu biblizistischer Argumentation", das sich auch in der Distanz zur historischen Bibelkritik seiner Zeit äußere (S. 102–104).

3. *Theologie*

Betrachtet man die für Blumhardts Verkündigung wichtigen theologischen Themen, so stellt sich wiederum das Problem der fehlenden Systematisierung seiner Aussagen. Läßt sich zur Gliederung des theologischen Kapitels der Arbeit ein Raster finden, das Blumhardts in verschiedene Kontexte hineingesprochenen Sätzen keine Gewalt antut? Bei allem Unbehagen kristallisieren sich für Schulz dennoch zwei Schwerpunkte heraus: „Jesus ist Sieger!" und die Hoffnung auf das Reich Gottes. Der erste ist Oberbegriff für Blumhardts christologische und soteriologische Aussagen, der zweite für seine Theologie der Hoffnung. Beide Schwerpunkte sind miteinander verbunden; sie bewegen sich aufeinander zu, so daß man auch formulieren kann: Blumhardt vertritt eine „dynamische Christologie mit starker eschatologischer Spitze" und: Seine Theologie der Hoffnung ist eine „Theologie der Herrschaft Gottes" (S. 127f.).

Blumhardts Christologie und Soteriologie sind – im 19. Jahrhundert eine Rarität – bestimmt vom Christus-Viktor-Motiv: Das Versöhnungswerk Christi wird als Kampf und Sieg über gottfeindliche Mächte aufgefaßt. Gustav Aulén hat die Differenz dieses „klassischen Typus" (vertreten bei Paulus, in der Alten Kirche, bei Luther) zum legalistischen Denken des „lateinischen Haupttypus" (Anselm von Canterbury) und zum anthropozentrischen Denken des „idealistischen Typus“ (Aufklärungstheologie) herausgestellt (S. 139f.). Verschärft wird die Frontstellung Blumhardts gegen Aufklärung und Rationalismus dadurch, daß er nicht bloß von „Mächten der Finsternis“, sondern durchaus personal von „Teufel“ und „Dämonen“ reden kann, da ihm gerade diese Seite in Möttlingen begegnet ist; dagegen tritt heute mehr die impersonale, strukturelle Gestalt des Bösen, die Verkettung in „Teufelskreise“, vor Augen (S. 143, 151).

Vom personalen Verständnis des Bösen nun auf exorzistische Praktiken im Möttlinger „Kampf“ zu schließen, wäre – das betont Schulz zu Recht – ein grobes Mißverständnis. Gottliebins Heilung resultiert aus Blumhardts anhaltendem Gebet und seiner beharrlichen seelsorgerlichen Begleitung, beides vollzogen in „geistlicher Armut“, nicht in der Attitüde des Teufelsbeschwörers, der „rituell oder liturgisch geordnete Exorzismen“ wie etwa im Rituale Romanum verwendet (S. 57f., 153).

Ein gedrängter Überblick über neuere Interpretationen von Blumhardts Möttlinger Erfahrungen (S. 154–165) geht auf das in den letzten Jahrzehnten in Gang gekommene Gespräch zwischen Theologen, Psychiatern und Psychotherapeuten ein, das auch die Erforschung von Einzelheiten des Möttlinger „Kampfes“ ein Stück weitergebracht hat (W. Schulte, E. Michaelis, V. v. Weizsäcker, J. Scharfenberg, G. Sauter, G. Benedetti, W. A. Schulze, Th. Bovet; vgl. Joh. Chr. Blumhardt, *Gesammelte Werke*, Bd. I/2, Göttingen 1979). Diese Thematik liegt etwas am Rande der Untersuchung von Schulz, wird also nur gestreift; auf zwei Punkte jedoch, die Blumhardts Verkündigung in der anschließenden Möttlinger Erweckung und darüber hinaus tangieren, geht Schulz näher ein. Er stimmt Scharfenberg zu, daß in Blumhardts *Mitteilungen* im Evangelischen Kirchenblatt von 1845 ein „zutiefst zeitgebundenes“ Verständnis von Sexualität zu Tage trete, das den neutestamentlichen sarx-Begriff auf den sexuellen Bereich verenge (S. 161). Widersprochen wird dagegen einer Äußerung Scharfenbergs, die so verstanden werden kann, als hätten Blumhardts Stellungnahmen zur Sexualität in Möttlingen ein verbreitetes Schuldgefühl hervorgerufen; so sei die Universalität der Bußbewegung zu erklären. Dies ist für Schulz eine einseitig psychologisch-kausalistische Deutung, die den „grundsätzlich pneumatischen Charakter“ der Erweckung übersieht (S. 163f.).

Als zweiten Schwerpunkt der Blumhardtschen Theologie arbeitet Schulz die Theologie der Hoffnung heraus. Ohne auf alle hier angesprochenen Aspekte eingehen zu können, sei auf die Ausführungen zur Apokatastasisproblematik (S. 173ff.) und zum Chiliasmus (S. 210ff.) hingewiesen. In beidem steht Blumhardt einerseits in württembergisch-pietistischer Tradition, zugleich aber auch in deutlicher Distanz zu ihr. Weder übernimmt er die spekulative Systematisierung der Wiederbringungslehre, wie sie etwa bei Friedrich Christoph Oetinger auftaucht, noch den Chiliasmus Johann Albrecht Bengels, der sogar meint, den Beginn des Tausendjährigen Reiches errechnen zu können. Blumhardt läßt seine Hoffnungen auf Erlösung der

Menschheit und Wiederkunft Christi nicht in ein von Menschen gemachtes System pressen; sein Ringen um einen angemessenen Standpunkt schildert Friedhelm Groth (*Chiliasmus und Apokatastasishoffnung in der Reich-Gottes-Verkündigung der beiden Blumhardts.* Pietismus und Neuzeit, Bd. 9, 1983, Göttingen 1984, S. 80, 82ff.).

4. Verkündigung

Es werden behandelt: Blumhardts Bedeutung als Prediger; ein Vergleich von Rudolf Stiers *Keryktik* und Blumhardts 1836 verfaßter *Homiletik*; Blumhardts Umgang mit dem Text und mit dem Hörer; seine Äußerungen zur „kleinen Herde"; das Dramatische in seiner Verkündigung. Auch hier können wieder nur einige Themen herausgegriffen werden.

Karl Barth hat von Blumhardt gesagt, er sei „mehr Seelsorger als Prediger" gewesen. In der Tat, so Schulz, ist manche seiner Schriftauslegungen „nicht überwältigend", teilweise sogar „mittelmäßig", besonders dann, wenn sie nachträglich geglättet wurde. Dies sagt jedoch nichts aus über Blumhardts „charismatische ‚Bezeugungskraft'", deren große Wirkung auf die Hörer überliefert ist. Blumhardt hat etwas erlebt und dies eindringlich, ja leidenschaftlich zu vermitteln gewußt. Wenn sein Sohn Christoph im Rückblick auf die Predigten des Vaters fragt: „Ja, die Predigt kann herrlich sein – wenn aber nichts geschieht?", so weist das auf die aktuelle Bedeutung der Blumhardtschen Verkündigung hin, deren Echo eben nicht allein von theologischer und stilistischer Brillanz abhängt (S. 221).

Der Umgang des Predigers Blumhardt mit dem Hörer wird nur verständlich im Blick auf die drei Fronten, vor die sich Blumhardt in seiner Verkündigung gestellt sieht: 1. eine Aufklärungstheologie, welche die Auferstehung Jesu nicht glaubt und damit „vernünftelnd" die Rolle der Vernunft „krankhaft ‚hypertrophiert'"; 2. eine sich konservativ-rechtgläubig gebende Kirchlichkeit, die aber nicht „in konkreter Umkehr zu Gott" lebt; 3. eine falsche, mehr auf das eigene Ich als auf Christus bezogene Frömmigkeit, die sich moralisch entrüstend über andere äußern kann (S. 257ff.).

Blumhardts Verhältnis zu dieser dritten „Front" muß sehr differenziert gesehen werden, um die Stellung zur Erweckungsbewegung seiner Zeit angemessen darlegen zu können. In manchen Aussagen Blumhardts (etwa zu Bekehrung und Wiedergeburt) ist eine große Nähe zu pietistischer Argumentation feststellbar; bei anderer Gelegenheit äußert er sich – zu den gleichen Themen – in einer Weise, die ihn als entschiedenen Gegner des Pietismus erscheinen lassen. In der Literatur über ihn hat man wiederholt versucht, das eine gegen das andere Votum auszuspielen, um das eigene vorgefaßte Blumhardt-Bild bestätigt zu finden (vgl. Dieter Ising, *Blumhardtforschung heute.* Evangelische Kommentare 1986, H. 12, S. 710f.). Schulz' genaue Untersuchung des Kontextes erweist solche Versuche als obsolet;

Blumhardts Stellung zu den „Frommen" beschreibt er wie folgt: Von seiner Biographie her steht er ihnen nahe; nach außen hin (etwa gegen die Aufklärungstheologie) weiß er sich mit ihnen solidarisch (S. 258). Andererseits kann er, sobald in diesen Kreisen eine einseitig ichbezogene Perversion der Frömmigkeit auftaucht, welche die universale Dimension der Christusbotschaft und damit die Verantwortung für die „Anderen" vergißt, dies sehr scharf als eine „Art der Gottlosigkeit" bezeichnen (S. 264f.). Charakteristischerweise gibt aber Blumhardts Kritik den Begriff der Frömmigkeit nicht preis; er ermahnt die „Frommen": „Wollen wir doch ein bißchen frömmer sein und uns auch recht *halten*" (S. 265).

Leider war Schulz im biographischen Teil hauptsächlich auf das Blumhardtsche *Lebensbild* von Friedrich Zündel angewiesen, für den zumindest große Teile der Möttlinger Vorgeschichte terra incognita geblieben sind; das spiegelt sich in der Kürze der Abschnitte Stuttgart bis Basel (Schulz, S. 41–47) wider. Ausfüllen lassen sich die Lücken z. T. durch die Briefe und Tagebücher Joh. Chr. Blumhardts (eine Edition ist in Vorbereitung), deren Umfang und inhaltliche Bedeutung weit über das hinausgehen, was bei Zündel und in den von Otto Bruder herausgegebenen *Ausgewählten Schriften* sichtbar wird.

Schulz' Arbeit beeindruckt durch ihr behutsames, differenzierendes Vorgehen. Nicht nur Blumhardts Äußerungen werden, wie beschrieben, auf Kontext und Zielgruppe hin befragt, auch Kritik an Blumhardt muß es sich gefallen lassen, daß ihre Prämissen offengelegt werden (S. 18). Auf diese Weise ist ein Buch entstanden, das sich wohltuend von manchen voreiligen Inanspruchnahmen Blumhardts oder unbedachten Verdammungsurteilen über ihn abhebt. Es weist hin auf Blumhardts bleibende Bedeutung, aber auch auf seine Grenzen (z. B. Biblizismus, Stellung zur Sexualität), und bringt damit die Blumhardtforschung methodisch wie inhaltlich ein gutes Stück voran.

Stuttgart　　　　　　　　　　　　　　　　　　　　Dieter Ising

Gundert, Hermann: Tagebuch aus Malabar 1837–1859, hg. von Albrecht Frenz. Ulm–Stuttgart 1983 (Kommissionsverlag J. F. Steinkopf), XXIX + 399 S.

Gundert, Hermann: Schriften und Berichte aus Malabar, hg. von Albrecht Frenz. Ulm–Stuttgart 1983 (Kommissionsverlag J. F. Steinkopf), XVI + 263 S.

Gundert, Hermann: Calwer Tagebuch 1859–1893, hg. von Albrecht Frenz. Ulm–Stuttgart 1986 (Kommissionsverlag J. F. Steinkopf), 671 S.

Das Lebenswerk des Indienmissionars, Sprachforschers und Verlegers

Hermann Gundert (1814–1893) ist, abgesehen von zerstreuter Spezialliteratur, von der Kirchengeschichtsforschung bisher kaum zur Kenntnis genommen worden (vgl. allerdings WOB 7, 315f.). Darum ist es zu begrüßen, daß mit den noch im Familienbesitz befindlichen Tagebüchern Gunderts und einem Teil seiner Papiere eine wertvolle Quelle vor allem zur Geschichte der Mission und des Pietismus nunmehr zugänglich gemacht wurde. Angekündigt ist bereits die Edition der zweifellos gleichfalls interessanten Briefe Gunderts.

Gundert stammte aus einem Elternhaus, das dem am Anfang des 19. Jahrhunderts so lebendigen Stuttgarter Pietismus angehörte. Er selbst kam während seiner Schulzeit in Maulbronn und noch im Anfang seines Theologiestudiums in Tübingen unter den Einfluß des Hegelianismus von D. Fr. Strauß. Der Tod der frommen Mutter bewirkte 1833 die Bekehrung und den Anschluß an die Pietistengruppe des Tübinger Stifts, eine Wende, wie sie auch bei Gunderts späterem Missionarskollegen Hermann Mögling (1811–1881) erfolgt war. Gundert legte von da an Wert auf echte Bekehrung. Die konkrete Erfahrung der Sündenvergebung durch das Blut Christi kann als Mitte seiner Frömmigkeit und Theologie bezeichnet werden. Zeugnisse aus dieser Periode sind die allerdings nur für die persönliche Entwicklung interessanten Gedichte (Briefe und Schriften 2–20) und die frühen Tagebuchaufzeichnungen (Calwer Tagebuch 13–24). Gleichzeitig wahrte sich Gundert eine beachtliche geistige und theologische Weite. Seine große Begabung für Fremdsprachen verband er mit der notwendigen philologischen Methodik.

Mit dem keiner Missionsgesellschaft angehörenden Missionar Anton Norris Groves ging Gundert 1835 über England nach Südindien. Durch Groves kam Gundert in Berührung mit dem englischen Freikirchentum. Eine der Mitarbeiterinnen von Groves, Julie Dubois aus Neuchatel, wurde Gunderts Frau und Mitarbeiterin. Er verdankte ihrem selbständigen und entschiedenen Christentum viel. Da mit dem sprunghaften Groves eine konsolidierte Zusammenarbeit nicht möglich war, schloß sich Gundert 1838 der Basler Mission an. Er baute zunächst die Missionsstation Tellicherry auf, arbeitete später in Chirakkal, von wo er nach Mangalore wechseln mußte. 1857 wurde er Schulinspektor von Malabar und Kanara im englischen Regierungsdienst. Nach der Rückkehr nach Deutschland gewann ihn Christian Gottlob Barth als Mitarbeiter für den Calwer Verlagsverein. 1862 wurde er dort dessen Nachfolger, in späteren Jahren seinerseits unterstützt durch seinen Schwiegersohn Johannes Hesse, den Vater Hermann Hesses.

Eine knappe Würdigung der Missionstätigkeit Gunderts bietet der Herausgeber in Briefe und Schriften XI–XVI, ein eigener Lebenslauf Gunderts von 1838 findet sich im Calwer Tagebuch 35–38, ebd. 41–85 auch spätere biographische Aufzeichnungen aus Indien. Ergänzend treten hinzu Briefe und Schriften insgesamt, darunter die durchweg eindrücklichen Berichte an das Basler Missionskomitee. Leider ist die Basler Gegenkorrespondenz nicht herangezogen worden. Gundert erscheint als sehr verantwortungsbewußter, differenzierender Berichterstatter, der allerdings auch seinen Standpunkt gegenüber dem Komitee zu wahren wußte. Die Berichte über die Bibelübersetzung in die Malayalamsprache und über das bis heute angesehene Malayalam-Englisch-Wörterbuch weisen Gundert als einen bedeutenden Sprachforscher und Übersetzer aus, dessen Beitrag zur Erschließung der südindischen (dravidischen) Sprachen bis heute nicht vergessen ist. Dem Artikel Bibelübersetzungen in TRE 6 ist die Leistung Gunderts leider entgangen.

Es empfiehlt sich, von den zusammenfassenden Papieren her sich dem Malabar-Tagebuch zu nähern. Dieses enthält eine außerordentliche Fülle unmittelbarer Informationen über die Missionsarbeit. Gunderts Notizen sind meist sehr dicht und lassen das Ausmaß seiner Aufgaben ahnen. Da der Hg. jedoch nur wenige erklärende Anmerkungen beigegeben hat und ein Personen- und Ortsregister fehlt, verliert man leicht die Übersicht. Man erhält Einblick in die schwierigen Anfänge missionarischer Verkündigung, in die Beziehungen zu den englischen Beamten, die die Mission zum Teil persönlich sehr förderten, in das Verhältnis zu den Missionarskollegen, unter ihnen der angesehene Mögling und der urwüchsige Samuel Hebich (1813–1868), aber auch schwächere Gestalten oder gar Versager. Die Reibungsverluste unter den Missionaren waren zum Teil erheblich. Dies gilt auch für die Zusammenarbeit mit den einheimischen Katechisten. Eine anspruchsvolle Kirchenzucht wurde praktiziert. Sie wandte sich gegen Lügen, Diebstahl und sexuelle Vergehen. Die Zahl der Rückschläge war groß, aber auf die Dauer wahrte die Mission so ihre moralische Integrität und Identität. Eine Reflexion über den Zusammenhang von umgebender Gesellschaft und Ethik findet kaum statt. Die Südindienmission erscheint kaum als verlängerter Arm des Kolonialismus. Aus dem Reichtum der Aspekte seien noch hervorgehoben die Entwicklung von Schule und Gottesdienst, das Finanzwesen und das Verhältnis zu den heidnischen Religionen sowie den anderen christlichen Konfessionen.

Nicht weniger interessant ist das Tagebuch aus der Calwer Zeit. Gundert blieb wie Barth der Missionsarbeit weiter verbunden und warb auf vielen Veranstaltungen für sie. Das Basler Missionsfest wurde regelmäßig besucht. Gäste aus dem Ausland und der Mission stellen sich ein. In Missionsangelegenheiten werden größere Reisen nach England, Amsterdam und Bremen unternommen. Über die Arbeit und Entwicklung des Calwer Verlagsvereins erhält man wertvolle Informationen. Das nähere Umfeld, in dem Gundert als Prediger, Redner und Seelsorger nunmehr unermüdlich auch kirchlich wirkte, war Calw und seine Umgebung und darüber hinaus ganz Württemberg. Freimütig wird über die Qualitäten der Geistlichen und Missionare geurteilt, mit denen Gundert zu tun hatte. Der damalige württembergische Pietismus erweist sich als erstaunlich vital, freilich auch als anfällig für die Separation. Templer, Mormonen, Baptisten und vor allem die Methodisten treten in Erscheinung. Gundert wahrte insgesamt seine früher gewonnene kirchliche Weite. Von Jugend auf partizipierte er gerne am bereits blühenden Musikleben, was sich nicht allein auf die Kirchenmusik beschränkte. Selbstverständlich fehlen auch unabhängige Urteile über politische Vorgänge im Land, im Reich und weltweit nicht. Daß beiläufig nicht wenig für die Sozialgeschichte abfällt, sei nur angedeutet.

Dankbar ist man für die Karten und Abbildungen. Die Edition insgesamt hätte man sich in manchem professioneller gewünscht. Desiderate bestehen nicht nur hinsichtlich der fehlenden Register. An sich wären umfangreiche Personennachweise und Sacherklärungen nötig gewesen, was freilich erhebliche Mehrarbeit erfordert hätte. Der bloße Text kann nur bei Vertrautheit mit den jeweiligen speziellen Verhältnissen voll verstanden werden. Gunderts Handschrift ist nicht leicht zu lesen. Manche kenntlich gemachten Unsicherheiten oder Lesefehler hätten sich bei Zusammenarbeit mit einem Experten ausmerzen lassen. Die Einsprengsel in griechischer, hebräischer und vor allem in Malayalam-Schrift, die jetzt lediglich in den Text hineinkopiert sind, hätten auf jeden Fall aufgelöst werden müssen. Verweise auf Anschlußliteratur wie die Basler Missionsgeschichte oder die Missionarsbiographien sowie Nachweise von Literatur fehlen. Der Rezensent verkennt nicht, daß die Erfüllung dieser Desiderien einen erheblichen Mehraufwand erfordert hätte, der sich jedoch letztlich gelohnt hätte. Das mindert allerdings nicht den Respekt vor dem Wagnis und der Leistung der Edition und die Dankbarkeit, daß diese Quellen überhaupt zugänglich gemacht worden sind.

Münster/W. Martin Brecht

Ludewig, Hansgünter: Gebet und Gotteserfahrung bei Gerhard Tersteegen. Göttingen, Vandenhoeck & Ruprecht, 1986. 359 S. = Arbeiten zur Geschichte des Pietismus 24.

Der Druck bietet die gekürzte Fassung einer Dissertation, die 1982 der Universität Hamburg vorgelegen hat. – Ein Überblick über die Tersteegen-Forschung führt zu dem bekannten Ergebnis, daß sie sich zwischen zwei Polen bewegt: auf der einen Seite schwärmerische Verehrung für Tersteegen und auf der anderen Polemik von bestimmten dogmatischen Prämissen aus, wobei die „Mystik" in Tersteegens Werk als heidnisch oder doch als unevangelisch beurteilt wird.

Ludewigs eigene Absicht ist es, „Tersteegens Gebetserfahrungen aus dem widerspenstigen Material der Überlieferung herauszuschälen und verständlich zu machen" (S. 11). Der Anlaß dazu war biographischer und existentieller Art. In den Studentenunruhen des Jahres 1968 begann der Verfasser nach dem zu suchen, was uns unbedingt angeht. Er war prinzipiell interessiert an der Frage „nach der Möglichkeit und Wirklichkeit von unmittelbarer Gotteserfahrung und den Bedingungen, unter denen sie nachvollziehbar wird" (S. 12). Der Begriff *Gebetserfahrung* soll „das gesamte Gefüge religiösen Erkennens, religiösen Erlebens und Erleidens" (S. 16) bezeichnen. Statt von Gebetserfahrung kann der Verfasser auch von Gotteserfahrung sprechen. Sie soll dargestellt werden (S. 12).

Als „Grundgerüst" (S. 15) dient dabei Tersteegens Lied „Gott ist gegenwärtig". – „Bei der Entfaltung der [dort verwendeten] Bilder ist jeweils versucht, zunächst den Eindruck des Numinosen als solchen festzuhalten, während in einem zweiten Teil die Gefühle beschrieben werden, die der Eindruck als Wirkung hinterläßt. Tersteegen selbst hat durch seine Art des Berichtens diese Unterscheidung nahegelegt" (S. 15).

Ob eine solche Differenzierung Tersteegens eigenen Intentionen entspricht, ist sehr fraglich. Bedenklicher aber noch wirkt an dieser Methode die Selbstverständlichkeit, mit der sie davon ausgeht, daß Tersteegen mystische Erfahrungen gemacht hat und sie mitteilen wollte. Das gerade hätte geprüft und erwiesen werden müssen. Es gibt ja bekanntlich auch eine mystische Theologie, die sich mystischer Terminologie bedient, aber keine Erfahrungsmystik ist und sein will. Ludewig hat selbst bemerkt, wie spröde sich sein Quellenmaterial seiner Hauptabsicht gegenüber verhält, ja, wie sehr es sich gegen diese sperrt. Tersteegen hat sich entgegen den pietistischen Gepflogenheiten geweigert, seinen Freunden eine schriftliche autobiographische Darstellung zu geben, selbst seine gesamte innere Entwicklung zu schildern, er sieht in dem Streben nach eigener Schönheit und Heiligkeit subtile Formen der Eigenliebe (S. 173), legt für seine Frömmigkeit keinen Wert auf Visionen (S. 163) und auf die Schau, *theoria* (S. 316), so daß sich möglicherweise viele der von Ludewig konstatierten Unschärfen in Tersteegens Begrifflichkeit daraus erklären, daß er eben das nicht zu sagen beabsichtigte, was er nach unserem Verfasser da aussagen müßte.

Mit großer Selbstsicherheit konstatiert er am Schluß, mit Tersteegens „Erfahrung der Gegenwart Gottes" die „Kriterien" gewonnen zu haben, „um das Proprium christlicher Gotteserfahrung zu beschreiben" (S. 318). In dem Lied von der Gegenwart Gottes meint Ludewig, alle wichtigen „Vorstellungsbilder und... damit auch die wesentlichen Gefühlsmomente" erfaßt zu haben, denn obwohl Tersteegen große Teile der frömmigkeitsgeschichtlichen Traditionskette überschaue, bewege „er sich in einem sehr engen Rahmen von religiöser Metaphorik" (S. 311). Ludewig vergleicht seine eigene Arbeit mit der eines Archäologen: das Aufdecken von Tersteegens Gebetserfahrung sei oft gewesen „wie das Ausgraben einer versunkenen Kultur. Als wir auf die Fundamente stießen, erwies sich unser Objekt als ein sehr einfacher, geistlicher Bau" (S. 318). Das Buch schließt mit der Frage, was nun mit der ausgegrabenen Kultur geschehe, ob sie wieder zurücksinke in den Dämmerschlaf ihrer verstaubten Quellen oder ein wichtiger Maßstab werde, „wenn es darum geht, neue Formen von Spiritualität zu begründen" (S. 318). Wie das geschehen könnte, darüber wird auch nicht die Spur einer Andeutung gemacht.

Wie steht es denn nun mit den angeblich aufgefundenen und bloßgelegten Fundamenten einer versunkenen Kultur? Man kann Ludewig nicht bescheinigen, daß er die Fundamente vollständig ausgegraben und die aufgefundenen richtig gedeutet hat. Nehmen wir als Beispiel das Bild vom Tropfen am Eimer. Nach Ludewig dient es wie viele andere bei Tersteegen zur Wiedergabe eines persönlichen Eindrucks, ist Ausdruck eines Erlebens.

> „Wie erlebt sich der Mensch, wenn er im Bewußtsein der Gegenwart Gottes auf sich selber schaut? Angesichts der Weite und Unergründlichkeit Gottes schrumpft sein Ich zu einem bedeutungslosen Etwas zusammen. Er kommt sich vor wie ein Wassertropfen, der sich spurlos in einem Meer verliert. Wiederholt begegnet uns diese Vorstellung in Tersteegens Schlußreimen.
> ‚Du unergründ'tes Meer, in dir
> Ich wie ein Tröpflein mich verlier.'
> Diesem Bild entspricht der an Schroffheit und Kürze nicht mehr zu überbietende Satz:
> ‚Gott alles, ich nichts!'" (S. 138f.).

Der Verfasser übersieht hier wie an manchen anderen Stellen, wo Tersteegen nicht ausdrücklich darauf aufmerksam macht, daß es sich um ein Bild biblischen Ursprungs handelt und um Gedankengänge, die der Deutung des Bildes folgen, die es in der Bibel selbst erfährt. In Jes. 40,15 werden die Völker verglichen mit einem *Tropfen am Eimer* – auch Klopstock hat die Metapher aufgenommen in „Die Frühlingsfeier". Daß bei Deuterojesaja vom Tropfen am Eimer und nicht im Meer die Rede ist, hängt zusammen mit der durchweg negativen Vorstellung vom Meer als Chaos und gottfeindlicher Macht und den mythologischen Verbindungen zwischen tehom (Urflut) und tiamat, obwohl aus der Tiefe auch segnende Kräfte kommen (1.Mose 49,25; 5.Mose 33,13). Sinn der Rede von den Völkern als Tropfen am Eimer ist, daß sie vor dem geschichtsmächtigen Gott nichts sind (Jes. 40,17.23; 41,11.12.24; Hag 2,3). Eine Wendung ins Individuelle liegt in Ps. 39,6 vor: „*Mein Leben* ist wie nichts vor dir." Hieran konnte Tersteegen anknüpfen, wenn er sagte: „Gott alles, ich nichts." Es ist also höchst problematisch, aus dem Bild vom Wassertropfen auf ein *Gefühl* Tersteegens schließen zu wollen.

Das Bild und seine Deutung sind Traditionsgut. Das gilt auch von einer anderen Merkwürdigkeit bei Tersteegen, die Ludewig aufgefallen ist, daß jener nämlich im Zusammenhang mit der Kindrolle der Christen mütterliche Züge Gottes hervorhebt, unter anderem von dem Mutterschoß (S. 114) spricht. Unser Verfasser sucht mühsam eine Erklärung über die Sophiamystik, weil Tersteegen die ewige Weisheit als treuliebende Mutter bezeichnet habe, und übersieht, daß das direkte Vorbild in den κοιλία-Stellen des Neuen Testamentes gegeben ist, z. B. Mt 12,40 (Jona in der κοιλία des Meeresungeheuers) mit der deutlich doppelten Symbolik: Ausweglosigkeit, Tod und – Wiedergeburt.

Es handelt sich hier zweifellos um ein Symbol. Ludewig behauptet von sich: „Wir entdeckten die üblichen Bilder und Symbole" (S. 318). Es verwundert sehr, daß mit keinem Wort auf C. G. Jungs Archetypen („Der Mensch und seine Symbole", Olten 1968) eingegangen wird, auch nicht auf P. Tillichs Ausführungen über das religiöse Symbol (Ges. W. V, 196–212; vgl. V, 237–244; VIII, 139–148). Die „Emblemata" von Henkel und Schöne, Handbuch zur Sinnbildkunst des 16. und 17. Jahrhunderts, Stuttgart 1967, wurden ebensowenig zu Rate gezogen wie das Lexikon der Symbole von G. Heinz-Mohr, Düsseldorf 1971, und unberücksichtigt blieb auch die ganze Forschung, die in der Reihe „Symbole" (Kreuz-Verlag) ihren Niederschlag gefunden hat. Zu dem Motiv der verschlossenen Tür (S. 218) gibt es hochinteressante Parallelen aus Märchen, die ebenfalls außer Betracht bleiben.

Wer von der Voraussetzung ausgeht, bei Tersteegen Mitteilungen von Erfahrungen und Gefühlen zu finden, kann es sich nicht leisten, auf die Überprüfung zu verzichten, ob und wieweit die Bilder, in die solche Erfahrungen gekleidet sein sollen, aus dem kollektiven historischen Gesamtwissen stammen, das jeder als ein Stück unveräußerlichen Ahnenerbes in den Tiefen seiner Seele bewahrt.

Von der Auffassung C. G. Jungs aus, daß die Symbole natürliche Versuche sind, Gegensätze der Psyche miteinander zu versöhnen und zu vereinen, wäre es doch interessant zu sehen, ob sich mit diesem Symbolverständnis bestimmte Ambivalenzen bei Tersteegen besser in ihrer inneren Zusammengehörigkeit begreifen lassen, z. B. seine Forderung völliger Willenlosigkeit und Seligkeit als die äußerste Erfüllung des eigenen Willens (S. 172), oder die überschwengliche Rede von den Seligkeiten der Seele in der Nähe Gottes und die Bestreitung, daß es sich dabei überhaupt um sinnliche Empfindungen handelt (S. 181), ferner, wie die Gegensätze im Grundgefühl, Vergänglichkeit und Geborgenheit (S. 221), zusammenhängen können.

Neben eine wenigstens versuchsweise Entschlüsselung des Bildmaterials Tersteegens mit Hilfe der tiefenpsychologischen Möglichkeiten müßte eine konsequent historische treten, die die verwendeten Begriffe auf ihre Herkunft, ihre Wandlungen und ihren geschichtlichen Kontext untersucht. Das hat Ludewig nur an einer Stelle gründlich getan, indem er eine Traditionsgeschichte des Begriffes „Gegenwart Gottes" bietet. Das wäre bei vielen anderen Begriffen auch nötig gewesen. Da das nicht geschehen ist, vermittelt die Arbeit den Eindruck, diese Begriffe seien ad hoc-Bildungen Tersteegens, die sich dem Leser durch freie Assoziationen erschließen. Zu dem „Augenblick ..., der ewig dauert" (S. 124) z. B. hätte zusammengestellt werden müssen, was die deutsche und romanische Mystik über das *nunc aeternum* zu sagen wußte, bei der Meersymbolik hätte die Barocklyrik mit ihren in großer Breite verwendeten Meer- und Hafenallegorien herangezogen werden sollen.

Nur en passant sei darauf hingewiesen, daß auch das Bild vom Säugen des Kindes (S. 115, Anm. 64) ein traditionsgeladenes ist. Es findet sich z. B. bei Luther, Philipp Nicolai, Heinrich Müller und Angelus Silesius. (S. die Einleitung zu meiner Auswahl aus H. Müllers „Geistlichen Erquickstunden" unter dem Titel „Gott ist mein Gut", Stuttgart 1964, S. 39). Es hätte für den Aufweis der Wirkung Tersteegens auch sehr nützlich sein können, wenigstens an einigen Beispielen zu zeigen, wo von ihm gebrauchte Bilder und Wendungen später wieder auftauchen oder weiterwirken, etwa das Bild von dem zur Schlachtbank gehenden Ochsen (S. 67) bei Ludwig Hofacker oder das ewige Suchen (S. 62), nämlich nicht nur bei Lessing (S. 70), sondern auch bei den Existentialisten. Der historische Kontext ist von besonderer Wichtigkeit, wo vom Erleuchtetwerden geredet wird. Um die Eigenart Tersteegens deutlich zu machen, müßten die Berührungspunkte und die Unterschiede zwischen Pietismus und Aufklärung erörtert werden, weil nämlich auch für sie, wie Wolfgang Philipp in seiner Textauswahl „Das Zeitalter der Aufklärung" (Bremen 1963, Klassiker des Protestantismus, Bd. VII) eindrucksvoll gezeigt hat, das Licht und die Erleuchtung (des Verstandes) eine bedeutende Rolle spielen. Diese Problematik kommt bei Ludewig überhaupt nicht in den Blick.

Er stellt die reizvolle historische These auf, Tersteegens religiöse Leidenschaft entzünde „sich nicht an der Frage, ob Gott ihm gnädig ist, sondern ob er überhaupt erfahrbar ist" (S. 63). Das ist zweifellos ein vielversprechender Gesichtspunkt für eine verständnisvolle historische Würdigung Tersteegens und zugleich eine Unterstreichung seiner Aktualität. Aber leider wird die These nicht weiter verfolgt und evident gemacht. Sie gilt als selbstverständlich, was sie keineswegs ist.

Wer sich mit Tersteegen beschäftigt, kommt nicht daran vorbei, sich auch von dem Phänomen Mystik eine Vorstellung zu verschaffen. Der Verfasser hat sich hier redlich bemüht, in dem Dschungel der Theorien einen Durchblick zu gewinnen. Aus der Literatur (S. 313) übernimmt er die Kategorie „Aufhebung der Subjekt-Objekt-Spaltung" (S. 148), was allerdings insofern problematisch ist, weil dieselbe Begrifflichkeit in einem erkenntnistheoretischen und wissenschaftsgeschichtlichen Zusammenhang verwendet wird und die geisteswissenschaftliche Verstehenslehre meint, die W. Dilthey dem historischen Positivismus entgegensetzte, der die in den Naturwissenschaften zum Siege gelangte cartesianische Unterscheidung zwischen dem erkennenden Subjekt und dem der Erkenntnis unterworfenen Objekt übernommen hatte.

Alles in allem führt das Buch zwar an Tersteegen heran, konfrontiert mit mancher wichtigen Textstelle, hinterläßt aber mit seinen keineswegs immer stichhaltigen und überzeugenden Exegesen den Eindruck, daß Tersteegen wesentlich schwieriger zu erfassen und einzuordnen ist, als es der Autor darstellt. Wenn Tersteegen einer versunkenen Kultur zu vergleichen ist, dann erfolgte ihre Ausgrabung bei Ludewig noch nicht, und künftige „Ausgräber“ und Interpreten werden sich darauf gefaßt machen müssen, daß sie es im Gegensatz zu der hier behaupteten Monotonie der Gedanken Tersteegens mit einer erstaunlichen Vielfalt von Motiven bei ihm zu tun bekommen. Dazu muß vor allen Dingen endlich einmal Tersteegens umfangreichstes Werk „Auserlesene Lebensbeschreibungen heiliger Seelen“ in gebührendem Umfang zur Würdigung dieses Erbauungsschriftstellers herangezogen werden.

Bezeichnenderweise fehlt in Ludewigs Literaturverzeichnis Peter Meinholds „Geschichte der kirchlichen Historiographie“ (2 Bde, Freiburg-München 1967), der Tersteegen einen Platz unter den Kirchengeschichtsschreibern einräumt und ihm bescheinigt, daß er „in geradezu klassischer Weise das für die protestantischen Mystiker charakteristische Geschichtsbild zum Ausdruck gebracht hat“ (I, S. 447).

Literaturverzeichnisse bleiben immer ergänzungsbedürftig. Die bei Ludewig offengelassene Frage, ob Wienkop die Verschreibung nach dem Original publizierte (S. 59), genauer müßte es heißen: das Original der Verschreibung besaß, kann inzwischen eindeutig mit Ja beantwortet werden, s. meinen Aufsatz „Tersteegens Verschreibung mit Blut und die mit ihr zusammen überlieferten Stücke“ (in: MEKGR 33, 1984, S. 274–299).

Nicht unwichtig für die Rezeption Tersteegens sind auch populäre Darstellungen, darum sei vermerkt, daß Arno Pagels Taschenbuch „Gerhard Tersteegen“ 1986 in 5. Auflage erschien.

Zu der Unstimmigkeit, ob Jorissen ein Vetter Tersteegens war (so Ludewig S. 22, auch Friedrich August Henn, Matthias Jorissen, 2. Aufl., Neukirchen 1964, S. 17 und EKG S. 1123, Nr. 211) oder ein Neffe, wie van Andel schreibt (dt. Ausg. S. 79), was bei einem Altersunterschied von 42 Jahren wahrscheinlicher ist, müßte einmal genealogisches Material vorgelegt werden. Die Anrede „Vetter“ in dem von Henn publizierten Jorissenbrief kann auch bloß modisch und höflich sein und beweist allein noch keine bestehende Verwandtschaft.

Düsseldorf

Rudolf Mohr

Benad, Matthias: Toleranz als Gebot christlicher Obrigkeit. Das Büdinger Patent von 1712. Hildesheim, Gerstenberg Verlag, 1983. II + XVII + 494 S. = Studia irenica XXVII (ferner leicht gekürzt als Büdinger Geschichtsblätter 11; Kap. 5.1 und 5.2 als Aufsatz in JGP 8 [1982] 119–161).

Der Gegenstand dieser am FB Religionswissenschaften der Universität

Frankfurt entstandenen Dissertation, das sog. Toleranzpatent des Grafen Ernst Casimir I. von Ysenburg-Büdingen aus dem Jahre 1712, ist in der Geschichte des Pietismus kein unbekanntes Dokument; war es doch das erste landesherrliche Edikt, das auch Separatisten „vollkommene Gewissensfreiheit" gewährte. Ritschl (II, 437–457) hat es im Zusammenhang mit dem Wirken von Otto Heinrich Becker erörtert, der Schlüsselfigur in den Waldecker pietistischen Streitigkeiten, dann Büdinger, später Obergreizer Regierungsrat. Die Aufmerksamkeit der bisherigen Forschung galt ausschließlich der Toleranzbestimmung (Art. 1) des Patents, die vor einigen Jahren erstmals eine genauere rechtshistorische Würdigung erfahren hat (H. Steiger, in: Festschrift W. Mallmann, Baden-Baden 1979, 293–318). B. will demgegenüber der Verknüpfung der Toleranzgewährung mit sozial- und wirtschaftspolitischen Privilegien (Art. 2–23) im Patent Rechnung tragen und mit sozialgeschichtlicher Fragestellung Anregungen Leubes und Lehmanns zur Pietismusforschung aufnehmen. Dabei ist B.s Leitfrage, wie durch dieses Patent obrigkeitliche Sozialethik verwirklicht wird.

Nach „Vorarbeiten", in denen B. „die dem Büdinger Patent nahestehende protestantische Obrigkeitsethik" darstellen will und sich hier auf Seckendorffs ‚Christen-Staat' konzentriert, sodann „die historischen Herausforderungen in Deutschland zwischen 1648 und 1789" charakterisiert und den Wortlaut des gedruckten Edikts wiedergibt, folgt die „Hauptuntersuchung" in vier Arbeitsgängen. Zunächst werden zwei Konzeptionen zur Toleranzbegründung vorgestellt. Beckers Traktat „Grund-Sätze über die Frage: Was der Obrigkeit und der Prediger Pflicht seye/ Ketzerey und Irrthum in Religions-Sachen im Lande zu verhüten/ und wie sie mit Irrenden sollen umgehen" (1704; ^{2}1706) und das Frankfurter Responsum eines anonymen Jurisconsultus zum Büdinger Patent. Im nächsten, umfangreichsten Hauptabschnitt untersucht B. die sozialen, politischen, wirtschaftlichen und kirchlichen Verhältnisse in der Grafschaft Ysenburg-Büdingen. Ein dritter Arbeitsgang beschäftigt sich mit den „oppositionellen Reaktionen auf das Patent": den Einwänden der Büdinger Bürger, denen B. „mangelnde theologische Qualifikationen" [!] attestiert (250), sowie zwei gegen den Toleranzartikel gerichtete Traktate eines orthodoxen Lutheraners.

Das letzte Kapitel des Hauptteils widmet B. der Frage, ob und inwieweit der Graf die Ziele des Patents erreichen konnte. B. untersucht dies an der Entwicklung der neu angelegten Büdinger Vorstadt. Anhand einer Eingabe von Einwohnern will er „ökonomische Theorie [!] und Praxis einiger Vorstädter darstellen", in deren Vorschlägen zur Fortentwicklung des Siedlungsprojekts er „deutliche Ansätze frühkapitalistischen Denkens und Handelns" zu erkennen meint. Durch die seit 1714 auftretende ‚Inspirationserweckung' sei die positive wirtschaftliche Entwicklung zum Stillstand gekommen, da sie zu einer Wandlung der Arbeitsmoral bei den Separatisten geführt habe; die Ausweisung einiger Inspirierter 1716 stehe damit im Zusammenhang. Motive und Formen inspirierter Frömmigkeit werden unter individual- und sozialpsychologischen Fragestellungen analysiert. Am Beispiel des Strumpfwebers Ulrich will B. zeigen, welche negative Wende die Inspirationserweckung bewirkte. Als Gesamtergebnis resümiert B., „daß Ernst Casimirs weitgesteckten Zielen in allen wesentlichen Punkten kein Erfolg beschieden war und daß er die Anforderungen einer protestantischen Obrigkeitsethik, wie Seckendorff sie beispielsweise entwickelt hatte, nicht annähernd zu erfüllen vermochte". Das Patent sei „ein feudal-konservatives Wirtschaftsprivileg", „das als Besonderheit die Separatistenduldung einschloß". Die Hauptursache des Scheiterns liege darin, daß es dem Grafen „nicht um grundlegende ökonomische und politische Reformen" gegangen sei, sondern „um Bewahrung und Stabilisierung seiner überlebten obrigkeitlichen Funktion".

So interessant die prätentiöse Aufgabenstellung der Arbeit ist, stellen sich doch sogleich einige grundsätzliche Fragen: 1. Ist es nicht zu kurz gegriffen, „die Regierungstätigkeit Ernst Casimirs als Christliche[r] Obrigkeit" (25) nur aufgrund eines einzigen – wenngleich wichtigen – Patents zu würdigen? Immerhin regierte der Graf noch bis 1749! (In seine Regierung fiel z. B. die Aufnahme der Herrnhuter 1736ff.) 2. Ist es angemessen, das obrigkeitliche Handeln eines *reformierten* Landesherrn an Seckendorffs Christen-Staat zu messen? Das Vorhandensein eines Exemplars in der Schloßbibliothek, *möglicherweise* schon zu Ernst Casimirs Zeiten, der die Schrift vielleicht auch gelesen habe (27), reicht doch als Begründung nicht aus. 3. Das Patent und die damit in Zusammenhang stehenden Maßnahmen gehen ganz auf die Initiative des Regierungsrates O. H. Becker zurück – so sehr sie auch vom Grafen, dessen planerischer Anteil aber kaum greifbar wird, gebilligt wurden. Müßte daher nicht konsequent nach Beckers sozialethischer Konzeption gefragt werden und dessen Regierungstätigkeit den Gegenstand der Untersuchung bilden? Bei dem Lutheraner Becker wäre auch der Vergleich mit Seckendorff angemessener. Und hängt vielleicht der geringe Erfolg des Büdinger Vorstadt-Projekts auch damit zusammen, daß mit Beckers Weggang der eigentliche „Motor" fehlte?

Die Fragestellungen der – z. T. durch zahlreiche Wiederholungen und umständliche Formulierungen etwas langatmigen – Untersuchung verdienen ebenso Beachtung wie die materialreichen Einzelerhebungen zur lokalen Sozial- und Wirtschaftsgeschichte, die zu diskutablen Resultaten führen. Die Arbeit weist aber gravierende Schwächen auf, die das Gesamtbild stark beeinträchtigen und auch die Zuverlässigkeit mancher Einzelergebnisse in Zweifel ziehen. Nur einige Hauptaspekte können hier angesprochen werden.

Angesichts der zutreffend erkannten Rolle, die Becker beim Zustandekommen des Patents spielte (auf Ritschls Bestreitung von Beckers Urheberschaft geht B. überhaupt nicht ein!), wird ihm zu wenig Aufmerksamkeit geschenkt. Obwohl ein vollständiges Schriftenverzeichnis Beckers bei Curtze (im Lit. verz. genannt; vgl. auch den Preuß. Generalkatalog) vorliegt, hat B.

leider nur zwei Traktate benutzt (Auszüge daraus finden sich übrigens nicht – wie B. im Lit. verz. angibt – im Anhang der ‚Historia Pietistica Waldeccensis', sondern als Beilagen zum Wittenberger Responsum); andere wichtige Schriften blieben unbekannt oder unbenutzt: Beckers ‚Esprit égaré du Monde' (1710) weist die gleiche Begründung für Toleranzgewährung auf wie die ‚Grund-Sätze' und das Patent; Beckers Beitrag zur Schrift seines Freundes und Protegé Marmor (Entdeckung des Unfugs ..., 1710, 65 ff.) bietet reichhaltiges Material zur Erörterung der Gewissensfreiheit (hier zitiert Becker zweimal Seckendorff, freilich dessen ‚Fürsten-Staat'!). Hätte B. die hier wie in dem anonymen Frankfurter Responsum genannte Spener-Schrift (‚Abdruck eines christlichen Bedenckens', s. Grünberg III, 243, Nr. 191) genau gelesen, müßte ihm aufgefallen sein, daß Beckers ‚Grund-Sätze' i. w. nur ein Exzerpt aus dieser Spener-Schrift sind! Das hat Folgen für die Gesamtdeutung!

Besonders aufschlußreich für B.s Untersuchung wäre aber die Auswertung eines mit dem Patent gleichzeitigen (1712) Traktats Beckers gewesen: ‚Unzulänglichkeit Der Welt Klugheit/ Nebst Anweisung Zu der wahren Weißheit/ Wie Herrschafften u. Unterthanen glücklich leben können'. In diesem kleinen Fürstenspiegel legt Becker Grundsätze kameralistischer Wirtschaftspolitik verbunden mit Maximen pietistischer Sozialethik dar (Peuplierungsmaßnahmen durch Privilegiengewährung, Eindämmung von Rohstoffausfuhr und Devisenabfluß, flankierende rechts- und sozialpolitische Maßnahmen), wie sie durch das Patent verwirklicht werden sollten. Dieses Schriftchen zeigt, daß Becker Initiator und ‚Konzipient' des *ganzen* Patents war.

Zu Recht hat B. dem Ensemble der sozial- und wirtschaftspolitischen Maßnahmen Aufmerksamkeit geschenkt. Die innovatorischen Initiativen der Büdinger Regierung – seit Beckers Amtsantritt im Sept. 1711! – hätten aber ein klareres Profil erhalten, wenn B. sie mit den früheren Unternehmungen Beckers in Waldeck (vgl. die Diss. W. Irmers und meine – B. unbekannt gebliebene – Zusammenstellung ‚Die rechte Gestalt der Wölffe in der Kirche', Unitas fratrum 3 [1978] 74–110) und seiner späteren in Obergreiz (die Arbeiten Collmanns und Wotschkes blieben B. unbekannt) verglichen und in den Rahmen einer hallisch geprägten und am Großmodell Halle orientierten (vgl. 202) pietistischen Sozialethik gestellt hätte.

Hier wie auch sonst, wenn es um überregionale Zusammenhänge geht, werden Schwächen der Arbeit deutlich.

So ist etwa aus der Francke-Literatur dessen Wertschätzung für Becker bekannt (vgl. B. Schmidt–O. Meusel, A. H. Franckes Briefe an den Grafen Heinrich XXIV. j. L. Reuß zu Köstritz und seine Gemahlin, Leipzig 1905, 45 f.) Hätte B. der Korrespondenz nachgespürt, wäre er auch in Detailfragen weitergekommen: Seine Erwägungen über Herkunft und Funktion des anonymen Frankfurter Responsum (72–75) sind insofern zutreffend, daß nicht Becker sein Verfasser ist – trotz zahlreicher Berührungspunkte (hier hätte Beckers Beitrag zur Schrift Marmors [s. o.] noch mehr instruktives Vergleichsmaterial geboten!); die nicht ermittelte Identität des Autors und die Funktion des Gutachtens lassen sich aber aus einem Brief Beckers vom 9. 1. 1713 an A. H. Francke erheben:

> „Wegen des Patents von Gewissens-Freyheit habe eine Schrifft gegen den Kayserl. Fiscal beim Cammergericht zu Wetzlar übergeben, und sowohl der Iuristen Facultät zu Halle alß des H. Raths Hoffmanns zu Franckfort Responsa beygelegt. Und ist diese Materie dergestalt ausgeführet sondernlich in dem weitläuffigen Responso des H. Hoffmans, daß an einem guten Ausgang nicht zu zweiffeln..."

(Archiv der Franckeschen Stiftungen, A 166, 54a). (Dr. jur. Constantin Hoffmann war als gräflicher Rat in Berleburg tätig gewesen, einer jener „bürgerlichen Canaillen", die sich mit Wittgensteiner Gräfinnen verheiratet hatten; Becker holte ihn später in die reußische Regierung nach Obergreiz.)

Wie verhalten sich die Gewährung von Gewissensfreiheit und von wirtschaftlichen Privilegien zueinander? M. E. trägt B. hier der Vorgeschichte des Patents zu wenig Rechnung. Der Toleranzartikel hatte ursprünglich einen anderen Sitz im Leben; sollte er doch auf Betreiben Beckers Art. 1 einer neuen gesamt-ysenburgischen Kirchenordnung bilden. Erst als das Projekt einer Kirchenordnung an der Obstruktion einer gräflichen Linie (Meerholz) scheiterte, wurde er dem Einladungspatent für Neusiedler vorangestellt. Die sekundäre Verbindung ist an der doppelten Narratio des Patents noch deutlich erkennbar. Die Verknüpfung von Toleranz und Ökonomie ist also nicht primär. Das beweist auch die dem Patent vorauslaufende Toleranzpraxis selbst gegenüber wirtschaftlich und sozial uninteressanten Personen. Die Motive sind in der religiösen Haltung der Grafen zu suchen. Das Haus Ysenburg als ‚frommer Grafenhof', das seit Barthold keine neuere Darstellung mehr gefunden hat, kommt bei B. zu wenig in den Blick. Mehr noch als das Testament Ernst Casimirs, auf das B. aufmerksam macht, ist seine Personalpolitik ein wichtiges Indiz: mit der Berufung des als ‚Erzfanaticus' verschrieenen S. König (vgl. jetzt Dellsperger, JGP 9[1983]) zum Hofprediger, des Separatisten und späteren Inspirierten J. S. Carl zum Hofmedicus und des nach der ‚Pietistenjagd' aus Waldeck geflohenen Becker zum Leiter der gräflichen Regierung, offenbart er seine eigene pietistische Überzeugung.

Die Toleranzpraxis betraf nur Einzelpersonen; erst als es zu Gemeindebildungen von Separatisten kam, entstand eine neue Situation. B. hätte auch die Konflikte mit den Neutäufern darstellen sollen, die zeitlich vor dem Auftreten der Inspirierten lagen. Sie spielten zwar in der Stadt Büdingen keine Rolle, doch mußten sich Regierung und Konsistorium mehrmals mit ihnen beschäftigen. Die Verhandlungen sind höchst aufschlußreich für die Grenzen der staatlichen Duldung. Sie werfen auch ein bezeichnendes Licht auf die Haltung Königs; sein Eintreten für die Neutäufer sagt mehr über seine Stellung zur Toleranz aus als die von B. angeführten (240ff.) indirekten

Bemerkungen in seiner Schrift ‚Grundsätze von der allgemeinen Gnade' (1723! vgl. aber schon seine Aussagen im Berner Pietistenprozeß und in seiner Schrift ‚Weg des Friedens'). Auf Defizite in der Quellen- und Literaturkenntnis wurde schon mehrfach hingewiesen. Selbst bei dem Bemühen, die regionalgeschichtlichen Arbeiten möglichst vollständig zu erfassen, sind B. wichtige Titel entgangen (W. Bender, Urkunden zur Geschichte des deutschen Pietismus. Aus dem Archive des Fürstlich- und Gräflichen Ysenburgischen Gesammthauses zu Büdingen, TARWPV 6 [1885] 33–105; W. Diehl, Pfarrer- und Schulmeisterbuch der hessen-darmstädtischen Souveränitätslande [Hassia sacra IV], Darmstadt 1930). Die nur partielle Quellen- und Literaturkenntnis macht sich besonders bei der Behandlung der Inspirierten bemerkbar und führt zu einer Reihe von Fehlurteilen. (Auf die Verwechslung der beiden Hauptschriften, die B. auswertet, infolge eines Buchbinderfehlers habe ich bereits in JGP 9 [1983] 120, A. 174b, hingewiesen.) B. behauptet, die Eschatologie der Inspirierten sei – anders als die der kirchlichen Pietisten – „im Grunde völlig den orthodoxen Vorstellungen verhaftet geblieben" (283). Aussagen der Inspirierten über die dreifache Ökonomie des Vaters, des Sohnes und des Heiligen Geistes, ihre Berufung auf Petersen, die Erwartung der Zeit von ‚Philadelphia' (Apk 3) und Hinweise auf die Apokatastasis hätten diese Fehleinschätzung verhindern müssen. Schon eine der ersten Streitschriften gegen die Inspirierten aus der Feder des Marburger Theologieprofessors B. Duysing (Summarische Entdekkung..., Marburg 1716; vgl. auch das ausführliche Referat bei Walch, Religionsstreitigkeiten außerhalb der ev.-luth. Kirchen, 661–664 – gleichfalls B. unbekannt) kritisiert gerade deren eschatologische Anschauungen, und auch andere Streitschriften gehen darauf ein. Auch eine weitere Hauptthese B.s, daß die ‚Inspirationserweckung' eine grundlegende Wandlung der Arbeitsmoral bewirkt habe, läßt sich pauschal nicht aufrechterhalten. E. L. Gruber gedenkt in seiner – B. unbekannten – programmatischen Schrift (Nöthiges und Nützliches Gespräch von der wahren und falschen Inspiration, o. O. 1716) gerade unter den Kennzeichen der sog. *falschen* Inspirierten „ihrer Faulheit und Trägheit zu aller Arbeit/ ihres Müßiggangs und meist bettelhaften Herumlauffens" (141) und betont: die wahren Inspirierten „arbeiten auch gerne/ was ihnen Gott zulässet" (90). Nicht nur blieben führende Inspirierte weiter erfolgreich in ihren Berufen tätig: als gräflicher Leibarzt, gräflicher Sekretär; ein Inspirierter (Melber) erreichte als Strumpfweber auf der Ronneburg einen solchen Wohlstand, daß er sich in Büdingen als Kaufmann niederlassen und in der Altstadt ein ansehnliches Haus kaufen konnte. Für ein unbemitteltes Gemeindeglied kauften die Inspirierten später sogar eigens einen Webstuhl.

Auch die Ausweisung von Inspirierten 1715/16 hatte primär politische Gründe. Der Büdinger Graf (sowie Ernst Casimirs Onkel in Marienborn) reagierten damit auf Kritik der Inspirierten an der Obrigkeit: Ausweisung eines landesfremden Propheten nach öffentlicher ‚Aussprache' auf dem Marienborner Schloßhof und einem ,Wort' an den Grafen; Androhung der Verweisung an J. A. Gruber, „wenn er sich nicht stille halte". In Büdingen wurden gleichfalls die fremden Inspirierten ausgewiesen und die einheimischen ermahnt, sich „modest, still und eingezogen zu verhalten". E. L. Gruber wurde im März 1715 aus dem Ysenburgischen ausgewiesen, als er einen Bußruf an den Marienborner Hof schickte. Und 1716 schritt die Büdinger Regierung ein, als derselbe Gruber wieder nach Büdingen kam (um hier die Gemeindeorganisation aufzurichten). Man muß diese Vorgänge schon etwas ausführlicher darstellen als B. (279–281), um zu differenzierten Urteilen zu kommen!

Nicht nur hier vermißt man die interpretatorische Sorgfalt. Es beginnt schon bei B.s Umgang mit Bibelzitaten. Z. B.: Becker begründet den Gewaltverzicht gegenüber Irrenden „aus der Natur des Reiches Christi", das nach Lk 17,21 „in den Hertzen der Menschen inwendig" sei. B. gibt in der Anmerkung nun aber nicht Luthers Übersetzung („inwendig in euch") wieder, sondern eine moderne („mitten unter euch"; 55 und Anm.)! Andere Bibelstellen werden falsch identifiziert, Anspielungen nicht erkannt. Aussagen Rocks über den himmlischen Vater werden auf den irdischen gedeutet u. s. w. Daneben begegnen Fehlübersetzungen („exercitium religionis... sine ecclesiastico ad id specialiter ordinato" wird paraphrasiert: „religiöse Handlung, die einer entsprechenden kirchlichen Ordnung folgt" (105 und A.7). Arndts Hauptwerk wird als „Vier Bücher vom wahren Christen*leben*" angeführt und Speners ,Pia Desideria' als Vorrede zu einer Neuauflage dieses Werkes ausgegeben (375, A 4). Leider hat auch niemand B. davon abgebracht, handschriftliche Vorlagen diplomatisch getreu mit Kürzeln wiederzugeben; zudem werden hier Lesefehler offenbar. Störend ist ebenfalls die Zahl von einigen Dutzend Druckfehlern.

Insgesamt bietet die Arbeit mit ihren Fragestellungen und Materialien reiche Anregungen für die weitere Forschung, die freilich gut daran tut, weder Einzelergebnisse noch die Gesamtsicht ohne sorgfältige Nachprüfung zu übernehmen.

Neuendettelsau Hans Schneider

Outler, Albert C. (Ed.): The Works of John Wesley, Vol. I, Sermons I, 1–33. Nashville, Abingdon Press, 1984. 722 S.

John Wesley hat mehrfach Sammlungen seiner eigenen Predigten herausgegeben. Zwischen 1746 und 1760 erschienen vier solcher Bände. Sie bildeten dann das Herzstück der Abteilung „Predigten" in der Ausgabe seiner Werke von 1771. Wesley war davon überzeugt, daß in einer Zusammenschau der Ansprachen seine religiösen Anliegen an besten erkannt werden könnten. Darum stellte er die vier Bände an den Anfang der Edition. Die Berechtigung dieser Selbsteinschätzung geht daraus hervor, daß innerhalb der wachsenden methodistischen Bewegung seine Predigten zur Vereinheitlichung und Abgrenzung in Lehrfragen dienten. Seit 1763 galten die Predigten offiziell als dogmatische Richtschnur, weshalb sie den Namen „Standard Sermons" erhielten. In der folgenden Auflage seiner Werke von 1788 nahm Wesley vier weitere Bände Predigten auf. Wiederum gab er ihnen den Titel „Sermons on Several Occasions" mit. Weder die Wahl von Predigten als Lehrgrundlage noch die späteren Ergänzungen des normierenden Corpus sind zufällig. Wesley widerstrebte es nämlich, einen wörtlich zu interpretierenden, abgeschlossenen Kanon von Glaubensaussagen seiner Erneuerungsbewegung zugrunde zu legen. Der Umgang mit seinen eigenen Predigten zeigt vielmehr, wie sehr er darum bemüht war, einen Weg zwischen den gängigen Positionen von Dogmatismus und Indifferentismus zu finden.

Dieser Platz von Wesleys Predigten sowohl in dessen eigener religiöser Entwicklung wie in der Geschichte der methodistischen Bewegung stellt deren moderne Herausgabe vor die Alternative, die Predigten entweder in ihrer chronologischen Abfolge zu edieren oder, entsprechend Wesleys Anordnung, ihr nicht historisch-genetische, sondern inhaltlich-dogmatische Gesichtspunkte zugrundezulegen. Der Herausgeber hat zurecht die einzelnen Stücke nicht aus ihrem Zusammenhang gelöst und damit die Sammlung als ein Werk ernstgenommen. Welche Bildverfälschung der andere Weg mit sich gebracht hätte, zeigt die chronologische Predigtliste (S. 707–713): Die früheste Ansprache (vom 1. Januar 1733) trägt die Nummer 17. Dazu kommt noch, daß diese Predigtliste, basierend auf dem Entstehungsdatum der einzelnen Stücke, nur relative Aussagekraft besitzt. Wesley konnte nämlich Predigten noch Jahre später, unverändert oder korrigiert, wiederholen.

Die auf vier Bände berechnete Neuedition der Predigten geschieht im Rahmen der großen kritischen Ausgabe, von der bisher vier Teile erschienen sind (Bd. VII: A Collection of Hymns, 1984; Bd. XI: The Appeals to Men of Reason, 1975; Bd. XXV: Letters I, 1980; Bd. XXVI: Letters II, 1982). Abgesehen von den 108 Predigten der Ausgabe von 1788, wird sie 24 anderswo veröffentlichte Stücke sowie 20 zu Lebzeiten Wesleys ungedruckt gebliebene Predigten, namentlich aus der Frühzeit, enthalten. Aufgrund des vorliegenden ersten Bandes lassen sich einige Feststellungen sowohl zur Edition selbst wie zu ihrer Bedeutung für die Wesley-Forschung machen.

Naturgemäß sind bei der Textwiedergabe selbst kaum Fortschritte zu erzielen. Die Änderungen betreffen fast ausschließlich die Interpunktion. Da die Druckvorlagen des 18. Jahrhunderts nicht mehr vorhanden sind, mußte sich der Herausgeber wie alle früheren Ausgaben auf den unter Wesleys Aufsicht veröffentlichten Text stützen. Eine große Bereicherung wird allerdings die Edition des handschriftlichen Materials der Frühzeit bieten.

Trotzdem markiert auch die Ausgabe der „Sermons on Several Occasions" eine Zäsur der Wesleyforschung, denn eigentlich kann nun zum ersten Mal von einer historisch-kritischen Edition gesprochen werden. Dienten die älteren Ausgaben von Th. Jackson (3. Auflage 1929–1931) und E. H. Sugden (1921) vornehmlich konfessionellen Zwecken mit entsprechenden Einleitungen und Kommentaren, so setzt sich Outler konsequent zum Ziel, Wesley als Denker und Prediger des 18. Jahrhunderts zu begreifen und verständlich zu machen. Diese Absicht verwirklicht Outler durch seine Texterläuterungen, die in einer hundertseitigen, souveränen Einleitung zusammengefaßt und weitergeführt werden. Auf diese Weise entsteht ein eindrückliches, modifiziertes Wesley-Bild.

Der in Oxford geformte Gründer der methodistischen Bewegung verfügte über eine vorzügliche klassische Bildung, die es ihm ermöglichte, die Bibel in den Ursprachen zu lesen und lateinisch zu predigen. Seine Predigten werden nach Sprache und Inhalt durch die Heilige Schrift geprägt. Am häufigsten zitiert Wesley das Matthäusevangelium. Die griechischen Kirchenväter vermittelten ihm wichtige Anregungen zur Pneumatologie und zur Herausbildung seiner Zuordnung von Rechtfertigung und Heiligung. Sowohl die scholastische Theologie wie die kontinentale Reformation kannte Wesley nur mäßig. Umso besser vertraut war er mit den anglikanischen und puritanischen Traditionen, wobei er übereinstimmend mit seiner anticalvinistischen Prädestinationslehre besonders sorgfältig die „arminianische" Richtung studierte. Die Verbindungen zwischen Puritanismus und lateinischer Mystik entgingen ihm nicht. Die zeitgenössische Kultur findet in Wesleys Predigten einen breiteren Niederschlag als allgemein angenommen. Er setzte sich ebenso mit der ökonomischen Theorie eines Adam Smith auseinander wie mit Theater, Literatur und Naturwissenschaften.

Diese universalen Kenntnisse machte Wesley für seine Lebensaufgabe fruchtbar: Es geht ihm um die Predigt „ad populum". Outler skizziert Wesleys Eingebettetsein in die Tradition der seit dem Mittelalter auftretenden asketischen Wanderprediger. Sowohl mit seinen Predigtkampagnen wie mit der lebenslang erhobenen Forderung des „plain style" gegenüber der französischen Rhetorik knüpfte Wesley an ältere Vorbilder an. Wie wichtig dieser formale Aspekt seines Werkes ist, zeigt die Tatsache, daß Wesley schon vor seiner „Bekehrung" (1738) als populärer Prediger galt. Daher typisiert Outler Wesley treffend als „folk-theologian".

Die Predigtedition könnte dazu beitragen, die bisherige Konzentration der Forschung auf die mittlere Phase von Wesleys Leben zu überwinden, um sowohl der Frühzeit wie der späten Auseinandersetzung mit dem Zeitgeist mehr Aufmerksamkeit zu schenken. Im Vergleich etwa zu M. Schmidts Darstellung, die von der maßgeblichen Einwirkung des deutschen lutherischen Pietismus auf Wesley ausgeht, zeigen die Predigten und insbesondere das von Outler bereitgestellte Material, wieviel reicher der intellektuelle Zuschnitt dieses Sohnes des 18. Jahrhunderts gewesen ist.

Amsterdam Ulrich Gäbler

Aland, Kurt (Hrsg.): Die Korrespondenz Heinrich Melchior Mühlenbergs. Aus der Anfangszeit des deutschen Luthertums in Nordamerika. Band 1: 1740–1752. Berlin, de Gruyter, 1986. 573 S. = Texte zur Geschichte des Pietismus, Abt. III, Bd. 2.

Die ersten gedruckten Nachrichten von Heinrich Melchior Mühlenbergs Missionstätigkeit unter den deutschen Lutheranern in Nordamerika erschienen in Deutschland 1744. Die Publikation seiner Tagebücher – in englischer Übersetzung – erfolgte zwei Jahrhunderte später, und jetzt liegt der erste Band seiner Korrespondenz im Druck vor. Es ist den Bemühungen Kurt Alands und seiner Mitarbeiter zu danken, daß mit dem Erscheinen der Korrespondenz die „Quellengrundlage für eine alle Notwendigkeiten und Möglichkeiten wahrnehmende Darstellung des Lebens und Wirkens Mühlenbergs wie der Frühgeschichte des deutschen Luthertums in den Vereinigten Staaten" (S. XVII) gegeben ist. Allein die systematische Erfassung der auf beiden Seiten des Atlantiks erhaltenen Mühlenberg-Materialien (wobei die Schwierigkeiten, die schließlich zu der Verfilmung der Archivbestände der Franckeschen Stiftungen führten , besonders zu erwähnen sind), stellen für den Forscher und interessierten Laien einen unschätzbaren Wert dar. Eingedenk des zeitlichen und geographischen Umfangs des Projekts und der unumgänglichen Schwierigkeiten, die solchen Forschungsunternehmungen entstehen, welche in ihrer Anlage zwei verschiedene Kulturräume umfassen, ist das Resultat des ersten Bandes – und damit das Versprechen für die Gestaltung des Gesamtwerks – sehr erfreulich.

Selbstverständlich liegt das Hauptinteresse an der vorliegenden Korrespondenz in ihrem Inhalt. Doch bevor einige der faszinierenden Themen, die sich in dem Briefwechsel darstellen, aufgegriffen werden, soll erst kurz auf die Form, in der das Material vorgelegt ist, eingegangen werden. Die Texte sind orthographisch originalgetreu wiedergegeben, mit editorischen Eingriffen lediglich in Bereichen, die die Leserlichkeit verbessern, so die systematische Großschreibung von Ortsnamen, die Auflösung von gängigen Abkürzungen und die vorsichtige Absatzgliederung in langen Briefen (S. XIX–XX). Jeder Brief, mit laufender Nummer versehen, um das Auffinden von Querverweisen zu erleichtern, enthält Informationen über den Adressaten, das Verfassungsdatum und vor allem in großer Ausführlichkeit über den archivalischen Auffindungsort des Originals und der erhaltenen Varianten. Die Anmerkungen in bezug auf Querverweise zu anderen Briefen und Materialien, wie den Halleschen Nachrichten und Mühlenbergs Tagebüchern, sind vollständig. Die Kurzbiographien deutscher Theologen, Adliger und Bürger im Anmerkungsapparat sind besonders für amerikanische Forscher unendlich hilfreich, denn Informationen über diese Gruppe von Mühlenbergs Freunden, Gönnern und Bekannten sind selbst in den besten amerikanischen Universitätsbibliotheken schwer in Erfahrung zu bringen. Umgekehrt sind die Informationen in den Anmerkungen bezüglich des amerikanischen Personenkreises in Mühlenbergs Schaffensfeld relativ spärlich, was sich entsprechend mit der Unzugänglichkeit amerikanischen Materials in deutschen Universitätsbibliotheken erklären läßt. Es ist zu hoffen, daß sich die maßgeblichen Führer des heutigen amerikanischen Luthertums, die Mühlenberg und den Franckeschen Stiftungen so viel verdanken, dazu entschließen, für die große Anzahl ihrer Anhänger, die keine Deutschkenntnisse besitzen, die Mühlenberg-Korrespondenz übersetzen zu lassen, und zwar so, daß die amerikanischen Herausgeber den Anmerkungsapparat in der Weise ergänzen, daß auch die wenig bekannten Personen und die politische Situation in Pennsylvanien und in den umliegenden Kolonien bzw. Staaten, die Aufmerksamkeit und Sorgfalt widerspiegeln, die im vorliegenden Band die deutsche Seite erfahren hat.

Es ist verständlich, daß sich diese Unausgewogenheit unter den gegebenen Umständen nicht hat vermeiden lassen, aber für die folgenden Bände wäre es wünschenswert, wenn die im Ortsregister aufgewiesenen Namen auch auf je einer Landkarte von Deutschland und den mittleren Kolonien von Nordamerika nachgewiesen würden, damit sich der Leser eine bessere Vorstellung von der Lage der Orte, ihrer Beziehung zueinander und der Entfernung zwischen ihnen machen kann. Zudem wäre ein Sachregister von unschätzbarem Wert, denn mit Hilfe des vorhandenen Namen- und Ortsregisters läßt sich zwar vieles schnell ermitteln, aber wenn man eine thematisch orientierte Fragestellung verfolgt, oder wenn der Leser nicht mit den vielen Akteuren und ihren jeweiligen Aufgabenorten vertraut ist, dann ist eine effiziente Erschließung der Materie nicht möglich. Weiterhin sei hier vorgeschlagen, für die folgenden Bände oder aber den letzten Band – etwa analog dem Verzeichnis der Archivalien einschließlich des Briefregisters im vorliegenden Band – eine systematische Darstellung der erhaltenen Mühlenberg-Materialien (d. h. Hallesche Nachrichten, Tagebücher und Korrespondenz) in tabellarischer Form (chronologisch geordnet) in Erwägung zu ziehen. Solch eine Tabelle würde es dem Forscher erheblich erleichtern, die relative Bedeutung der einzelnen Materialgruppen, die Mühlenbergs Leben und Wirken dokumentieren, zu beurteilen und ebenso die Beziehung der Briefe, Tagebücher und Nachrichten zueinander zu untersuchen. (In solch einer Tabelle ließen sich auch Dubletten und andere nicht in die Briefauswahl aufgenommene Dokumente verzeichnen, ohne daß dadurch zusätzlich Platzschwierigkeiten entstehen würden).

Das Kernstück des Briefwechsels macht jedoch Mühlenbergs Berufung nach Pennsylvanien und die Bewältigung seiner Aufgabe dort aus. Anfänglich ist dabei die offensichtliche Überzeugung Mühlenbergs und seiner Vorgesetzten Gotthilf August Francke in Halle und Friedrich Michael Ziegenhagen in London erstaunlich, daß zur Vorbereitung auf das seelsorgerische Wirken unter den deutschen Lutheranern in den britischen Festlandskolonien Nordamerikas lediglich eine gediegene theologische Erziehung und Ausbildung, einige Erfahrung in der Organisation und Durchführung von

Gemeindeangelegenheiten, starke innere Überzeugung von der Rechtmäßigkeit des Rufes und der Berufung für die Aufgabe und vor allen Dingen Gottvertrauen als Rüstzeug ausreichen. Nur aus dieser Überzeugung heraus scheint es möglich, daß in den Briefen jede Spur von Wissensdrang nach allgemeiner Information über die politische Situation, die religiösen Gebräuche und die herrschenden Lebensgewohnheiten in Pennsylvanien fehlt. Auch Ziegenhagens ursprünglicher Plan, daß Mühlenberg seine drei pennsylvanischen Pfarrstellen zuerst in Begleitung von Pastor Johann Martin Boltzius aus Ebenezer, Georgia, aufsuchen sollte, damit ihm auf diese Weise die Eingewöhnung in die fremde Umgebung erleichtert würde, zeugt von einer tiefgreifenden Unkenntnis der amerikanischen Verhältnisse. Unter diesen Voraussetzungen ist es umso erstaunlicher zu erfahren, wie erfolgreich Mühlenberg in seinem Bestreben war, seinem Ruf getreu zu folgen und den Anweisungen seiner Vorgesetzten gemäß zu handeln, ungeachtet der Widrigkeit der Umstände bei seiner Ankunft und der Tatsache, daß er fast ein ganzes Jahr ohne Nachricht aus Europa blieb.

Die Voraussetzungen für Mühlenbergs Erfolg waren denkbar ungünstig bei seiner Ankunft in Philadelphia im November 1742. Er wurde sofort mit der Frage der Rechtmäßigkeit seiner Berufung nach Providence, Neuhannover und Philadelphia konfrontiert; und das gleich zweifach, denn einerseits hatte sich Nikolaus Graf von Zinzendorf schon seit dem Sommer 1741 darum bemüht, die deutschen Lutheraner und deutsche Sekten unter seiner Führung zusammenzubringen, und andererseits hatte Valentin Kraft, der aus dem Darmstädtischen Konsistorium kommend erst kurz vor Mühlenberg in Pennsylvanien gelandet war, dessen Gemeinden an sich gebunden. Mühlenbergs Reaktion auf diese zweifache Kampfansage war typisch und prägte zumindest für die nächsten zehn Jahre seines Wirkens weitgehend sein Vorgehen in anderen schwierigen Situationen: Er berief und verließ sich auf die Rechtmäßigkeit seiner Berufung durch London und Halle zuerst bei seinen Überzeugungsversuchen unter den Diakonen und Ältesten der betroffenen Gemeinden, dann suchte er Hilfe und Unterstützung bei anderen, regelrecht und rechtmäßig organisierten Lutheranern – in diesem Falle den schwedischen Lutheranern in Philadelphia – und schließlich wandte er sich an die Vertreter der weltlichen Autorität, die in Pennsylvania in Kirchenangelegenheiten oft die letzte rechtliche Instanz darstellten.

Die Frage nach der Rechtmäßigkeit der Berufung von ordinierten Predigern, der sich Mühlenberg sowohl in dem Anspruch Zinzendorfs als Führer und Inspektor der deutschen Lutheraner in Amerika stellen mußte, als auch gegenüber dem ähnlichen Anspruch Valentin Krafts, der die Vakanzen in den deutschen Gemeinden zu seinem persönlichen Vorteil zu nutzen suchte, war aufgrund der vorgegebenen Struktur der Religionsausübung in Pennsylvanien ein fundamentaler Punkt in immer wiederkehrenden Auseinandersetzungen innerhalb von Mühlenbergs Tätigkeitsbereich. Die gegensätzlichen Positionen der Quäker und anderer Gruppen, die deren Organisastionsstruktur und Glaubensphilosophie teilten, einerseits, sowie der Anglikaner und ähnlich strukturierter Staats- oder Nationalkirchen andererseits, über die Ausbildung, Rolle und jeweils zuständige Autorität für die Amtsausübung von Pastoren, gingen nicht nur auf die Gründerzeit der Kolonie zurück, sondern war bereits Erfahrungsbestandteil der ersten Siedlergeneration, bevor sie William Penns Ruf in die Neue Welt folgte. Wir finden diesen Konflikt selbst bei denen, die sich schon vor Penn im Raum der mittleren Kolonien angesiedelt hatten oder die als Angehörige der englischen Staatskirche der pennsylvanischen Quäkermehrheit unter Berufung auf den Bischof von London die Stirn geboten hatten. In dieser Diskussion hielt es Mühlenberg mit den Anglikanern und besonders den schwedischen Lutheranern, nie grundsätzlich an der Richtigkeit und Notwendigkeit akademisch ausgebildeter und ordnungsgemäß ordinierter Prediger für die deutschen lutherischen Gemeinden zweifelnd. Im Gegenteil, er hielt diese Voraussetzungen für die effektive Amtsführung im Predigerstand für unerläßlich, obwohl besonders zwei Aspekte der amerikanischen Situation die konsequente Durchführung dieser Überzeugung erheblich erschwerten: Die überwiegende Anzahl der Gemeinden war arm und im Aufbau begriffen, was bedeutete, daß sie sich weder Kirche, Schule, Pfarrhaus noch Pfarrer leisten konnten, da normalerweise jede Gemeinde allein die Kosten für die damit verbundenen Ausgaben aufbringen mußte, was wiederum nach sich zog, daß sich viele Gemeinden um preisgünstige „Übergangslösungen“ bemühten.

In dieser Situation ergab es sich dann oft, daß sich Schullehrer und manchmal auch fragwürdige Existenzen eigenständig zu Predigern ernannten, zumal diese Art der Selbstberufung bei anderen Religionsgemeinschaften weitverbreitete und legitime Praxis war. Mühlenberg hatte einen schweren Stand, sich gegen diese falschen Prediger zu behaupten und vor allem die Gemeinden davon zu überzeugen, daß deren Art der Amtsführung weder Seelsorge im rechten Sinne noch nach der Augsburger Konfession zulässig sei. Die Gemeinden hingegen waren es oft zufrieden, wenn sich gelegentlich ein „Prediger“ ihrer billig annahm, denn sie scheuten die Last der Ausgaben, die ihnen und ihren Kindern durch einen ordentlichen Pfarrer entstehen konnten, besonders wenn die Bezahlung eines festen Gehalts und der Reisekosten nach Amerika von den deutschen kirchlichen Instanzen zur Voraussetzung für die Besetzung einer Stelle gemacht wurde. Es ist demzufolge nicht verwunderlich, daß Mühlenberg jegliche finanzielle Unterstützung, die ihm und seinen Mitarbeitern wiederholt von Halle aus gewährt wurde, höchst dankbar annahm. Wie auch ließ sich der hohe Preis eines ordentlichen Pastors verteidigen und verantworten, wenn die Mehrzahl der Prediger in Pennsylvanien ihre Aufgabe sozusagen nebenamtlich versahen und aufgrund dieser Praxis ihren Gemeinden nur geringe Kosten verursachten?

Der häufig vorgebrachte Vorwurf der Geldgier der traditionell in Europa ausgebildeten Pfarrer traf Mühlenberg schwer, besonders deshalb, weil er und seine Confratres unter der finanziellen Ungewißheit ihrer persönlichen Situation aufgrund der erheblichen Verschuldung ihrer Gemeinden sehr zu leiden hatten und deshalb jene Charakterisierung als höchst ungerecht empfanden. Die Tatsache, daß diese negative Darstellung insbesondere auch durch Christopher Sauer in seiner weitverbreiteten und vielgelesenen deutschsprachigen Zeitung erfolgte, erschwerte die Lage, denn den deutschen Lutheranern fehlte die Möglichkeit, sich ein Ohr in der etablierten Presse zu verschaffen, und Mühlenberg war mit seiner wiederholten Bitte nach Halle um Hilfe zum Aufbau einer Druckerei auf Unverständnis gestoßen. Seine Vorgesetzten sahen wohl die zusätzlichen Kosten voraus, die so ein Unternehmen unweigerlich mit sich bringen würde, aber sie konnten sich offensichtlich die Vorteile, die aus einem öffentlichen Organ für die Lutheraner auch über die Grenzen der von Halle betreuten Gemeinden hinaus erwüchse, nicht vorstellen und lehnten deshalb Mühlenbergs Vorschlag ab – wie auch den zur Errichtung eines Waisenhauses nach hallischem Vorbild.

Aus dieser Haltung, wie auch aufgrund ihrer Entscheidung, New York nicht mit in das von ihnen unterstützte Missionsfeld in Amerika einzubeziehen, ist ersichtlich, daß Francke die Möglichkeiten für die *Ecclesia plantanda* in den amerikanischen Kolonien in begrenztem Rahmen sah, nämlich weitgehend als Unterstützung für die Gemeinden, die sich direkt an Halle um Hilfe wandten. Im Anfang seines Wirkens machte sich Mühlenberg diese Auffassung zu eigen, aber je mehr er mit der Situation der deutschen Lutheraner in Amerika im allgemeinen vertraut wurde, desto mehr erkannte er das enorme Potential, das sich aus der geographischen Weitläufigkeit und der ständig zunehmenden Zahl der Einwanderer aus Deutschland für ein ausgedehnteres Feld, auf dem das durch Halle geprägte Luthertum wirksam werden konnte, ergab. Es bleibt der weiteren Untersuchung dieser und anderer Einzelfragen und dem Studium der folgenden Bände des Briefwechsels vorbehalten, die Entwicklung von Mühlenbergs zunehmend von den amerikanischen Umständen bestimmten Blickwinkel zu verfolgen und die Spannungen und deren Auflösung, die sich aus dieser Sicht und der von den europäischen Verhältnissen geprägten Anweisungen seiner Vorgesetzten ergaben, zu beobachten. Allein die Tatsache, daß sich solche Fragen stellen lassen, die das Leben und Wirken Mühlenbergs untersuchen im Wechselspiel und Dialog zwischen Amerika und Halle – letzteres die unbestrittene geistige Basis für Mühlenbergs Wirksamkeit –, ist das unschätzbare Verdienst dieses jetzt vorliegenden Bandes und der nachfolgenden Bände der Korrespondenz Mühlenbergs.

Philadelphia — Marianne Wokeck

MacMaster, Richard K. with Samuel L. Horst and Robert F. Ulle: Conscience in Crisis. Mennonites and other Peace Churches in Amerika. 1739–1786. Interpretations and Documents. Scottdale, Pennsylvania and Kitchener, Ontario, Herald Press, 1979. 575 p. = Studies in Anabaptist and Mennonite History 20.

In der Kolonie Pennsylvania, wie natürlich auch in einer Reihe anderer Kolonien, teilten einige kirchliche Gemeinschaften – neben den Quäkern vor allem die Mennoniten, die Schwenckfelder und die Duncker, die in der zeitgenössischen Terminologie auch „Sambstag- und Sonntags Anabaptisten" genannt werden – die Überzeugung, daß es göttlichem Gebot widerspreche, Waffen zu tragen und sich mit Waffen zu verteidigen; mit der Waffe in der Hand gar einen friedlichen Gegner anzugreifen, spielt in der Diskussion um den Pazifismus in Nordamerika während des 18. Jahrhunderts nur unmittelbar zu Beginn des Siebenjährigen Krieges eine Rolle. Die Schwierigkeiten, die sich aus dieser Glaubensüberzeugung ergaben, die Spannung, in der diese selbst insbesondere nach 1739 zur paulinischen Obrigkeitslehre, die wohl weitgehend von allen diesen kirchlichen Gemeinschaften zumindest bis zum Ausbruch des Siebenjährigen Krieges geteilt wurde, stand, sind Gegenstand dieses gelungenen Buches.

Die Arbeit gliedert sich in sieben Abschnitte, die im wesentlichen dem chronologischen Verlauf der Geschichte Pennsylvanias und der des ersten Britischen Reiches bis zu seinem Zusammenbruch in der Amerikanischen Revolution entsprechen. Jedem Kapitel sind sorgfältig ausgewählte Quellen zugeordnet, die die Thesen und Darstellungen in den Kapiteln selbst illustrieren sollen.

Die Zusammenschau der Entwicklung aller „Peace Churches" – wobei übrigens immer auch die Entwicklung in den anderen Kolonien mitberücksichtigt wird – macht deutlich, daß das von mir 1968 und 1972 erstmals dargestellte Spannungsverhältnis zwischen Pazifismus und Obrigkeitsverständnis kein spezifisches Problem der Society of Friends war (Mühlenberg nennt sie in seiner Korrespondenz „Freunde oder sogenannte Quäker"). Alle einte bis zum Beginn des Siebenjährigen Krieges, daß zwar der Waffendienst zu verweigern, dem obrigkeitlichen Gebot aber nach Hilfsleistungen für den Krieg zu entsprechen sei. Konkret hieß dies, daß Steuern für den Staat auch dann zu zahlen waren, wenn diese für den Krieg verwandt wurden und Hilfsgüter oder Transportdienste auch für militärische Operationen zur Verfügung zu stellen waren.

Der Siebenjährige Krieg leitete dann den Umschwung ein: Unter Bischof Spangenberg unterschied die Herrnhuter Brüdergemeine in Bethlehem nun auch terminologisch zwischen bekehrten und verfeindeten Indianern, die sie als „Mörder" nach einem Eintrag in ihrem Gemeindetagebuch vom 12. Mai 1757 von nun an nur noch als „die Wilden oder in Englisch Sauvages" bezeichnen wollte, befestigte zugleich ihre Hauptsiedlung, die, von bewaffneten Brüdern bewacht, zahlreichen Flüchtlingen aus den umkämpften westlichen Gebieten Schutz und Zuflucht gewährte. Es ist offensichtlich, daß hier pazifistische Vorstellungen sehr weit in den Hintergrund gedrängt worden waren.

Eine mittlere Position behielten sowohl die Duncker als auch die Mennoniten und die Mehrzahl der Quäker: Sie folgten allen obrigkeitlichen Geboten mit Ausnahme dem, sich mit der Waffe selbst am Krieg zu beteiligen. Eine bedeutende Minderheit der Quäker jedoch stellte nun ein umgekehrtes Abhängigkeitsverhältnis zwischen Pazifismus und Obrigkeit her: John Woolman und George Churchman, um zwei der einflußreichsten herauszugreifen, entwickelten zum ersten Mal Konzepte des passiven Widerstands gegen Forderungen der Obrigkeit, die direkt oder indirekt ihrem Pazifismusverständnis widersprachen; konkret hieß dies, daß sie etwa die Zahlung von Steuern verweigerten, die zur Kriegsfinanzierung dienten.

Erst allmählich rangen sich die anderen „Peace Churches" zu dieser radikalen Position durch. Nach 1776 wurde dieser Prozeß aber durch die revolutionären Vorgänge selbst entscheidend beschleunigt und zwar deshalb, weil in diesem Prozeß die kirchlichen Gemeinschaften gezwungen waren, ihre Haltung zum paulinischen Obrigkeitsbegriff zu überprüfen. Um 1780 waren die Unterschiede zwischen den einzelnen kirchlichen Gemeinschaften gerade in diesem für ihr Verhältnis zu Staat und Gesellschaft wichtigen Bereich beseitigt – zugleich war damit aber die Kluft zu eben dieser jungen amerikanischen Republik vertieft worden.

Die Studie analysiert diese Prozesse eindringlich und, von einer Ausnahme abgesehen, überzeugend. Die Ausnahme: Die Autoren werden der Rolle der Herrnhuter Brüdergemeine während des Siebenjährigen Krieges nicht gerecht – wohl auch deshalb, weil sie sich hier auf die Forschungslage stützen mußten, die zu den Herrnhutern insgesamt noch am unbefriedigendsten ist.

Gerade die Beigabe wichtiger Quellen erhöht für den europäischen Historiker, der wohl nur selten Zugang zu einer Bibliothek mit entsprechenden Spezialbeständen hat, den Wert dieser Arbeit.

Göttingen — Hermann Wellenreuther

Zehrer, Karl: Evangelische Freikirchen und das „Dritte Reich". Göttingen, Vandenhoeck & Ruprecht, 1986. 190 S. = Arbeiten zur Geschichte des Kirchenkampfes, Ergänzungsreihe, Bd. 13.

Liegen zur Geschichte des evangelischen Kirchenkampfes schon seit langem Erinnerungsbeiträge und wissenschaftliche Darstellungen vor, so fehlte bislang noch die kritische Aufhellung des Weges der Freikirchen in Deutschland während des „Dritten Reiches". Pastor Dr. theol. Karl Zehrer

(Werdau, früher Halle/S.), der sich schon in seiner Promotionsschrift mit der Geschichte seiner Kirche befaßte (Der Methodismus in Deutschland. Seine Ausbreitung und Probleme der Kirchwerdung 1830 bis 1968, Diss. theol. A, Halle 1971) hat in seiner Leipziger Habilschrift (= Diss. theol. B, 1978, 710 S.) die Haltung der Freikirchen zum „Dritten Reich" beschrieben. Es handelt sich um die seit 1916 im „Hauptausschuß evangelischer Freikirchen" und seit 1926 in der „Vereinigung evangelischer Freikirchen" kooperierenden Baptisten, Methodisten, Evangelische Gemeinschaft und Freie Evangelische Gemeinden, wozu noch die Herrnhuter Brüdergemeine und der Verband deutscher Mennonitengemeinden als assoziierte Mitglieder gehörten. Gleichermaßen wurde die 1919 gebildete „Vereinigung evangelisch-lutherischer Freikirchen in Deutschland" (1938 in „Vereinigung evang.-luth. Kirchen Deutschlands" umbenannt) berücksichtigt. Auch die Evang.-Luth. Freikirche (in Sachsen und anderen Staaten), die separat blieb, wurde mit herangezogen. Punktuell gilt das auch von der Heilsarmee. Das auch zitativ umfangreiche Opus der Diss. B, das in seinen Bibliotheksexemplaren einsehbar bleibt, bildet eine wesentliche Grundlage der hier vorgelegten, stark gekürzten und neukonzipierten Arbeit. Sie bietet im Anschluß an den Darstellungsteil einen ebenso interessanten Dokumentationsteil (S. 107–176).

Das politische Einstellungsverhalten der Freikirchen ist mit kurzem Rückgriff auf die Weimarer Zeit und Ausblick auf die Nachkriegsphase nach 1945 im Blick auf die Jahre 1933 bis 1945 in chronologischer Abfolge schwerpunkthaft aufgewiesen. Der Autor ist dabei an den wichtigsten politischen und kirchenpolitischen Wendepunkten und Ereignisabläufen orientiert, an denen er exemplarisch die freikirchliche Sichtweise demonstriert. Er belegt ebenso kritisch wie bedacht das auf freikirchliche Existenzsicherung zielende abwägend-vorsichtige Kalkül dem NS-Regime gegenüber. Das auf persönlich-erweckliche Christusverkündigung ausgerichtete Profil der evangelischen Freikirchen vorwiegend anglo-amerikanischer Herkunft schien durch das „Dritte Reich" zunächst nicht weiter beeinträchtigt zu werden. Doch haben neuheidnisch-völkische Bewegungen, der „Mythus" Rosenbergs und die zunehmend kirchen- und christentumskritischen Aversionen der NSDAP ebenso wie die Aktivitäten der Gestapo, auch den Freikirchen zu schaffen gemacht. Ähnlich wie lutherische Freikirchen, vorwiegend aus Bekenntnisprotest gegen Unionsbildung bzw. „Lehrerweichung" im evangelischen Landeskirchentum des 19. Jahrhunderts entstanden, blieben auch die evangelischen Freikirchen (Methodisten, Evang. Gemeinschaft, Baptisten u. a.) in der Hitlerzeit von internen Kirchenkämpfen frei, wie sie die Deutsche Evangelische Kirche heimsuchten. Massive innerkirchliche Lehr- und Kirchenordnungskontroversen wie im landeskirchlichen Bereich, wo die parteiamtlich zunächst stark geförderten und forcierten „Deutschen Christen" die Gegenbewegung der „Bekennenden Kirchen" hervorriefen, waren den Freikirchen erspart geblieben, obschon vereinzelt nationalsozialistisch orientierte Prediger politische Anpassungsbestrebungen auch kirchenorganisatorisch umzusetzen wünschten. Trotz der konfessionstheologischen Unterschiede zwischen evangelischen und lutherischen Freikirchen in religiös-verkündigungsmäßiger Prägung zeigte sich eine vergleichsweise ähnliche politisch stark aufgeschlossene, oft auch fast überschwenglich wirkende Betonung von Staatsloyalität. Vor einer schnellen Abkühlung des enthusiastischen staatspositiven Moments ihrer Urteilssicht im Blick auf das Dritte Reich bewahrte sie jetzt ministeriell erzielte oder erstrebte und erhoffte weitere Statussicherung (Körperschaftsrechte). Das auch hier zuletzt Schwierigkeiten nicht ausblieben, belegt der Dokumentationsteil ausgiebig. Da der evangelische Kirchenkampf einen politisch unerwünschten Unruhefaktor im NS-System darstellte, waren vor allem Freikirchen mit internationalen kirchlichen Verbindungen teilweise bis in die Kriegszeit hinein – wenigstens ressortspezifisch – unter Propagandagesichtspunkten wichtig, wenngleich auch die auf Ausschaltung des christlichen Einflusses bedachte religionspolitische Linie des NS-Regimes sich restriktiv auswirkte.

In einer der ungedruckten Promotionsschrift beigegebenen Skizze hatte der Verfasser versucht, die freikirchlichen Verhaltensmuster im Dritten Reich durch eine in der sozialen Herkunft begründeten, spezifisch freikirchliche Mentalität zu erklären. In der vorliegenden Druckfassung ist diese Aufgabe mehr oder minder integrativ gelöst worden. In dieser Richtung wird man aber noch weiter forschen müssen, um genauer zu bestimmen, inwiefern eine spezifisch freikirchliche Mentalität die politische Urteilsbildung der deutschen Freikirchen beeinflußte.

Kirchengubernatorisch ist deutlich, daß die Existenz- bzw. Eingliederungsangst eine erhebliche Rolle spielte. Die Bewahrung der jeweiligen freikirchlichen Identität (bei den lutherischen Freikirchen der Gesichtspunkt der Bekenntnisbestimmtheit und auch des Bibelfundamentalismus) ist ein durchgängig beobachtbares Anliegen.

In der Geschichte des Widerstandes können freikirchliche Verhaltensmuster unter einem weltanschaulichen Teilwiderstand verbucht werden. Das „politische Wohlverhalten“, das demgegenüber auf Schritt und Tritt ins Auge springt, ist vor allem durch das Reichskirchenministerium teilweise honoriert worden, spielte aber für Kreise des „Braunen Hauses“ überhaupt keine Rolle. Gleichwohl wird das politische Verhalten der Freikirchen zeitgenössisch wie retrospektiv vom biblischen Obrigkeitsgehorsam (Röm. 13) abgeleitet oder auch gelegentlich vom unterschiedlichen Auftrag von Staat und Kirche. Der wichtigste Gesichtspunkt scheint auf den Frömmigkeitshabitus hinzuweisen, der auf den ungehinderten Vollzug der Verkündigungspraxis ausgerichtet blieb. Baptistischerseits ist unmittelbar nach Kriegsende auf diesen Gesichtspunkt der Güterabwägung zwischen einer gesellschaftlichen Wächteramtsverantwortung der Kirche und dem bedrohlich erscheinenden Verbotsrisiko hingewiesen worden; ähnlich auch auf methodistischer Seite (S. 171 ff.). Die Entscheidung fiel zugunsten der Sicherung fortdauernder Verkündigung und Aufrechterhaltung des Gemeindelebens aus. Nach 1945 konnte auch bei den Freikirchen durch Schulderklärungen und vergleichbare bekenntnishafte Statements ähnlich wie bei den Landeskirchen der ökumenische Kontakt wieder hergestellt werden. Bei den evangelischen Freikirchen bedeutete das in Besonderheit den Kontakt zu den angloamerikanischen Mutterkirchen. Anfängliche kritische Reserve der amerikanischen Mutterkirchen gegenüber Methodisten und Baptisten in Deutschland nach Kriegsende waren mitbedingt auch von der gesellschaftlichen Optik gegenüber den Deutschen (vansittartistischer Komplex). Die beigebrachten Rückblicke mit kritisch retrospektiver Selbstanalyse des freikirchlichen Verhaltens im Dritten Reich schlossen das religiöse Schuldmoment ebensowenig aus wie die konkrete realistisch-plausible Erklärung auf Grund der totalitären Verhältnisse in Hitlerdeutschland. Auf Verdrängungsmechanismen weisen Dokumente, die das Verhalten einzelner Exponenten kennzeichnen, indem sie zeitgenössische und retrospektive Beurteilungen bieten. Solche persönlichen Nachkriegsäußerungen im Blick auf eigenes Verhalten retuschieren oft unbewußt.

Die exemplarische Belegauswahl der Publikation und Dokumentation kommt der Lesbarkeit zugute. Der Verfasser, mit der freikirchlichen Atmosphäre vertraut, kritisch auch gegen die eigene kirchliche Gemeinschaft, legt eine instruktive konfessionskundlich-zeithistorische Darstellung über den Weg der Freikirchen im Dritten Reich vor. Diese Problematik eines weitgehenden politischen Anpassungsverhaltens mit betonten Akklamationstendenzen ist freikirchenintern in den vergangenen Jahrzehnten zumeist nur andeutungsweise offengelegt worden. In ihrer vergleichsweise präzisen Kurzform bietet die Untersuchung zusammen mit dem gut ausgewählten Dokumentationsteil ein anschauliches Bild. Die Umfangsbegrenzung der Druckfassung zwingt freilich dazu, das konkrete freikirchliche Einstellungsverhalten oft nur nach dem pars-pro-toto-Prinzip exemplarisch zu belegen. Das führt zu gewissen Generalisierungen der phänomenologischen Spezifik der einzelnen Freikirche auch dort, wo die ungekürzte Arbeit beweist, daß politische Reaktionen, Erwartungen und Kritikäußerungen gegenüber dem Dritten Reich ähnlich oder gar identisch sind.

Neben freikirchlichem Material sind besonders relevante Archivalien aus dem Zentralen Staatsarchiv der DDR in Potsdam herangezogen. Auch zu dem freikirchlichen Auftreten auf der Weltkirchenkonferenz in Oxford 1937 kann so der Autor Ergänzendes bieten. Einige kleinere Errata betreffen lediglich Peripheres. Forschungsgeschichtlich wäre es wünschenswert, wenn die verdienstvolle Pioniertat K. Zehrers einen nachhaltigen Impuls auf die zeitgeschichtliche Freikirchenforschung im Blick auf das Dritte Reich auslösen würde.

Leipzig Kurt Meier

Pietismus-Bibliographie 1987 mit Nachträgen

von Klaus Deppermann und Dietrich Blaufuß

unter Mitarbeit von C. Graafland, Gouda, des Archivs der Brüder-Unität Herrnhut (DDR), sowie von Reinhard Breymayer (Reutlingen) und Thomas Baumann (Freiburg).

Ein Anspruch auf Vollständigkeit – vor allem für den außerdeutschen Bereich und die Rezensionen – wird nicht erhoben. Anschriften für Mitteilungen, Anfragen, Sonderdrucke: Prof. Dr. Klaus Deppermann, D-7820 Titisee-Neustadt, Erlenweg 9 (dorthin auch Rezensionsexemplare) oder Dr. Dietrich Blaufuß, D-8520 Erlangen, Schwalbenweg 21 b.

Redaktionsschluß: 15. 03. 1987

Übersicht über die Bibliographieeinteilung

AHR	=	American Historical Review
ARG	=	Archiv für Reformationsgeschichte
ChH	=	Church History
DNR	=	Documentatieblad Nadere Reformatie
EHS.T	=	Europäische Hochschulschriften Reihe 23. Theologie
FAB	=	Für Arbeit und Besinnung
HThR	=	Harvard Theological Review
HZ	=	Historische Zeitschrift
JGP	=	Jahrbücher zur Geschichte des Pietismus = Pietismus und Neuzeit
JSKG	=	Jahrbuch für schlesische Kirchengeschichte
LRb	=	Lutherischer Rundblick
MLQ	=	Modern Language Quarterly
NAKG	=	Nederlands Archief voor Kerkgeschiedenis
PB	=	Pietismus-Bibliographie in „Pietismus und Neuzeit"
QFwürtt.KG	=	Quellen und Forschungen zur württembergischen Kirchengeschichte
RHE	=	Revue d'Histoire Ecclésiastique
RHPhR	=	Revue d'Histoire et de Philosophie Religieuses
RHR	=	Revue de l'Histoire des Religions
TGP	=	Texte zur Geschichte des Pietismus
ThLZ	=	Theologische Literaturzeitung
ThRv	=	Theologische Revue
ThZ	=	Theologische Zeitschrift
TRE	=	Theologische Realenzyklopädie
UF	=	Unitas Fratrum
WMQ	=	The William and Mary Quarterly
ZBKG	=	Zeitschrift für bayerische Kirchengeschichte
ZBLG	=	Zeitschrift für bayerische Landesgeschichte
ZfG	=	Zeitschrift für Geschichtswissenschaft
ZKG	=	Zeitschrift für Kirchengeschichte
ZRGG	=	Zeitschrift für Religions- und Geistesgeschichte
ZThK	=	Zeitschrift für Theologie und Kirche
ZWLG	=	Zeitschrift für württembergische Landesgeschichte

I. Bibliographien und Forschungsberichte

1. Deppermann, Klaus und Dietrich Blaufuß: Pietismus-Bibliographie 1986 mit Nachträgen. JGP 12, 1986 [s. Nr. 12], 215–239.
2. Bircher, Martin: Deutsche Drucke des Barock 1600–1720 in der Herzog August Bibliothek Wolfenbüttel. Abt. B: Mittlere Aufstellung. Bd. 3: Theologie, Bd. 1: A–E. München–New York–London–Paris, Saur, 1986. IX+445 S.

3. Göpfert, Herbert G., Peter Vodosek, Erdmann Weyrauch, Reinhard Wittmann (Hgg.): Beiträge zur Geschichte des Buchwesens im konfessionellen Zeitalter. Wiesbaden, Harrassowitz, 1985. 336 S., zahlr. Abb. = Wolfenbütteler Schriften zur Geschichte des Buchwesens 11.
4. Schäfer, Gerhard: Der Calwer Verlag 1836–1986 Stuttgart, Landeskirchliches Archiv, 1986. 50 S. [Als Manuskript veröffentlicht].
5. Bogel, Else und Elger Blühm: Die deutschen Zeitungen des 17. Jahrhunderts. Ein Bestandsverzeichnis mit historischen und bibliographischen Angaben. Zusammengestellt von Else Bogel und Elger Blühm. Bd. 3: Nachtrag. Bearb. von Elger Blühm, Brigitte Kolster und Helga Levin. München–New York–London–Paris, Saur, 1985. 308 S. = Studien zur Publizistik. Bremer Reihe 17.
6. Quodlibet. Bücherangebot. E + R Kistner, Nürnberg, Antiquariats-Katalog Nr. 85/1986. Unpag., 3379 Nummern und 4 Seiten Register. [Nr. 2982–3111 Pietistica].
7. Imminkhuizen, H.: De bibliografie van negentiende-eeuwse drukken uit de Nadere Reformatie. DNR 10, 1986, 25–30.
8. Imminkhuizen, H.: De Nadere Reformatie. Primaire bibliografie van 19de-eeuwse uitgaven. 's-Gravenhage, St. Nadere Reformatie, 1985. 128 S.
9. Chevallier, Marjolaine: [Bibliographie:] Pierre Poiret. Baden-Baden, Koerner, 1985. 281 S. = Bibliotheca dissidentium Bd. 5.
10. A list of the historical writings 1947–1986 of William Reginald Ward presented to him by his colleagues in the University of Durham on the occasion of his retirement from the Chair of modern History. Durham, University, 1986. 34 S. – [Vgl. Nrr. 132, 163, 171, 187, 192, 198, 200, 202, 204, 208, 222, 231, 253, 255].
11. Schultz, Arthur R.: German-American relation and German culture in America: A subject bibliography, 1941–1980. Millwood, N. Y. 1984.

S. a. Nr. 36, 159, 160.

II. Sammelwerke

12. Pietismus und Neuzeit. Ein Jahrbuch zur Geschichte des neueren Protestantismus. Bd. 12. Schwerpunkt: Philipp Jakob Spener. Hg. von Martin Brecht, Friedrich de Boor, Klaus Deppermann, Ulrich Gäbler, Hartmut Lehmann und Johannes Wallmann. Göttingen, Vandenhoeck & Ruprecht, 1986. 245 S. [Enthält Nr. 1, 136, 139–144, 151, 201, 315].
13. Unitas Fratrum. Zeitschrift für Geschichte und Gegenwartsfragen der Brüdergemeine. Hg. v. Hans-Walter Erbe, Dietrich

Meyer, Hans-Beat Motel, Jörn Reichel und Hans Schneider. Heft 18, Hamburg, Friedrich Wittig, 1986. 96 S. [Enthält Nr. 202, 205, 211, 214].

14. Pietismus-Forschungen. Zu Philipp Jacob Spener und zum spiritualistisch-radikalpietistischen Umfeld. Mit Beiträgen von Dietrich Blaufuß, Rüdiger Mack, Harald Schieckel, Hanspeter Marti, Rolf Lippoth, Reinhard Breymayer unter Mitarbeit von Karin Marti hg. von Dietrich Blaufuß. Frankfurt am Main–Bern–New York, Peter Lang, 1986. XXVII+540 S. = EHS.T 290. – [Enthält Nr. 33, 126, 135, 160, 192, 219].

15. Pietismus. – Der Evangelische Erzieher. Zeitschrift für Pädagogik und Theologie 38, 1986 Heft 4. – [Enthält Nr. 117, 122, 123, 292, 293, 295].

16. De Nadere Reformatie. Beschrijving van haar voornaamste vertegenwoordigers. Hrsg. von C. Graafland, W. van 't Spijker et al. 's-Gravenhage, Boekencentrum, 1986. 380 S. [Enthält Nr. 64, 65, 81, 84, 86, 88, 89, 91–94, 99].

17. Belaval, Yvon und Dominique Bourel (eds): Le siècle des Lumières et la Bible. Paris, Beauchesne, 1986. 872 S. [Enthält Nr. 119, 171, 251].

18. Steinhagen, Harald (Hg.): Zwischen Gegenreformation und Frühaufklärung: Späthumanismus, Barock 1572–1740. Reinbek, Rowohlt-Taschenbuch-Verlag, 1985. 550 S. = Deutsche Literatur. Eine Sozialgeschichte. Hrsg. von Horst Albert Glaser. Bd. 3. [Enthält Nr. 56–61].

19. Greschat, Martin (Hg.): Die neueste Zeit I. Stuttgart–Berlin–Köln–Mainz, Kohlhammer, 1985. 360 S. + 20 Abb. = Gestalten der Kirchengeschichte Bd. 9,1. [Enthält Nr. 186, 281].

20. Greschat, Martin (Hg.): Die neueste Zeit II. Stuttgart–Berlin–Köln–Mainz, Kohlhammer, 1985. 332 S. + 24 Abb. = Gestalten der Kirchengeschichte Bd. 9,2. [Enthält Nr. 189, 282–284].

21. Erweckung am Beginn des 19. Jahrhunderts. Referate einer Tagung an der Freien Universität Amsterdam, 26.–29. März 1985, hrsg. von Ulrich Gäbler und Peter Schram. Amsterdam, Vrije Universiteit, 1986. VIII+320 S. [Enthält Nr. 49, 263–280].

III. Vorgeschichte des Pietismus

22. Lehmann, Hartmut: Frömmigkeitsgeschichtliche Auswirkungen der „Kleinen Eiszeit". In: Wolfgang Schieder (Hg.): Volksreligiosität in der modernen Sozialgeschichte. Göttingen, Vandenhoeck & Ruprecht, 1986. S. 31–50. = Geschichte und Gesellschaft, Sonderheft 11.

23. Schneider, Hans: Johann Arndt und Martin Chemnitz. Zur Quellenkritik von Arndts „Ikonographia". In: Der zweite Mar-

tin der Lutherischen Kirche. FS zum 400. Todestag von Martin Chemnitz, hg. v. Ev.-luth. Stadtkirchenverband und Propstei Braunschweig (Red.: Wolfgang A. Jünke). Braunschweig 1986, S. 201–223. – [S. 215 A. 4; 222 A. 125 und 138 in Arbeit befindliche Arndt-Untersuchungen].

24. Sommer, Wolfgang: Johann Arndts Wirken in Celle als Generalsuperintendent des Fürstentums Lüneburg und Herzog Christian d. Ä. von Braunschweig-Lüneburg. Celler Chronik. Beiträge zur Geschichte und Geographie der Stadt und des Landkreises Celle 2. Celle, Museumsverein, 1985, 7–38.

24a. Sommer, Wolfgang: Johann Arndt und Joachim Lütkemann – zwei Klassiker der lutherischen Erbauungsliteratur in Niedersachsen. Jahrbuch der Gesellschaft für Niedersächsische Kirchengeschichte 84, 1986, 123–144.

25. Erikson, Leif: Inhabitatio – Illuminatio – Unio. En studie i Luthers och den äldre lutherdomes teologi. Åbo, Åbo Åkademi 1986. 335 S. = Meddelanden Från Stiftelsens För Åbo Akademi Forskningsinstitut/Publications of the Research Institute of the Åbo Akademi Foundation 116. – [Zusammenfassung in deutsch S. 327–335. – S. 227–305 „Den Arndtska Striden"].

26. Boehme, Jacob: The Way to Christ [Der Weg zu Christo, engl.]. Translation and introd. by Peter Erb. Preface by Winfried Zeller. New York – Toronto, The Paulist Press, 1978. XVIII+307 S. = The Classics of Western Spirituality. A Library of the Great Spiritual Masters.

27. Pietrzak, Ewa: Drucke von Jacob Böhme in der Universitätsbibliothek Wrocław. Germanica Wratislavensia 68, 1985, 246–255.

28. Andersson, Bo: „Du Solst wissen es ist aus keinem stein gesogen." Studien zu Jacob Böhmes „Aurora oder Morgen Röte im auffgang". Stockholm, Almqvist & Wiksell, 1986. 272 S. = Acta universitatis Stockholmiensis. Stockholmer germanistische Forschungen 13.

29. Abraham Willemsz van Beyerland. Jacob Böhme en het Nederlandse hermetisme in de 17e eeuw. Catalogus bij een tentoonstelling in de Bibliotheca Philosophica Hermetica. 21 maart–1 augustus 1986. Amsterdam, Pelikan, 1986. 39 S.

30. Deghaye, Pierre: L'homme virginal selon Jakob Böhme. In: L'Androgyne. Par Jean Libis, Luc Brisson et alii. Paris, Albin Michel, 1986. S. 155–196. = Cahiers de l'Hermétisme 11.

31. Deghaye, Pierre: La Naissance de Dieu ou La Doctrine de Jacob Boehme. Paris, Albin Michel, 1985. 302 S. = Spiritualités vivantes. Rez.: ARIES 5, 1986, S. 104–108 = Nelly Émont.

32. Manusov, Clasina: Pelgrims en profeten. Bunyan's ‚The Pilgrim's Progress' in de mystieke denkwereld van Jacob Böhme. Een comparatistische studie met theologische en filosofische implicaties. Utrecht, HES uitgevers, 1985. 263 S. [Diss. Letteren R. U. Utrecht].

33. Breymayer, Reinhard: Politik aus dem Geist der Bibel: Die wiederentdeckte „Optima Politica“ [Amsterdam 1660] von Hermann Jung, einem Freund von Friedrich Breckling und von Johann Amos Comenius. Edition und Bibliographie. In: Pietismus-Forschungen [Nr. 14], 385–513.
34. Breymayer, Reinhard: Ein vergessener Freund von Comenius: Hermann Jung (um 1608–1678) aus Brokreihe bei Hodorf (Holstein), Pastor in Monnickendam (Niederlande). Mitt.-Blatt der Comeniusforschungsstelle im Institut für Pädagogik der Ruhr-Universität Bochum 19, 1986, 18–30.
35. Kühlmann, Wilhelm: Johann Michael Moscherosch in den Jahren 1648–1651: Die Briefe an Johann Valentin Andreae. (Mit einer Aufstellung der bisher bekannten Korrespondenz Moscheroschs). Daphnis 14, 1985, 245–276.
36. Johann Valentin Andreae 1586–1986. Die Manifeste der Rosenkreuzerbruderschaft. Katalog einer Ausstellung in der Bibliotheca Philosophica Hermetica. Amsterdam, Bibliotheca Philosophica Hermetica (Bibliothek J. R. Ritman), 1986.
37. Battafarano, Italo Michele: Von Andreae zu Vico. Untersuchungen zur Beziehung zwischen deutscher und italienischer Literatur des 16. und 17. Jahrhunderts. Mit einem Bericht über die italienische Forschung zur deutschen Literatur des 16. und 17. Jahrhunderts (1945–1978). Stuttgart, Akademischer Verlag Hans-Dieter Heinz, 1979. IV+266 S. = Stuttgarter Arbeiten zur Germanistik, Nr. 66.
38. Edighoffer, Roland: Johann Valentin Andreae. A propos du 400ᵉ anniversaire de sa naissance [Forschungsbericht]. ARIES 5, 1986, 8–38.
39. Edighoffer, Roland: Les Rose-Croix. 2ᵉ édition. Paris, Presses Universitaires de France, 1986. 128 S. = Que sais-je?, nº 1982. Rez.: ARIES 5, 1986, 99–104 = Gisèle Marie.
40. Faivre, Antoine: Accès de l'ésotérisme occidental. Paris, Gallimard, 1986. 406 + V S. [Enthält viele Hinweise zur pietistischen Esoterik, u. a. zu Andreae, Böhme und Oetinger].
41. Faivre, Antoine: Théosophie et mystique spéculative du siècle baroque en Allemagne. Note sur l'œuvre de Bernard Gorceix. ARIES 4, 1985, 1–50.
42. Wehr, Gerhard (Hg): Die Bruderschaft der Rosenkreuzer. Esoterische Texte. Köln, Eugen Diederichs Verlag, 1984. 223 + I S. = Diederichs Gelbe Reihe 53. [Enthält eine Einführung von Gerhard Wehr, S. 7–54, ferner folgende Schriften von Johann Valentin Andreae: Fama Fraternitatis; Confessio Fraternitatis; Chymische Hochzeit Christiani Rosenkreuz].
43. Kuon, Peter: Die Allmacht des Erzählers, oder: Wirklichkeit, Allegorie und Allegorese. Die ‚Christianopolis‘ (1619) von Johann Valentin Andreae. In: Kuon, Peter: Utopischer Entwurf und fiktionale Vermittlung. Zum Gattungswandel der literarischen Utopie zwischen Humanismus und Frühaufklärung. Heidelberg, Winter, 1986, S. 199–257 = Studia romanica 66.

44. Kuon, Peter: Utopischer Entwurf und fiktionale Vermittlung. Studien zum Gattungswandel der literarischen Utopie zwischen Humanismus und Frühaufklärung. Tübingen, Verlag Science Fiction, 1985. VII+462 S. = Utopica 1. [Zugleich Phil. Diss. Tübingen 1985. – U. a. zu Johann Valentin Andreaes „Christianopolis"].
45. Calixt, Georg: Dogmatische Schriften. Hrsg. von Inge Mager. Göttingen, Vandenhoeck & Ruprecht, 1982. 598 S. = Georg Calixt, Werke in Auswahl 2. Rez.: Daphnis 14, 1985, 170–172 = Gottfried Seebaß.
46. Jacob, Edmond: L'œuvre exégétique d'un théologien Strasbourgois du 17e siècle: Sébastien Schmidt. RHPhR 66, 1986, 71–78.
47. Menne-Haritz, Angelika und Arnold Niemann: Paul Gerhardt und die lutherische Opposition in Berlin. Edition einiger Eintragungen im Protokollbuch des Rates der Stadt Berlin. Jahrbuch für Brandenburgische Landesgeschichte 35, 1984, 63–91.
48. Gondal, Marie-Louise: L'Acte Mystique, Témoignage Spirituel de Madame Guyon (1648–1717). Lyon 1985. [Thèse de Doctorat présentée à la Faculté de Théologie de Lyon, Juin 1985]. Rez.: ZKG 97, 1986, 407–408 = Gustav A. Krieg.
49. Knetsch, Frederik R. J.: Der Prophetismus in den Cevennen nach 1685. Die Geschichte einiger ekstatischer Außenseiter: In: Erweckung am Beginn des 19. Jahrhunderts. [s. Nr. 21) S. 45–58.
50. Bruckner, John: Dichtung und Erbauungsliteratur. Abraham von Franckenberg, Johann Scheffler und J. Th. von Tschesch in einem ‚Quaker-Buche' (1680). Wolfenb. Arbeiten zur Barockforschg. 13, 1985, 579–588.
51. Irmler, Rudolf: Mit dir wir wollen Taten tun. Johann Heermann. Prediger und Dichter. Stuttgart, J. F. Steinkopf, 1984. 76 S., 1 Abb. = Steinkopf-Bücherei 21. Rez.: ZBKG 55, 1986, 220–221 = Dietrich Meyer.
52. Schott, Ch.-E.: Johann Heermann und sein Sohn Samuel. JSKG 65, 1986, 101–122.
53. Fritze-Eggimann, R.: „Morgenglanz der Ewigkeit". Begegnung mit Christian Knorr von Rosenroth. JSKG 65, 1986, 84–90.
54. Schrenk, Gottlob: Gottesreich und Bund im älteren Protestantismus vornehmlich bei Johannes Coccejus. Ein Beitrag zur Geschichte des Pietismus und der heilsgeschichtlichen Theologie. M. e. Einf. v. Hans Bolliger. Gießen–Basel, Brunnen, 2. Auflage, 1985. VII + XVI + 367 S. [Tatsächlich 3. Aufl.; 2. A. Darmstadt, Wiss. Buchgesellschaft, 1967; 1. A. 1923].
55. Van der Wall, Ernestine: Three Letters by Menasseh ben Israel to John Durie. English Philo-judaism and the „Spes Israelis". NAKG 65, 1985, 46–63.
56. Gorceix, Bernard: Mystische Literatur. In: Harald Steinhagen (Hg.): Zwischen Gegenreformation und Frühaufklärung [s. Nr. 18]. S. 206–218.

57. Heckel, Martin: Konfessionsprobleme und Verfassungsfragen. In: Harald Steinhagen (Hg.): Zwischen Gegenreformation und Frühaufklärung [s. Nr. 18]. S. 32–43.
58. Ingen, Ferdinand van: Der Dreißigjährige Krieg in der Literatur. In: Harald Steinhagen (Hg.): Zwischen Gegenreformation und Frühaufklärung [s. Nr. 18]. S. 237–256.
59. Kemper, Hans-Georg: Literarischer Glaubenskampf. In: Harald Steinhagen (Hg.): Zwischen Gegenreformation und Frühaufklärung [s. Nr. 18]. S. 138–171.
60. Krausse, Helmut K.: Religiöse Lyrik. In: Harald Steinhagen (Hg.): Zwischen Gegenreformation und Frühaufklärung [s. Nr. 18]. S. 418–429.
61. Winter, Michael: Staatstheorien und Utopien. In: Harald Steinhagen (Hg.): Zwischen Gegenreformation und Frühaufklärung [s. Nr. 18]. S. 60–73.
62. Tipson, Baird: A Dark Side of Seventeenth-Century Protestantism: The Sin Against the Holy Spirit. HThR 77, 1984. 301–330.

S. a. Nr. 9, 121, 123, 216, 315, 319, 320, 322, 323.

IV. Pietismus in den Niederlanden

63. Groenendijk, L. F.: De oorsprong van de uitdrukking „nadere reformatie". DNR 9, 1985, 128–134.
64. Van 't Spijker, W.: De Nadere Reformatie. In: De Nadere Reformatie [s. Nr. 16], 5–16.
65. Graafland, C.: Kernen en contouren van de Nadere Reformatie. In: De Nadere Reformatie [s. Nr. 16], 349–368.
66. Groenendijk, L. F.: De Nadere Reformatie van het gezin. DNR 8, 1984, 137–138.
67. Graafland, C.: De Nadere Reformatie en haar culturele context. In: Met het Woord in de tijd. Een bundel artikelen rondom het thema ‚Evangelisatie en cultuur'. Hg. L. Westland, 's-Gravenhage, Boekencentrum, 1985, 117–138.
68. Van der Linde, S.: ‚De Nadere Reformatie', een nieuwe start. Theologia Reformata XXIX, 1986, 188–197.
69. Verboom, W.: De catechese van de Reformatie en de Nadere Reformatie. Diss. R. U. Utrecht, Amsterdam, Buijten & Schipperheijn, 1986. 380 S.
70. Groenendijk, L. F.: De Nadere Reformatie en „De Scholen der Ydelheyt" (1). DNR 10, 1986, 77–93.
71. Florijn, H.: De invloed van de Nadere Reformatie op de Kruisgezinden en Ledeboerianen. DNR 10, 1986, 54–63.
72. Van Gorsel, W.: De invloed van de Nadere Reformatie op de Ned. Herv. Kerk van de negentiende eeuw. DNR 10, 1986, 10–15.

73. Van den Berg, C. H. W.: De invloed van de Nadere Reformatie op de Doleantie. DNR 10, 1986, 37–53.
74. Schram, P. L.: De Nadere Reformatie in de negentiende eeuw. DNR 10, 1986, 2–9.
75. Brienen, T.: De invloed van de Nadere Reformatie op de Afscheiding. DNR 10, 1986, 16–24.
76. Florijn, H.: Onbekende brieven van Willem Teellinck over de Remonstranten. DNR 9, 1985, 88–102.
77. Bouwman, Harm: Willem Teellinck en de practijk der godzaligheid. Kampen, De Groot Goudriaan, 2. Aufl. 1985. 67 S.
78. Op't Hof, W. J.: Willem Teellinck in het licht zijner geschriften (22–29). DNR 8, 1984, 73–80, 109–113; 9, 1985, 37–42, 73–77, 109–117; 10, 1986, 31–36, 64–66, 73–76. [vgl. PB 11/39].
79. Alblas, J. B. H.: Een onbekende engelse vertaling van W. Teellinck. DNR 8, 1984, 95–98.
80. Op 't Hof, W. J.: De visie op de Joden bij Willem Teellinck. DNR 9, 1985, 62–70.
81. Exalto, K.: Willem Teellinck (1579–1629). In: De Nadere Reformatie (s. Nr. 16), 17–48.
82. Bijl, A. P.: Teellinck en de Leidse separatisten rond John Robinson. DNR 10, 1986, 70–72.
83. Op 't Hof, W. J.: De jeugd van Johannes Teellinck. DNR 9, 1985, 135–139.
84. Van 't Spijker, W.: Gisbertus Voetius (1589–1676). In: De Nadere Reformatie [s. Nr. 16), 49–84.
85. Florijn, H.: Een nog niet eerder uitgegeven brief van Jodocus van Lodenstein. DNR 8, 1984, 102–104.
86. Graafland, C.: Jodocus van Lodenstein (1620–1676). In: De Nadere Reformatie [s. Nr. 16], 85–126.
87. Leurdijk, G. H.: „Seeker Hollandsch Heer" (J. van Lodenstein). DNR 9, 1985, 103–108.
88. Van 't Spijker, W.: Jacobus Koelman (1632–1695). In: De Nadere Reformatie [s. Nr. 16], 127–164.
89. Van Genderen, J.: Wilhelmus à Brakel (1635–1711). In: De Nadere Reformatie [s. Nr. 16], 165–192.
90. Groenendijk, L. F.: De preken van Wilhelmus à Brakel. DNR 8, 1984, 114–124.
91. Van Genderen, J.: Herman Witsius (1636–1708). In: De Nadere Reformatie [s. Nr. 16], 193–218.
92. Brienen, T.: Bernardus Symtegelt (1665–1739). In: De Nadere Reformatie [s. Nr. 16], 219–246.
93. Exalto, K.: Wilhelmus Schortinghuis (1700–1750). In: De Nadere Reformatie [s. Nr. 16], 247–276.
94. Brienen, T.: Theodorus van der Groe (1705–1784). In: De Nadere Reformatie [s. Nr. 16]., 277–314.
95. Moerkerken, A.: Theodorus van der Groe in zijn tijd – boetgezant in een eeuw van verval. DNR 9, 1985, 20–32.

96. Leurdijk, G. H.: Theodorus van der Groe als polemist voor reformatorische geloofsbeleving. DNR 9, 1985, 1–19.
97. Verboom, J. H. R.: Dr. Alexander Comrie. Predikant van Woubrugge. Zijn leven en werken, alsmede de historie van zijn gemeente. Utrecht, De Banier, 1985. 219 S.
98. Leurdijk, G. A.: Twee pastorale brieven van Alexander Comrie. Veenendaal, Kool, 1985. 39 S.
99. Graafland, C.: Alexander Comrie (1706–1774). In: De Nadere Reformatie [s. Nr. 16], 315–348.
100. Van der Stighelen, K.: Portretjes in ‚Spaens loot' van de hand van Anna Maria van Schurman (1607–1678). In: De zeventiende eeuw. Cultuur in de Nederlanden in interdisciplinair perspectief. Bd. 2/ 2. Deventer, Sub Rosa, 1986, S. 27–44.
101. Van Lieburg, F. A.: Vrouwen uit het gereformeerde piëtisme in Nederland (1): Eva van der Groe (1704–1770). DNR 9, 1985, 78–87.
102. Van Lieburg, F. A.: Vrouwen uit het gereformeerde piëtisme in Nederland (2): Jacoba Petronella Winckelman (1696–1761). DNR 9, 1985, 118–127.
103. Van Lieburg, F. A.: Vrouwen uit het gereformeerde piëtisme in Nederland (3): Aletta Vermeer (1699–1762). DNR 10, 1986, 94–104.
104. Op 't Hof, W. J.: De Nederlandse vertalers van William Cowpers geschriften. DNR 8, 1984, 105–108. [Vgl. PB 11/36].
105. Van der Haar, J.: Nederlandse theologen onder Engelse puriteinen. DNR 10, 1986, 105–108.
106. Van den Berg, J. und G. F. Nuttall: Philip Doddrigde (1702–1751) and the Netherlands. Leiden, Brill, 1987. 110 S.
107. Harinck, C.: De Schotse verbondsleer. Van Robert Rollock tot Thomas Boston. Utrecht, De Banier, 1986. 223 S.
108. Duijtsch, Christiaan Salomon: Jehovah verheerlijkt. Übers. J. Traast. In hedendaags Nederlands overgezet en bewerkt door Dr. J. Haitsma. Kampen, De Groot Goudriaan, 1986. 149 S.
109. Groenendijk, L. F.: Het Oldambster piëtisme gewogen door Gerhard Meyer. DNR 9, 1985, 43–61.
110. Hartong, G. T.: Wolterus ter Burgh, schoolmeister en koster te Zwolle. DNR 8, 1984, 125–136.
111. Van Harten, P. H.: De prediking van Ebenezer en Ralph Erskine. Evangelieverkondiging in het spanningsveld van verkiezing en belofte. Diss. R. U. Utrecht. 's-Gravenhage, Boekencentrum, 1986. 313 S.
112. De Gier, J.: De Psalmen Davids van Jacob Revius. Theologia Reformata XXIX, 1986, 267–291.
113. Van der Haar, J. und A. Dordrecht (Hgg): Het blijvende Woord. Plaatsen waar en predikanten door wie dit Woord verkondigd is. Gereformeerde Bijbelstichting, 1985. 258 S.
114. Bank, Johannes Hendrikus van de: Macarius en zijn invloed in de Nederlanden. Diss. theol. Utrecht 1977. 169 S. – [V. a. Kap. III].

115. Groenendijk, L. F.: Een catalogus van Hofmanniana. DNR 8, 1984, 81–94.
S. a. Nr. 7, 8, 29, 33, 34, 54, 116, 121, 297–301.

V. Gesamtwürdigungen

116. Steggink, Otger und Kees Waaijman: Spiritualiteit en mystiek. I, Inleiding. Nijmwegen, B. Gottmer, 1985. 141 S.
117. Kemler, Herbert: Wer ist ein Christ? Pietismus in Geschichte und Gegenwart. In: Pietismus (Nr. 15), 362–377.
118. Heimbucher, Kurt (Hg.): Luther und der Pietismus. An Alle, die mit Ernst Christen sein wollen. Gießen–Basel, Brunnen, 1983. 237 S. Rez.: ZKG 97, 1986, 414–415 = Erich Beyreuther.
S. a. Nr. 54.

VI. Theologie und Frömmigkeit

119. François, Etienne: Les protestants allemands et la Bible. Diffusion et pratiques. In: Yvon Belaval und Dominique Bourel (eds): Le siècle des Lumières et la Bible (s. Nr. 17), S. 47–58.
120. Wittenberg, Martin: Kirchengemeinschaft und Abendmahlsgemeinschaft, kirchengeschichtlich gesehen. Fürth/B., Flacius, 1986. 50 S. – [12–20 zum Pietismus. – Erstdruck in LRb 9, 1961 H. 3.4. Nachwort d. Vf. 1985 S. 49 f.]
121. Wetzel, Klaus: Der heilsgeschichtliche Entwurf der Föderaltheologie. In: Glaube und Geschichte. Heilsgeschichte als Thema der Theologie, hg. von Helge Stadelmann. Gießen–Basel, Brunnen; Wuppertal, R. Brockhaus, 1986, 181–210. – [U. a. zu J. H. May, Conr. Mel, H. Horche, F. Lampe].
122. Ohlemacher, Jörg: Zum Thema „Frömmigkeit" – Werden die Pietisten evangelikal? In: Pietismus (Nr. 15), 324–339.
123. Dienst, Karl: Zwischen Eristik und Irenik. Zur Problematik einer Abgrenzung theologischer Epochen. In: Pietismus (Nr. 15), 378–384. – [Hymnologische Beobachtungen zu Orthodoxie – Pietismus – Mystik].
124. Osborn, E.: Christology and Pietism. Australian Biblical Review 32, 1984, 1–17.
125. Becker, George: The fallacy of the received word. A reexamination of Merton's pietism-science thesis. American Journal of Sociology 91, 1986, 1203–1218. [Bezieht sich auf einen Aufsatz von R. K. Merton ebd. 89, 1984].
S. a. Nr. 54, 117, 134, 208, 246 a, 293, 295.

VII. Sozial- und Staatslehre, Pädagogik

126. Mack, Rüdiger: Pädagogik bei Philipp Jakob Spener. In: Pietismus-Forschungen (Nr. 14), 53–115.

127. Diemer, Uta von: August Hermann Franckes Pädagogik – eine Anfrage an uns. In: Festschrift des Bismarck-Gymnasiums 1986. Karlsruhe, Fördergemeinschaft des Bismarck-Gymnasiums, 1986. S. 26–32.

128. Beckmann, Hans Karl: Die Pädagogik der „Hochfürstlichen Stadtschule zu Neustadt an der Aisch" in ihrer glanzvollen Periode im 18. Jahrhundert. ZBKG 55, 1986, 1–18.

129. Wolfschmidt, August: Die Matrikel der Fürstenschule Neustadt an der Aisch. ZBKG 55, 1986, 19–43.

130. Rechter, Gerhard: Veit Ludwig von Seckendorff-Gutend (1626–1692). Fränkische Lebensbilder 12, 1986, 104–122.

131. Müller, Rainer A.: Die deutschen Fürstenspiegel des 17. Jh. Regierungslehren und politische Pädagogik. HZ 240, 1985, 571–597.

132. La Vopa, A. J.: Vocations, Careers, and Talent: Lutheran Pietism and Sponsored Mobility in Eighteenth Century Germany. Comparative studies in society and history 28, 1986, 255–286.

VIII. Spener, Francke und der Hallesche Pietismus

133. Spener, Philipp Jacob: Umkehr in die Zukunft. Reformprogramm des Pietismus – Pia desideria. In neuer Bearbeitung von Erich Beyreuther. 4. Aufl. Gießen–Basel, Brunnen-Verlag, 1986. 87 S. = Allgemeine Reihe.

134. Spener, Philipp Jakob: Die Evangelische Glaubens-Lehre. Predigten über die Evangelien (1686/87). Eingeleitet von Dietrich Blaufuß [und] Erich Beyreuther. 1.: 1. Advent bis 4. p. Trin. 2.: Johannistag bis 26. p. Trin. Auszug Predigten (1679/80). Sciagraphia 1688. Hildesheim–Zürich–New York, Georg Olms, 1986. 183*. [XIV]. 848 S. und 8*. [II] S., S. 849–1446, Zwischentitel. 342. [38] S., [8]. 160 S. = Philipp Jakob Spener: Schriften (hg. von Erich Beyreuther) Bd. III. 1, Teilbände 1 und 2. – [10*–89*: D. Blaufuß: Ph. J. Speners „Evangelische Glaubens-Lehre". Bedeutung. Entstehung-Überlieferung. – 91*–177*: E. Beyreuther: Biographie, Zusammenhang, Interpretation].

135. Blaufuß, Dietrich: Spener-Forschung. In: Pietismus-Forschungen (Nr. 14), 1–52.

136. Aland, Kurt: Zur Ausgabe der Werke Philipp Jakob Speners. In: JGP 12, 1986. [s. Nr. 12], S. 127–144.

137. Blaufuß, Dietrich: Speners Briefwechsel – ein editorisches Problem. ZRGG 39, 1987, 47–68.
138. Wallmann, Johannes: Philipp Jakob Spener in Berlin 1691–1705. ZThK 84, 1987, 58–85.
139. Wallmann, Johannes: Geistliche Erneuerung der Kirche nach Philipp Jakob Spener. In: JGP 12, 1986. [s. Nr. 12], S. 12–37.
140. Sträter, Udo: Soziales Engagement bei Spener. In: JGP 12, 1986. [s. Nr. 12], S. 70–83.
141. Clark, Jonathan Philipp: „In der Hoffnung besserer Zeiten": Philipp Jakob Spener's Reception of Quirinus Kuhlmann. In: JGP 12, 1986. [s. Nr. 12], S. 54–69.
142. Winter, Friedrich: Philipp Jakob Speners Beitrag zur Kirchenreform. In: JGP 12, 1986. [s. Nr. 12], S. 109–126.
143. Brecht, Martin: Philipp Jakob Spener und die Reform des Theologiestudiums. In: JGP 12, 1986. [s. Nr. 12], S. 94–108.
144. Schicketanz, Peter: Speners Beitrag für die Erziehung der Gemeinde. In: JGP 12, 1986. [s. Nr. 12], S. 84–93.
145. Schering, Ernst: Der Vater des Pietismus und Wegbereiter des Neuprotestantismus. Ein Rückblick auf das Spener-Jahr. Jahrbuch der hessischen kirchengeschichtlichen Vereinigung 37, 1986, 239–245.
146. Weber, Burkhard: Zur Wirkungsgeschichte des Makarios bei Philipp Jakob Spener. In: Makarios-Symposium über das Böse. Vorträge der Finnisch-deutschen Theologentagung in Goslar 1980, hrsg. von Werner Strothmann. Wiesbaden, Harrassowitz, 1983. S. 223–236. = Göttinger Orientforschungen, Reihe 1, Syriaca 24.
147. Schroeder, Ingrid von: Theologe, Heraldiker und Genealoge. Philipp Jakob Spener zum 350. Geburtstag. Der Herold. Vierteljahresschrift für Heraldik, Genealogie und verwandte Wissenschaften Bd. 11, 28. Jg. 1985, 201–208.
148. Francke, August Hermann: Predigten I. Hg. von Erhard Peschke. Berlin–New York, de Gruyter, 1987. XVII + 651 S. = TGP Abt. II, Bd. 9.
149. Moore, Cornelia Niekus: Der Jungfrauenstand der Kinder Gottes. Die Leichenpredigt [von A. H. Francke] der Juliana Patientia Schultt. Wolfenbütteler Barock-Nachrichten 12, 1985, 102–105. – [In LP-Verz. Halle (PB 3/7) S. 134 f. fünf (!) LP-Einträge].
150. Kurten, Petra: Umkehr zum lebendigen Gott. Die Bekehrungstheologie August Hermann Franckes als Beitrag zur Erneuerung des Glaubens. Paderborn, Schöningh, 1985. X + 298 S. = Paderborner theologische Studien 15.
151. Deppermann, Klaus: Die politischen Voraussetzungen für die Etablierung des Pietismus in Brandenburg-Preußen. In: JGP 12, 1986. [s. Nr. 12], S. 38–53.
152. Blaufuß, Dietrich: Gottlieb Spizel 1639–1691. Evangelischer Theologe und Polyhistor. In: Lebensbilder aus dem Bayerischen Schwaben. Bd. 13. Zusgest. u. f. d. Druck vorber. v. Adolf Lay-

er +, hg. v. Josef Bellot. Weißenhorn, Anton H. Konrad, 1986, S. 144–174 m. Abb. = Schwäb. Forschungsgemeinschaft bei der Kommission für Bayerische Landesgeschichte. Veröffl. Reihe 3, Bd. 13.

153. Thomann, Günther: Johann Heinrich Schulze (1687–1744) und die Anfänge der Medizinhistorik in Altdorf und Halle. Altnürnberger Landschaft e. V. Mitteilungen 34, 1985, 87–95. – [Schulze 1732 nach Halle berufen. Vgl. PB 10/116].

154. Habrich, Christa: Zur Ethik des pietistischen Arztes im 18. Jahrhundert. In: Ethik in der Geschichte von Medizin und Naturwissenschaften. Hg. v. Wolfram Kaiser und Arina Völker. Halle/Saale, Martin-Luther-Universität Halle–Wittenberg, 1985, S. 69–83 = Wissenschaftliche Beiträge der Martin-Luther-Universität Halle–Wittenberg 1985 / 55 (E 77). [Betrifft Joh. Sam. Carl, 1676–1729].

155. NN: Chemie im 18. Jahrhundert – Georg Ernst Stahl zum 250. Todestag. In: Staatsbibliothek Preußischer Kulturbesitz. Mitteilungen 17, 1985, 57–70.

156. Bircher, Martin: Autographen barocker Autoren. Quellen zur Fruchtbringenden Gesellschaft in der Biblioteka Jagiellońska Kraków, aus dem Besitz der ehem. Preußischen Staatsbibliothek Berlin. In: Chloe, Bd. 6 (1987), S. 291–356. [S. 331, Anm. 58 zum Stammbuch von Friedrich Feuerlein (1664–1716) mit Einträgen u. a. von Johann Saubert und Ph. J. Spener; ferner zum Stammbuch seines Sohnes Conrad Friedrich Feuerlein, 1694–1742, u. a. mit einem Eintrag von August Hermann Francke, 1717. S. 348–356: „Liste von Autographen barocker Autoren"].

157. Haubelt, Josef: Ceské osvícenství. Praha, Nakladatelství Svoboda, 1986. 460 S. [S. 76–89: Bohuslav Balbín – Jezuita a historik, lebte 1621–1688, war als Genealoge Briefpartner Speners. S. 166–189: zu Prokop Divisch, 1698–1765, und seinen Beziehungen zu Friedrich Christoph Oetinger und Johann Ludwig Fricker].

158. Fechner, Jörg-Ulrich: „Allerunterthänigster Glück-Wunsch bei dem mit Gott höchst glücklich erlebten hohen Gebuhrts-Feste..." Vier Scherflein zu Christian Reuter. In: Chloe, Bd. 6 (1987), S. 393–413. [S. 412 mit Anm. 30–33 zum Buchhändler und Verleger Andreas Luppius und seinen Beziehungen zu P. J. Spener].

159. Schieckel, Harald (Bearb.): Findbuch zur Stammbuchsammlung 16.–18. Jh. mit biographischen Nachweisen. Oldenburg, Holzberg, 1986. 414 S. (und Ergänzungen und Berichtigungen: 2 S.) = Inventare und kleinere Schriften des Staatsarchivs in Oldenburg H. 28. – [S. 134–144 m. 293–300: Verz. der Eintragungen 1689–96 für Wilh. Ludw. Spener (entspr. Piet.-Forschungen (s. Nr. 14), S. 188 f.); S. 410.413 Ph. J. Spener (entspr. Piet.-Forsch. S. 182).]

160. Schieckel, Harald: Das Stammbuch von Wilhelm Ludwig Spener aus den Jahren 1689 bis 1696. In: Pietismus-Forschungen (Nr. 14), 117–195.

S. a. Nr. 132, 223, 231, 232.

IX. Württembergischer Pietismus

161. Hiller, Philipp Friedrich: Geistliches Liederkästlein zum Lobe Gottes bestehend aus zweimal 366 kleinen Oden über so viele biblische Sprüche. Kindern Gottes zum Dienst aufgesetzt. In zwei Teilen. Mit Hillers Lebenslauf sowie einem Verzeichnis der Materien, Bibelstellen und aller Liederverse. (Unveränderter Nachdruck der 1904 im Verlag der Buchhandlung der Evang. Gesellschaft, Stuttgart, erschienenen Ausgabe. 14. Aufl.) Metzingen/Württ., Verlag Ernst Franz (1982). XX + 892 S. [S. VII–XVIII: „M. Philipp Friedrich Hillers Leben, von ihm selbst beschrieben"].

162. Kuhn, Johannes und Reinhard Breymayer (Hgg.): Wo die Hoffnung Hand und Fuß hat. Predigten aus zehn Jahrhunderten. Stuttgart–Wien, Edition Erdmann in K. Thienemanns Verlag, 1987. 192 S. [Enthält Pietistica, u. a. J. A. Bengel, I. G. Brastberger, Friedrich Karl von Moser, F. Chr. Oetinger, K. F. A. Steinkopf, Ludwig und Wilhelm Hofacker, Albert Knapp, Sixt Karl Kapff, Chr. Blumhardt, Theophil Wurm, Rolf Scheffbuch].

163. Hahn, Joachim und Hans Mayer: Das Evangelische Stift in Tübingen. Geschichte und Gegenwart – Zwischen Weltgeist und Frömmigkeit. Stuttgart, Konrad Theiss Verlag, 1985. 318 + II S. Rez.: ARG Beiheft 15, 1986, 41 = Franz Quarthal.

164. Lang, Bernhard: 450 Jahre Tübinger Stift. Lutherische Monatshefte 25, 1986, 260–261.

165. Hertel, Friedrich (Hg.): In Wahrheit und Freiheit. 450 Jahre Evangelisches Stift in Tübingen. Stuttgart, Calwer Verlag, 1986. 340 S. = QF württ KG 8. [Enthält Nr. 166–169]. Rez.: FAB 40, 1986, 393–394 = Bernhard Lang.

166. Baur, Jörg: Glanz und Elend der Tübinger Orthodoxie. In: In Wahrheit und Freiheit (s. Nr. 165), S. 99–110.

167. Bayer, Oswald: Luthertum und Pietismus in Württemberg als Problem und Chance. In: In Wahrheit und Freiheit (s. Nr. 165), S. 111–127.

168. Brecht, Martin: Konzeptionen der Theologenausbildung. In: In Wahrheit und Freiheit (s. Nr. 165), S. 29–46 [S. 32–37: „Die Konzeption des Pietismus"].

169. Breymayer, Reinhard: Vom schöngeistigen Klosterschüler zum pietistischen Stiftler: Unbekannte Briefe von Hölderlins Onkel Wolfgang Friedrich Heyn (1745–1766). Mit einer neuentdeckten

Hochzeitsrede Nathanael Köstlins auf die Vermählung von Hölderlins Schwester (1792). In: In Wahrheit und Freiheit (s. Nr. 165), S. 128–176.

170. Spindler, Guntram: Friedrich Christoph Oetinger. Prälat in Murrhardt, Theosoph. 1702–1782. In: Lebensbilder aus Schwaben und Franken, Bd. 16, hrsg. von Robert Uhland. Stuttgart, Kohlhammer, 1986. S. 38–72.

171. Deghaye, Pierre: La mystique protestante. Oetinger. In: Yvon Belaval u. Dominique Bourel (eds): Le siècle des Lumières (s. Nr. 17), S. 481–510.

172. Poppe, Kurt: Fortwirken der Geistimpulse Friedrich Christoph Oetingers in der Gegenwart. Die Christentumsgesellschaft 52, 1980, S. 124–125.

173. Kerner, Justinus: Das Wildbad im Königreich Württemberg. Nebst Nachrichten über die benachbarten Heilquellen Liebenzell und Teinach und das Kloster Hirsau. (Hrsg. und mit einem Nachwort versehen von Uwe Ziegler.) Bad Liebenzell, Verlag Bernhard Gengenbach, 1985. XIII + 176 + [II] S. („Der vorliegenden Neuausgabe liegt die letzte Auflage von 1839 zugrunde.“) [S. 114 zu Oetinger und zur kabbalistischen Lehrtafel der Prinzessin Antonia in Bad Teinach].

174. Burdinski, Johannes: Ein verborgenes Kleinod – die kabbalistische Lehrtafel. Dreifaltigkeitskirche in Bad Teinach. In: Steine, Holz und Bilder reden. Entdeckungen in unseren württembergischen Kirchen. Hg. von Horst Keil. Stuttgart, Quell Verlag, 1984. S. 18–24.

175. Sladek, Mirko: Fragmente der hermetischen Philosophie in der Naturphilosophie der Neuzeit. Historisch-kritische Beiträge zur hermetisch-alchemistischen Raum- und Naturphilosophie bei Giordano Bruno, Henry More und Goethe. Frankfurt am Main–Bern–New York–Nancy, Peter Lang, 1984. X + 208 + II S. = EHS, Reihe 20: Philosophie, Bd. 156. [Berücksichtigt gelegentlich den Pietismus, z. B. Oetinger].

176. Roessle, Julius: Von Bengel bis Blumhardt. Gestalten und Bilder aus der Geschichte des schwäbischen Pietismus. 6. A., Metzingen, Württ., Ernst Franz, 1981. 432 S.

177. Hahn, Philipp Matthäus [Hrsg. und Mitverfasser]: Beschreibung mechanischer Kunstwerke. Erster und zweiter Teil. Mit einer autobiographischen Vorrede. Reprint der Ausgabe Stuttgart 1774. Stuttgart, Württembergisches Landesmuseum, 1985. XXI + 52 S. = Schriften zu Philipp Matthäus Hahn, 1.

178. Philipp-Matthäus-Hahn-Archiv Albstadt-Onstmettingen. Katalog. Stand 1. 7. 1985. [Umschlagtitel.] Herausgeber: Philipp-Matthäus-Hahn-Archiv. Albstadt 3 (Onstmettingen). ([Mit einem] Vorwort [von] A[lfred] Munz.) (Albstadt-Onstmettingen, 1985.) [III] + 122 Bl. [Typoskriptumdruck.] Vorhanden: Württ. Landesbibliothek Stuttgart; Signatur: 36 a / 1254.

179. Lahnstein, Peter: Schwäbisches Leben in alter Zeit. Ein Kapitel

deutscher Kulturgeschichte. München, Paul List-Verlag, 1983. [S. 418–431 zu Philipp Matthäus Hahn].
180. Vorndran, Edgar P.: Die Rechenmaschine von Philipp Matthäus Hahn. In: Entwicklungsgeschichte des Computers. Berlin und Offenbach, VDE-Verlag, 1982, S. 54–55.
181. Stolberg, Lukas: Lexikon der Taschenuhr mit Literaturverzeichnis. Klagenfurt, Carinthia, 1983. [S. 24, 44, 129, 130, 273, 276 zu Philipp Matthäus Hahn].
182. Schulte, Carl: Lexikon der Uhrmacherkunst. Handbuch für alle Gewerbetreibenden und Künstler der Uhrenbranche. 2. umgearb. Aufl. Bautzen 1902 (Reprint 1978). [S. 343: Hahn, Philipp Matthäus].
183. Hahn, Joseph [d.i. Albert Fritz]: Bekanntes und Unbekanntes aus dem Leben des württembergischen Theosophen Johann Michael Hahn. Den Liebhabern seiner geistvollen Schriften gewidmet von seinem geringsten Namensbruder. Bietigheim, Turm-Verlag, [1983?], 52 S.
184. Kramer-Schlette, Carla: Michael Hahn. Bauernknecht, Theosoph, Seelsorger. 1758–1819. In: Lebensbilder aus Schwaben und Franken, Bd. 16, hrsg. von Robert Uhland. Stuttgart, Kohlhammer, 1986. S. 73–87.
185. Schäfer, Gerhard: Ludwig Hofacker (1798–1828). In: TRE 15, 1986, 467–469.
186. Schäfer, Gerhard: Johann Christoph Blumhardt. In: Die neueste Zeit I (s. Nr. 19). S. 344–354.
187. Rudert, Erwin (Hrsg.): Ich will von Blumhardt lernen, daß Jesus Sieger ist. Leben und Werk von Pfarrer Johann Christoph Blumhardt. 2. Auflage. Metzingen/Württ., Franz, 1985, 123 S. [s. PB 11/89].
188. Grin, Edmond: Jean-Christophe Blumhardt. Un ministère de délivrance au 19. siècle. Genève, Labor et Fides, 1982. 148 S.
189. Gremmels, Christian: Christoph Blumhardt d.J. In: Die neueste Zeit II (s. Nr. 20). S. 319–328.
190. Kolb, Immanuel Gottlieb: Mein Lebens- und Glaubenslauf. Hg. von Willi Bidermann. Böblingen, Wilhelm Schlecht Verlag, 1984. 47 S.
191. Kolb, Immanuel Gottlieb: [Werke, Ausz.]: Mit Schulmeister Kolb durchs Kirchenjahr. 365 Betrachtungen und Gedanken für alle Tage. Mit Bildern und Texten zu seinem Leben. [Hrsg. von] Willi Bidermann. Mit einem Beitrag von Helmut Claß. Metzingen/Württ., Ernst Franz, 1984. – 199 S.
192. Lippoth, Rolf (Redaktion: Reinhard Breymayer): Maria Gottliebin Kummer aus Cleebronn – eine Prophetin im Umkreis der Frau von Krüdener. In: Pietismus-Forschungen (Nr. 14), 295–383.
193. Borst, Otto: Justinus Kerners Wirklichkeit. Zum schwäbischen Öffentlichkeits- und Sozialverständnis im Vormärz. In: Beiträge zur schwäbischen Literatur- und Geistesgeschichte 1, 1981,

S. 9–26. [S. 13 mit Anm. 33f. auf S. 23 zu F. C. Oetinger und P. M. Hahn].
194. Lang, Rudolf: Neues zur Seherin von Prevorst [d. i. Friederike Hauffe geb. Wanner]. Innsbruck, Andreas Resch Verlag, 1983. 58 S. = Institut für Grenzgebiete der Wissenschaft. Grenzfragen. Schriftenreihe für Grenzgebiete der Wissenschaft, hrsg. von Andreas Resch, 11. [S. 25f. zum pietistischen Stiftsprediger Johann Gottlieb Tritschler (1757–1821) in Oberstenfeld, einer zentralen Bezugsperson der „pietistischen Christin" (S. 47) Friederike Hauffe (1801–1829)].
195. Brecht, Martin: „Die gute Botschaft wichtig und deutlich zu machen". In: 150 Jahre Calwer Verlag 1836–1986. Die Festvorträge. Stuttgart, Calwer Verlag, 1986. S. 3–12.
196. Frenz, Albrecht (Hg.): Hermann Gundert. Calwer Tagebuch 1859–1893. Stuttgart, Kommissionsverlag J. F. Steinkopf, 1986. 671 S.
197. Rennstich, Karl: „... nicht jammern, Hand anlegen!" Christian Friedrich Spittler – Leben und Werk. Metzingen/Württ., Franz, 1987. 177 S.
198. Sauer, Paul: Uns rief das Heilige Land. Die Tempelgesellschaft im Wandel der Zeit. Stuttgart, Theiss, 1985. 430 S., 198 Abb.
199. Kiesinger, Kurt Georg: Die geistigen Grundlagen der wirtschaftlichen Entwicklung Württembergs. ZWLG 45, 1986, 285–318.
200. Hahn, Adelheid: Skizzen zu einer Schulgeschichte Württembergs: das Beispiel Blaubeuren. In: Blaubeuren. Die Entwicklung einer Siedlung in Südwestdeutschland. Hrsg. von Hansmartin Decker-Hauff und Immo Eberl im Auftrag der Stadt Blaubeuren. Sigmaringen, Thorbecke, 1986. S. 569–626.
S. a. Nr. 305, 306, 313.

X. Zinzendorf und die Brüdergemeine

201. Meyer, Dietrich: Zum Programm einer zehnbändigen Zinzendorf-Ausgabe. In: JGP 12, 1986. [s. Nr. 12], S. 145–161.
202. Stempel, Hermann-Adolf: Zinzendorfs religionspädagogische Ansätze in den ‚Kinder-Reden'. UF 18, (s. Nr. 13), 38–52.
203. Direktion der Evang. Brüder-Unität Distrikt Herrnhut (Hrsg.): Gasthaus und Werkstatt des Herrn. Die Herrnhuter Brüdergemeine. Berlin, Evang. Verlagsanst., 1985. 128 S.
204. Divo, Jean-Paul: Die Medaillen auf die Herrnhuter Brüdergemeine und auf den Grafen Zinzendorf. Numismatics – Witness to History 35, 1986, 205–214, Pl. 40–43.
205. Reichel, Gerhard: Die Anfänge der Brüdergemeine in Neuwied. UF 18 (s. Nr. 13); 7–24.

206. Doerfel, Marianne: Engländer in einer preußischen Internatsschule. Die Knabenanstalt Neuwied am Rhein. 1756–1913. Geschichte in Wissenschaft und Unterricht 37, 1986, 420–434.
207. Schaberg, Paul Willibald: Dank an die Diaspora. Kurze Geschichte der Gemeinschaftspflege der Brüdergemeine im Warthe-, Netze- und Oderbruch. 1802–1945. Genadendal, Boekdepot, 1986. 6 Bl., 88 S., 29 Abb.
208. Männchen, Julia: Gustav Dalmans Leben und Wirken in der Brüdergemeine, für die Judenmission und an der Universität Leipzig, 1855–1902. Diss. [theol.] Greifswald 1985. 260 Bll. (Masch.). Selbstanz.: ThLZ 112, 1987, 77.
209. Hamilton, Kenneth Gardiner: John Ettwein and the Moravian Church during the revolutionary period. [Repr. d. Ausg.] Bethlehem, Pa., 1940. Woodbridge, Ct. – Reading, Research Publ., 1983. 346 S. = Transactions of the Moravian Historical Society Vol. 12, P. 3, 4. [Diss. Columbia Univ.].
210. Stoeffler, F[rederick] Ernest: Religious roots of the early Moravian and Methodist movements. Methodist History 24, 1986, 132–140.
211. Kroeger, Karl: John Antes at Fulneck. UF 18, (s. Nr. 13), 25–37.
212. Rollman, Hans: Inuit shamanism and the Moravian missionaries of Labrador. A textual agenda for the study of native Inuit religion. Etudes Inuit 8, 1984, 131–138.
213. Lewis, Kingsley: The Moravian Mission in Barbados 1816–1886. A study of the historical context and theological significance of a minority church among an oppressed people. Frankfurt–Bern–New York, Lang, 1985. 273 S. = Studien zur interkulturellen Geschichte des Christentums Bd. 37.
214. Koschorke, Klaus: Die ersten Herrnhuter auf Ceylon. Das Unternehmen des Nitschmann Syndikus und Dr. Eller nach einer neuen Quelle. UF 18 (s. Nr. 13), 53–68.

S. a. Nr. 225, 324, 325.

XI. Gottfried Arnold und der radikale Pietismus

215. Schneider, Hans: Ernst Christoph Hochmann von Hochenau (1669/70–1721). In: TRE 15, 1986, 421–423.
216. Oury, Pol: Le rôle joué par Pierre Poiret, Gottfried Arnold et Gerhard Tersteegen dans la diffusion, en Allemagne, au XVIIIe siècle, de la spiritualité mystique des pays de langue romane. In: De Lessing à Heine. Un siècle de relations littéraires et intellectuelles entre la France et l'Allemagne. Actes du Colloque tenu à Pont-à-Mousson (Septembre 1984). Publiés sous la direction de Jean Moes et de Jean-Marie Valentin. Offerts à Pierre Grappin pour son soixante-dixième anniversaire. Paris, Didier-Erudition, 1985, S. 93–114.

217. Vidal, Daniel: Le malheur et son prophète. Inspirés et sectaires en Languedoc calviniste (1685–1725). Paris, Payot, 1983. 368 S. Rez.: RHR 202, 1985, 450–451 = Frank Lestringant.

218. Durnbaugh, Donald F.: Eberhard Ludwig Gruber & Johann Adam Gruber: A Father & Son as Early Inspirationist Leaders. Communal Societies 4, 1984, 150–160.

219. Marti, Hanspeter: Die Rhetorik des Heiligen Geistes. Gelehrsamkeit, poesis sacra und sermo mysticus bei Gottfried Arnold. In: Pietismus-Forschungen (Nr. 14), 197–294.

S. a. Nr. 33, 34, 121, 192.

XII. Tersteegen und der reformierte Pietismus

220. Tersteegen, Gerhard: Auserlesene Lebensbeschreibungen heiliger Seelen. Bde. 1–3. Ungekürzter Neudruck nach einer Ausgabe aus dem Jahr 1785. Uitikon-Waldegg, Verlag „Inneres Leben", 1984. II + 672; IL + 692 und II + 652 S.

221. Pagel, Arno: Gerhard Tersteegen. Mein Vaterland heißt Ewigkeit. 5. A., Gießen–Basel, Brunnen, 1986. 87 S.

S. a. Nr. 216.

XIII. Regionalgeschichte

222. Blaufuß, Dietrich: Pietismus im Werden. Forschungen zu Schleswig-Holstein. ZRGG 38, 1986, 58–63.

223. Zwahr, Hartmut (Hg.): Meine Landsleute. Die Sorben und die Lausitz im Zeugnis deutscher Zeitgenossen. Von Spener und Lessing bis Pieck. Bautzen, VEB Domowina-Verlag, 1984. 604 S. Rez.: ZfG 34, 1986, 67 = Walter Markov.

224. Kantzenbach, Friedrich Wilhelm: Johann Christoph Silchmüller (1694–1771). Fränkische Lebensbilder 12, 1986, 163–182.

225. Wolf, Gerhard Philipp: Johann Friedrich Esper (1732–1781). Fränkische Lebensbilder 12, 1986, 192–205 m. Portr. u. Hs.-Faks. – [Z. B. 193 f. Zinzendorfscher Pietismus; 197 f. J. T. Kießling. Vgl. PB 9/208].

S. a. Nr. 24, 130, 132, 138, 152, 218, 250.

XIV. Pietismus außerhalb Deutschlands

226. Wejryd, Harald: Från konventikel och väckelse till friförsamling och denomination. En skildring av den fria missionens i Finland uppkomst och utveckling fram till 1890. (With English abstract and summary: From conventicle and revival to free congregation and denomination). Uppsala, Univ., 1983. 172 S.
227. Haubelt, Josef: Prokop Diviš a Přímětice. Český lid 65, 1978, 30–36.
228. Haubelt, Josef: Prokop Diviš a Johann Albrecht Euler. Československo-sovětské vztahy 7–8, 1978–1979, 123–136.
229. Haubelt, Josef: Memoriale Lucense a Prokop Diviš. Český lid 67, 1980, 103–106.
230. Hájek, J.: Poznámky k životopisu Prokopa Diviše. Dějiny věd a techniky 11, 1978, 159–167.
231. Aland, Kurt (Hg.): Die Korrespondenz Heinrich Melchior Mühlenbergs. Aus der Anfangszeit des deutschen Luthertums in Nordamerika. Bd. 1: 1740–1752. Berlin–New York, de Gruyter, 1986. 573 S. = TGP Abt. III, Bd. 2.
232. Aland, Kurt (Hg.): Die Korrespondenz Heinrich Melchior Mühlenbergs. Aus der Anfangszeit des deutschen Luthertums in Nordamerika. Bd. 2: 1753–1762. Berlin–New York, de Gruyter, 1987. XXXIV + 623 S. = TGP Abt. III, Bd. 3.
233. Erb, Peter C. (ed): Johann Conrad Beissel and the Ephrata Community. Mystical and historical texts. Lewiston/Queenston, Mellen, 1985. 393 S. = Studies in American Religion Vol. 14.
234. Pennsylvania German church records. From the Pennsylvania German Society proceedings and addresses. Baltimore, Genealogical Publ. Co. Bd. 3, 1983. VIII + 771 S. [enthält: Geburten, Taufen, Heiraten, Beerdigungen usw.].
235. Ireland, O. S.: The Crux of Politics: Religion and Party in Pennsylvania, 1778–1789. WMQ 42, 1985, 454–475.
236. Bailyn, Bernard: The peopling of British North America: an introduction. London, I. B. Tauris, 1987. 190 S.
237. Jackson, Harvey H.: Hugh Bryan and the Evangelical Movement in Colonial South Carolina. WMQ 43, 1986, 594–614.
238. Dolmetsch, Christopher L.: The German Press of the Shenandoah Valley. Columbia, S. C., Camden House, 1984. XVI+160 S. = Studies in German Literature, Linguistics, and Culture, 4. Rez.: WMQ 43, 1986, 510–511 = James Tanis.
239. Bloch, Ruth H.: Visionary republic. Millenial themes in American thought 1756–1800. Cambridge u. a., Univ. Pr., 1985. XVI+291 S. [Bearb. Diss.].
240. Mandelker, Ira L.: Religion, society and utopia in nineteenth-century America. Amherst, Univ. of Mass. Press, 1984. 181 S.

S. a. Nr. 11, 206, 210–214, 218, 252, 276–280.

XV. Ökumene und Mission

241. Zimmerling, Peter: Pioniere der Mission im älteren Pietismus. Gießen–Basel, Brunnen, 1985. 58 S. = Theologie und Dienst 47.
242. Terrell, John Upton: The arrow and the cross. A history of the American Indian and the missionaries. Santa Barbara, Ca., Capra Pr., 1979. 253 S.
243. Rennstich, Karl: Handwerker-Theologen und Industrie-Brüder als Botschafter des Friedens. Entwicklungshilfe der Basler Mission im 19. Jahrhundert. Stuttgart, Evangelischer Missionsverlag, 1985. 207 S. = ABC-team-Reihe, 358.
244. Waldburger, Andreas: Missionare und Moslems. Die Basler Mission in Persien 1833–1837. Basel, Basileia, [um 1984]. 259 S. [Zugl. Diss. Zürich 1982].
245. Frenz, Albrecht (Hg.): Hermann Gundert. Tagebuch aus Malabar 1837–1859. Stuttgart, J. F. Steinkopf Verlag, 1983. 399 S.
246. Frenz, Albrecht (Hg.): Hermann Gundert. Schriften und Berichte aus Malabar mit Meditationen und Studien. Stuttgart, J. F. Steinkopf Verlag, 1983. 263 S.
246a. Boneschansker, J.: Het Nederlandsch Zendeling Genootschap in zijn eerste periode. Een studie over opwekking in de Bataafse en Franse Tijd. Leeuwarden, Uitgeverij Gerben Dykstra BV, 1987.
247. Barnett, Suzanne Wilson und John King Fairbank (Hgg.): Christianity in China. Early Protestant Missionary Writings. Cambridge, Mass., Harvard University Press, 1985. XI+237 S. = Harvard Studies in American-East Asian Relations 9.

S. a. Nr. 196, 208, 212, 213, 214, 252.

XVI. Der Kampf gegen den Pietismus

248. Gottsched, Luise Adelgunde Victorie: Die Pietisterey im Fischbein-Rocke. Komödie. Hrsg. von Wolfgang Martens. [Nachdruck.] Stuttgart, Reclam, 1986 = Universal-Bibliothek, Nr. 8579. [s. PB 11/202].
249. Petig, William E.: Forms of satire in Antipietistic dramas. Colloquia Germanica 18, 1985, 257–263.

XVII. Der Übergang zur Aufklärung, zur Erweckungsbewegung und zum Idealismus

250. Großmann, Walter: A Frankfurt Book-Burning 1750. Jb. des Instituts für Deutsche Gesch. (Tel Aviv) 14, 1985, 15–28. – [Betr. Joh. Chrn. Edelmann].
251. Plard, Henri: La Bible luthérienne de Fresenius. In: Yvon Belaval und Dominique Bourel (eds): Le siècle des Lumières et la Bible (s. Nr. 17), S. 441–458.
252. Ward, William Reginald: Aufklärung und religiöser Aufbruch im europäischen Protestantismus des 18. Jahrhunderts. Österreich in Gesch. und Literatur 28, 1984, 1–14.
253. Williams, Stephen: Theologians in Pursuit of the Enlightenment. Theology 89, 1986, 368–374.
254. Walsh, John: Religious Societies. Methodist and Evangelical 1738–1800. Studies in Church History 23, 1986, 279–302.
255. Stenner-Pagenstecher, Anne Marie: Das Wunderbare bei Jung-Stilling. Ein Beitrag zur Vorgeschichte der Romantik. Hildesheim–Zürich–New York, Olms, 1985. VI + 208 S. = Germanistische Texte und Studien 24. [Zugl. Diss. phil. München 1931].
256. Högy, Tatjana: Jung-Stilling und Rußland, Untersuchungen über Jung-Stillings Verhältnis zu Rußland und zum „Osten" in der Regierungszeit Kaiser Alexander I. – Siegen, Herder-Bibliothek, 1984. 160 S. = Schriften der J. G. Herder-Bibliothek Siegerland e. V. Bd. 12.
257. Vinke, Rainer: Jung-Stilling bei Flender (1763–1770). Ein Abschnitt auf dem Weg zu seiner „Bestimmung". ThZ 41, 1985, 359–390.
258. Keller, Jules: Le théosophe alsacien Frédéric-Rodolphe Saltzmann et les milieux spirituels de son temps. – Thèse de doctorat d'Etat soutenue en 1984 à l'Université des Sciences Humaines de Strasbourg. 3 Bände [U. a. über Jung-Stilling]. Rez.: ARIES 5, 1986, 107–111 = Jacques Fabry.
259. Psczolla, Erich: Aus dem Leben des Steintalpfarrers Oberlin. Von der Wirkung der biblischen Botschaft in der Wirklichkeit unserer Welt. Lahr-Dinglingen, Verlag der St.-Johannis-Drukkerei C. Schweickhardt, 1987. 140 S. = Edition C, 221. [Vgl. PB 8/226, 9/240].
260. Goursolas, François: Jean-Frédéric Oberlin. Le pasteur „catholique" évangélique. Paris, Ed. Albatros, 1985. 252 S.
261. Schering, Ernst: Charismatische Erfahrungen und chiliastische Erwartungen des Johann Friedrich Oberlin. In: Jendorff, Bernhard und Schmalenberg, Gerhard (Hgg.): Theologische Standorte. Gießen, Justus-Liebig-Universität, 1986. S. 157–188. = Gießener Schriften zur Theologie und Religionspädagogik 4.
262. Grane, Leif: Die Kirche im 19. Jahrhundert. Europäische Per-

spektiven. Aus dem Dänischen von Monika Wesemann. Göttingen, Vandenhoeck & Ruprecht, 1987. 291 S. = UTB 1425.
263. Brecht, Martin: Spätpietismus und Erweckungsbewegung. In: Erweckung am Beginn des 19. Jahrhunderts. [s. Nr. 21] S. 1–22. Vgl. JGP 10, 1984, 124–138.
264. Lindt, Andreas: Die Erweckungsbewegung – Ferment der Spaltung oder Weg zur Glaubenseinheit? (Vorläufige Überlegungen). In: Erweckung am Beginn des 19. Jahrhunderts. [s. Nr. 21] S. 33–43.
265. Geuze, Matthijs Dirk: Some remarks on revival its terminology and definition. In: Erweckung am Beginn des 19. Jahrhunderts. [s. Nr. 21] S. 23–32.
266. Weigelt, Horst: Lavater und die Erweckungsbewegung. In: Erweckung am Beginn des 19. Jahrhunderts. [s. Nr. 21]. S. 149–168.
267. Boudin, Hugh R.: Erweckung und Freimaurerei im Lichte der Lage in Genf. In: Erweckung am Beginn des 19. Jahrhunderts. [s. Nr. 21]. S. 73–86.
268. Maser, Peter: Ein Modell diakonischer Arbeit in der frühen Erweckungsbewegung. Vorbild für die innere Mission. In: Erweckung am Beginn des 19. Jahrhunderts. [s. Nr. 21]. S. 169–182.
269. Lehmann, Hartmut: Zwischen Erweckungsbewegung und Neoorthodoxie. Anmerkungen zur Beurteilung von Claus Harms. In: Erweckung am Beginn des 19. Jahrhunderts. [s. Nr. 21]. S. 183–196.
270. Benrath, Gustav Adolf: Einige Bemerkungen zur Zeitschriften-Literatur der Erweckung. In: Erweckung am Beginn des 19. Jahrhunderts. [s. Nr. 21]. S. 197–204.
271. van den Berg, Johannes: Dutch revival movements in the eighteenth and nineteenth centuries: some considerations with regard to possible roots and connections. In: Erweckung am Beginn des 19. Jahrhunderts. [s. Nr. 21]. S. 205–221.
272. Gäbler, Ulrich: Zum theologischen Gehalt von Isaac da Costas „Einreden wider den Zeitgeist“, 1823. In: Erweckung am Beginn des 19. Jahrhunderts. [s. Nr. 21]. S. 223–245.
273. Reenders, Hommo: Ottho Gerhard Heldring und der Reveil. Seine Entwicklung seit seiner Bekehrung (1827) bis zum Zusammenrufen der „christlichen Freunde“ (1845). In: Erweckung am Beginn des 19. Jahrhunderts. [s. Nr. 21]. S. 247–268.
274. Schram, Peter L.: Fremdlingsschaft: Gastarbeiter und Reiseprediger in den Niederlanden in der zweiten Hälfte des 19. Jahrhunderts. In: Erweckung am Beginn des 19. Jahrhunderts. [s. Nr. 21]. S. 269–284.
275. Streiff, Patrick Philipp: Die Breitenwirkung des Methodismus im 18. Jahrhundert als Grundlage seines Einflusses auf die Erweckungsbewegung. In: Erweckung am Beginn des 19. Jahrhunderts. [s. Nr. 21]. S. 59–72.

276. Ward, W. Reginald: Revival and class conflict in early nineteenth-century Britain. In: Erweckung am Beginn des 19. Jahrhunderts. [s. Nr. 21]. S. 87–104.
277. Hempton, David: The Methodist revival in Ireland 1770–1830. In: Erweckung am Beginn des 19. Jahrhunderts. [s. Nr. 21]. S. 105–130.
278. Siebald, Manfred: Typen amerikanischer Erweckungslieder im frühen 19. Jahrhundert. In: Erweckung am Beginn des 19. Jahrhunderts. [s. Nr. 21]. S. 131–147.
279. Filipi, Pavel: Verspätete Erweckung im böhmisch-mährischen Raum. In: Erweckung am Beginn des 19. Jahrhunderts. [s. Nr. 21]. S. 299–309.
280. Zsindely, Endre: Die Frage nach der Erweckungsbewegung im ungarisch-sprachigen Raum. In: Erweckung am Beginn des 19. Jahrhunderts. [s. Nr. 21]. S. 285–297.
281. Gladen, Albin: Theodor Fliedner. In: Die neueste Zeit I [s. Nr. 19]. S. 293–307.
282. Talazko, Helmut: Johann Hinrich Wichern. In: Die neueste Zeit II [s. Nr. 20]. S. 44–63.
283. Lehmann, Hartmut: Friedrich von Bodelschwingh. In: Die neueste Zeit II [s. Nr. 20]. S. 244–260.
284. Trillhaas, Wolfgang: Albrecht Ritschl. In: Die neueste Zeit II [s. Nr. 20]. S. 180–195.
285. Herms, Eilert und Joachim Ringleben: Vergessene Theologen des 19. und frühen 20. Jahrhunderts. Studien zur Theologiegeschichte. Göttingen, Vandenhoeck und Ruprecht, 1984. = Göttinger theolog. Arbeiten 32. [Betrifft u. a. J. C. Wedeke]. Rez.: ZKG 97, 1986, 419–420 = Friedrich Mildenberger.
286. Kiunke, Martin: Johann Gottfried Scheibel und sein Ringen um die Kirche der lutherischen Reformation. Göttingen, Vandenhoeck & Ruprecht, 1985. IV+478 S. [Vorher Diss. theol. Erlangen 1939. Kassel, Edmund Pillardy, 1941].
287. Hammer, Karl: Die christliche Jerusalemsehnsucht im 19. Jahrhundert. Der geistige und geschichtliche Hintergrund der Gründung Johann Ludwig Schnellers. ThZ 42, 1986, 255–266.
288. Gäbler, Ulrich: Pietistische Erweckung um 1820 als europäisches Phänomen. Westfäl. Forsch. 35, 1985, 1–11.
289. Schmitt, Jakob: Die Gnade bricht durch. Aus der Geschichte der Erweckungsbewegung im Siegerland, in Wittgenstein und den angrenzenden Gebieten. 4. Aufl., Gießen–Basel, Brunnen-Verlag, 1984. 456 S.
290. Engelberg, Ernst: Bismarck. Urpreuße und Reichsgründer. Berlin(-Ost), Akademie-Verlag, 1985. XVI+839 S. – [U. a. ein Abschnitt „Der Pietistenkreis in Pommern“].
291. Ohlemacher, Jörg: Das Reich Gottes in Deutschland bauen. Ein Beitrag zur Vorgeschichte und Theologie der deutschen Gemeinschaftsbewegung. Göttingen, Vandenhoeck & Ruprecht, 1986. 296 S. = Arbeiten zur Geschichte des Pietismus Bd. 23.

292. Ohlemacher, Jörg: Frömmigkeitsforschung: ein Überblick. In: Pietismus [Nr. 15], 313–314.
293. Greschat, Martin: Verwandte oder Fremde? Der Pietismus und die Evangelikalen. In: Pietismus [Nr. 15], 315–324.
293a. Ein Leib sind wir in Christus. 100 Jahre Evangelisches Allianzwerk Bad Blankenburg 1886–1986. Redaktion: Werner Beyer und Johannes Dreßler. Bad Blankenburg, Evangelisches Allianzhaus, o. J. [1986]. 119 S.
294. Bromme, Wolfgang: Religiöse Symbolik jugendlicher Identität. Zur Synthese pietistischer Frömmigkeit und empirischer Entwicklungspsychologie in der evangelischen Jugendarbeit. Frankfurt/M.–Bern–New York, 1986. 163 S. + 28 S. Anhang = Studia Irenica Bd. 31.
295. (Dienst, Karl:) Religionspädagogische Profile des heutigen Pietismus. Schriftliche Interviews (mit Johannes Hansen, Otto Schaude, Christian A. Schwarz). In: Pietismus [Nr. 15], 354–362.
296. Giese, Ernst: Und flicken die Netze. Dokumente zur Erwekkungsgeschichte des 20. Jahrhunderts. Hrsg. von O. S. von Bibra mit einer Einordnung in die Kirchengeschichte von Ernst Benz. 2., neu bearbeitete Auflage. Metzingen, Franz – Lüdenscheid, Ökumenischer Verlag Dr. R. F. Edel, 1987. 227 S.
297. Algemeen Secretariaat van de Gereformeerde Kerken in Nederland, Leusden (Hg.): De afgescheidenen van 1834 en hun nageslacht. Kampen, Kok, 1984. 660 S.
298. Kromminga, John H.: „De Afscheiding". Review and Evaluation. Calvin Theological Journal 20, 1985, 43–57.
299. Aspecten van de Afscheiding. Bijdr. van R. H. Bremmer [u. a.]. Onder red. van A[art] de Groot [a. a.]. Franeker, Wever, 1984. 136 S.
300. Groot, Aart de: Nieuwe literatur over de afscheiding van 1834. Nederlands Theologisch Tijdschrift 40, 1986, 312–321.
301. Van Laren, H. J.: Achtergrondinformatie over het predikantengeslacht Van Laren. DNR 8, 1984, 99–101.
302. Diedrich, Hans-Christian: Siedler, Sektierer und Stundisten. Die Entstehung des russischen Freikirchentums. Berlin, Evang. Verlagsanstalt, 1985. 186 S., 1 Kt.
S. a. Nr. 117, 122, 192, 198, 208, 225.

XVIII. Die Bedeutung des Pietismus für Literatur und Kunst

303. Goedeke, Karl: Grundriß zur Geschichte der deutschen Dichtung aus den Quellen. 2., ganz neu bearbeitete Aufl. hrsg. von der Akademie der Wissenschaften der DDR, Zentralinstitut für

Literaturgeschichte. Bd. 16, bearbeitet von Herbert Jacob. Berlin, Akademie-Verlag, 1985. S. 5–494: „Geistliche Dichtung". [Zahlreiche Pietistica, u. a. zu Johann Michael Hahn, Claus Harms, Karl Friedrich Harttmann, Albert Knapp, F. A. Krummacher, August Hermann Niemeyer, Christian Gottlob Pregizer, Georg Rapp, Christian Heinrich Zeller].

304. Zantop, Susanne: Eignes Selbst und fremde Formen: Goethes ‚Bekenntnisse einer schönen Seele'. Goethe Yearbook 3, 1986, 73–92.

305. MacCardle, Arthur W.: Friedrich Schiller und Swabian Pietism. New York–Bern–Frankfurt a. M., Peter Lang, 1986. 224 S. = American university studies: Ser. 1, Germanic language and literatures 36.

306. Thalheim, Hans-Günther: Der württembergische Pietismus im Erfahrungshorizont des frühen Schiller. In: Weimarer Beiträge 31, 1985, S. 1823–1848.

307. Bezold, Raimund: Popularphilosophie und Erfahrungsseelenkunde im Werk von Karl Philipp Moritz. Würzburg, Königshausen & Neumann, 1984. XIII+267 S. = Epistemata. Reihe Literaturwissenschaft 14. [Zugleich Phil. Diss. Würzburg 1983].

308. Rau, Peter: Identitätserinnerung und ästhetische Rekonstruktion. Studien zum Werk von Karl Philipp Moritz. Frankfurt a. M., R. G. Fischer, 1983. 486 S. = Literatur und Kommunikation 1. [Zugl. Diss. Mannheim u. d. T. „Leidenserinnerung, Wirklichkeitsanalyse und ästhetische Reflexion im Werk von Karl Philipp Moritz"]. Rez.: Das Argument 27, 1985, 893–894 = Ralph Möllers.

309. Chargaff, Erwin: Über einige Worte von Karl Philipp Moritz. In: Chargaff, Erwin: Zeugenschaft. Essays über Sprache und Wissenschaft. Stuttgart, Klett-Cotta, 1985. S. 173–192 [„Fragmente aus dem Tagebuche eines Geistersehers"].

310. Pfotenhauer, Helmut: „Des ganzen Lebens anschauliches Bild." Autobiographik und Symbol bei Karl Philipp Moritz. Jahrbuch des Wiener Goethe-Vereins 86/88, 1982/1984, 325–337.

311. Schubert-Felmy, Barbara: Karl Philipp Moritz: ‚Anton Reiser'. Eine Analyse ausgewählter Themenkreise für den Unterricht. Literatur für Leser. Zeitschrift für Interpretationspraxis und geschichtliche Texterkenntnis 1985, 213–228.

312. Woodmansee, Martha: The interests in disinterestedness. Karl Philipp Moritz and the emergence of the theory of aesthetic autonomy in 18th-century Germany. MLQ 45, 1984, 22–47.

313. Dierauer, Walter: Hölderlin und der spekulative Pietismus Württembergs. Gemeinsame Anschauungshorizonte im Werk Oetingers und Hölderlins. Zürich, Juris, 1986. VIII + 293 S. [Überarbeitete Fassung der Phil. Diss. Zürich 1971].

314. Kühlmann, Wilhelm: Das Ende der ‚Verklärung'. Bibel-Topik und prädarwinistische Naturreflexion in der Literatur des

19. Jahrhunderts. In: Jahrbuch der deutschen Schillergesellschaft 30, 1986, 417–452.

315. Wallmann, Johannes: Johann Sebastian Bach und die „Geistlichen Bücher" seiner Bibliothek. In: JGP 12, 1986. [s. Nr. 12], S. 162–181.

316. Muess, C.-H.: Le piétisme allemand et Johann Sebastian Bach. Revue de l'Institut Catholique de Paris 14, 1985, 53–81.

317. Axmacher, Elke: Die Texte zu J. S. Bachs Choralkantaten. In: Bachiana et alia Musicologica, Festschrift Alfred Dürr zum 65. Geburtstag, hrsg. von W. Rehm. Kassel, Bärenreiter, 1983. S. 3–16.

318. Steiger, Renate: J. S. Bachs Gebetbuch? Ein Fund am Rande einer Ausstellung. Musik und Kirche 55, 1985, 231–234.

319. Petzold, Martin: J. S. Bachs Bearbeitungen des Liedes „Jesu, meine Freude" von Johann Franck. Musik und Kirche 55, 1985, 213–225.

320. Petzold, Martin: Theologische Aspekte der Passionsmusiken Johann Sebastian Bachs. In: Bachehrung der Wartburgstadt Eisenach 1985. Programm. Eisenach, Rat der Stadt, 1985. S. 34–38.

321. Axmacher, Elke: „Aus Liebe will mein Heyland sterben". Untersuchungen zum Wandel des Passionsverständnisses im frühen 18. Jahrhundert. Neuhausen–Stuttgart, Hänssler, 1984. 257 S. = Beiträge zur theologischen Bachforschung 2.

322. Axmacher, Elke: Mystische Frömmigkeit und reformatorische Theologie. Zu Martin Mollers Lied „Ach Gott, wie manches Herzeleid". In: Das reformatorische Kirchenlied im 16. und 17. Jahrhundert. Text-, musik- und theologiegeschichtliche Probleme, Hrsg. von Alfred Dürr und Walter Killy. Wiesbaden, Harrassowitz, 1986. S. 39–47 = Wolfenbütteler Forschungen 31.

323. Axmacher, Elke: Johann Heermanns Passionslied „Herzliebster Jesu, was hast du verbrochen" und seine Quellen. Musik und Kirche 53, 1983, 179–184.

324. Fabian, Dietrich: Roentgens erste neoklassizistische Möbel für Schloß Wörlitz. Orbis Pictus. Kultur- und pharmaziehistorische Studien 1985, 87–102.

325. Stürmer, Michael: Geschäft des Luxus und Frieden der Seele. Das Ende der Manufaktur David Roentgens 1790 bis 1801. Kunst & Antiquitäten 1986, 46–61.

S. a. Nr. 219.

XIX. Rezensionen

12/7. JGP 11, 1985: ZKG 97, 1986, 412–413 = Konrad Gottschick; Ökumenische Rundschau 1986, 223 = Hanfried Krüger.

12/11. Ruhbach, Gerhard und Josef Sudbrack (Hgg.): Große Mystiker. ThLZ 111, 1986, Sp. 459–460 = Peter Heidrich.

12/25. Braw, Christian: Bücher im Staube. Die Theologie Johann Arndts in ihrem Verhältnis zur Mystik. Svensk teologisk kvartalskrift 62, 1986, 179–182 = Johannes Wallmann.

12/56. Wallmann, Johannes: Kirchengeschichte Deutschlands seit der Reformation. ThLZ 111, 1986, Sp. 284 = Hans-Ulrich Delius; Svensk teologisk kvartalskrift 62, 1986, 130 = Bengt Hägglund; Teologinen Aikakauskiija 1, 1986, 63–64 = Pentti Laasonen; Salesianum 48, 1986, 411 = P. Braido.

12/57. Hornig, Gottfried: Der Pietismus, in: Handbuch der Dogmen- und Theologiegeschichte Bd. 3: ThRv 82, 1986, Sp. 59–61 = Philipp Schäfer.

12/64. Petzold, Martin (Hg.): Bach als Ausleger der Bibel: ThLZ 111, 1986, Sp. 537–538 = Helene Werthemann.

12/67. Neugebauer, Wolfgang: Absolutistischer Staat und Schulwirklichkeit in Brandenburg-Preußen: AHR 91, 1986, 944–945 = Anthony J. La Vopa.

12/99. Findeisen, Hans-Volkmar: Pietismus in Fellbach: ZWLG 45, 1986, 432–433 = Hartmut Lehmann.

12/156. Urlsperger, Samuel (Hg.): Detailed Reports on the Salzburger Emigrants. Vol. 7, 1740: ZfG 34, 1986, 373–374 = Horst Ihde. ThLZ 111, 1986, Sp. 45–47 = Hermann Winde.

12/213. Breymayer (ed.): Hölderlin, Hymne, 1985: Literature, Music, Fine Arts 19, 1986, 7–8 = Karl W. Maurer.

11/7. JGP 10, 1984. ZKG 97, 1986, 410–412 = Eberhard Pältz.

11/9. Breuer, Dieter (Hg.): Frömmigkeit in der frühen Neuzeit: ThLZ 111, 1986, Sp. 206–209 = Eberhard Pältz.

11/10. Schmidt, Martin: Der Pietismus als theologische Erscheinung. Zeitschrift für Historische Forschung 13, 1986, 382–383 = Manfred Jakubowski-Tiessen.

11/16. Spinoza ... rel. Wirkung (1984): ThLZ 111, 1986, 215 bis 216 = Martin Petzold.

11/55. Köster: Lutherbibel im frühen Piet. (1984): Bibel und Kirche 41, 1986, 52 = Otto Knoch.

11/58. Reents: Hübner (1984): ThLZ 111, 1986, 177–178 = Gottfried Adam.

11/77. Schäfer, Gerhard: Zu erbauen und zu erhalten das rechte Heil der Kirche: ZWLG 45, 1986, 427–429 = Hartmut Lehmann.

11/80. Groth, Friedhelm: Die „Wiederbringung aller Dinge" im württembergischen Pietismus: RHPhR 65, 1985, 348–349 = G. Siegwalt.

11/88. Haug, Richard: Johann Christoph Blumhardt: ZRGG 37, 1985, 277 = F. W. Kantzenbach.

11/131. Guggisberg, H. R. (Hg.): Religiöse Toleranz: RHE 80, 1985, 835–837 = Roland Crahay.

10/14. JGP 9, 1983: ZKG 97, 1986, 146–149 = Manfred Wichelhaus.

10/109. Spener: Schriften IV (1984): Journal of Ecclesiastical History 37, 1986, 179–180 = William Reginald Ward; JGP 12, 1986, 196–199 = Reinhard Schwarz; ChH 55, 1986, 143–144 = F. Ernest Stoeffler; ThLZ 111, 1986, 836 = M. P.; The Year's work in modern Language Studies 46 (1984), 1985 = NN.

10/135. Hahn, Philipp Matthäus: Die Echterdinger Tagebücher 1780–1790: ThLZ 111, 1986, Sp. 209–211 = Peter Schicketanz.

10/179. Lehmann, Hartmut und Dieter Lohmeier (Hgg.): Aufklärung und Pietismus im dänischen Gesamtstaat: ZRGG 37, 1985, 277–279 = Dietrich Blaufuß.

10/181. Lindhart, Poul Georg: Skandinavische Kirchengeschichte: ThLZ 111, 1986, Sp. 120–122 = Ingun Montgomery.

10/227. Prill, Meinhard: Bürgerliche Alltagswelt und pietistisches Denken im Werk Hölderlins: Colloquia Germanica 17, 1984, 331–333 = Howard Gaskill; Helikon 30, 1984, 368–370 = István Trapp.

9/19. Greschat, Martin (Hg.): Orthodoxie und Pietismus: ZBLG 48, 1985, 754 = Georg Schwaiger.

9/187. Reitz, Johann Henrich: Historie der Wiedergebohrnen: Buchhandelsgeschichte 1986, B 150 – B 153 = Reinhard Breymayer; RHE 81, 1986, 235–236 = R. A.; Sudhoffs Archiv 69, 1985, 110–111 = Christa Habrich; ZRGG 37, 1985, 344–350 = Dietrich Blaufuß.

8/19. Andresen, Carl (Hg.): Handbuch der Dogmen- und Theologiegeschichte, Bd. 2: Die Lehrentwicklung im Rahmen der Konfessionalität: ZRGG 38, 1986, 74–75 = Roman Heiligenthal.

7/120. Francke: Streitschriften (1981): Aries 4, 1985, 97–100 = Reinhard Breymayer.

6/113
u. 9/113.
114. Spener: Schriften I; II. 1–2 (1979. 1982): Luther 57, 1986, 92–93 = Hans Düfel.

6/17. JGP 5, 1979: UF 18 (s. Nr. 13), 79–80 = Erich Beyreuther.

6/190. Tersteegen, Gerhard: Geistliche Reden. Hrsg. von Albert Löschhorn und Winfried Zeller. ZKG 97, 1986, 408–410 = Karl Dienst.

6/165. Kleines BrüderGB (1754–1978): Bohemia 24, 1983, 405–406 = Alfred Eckert.

6/166. Müller, J. Th.: Hymnol. Hdb. GB Brüdergemeine (1916–1977): Bohemia 24, 1983, 406–407 = Alfred Eckert.

2/126f.. Bengel: Brüdergemeine bzw. Cranz: Brüder-Historie (1751–1972 bzw. 1772–1973): Bohemia 24, 1983, 402–404 = Alfred Eckert.

Personen- und Ortsregister

erstellt von Ute Gause